José Díaz Herrera / Ramón Tijeras

ÍNDICE

PRÓLOGO

Este libro nace de una frustración profesional, entendida desde lo más profundo de la idea periodística, algo que no guarda relación con los tópicos que ha estereotipado la censura durante tantos años en este país.

El día en que se fraguó la idea del libro, empezaba a correr sigilosamente por algunas redacciones el *affaire* Juan Guerra, un caso que ha mantenido durante meses la atención constante de la opinión pública española.

La revista *Tiempo* tuvo acceso a esta información, a través de los autores del libro, un año antes que el resto de la Prensa. El semanario no lo publicó en su momento, pero, a pesar de todo, no escurrió el bulto, como se ha demostrado, semana tras semana, en su portada.

Sin embargo, lo que luego acabaría convirtiéndose en el escándalo Juan Guerra atrapó desde el primer instante nuestro interés y, a medida que penetrábamos en sus ramificaciones y entresijos, la necesidad de contar todo lo que habíamos averiguado se hizo más imperiosa.

En la primavera de 1989, tras la aparición de un trabajo sobre el mismo asunto en *Época*, decidimos ponernos en contacto con una importante editorial y plasmar el fruto de nuestras investigaciones en un libro-documento.

En seguida nos encontramos con el primer problema. La

investigación sobre los importantes personajes cercanos al caso Juan Guerra y sus derivaciones nos llevaba a otros círculos financieros ligados al poder y éstos nos acercaban, a su vez, a nuevos clanes.

Así, lo que en principio iba a ser un libro con un personaje central —Juan Guerra y la familia del vicepresidente del Gobierno—, se convirtió en una amplia historia sobre el dinero que se genera alrededor del poder, con otros protagonistas, más o menos vinculados entre sí.

A medida que avanzábamos, se iba dibujando la trama económica de la España socialista, en la que se entremezclaban negocios de ventas de armas, prebendas derivadas de las compras del petróleo y del gas, el comercio de Estado, las comisiones de los convenios económicos internacionales, los pactos secretos entre empresarios de Prensa y el poder para el reparto de la Televisión privada y otros muchos asuntos que se desarrollan en los próximos 26 capítulos.

El PSOE —que años antes había ganado las elecciones generales bajo el emblemático eslogan de «Cien años de honradez», prometiendo a los votantes una España verde, bucólica y casi mítica, a través de los carteles propagandísticos— traicionó el «cambio» e impulsó la creación de un conglomerado de empresas para financiarse y mantenerse en el poder, a través de una serie de empresarios cercanos al partido.

El Gobierno socialista, que a comienzos de 1982 hablaba de moralizar la vida política, y que nada más llegar al poder subió el coeficiente de caja de los bancos, impuso un horario a los funcionarios, aprobó la ley del divorcio, despenalizó el aborto y redujo el horario laboral a 40 horas, daba lugar poco después a la aparición de una nueva clase social, adoradora del dinero por encima de todo y en busca del enriquecimiento personal de unos pocos.

Como tal clase, los nuevos dirigentes aspiran a hacerse con el poder económico del país, a controlar las cajas de ahorros y los consejos de administración de los grandes bancos, a aprovecharse de la reconversión industrial para poner las empresas estatales en manos de personas cercanas al partido, a controlar las emisoras de Radio y Televisión privadas, de la misma manera que utilizan la fuerza de los votos para poner de su parte al Poder Judicial.

En menos de una década, los «progres» de los comienzos

de los ochenta han sufrido la metamorfosis del dinero, se han visto afectados por el virus de la corrupción existente en los Ayuntamientos franquistas y los despachos de influencias, las empresas paralelas y el «amiguismo» inundan la vida política y surgen por doquier los negocios a la sombra del poder.

Al cabo de los años, en torno al entramado socialista, ha surgido una nueva estirpe liderada por empresarios vinculados al *lobby* del poder, que han aglutinado a su alrededor la fuerza económica del país y que, desde nuestro punto de vista, no podían ser ignorados en un trabajo serio y riguroso.

Bajo esta nueva perspectiva, modificamos la idea original del libro y comenzamos a trabajar en la primera semana de enero de 1989, pero las interrupciones de la dinámica del periodismo diario nos obligaron a retrasar un libro que, en principio, pensábamos poder publicar con ocasión de la Feria del Libro de Madrid de 1990.

Hemos tratado de responder a las preguntas que subyacen en la política española desde que se instauró la democracia en nuestro país, y que, finalmente, se han convertido en el hilo conductor de todo el trabajo: ¿Qué hacen los partidos políticos para financiarse? ¿Quiénes han sido los beneficiarios del «cambio» socialista?

De esta manera, pasado el verano de 1990, entregábamos la primera copia del trabajo que, finalmente, ha sido publicado por la editorial Información y Revistas, S.A., lo que además representa un elegante detalle por parte del presidente de esta sociedad, Juan Tomás de Salas, editor de *Cambio 16* y *Diario 16*.

* * *

También queremos testimoniar nuestro agradecimiento a las más de dos mil personas que nos dedicaron su tiempo y nos brindaron sus conocimientos y sus archivos para que este libro fuera posible.

Nuestro reconocimiento especial a los periodistas Cruz Sierra, Javier Arce, Eulogio López, y al servicio jurídico del Grupo 16, dirigido por Gregorio Arroyo, que leyeron con detenimiento todos los capítulos y nos ayudaron a eliminar errores; a Sebastián Moreno, que nos orientó en el terreno editorial y encontró el título; a Víctor Márquez Reviriego, que prestó su inestimable ayuda; a José Luis Morales y Miguel Ángel Nieto, por su colaboración en el capítulo de las armas; a Francisco Javier Gil y José Luis, *Papitu*, Durán y a Elena Mazorra, que nos dieron todo tipo de facilidades y apoyo moral; a Santiago Sánchez Traver, que nos orientó en Andalucía.

Poco antes de ponerse a la venta la primera edición del libro, el Grupo Z, que había apoyado su publicación, y había publicado varios capítulos y fotografías recomendando *El Dinero del Poder* a sus lectores (ver *Tiempo* del 19 de noviembre y del 10 de diciembre de 1990, y *Panorama* del 26 de noviembre) trató de impedir durante dos semanas consecutivas que éste se imprimiera por presiones de algunos de los personajes que se citan en el texto y que los lectores identificarán en seguida.

Los autores del libro fueron sometidos a todo tipo de presiones y persecuciones por la dirección de *Tiempo* para que entregaran el original a la empresa donde trabajaban como periodistas. Al negarse, el 5 de enero fueron despedidos de la revista, aunque la comunicación formal se materializó dos días más tarde.

La represalia del Grupo Z nos obliga necesariamente a modificar el prólogo, en el capítulo de agradecimientos, a partir de la séptima edición.[1] No podía faltar, naturalmente, nuestra gratitud a Justino Sinova y Rafael Soriano, responsables de la colección Plaza & Janés/Cambio 16 por habernos apoyado siempre, haber soportado nuestro malhumor y darnos todas las facilidades posibles; a José Luis Gutiérrez, coautor del libro *La ambición del César*, volumen de obligada consulta para cualquier profesional que se precie, y a Gonzalo San Segundo, brillante reportero de *Cambio 16*, que nos facilitó la investigación; los nombres de estos dos últimos fueron omitidos por un error imperdonable.

A nuestros familiares y amigos, por su infinita paciencia, cariño y comprensión durante dos años, y a todos aquellos que, enviándonos nuevo material, nos alientan a escribir un segundo libro que, en pocos meses, va a estar en sus manos.

1. Las anteriores ediciones entraron en máquinas días después de los despidos y no hubo tiempo material para las correcciones.

I. EL BAZAR DE LAS ARMAS SOCIALISTAS

Con la llegada del PSOE al poder, todos los negocios, incluidos los de armas, empiezan a cambiar de manos. Se impulsa la industria de armamento como «locomotora» de la economía del país. Los beneficios de los grandes negocios, sin embargo, vienen a engrosar sólo las vías de financiación del partido, como desde hace años ocurre en el Partido Socialista Italiano, o se quedan en los bolsillos de los más destacados empresarios afines al partido en el poder.

La villa francesa de Saint-Tropez, situada en pleno corazón de la Costa Azul, pasa por ser el eterno y dorado refugio de Brigitte Bardot, desde donde la mítica actriz impulsa sus célebres batallas en defensa de los animales.

Además, este idílico rincón, que la aristocracia europea puso de moda, a principios de siglo, como lugar de veraneo, recibe en sus calles estrechas y blancas el incesante fluido humano del gran mundo. Esa amalgama, donde se confunden aburridos millonarios, traficantes y prostitutas de lujo, que atracan en el puerto pesquero las más lujosas embarcaciones de recreo junto a los modestos barcos de los pescadores.

Es el 28 de agosto de 1989. Un yate blanco a motor, de 30 metros de eslora y una tripulación compuesta de siete marineros, alquilado en el vecino puerto de Cap Ferrat, surca las tranquilas aguas de la bahía y atraca en Saint-Tropez.

Aparentemente, el yate transporta sólo a seis personas —tres parejas—, que aprovechan los últimos días de calor estival para realizar un crucero por el Mediterráneo y pasar inadvertidas entre los miles de turistas rezagados que abarrotan la costa.

Sin embargo, la lista de pasajeros del yate en España sería carnaza de «paparazzi». Sin duda, la imagen ocuparía la primera página de más de un periódico y se convertiría, muy probablemente, en motivo de escándalo nacional.

A bordo de la embarcación viajan, nada menos, que el empresario Enrique Sarasola Lerchundi, *Pichirri*, uno de los amigos personales y hombres de confianza del Presidente del Gobierno español, y su mujer, María Cecilia Marulanda, una dama cincuentona, perteneciente a una de las familias con mayor tradición aristocrática y fortuna personal de la República de Colombia.

Desde hacía años, el anfitrión del yate, Sarasola, solía acabar sus vacaciones con un pequeño crucero por la Costa Azul, con escalas en Antibes, para ver el Castillo de los Grimaldi y los cuadros de Pablo Picasso colgados en el museo local, y en Cannes, para recordar viejas historias. El crucero, de una semana de duración, solía coincidir además con el cumpleaños del empresario socialista.

En esta ocasión, sus huéspedes y acompañantes son *Beba* Fernández Longoria, su eficiente, imprescindible y siempre discreta secretaria personal, y su novio, José Luis Alcocer, el hombre encargado de la seguridad de los empresarios de moda ese año en España, su primo Alberto Cortina y su hermano Alberto Alcocer, los Albertos.

Beba, hija de Carlos Fernández Longoria y Pavía, ex ministro plenipotenciario de la Embajada de España en París y ex embajador de nuestro país en Egipto, había conocido al responsable de la protección de los Albertos en una de las muchas visitas que éstos habían efectuado al despacho de su jefe, Enrique Sarasola, quien les había ayudado a hacer de Construcciones y Contratas, su empresa, un imperio valorado entonces en 300.000 millones de pesetas.

La tercera pareja de invitados al crucero de cumpleaños de Sarasola es, en apariencia, la más sorprendente. La forman María Fernández Longoria, hermana mayor de *Beba*, y su marido, el empresario libanés, Abderramán El Assir, un hombre de mediana edad, considerado uno de los más importantes traficantes de armas y antiguo empleado de la empresa Alkantara.

La presencia de los dos empresarios en el Sur francés pasando sus vacaciones juntos no es, precisamente, una casualidad. Una semana después de concluir el crucero privado por el Mediterráneo, a mediados del mes de septiembre, el empresario libanés llega al aeropuerto de Barajas y se dirige a las oficinas de Alfa Jet, la compañía privada de aviación del financiero judío Jacques Hachuel, que se encuentra en la terminal Norte del aeropuerto.

—¿Está mi avión preparado? —pregunta.

La azafata encargada de las relaciones públicas y de dar la bienvenida a los pasajeros Vip's en el terminal de Barajas reconoce en seguida a Abderramán El Assir. Era uno de los clientes habituales de Alfa Jet, una empresa que también se encarga del mantenimiento de las aeronaves privadas de importantes personalidades de la vida económica del país, como Emilio Botín, presidente del Banco de Santander.

—Su avión estará listo en unos minutos, señor—responde la azafata tras consultar la lista de vuelos.

Media hora después, un birreactor HS125, de nueve plazas, de fabricación inglesa, despega con destino a Rabat, la capital marroquí. El empresario libanés dedica las dos horas de vuelo a repasar la documentación de un lote de siete aviones de transporte CN-235, que la empresa española Construcciones Aeronáuticas, S.A. (CASA) espera vender al Reino Alauíta.

La operación debía ser aprobada por el Consejo de Ministros a celebrar en el Palacio de la Moncloa el 27 de octubre siguiente. Cada uno de los aparatos estaba valorado en unos 1.100 millones de pesetas.

El montante total del negocio es de unos 7.700 millones de pesetas, de los cuales unos 2.750 se van a pagar con créditos FAD (Fondo de Ayuda al Desarrollo)[1] y el resto con créditos blandos, a un interés que oscila entre el 7 y el 9 por 100.

A El Assir y a sus socios, la venta va a dejarles unas comisiones del 20 por 100 sobre el precio final de la operación, unos

1. Se trata de un tipo de crédito a muy bajo interés, con un plazo de amortización que suele oscilar entre los diez y los veinte años, y un período de carencia de entre uno y cinco años.

1.500 millones de pesetas. Una cifra de dinero que no es vista con buenos ojos en el Ministerio de Economía y Hacienda.

—Hombre, a mí no me parece bien que el Gobierno dé créditos FAD para vender armas —le había dicho antes del verano un alto cargo.

—Entonces, ¿cómo vamos a vender? ¿Cómo piensa España ser competitiva en el exterior?

Al empresario libanés le inquietaba ese tipo de personas, altos cargos del Gobierno español, a quienes la envidia les corroía pero que eran incapaces de hacer algo por su país. Porque no era éste el primer dinero ni el último que él, un extranjero casi sin patria, nacido en el Líbano, formado en la Universidad Norteamericana de Beirut y casado por segunda vez con la hija de un diplomático español, iba a ganar con la venta de armas a Marruecos, un país que empezaba a caerle bien.

En la cartera lleva una «carta de intenciones» firmada por el secretario general de la Administración de la Defensa Nacional del reino alauíta, general Achabad, que le va a permitir la venta de armas a Marruecos durante los próximos años por un importe de 570 millones de dólares.

El precontrato, conocido en la jerga de los funcionarios del Gobierno español como el «Marruecos-2», satisfacía las aspiraciones de la mayoría de las empresas de armamento españolas. ENASA y Land Rover Santana iban a poder colocar sus vehículos militares; la Empresa Nacional Santa Bárbara, Esperanza y Cía. y Explosivos Alaveses, sus minas y proyectiles de todo tipo y ENOSA, Amper e Inisel, diverso material de electrónica y comunicaciones.

La operación constituye la mayor venta de armamento realizada por el Gobierno español a Marruecos de todos los tiempos. Las comisiones a repartir —12.500 millones de pesetas— son también sustanciosas, aunque una gran parte de ellas tienen ya su destinatario antes de que los Gobiernos español y marroquí estampen su firma en un documento de venta.

Pero El Assir, un individuo de modales exquisitos, que aúna la proverbial paciencia del pueblo árabe con la tenacidad de un vendedor de relojes de arena en pleno desierto del Sáhara, se da por satisfecho con la parte que le corresponde en el negocio, lo que hasta entonces le había permitido convertirse en el dueño del 9 por 100 de un banco en Egipto —el Miser Exterior Bank— y disponer de dinero para invertir, con sus socios españoles del Aresbank, en otro tipo de actividades.

* * *

La tenacidad y la paciencia habían sido las virtudes que permitieron a El Assir, en 1976, cuando era un simple empleado que se ganaba la vida como agregado cultural de la Embajada del Líbano en El Cairo (Egipto), hacer el primer negocio de su vida: casarse con Samira Khashogui y pasar a formar parte del clan integrado por los hermanos Abdil, Essam y Adnam Khashogui, los mayores comerciantes de armas de Oriente Medio.

Nacido en el Líbano en 1947, hijo del poeta Salah El Assir y de la cantante folklórica Siham Rifci, Abderramán El Assir no soñaba en su juventud con llegar a ser el empresario supermillonario en que se ha convertido en los últimos años ni en ser recibido en los palacios de Occidente, como le ocurre hoy.

Mientras fue estudiante de Economía en la Universidad Norteamericana de Beirut, se convirtió en militante radical del partido izquierdista iraquí Baas y participó con un grupo de compañeros en el asalto a la Embajada de Arabia Saudí en la capital libanesa, por considerarla la representación diplomática de un país reaccionario.

Acabados sus estudios, y gracias a la ayuda del ex Primer Ministro libanés Saeb Salam, el entonces joven economista es destinado, en 1975, a la Embajada de su país en El Cairo como agregado cultural.

El sueldo de 400 libras egipcias (unas 35.000 pesetas) de que disfruta es una auténtica miseria. Sin embargo, el pasaporte diplomático que le proporcionan las autoridades libanesas es la llave que en aquellos tiempos le abre las puertas de las cancillerías extranjeras y de muchas fiestas sociales que los millonarios árabes y los jeques del petróleo refugiados en Egipto celebran con inusitada frecuencia.

Abderramán El Assir descubre el dinero y la riqueza casi al mismo tiempo que conoce a Samira Khashogui, una joven saudita editora y directora de la revista femenina *Al Sharkiak*, que vivía en París pero que se había trasladado a El Cairo para asistir a una de aquellas suntuosas fiestas.

Samira Khashogui era, nada menos, que la hermana menor de Adnam Khashogui, considerado entonces «el hombre más rico del mundo», propietario de la compañía Triad Internacional, una empresa registrada en Luxemburgo y Chipre, con oficinas abiertas en 39 países, y cuya actividad principal era el lucrativo negocio de las armas.

El joven diplomático libanés se encuentra la suerte de frente. Decidido a conquistar los peldaños más altos de la opulenta sociedad árabe, a partir de entonces se convierte en el habitual acompañante de Samira Khashogui.

A pesar de que ésta es diez años mayor que él, le sigue a París y luego a los Estados Unidos. Cuando regresan de nuevo a Europa, en 1976, es para contraer matrimonio en Cannes.

En el inmenso palacio que su hermano Adnam Khashogui tiene en la Costa Azul, la noche de la boda desfilan por sus salones personajes tan dispares como la actriz norteamericana Raquel Welch o su socio, el traficante de armas afincado en Francia, Samir Traboulsi, implicado en el *affaire* «Pechiney»,[2] y diversos jeques árabes y miembros de la aristocracia europea.

La boda permite a Abderramán El Assir formar parte no sólo de la familia sino de los negocios del multimillonario Adnam Khashogui y de sus hermanos Abdil y Essam. El 27 de noviembre de 1977, cuando el Gobierno español y Khashogui crean la empresa Alkantara Iberian Exports, con sede en la isla de Chipre, «para intensificar las exportaciones a los países árabes», el empresario libanés se traslada a vivir a España.

El matrimonio con Samira le había permitido también congraciarse con una parte del mundo árabe. Desde que participó en 1974, siendo un estudiante izquierdista, en la toma de la Embajada de Arabia Saudí en El Cairo, El Assir tenía prohibida la entrada en Riad y en el resto del país.

Pero para Adnam Khashogui no existían imposibles.

—Tú espera y verás —le comenta.

Poco despues de la boda, su cuñado le presenta a Sheik Ali Almossalam, embajador plenipotenciario de Arabia Saudí para los países árabes y uno de los hombres de confianza del rey

2. Para ampliar datos sobre este *affaire* se puede consultar el libro *La piège de Wall Street*, de Guilles Sengès y François Labrouillère, publicado en 1989 por Éditions Albin Michel, S.A. (París).

Feisal, fallecido en 1975. Almossalam descolgó un teléfono, marcó un número y el veto desapareció en todas las fronteras terrestres y en el aeropuerto de Riad.

El multimillonario Khashogui tenía otra máxima que le había permitido ganar dinero en todas sus operaciones desde que, a los 26 años, había obtenido su flamante M.B.A. por la Universidad norteamericana de Stanford (USA):

—Ofrecer dinero a un Gobierno para influir en sus decisiones —decía Khashogui— es corrupción; recibirlo por los servicios prestados es una comisión.[3]

Con ese fin se traslada El Assir a España. En Madrid, el matrimonio se instala en un piso que el constructor Antonio García, padre de la actriz Ana García Obregón, le alquila en El Viso, y empieza a trabajar en Alkantara como hombre de confianza del todopoderoso Adnam Khashogui.

En esa época, Triad Internacional, la empresa de Khashogui, y Alkantara Iberian Exports, la sociedad que tiene a medias con el Gobierno español, comparten un piso de 1.200 metros cuadrados, en el número 91 del Paseo de la Castellana de Madrid.

Samira Khashogui edita su revista *Al Sharkiah* en el mismo edificio, unas plantas más arriba, y Abderramán El Assir abre las oficinas de su nueva empresa, Exel, inscrita en Holanda, en la planta quinta del mismo inmueble. Ambicioso y emprendedor, el antiguo agregado cultural de la Embajada del Líbano en El Cairo, aspira a dedicarse muy pronto a sus propios negocios.

Khashogui es el encargado de presentarle en sociedad. Un día le lleva a ver al rey Juan Carlos I, a quien había conocido durante un viaje a París, cuando el Monarca era aún Príncipe. Otro día le lleva a ver al embajador Manuel Prado y Colón de Carvajal. A través de su hijo, Borja, que trabaja para Khashogui en Triad International, en Estados Unidos, entra en contacto con Enrique Sarasola. Y este último le conecta con la elite socialista, desde el Presidente del Gobierno, Felipe González, hasta el hoy ministro de Economía y Hacienda, Carlos Solchaga.

El empresario libanés continúa deslumbrado por el poder de su cuñado y le imita hasta en los más mínimos detalles. Cuando Khashogui, harto de alojarse en el hotel Villamagna de Madrid, se compra un solar en la lujosa urbanización La

3. *El Bazar de las Armas*, de Anthony Sampson. Editorial Grijalbo, 1978.

Florida y empieza a construirse una especie de palacio que no llega a terminar, El Assir hace lo mismo y se gasta seis millones de dólares en la construcción de un inmenso chalet, junto al de su cuñado.

La mansión se convierte de inmediato en centro de innumerables fiestas, similares a las que el magnate de los negocios de las armas, Adnam Khashogui, suele dar en su fastuosa finca de Marbella. Entre sus invitados pueden verse, de vez en cuando, al ministro Carlos Solchaga, o al empresario socialista, Enrique Sarasola.[4]

En la primavera de 1985, mientras su cuñado Adnam Khashogui viaja a Ginebra, Hamburgo y Tel Aviv para negociar con los asesores del Primer Ministro israelí, Simon Peres, y con los empresarios iraní e israelí, Manucher Ghorbanifar y Yacob Nimrodi, una venta de armas norteamericanas a Irán, a cambio de la liberación de los rehenes, Abderramán El Assir toma la decisión más importante de su vida.

Se separa formalmente de Samira, la hermana de Khashogui, y se casa con la telefonista de Alkantara, María Fernández Longoria, hija del embajador de España en Egipto y hermana de *Beba*, la fiel secretaria de Enrique Sarasola.

El divorcio y sus consecuencias le van a costar más de un trágico disgusto. En marzo de 1986, Samira Khashogui, que se ha trasladado a vivir de nuevo a El Cairo, acaba suicidándose por amor. Poco después, el semanario libanés *Al-Shiraa*[5] destapa el famoso escándalo «Irangate» y Adnam Khashogui está demasiado preocupado en salvar su propio pellejo como para vengarse de su cuñado.

Por el contrario, las dificultades con las que empieza a encontrarse en Estados Unidos dejan el terreno libre a su antiguo colaborador, Abderramán El Assir, en Madrid, para hacerse

4. El diario *El País* publicó el domingo, 12 de julio de 1987, en la página 18, una foto, a tres columnas, de Carlos Solchaga con el traficante El Assir, juntos y sonrientes. La instantánea fue tomada en el chalet que el libanés poseía en la lujosa urbanización La Florida, de Madrid en 1984, cuando Solchaga era ministro de Industria. El documemto gráfico ha desaparecido de los archivos del rotativo madrileño.

5. Más información sobre el «Irangate» y las implicaciones de Khashogui en el escándalo, aparece en el informe del Comité de Investigación del Congreso Americano, de 17 de noviembre de 1987. También puede consultarse el *dossier* del senador John Tower, republicano por Texas. Estos documentos pueden solicitarse a la Biblioteca del Congreso de los Estados Unidos.

con el control del negocio de la venta de armas españolas en el exterior.

El empresario libanés había tenido que abandonar Alkantara Iberian Exports, pero aún conserva su propia empresa, Exel, y unos buenos amigos, como el ministro de Economía y Hacienda, Carlos Solchaga, o el empresario Enrique Sarasola, para empezar a hacer negocios por su cuenta.

* * *

La sociedad Alkantara, con la que Abderramán El Assir hizo sus primeros negocios de venta de armas, tiene sus orígenes durante el primer viaje que hace a España, en 1977, el rey Jalid de Arabia Saudí, apenas dos años después del asesinato de su padre, el rey Feisal, para entrevistarse con el rey Juan Carlos I.[6]

Jalid, en un intento de estrechar los lazos entre las dos Monarquías, propone a las autoridades españolas crear dos empresas mixtas entre ambos países. Una de ellas es un banco dedicado a canalizar el flujo de dinero generado por las ventas de petróleo del golfo Pérsico a España. La otra debe ser un *trading* dedicado a la venta de bienes de equipo y fábricas llave en mano españolas en Arabia Saudí.

El rey Jalid, que se muestra encantado de la hospitalidad y el trato dispensado por las autoridades españolas, está decidido a estrechar lazos que hagan de puente entre las dos Monarquías.

—Propongo —dice el rey saudí— que una de las dos sociedades se llame Alkantara.[7]

La idea inicial es que la sociedad esté participada al 50 por 100 por cada Monarquía. Por parte española, se decide que el capital esté suscrito, a partes iguales, por Focoex (Fomento de Comercio Exterior) y por el Instituto Nacional de Industria (INI). La Monarquía saudí, a su vez, designa como su re-

6. La información se ha reconstruido hablando con personas próximas a la Zarzuela, a la familia real saudí y con altos cargos de la extinta UCD.

7. Literalmente «puente», en árabe.

presentante a la empresa Triad Internacional, una de las tres entidades de comercio exterior que por aquel entonces funcionan en Arabia Saudí.

Como se trata casi de un compromiso entre las dos Monarquías, se piensa que los representantes de una y otra parte sean dos personas de la confianza de las respectivas familias reales. Por parte española, el Gobierno de Adolfo Suárez nombra a Manuel Prado y Colón de Carvajal, mientras del lado saudí se designa al antiguo aliado del rey Feisal, el multimillonario Adnam Khashogui, presidente de Triad Internacional.

Ambos Gobiernos pretenden también que la nueva sociedad se convierta rápidamente en una empresa capaz de acometer las grandes obras de infraestructura que se están realizando en Arabia Saudí. Pero a Manuel Prado le basta un viaje a Jedah y Riad para darse cuenta de que es un empeño imposible.

—Los proyectos de refinerías, oleoductos, plantas potabilizadoras y astilleros están todos bajo control de empresas francesas e inglesas —informa el embajador Prado al Gobierno.

La empresa Alkantara acaba de constituirse como una sociedad británica «off shore», pero España, una vez más, ha perdido el tren para vender su tecnología a un país amigo.

—Entonces, ¿qué podemos hacer? —le preguntan a Prado en el palacio de la Moncloa.

El embajador está convencido, por aquella época, de que Khashogui ha perdido el favor de la familia real saudí. Pero sugiere una idea:

—Aprovechar la experiencia de Khashogui para vender nuestra industria militar en el exterior.

—¿Tú crees que vale la pena?

—Es lo único que se me ocurre —replica Prado.

Bajo esa perspectiva, Alkantara comienza a operar al año siguiente. Su contrato más importante es la venta en 1980 de vehículos todo terreno fabricados por ENASA a Egipto por valor de mil millones de dólares.

La operación, calificada por el Gobierno español como el «contrato del siglo», acaba reducida a unas ventas de unos 500 millones de dólares, por falta de pago del Banco Central de El Cairo, y con grandes pérdidas para Pegaso, que no puede vender una importante partida de los vehículos que ha fabricado.

Tras aquel fracaso, España tiene que colocar los excedentes de Egipto —un puñado de aviones de transporte C212, algunos carros de combate M-41 E modificados, vehículos blindados ENASA, camiones Pegaso y dos patrulleras «Cormorán»— a Etiopía y a otros países, a través de Focoex (Fomento de Comercio Exterior) y con el apoyo de Abderramán El Assir.

A mediados de la década de los ochenta, el presidente del INI, Luis Carlos Croissier, y el de Focoex, Germán Calvillo, creen que Alkantara es una empresa agotada, que ha cumplido su función, y deciden cerrarla. En la primavera de 1987, Roberto Coniat, por el INI, y Germán Calvillo, representando a Focoex, se reúnen con Adnam Khashogui en el hotel Villamagna de Madrid para levantar el acta de defunción de la compañía.

Enrique Sarasola, que aspira a jugar un importante papel en el comercio de armas, piensa que la empresa puede ser todavía útil. El empresario socialista está pensando en Marruecos, un país vecino, que libra una guerra de desgaste con el Frente Polisario y necesita importantes cantidades de armamento.

En el mismo *hall* del hotel de Madrid donde Alkantara va a celebrar uno de sus últimos consejos, Sarasola se reúne en secreto con Khashogui. Allí le propone la continuidad de la sociedad bajo el control de personas de su confianza.

—Habrá que buscar un buen gerente —le responde Khashogui.

—Yo tengo a alguien que nos puede servir —le adelanta Sarasola.

—¿Quién es?

—Uno de mis socios, Álvaro Álvarez Alonso.

—¿Tiene alguna experiencia? —pregunta Khashogui.

—Es un gran profesional. Trabajó en Merril Lynch y Hutton y ahora está conmigo.

El magnate saudí acostumbra a tomar notas de todas sus reuniones. Pide una servilleta del Villamagna y garabatea un nombre en una esquina: Álvarez Alonso.[8] En aquellos momentos, Sarasola es un buen *partenaire* para seguir haciendo negocios desde España.

Pero el escándalo del «Irangate» deja al empresario socialista sin el socio árabe que necesitaba.

Sin embargo, el amigo de Felipe González guarda todavía un cartucho en la recámara: Abderramán El Assir.

8. *Cambio 16* publicó parte de este documento en los números 925 y 926.

* * *

Enrique Sarasola hace amistad con él a través de su secretaria *Beba* Fernández Longoria, que tiene a su hermana, María, casada con el empresario árabe, y sabe que es un trabajador empedernido, dotado de una gran capacidad de convicción y muy introducido en el mundo árabe.

Poco después, el secretario general de la Administración de la Defensa de Marruecos, general Mohamed Achabad, viaja en secreto a España, visita las principales empresas de armamento, y plantea la compra de vehículos blindados BMR-600 de ENASA; Land Rover fabricados por Santana y diverso material óptico y electrónico de ENOSA e Inisel.

La operación, bautizada con el nombre de «Marruecos 1», supone una inversión de unos 42.400 millones de pesetas. Las comisiones a repartir, unos 8.500 millones, representan un buen pellizco para alguien que pretende iniciarse en el negocio de las armas.

Abderramán El Assir, el amigo de Enrique Sarasola, se encarga de mover el asunto en Marruecos, donde es preciso comprar algunas voluntades para que el rey Hassan II acabe firmando el protocolo y dé luz verde al negocio.

Aunque era una persona muy conocida en el mundo árabe, el comerciante de armas libanés carecía en aquellos momentos de contactos en Rabat. Tanto el Palacio Real como las oficinas de Achabad, el secretario general para la Administración de la Defensa de Marruecos, un militar formado en la Academia militar de Intendencia, en Ávila, le resultan inaccesibles.

Pero El Assir es hombre de recursos. Los días siguientes estudia la forma de ganarse la confianza de las autoridades marroquíes, principalmente el aprecio del soberbio y engreído rey Hassan II. Y llega a una conclusión: si no conoce a ningún marroquí que le abra las puertas de Rabat, tal vez deba buscar en otros países, probablemente a través de la familia real de Arabia Saudí

Las relaciones entre las Monarquías de uno y otro extremo del mundo árabe eran absolutamente cordiales, principalmente desde junio de 1984, cuando el príncipe Jalid Abdulaziz, en uno de sus viajes a España, avaló la compra de cañones, morteros, vehículos blindados y camiones cisternas españoles por un importe de 36.000 millones de pesetas con destino al Reino de Marruecos.

El traficante de armas libanés conocía al hombre clave en las relaciones Marruecos-Arabia Saudí. Se trataba de Sheik Ali Almossalam, el embajador plenipotenciario del rey Feisal para los países árabes, la persona que le había abierto las puertas de Riad. Él era quien decidía qué fondos del petróleo saudí se destinaban al sostenimiento de las guerras de Marruecos.[9]

«¿Estaría dispuesto Sheik Ali Almossalam a abrir el corazón del rey Hassan II y a ayudarme para llevar a cabo la operación?», piensa El Assir.

Lo comprueba una semana después, cuando el hombre de confianza de la Monarquía saudí le da una carta de recomendación para Ben Gadira, uno de los consejeros privados del monarca alauíta. Tras el primer contacto en Rabat, Ben Gadira le introduce en el Palacio Real y le presenta como a un amigo de la Corona.

Conseguido el apoyo de Hassan II, Abderramán El Assir se plantea la papeleta más difícil. Buscar un banco o un grupo de bancos dispuestos a financiar el proyecto.

El Gobierno de Marruecos pretende amortizar una parte de la operación —unos 20.000 millones de pesetas— con los pagos del Gobierno español al reino de Marruecos, en base al acuerdo de pesca hispano-marroquí de 1983. El resto espera financiarlo con un crédito FAD y créditos comerciales tipo OCDE.

Abderramán El Assir visita en su oficina al vicepresidente del Banco Exterior de España, Rafael Martínez Cortiña.

—Quiero que estudies esta operación —le dice.

Martínez Cortiña es consciente del interés que tienen el Gobierno, las industrias de armamento español y algunos empresarios ligados al PSOE, como Enrique Sarasola, en que aquella venta se realice. También sabe que basta una orden del ex ministro de Economía y Hacienda, Miguel Boyer, entonces al frente del Banco Exterior, para que la entidad no tenga más remedio que avalar la operación.

9. Otras fuentes aseguran que la persona que introdujo a El Assir en Marruecos fue el empresario norteamericano Norman Curtis. Éste es, simplemente, un empleado suyo.

El vicepresidente del Banco Exterior, sin embargo, no ve el negocio por ninguna parte y decide devolverle la documentación, sin más, a El Assir.

—Hemos estudiado tu asunto con mucho cariño y siento comunicarte que el banco ha decidido no considerarla —le cuenta días después.

A El Assir se le cae el alma a los pies. Le sorprende que el Banco Exterior, que depende del Gobierno, le dé con la puerta en las narices.

—¿Ha ocurrido algo? ¿No ha pagado el Ministerio de Finanzas marroquí? —pregunta.

Martínez Cortiña hace memoria y recuerda otro crédito concedido anteriormente al Ministerio de Finanzas marroquí para una operación de venta de armas similar, del que ignora en qué situación se encuentra.

—Ése no es el problema. El banco tiene que buscar la rentabilidad de sus negocios y se ha decidido que esa operación no es interesante —concluye.

El ex socio de Khashogui acude entonces al Aresbank, una entidad financiera ligada al Gobierno libio y al coronel Gaddafi. El Aresbank estudia el negocio durante una semana, consulta con el Saudí Bank de Francia y el Arab Banking Corp. y los tres bancos árabes deciden conceder al régimen alauíta un crédito mancomunado.

En el verano de 1987, la operación «Marruecos-1» cuenta con todas las bendiciones para ponerse en marcha. Pero la presencia del clan Sarasola, controlando con sus tentáculos el comercio internacional de armas, levanta recelos y tensiones entre los sectores que habitualmente vienen dedicándose a este tipo de operaciones.

A mediados de agosto, Antonio Blázquez, persona considerada en esa época como uno de los socios de mayor confianza de Enrique Sarasola, espera en el aeropuerto de Jerez la llegada del vuelo de Aviaco para regresar a Madrid, tras pasar el fin de semana con la familia en El Puerto de Santa María.

En un momento dado, un joven pasajero vestido con pantalones vaqueros se sienta a su lado y le saluda.

—Hombre, Antonio, ¿tú por aquí?

Antonio Blázquez reconoce en el recién llegado a Borja Prado Eulate, hijo del embajador Manuel Prado y Colón de Carvajal, el ex presidente de Alkantara Iberian Export. Desde hace años,

Prado y Enrique Sarasola tienen sus oficinas en el mismo lugar — el edificio Pirámide—, situado en el número 31 del Paseo de la Castellana de Madrid.

—¿Qué tal, Borja? —saluda.

—No tan bien como vosotros —responde Borja, socarrón.

Blázquez, a quien en los ambientes financieros de Madrid se conoce por el sobrenombre de *El Gordo*, debido a su excesivo peso, no entiende o hace como que no sabe nada.

—¿Qué quieres decir con «no tan bien como vosotros»?[10]

—Pues lo que has entendido. Que os lo estáis llevando todo. Que os acabáis de llevar el contrato de armas con Marruecos. Y que es hora de que empecéis a pensar en los demás.

La advertencia, en el caso de que fuera transmitida, sirve de poco a Enrique Sarasola.[11] Durante el año 1989, el mismo clan, en colaboración con Abderramán El Assir, organiza la operación «Marruecos-2» y la venta de aviones Aviocar CN-212 al reino alauíta.

El Assir es ya un hombre inmensamente rico. En su oficina trabajan permanentemente media docena de personas bajo sus órdenes, entre ellos el norteamericano Norman Curtis, ex empleado de ENASA, y el técnico comercial del Estado, Fernando Eguidazu. El ex socio de Khashogui se compra la finca «Lomalarga» y adquiere varios terrenos en Marbella para diversificar sus negocios y dedicarse a la construcción de chalets.

Su amistad con Enrique Sarasola le permite relacionarse directamente con el presidente de Focoex, Germán Calvillo, y con el del INI, Jordi Mercader, a través de los cuales vende maquinaria y bienes de equipo a los países árabes.

Pero los dos empresarios parecen no conformarse sólo con el mercado del otro lado del Estrecho y tratan de ampliar su campo de operaciones a otros países. A finales de enero de 1989, Sarasola y El Assir viajan a Caracas para asistir, el 2 de febrero de ese año, a la toma de posesión de Carlos Andrés Pérez como Presidente de la República de Venezuela.

Cinco meses después, Enrique Sarasola y su habitual acompañante figuran entre los invitados a la ceremonia de toma de posesión del candidato justicialista a la Presidencia de la Re-

10. Ver revista *Tiempo*, número 346, del 26 de diciembre al 4 de enero de 1989.

11. En una entrevista con la periodista Pilar Urbano, publicada en la revista *Época* (número 288, de 10 de septiembre de 1990, páginas 32 y siguientes), Sarasola niega dedicarse a la venta de armas.

pública Argentina, Carlos Menem, y a la recepción ofrecida en la Casa Rosada el 8 de julio de 1989.

* * *

Los empresarios socialistas españoles, han aprendido el oficio de llenarse rápidamente los bolsillos mediante la venta de armas a países extranjeros —incluidos aquéllos considerados en conflicto—, tras los contactos mantenidos con sus homólogos italianos del PSI, especialmente con Nerio Nessi, el financiero del partido socialista, y su lugarteniente, Ferdinando Mach di Palmstein.

En octubre de 1985, el ministro de Defensa español, Narcís Serra, y los representantes de las empresas italianas Contraves y Selenia firman un acuerdo secreto para la compra de misiles de fabricación italiana con destino a las Fuerzas Armadas españolas.

La operación supone un desembolso por parte del Gobierno español de más de 21.000 millones de pesetas, una de las mayores inversiones en materia de defensa realizada por España en la industria militar italiana.

A cambio de esta suma de dinero, las empresas italianas Contraves y Selenia se comprometen a suministrar a España durante los años 1988 y 1989 un total de 13 lanzadores y 200 misiles tierra-aire Skyguard-Aspide.[12]

La adquisición de este nuevo sistema de armas es el segundo asunto que el Gobierno de Felipe González declara secreto de Estado, según acuerdo del Consejo de Ministros del 11 de septiembre de 1985.[13]

12. De 3,70 metros de largo y 220 kilos de peso, con un motor de combustible sólido capaz de impulsar el arma a una velocidad de 2,5 mach, el Skyguard-Aspide es capaz de alcanzar a un objetivo a 12.000 metros de distancia. El Ejército español lo considera el principal sistema antiaéreo del país y piensa instalarlo en la costa mediterránea y en las proximidades del Estrecho de Gibraltar. El Skyguard-Aspide, junto con los 450 cohetes franco-germanos Roland, adquiridos por España en 1983 para la protección de las unidades acorazadas, son los principales elementos disuasorios frente a un ataque aéreo enemigo.

13. En 1989 el Gobierno tenía clasificados cerca de 50 asuntos como «materia reservada».

Sin embargo, la preocupación del Gobierno no parece centrarse tanto en que la opinión pública no conozca las compras del nuevo armamento, cosa que cualquier persona puede averiguar leyendo las revistas especializadas en materia de defensa, como en impedir que se desvele la forma en que se llevaron a cabo las negociaciones y las personas que habían intervenido en ellas.

En realidad, la compra del sistema de armas Skyguard-Aspide se realizó como consecuencia de las fuertes presiones de las empresas de armamento estatales italianas, principalmente de Selenia, que deseaba una mayor penetración en el mercado armamentístico español, colonizado hasta entonces por las compañías norteamericanas y francesas.

Hasta la llegada de los socialistas al poder, a finales de 1982, las industrias de armamento italianas Contraves y Selenia sólo habían vendido en nuestro país algunas unidades del radar Skyguard para controlar el sistema de tiro del cañón bitubo de 35 mm Oerlikon y habían incorporado el misil Aspide como sistema de defensa de punto superficie-aire en la segunda fase de las corbetas tipo *Descubierta*.

Pero a la hora de vender el sistema combinado de armas radar Skyguard y misil Aspide al Arma de Infantería del Ejército de Tierra, las gestiones de los directivos de Contraves y Selenia habían chocado contra un muro de hormigón armado.

El Ejército de Tierra, que teóricamente era el que más unidades Skyguard-Aspide tenía que comprar, debido al mayor número de instalaciones estratégicas a proteger —cuarteles, fábricas de armas y edificios públicos y zonas defensivas de las grandes ciudades— se mostraba contrario a aceptar los misiles italianos.

Reiteradamente, el jefe del Estado Mayor se había manifestado a favor de adquirir los nuevos misiles franco-germanos Roland e incluso se hablaba de acudir, como alternativa, a la industria de armamento norteamericana, el proveedor habitual de las Fuerzas Armadas españolas.

Pero el general Berthold A. von Stohrer, consejero-delegado y director general de Contraves, y el general Enricco della Chiesa, alto cargo de Selenia, no están dispuestos a que franceses y norteamericanos les ganen de nuevo la partida.

Las industrias de armamento del Estado italiano han financiado, sin ambages, a los partidos políticos de su país. A cambio, han recibido apoyo en el Parlamento. Democristianos y socialistas se han puesto de acuerdo, también, para echar tierra sobre determinados asuntos no demasiado claros, relacionados con la venta de armas a países del Oriente Medio en conflicto o a naciones árabes que podían convertirse en potenciales enemigos de Italia.

Los dirigentes de las empresas Contraves y Selenia están, además, en buenas relaciones con el Partido Socialista Italiano, principalmente con dos de sus principales dirigentes, Bettino Craxi y Nerio Nessi.

El PSI tiene en Italia, por aquellos tiempos, dos empresas, Sofin Im y Coprofin Spa., para allegar fondos procedentes de negocios inconfesables con destino a las arcas del partido, como había reconocido oficialmente en 1983 el propio Nerio Nessi.[14]

Estas sociedades se crean a partir de 1976, cuando socialistas y democristianos se reparten el pastel de las empresas estatales como una especie de botín político. El propio Nessi es accionista de la empresa Coprofin, al tiempo que preside la Banca Nazionale di Lavoro, el primer banco público italiano, que ha financiado la mayoría de las operaciones de venta de armas de aquel país en el exterior.[15]

La persona encargada de contactar con las empresas de armamento y el mundo de las finanzas italiano, para llenar las arcas de los socialistas, es Ferdinando Mach di Palmstein, administrador delegado de las empresas del PSI, ligado a Nerio Nessi, y Mario Carvellini, su brazo derecho.

Los presidentes de Selenia y de Contraves Italia están también al corriente de que el Partido Socialista Italiano ha participado en la financiación del Partido Socialista Obrero Español durante la transición política.

El dinero era entregado a los socialistas españoles por el hombre fuerte del PSI, Nerio Nessi, y traído a España por el ex miembro de la Ejecutiva del PSOE, Luis Alonso Novo, según él mismo había reconocido en reiteradas ocasiones en todos los medios de Prensa españoles.

Alonso Novo, hoy parlamentario en la Asamblea de Madrid, era además el encargado de traer a España el dinero que algunas sociedades de aquel país, como Pianelli Traversa, inver-

14. Ver *Interviu*, 17 de junio de 1987.

15. *Cambio 16*, número 931; *El Independiente*, 16 y 17 de septiembre de 1989; *El País*, 14 de septiembre de 1989.

tían en política en España, «para frenar el crecimiento de un Partido Comunista fuerte».[16]

Transcurre el mes de octubre de 1983. Con el PSOE en el poder en España desde un año antes, es, sin duda, el momento oportuno para pasarles la factura.

Dicho y hecho. Semanas después, los altos ejecutivos de Contraves entran en contacto con Nerio Nessi, el líder de la corriente Izquierda Socialista del PSI, el hombre que, según cuenta él mismo, «descubrió a los socialistas españoles antes que nadie y tenía los cordones de la bolsa para la ayuda al PSOE en la clandestinidad».[17]

De 63 años de edad, Nessi es un viejo luchador antifranquista que ha ayudado a muchos republicanos españoles durante el exilio. Desde comienzos de 1983 tiene a dos de sus mejores amigos, el presidente Felipe González y el vicepresidente Alfonso Guerra, situados en el palacio de la Moncloa. Así que, cuando los dirigentes de la empresa estatal de armamento Contraves le piden que les eche una mano, acepta gustoso la propuesta.

Ese mismo día, su secretaria particular le prepara una entrevista con los números uno y dos del Gobierno español. A la semana siguiente, se desplaza a Madrid y, como siempre, se aloja en el Hotel Palace, a un tiro de piedra del Congreso de los Diputados y de la Banca Nazionale di Lavoro, que preside entre 1978 y 1989.

Cuando horas después, abandona el palacio de la Moncloa en un coche oficial con chófer puesto por el Gobierno español, el viejo financiero del PSI guarda en la cartera de piel que sostiene bajo el brazo unos papeles que valen su peso en oro: el compromiso del Gobierno español de invertir 21.000 millones de pesetas en la compra de misiles Skyguard-Aspide italianos y que van a generar unas sabrosas comisiones a los intermediarios del PSI.

Es éste un secreto que sólo él y otra media docena de personas conocen y que, probablemente, como otros muchos asuntos relacionados con la financiación de los partidos políticos, querría haberse llevado algún día de buena gana a la tumba.

16. *Tribuna de Actualidad*, número 15.
17. José Macca en *Diario 16*, 21 de febrero de 1990.

* * *

Y, seguramente, habría ocurrido así, de no ser por el juez italiano Carlo Palermo. Titular hasta hace unos años de uno de los juzgados de instrucción de la ciudad de Trento, al Norte del país, en julio de 1985, este magistrado vinculado al Partido Comunista Italiano, llama a declarar al financiero del PSI.

Palermo, un individuo delgado, de estatura media, que viste con sobriedad y que comenzó a usar gafas de sol oscuras para ocultar su identidad desde que empezó a recibir amenazas y a sufrir atentados, tiene en esos momentos motivos más que sobrados para «convocar» a su despacho a Nerio Nessi e interrogarle.

Considerado un juez duro, insobornable, obstinado y serio con su trabajo, Palermo se había hecho famoso cuando el 25 de octubre de 1982 la Policía italiana detuvo cerca de Trento al ciudadano sirio Henry Arsan, en el momento en que transportaba un cargamento de morfina base.

Aquella detención, aparentemente insignificante, se reveló extraordinariamente importante. Fue la llave que le permitió investigar las conexiones entre los políticos, el mundo de la droga, las armas, el blanqueo de dinero negro y la financiación ilegal de los partidos.

Poco a poco, Carlo Palermo fue convirtiéndose en Italia en un juez temido y la ciudad de Trento, de unos 100.000 habitantes, célebre siglos atrás por la celebración del concilio ecuménico que constató la división de la Iglesia católica en ortodoxos y protestantes en 1545, empezó a ser conocida también como la ciudad en la que un joven juez investigaba los entresijos de la financiación de muchos personajes famosos de la política y las finanzas italianas.

El 7 de julio de 1985, con más de 300.000 folios escritos y guardados celosamente en una caja fuerte custodiada día y noche por carabineros, el juez Palermo comienza a investigar las conexiones del PSI con las redes del tráfico de armas, la Mafia y la droga, y llama a declarar a uno de los personajes claves de las finanzas del Partido Socialista Italiano: Nerio Nessi.

Las declaraciones del político italiano ocupan los folios 220 a 240 del sumario de Trento y en él se recogen textualmente sus respuestas.[18]

—¿Usted participó en la venta de una partida de armas a España? —le pregunta el juez.

—En 1983 me pidieron que apoyara una operación que un cliente suyo estaba conduciendo en España. Era una venta de aparatos técnicos para la defensa.

— ¿Cuál era la empresa para la que le pidieron que trabajara? —inquiere de nuevo Palermo.

—Se trataba de Contraves, la empresa de fabricación de armamento italiana.

—¿Y cuál fue su participación en la venta?

—Yo tengo óptimas relaciones con el Presidente del Gobierno español, con el cual mantengo una vieja amistad, y también con el vicepresidente.

—¿Puede usted citar los nombres de estas personas?

—Presidente Felipe González y vicepresidente Alfonso Guerra. Me pidieron que hablara con ellos para apoyar la iniciativa, cosa que yo hice en el curso de un viaje a España.

—¿Puede usted recordar la fecha de ese viaje?

—No exactamente. Fue en octubre o noviembre de 1983. Lo que sí tengo que añadir es que hice todo eso entendiendo que era mi deber tratar de favorecer a una empresa italiana respecto a otras extranjeras.

En el mismo sumario aparecen también las manifestaciones de uno de los financieros del PSI, Ferdinando Mach di Palmstein, administrador delegado de la sociedad financiera del Partido Socialista Italiano, Coprofin.

Mach había viajado a España en diciembre de 1983 y se había entrevistado con altos cargos del PSOE y con autoridades del Ministerio de Defensa para ultimar la venta de los radares Skyguard y de los misiles Aspide al Arma de Infantería del Ejército de Tierra.

Sus gestiones debían haber sido bastante fructíferas, ya que a raíz de aquellas visitas, el Ministerio de Defensa recortó en 4.000 millones de pesetas el presupuesto que tenía para adquirir los misiles Roland y habilitó una nueva partida presupuesta-

18. Parte de las declaraciones aparecieron publicadas en *Interviu*, en la edición del 17 de junio de 1987.

ria de 17.000 millones para adquirir el sistema conjunto de armas Skyguard-Aspide.

Mach di Palmstein, que suele pasar algunas vacaciones en la casa que su madre tiene en Ibiza, aprovechó también su estancia en Madrid para visitar el Banco de España y abordar con las autoridades monetarias españolas el tema de la financiación de los misiles.

—Recibí el encargo —declara en el sumario de Trento—del administrador delegado de la empresa Contraves Spa., el señor Berti, de buscar cobertura financiera para un contrato de venta al Gobierno español de sistemas de radares móviles para la defensa.

—¿Qué tipo de cobertura le pidieron que buscara?

—Necesitaba encontrar en el sistema bancario italiano e internacional las vías de financiación para la operación, que contaba con una garantía del Banco de España.

—¿Por qué era necesaria esa cobertura?

—Porque el cliente español sólo podía pagar una parte al recibo del envío. El resto tenía que ser financiado.

El cliente español era, naturalmente, el Ministerio de Defensa.

Otra de las personas llamadas por el juez Palermo es Mario Cervellini, brazo derecho de Nerio Nessi y Mach di Palmstein en las empresas financieras del Partido Socialista Italiano. Cervellini revela, en el sumario de Trento, que Nerio Nessi es uno de los accionistas de la empresa Coprofin y da a entender que el PSI se va a embolsar por la venta de armas a España entre 400 y 1.470 millones de pesetas.

—¿Cuánto dinero cobra Coprofin por sus labores de intermediación? —pregunta el juez.

—La cantidad no es siempre la misma. Oscila entre el 2 y el 7 por 100 sobre las operaciones efectuadas en el extranjero, lo que prevé un derecho de exclusividad por nuestra parte.

—¿El cliente, entonces, no puede dirigirse a otros para operaciones análogas?

—Exacto. En el contrato, además, se nos reconocen los pagos pactados.

—¿Y cuál es la forma de pago?

—Los pagos por parte del cliente se me hacen personalmente, siempre en cheques nominales —concluye Cervellini.

En noviembre de 1985, el juez de Trento ha avanzado muchísimo en la elaboración de su sumario. En su poder existen documentos que demuestran que el PSI se ha financiado con la venta de armas de las industrias pertenecientes al sector público italiano, comercializadas en diecisiete países extranjeros, entre ellos España.

El hilo conductor de sus investigaciones le lleva directamente al poderoso banquero vinculado al PSI, Nerio Nessi, y al ex Primer Ministro de la República, Bettino Craxi, otro de los amigos del Presidente del Gobierno español, Felipe González y el vicepresidente, Alfonso Guerra.

Pero el juez Palermo, que llega a insinuar que Craxi está implicado en el escándalo «a nivel de influencias», tiene los días contados. En diciembre de 1985, un mes después, le retiran el sumario y encargan de la investigación a un juez de Venecia.

Entretanto, el grupo Selenia-Contraves abre en España un *consulting* para «conducir la operación» de venta del sistema combinado de radares y misiles y pone al frente de la oficina al ingeniero Jaime Cardenal Pombo, ligado en la actualidad a Borja Prado Eulate, hijo de Manuel Prado y Colón de Carvajal, en la empresa de venta de tecnología para la defensa, BTA Internacional.

En nuestro país, el Partido Socialista teme que el escándalo italiano cruce la frontera y pueda afectar políticamente a Alfonso Guerra y a Felipe González. El Gobierno decide entonces cortar por lo sano. Y para ello no duda en usar por segunda vez una ley que ha permitido a sus colegas italianos evitar que determinados asuntos demasiado turbios se aireen en la Prensa.

El 11 de septiembre de 1985 el Consejo de Ministros declara secreto de Estado la compra a Italia del sistema de armas Skyguard-Aspide y al gabinete de imagen Lozano-Muniesa, contratado por la empresa Selenia para realizar una campaña de imagen en Prensa para «vender» el producto italiano en España, se le dan instrucciones precisas para que no se publique nada en la Prensa.

A Rafael Lozano y a Fernando Muniesa, propietarios entonces de la empresa «Lozano & Muniesa, Asociados», es la primera vez en sus vidas que les pagan por no hacer nada.

—La larga mano de Alfonso Guerra... —le comentan a un empleado del despacho.

* * *

Entre Nerio Nessi y Alfonso Guerra existía por aquel entonces, y continúa existiendo hoy, algo más que una amistad. Los dos políticos se autodefinen como personas cultas e intelectuales de izquierdas, y lideran la facción más crítica de sus respectivos partidos.

Nacido en Bolonia y licenciado en Derecho, Nessi empieza su carrera al lado de Adriano Olivetti, un intelectual y humanista perteneciente al socialismo culto, y trabaja en la dirección financiera de la empresa Olivetti desde 1958 a 1965.

Ese año es nombrado subdirector de la Caja de Ahorros de Turín y más tarde pasa a ocuparse de la financiación del PSI hasta que en 1987 le nombran presidente de la Banca Nazionale di Lavoro.

Cuando, en 1983, salta el escándalo del romance de Alfonso Guerra con María Jesús Llorente, Nessi se la lleva a Italia para que haga un curso en la Academia Española de Bellas Artes de Roma, mientras amaina el temporal. Posteriormente, apadrina a Alma, la hija de ambos.

Los dos líderes políticos suelen llamarse con frecuencia —casi una vez por semana— y cuando el financiero del PSI visita Madrid, Alfonso Guerra manda un coche oficial a buscarle y le invita a comer en la Moncloa.

El clima de cordialidad aumenta en febrero de 1984, cuando el vicepresidente del Gobierno español viaja a Roma e impone a su amigo Nessi la Medalla al Mérito Civil. En la ceremonia, celebrada en la Academia de Bellas Artes, Guerra agradece profundamente la ayuda prestada a su partido por los socialistas italianos. Posteriormente, el vicepresidente español sería invitado a dar una conferencia en Roma, en la Sociedad de Cooperación Cultural Hispano-Italiana, que preside Nerio Nessi.

Pero no sólo de medallas y bellos discursos políticos viven los partidos. El 29 de diciembre de 1986, cuando el hoy banquero español Mario Conde, hombre fuerte de Antibióticos Españoles junto a Juan Abelló, se desplaza a Milán para entrevistarse en el palacio Foro Bonaparte con los responsables de la multinacional del medicamento Montedison, los líderes del PSI, Nerio Nessi y Bettino Craxi, reciben información a diario de la marcha de la operación.

En el transcurso de las negociaciones, que duran hasta el 18 de abril de 1987, fecha en la que finalmente se firma el acuerdo, se plantean una serie de problemas ante las autoridades españolas. Éstos se resuelven cuando Craxi y Nessi intervienen como intermediarios ante el Presidente del Gobierno español, Felipe González.

Nerio Nessi actúa como asesor externo de Montedison, el segundo grupo empresarial italiano después de la Fiat, a través de un hombre de su absoluta confianza: el omnipresente Ferdinando Mach di Palmstein, de 41 años, formado, como otros muchos dirigentes socialistas, en la famosa Universidad de Bocconi.

La intervención de los socialistas españoles e italianos en la venta de Antibióticos a Montedison, por una cifra cercana a los 60.000 millones de pesetas, es, aparentemente, altruista, hasta que meses más tarde se descubre el pastel.

Cuando Raúl Gardini, uno de los habituales veraneantes de Palma de Mallorca, amigo del rey Juan Carlos y hombre fuerte del grupo Ferruzzi, adquiere el 40 por 100 del capital de Montedison y se responsabiliza de la presidencia de Antibióticos, se encuentra con que los activos de la nueva empresa han sido sobrevalorados, según él, para pagar comisiones al PSI y al PSOE.

Ésta es, de acuerdo con Gardini, una práctica habitual en los negocios en que interviene la Internacional Socialista y al Partido Socialista Obrero Español le habrían correspondido, tras la operación, alrededor de 1.700 millones de pesetas.[19]

* * *

No será éste, sin embargo, el último negocio que Nerio Nessi realice en España. En 1987, cuando la Fiat, la multinacional

19. Las declaraciones de Gardini fueron publicadas por toda la Prensa italiana. En España, el periodista Jesús Cacho las recoge parcialmente en su libro *Asalto al Poder* (Planeta, 1988).

italiana de Gianni Agnelli que controla el 9,5 por 100 de las ventas de su país en el exterior, decide instalarse de nuevo en España, el financiero del PSI es la persona encargada de allanarle el camino ante el Gobierno.

La Fiat, acosada por la situación económica deficitaria de algunas de sus empresas, había decidido, en junio de 1980, desprenderse por las bravas de algunas de sus firmas europeas y americanas, para salvar sus industrias en Italia.

De esta manera, la sociedad de Agnelli, que tenía una participación mayoritaria en la Seat española, se quitaba de en medio y le traspasaba al socio español, el Instituto Nacional de Industria, una empresa en quiebra, que llegó a tener en 1985 —cuando el Gobierno inició gestiones para revenderla a la Volkswagen alemana— unos 40.000 millones de pesetas de gastos financieros y unos 36.522 de pérdidas.[20]

Al último Gobierno de la UCD no le había quedado más remedio, por razones estratégicas, que hacerse cargo de la empresa e iniciar una política de saneamiento a base de una drástica reducción de plantilla y de aumentar los números rojos del INI, que perdió en la operación varias decenas de miles de millones de pesetas.

El nombre de Gianni Agnelli pasó a formar parte de la lista negra del Gobierno. Cuando algún alto cargo de la Fiat sondeaba de vez en cuando la posibilidad de reinstalarse en España, siempre se le decía lo mismo.

—Que venga cuando quiera. Pero que se pase antes por Hacienda con el talonario de cheques.

El último ministro de Hacienda de la UCD, Juan Antonio García Díez, había elaborado un voluminoso *dossier* con el «asunto Fiat». El informe pasó a manos de su sucesor, el primer ministro de Economía y Hacienda socialista, Miguel Boyer Salvador, y acabó en el voluminoso cajón de «asuntos pendientes» de su sucesor, Carlos Solchaga.

Pero en 1987, la situación es diametralmente distinta. La Fiat había absorbido pocos meses antes a Lancia y Alfa Romeo, las dos empresas competidoras que tenía en Italia. Gianni Agnelli es el dueño absoluto de la industria automovilística de su país y necesita a toda costa que España —miembro de pleno derecho de la CEE, que empieza a liberalizar las importa-

20. Los datos proceden de un informe oficial del INI publicado en *El Nuevo Lunes*, en diciembre de 1986.

ciones de automóviles extranjeros— deje de ser un mercado marginal para los coches italianos.

Nerio Nessi, la persona encargada de negociar con el Gobierno español, habla con el ministro de Industria, Luis Carlos Croissier, antiguo presidente del INI —el *holding* estatal con el que la Fiat sigue manteniendo una cuenta pendiente—, y con sus amigos de la Moncloa.

El asunto se arregla sin mayores problemas, de la misma manera que, años antes, se había solucionado la instalación en España de otra sociedad participada por la Fiat, Telettra España, ligada al sector de las comunicaciones estratégicas militares y a la industria de Defensa de los países de la OTAN.

Presidida desde 1985 por el ex subsecretario de Defensa, Eduardo Serra, la sociedad, con capital italiano y español, hace jugosos negocios, gracias a los buenos oficios de Serra y del financiero del PSI, Nessi, con altos cargos del Gobierno.

Desde 1985 a 1990 le conceden a dedo los contratos para la construcción de la Red Militar de Canarias, la Red Militar del Sur y tres de los segmentos de ampliación y modernización de la nueva Red Militar del Archipiélago.

El total de las obras adjudicadas a la empresa participada por Gianni Agnelli, el nuevo patrón de la Fiat, hijo del todopoderoso Giovanni Agnelli, supone una inversión para las arcas españolas de más de 35.000 millones de pesetas.[21] Una cifra de la que Telettra, lo mismo que la mayoría de las empresas del sector de la defensa italiano, suele dedicar un 5 por 100 para el «engrase» a determinados funcionarios de la Administración o altos cargos de los partidos políticos, entre los que, aparentemente, no escapan los militantes socialistas.

* * *

El programa electoral del Partido Socialista Obrero Español, que permite a Felipe González ganar las elecciones del 28 de octubre de 1982, se plantea como uno de los objetivos a con-

21. Ver artículo de José Luis Morales en *Interviu*, número 721, del 5 de marzo de 1990.

seguir en la política de defensa «aumentar el grado de autoabastecimiento de las Fuerzas Armadas, mediante el desarrollo planificado de la industria (militar) nacional».

«El Estado —escriben los autores del programa— controlará la fabricación de armamentos y el comercio exterior de armas.»

Esta filosofía, netamente armamentística, impropia de un partido que en política exterior preconiza «la búsqueda del desarme, la paz y la distensión» y que quiere trabajar por «la causa de la paz, de la justicia y de la libertad», lleva a España, en la pasada década, a convertirse en uno de los primeros países exportadores de armas del mundo.

Aunque el Gobierno ejerce una férrea censura de Prensa sobre la publicación de estadísticas en este campo, los datos más fiables permiten asegurar que desde 1980 hasta finales de 1987, las empresas españolas de armamento venden en su conjunto un total de 718.000 millones de pesetas en material militar.

Si se analiza el período netamente socialista, comprendido entre 1982 y 1990, se observa que las ventas de armamento en el exterior superan los 800.000 millones. España, que en 1980 acapara el 0,2 por 100 del bazar internacional de las armas, pasa, en 1988, a controlar una cuota de mercado del 1,2 por 100, cifra que coloca al país en el noveno lugar del *ranking* de exportadores de pertrechos de guerra.

De esta manera, la guerra se convierte en un lucrativo negocio, no sólo para los fabricantes tradicionales de material militar sino para muchos políticos con ganas de hacer fortuna rápidamente.

Mientras el ex subsecretario de Defensa y actual presidente de Telettra España declara que la industria de Defensa debe convertirse en la «locomotora» que tire del resto de la economía nacional, la revolución armamentística española va acompañada de un cambio generacional y de clase social en el mundo de los negocios. Los tradicionales empresarios del sector, hombres como Manuel Prado y Colón de Carvajal, ex directivo de Alkantara y representante en España de la multinacional francesa Thomson —que quiere vender tecnología nuclear para la construcción de submarinos a la empresa Bazán—, y su hijo Borja Prado Eulate, ligado a la multinacional americana Hughes, son sistemáticamente relegados por los nuevos gestores del bazar de las armas, organizado por los dirigentes del PSOE.

La nueva clase empresarial socialista se lanza a copar el mercado. Aconsejada por sus amigos italianos, que desde hace años controlan la industria oficial de armamentos de su país (y la utilizan, sin ningún recato, como vía de financiación del PSI), empieza a tomar posiciones en las principales empresas de ventas de armas españolas.

El PSOE nombra a tres hombres del partido, Javier Álvarez Vara, Antonio Sánchez Cámara y Juan Luis Ruiz Núñez, para presidir las tres principales empresas del sector, Construcciones Aeronáuticas, S.A.; Empresa Nacional Bazán y la Empresa Nacional Santa Bárbara.

Pero la fiebre del dinero y el enriquecimiento personal hacen mella en el partido y, en 1986, se produce el hecho más escandaloso. Los dos máximos responsables de un Ministerio dejan sus puestos oficiales para dedicarse al lucrativo negocio de vender fusiles y bombas.

Se trata de Joan Majó y Eduardo Santos. Majó había sido nombrado ministro de Industria y Energía en julio de 1985 para sustituir a Carlos Solchaga, que pasó a ocupar la cartera de Economía y Hacienda. Santos, otro amigo de Solchaga, era en ese momento el subsecretario del Ministerio.

Tras las elecciones generales de 1986, los dos abandonan la política activa. Meses después, Eduardo Santos aparece como presidente de la compañía Instalaza, una industria privada de armamento, con factoría en Zaragoza. A partir de entonces, las ventas de cohetes antitanque, granadas de mortero y minas antipersonal de esta compañía, se disparan.

El nombre de Joan Majó empieza a figurar como alto cargo en Ceselsa, fabricante de sistemas de radar, simuladores de vuelo y material de comunicaciones. La sociedad, constituida con un capital de 2.000 millones de pesetas, se convierte de la noche a la mañana en uno de los principales proveedores de material militar del Ministerio de Defensa.

Mediante una política agresiva de ventas, que le llevó a participar en todas las ferias internacionales de armamento entre 1981 y 1988, Ceselsa realiza en poco tiempo 45 contratos para el Estado por un importe de 16.394 millones de pesetas.[22]

Posteriormente, la compañía del ex ministro de Industria

21. De un informe interno del Ministerio de Defensa aportado por el Partido Popular a la Comisión de Tráfico de Influencias, del Congreso de los Diputados.

firma un contrato con la Agencia Espacial Europea para el mantenimiento de la Base de Maspalomas y logra un acuerdo con la multinacional francesa Matra, que convierte a la empresa en una de las principales contratistas del futuro primer satélite español de comunicaciones «Hispasat».

La facilidad con la que Ceselsa obtiene los contratos del Estado, desde que el ex ministro Joan Majó pertenece a su consejo de administración, empieza a poner nerviosos a los directivos de su competidora, la empresa estatal Inisel, que ven la mano oculta del político socialista tras cada decisión.

El escándalo salta a mediados de 1988, cuando el Ejército del Aire adjudica a la sociedad representada por Joan Majó un contrato para la renovación de la aviónica y el software de los aviones franceses Mirage III. En juego están nada menos que 30.000 millones de pesetas e Inisel, que se considera la empresa ganadora del concurso, lleva el asunto al Parlamento, a través de la Comisión de Tráfico de Influencias.[23]

La industria de armamento convierte en millonarios a otros importantes empresarios socialistas, cuando no sirve de vía para la financiación del PSOE. Tras las elecciones de 1986, otro de los altos cargos socialistas que abandona la política para dedicarse al mundo de los negocios es Julián Sancristóbal, director hasta entonces de la Seguridad del Estado y ex secretario personal del presidente del PSOE, Ramón Rubial.

Sancristóbal pasa a presidir la empresa Marconi, fabricante de radares y sistemas de guerra electrónica. Según publicó la revista *Cambio 16*, se le entregaron 500 millones de pesetas para el saneamiento de la sociedad y la mayor parte del dinero desapareció, yendo a parar, probablemente, a las arcas de algún partido.[24]

Ejemplos no faltan. El jueves 1 de enero de 1987, cuando la mayoría de los españoles celebran, contentos y felices, el nacimiento del nuevo año, y se divierten bajo los efectos de la resaca de Nochevieja, el Gobierno de la nación hace pública una inquietante información.[25]

El Ministerio de Economía y Hacienda, de acuerdo con una propuesta de la dirección general de Comercio Exterior, auto-

23. En el capítulo XVI podrá encontrar el lector más datos sobre esta operación.
24. Ver *Cambio 16*, 15 de agosto de 1987.
25. Los datos proceden del Boletín Oficial del Estado de esa fecha.

riza a la empresa del sector de armamento, Explosivos Río Tinto, a importar temporalmente a España una serie de materias primas, entre ellas trinitrotolueno, hexógeno plástico, nitrofilm, ácido nítrico, nitrocelulosa sin plastificar, hexamina y diversos tipos de pólvora.

El material es «importado» por el sistema de admisión temporal de mercancías. De acuerdo con la orden del Ministerio de Economía y Hacienda que firma el director general de Comercio Exterior, Fernando Gómez Avilés-Casco, la empresa Unión Explosivos Río Tinto está autorizada para llevar a cabo el «perfeccionamiento activo» de los materiales para su inmediata reexportación.

En 1987 y 1988, Explosivos Río Tinto exporta a Irak 8.528 toneladas de munición a través de los puertos de Santander, Tarragona y Barcelona. En el período 1980 a 1987, ERT obtiene de este país 13.300 millones de pesetas por venta de armas.

El presidente de ERT, una empresa que favoreció la creación de grandes fortunas entre varios de los componentes de la *beautiful people*, está dirigida por José María Escondrillas,[26] uno de los amigos del ministro de Economía y Hacienda, Carlos Solchaga.

La competencia de ERT es Gamesa (Grupo Auxiliar Metalúrgico), que, desde su planta del polígono de Arkaute (Vitoria), vende municiones y explosivos a Irán. En los últimos cinco años, esta sociedad envía 36.880 toneladas de proyectiles al país del Sha. Gamesa, sus sociedades participadas y las empresas con las que compartía proyectos de defensa, factura, hasta 1987, un total de 29.700 millones de pesetas al Gobierno de Irán.[27]

Uno de los asesores del Grupo Auxiliar Metalúrgico durante estas operaciones y amigo personal de su presidente, José Luis Arregui, es el ex secretario de la Presidencia del Gobierno, Julio Feo Zarandieta, uno de los hombres de mayor confianza de Felipe González, que cobra una millonaria nómina de la empresa fabricante de material de guerra.

26. Para más detalles, ver capítulo IX.

27 Vicenç Fisas, en *Las Armas de la Democracia* (Fundación J. Bofill, 1988). Otras referencias pueden encontrarse en el volumen *Armas para Irán*.

* * *

Feo Zarandieta es también la persona que organiza el viaje del rey Hassan II a España, el 27 de septiembre de 1989, cuando el monarca alauíta decide por fin cruzar el Estrecho.

El ex secretario general de Presidencia ofrece, en aquella ocasión, los servicios de su empresa, Consultores de Comunicación y Dirección, después de que su tío, Enrique de Zarandieta, coronel de Caballería adscrito al CESID y profesor de equitación de la familia real marroquí le pidiera este favor en nombre del rey de Marruecos.

La visita, repleta de incidencias y de desplantes a las autoridades españolas, incluido el rey Juan Carlos y el Presidente del Gobierno, fue seguida paso a paso, sin perder ojo al más mínimo detalle, por otro insigne personaje del clan empresarial socialista: Enrique Ballester Gallego, uno de los expertos del PSOE en temas del Magreb y viejo amigo de Felipe González.

Ballester, uno de los primeros hombres de las finanzas del PSOE,[28] formado en la escuela de Nerio Nessi como otros muchos socialistas, llevaba tiempo tratando de hacer algún negocio en materia de defensa y el viaje de Hassan II le va a dar oportunidad para ello.

Al margen de la retórica y el ceremonial de los discursos oficiales, el monarca alauíta viaja a España con una idea concreta en la cabeza: adquirir dos nuevas corbetas a la Empresa Nacional Bazán para reforzar su Marina Real.

El importe de ambas embarcaciones asciende a 60.000 millones de pesetas y constituye el Tercer Programa Naval encargado por Marruecos a España. Desde dos años antes, altos mandos del Estado Mayor de la Armada marroquí y de la Bazán vienen reuniéndose en secreto en Madrid y Cartagena para perfilar el diseño y las prestaciones de las dos nuevas embarcaciones.

Pero, como siempre, el principal elemento de negociación acaba en el problema de la financiación de los buques. Los Go-

28. Ver capitulo siguiente.

biernos de España y Marruecos habían firmado un protocolo financiero que pocas personas conocían bien, pero entre las que se encontraban Enrique Ballester y Carmelo Trujillo Márquez, este último gran apasionado de Marruecos y experto vendedor de armas desde que en 1974 comenzó a trabajar para la empresa estatal española Defex, dedicada al comercio de material de guerra.

Trujillo, que alcanzó en Defex el cargo de subdirector general, había empezado su carrera vendiendo a Marruecos, años atrás, 12.000 jeeps Land Rover Santana, lo que se había convertido en una excelente tarjeta de presentación en el reino alauíta.

Nacido en Granada y experto negociador, poco después se propone una segunda meta: vender barcos de guerra a Hassan II.

Sus amigos y antiguos compañeros de Defex se lo toman a broma y piensan que está poco menos que loco.

—Cómo vas a vender barcos tú, que te ahogas en una bañera —le dicen.

Pero Trujillo sabía muy bien lo que se traía entre manos. Emplea todos sus recursos, viaja innumerables veces a Rabat y acaba vendiendo a la Marina alauíta la corbeta *Coronel Ar Rahmani* y diez patrulleros de altura de distinto tonelaje y con diferentes prestaciones.[29]

En 1985, el empleado de Defex decide instalarse por su cuenta y, junto a otros dos compañeros de trabajo, Juan Antonio Ibáñez, director general de la empresa, y Ángel Presmanes, fundan la sociedad Eimtrade.

Cuando comienza a funcionar, en febrero de 1986, Eimtrade tiene ante sí un difícil pero prometedor panorama, y también un poderoso enemigo, el acompañante de Enrique Sarasola, Abderramán El Assir.

Los dos clanes se disputan el mismo mercado y el odio que se dispensan es mortal. Mientras El Assir cuenta con el apoyo del Palacio Real y de los asesores personales de Hassan II, Trujillo, se mueve en la órbita de la secretaría general de la Administración de la Defensa Nacional, que controla el todopoderoso general Achabad.

Pero Trujillo y Presmanes, atentos a cualquier necesidad

29. Las características exactas de los buques pueden obtenerse consultando el *Sipri Yearbook* de 1986.

de la flota marroquí, se dan cuenta de que la Marina Real de Hassan II necesita repuestos, mantenimiento y diques para la limpieza de cascos. En mayo de 1988, cuando el rey Hassan II empieza a anunciar su visita a España, ponen en marcha, con este fin, la sociedad Surveillance Maritime, S.A.

El 27 de septiembre de 1989, cuando el rey Hassan II visitó oficialmente España, los representantes de Eimtrade y de Surveillance Maritime son los encargados de buscar en organismos oficiales españoles la financiación para la construcción de las dos corbetas que necesita el monarca alauíta.

El asunto requiere mucha paciencia y unas relaciones privilegiadas con el Gobierno y el Partido Socialista, que faciliten los trámites en los organismos oficiales. Por eso, no resulta extraño que, en esa época, aparezcan por primera vez en el Consejo de Administracción de Eimtrade dos nombres históricamente ligados a las finanzas del Partido Socialista: los de Enrique Ballester Gallego y su hermano José.

Tras celebrar un almuerzo en el restaurante La Máquina, de Madrid, en la primavera de 1989, Ballester y Trujillo se asocian. El empresario socialista, otro de los hombres de confianza de Felipe González, adquiere entonces un 10 por 100 de las acciones de Eimtrade, curiosamente el porcentaje que suele destinarse al pago de comisiones en este tipo de operaciones.

Aunque, poco después, según su versión, decide abandonarlo todo. El 20 de marzo de 1990, en pleno «escándalo Juan Guerra», Ballester se entrevista en el hotel Palace de Madrid con los autores de este libro. El empresario socialista se muestra disgustado, ante el temor de que su nombre pueda aparecer en papel impreso.

—Es cierto que entre mi hermano y yo hemos tenido un 10 por 100 en Eimtrade —confirma—, pero ya no lo tenemos.

—¿Cómo es eso? —preguntan los periodistas.

—Hace quince días vendí las acciones.

—¿Y por qué?

—Porque esos negocios sólo dan disgustos —concluye, nervioso, al ser descubierto.

Pero Enrique Ballester Gallego, alicantino, hijo de un militar republicano y criado en Argel, donde se hizo militante del PSOE, muy difícilmente podía escapar a su propia historia.

II. PSOE, SOCIEDAD ANÓNIMA (I)

Los problemas financieros y la necesidad de obtener recursos por vías paralelas para aumentar su poder han llevado al PSOE a crear un holding *de empresas al estilo alemán y a renovar periódicamente su cuadro de dirigentes, en la medida en que éstos eran «quemados» por la Prensa. Enrique Ballester, Enrique Sarasola y Luis Velasco son algunas de las personas que han controlado el complejo y poco conocido entramado de empresas socialistas.*

A comienzos de 1980, Enrique Ballester Gallego, un alicantino de 49 años, acude a la sede del PSOE, en la calle Santa Engracia de Madrid.

—Enrique, el partido piensa crear una serie de empresas para autofinanciarse y creemos que tú eres la persona adecuada para llevarlas.

Ballester, un individuo de mediana estatura y de complexión no muy fuerte, que habla el francés a la perfección, al haberse criado y educado en Argel durante la etapa de la colonización francesa, comprende que éste es un asunto delicado.

—Como verás —agrega su interlocutor—, esto lo debemos llevar con suma discreción.

Enrique Ballester, un militante socialista disciplinado, asiente con la cabeza.

—Las empresas no pueden figurar a nombre del partido y las personas que las dirijan deben ser todas de la máxima confianza de la Ejecutiva —concluye su anfitrión.

Hasta ese momento, la principal fuente de financiación del Partido Socialista eran las contratas de limpieza de los Ayuntamientos que controlaba el PSOE, las comisiones por adjudicación de obras y las ayudas exteriores. El dinero que llegaba del exterior procedía del Partido Socialista Italiano (PSI), a través de Nerio Nessi y Bettino Craxi, y de la República Federal de Alemania.

Mientras las liras italianas entraban en España por el aeropuerto de Barajas en maletines,[1] el llamado «oro del Rhin» —las ayudas de los socialistas alemanes de Willy Brandt— llegaba a través de los hombres de confianza del embajador Guido Brunner.

Uno de los animadores en la sombra de la transición política española durante los ultimos años de la dictadura de Franco, el embajador Brunner se había ganado la confianza de Felipe González, al ocultarle varias veces en la Embajada germana, en el número 8 de la calle Fortuny de Madrid.

Las aportaciones de su partido se canalizaban, principalmente, a través de la fundación Frederick Ebert que dirigía el enigmático Dieter Koniecki, a quien en algunos círculos del PSOE también se conocía como «el hombre del maletín», y con quien, según Enrique Tierno Galván, había que tener cuidado, «pues es agente de la CIA».

Sin embargo, a finales de la década de los setenta, alemanes e italianos se cansan de dar dinero al PSOE. En una reunión del Partido Socialdemócrata Alemán, a puerta cerrada, Willy Brandt llega a quejarse incluso en voz alta:

—Los españoles son insaciables.

Uno de los presentes pregunta por qué, y Brandt, poco amigo de hacer comentarios, agrega:

—Cada día nos piden más dinero, como si las arcas del SPD no tuvieran fondo.

Entre 1979 y 1980, los dirigentes del Partido Socialdemócrata Alemán deciden cerrar el grifo a sus colegas españoles. En lugar de darles el pescado, creen que es mejor enseñarles a pescar. En la República Federal de Alemania tienen un gran

1. Estas operaciones se detallan en el capítulo anterior.

número de empresas que llevan adelante numerosos militantes del partido y piensan que su experiencia financiera es perfectamente trasplantable a España.

El SPD invita a varias delegaciones del PSOE y la UGT españoles a la RFA para visitar sus cooperativas, los comercios y los bancos controlados por el Partido Socialdemócrata Alemán o por los sindicatos afines y manifiestan su predisposición a conceder créditos a sus homónimos españoles.

Como no están muy seguros de que puedan devolverlos, ponen una sola condición: que avale un banco español. De esta manera, en 1980, con la experiencia y los créditos del SPD, los socialistas españoles se disponen a crear de la nada el *holding* empresarial del partido.

El PSOE encarga la tarea a dos personas: a la secretaria de Organización, Carmen García Bloise, y al secretario de Finanzas, Emilio Alonso Sarmiento, un mallorquín vinculado a una familia con intereses en el sector del calzado.

Y además se fija en Enrique Ballester, que acaba de llegar de Argelia y a quien, en principio, muy pocos identifican con el partido. Un hombre, en esencia, reservado, que conoce el mundo de los negocios, con contactos en los países árabes y en los servicios secretos de medio mundo, a quien incluso llaman los americanos, a mediados de los años setenta, para que les eche una mano en la «crisis de los rehenes» con el Gobierno de Argelia.[2]

* * *

—Felipe González, *s'il vous plait?* —preguntó una voz solemne que pronunciaba perfectamente el castellano y el francés.

—*Oui, un moment* —responde diligente la operadora del hotel Saint Georges de Argel.

En la capital de la ex colonia francesa, acababa de desembarcar una delegación de jóvenes socialistas españoles comandados por Felipe González, quien, recién elegido secretario ge-

2. Los datos proceden de las conversaciones de Enrique Ballester con los autores del libro.

neral del PSOE durante el congreso de Suresnes (Francia), no tardó en contestar la llamada. Al otro lado del hilo telefónico escuchó la voz de Enrique Ballester.

Corría el año 1975 y el líder socialista, *Isidoro* para la clandestinidad, gozaba ya de fama entre la «inteligentsia» política española. Ballester, hijo del vicecónsul de España en Argel, un conocido espía de Franco, deseaba fervientemente conocerle.

—Pues vente esta tarde a las cinco —le dijo González.

A sus treinta y cinco años, Ballester también sabía lo que significaba la persecución política, después de ser detenido a las cinco de la mañana en su casa por cinco militares franceses, pertrechados con metralletas, y pasar cinco días en una celda sin abrir la boca, consciente de que en ello le iba la vida.

Cuando conoció a Felipe González, éste le impactó profundamente, lo mismo que las aventuras argelinas de Ballester interesaron en seguida al futuro Presidente del Gobierno español.

Activista del Frente de Liberación Nacional Argelino (FLN), Ballester había logrado que el almirante Luis Carrero Blanco, entonces Presidente del Gobierno español, interesado en debilitar a Francia, apoyase al FLN en su lucha contra el dominio francés en Argelia.

Pero lo que más caló en el ánimo de González fue la experiencia empresarial acumulada por Ballester. Flamante licenciado en Matemáticas y Físicas, en 1964 había creado su primera empresa, Seretip (Sociedad de Estudios y Realizaciones Técnicas Industriales y de Prefabricación), con la que se inició en el mundo de las obras públicas, tras ganarse la vida durante algún tiempo como profesor en el Liceo francés de Argelia.

Posteriormente, trabajó para Heredia Moreno, una sociedad española dedicada a la distribución de gas en colaboración con la Sociedad Eléctrica y de Gas argelina, y con el empresario catalán, Durán Farrell, propietario de la empresa Catalana de Gas, realizó obras en Argelia por valor de 7.000 millones de pesetas, encargándose de la ejecución global del proyecto.

Transcurría el año 1976. Después del encuentro con González en el hotel Saint Georges de Argel, y tras mostrarse mutua simpatía, Ballester se interesa por el socialismo español. Poco después, se presenta en el número 4 de la calle Jacometrezo de Madrid, donde está la sede del PSOE. Conversa con Luis Yáñez, Manuel Marín y Carmen García Bloise y todos se sorprenden agradablemente.

El hijo del ex espía de Franco, pese a la militancia comunista que le había proporcionado su pasado familiar en Argelia, pidió el carnet en el PSOE, se convirtió en el «embajador» del partido en la capital argelina y ayudó a Felipe González y al ministro del Interior de UCD, Rodolfo Martín Villa, a quitarle la emisora La Voz de Canarias Libre al MPAIAC, el movimiento independentista de las islas, que lideraba el abogado Antonio Cubillo.

En aquella aventura, conoció a algunos de los hombres fuertes del CESID que años más tarde, en 1987, intentaron llevarle hasta la cúpula del mismo, para sustituir al general Emilio Alonso Manglano.

Pero a finales de 1979, el delegado de los socialistas españoles refugiados en Argel se traslada a Madrid. Su experiencia en los negocios, su afición por el espionaje y la necesidad del PSOE de contar con un aparato financiero paralelo, sustentado por un grupo de empresas, cambian el rumbo de su vida.

* * *

Cuando en 1980 se inscribe en el Registro Mercantil de Madrid la empresa Management, S.A., con Enrique Ballester de presidente y Miguel Alonso Sarmiento —hermano del que a partir de 1981 sería el secretario de Finanzas del PSOE, Emilio Alonso—, como gerente, nace el primer grupo de empresas vinculado directamente a la Secretaría de Finanzas del PSOE.

Por Management, cuya actividad cesa en 1987, pasan los principales miembros del partido socialista que posteriormente van a ocupar los lugares más altos de las finanzas españolas, públicas y privadas.

Son los casos de Carmen Rodríguez,[3] figura del máximo relieve a lo largo de la última década en la historia de las finanzas del PSOE, o Luis Velasco, que sustituye a Ballester en la presidencia de la empresa en 1982, para desde ahí saltar a la Secretaría de Estado de Comercio.

3. Para ampliar detalles, consultar el capítulo V.

Management funciona a modo de «holding». Coordina filiales como Mirsa, creada por Ballester y dedicada a la construcción y a la ingeniería, o la empresa Orex, S.A., constituida por los socialistas valencianos en 1980, con Miguel Alonso y Luis Barredo al frente, para introducirse en el comercio de import-export y que Ballester cierra poco después, al comprobar las pérdidas que ocasiona su funcionamiento.

Así, integrada de lleno en el negocio de la importación y exportación de productos, Management comienza su actividad bajo el impulso que le proporcionan José Ballester, hermano de Enrique, y Luis Barredo, su eterno socio desde que se conocen en Argelia trabajando para Heredia Moreno.

Exportan marisco a Mozambique y establecen relaciones con países de toda índole. Sin embargo, el progresivo control que trata de ejercer sobre las empresas socialistas el grupo de mallorquines afín a Emilio Alonso, secretario de Finanzas del PSOE desde octubre de 1981, y que comanda su hermano Miguel, acaba por enfrentar a los dos equipos.

La pelea provoca la sustitución de Ballester por Velasco como presidente de Management, y Emilio Alonso, que había logrado introducirse en el mundo del comercio exterior exportando zapatos desde Mallorca, se hace con su control definitivo.

En Palma de Mallorca, entre otros negocios, Alonso explota los de las tiendas y los servicios de restauración del aeropuerto, uno de los más importantes de Europa por el volumen de viajeros, a través de la cooperativa Tabyr y de Galatzó, una empresa introducida en el sector de los supermercados.

Muy cerca de su feudo mallorquín, en Ibiza, Ferdinando Mach, el hombre de las finanzas del Partido Socialista Italiano (PSI), disfruta de la casa que su madre tiene en la isla y coincide, entre otros socialistas de relieve, con el secretario de organización del PSOE, *Txiqui* Benegas.

En Baleares veranea también Bruno Kreisky, el recién fallecido canciller austríaco, y alguna vez pasa sus vacaciones allí, de incógnito, el líder socialdemócrata de la República Federal de Alemania, Willy Brandt.

De esta manera, el archipiélago español se convierte en uno de los puntos donde los miembros de la Internacional Socialista se reúnen para descansar y reflexionar y en una de las plataformas desde donde planifican sus negocios.

Poco a poco, el Partido Socialista teje una red de empresas

regionales con una vocación exportadora sorprendente, amparado en el poder que le confiere el control de la mayoría de los Ayuntamientos españoles, logrado tras su victoria en las elecciones municipales de 1979.

En Valencia, Geinco (General Investing Company, S.A.) se dedica también al negocio de import y export, con varios militantes socialistas, como Francisco Martínez Rico, Francisco Senón Rubio y Eusebio Mollinedo Franch entre sus propietarios, al tiempo que Manuel Rivas, antiguo responsable de las finanzas del PSPV-PSOE, mantiene una importante participación en el capital de Cablevisión, S.A., con José Jaime Moreno, socio de Geinco, sentado en su consejo de administración.

En Cataluña, Carynsa (Comercial de Automóviles, Remolques y Náuticas, S.A.), dirigida por el abogado, censor jurado de cuentas y militante del PSOE desde 1982, Carlos Obregón, se vuelca en la compraventa de automóviles usados.

Fundada en 1979 por la antigua federación catalana del PSOE, es una muestra de la variedad de actividades que el partido pone en marcha, aunque, como en este caso, proporcionen más problemas que buenos servicios financieros, al acabar sus días en escándalo y con uno de sus responsables huido de España.

Pese a ello, Obregón monta otras tres sociedades —Técnicas de Impresión, Técnicas de Comunicación Promocional y Comunicación Editorial—, todas ellas ligadas al mundo de la publicidad y la comunicación, en las que emplea a unas 300 personas, y con las que acaba en los tribunales.[4]

El PSOE repite con frecuencia, a principios de los ochenta, la fórmula del cooperativismo y en seguida cobran fama las sociedades que funcionan con el epígrafe emblemático de Cooperativas Pablo Iglesias.

Dedicadas a la promoción de viviendas de tipo social, la primera de ellas, Paidema (Pablo Iglesias de Málaga) surge en esta ciudad bajo los auspicios de los dirigentes locales del PSOE, Carlos Sanjuán y Rafael Ballesteros, quienes en una carta a los militantes del partido aseguran contar con el apoyo de las más altas instancias del PSOE, en este caso, Alfonso Guerra.

Tras la experiencia de Paidema, las cooperativas de viviendas Pablo Iglesias se multiplican como hongos a lo largo y an-

4. «Un juez investigó durante 10 años empresas próximas al PSOE», artículo publicado en *El País*, 7 de marzo de 1990.

cho del territorio español, en Córdoba, La Coruña, Segovia, Canarias y localidades obreras como Getafe y Vaciamadrid, en Madrid.

Al frente de ellas se encuentran siempre destacados dirigentes del partido, como José Miguel Salinas y Antonio Calleja, de la Ejecutiva del PSOE en Córdoba, o Luis Solana, en Segovia. Sin embargo, el fracaso es sonoro y muchos de los gestores del PSOE y UGT acaban también en los tribunales.[5]

Paralelamente, el PSOE trata de hacerse con las cabeceras de varios periódicos a lo largo y ancho del territorio, con la esperanza de aumentar su influencia social y sus cauces de financiación. Para ello, un grupo de militantes del partido comienza a trabajar desde una oficina poco conocida, en la calle General Moscardó de Madrid, a las órdenes del empresario socialista Emilio Martín, que organiza diversas compras de editoriales.[6]

En este contexto, Enrique Ballester funda el 15 de abril de 1982 la sociedad Tresbeco, con la que en 1986 se asocia a la empresa Comunicaciones Internacionales, S.A., de Emilio Martín, convirtiéndose éste en presidente de ambas, aunque la sociedad matriz del grupo de empresas de Prensa es, en realidad, Mundicon, propietaria de la revista *Actual*.[7]

* * *

Pero Enrique Ballester no está solo. Aunque ejerce como máximo responsable del partido para los negocios, según confiesa a la revista *Cambio 16*,[8] en Valencia y Murcia son otras per-

5. Tras el caso Juan Guerra, el secretario de Finanzas del Partido Socialista, el médico Guillermo Galeote, cursó una instrucción verbal a los dirigentes regionales y provinciales del partido, ordenando «dejar caer» a muchas empresas que se beneficiaban de las vinculaciones de sus directivos con el PSOE. Por la calle Ferraz circuló, a comienzos de 1990, una lista de cuarenta sociedades con las que había que romper amarras e incluso dar instrucciones a muchos dirigentes para que cerraran sus despachos de influencias.

6. Ver capítulo XXIII.

7. Los negocios de Prensa relacionados con el PSOE se cuentan en el capítulo XXIII.

8. «Confesiones de un empresario socialista: Yo monté negocios para el PSOE», revista *Cambio 16*, número 954, de 5 de marzo de 1990.

sonas, más vinculadas al Presidente del Gobierno, Felipe González, quienes llevan las riendas de las empresas del PSOE.

En ambas regiones, a comienzos de los ochenta, gobierna el Partido Socialista Obrero Español, con Joan Lerma y Andrés Hernández Ros, al frente de las Autonomías de Valencia y Murcia, respectivamente.

El Levante español constituye una de las principales despensas de Europa en productos hortícolas y frutales y a Emilio Alonso y Carmen García Bloise les parece una brillante idea que el PSOE se dedique a vender naranjas y limones para llenar los estómagos de Europa.

Con este fin, el partido crea la sociedad Coopex y encarga su gestión a Jorge Soto, casado con Helga, la secretaria de Felipe González en el PSOE, y a Julio Feo, entonces jefe del gabinete técnico del presidente de la Comunidad murciana, Andrés Hernández Ros.

El objetivo de la sociedad es exportar frutas y hortalizas a los países del Mercado Común. Pero como ni Jorge Soto ni Julio Feo saben nada de naranjas ni de limones, para que les ayude, se llevan a Murcia a Antonio Calleja Relaño, un militante socialista de Lora del Río (Córdoba), que había trabajado en esos menesteres anteriormente para Juan Garrigues y su empresa Ciex, suministrando aceite y cítricos a la Unión Soviética.

Coopex empieza bien. Pero Andrés Hernández Ros, convenientemente asesorado por Julio Feo, comienza también muy pronto a hacer de las suyas. Con una mentalidad visionaria, el presidente de la Comunidad de Murcia quiere sacar negocios hasta de debajo de las piedras. El 29 de agosto de 1981 funda la sociedad Mármoles de Barinas y con un talón de la Caja de Ahorros de Alicante y Murcia compra por ocho millones de pesetas una cantera de donde piensa sacar mármol, un material desconocido hasta entonces en la comarca.

Poco después monta la empresa Promural, con un capital de 160 millones de pesetas, para la liofilización del pimentón murciano, y constituye Muracua, dedicada al engorde y a la comercialización del langostino en el Mar Menor.

Jorge Soto, Julio Feo y Hernández Ros, este último antiguo pintor de brocha gorda y vendedor de abonos, abrigan grandes proyectos. Esperan, transcurrido poco tiempo, obtener créditos por un importe de 500 millones de pesetas para crear un periódico local de tendencia socialista.

Pero poco a poco la dura realidad pone de relieve que los planes del trío socialista no son más que quimeras. Después de una inversión de 25 millones de pesetas en Muracua y de importar tecnología de las islas Filipinas, la cosecha de langostinos de 1982 no rebasa los 150 kilos.

La empresa de deshidrataciòn de pimientos fracasa también y Coopex cierra con unas deudas de 200 millones de pesetas, mientras Mármoles de Barinas lo hace con un «agujero» de 45 millones.

En los dos casos surgen acusaciones mutuas por apropiaciones de fuertes sumas de dinero por parte de algún militante del partido, que no trascienden a la opinión pública pero que dejan la tradicional honradez de sus correligionarios en entredicho.

Felipe González interviene personalmente y ordena la creación de una comisión investigadora para aclarar el *affaire*. Carmen García Bloise, la secretaria de Organización del PSOE, que había apoyado firmemente a Hernández Ros en el seno del partido, es la encargada de apuntillarle.

El presidente murciano, que quiere comercializar su último «descubrimiento», en torno a la energía espontánea, a través de la empresa Thomas Edison —en honor del físico norteamericano, inventor de la lámpara eléctrica incandescente—, ocasiona al PSOE pérdidas de más de 400 millones de pesetas.[9]

Jorge Soto se marcha de la empresa y funda Proco 85, con la que comienza a vender aceros a la República Democrática de Alemania y a importar carbón. Posteriormente, crea Lemex. Antonio Calleja funda Transcomin, 86 y Fonatrán,[10] y Aida Álvarez, una de las personas de confianza de Alfonso Guerra, relacionada con los negocios de Levante, constituye Tahis (Transportes Aéreos Hispanos),[11] y posee en la actualidad un grupo de seis empresas que cubre un amplio espectro de negocios.

Cuando Julio Feo regresa a Madrid, crea la sociedad Comunicación 2.000 y tras un corto período en la Secretaría Gene-

9. Para ampliar datos al respecto, se pueden consultar los artículos «El Watergate de Murcia», diario *Pueblo*, de 8 de marzo de 1984 o «Un presidente loco, loco, loco», en *Cambio 16*, 13 de marzo de 1984, entre otros.

10. Ver «Calleja, forja y caída de un rebelde», capítulo XI.

11. Sobre Aida Álvarez, se puede encontrar más información en el capítulo IV.

ral de la Presidencia del Gobierno, se establece por su cuenta, organizando nuevas empresas.[12]

* * *

Pero no conviene adelantar acontecimientos. A comienzos de los años ochenta, el Partido Socialista tiene abiertas —si se toman en consideración las declaraciones de Enrique Ballester a *Cambio 16*— un amplio abanico de sociedades que abarcan todos los sectores sociales.

En Madrid, dos hombres caracterizados por la aureola de misterio y clandestinidad que parece rodearles, Emilio Alonso Sarmiento y Enrique Ballester Gallego, se disputan su control desde la sede del PSOE, en la calle Ferraz, y el despacho de Management, en el Paseo de la Castellana, respectivamente.

Fruto de la falta de entendimiento y los problemas de coordinación, a partir de entonces, siguen caminos separados aunque siempre a la sombra del partido.

De este modo, Ballester crea una nueva empresa controlada por él y su ya clásico equipo. El nuevo invento se registra el 28 de octubre de 1982 —el mismo día que el PSOE gana las primeras elecciones generales— con el nombre de Coming, S.A. (Comercio, Inversión e Ingeniería).

La sociedad opera en Argelia y en colaboración con Zamos y Valenciana de Cementos levanta tres ciudades universitarias y trece centros de estudios, con unas inversiones globales de 11.000 millones de pesetas.

Con parte de los beneficios que obtiene, el empresario del PSOE realiza el sueño de su vida. Se compra una parcela de 10.000 metros cuadrados en La Moraleja y se construye un palacete árabe, entre ampuloso y hortera, en una de las zonas más privilegiadas de Madrid, donde tienen su residencia personajes tan importantes como Alfonso Escámez, presidente del Banco Central, o Tita Cervera, la baronesa Thyssen.

Poco después, vende sus 500 metros cuadrados de oficinas en la calle General Martínez Campos de Madrid, que le habían

12. «Todos los hombres de negocios del Presidente», capítulo VI.

costado 25 millones de pesetas, al broker José María Escondrillas, por 210 millones —según reconoce él mismo— y se retira del mundo de los negocios vinculados al partido.

Un repliegue que, como más adelante se verá, es más aparente que real.

* * *

En 1984, Enrique Ballester y una buena parte de los empresarios del PSOE resultan «tocados» por el escándalo de las empresas creadas al amparo de la Comunidad Autónoma Murciana, en la etapa de Andrés Hernández Ros.

Las Cooperativas Pablo Iglesias comienzan a ser también un nido de conflictos, así que, tras una severa autocrítica, los financieros del partido optan por provocar un relevo al frente del grupo de empresas.

En ese momento, Enrique Sarasola Lerchundi, *Pichirri*, íntimo amigo de Felipe González y financiero del PSOE a título particular, todavía no se ha comprado su actual cuadra de caballos en El Espinar (Segovia). Tampoco ha sido descubierto por la Prensa como cantante de boleros y ni él ni su mujer, María Cecilia Marulanda, una persona de ademanes afectados, han saltado todavía a la fama que les rodea hoy.

Sarasola representa, indudablemente, el perfil de empresario que necesitan los socialistas: reservado, emprendedor, astuto y bien relacionado. En 1984, Ballester le cede los trastos y, años después, siguiendo su proverbial afición a contarlo todo, lo que no es obstáculo para que desee presidir el CESID (Centro Superior de Información de la Defensa), se lo cuenta a la Prensa.[13]

Sarasola empieza con pie firme. A través de su socio, Antonio Blázquez Marín, de la mujer de éste, María Teresa Abascal, y de una tercera persona, monta la empresa Intermun, con domicilio social en el edificio Isecotel, en el Paseo Marítimo de Cádiz, propiedad de Enrique Sarasola y Antonio Blázquez.

Lo organiza todo a lo grande. En lugar de dedicarse a vender naranjas y limones de Levante a los supermercados de la

13. *Cambio 16*, número 954.

socialdemocracia alemana, el amigo de Felipe González se da cuenta de que una de las grandes vías de financiación política es el comercio de Estado y trata de controlarlo, como años antes había hecho la UCD.[14]

Por aquel entonces, cuando España no pertenece aún a la Comunidad Económica Europea, los excedentes de cereales, azúcar y aceite de oliva están controlados directamente por el Gobierno.

El Fondo de Ordenación y Regulación de los Precios y Productos Agrarios (FORPPA), dependiente del Ministerio de Agricultura, es el organismo encargado de su venta en el exterior. Intermun, que entra en contacto con este organismo y con los *brokers* de París y Londres, fundamentalmente, se dedica al negocio de las «comodities» y se constituye en una sociedad intermediaria.

La historia funciona hasta el 24 de enero de 1984, fecha en que el FORPPA convoca un concurso internacional para liquidar unos excedentes de 70.000 toneladas de azúcar y la operación resulta, de manera sorprendente, adjudicada a la multinacional Ifco, representada en España por Intermun.

La venta, además, se lleva a cabo de forma no muy ortodoxa. Entre otras irregularidades, se presentan al FORPPA los avales correspondientes y, en algunos puntos, se vulnera la Ley de Contratos del Estado.

Al concurso se presentan otras ocho sociedades. Una de ellas, Mercosa, propiedad del banquero Ignacio Coca, realiza una oferta más favorable a los intereses del Estado. Así que el banquero Coca contacta con el diputado por Málaga del Partido Popular, Antonio Navarro Velasco, y el asunto acaba debatiéndose en el Parlamento, en los plenos del 13 de junio y del 8 de octubre de 1984.[15]

En las dos sesiones, el diputado desvela la composición del consejo de administración de Intermun y que la sociedad se había constituido el 15 de noviembre de 1982, días después de que el PSOE ganara las primeras elecciones generales. Acusa al Gobierno de haber hecho perder al Estado 800 millones de

14. Las vías de financiación de UCD se cuentan en el capítulo V y, con más detalle, en el XX.

15. Para ampliar información al respecto, consultar Diario de Sesiones del Congreso, páginas 6099 a 6100 y 6819 a 6826, del año 1984.

pesetas y de adjudicar el contrato a una empresa cercana al PSOE. Tras lo cual, el diputado por Málaga concluye:

—El «amiguismo» y el «sectarismo» han costado muchos millones a todos los españoles.

El ministro de Agricultura, Carlos Romero, salva la cara como puede. Pero el diputado Navarro Velasco no se contenta con la denunciá parlamentaria. Envia el «dossier» al Defensor del Pueblo, a la Fiscalía General del Estado y al Tribunal de Cuentas para que se depuren responsabilidades.

Seis años después, cuando, en marzo de 1990, habla con los autores del libro, aún espera una respuesta oficial.

Entretanto, lo único que recibe el hoy eurodiputado aliancista son amenazas de personas cercanas a Alfonso Guerra.

—Si sigues por ese camino —le advirten una vez— vas a verte como Ruiz Mateos.

—¿Qué me dices?

—Sí, como José María Ruiz Mateos.

El presidente de Rumasa, recuerda Antonio Navarro, está entonces preso.

Tras esta batería de denuncias, la empresa Intermun, aparentemente, queda «quemada» como vía de financiación socialista. Los hechos, sin embargo, van a demostrar, años más tarde, que esta sociedad aparece y desaparece según la voluntad de su mentor, como el misterioso río Guadiana.

* * *

En julio de 1988, el Ministerio de Asuntos Sociales que dirige Matilde Fernández, una de las mujeres «guerristas» del Gobierno, convoca oficialmente, a través del Inserso (Instituto de Servicios Sociales), un concurso público para organizar los turnos de vacaciones de los pensionistas y jubilados españoles.

La convocatoria prevé la concesión de vacaciones subvencionadas por el Estado para un total de 250.000 ancianos a lo largo de los siguientes doce meses. Está en juego la nada desdeñable cifra de 3.377 millones de pesetas, procedentes de los Presupuestos Generales del Estado, que el Ministerio de Asuntos Sociales se va a gastar en actividades de recreo y ocio para la Tercera Edad.

A la licitación acuden sólo dos empresas, Viajes Cemo, S.A. y Viajes Ceres. La adjudicación del concurso resulta, cuando menos, problemática y polémica. El Inserso, presidido por Ángel Rodríguez Castedo, militante socialista y de la UGT desde 1984, adjudica el negocio a Viajes Ceres, una empresa adquirida en 1987 por el hotelero mallorquín Juan Calatayud Montell.

La adjudicación del concurso a esta sociedad destapa automáticamente la caja de los truenos. La empresa perdedora, Viajes Cemo, acusa a su competidora de favoritismo y a las autoridades del Inserso de prevaricación. El asunto, como es de esperar, acaba en los tribunales.

Poco a poco, la investigación judicial descubre las claves del negocio. Se sabe que Viajes Ceres es una sociedad con un capital social de 100 millones de pesetas que está constituida por otra empresa, Central Managers, que ostenta el 90 por ciento de las acciones, y por Juan Bautista Calatayud, propietario del resto de los títulos.

Detrás de Central Managers aparece una segunda empresa, Hispaport y, tras ésta, Intermun, la sociedad del socio de Enrique Sarasola, Antonio Blázquez Marín, ligada a la financiación del PSOE.[16]

La investigación judicial determina también la presencia de otros importantes militantes socialistas, como el abogado Juan Piña Oliver, vinculado a las finanzas del PSOE en la etapa de Emilio Alonso Sarmiento, y de Carlos Rodríguez Bono, primo del presidente de la Junta de Comunidades de Castilla-La Mancha, el socialista José Bono.

Todo ello es, sin embargo, tan sólo la punta del iceberg. Informes posteriores revelan que la empresa encargada de llevar la imagen externa y el asesoramiento de Viajes Ceres es la sociedad Consultores de Comunicación y Dirección, propiedad de Julio Feo, hasta su reciente venta a una compañía inglesa.

Por otra parte, Ceres, la empresa afín al PSOE, parece ostentar en exclusiva la organización de los viajes de turismo para los jubilados españoles. Desde 1987 a 1989, es la sociedad que administra los fondos del Inserso destinados a la Tercera Edad, un dinero que depende de los ministros Joaquín Almunia y Manuel Chaves, de procedencia ugetista y ex titulares del Minis-

16. La información procede de un sumario judicial de la Audiencia de Madrid.

terio de Trabajo, y de Matilde Fernández, responsable del de Asuntos Sociales.

De esta manera, la empresa Ceres, nombre que en la mitología romana simboliza a la diosa de la fecundidad y las cosechas, ingresa en sus arcas una «cosecha económica» estimada en 10.000 millones de pesetas a lo largo de los cuatro últimos años.

Los jubilados y pensionistas, que hasta entonces constituyen la principal cantera electoral del Partido Socialista Obrero Español, se convierten también en una de sus principales fuentes de ingresos paralelos.

* * *

Pero no todas las empresas creadas en la etapa de Enrique Sarasola acaban en escándalo, en el Parlamento o en los periódicos, como es lógico. *Pichirri* es también el encargado de atraer hacia las áreas de influencia del partido a las sociedades Blasco de Garay, Ferraz 70 y Dorna, tres sociedades que a finales de la década de los ochenta se van a revelar muy activas.

Ligadas a la promoción de viviendas y a actividades relacionadas con el mundo inmobiliario, estas empresas están controladas por Carlos García Pardo, un íntimo amigo de Sarasola que ofrece a los dirigentes socialistas la posibilidad de construir la nueva sede del partido sobre los solares que ha adquirido en los números 68 y 70, de la calle Ferraz, el lugar exacto donde vivió Pablo Iglesias, el fundador del PSOE.

Pasados los años,[17] Dorna constituiría un *holding* de diecisiete empresas,[18] con ramificaciones en el terreno deportivo, la publicidad y el mundo de la Prensa.

Pero Sarasola, íntimo amigo de los dos hombres fuertes de la UGT, Paulino Barrabés y Nicolás Redondo, hace mucho más, al responsabilizarse también de montar una agencia de viajes para el sindicato socialista, en 1984.

17. Concretamente, en 1990.
18. Para no abrumar con más datos al lector, la lista de empresas del consorcio Dorna, S.A., puede consultarse en el capítulo VIII, donde se explican los negocios del clan Sarasola.

Con apoyo del ministro del Interior, José Luis Corcuera, entonces secretario de la poderosa federación del Metal de UGT, los sindicalistas afines al PSOE inician en ese momento el asalto a algunas empresas públicas, como la de bienes de equipo del INI, Babcock Wilcox, presidida por el ugetista Manuel Fernández de la Rubia, y montan en torno a ella una serie de sociedades de servicios, como Symvisa, Gruticsa y Condime, controladas por militantes socialistas, vinculados a las finanzas del partido y del sindicato.

También, por esa época, se produce el asalto a Proyectos e Instalaciones de Desalación (Pridesa), una sociedad dedicada a la construcción de potabilizadoras, en la que vuelve a aparecer el nombre de Manuel Fernández de la Rubia al lado de otros destacados militantes socialistas.[19]

Todas estas sociedades tienen su domicilio social en Bilbao, donde, del mismo modo, aparecen inscritas Traindusa, Comercial de Asistencia Industrial (Coasin) y otra media docena de sociedades más, en las que figuran los nombres de Enrique Sarasola y de su socio, Antonio Blázquez, junto a los de otros empresarios cercanos al PSOE.

Entretanto, en Madrid, el diputado autonómico Benjamín Castro constituye con el empresario cordobés y ex miembro de la Ejecutiva del partido en aquella provincia, Antonio Calleja, la sociedad Internacional de Representación y Gestión, S.A., al tiempo que promueve la agencia Viajes Platino.

Y hasta Madrid llega también, desde Sevilla, el ingeniero industrial y amigo de Felipe González, José Bores Sainz, para crear, al abrigo del poder, su empresa B. L. y R. (Bores, Loring y Rufo), en honor a sus tres fundadores, José Bores, Fernando Loring y Joaquín Rufo.

Bores —nacido en el barrio del Heliópolis, donde residen durante su infancia el Presidente del Gobierno, Felipe González, el ex ministro de Trabajo y presidente de la Junta de Andalucía, Manuel Chaves, y su antecesor en el cargo, José Rodríguez de la Borbolla—, instala su despacho en la calle Antonio Maura, a un centenar de metros del bufete del ex presidente del Gobierno, Adolfo Suárez.

El amigo de Felipe se dedica, en sus comienzos, a la lucrativa actividad de comprar empresas en crisis, aprovechar al máximo los beneficios fiscales y crediticios que le proporciona el

19. Ver capítulo IV.

Gobierno, para reflotarlas, y a venderlas revalorizadas. Un negocio que realiza con otra de sus sociedades: B. L y R., Fusiones y Adquisiciones.

Para actuar en el campo del comercio exterior, Bores y sus socios crean B. L. y R. Trading, y para la promoción de inversiones en los sectores agrícola, industrial, ganadero e inmobiliario, constituyen Grupo B. L. y R., SA, un conjunto de sociedades que acaba formando el Grupo Maura.[20]

A finales de la década de los ochenta, Sarasola, encargado de organizar las finanzas del partido y de ayudar a algunos empresarios socialistas a levantar sus negocios, se retira a su cuartel de invierno, en El Espinar (Segovia), para dedicarse al cuidado de su yegüada y a trabajar desde la sombra en los rentabilísimos mercados de Hispanoamérica y los países del Este.[21]

De carácter seco y autoritario en el trabajo, a pesar de ser considerado una persona jocosa y expansiva en sus actividades cotidianas, su papel como coordinador de las empresas ligadas al partido deja un pozo de sinsabores e incompresiones en mucha gente, provocado por envidias y recelos o por la incapacidad que embarga a muchos de sus socios, al llevar a cabo, al pie de la letra, su visión de los negocios.

Tras este largo recorrido, Sarasola se pelea con algunas personas y se distancia de otras. Todas, incluido Enrique Ballester, le echan en cara su falta de tacto para tratar al personal que trabaja bajo sus órdenes y la despreocupación con la que se toma el mundo de la empresa.

—Con Sarasola —comenta Ballester entre sus amigos— sólo se puede estar cuando le da por contar chistes, que es un genio.

Y agrega:

—El que intente hacer negocios con él, está perdido.

* * *

El 8 de julio de 1989, cuando el líder peronista Carlos Saúl Menem toma posesión de su cargo como presidente de la Re-

20. El clan de los Bores funciona también en la actualidad como Grupo Fortuny.

21. Los negocios de Enrique Sarasola aparecen con detalle en los capítulos VII y VIII.

pública de Argentina y accede a la Casa Rosada de Buenos Aires, una nueva época se abre ante Ballester, con un amplio abanico de posibles negocios.

Ese día, en pleno «año sabático», como gusta explicar él mismo, siente la llamada del dinero, después de retirarse, poco tiempo antes, de las empresas más o menos vinculadas al PSOE.

En la pre campaña electoral que desarrolla Menem por Europa, en la primavera de ese año, cuando el líder peronista viaja a España y pide el apoyo moral del PSOE, ni uno solo de los líderes del aparato de Relaciones Internacionales del partido le recibe.

Enrique Ballester, que entonces compagina la lectura de los libros de Fernando Vizcaíno Casas con visitas esporádicas a los despachos de su hermano José, en el hotel Eurobuilding de Madrid, y del comerciante de armas belga, Christian-Jacques Philippart de Foy, con el que trata de vender espoletas de proximidad de la empresa sueca Boffors a la Armada española, se convierte en su acompañante durante unos días en Madrid y le invita a su casa.

En su chalet árabe de La Moraleja, bajo una cúpula de cristales multicolores de fabricación alemana que reposa sobre el patio central, entre celosías y visillos, Ballester y Menem charlan durante varias horas sobre los planes del líder peronista, antes de que éste alcance la Presidencia de la República.

De esta manera, cuando en la primavera de 1990, Carlos Menem, ya presidente de Argentina, comienza a privatizar todas las empresas estatales de su país, transformando la República en el gran zoco austral de Hispanoamérica, el empresario socialista tiene en su ordenador personal —un modesto Amstrad 2000— todos los planes de venta del sucesor de Raúl Alfonsín.

Con esta información privilegiada en su poder, resurge como un Ave Fénix, al frente de sus actividades financieras, dispuesto a trabajar como intermediario en la compra por Iberia de Aerolíneas Argentinas, por 330 millones de dólares, o en la adquisión de una parte de la empresa telefónica de Buenos Aires por la Compañía Telefónica de España, S.A.

Para negociar la privatización de la red de gas de las ciudades argentinas de Rosario y Santa Fe, Ballester telefonea a su amigo Luis Velasco, el ex secretario de Estado de Comercio y presidente, en la actualidad, de la empresa de comercio exterior hispano soviética, Sovhispan, quien le había sustituido años atrás al frente de Management, la sociedad coordinadora del primer «holding» del PSOE.

Una carta con fecha 26 de septiembre de 1989, cuyo destinatario es J. A. Rafaillao, en la calle Redoute, en Fonteray-aux-Roses, en Francia, revela que Ballester también interviene en la venta de misiles y puestos de tiro, fabricados por la empresa Nacional Santa Bárbara y la multinacional francesa Euromisile, a las Fuerzas Armadas Argentinas.

Por entonces, el empresario socialista explica a quien quiere escucharle que todos los días recibe, a través de su fax y su ordenador personal, información comercial procedente de Buenos Aires, Caracas, Río de Janeiro, Canadá y París, países en los que cuenta con amigos y empresarios «bien colocados» y dispuestos a ayudarle en cualquier momento.

Así, de la misma manera que no duda en acompañar a Carmelo Trujillo, el hombre de Bazán en Marruecos, a algunos organismos oficiales controlados por el Partido Socialista, para ayudarle a buscar financiación y venderle dos corbetas al rey Hassan II,[22] no tiene inconveniente en acudir al Banco Exterior de España y a Focoex (Fomento de Comercio Exterior) para buscar el dinero necesario que le permita construir una urbanización hotelera en Cuba, con el respaldo del vicepresidente de la isla, comandante García Frías.

Ballester trabaja como intermediario en la compra de un sistema de recepción de imágenes por satélite por parte del Centro Nacional de Investigación de Argentina a la empresa de electrónica del INI, Inisel, por un importe de 12.500 millones de pesetas; en un proyecto de la empresa Marte para financiar cinco barcos con destino al Ministerio de Turismo de Zaire, por 35 millones de dólares, y en la venta de motores de la Rolls Royce británica para la flota de Iberia.

Por todos sus desvelos para llevar a cabo estas operaciones, espera cobrar el importe de las sustanciosas comisiones que cuidadosamente anota y guarda en sus archivos y que en conjunto alcanzan unos 280 millones de pesetas.

Lo que no desvela Ballester es si el dinero de esas comisiones —cuyo importe suele anotar tanto en dólares como su equivalencia en pesetas bajo el epígrafe de «honorarios» o «comisión»— es sólo para él, para las empresas que van a culminar

22. Consultar el capítulo anterior.

los negocios o si van a parar directamente al Partido Socialista Obrero Español.

Su retorno al tortuoso mundo de las finanzas, trabajando en la sombra desde su chalet árabe, protegido por dos pastores alemanes y por un sofisticado sistema de seguridad, en contacto permanente con significativas personalidades del PSOE, situadas al frente de diversas empresas públicas, sugiere que su labor cuenta con el respaldo del aparato de Finanzas de Ferraz.

El hombre que crea las primeras empresas vinculadas al Partido Socialista Obrero Español, sin embargo, aparentemente, no está solo, y a mediados de 1989 enlaza con un nuevo grupo, con una presencia significativa en la Moncloa y en el Instituto Nacional de Industria (INI). Un equipo que recoge la antorcha y cuyos pasos son materia del próximo capítulo.

III. PSOE, SOCIEDAD ANÓNIMA (II)

En 1989, surge una de las últimas tramas financieras vinculada al PSOE que se conocen. Sus hilos llevan hasta altos cargos de la Moncloa, ligados al Gabinete de la Presidencia del Gobierno, que dirige Roberto Dorado, uno de los pilares del ex vicepresidente del Gobierno, Alfonso Guerra, y al Instituto Nacional de Industria (INI). Gran parte de las operaciones del nuevo clan son desconocidas, pero muchas de las claves aparecen en el sumario contra Juan Guerra, que lleva en Sevilla el juez Ángel Márquez.

En junio de 1988, un alto cargo del Instituto Nacional de Industria (INI), el consorcio de las empresas del Estado, llama a su despacho a Guillermo B. Juárez, un abogado madrileño, de origen marxista, ligado en la actualidad al Opus Dei.

—Como tú sabes —le dice—, el INI convoca muchos concursos públicos y saca a subasta muchas obras. Hemos pensado montar un *consulting* fuera del Instituto, con personas de izquierdas, no necesariamente del partido, para llevarlo adelante.

Juárez, que había trabajado durante mucho tiempo como consultor externo del INI, en calidad de auditor de gestión, se había convertido en uno de los hombres de confianza de Luis Carlos Croissier, con quien despachaba directamente, cuando éste ocupaba la presidencia del Instituto.

Tras una breve pausa, el directivo del INI, continúa:

—¿A ti qué te parece la idea?

—Hombre, pues creo que es buena —responde Juárez.

El alto responsable del INI, midiendo muy bien las palabras, le tantea un poco más, mientras observa atentamente todas sus reacciones.

—Entonces, ¿estás de acuerdo?

Pese a no militar en el Partido Socialista, Juárez llevaba algunos meses colaborando con el Programa 2000 del PSOE en torno a varios trabajos relacionados con el medio ambiente y la calidad de vida. Pero ésta era la primera vez que le llamaban para hacerle una oferta concreta.

—Sí. Repito que puede ser una buena idea —confirma Guillermo B. Juárez.

El directivo del INI deja escapar un profundo suspiro, como si se acabara de quitar un gran peso de encima, y agrega:

—Pues me alegro, porque habíamos pensado en ti para que te hicieras cargo.

—¿Y por qué en mí?

—Estás muy bien recomendado. Un ministro y un senador del partido nos han dicho que eres un profesional muy competente y una persona discreta.

En definitiva, a Juárez le proponen que deje su trabajo de auditor de gestión y que se incorpore como gerente de un grupo de empresas ligadas a personas del Partido Socialista Obrero Español, para controlar desde ellas los negocios que se generan a través de los concursos públicos del INI.

Guillermo B. Juárez, padre de una familia numerosa compuesta por cinco hijos, persona de arraigadas creencias religiosas, lo piensa y, al cabo de un par de días, vuelve al INI:

—De acuerdo —responde.

A continuación, le ponen en contacto con cuatro personas a las que considera ligadas a las finanzas del Partido Socialista: Florencio Ornia Álvarez, Sotero Jiménez Hernández, Pedro Sancho Llerandi y Juan Carlos Mangana Morillo. Ninguna de ellas, evidentemente, aparece oficialmente vinculada al aparato de finanzas del partido.

Florencio Ornia es, en aquel momento, el jefe del Gabinete de Infraestructura y Seguimiento para Situaciones de Crisis, en el Palacio de la Moncloa, un organismo encargado de conectar al Presidente del Gobierno, Felipe González, con los minis tros y el Ejército en situaciones de emergencia nacional.

Ornia, con despacho oficial en el complejo de la Moncloa, depende directamente del director del Gabinete de la Presidencia del Gobierno, Roberto Dorado, uno de los «fontaneros» de Presidencia y conocido hombre de confianza del vicepresidente, Alfonso Guerra.

Sotero Jiménez Hernández es, hasta finales de 1987, el secretario particular de Guillermo Galeote, responsable del aparato de Finanzas del Partido Socialista, con oficina en la sede central del PSOE, en la calle Ferraz de Madrid.

El tercer hombre, Juan Carlos Mangana Morillo, está casado con Mercedes Medel Ortega, secretaria del ministro del Interior, José Luis Corcuera. Además, Mangana es cuñado del antiguo responsable del área de Circulación y Transportes del Ayuntamiento de Madrid, Valentín Medel, otro de los hombres clave en la financiación del PSOE a través del Ayuntamiento de Madrid.

Pedro Sancho, el cuarto miembro del clan, es el director de la empresa Comet, perteneciente a la Compañía Telefónica de España, S.A. Hombre de confianza de su presidente en ese momento, Luis Solana, a quien debe su cargo, después de trabajar en el INI, como presidente de Astilleros Españoles, se convierte en uno de los redactores del Programa 2000 del PSOE.

* * *

Cuando en el mes de junio de 1988, Guillermo B. Juárez entra en contacto con el grupo, observa que los accionistas del consorcio de empresas han sido elegidos por su lealtad al Partido Socialista y por sus estrechos vínculos familiares o profesionales con sus principales dirigentes.

Juárez descubre también que es Florencio Ornia, el hombre vinculado al gabinete de Roberto Dorado en la Moncloa, quien toma las decisiones y quien, aparentemente, dirige el *holding*. Los autores del libro, sin embargo, no han podido establecer ninguna relación entre el ex responsable del Gabinete de Infraestructura y Seguimiento para Situaciones de Crisis, Ornia, y los negocios que se atribuyen al PSOE.

Todas estas personas, convertidas de la noche a la mañana en prósperos intermediarios, operan desde una serie de oficinas camufladas, establecidas en diversos pisos de Madrid.[1]

Cuando el amigo de Croissier visita estas oficinas, se encuentra con un intrincado mundo de intrincadas empresas interpuestas, la mayoría de ellas inscritas como sociedades de intermediación, funcionando a pleno rendimiento.[2]

La primera de las sociedades, GTP Consultores, opera desde el número 31 de la calle Sagasta de Madrid. Sus accionistas son el ex secretario de Guillermo Galeote, Sotero Jiménez, y Juan Carlos Mangana, casado con la secretaria del ministro Corcuera.

Otras de las sociedades domiciliadas en Sagasta, 31 son GMP Consultores, S.A., constituida por las mismas personas; Bleker, S.A., propiedad de Juan Carlos Mangana y Sotero Jiménez; GMP Consultores y, por último, Caferne, S.A., en la que, de nuevo, aparecen los mismos nombres.

El consorcio no sólo hace negocios con las contratas del INI. En la etapa en que Guillermo B. Juárez permanece vinculado al grupo, los titulares de una de las sociedades, GMP Consultores intentan firmar un contrato privado de asesoría con la multinacional alemana Siemens, que puja, frente a su rival francesa Alsthom, por quedarse con el contrato de suministro de material con destino a la línea Madrid-Sevilla del Tren de Alta Velocidad.[3]

La consultora interviene además como asesora en la venta de numerosos solares que la Red de Ferrocarriles Españoles (Renfe) tiene en todo el territorio nacional y trabaja en algunas operaciones con el Ayuntamiento de Getafe, en colaboración con Aida Álvarez, otra de las personas relacionadas con la financiación oficial del partido.[4]

El abogado urbanista Juárez recuerda que el grupo de asesores de Sagasta, 31 mantiene, por esa época, unas excelentes

1. Las sociedades se encuentran en Sagasta, 31; Marqués de Urquijo, 44; Alcalá, 121; Lagasca, 12; Viriato, 16 y Francisco Gervás, 12, en Madrid.

2. Las empresas son: GMP Consultores, S. A.; GTP Consultores, S. A.; Alcalá 201, Construcciones Madrid-Sevilla, Parcoman, S.A.; Promociones L-18, hoy Getisa; Bleker, S.A.; GTP, Consultores Sur y Caferne, entre otras. Todos los datos de estas sociedades han sido rigurosamente chequeados por los autores del libro en el Registro Mercantil de Madrid.

3. Para más información, consultar el capítulo XII.

4. Los detalles acerca de esta operación se cuentan en el capítulo IV.

relaciones con las empresas Arquitectura, Ingeniería y Servicios, S.A. (Aiser); Infraestructuras Madrileñas y Promoción e Infraestructuras, las dos últimas ligadas al Banco Bilbao-Vizcaya y a la Caja de Ahorros de Madrid.

En los últimos años, estas tres sociedades construyen 48 aparcamientos en Madrid, dentro del Plan de Aparcamientos Subterráneos para Residentes, puesto en marcha por el Ayuntamiento, con el socialista Juan Barranco como alcalde de la capital y Valentín Medel, al frente del Área de Tráfico.[5]

El nombre de una de estas empresas, Aiser, aparece por vez primera relacionado con un escándalo de tráfico de influencias cuando el juez sevillano Ángel Márquez, que investiga el caso Juan Guerra, ordena un registro a la sociedad Corral de la Parra, en la capital andaluza.

En esta empresa, propiedad del hermano del vicepresidente del Gobierno, se encuentra un *dossier* de doce páginas, enviado el 12 de abril de 1988 al Ayuntamiento de Sevilla, en el que se solicita una concesión para la construcción y la explotación de diez aparcamientos subterráneos en la capital andaluza.[6]

En Madrid, Aiser e Infraestructuras Madrileñas se llevan el 50 por 100 de las adjudicaciones. El asunto es un gran escándalo político, pero no encuentra reflejo en la Prensa.

Por eso, cuando, a comienzos de 1987, el centrista Agustín Rodríguez Sahagún llega a la Alcaldía de Madrid, una de las primeras cosas que hace es paralizar las obras de aparcamientos en marcha y suspender el plan.

La decisión es tan drástica que el alcalde ordena rellenar y asfaltar de nuevo algunas calles, como ocurrió con la del General Álvarez de Castro, en las que ya se habían levantado las aceras y la calzada y se había empezado con el movimiento de tierras, cuando lo más rentable habría sido, probablemente, concluir las obras.

Al alcalde Agustín Rodríguez Sahagún, brazo derecho de Adolfo Suárez en el CDS, le habían dicho días antes:

—Ten cuidado con el Plan de Aparcamientos.

—¿Y por qué el Plan de Aparcamientos? —preguntó Sahagún.

—Es un negocio del PSOE.[7]

5. Los datos proceden de un informe interno del Ayuntamiento de Madrid.

6. Ver *Tiempo*, número 405, de 5 de febrero de 1990, páginas 24 y siguientes.

7. La versión oficial que se dio para suspender las obras es que el aparcamiento de la calle General Álvarez de Castro ponía en peligro los cimientos de las casas colindantes.

* * *

Pero no son éstos los únicos descubrimientos que Guillermo B. Juárez hace mientras permanece al frente de los negocios relacionados con el PSOE.

El amigo de Luis Carlos Croissier se da cuenta de que el consorcio de empresas se dirige desde dos despachos, fundamentalmente: el de Sagasta, 31, y otro situado en el número 44 de la calle Marqués de Urquijo, a un tiro de piedra del Teleférico de Madrid.

Durante una de las visitas a las oficinas de Marqués de Urquijo, entra en contacto con el directivo de una de las empresas de Telefónica, Pedro Sancho Llerandi, y con un personaje singular, José Ramón de la Torre Escandón.

De la Torre, un individuo de mediana edad —a quien todos llaman JR— que oculta su calvicie bajo un peluquín presume de haber sido concejal socialista de un pueblo cercano a Madrid, y de que tiene contactos directos con el palacio de la Moncloa, concretamente, con el vicepresidente del Gobierno, Alfonso Guerra.

—Poco menos daba a entender —recuerda Juárez— que veía todos los días al vicepresidente y que éste estaba casi a su servicio.

Muchos de sus amigos y colaboradores piensan, sin embargo, que lo más cerca que ha tenido al vicepresidente Guerra ha sido en la pantalla del televisor de su casa, lo que no excluye que haya sido uno de los más activos financieros socialistas.

Cuando Juárez conoce a De la Torre, éste le explica que él es el encargado de controlar a Antonio Guerra, uno de los hermanos del vicepresidente del Gobierno, cuando se desplaza a Madrid para hacer algún negocio.

—A Antonio —dice— le pones una mujer delante y se le va el cerebro por el pito.

Antonio Guerra, el *Patillas*, es en esa época un visitante habitual del despacho de la calle Marqués de Urquijo y de la sede de la empresa Construcciones Madrid-Sevilla, emplazada en la calle Francisco Gervás, al lado del hotel Meliá-Castilla.

—Yo solía acompañarle en esos recorridos por Madrid —confirma a los autores del libro Francisco Medina Vadillo, un industrial del frío, «socio» de Antonio Guerra, quien recuerda perfectamente las entrevistas con José Ramón de la Torre.

Sea como fuere, lo cierto es que Pedro Sancho y José Ramón de la Torre aparecen como accionistas de otro grupo de empresas aparentemente vinculadas al PSOE, entre las que se encuentran Alcalá 201, Promociones L-18, Construcciones Madrid-Sevilla y Parcaman.

Cuando consulta las escrituras de las mismas, Guillermo B. Juárez se lleva una nueva sorpresa. En estas sociedades figuran también otros accionistas que, de nuevo, resultan ser personas de la absoluta confianza del PSOE.

Se trata de Joaquín Mundo, casado con María del Carmen Dolores Torres, ex secretaria de Felipe González, y Francisco Javier Martín Plaza, ex secretario del presidente del PSOE, Ramón Rubial. Mientras, como consejeros, aparecen los abogados Pascual y Félix Llopis Medrano, con despacho abierto en el número 2 de la calle Menéndez Pelayo de Madrid.

Nacido en Peñíscola (Castellón), Félix Llopis es militante del PSOE, secretario de finanzas de una agrupación local de la Federación Socialista Madrileña y letrado en ejercicio, especializado en asuntos fiscales y gestión de empresas.

A lo largo de una larga conversación con los autores del libro, el abogado hizo toda clase de malabarismos para rechazar cualquier tipo de vinculación con la supuesta financiación del Partido Socialista.

En primer lugar, comenzó rechazando que tuviera alguna participación en las empresas creadas por José Ramón de la Torre y Pedro Sancho. Cuando los periodistas le mostraron varias notas del Registro Mercantil de Madrid, afirmó que aparecía en ellas «a título meramente honorífico». Por último, acabó reconociendo que tenía una «pequeña participación» en varias compañías mercantiles que, según Juárez, están vinculadas al PSOE.

Félix Llopis negó, sin embargo, que se tratara de sociedades conectadas al Partido Socialista Obrero Español y se extrañó de que alguien pudiera relacionarle con las finanzas del partido en el Gobierno.

Sin embargo, cuatro meses antes de que los autores del libro se entrevistaran con Llopis, en un juzgado de Sevilla, quedaba constancia de un testimonio revelador, en el que su nombre salía a relucir por primera vez en un sumario judicial.

* * *

El 16 de julio de 1990, Víctor Renedo Esteban, un industrial nacido en Burgos y vecino de Madrid, de 46 años de edad, prestaba declaración ante el juez Ángel Márquez, instructor del sumario que se sigue en el Juzgado de Instrucción n.º 6 de Sevilla,[8] sobre el caso Juan Guerra.

Víctor Renedo, gestor externo de la empresa Cimsa, propiedad de Manuel Macías Justo, uno de los socios de Juan Guerra en sus negocios de Madrid, había trabajado durante los años 1987 y 1988 en una multimillonaria operación de tráfico de influencias.

Se trataba de la compra de dos cuarteles militares, situados en la Avenida de Barcelona, en Madrid, por los que la empresa de Macías Justo —Cimsa— estaba dispuesta a pagar al Ministerio de Defensa hasta 25.000 pesetas el metro cuadrado para edificar en ellos algunos centenares de viviendas.

—En noviembre de 1987 —declara Renedo al juez Márquez—, un empresario llamado Julián Llorente me habla de José Ramón de la Torre y me comenta que tiene una importante relación con el vicepresidente del Gobierno.

El *broker* Renedo, un individuo fortachón, con acento vasco, observa entonces cómo Julián Llorente llama a José Ramón de la Torre a un teléfono, asegurándole que es un alto funcionario adscrito al palacio de la Moncloa, y le persuade de que el asunto de los cuarteles sólo se arregla «con altos contactos políticos».

—José Ramón de la Torre —recuerda el declarante— presumía de tener un despacho en la Moncloa, muy cerca del que ocupa el vicepresidente del Gobierno.

El 11 de noviembre de 1987 el presidente de Cimsa, Manuel

8. Las declaraciones de Renedo constan en las Diligencias Previas 1527/90-M, del Juzgado de Instrucción n.º 6 de Sevilla.

Macías y Víctor Renedo se reúnen con José Ramón de la Torre para hablar del negocio en el despacho jurídico madrileño «Llopis-Ruiz-Estramiana».

—El despacho se encuentra en la calle Menéndez Pelayo, 2, de Madrid, y sus titulares son cuatro o cinco abogados, los señores Llopis y Caruana (Estramiana), entre otros —declara Renedo al juez.

En la entrevista, según declara Renedo ante el juez, está presente el abogado Félix Llopis, acompañado de su cuñado Estramiana. Durante un buen rato, hablan sobre las posibilidades que tienen de hacerse con los cuarteles y tras el encuentro, Llopis está casi seguro de poder conseguirlo.

—Las probabilidades son del 95 por 100 —le dice Llopis, de acuerdo con la versión que expone Renedo en el juzgado.

El gestor externo de Cimsa declara al juez que no se habla de comisiones y que él entiende que el bufete Llopis-Ruiz-Estremiana pasaría al final una fuerte minuta por su trabajo.

—Evidentemente, yo entendí que iba a tratarse de una minuta muy fuerte —añade Renedo, al tiempo que sobre el comportamiento de José Ramón de la Torre, precisa:

—No dejó hablar a nadie, dijo que era «hijo de militar» y que tenía «muy mala leche».

Víctor Renedo, que puede ser procesado en el sumario que se sigue contra Juan Guerra, pese a que su declaración ante el juez fue voluntaria, recuerda que tras estudiar las posibilidades de compra de los cuarteles, José Ramón de la Torre dijo textualmente:

—Esto está visto para sentencia.

Y que más tarde agregó:

—Nos veremos para cobrar el próximo día, que será pronto. Mientras tanto, no sabéis nada de mí. ¡Nosotros no nos conocemos!

El *broker* Renedo asegura también al juez que quince días más tarde volvió a tener una reunión con el abogado valenciano y militante del PSOE, Félix Llopis «para hablar de nuevo del asunto de los cuarteles».

Víctor Renedo Esteban afirma que en el transcurso de sus dos visitas al despacho jurídico de la avenida Menéndez Pelayo, le ofrecieron negocios de aparcamientos para residentes y oyó hablar de que allí se gestionaba la construcción de un parque de atracciones para Getafe.[9] Y que también se comentaba la posibilidad de hacer negocios con la ONCE.

—Los aparcamientos eran su fuerte —recuerda—. Aquella gente tenía mando en plaza en el Ayuntamiento de Madrid.

José Ramón de la Torre y los hermanos Llopis constituían, en opinión de Víctor Renedo, los verdaderos artífices de todas las operaciones mercantiles que allí se fraguaban.

* * *

En el otoño de 1988, después de colaborar durante meses en Sagasta, 31, Guillermo B. Juárez no aguanta más. No le gusta nada el tipo de operaciones que se hacían ni las personas con las que trabajaba.

Y un día se lo dice a Sotero Jiménez Hernández, la persona del partido con que le une una mayor amistad.

—Mira, yo me voy de aquí.

—¿Que te vas...?

—Sí. No me gusta este trabajo.

—Conque no te gusta... ¿Qué tiene de malo?

Guillermo B. Juárez no sabe cómo explicarlo:

—De malo, nada. Pero no tengo estómago para hacerlo y no quiero salir en la Prensa ni tener que dar explicaciones a mis hijos el día de mañana acerca de las actividades a las que se dedicaba su padre.

Juárez es, en esa época, una persona que dispone de mucha información y la decisión de abandonar el barco, en mitad de la travesía, no cae bien a sus socios. Un buen día, recibe la visita de José Ramón de la Torre.

—¿Es cierto que has decidido irte? —le pregunta.

—Sí, ¿por qué lo dices?

—Pues ten cuidado con lo que hablas —le advierte.

Juárez empieza a preocuparse. Se pone en contacto con un subcomisario de Policía amigo, hombre de confianza de Luis Carlos Croissier, y averigua que De la Torre tiene algunos antecedentes policiales por uso de cheques sin fondo y por estafa.

9. Ver capítulo IV.

Al poco tiempo, De la Torre le llama por teléfono. Esta vez es para darle un nuevo «recado» cargado de dinamita.

—El pico cerrado, ¿entiendes?

—¿Pero, qué quieres decir con eso?

—Que como digas algo, te vamos a cortar los cojones.

—¿Conque me vais a cortar los cojones?

Juárez no lo soporta más. Acude a una comisaría de Policía y presenta una denuncia por amenazas e intentos de coacción contra algunos de sus antiguos socios. La Justicia, automáticamente, se pone en marcha.

Al cabo de un par de días, recurre al alto cargo del INI, que le había propuesto para el trabajo, y le cuenta lo que le está pasando.

—Tú, tranquilo —le dice éste—, que yo voy a hablar seriamente con ellos.

—Me preocupa lo de las amenazas —insiste Juárez.

—Te prometo que no volverán a molestarte.

Desde entonces, el abogado experto en temas de urbanismo, colaborador del Programa 2000 del PSOE, no recibe más llamadas amenazadoras.

Poco después, levanta la querella. Pero aún hoy no está seguro de que se hayan olvidado definitivamente de él, máxime cuando, después de su marcha de las empresas ligadas al partido, han comenzado las peleas y los navajazos entre los diferentes miembros que componían el clan.

* * *

Siguiendo el fructífero ejemplo iniciado por Julio Feo años atrás, en febrero de 1989, Florencio Ornia Álvarez, el hombre de Roberto Dorado, abandona la dirección del Gabinete de Infraestructura y Seguimiento para Situaciones de Crisis de la Moncloa.

El día 3 de ese mes le sustituye en el cargo, Álvaro Frutos Rosado.

Ornia, en el momento de marcharse, se despide uno a uno de todos sus colaboradores con las mismas palabras.

—Me voy a la empresa privada. Allí es donde se gana dinero.

Guillermo B. Juárez, que mantiene contactos esporádicos con algunos miembros del grupo, averigua que han surgido divergencias entre ellos.

Mientras Carlos Mangana Morillo y Sotero Jiménez, los integrantes del despacho de Sagasta, 31, continúan en la línea de las empresas vinculadas al PSOE, Florencio Ornia, José Ramón de la Torre y el directivo de Telefónica, Pedro Sancho, deciden instalarse, aparentemente, por su cuenta.

Entre los dos clanes, abiertamente enfrentados por el control de los negocios, se establece además una pugna por ver cuál de ellos es capaz de sacar mayores beneficios de sus relaciones con el poder.

Mangana y Jiménez crean GTP Consultores de Sevilla y empiezan a frecuentar el despacho de Aida Álvarez, una de las mujeres de confianza de Alfonso Guerra, en el edificio Torres Blancas de Madrid, donde ponen en marcha algunos negocios comunes.[10]

A Pedro Sancho y a Florencio Ornia, en cambio, sus compañeros del Partido Socialista comienzan a ponerle las cosas difíciles, pese a lo cual, éstos siguen empeñados en triunfar.

En estas circunstancias, el escándalo, producto de las rencillas entre los dos grupos, no tarda en estallar y sus repercusiones empiezan a aparecer reflejadas en algunos periódicos nacionales.

* * *

El 4 de marzo de 1990, poco después de que saltara a la Prensa el caso Juan Guerra, *Diario 16* publica, a cuatro columnas, una información de su entonces jefe de Economía, Pedro García Cuartango, en la que afirma textualmente:

«Pedro Sancho, presidente de una filial de Telefónica, cesado por graves irregularidades. Cándido Velázquez ordenó su destitución por presunta corrupción al frente de la sociedad Comet.»

10. Más detalles sobre estos negocios, en el capítulo IV.

A lo largo del texto, el periodista afirma que Sancho, «antiguo coordinador de la Comisión de Transportes, alto militante del PSOE», vendió el 50 por 100 de Cleon, una empresa subsidiaria de la Compañía Telefónica de España, S.A., a una serie de sociedades instrumentales de Caja Madrid.

De esta manera, el antiguo militante del PSOE, relacionado con la financiación paralela del partido, ponía en manos de la entidad financiera madrileña la propiedad de 500.000 metros cuadrados de terreno, situados en una de las zonas de mayor revalorización inmobiliaria de la capital de España, entre los montes de El Pardo y la exclusiva Ciudad Residencial Puerta de Hierro,

Los terrenos, con una edificabilidad de 100.000 metros cuadrados y 500 viviendas permitidas, habían sido comprados años antes por Telefónica a la Fundación Francisco Franco, para construir en ellos parte de sus oficinas.

Por problemas laborales, Telefónica no pudo levantar allí sus instalaciones y el 3 de diciembre de 1987 su titular, Luis Solana Madariaga, los transfiere a la sociedad Cleon, dependiente de Telefónica, y les otorga un valor escriturado de 1.300 millones de pesetas.

En realidad, los terrenos son una joya para cualquier constructor avispado. Cercana a los palacios de la Moncloa y la Zarzuela, y al selecto Club de Puerta de Hierro, con el mejor campo de golf de Madrid, y a la Ciudad Universitaria, la parcela vale su precio en oro.

El 17 de diciembre de 1987, Pedro Sancho es nombrado consejero delegado de la sociedad y, aparentemente sin la autorización correspondiente, empieza a gestionar la enajenación de la propiedad.

Según *Diario 16,*[11] el supuesto financiero del PSOE entra en contacto en primer lugar con la inmobiliaria Heron, del magnate británico Gerald Ronson, a través del despacho del ex director general de RTVE, José María Calviño.

Como el grupo inglés no parece decidido a incrementar su patrimonio inmobiliario en España, inicia gestiones con la presidente de Afisa, la simpatizante del PSOE Petra Mateos, quien también renuncia a la compra.

Por fin, Pedro Sancho, dispuesto a no dejar escapar la opor-

11. *Diario 16*, ediciones del 5 y del 8 de marzo de 1990, páginas de política nacional.

tunidad de vender los terrenos de Puerta de Hierro, entabla relaciones comerciales con Invercame, una sociedad instrumental de Caja Madrid.

El 20 de octubre de 1989 se realiza la transacción. Cleon, la empresa filial de Telefónica, propietaria de los terrenos, otorga poderes a favor de Invercame, para «urbanizar, segregar, parcelar, solicitar la recalificación de los terrenos y ejecutar obras».

Los nuevos propietarios nombran inmediatamente a sus consejeros en la empresa. Entre ellos, figura Ciro Estébanez, representante de Promoción e Infraestructuras, la sociedad beneficiada, durante la etapa socialista del Ayuntamiento de Madrid, con la construcción de los aparcamientos para residentes, cuya aparición enlaza de nuevo con la madeja de sociedades descrita por Guillermo B. Juárez, aparentemente conectadas al PSOE.

El presidente de Telefónica, Cándido Velázquez, tarda más de cuatro meses en descubrir el *affaire* y su primera reacción, después de hablar con los responsables del partido al más alto nivel, es la de expulsar a Pedro Sancho de la compañía y abrir una investigación.

Días más tarde, el 12 de mayo de 1990, el diputado del Partido Popular, Luis Ramallo, formula al Gobierno una pregunta en el Congreso de los Diputados al Gobierno y solicita información sobre los edificios y terrenos de la empresa Comet, filial de Telefónica.

El 7 de junio de ese mismo año, el ministro de Relaciones con las Cortes, Virgilio Zapatero, remite a la Cámara esta escueta respuesta:

«La empresa Compañía Española de Tecnología, S.A. (Comet), filial al 100 por 100 de Telefónica de España, S.A., no es propietaria de ningún inmueble, ni edificios ni terrenos.»

La pregunta del diputado Ramallo había sido mal formulada. En realidad, la venta de los terrenos se realiza a través de Cleon, otra filial de Telefónica. El Partido Popular, sin embargo, no insiste en investigar más a fondo el asunto.

Después de las dos entrevistas celebradas en el palacio de la Moncloa entre el Presidente del Gobierno, Felipe González, y el líder del PP, José María Aznar, el 28 de agosto y el 8 de octubre de 1990, respectivamente [12] —los primeros encuentros

12. *El Mundo*, 23 de octubre de 1990, página 6.

entre los dos políticos tras los casos Juan Guerra y Naseiro— no parece que un tema tan escabroso, que hunde sus raíces en la financiación paralela de los partidos políticos, vuelva a plantearse en el Congreso de los Diputados.

IV. LOS NEGOCIOS DE LOS HOMBRES DE GUERRA

De construir casas para pobres, a través de las cooperativas Pablo Iglesias, los socialistas han pasado, ocho años después, a edificar chalets para ricos. Juan Guerra levantó la liebre de la financiación mediante la construcción de urbanizaciones de lujo. Los hombres del vicepresidente del Gobierno, encabezados por José María Calviño y Aida Álvarez, han tomado el relevo en los negocios, con inversiones millonarias en diversas zonas del país y la puesta en marcha de otras actividades, combinadas con la Administración.

A finales de septiembre de 1989, Serafín Núñez, alcalde de Barbate de Franco, en la provincia de Cádiz, recibe una llamada telefónica inusual.

—Serafín, soy Juan Guerra, el hermano del vicepresidente. Hay unos promotores que quieren invertir en Barbate. ¿Podrías recibirlos?

—Por supuesto. ¿De qué inversores se trata? —responde el alcalde.

—Son los de Puerto Zahara. Me imagino que habrás oído hablar de ellos.

—Ya los conozco. Pero no creo que pueda hacer nada. El proyecto no se adapta a las normas urbanísticas.

Juan Guerra, el todopoderoso hermano del vicepresidente, insiste:

—Tú atiéndelos si puedes. Les explicas lo que tienen que hacer y si hay problemas me llamas.

—De acuerdo.

Al día siguiente, los promotores de Puerto Zahara, S.A., acompañados por José Garrido López, uno de los socios de Juan Guerra, llegan al Ayuntamiento y se entrevistan a solas con el alcalde, Serafín Núñez, para buscar una solución a la nueva urbanización que se piensa construir en aquel municipio turístico.

La entrevista es muy fructífera. El 11 de diciembre, la Oficina Técnica del Ayuntamiento recibe un nuevo anteproyecto que se ajusta a la normativa. Se reduce el número de viviendas, se respetan las alturas y se mantiene la construcción de un puerto deportivo junto a un lago natural y a un complejo hotelero de cuatrocientas plazas.

El proyecto «Puerto de la Plata», que suponía una inversión global de más de 12.000 millones de pesetas, se desbloquea tras dos años de problemas con el Consistorio, gracias a los buenos oficios de Juan Guerra, uno de los principales «maestros de ceremonias» del PSOE en Andalucía.[1]

Todo marcha como la seda desde entonces. El 30 de diciembre, apenas 19 días después, el Ayuntamiento aprueba el proyecto en un pleno, lo que va a dar que hablar meses más tarde, dando origen a un escándalo todavía incandescente casí un año después.

En un momento de la sesión, que habitualmente se grababa en cinta magnetofónica para facilitar la labor al secretario de la corporación, el concejal del CDS, Alonso Varo, pregunta por el proyecto «Puerto de la Plata».

—¿Es cierto que hay gente de mucho peso ahí?

El alcalde Serafín Núñez, un socialista vinculado al sector guerrista del partido, pica en el anzuelo de la vanidad.

—Sí, es cierto —dice—, hay gente de mi partido, concretamente Juan Guerra, el hermano del vicepresidente del Gobierno.

—Pues muy bien. ¡Que conste en acta![2]

Alonso Varo acaba de obtener una confesión pública de un

1. El escándalo Juan Guerra se narra en el capítulo XVII de este libro.

2. Acosado por sus compañeros de partido, el alcalde de Barbate, Serafín Núñez, se dio de baja del PSOE el 18 de septiembre de 1990.

alcalde socialista implicando a Juan Guerra en un supuesto tráfico de influencias. Poco después, el CDS le acusa, abiertamente, de haber cobrado 160 millones por su mediación ante el Ayuntamiento y de lo mismo por «una cifra mayor», si logra que el Ministerio de Defensa venda 1.105 hectáreas de terreno de su propiedad, colindantes con «Puerto de la Plata», a la empresa promotora del proyecto, Puerto Zahara, S.A.

Las últimas investigaciones realizadas por los autores de este libro parecen desmentir los datos publicados reiteradamente, que implican a Juan Guerra como si fuera sólo un simple «comisionista» en el turbio asunto de Puerto Zahara, S.A.

Una de las personas que formaban parte del Consejo de Administración de esta sociedad, María Alicia Cuadrado, propietaria de 300 acciones, es una de las personas de confianza del PSOE en Andalucía, y fue presentada al empresario José Garrido López como «una mujer de mucho peso» en el aparato de finanzas socialista.

Con residencia en San Roque (Cádiz), en aquel momento, María Alicia Cuadrado mantiene frecuentes contactos con la dirección andaluza del partido y está al tanto de detalles relacionados con «Puerto de la Plata» que sólo Juan Guerra y el alcalde de Barbate conocen.

Éstos y otros hechos parecen indicar que «Puerto de la Plata» es, en realidad, un proyecto urbanístico desarrollado por empleados del partido como vía de financiación política, aprovechando el auge de la construcción en los últimos años, uno de los pilares del «milagro económico» socialista.

Todos los indicios parecen revelar que el partido, que a finales de la década de los setenta inició una operación de financiación similar con la construcción de las cooperativas de viviendas Pablo Iglesias,[3] a comienzos de 1987 monta un segundo entramado financiero, apoyado en la promoción de urbanizaciones turísticas y residenciales.

Tras el escandaloso «caso Costa Doñana»,[4] a comienzos de la primavera de 1988, que afectó a familiares y amigos del propio Presidente del Gobierno, Felipe González, ahora son los hombres y mujeres del ala guerrista del partido, como Aida Álvarez o José María Calviño, quienes toman el relevo en los negocios de la construcción.

3. Para más detalles consultar el capítulo II.
4. El *affaire* Costa Doñana se relata en el capítulo VI, «Los negocios de los hombres del Presidente».

* * *

El 20 de enero de 1989, en las mismas fechas en que Juan Guerra comienza a hacer gestiones para la construcción de la urbanización «Puerto de la Plata», tres personas acuden al notario para inscribir la compra de una sociedad.

Son el abogado gaditano Jesús Martínez Benítez, domiciliado en Chiclana de la Frontera; el empresario andorrano Antonio Ubach Montes, director general de la Caja de la Seguridad Social de Andorra, y el periodista Enrique Vázquez Domínguez.

Los tres individuos tienen un demominador común: son amigos de José María Calviño Iglesias, el ex director general de Radiotelevisión Española, convertido en un próspero *broker* desde que hace unos años dejó su despacho en Prado del Rey para abrir un bufete de abogados en la calle Marqués de Urquijo, de Madrid.

El abogado Jesús Martínez es su hombre para los negocios en Andalucía, donde tiene un completo control de cualquier actividad financiera que se mueve en el terreno inmobiliario.

Antonio Ubach había sido uno de los principales inversores de Canal 10, el fantasmagórico proyecto de televisión, vía satélite, promovido por el ex director general de RTVE con la aquiescencia del entonces vicepresidente del Gobierno, Alfonso Guerra.

El tercer hombre, el periodista Enrique Vázquez, fue su peón de confianza como director de los servicios informativos de Televisión Española en la época en que Calviño ocupó la dirección general del ente público. Vázquez y Calviño fueron entonces un tándem insustituible y cuando el primero abandonó Prado del Rey para instalarse por su cuenta, el segundo le siguió y se convirtió en su socio en el bufete de abogados.

Jesús Martínez, Antonio Ubach y Enrique Vázquez, además, son emprendedores hombres de empresa, que llevan años buscando el negocio de su vida para retirarse a descansar.

Por eso, el 20 de enero de 1989, cuando se encuentran de nuevo en una notaría de Madrid, los tres saben que aquélla va a ser una fecha histórica. Ese día van a firmar la escritura de compra de la sociedad Mar de Chiclana, propietaria de una gran extensión de terreno en el municipio gaditano de Chiclana de la Frontera, bajo el control de un Ayuntamiento socialista, para construir la segunda urbanización turística más importante de la zona.

Ambiciosos y decididos, los hombres de Calviño quieren levantar en Chiclana 217.584 metros cuadrados de chalets y apartamentos, un campo de golf de 18 hoyos e instalaciones recreativas de todo tipo. La urbanización, de alto nivel, ha sido diseñada para una capacidad de 7.000 plazas hoteleras.

El proyecto, en números redondos, va a suponer una inversión superior a los 30.000 millones de pesetas y para que el Ayuntamiento socialista de Chiclana les permita construir los más de dos mil chalets y apartamentos proyectados, necesitan contar con casi dos millones de metros cuadrados de superficie.

Los socios y amigos del ex director general de Radiotelevisión Española no tienen ni el dinero ni los terrenos suficientes. Pero a José María Calviño, que ha ido tejiendo una importante red de influencias en los últimos años, ninguna de estas dos cuestiones le quitan el sueño.

Para conseguir la financiación, su socio, el periodista Enrique Vázquez, sabe a dónde hay que acudir. Apasionado conocedor del mundo árabe, sobre el que escribe todas las semanas, desde que en 1972 comenzó a editar y dirigir el boletín semanal *Actualidad Política Extranjera,* Vázquez visita a sus amigos del Aresbank, el banco del líder libio Moamar el Gaddafi en España.[5]

En la sede central del Aresbank, en el Paseo de la Castellana de Madrid, Vázquez, amigo personal del coronel Gaddafi, se entrevista con Luis Vañó, director general de la entidad, y con el subdirector general, Jesús Sonlleva.

Según la versión de altos directivos del Aresbank, el socio de Calviño les explica el proyecto de Mar de Chiclana. Dice que cuenta con todas las bendiciones de altos cargos del Partido Socialista y ofrece garantías de que no va a haber problemas para conseguir las licencias de obras en un Ayuntamiento donde 15 de los 21 concejales son militantes del PSOE.

Los directivos del Aresbank, en buena sintonía con el Gobierno socialista desde que a mediados de 1984 el entonces director general del Patrimonio, Javier del Moral, les permitió adquirir con el Banco Exterior de España una importante parti-

5. El capital extranjero del Aresbank se reparte entre Libia y Kuwait.

cipación del Banco Atlántico, propiedad del ex presidente de Rumasa, José María Ruiz Mateos, se mostraron encantados con el proyecto y en seguida pusieron el dinero.

El 5 de febrero de 1990, el notario Antonio Uribe Sorribes, con el que el Banco Árabe Español (Aresbank) realiza todas sus operaciones, da fe de la compra de un importante paquete de acciones de Mar de Chiclana, la sociedad patrocinada por José María Calviño, por parte de la entidad financiera ligada al Gobierno libio.

La financiación ya está lista. Para conseguir los terrenos, el despacho del ex director general de RTVE entra en contacto con el empresario australiano, de origen inglés, Ludvik B. Berger, vinculado al sector de la hostelería en la isla de Mallorca.

Berger y su hijo neoyorquino, Lloyd Anthony Berger, que operan en España desde sociedades registradas en Liechtenstein, están dispuestos a ceder sus terrenos de Chiclana, pero quieren una parte del negocio.

Calviño no pone reparos y el 8 de febrero de 1989, Promociones y Edificiaciones de Chiclana, la firma de Berger, concede poderes a Mar de Chiclana, la sociedad vinculada a Calviño, y pone a su disposición las tierras de Cádiz.

Para redondear la operación, falta un pequeño detalle. En los planes del despacho de José María Calviño se interpone el viejo cuartel de la Guardia Civil de la Loma del Puerco, deshabitado desde 1986 y propiedad del Patrimonio del Estado.

El establecimiento ocupa parte de los terrenos de la futura urbanización y va a ser vendido en subasta pública. El Gobierno llega a publicar en el BOE, a comienzos de 1990, la convocatoria de concurso público. Pero poco después, cuando el bufete de abogados de José María Calviño entra en acción, se convoca un nuevo concurso, esta vez restringido, y el viejo establecimiento acaba en poder de Mar de Chiclana.

Adquirida la propiedad del suelo y con el apoyo incondicional del Aresbank, el 24 de junio de 1989, la corporación municipal de Chiclana de la Frontera, presidida por el alcalde socialista José Mier, aprueba el plan parcial de Mar de Chiclana.

Con ello, la posibilidad de construir la segunda urbanización turística más importante de Chiclana, una de las zonas de mayor revalorización económica de Cádiz, es una realidad.

José María Calviño Iglesias obtiene uno de los mayores éxitos empresariales de su vida y ese día, en el despacho de la calle Marqués de Urquijo de Madrid y en la sede del Aresbank, el acontecimiento se celebra por todo lo alto, como el ex director general de RTVE se merece.

* * *

Pocos hombres pueden vanagloriarse, como José María Calviño, de encarnar tan fielmente el estereotipo que suele acuñar la sociedad para definir a los que se aprovechan de la política o viven de ella.

Nacido en Lalín (Pontevedra) en 1943, seis años después de finalizar la guerra civil, José María Calviño Iglesias trabaja en 1971, durante el régimen de Franco, como secretario personal de Adolfo Suárez en Televisión Española.

En 1977 dos años después de la muerte del dictador, se hace republicano y se convierte en el secretario general de ARDE (Acción Republicana Democrática Española). El siguiente vaivén político le lleva al PSOE, donde se transforma en un devoto admirador de Alfonso Guerra, por lo que es nombrado miembro del Consejo de Radiotelevisión Española, representando a los socialistas.

La llegada del PSOE al poder le encumbra a la dirección general del Ente público donde, tras una gestión polémica y fuertemente discutida, el 10 de octubre de 1986 abandona el cargo y monta un despacho de abogados dedicado a la promoción de negocios.

Calviño empieza así una nueva época y a protagonizar una sucesión de escándalos. El 24 de mayo de 1988 Juan Ramón Calero Rodríguez, portavoz del Grupo Parlamentario de Coalición Popular, le acusa ante el Congreso de los Diputados de tráfico de influencias.

La denuncia se basa en un acta notarial del grupo inglés Heron, fechada el 31 de diciembre de 1986, en la que sus responsables otorgaban a Calviño poderes para realizar todo tipo de gestiones ante los Ayuntamientos, la Comunidad Autónoma de Madrid y el Ministerio de Obras Públicas y Urbanismo.

El poder autorizaba también al ex director general de RTVE, en nombre de la sociedad Heron Promociones, S.A., a adquirir cualquier tipo de bienes, obtener licencias de construcción, segregación o parcelación y a interponer recursos de reposición contra los organismos del Estado.

En este período, la Rumasa del Estado reprivatiza las llamadas Torres de Jerez, adjudicándoselas al Grupo Heron, junto con otras propiedades inmobiliarias pertenecientes al antiguo *holding* levantado por José María Ruiz Mateos, por 10.535 millones de pesetas, gracias a la intervención de Calviño, que cobra una minuta millonaria por sus gestiones.

El propietario de Heron, el magnate Gerald M. Ronson, considerado como la segunda fortuna de Inglaterra después de la de la reina Isabel II, daba así su primer gran golpe en España, al comprar a precio de saldo un patrimonio valorado hoy en más de 50.000 millones de pesetas.

Poco después, Calviño, que había atraído hacia sí, durante su gestión en Televisión Española, todas las iras de la oposición, vuelve a ser piedra de escándalo. Coalición Popular, por boca de su portavoz, Francisco Álvarez Cascos, denuncia ante el Parlamento sus turbios manejos para la concesión de un casino en Asturias a José Collazo Mato, un hombre al que en los archivos del Ministerio del Interior, se le ha relacionado alguna vez con negocios de orígenes poco claros.[6]

Con estos precedentes, la biografía de Calviño, ligado al inversor judío Jacques Hachuel, que hizo su fortuna vendiendo petróleo y materiales a Cuba durante el bloqueo norteamericano,[7] aparece plagada de aspectos oscuros, hasta el extremo de que su despacho de la calle Marqués de Urquijo es vigilado, en ocasiones, por la Brigada de Delitos Monetarios.

La Policía ha tratado de saber así de qué manera el ex director general de RTVE administra en España el dinero de la Caja de la Seguridad Social andorrana, una entidad que preside su amigo Antonio Ubach, y que maneja unos fondos de inversión de 20.000 millones de pesetas, con los que se han hecho negocios millonarios en España sin pagar los correspondientes impuestos.

Gracias al dinero de sus dos amigos, Hachuel y Ubach, puede

6. Collazo Mato ha sido relacionado con el narcotráfico, pero tanto él como su abogado han desmentido reiteradamente las diversas informaciones publicadas.

7. Más información sobre Jacques Hachuel, en el capítulo XXV.

Calviño poner en funcionamiento, a comienzos de 1988, Canal 10, uno de los proyectos más peregrinos de los últimos años.

En aquella ocasión, Ubach invierte 267 millones de pesetas directamente y a través de la sociedad Film Succes International. A cambio, Canal 10 se compromete a depositar en la Caja de la Seguridad Social andorrana las cuotas correspondientes a la conexión y una parte de los ingresos mensuales por abonados.[8]

Pero Canal 10 es un fiasco. Empieza a emitir para España el 25 de enero de 1988 desde los estudios Molinare, en el Soho londinense, a través de la British Telecom y el satélite europeo Intelsat V. Poco después, el canal televisivo que apoya Alfonso Guerra deja de emitir y cierra.

Para Calviño, la experiencia representa un duro contratiempo. La inversión de la Caja de la Seguridad Social andorrana en un proyecto tan arriesgado provoca, en febrero de 1988, una reunión del Consejo General de los Valles (parlamento andorrano). Allí, su nombre sale de nuevo a relucir y se exige a Antonio Ubach que repatríe los capitales invertidos en España.

El asunto, como es de esperar, acaba en los tribunales. La empresa Lico Leasing, participada mayoritariamente por las Cajas de Ahorro españolas, que habían efectuado una inversión de 800 millones de pesetas en Canal 10, presenta querella contra la Tele Calviño en el juzgado de Móstoles y el 18 de enero de 1990, el ex director general de RTVE acude a los tribunales a declarar en calidad de testigo.[9]

El fracaso de Canal 10, donde cobra un sueldo fijo como asesor de 510.000 pesetas y comisiones millonarias por sus labores de intermediación, no le impide, sin embargo, continuar en el mundo de los negocios al lado de Alfonso Guerra.

El vicepresidente le encarga, más tarde, que se ocupe de supervisar personalmente los proyectos de concesión de los canales de televisión privada,[10] y las relaciones con la ONCE (Organización Nacional de Ciegos Españoles), sociedad de la que Calviño obtiene unos saneados ingresos mensuales.

De esta manera, el ex director general de RTVE es hoy el dueño de uno de los despachos políticamente más influyentes del país y de los más activos en el mundo de los negocios. Cal-

8. *El País*, primera quincena de abril de 1989.

9. El periódico *La Vanguardia* realizó un reportaje fotográfico de Calviño saliendo del Juzgado, que nunca se publicó.

10. Ver capítulo XXI.

viño, el hombre que quiso traer hace poco más de diez años la República a España, ha acabado comprándose un lujoso chalet en la urbanización Puerta de Hierro —un lugar reservado hasta ahora para los banqueros, los embajadores extranjeros y los magnates de las finanzas—, a poco más de un kilómetro de la Zarzuela.

Situado frente a la futura mansión que se construye en la misma calle otro ilustre socialista —el ex ministro de Economía y Hacienda, Miguel Boyer—, para decepción de los curiosos, ni siquiera está inscrito en el Registro. Una circunstancia que no se corresponde, precisamente, con el mensaje de transparencia y austeridad transmitido por el PSOE en período de elecciones y que también pone de manifiesto Aida Álvarez, otra de las personas de confianza de Alfonso Guerra y repentina urbanizadora en Madrid.

* * *

Durante la Semana Santa de 1989, cuando millones de españoles acuden a disfrutar del sol de las playas, Aida Álvarez prefiere aprovechar el «puente» para reunirse en las oficinas del Banco Árabe Español (Aresbank), en el Paseo de la Castellana de Madrid, con la plana mayor de la entidad y trabajar.

Antigua empleada de la Secretaría de Finanzas del PSOE y espía de Alfonso Guerra en el partido, Aida es el tercer militante socialista que quiere poner en marcha, en 1989, un gran proyecto urbanístico, en la zona de El Gurrullero de la localidad madrileña de Getafe.

Meses antes, se había presentado en el banco como protegida del ministro de Relaciones con las Cortes, Virgilio Zapatero, amigo personal del subdirector general del Aresbank, Jesús Sonlleva.

Para que el banco avalara el negocio, Aida llevaba, además, otra tarjeta de presentación: la de la empresa italiana Copafi (Compañía de Participación de Finanzas e Inversiones), una de las conocidas financieras del Partido Socialista Italiano cuyos dirigentes, Enzo Papi, Sabatini, Dacosta y Nocella, le acompañaban.

La ayudante de Alfonso Guerra y financiera del PSOE necesitaba un crédito de 4.000 millones de pesetas, una cantidad no habitual para un banco joven, con unos recursos propios de poco más de 30.000 millones de pesetas en 1989.

La operación suponía una concentración de riesgos demasiado grande para el Aresbank y el servicio de estudios de la entidad estimaba que no debía conceder el crédito.

El Jueves y el Viernes Santo de 1990, sin embargo, Aida y sus socios italianos se instalan en las oficinas centrales del Aresbank, donde mantienen largas reuniones con el director general del banco, Luis Vaño, y el subdirector, Jesús Sonlleva, en las que discuten sobre la viabilidad de la urbanización.

Finalmente, los directivos de la entidad deciden apoyar el proyecto promovido por la sociedad Madrid Sur 93, la empresa de la ex colaboradora de la Secretaría de Finanzas del PSOE. Pero Vaño y Sonlleva solicitan, a cambio, estar presentes en él a través de Aresservice, la sociedad de servicios del banco árabe, y de la Compañía Árabe Española de Crédito Hipotecario.

A Aida Álvarez todo le sale a pedir de boca. El proyecto de urbanización El Gurrullero, había sido promovido años antes por el Ayuntamiento socialista de Getafe (Madrid), en unos terrenos de 250.000 metros cuadrados, como un negocio típicamente municipal.

El municipio carecía entonces de reserva de suelo suficiente para atender las necesidades de la Universidad Carlos III y, de acuerdo con el rector, Gregorio Peces Barba, se había propuesto comprar un cuartel del Ejército y transformarlo en Rectorado.

Pero había un inconveniente: el Ministerio de Defensa pedía mil millones de pesetas para dejar libre el establecimiento. Como el Consistorio no disponía de ese dinero, se decidió promover un plan parcial en la zona de El Gurrullero y sacarlo a concurso público. La empresa ganadora, según el pliego de condiciones de la subasta, debía pagar al municipio esos mil millones.

Dicho y hecho. Pocos meses después, sale a concurso público el nuevo polígono residencial y dos empresas, Filasa (Financiera Lasa, S.A.) y Madrid Sur 93, la sociedad de Aida Álvarez, presentan sus ofertas.

Filasa es, desde el principio, la sociedad mejor colocada. Pero Aida Álvarez se asocia con Bleker, S.A., un despacho de influencias vinculado al PSOE, y le encarga negociar con el Ayuntamiento la concesión.

Los responsables de Bleker, entre los que se encuentran Juan Carlos Mangana Morillo, casado con la secretaria del ministro del Interior José Luis Corcuera, y Sotero Jiménez, ex secretario de Guillermo Galeote en el aparato de Finanzas del PSOE, logran su objetivo.

El Consistorio adjudica la urbanización de El Gurrullero a la empresa de Aida Álvarez. Poco después, cuando aún no se han elaborado ni los planos, Bleker vende su participación por algo más de 300 millones de pesetas, que se pagan con un talón del Aresbank, y se pone en marcha el proyecto.[11]

Con posibilidad de edificar hasta 95.000 metros cuadrados, Madrid Sur 93 tiene previsto construir en los terrenos de El Gurrullero, situados en la carretera de Toledo, a un kilómetro escaso de la recién inaugurada M 40, la nueva autovía de circunvalación madrileña, una urbanización de chalets adosados en dos alturas, con escuela y centro comercial, valorados en unos 40.000 millones de pesetas.

Una excelente oportunidad, que puede proporcionar mucho dinero a una mujer cuya actividad más importante, desde 1982, ha sido generar negocios en torno al poder.

* * *

La capacidad de penetración de Aida Álvarez en los Ayuntamientos e instituciones controladas por el PSOE, empieza a interesar en los despachos más influyentes de Madrid. Y entre todos ellos, en el del embajador Manuel Prado y Colón de Carvajal, dueño de Trébol Internacional, una sociedad que

11. Este tipo de operaciones, aparentemente legales, suelen utilizarse como forma de pago de comisiones a partidos políticos. El juez Ángel Márquez, que investiga el caso Juan Guerra en Sevilla, ha descubierto que el hermano del vicepresidente del Gobierno cobró 120 millones de pesetas por la venta de H.R.T., una empresa sin patrimonio ni valor, y otros 60 por la transmisión de acciones de la sociedad Turia 12. En ambos casos, se trataba, según todos los indicios, de actividades para encubrir la percepción de determinadas cantidades de dinero por Guerra, bajo la apariencia de operaciones mercantiles legítimas.

facturó en 1989 alrededor de 26.000 millones de pesetas.

Hacía tiempo que Prado trataba de traer a España un gran parque de atracciones, al estilo de Disneylandia. Para ello, había entrado en contacto con Cyd Bass, propietario de entre el 20 y el 25 por 100 del capital del famoso parque norteamericano, y le había convencido para crear en España la Disneylandia de Europa.

A comienzos de la década de los ochenta, Bass viajó a Madrid. Acompañado de sus técnicos, sobrevoló la costa española y decidió que el lugar ideal para montarlo sería Tarragona. Pero entonces se entabló una feroz pugna con los socialistas valencianos, que querían llevarlo a su comunidad. El proyecto se frustró con la lapidaria frase que pronunció un ministro del primer Gobierno socialista:

—Esto no puede ser. El Gobierno no lo va a autorizar.

Cuando la gente de Prado pidió explicaciones, desde el Gobierno le respondieron:

—No vamos a darle otro triunfo a Jordi Pujol.

El líder de Convergència i Unió acababa de obtener un aplastante triunfo en las urnas y el PSOE medía las obras por el número de votos que podían proporcionarle. Pero Manuel Prado no se dio por vencido.

Poco después, intentó que se montara una mini Disneylandia en Marbella, para lo que organizó los contactos entre el empresario norteamericano y los entonces presidente y vicepresidente de la Junta de Andalucía, Rafael Escuredo y José Miguel Salinas, respectivamente. Tras viajar con dinero de la Junta a Miami y California para visitar Disneyworld y Disneylandia, Escuredo y Salinas trataron de llevar a cabo el proyecto sobre los terrenos marbellíes del inversor libanés Redha Alywan.

Pero tampoco fue posible en aquella ocasión. José Miguel Salinas acabó trabajando para Redha Alywan, tras dejar su cargo en la Junta de Andalucía, y Manuel Prado continuó con su proyecto metido en el bolsillo.

Hasta que surge Aida Álvarez y, de su mano, se inician los primeros contactos con la corporación de Getafe para construir en ese término municipal un gran parque de atracciones, capaz de competir con el de la Casa de Campo de Madrid.

Las negociaciones, celebradas durante la segunda mitad de 1990, en el más estricto de los secretos, parece que están a punto de cristalizar. El Ayuntamiento de Getafe, un área deprimida del Sur de Madrid, necesita un revulsivo que le ayude a recuperar el poder económico perdido con la crisis de algunas industrias y la sociedad Parques Acuáticos, S.A., adquirida por Aida Álvarez y el Aresbank en agosto de 1987, hoy denominada Servicios Inmobiliarios 2001, está dispuesta a construir allí la Disneylandia madrileña.

Trébol Internacional, la empresa de Manuel Prado y Colón de Carvajal, y su amigo norteamericano Cyd Bass, sólo esperan la aprobación del proyecto por el Ayuntamiento socialista para comenzar a construir en la zona.

Al final, la larga mano de la colaboradora del vicepresidente del Gobierno parece más útil, para los planes inversores del embajador Prado, que las complicadas y protocolarias entrevistas con algunos ministros del Gobierno socialista.

No en vano, Aida Álvarez, formada en la «escuela de finanzas» del PSOE, al frente del área de los negocios del partido, conoce y domina los oscuros vericuetos en los que se mueven las finanzas paralelas de los partidos políticos.

Una privilegiada situación, al lado de Alfonso Guerra, que marcó su vida a partir de octubre de 1982, con el ascenso al poder del partido fundado por Pablo Iglesias.

* * *

Cuando, en su etapa de aventurera clandestinidad, el vicesecretario general del PSOE empieza a visitar esporádicamente Madrid para organizar el partido, junto a la necesidad habitual que tiene de esconderse de la Policía y de poner de acuerdo a las bases, Alfonso Guerra se encuentra con otras preocupaciones más cotidianas, como el planchado de una camisa, el zurcido de unos calcetines o el tratamiento de un resfriado.

Al hoy ex vicepresidente del Gobierno, sin embargo, esos problemas cotidianos no le quitan el sueño durante mucho tiempo. A su lado aparece, muy pronto, María de los Ángeles Álvarez Álvarez, Aida, no para ocupar el espacio de María Jesús Llorente, sino para cuidar, sencillamente, de su vestimenta.

Hija de exiliados españoles, había regresado poco antes a España desde París, donde realizó sus estudios y vivió bajo la tutela de otra mujer: Carmen García Bloise, secretaria de Administración y Finanzas del PSOE desde 1977 hasta 1979.

Cuando en 1976, el PSOE abre su primera sede en la calle Jacometrezo de Madrid, García Bloise, elegida dos años antes en Suresnes miembro de la Ejecutiva del partido, recomienda a Aida para que le den su primer empleo como ayudante en las labores auxiliares de contabilidad.

Enrique Sarasola le presenta a Felipe González para que le eche una mano como secretaria en las oficinas del partido, mientras su madre —antigua militante socialista— realiza las tareas de limpieza de los despachos y las escaleras de la sede.

En esa época, Aida Álvarez empieza a salir con el chófer de Alfonso Guerra. Los tres —la madre, la hija y el novio— constituyen una piña en el seno del PSOE, alrededor del vicesecretario general del partido.

Pero María de los Ángeles Álvarez aspira a algo más en la vida. Lista y rápida de reflejos, comienza a escalar peldaños. Alfonso Guerra la coloca en la Secretaría de Finanzas del PSOE y su protectora, Carmen García Bloise, le otorga toda su confianza y la convierte en el número 2 del aparato económico del partido durante unos años.

Los ratos libres que la antigua auxiliar de contabilidad ha dedicado a planchar las camisas y a coser los botones de las chaquetas del vicesecretario general del PSOE surten su efecto: Cuando en 1979 Emilio Alonso sustituye a García Bloise, Alfonso Guerra interviene personalmente para que Aida continúe como segunda responsable de la Secretaría.

Su cargo es el de Coordinadora Federal de Administración y Finanzas, un puesto desde el que, junto al vicesecretario general del partido, participa en la organización de las campañas electorales de 1982, 1983 y 1986.

Aida Álvarez tiene, sin embargo, proyectos más ambiciosos. Cuando el PSOE monta las primeras empresas para buscar vías de financiación paralelas a las que ofrecen los cauces oficiales, se vincula al mundo de los negocios y empieza a conocer los entresijos de las grandes operaciones comerciales.

Poco antes de 1982, Emilio Alonso logra «desterrarla» a otras dependencias del partido. Es sólo una etapa transitoria. Tras las elecciones generales de ese año, Aida recupera su poder. Ya no trabaja en la sede central del Partido Socialista sino en algunas sociedades no muy conocidas, que tratan de poner en marcha determinadas operaciones financieras supuestamente destinadas a nutrir las arcas del PSOE.

Sin embargo, su forma de actuar en determinados organismos oficiales son de nuevo una fuente de disgustos para sus protectores.

* * *

En 1985, Germán Calvillo, director comercial del INI y presidente de Iniexport, despachos por los que pasan las operaciones más importantes del consorcio del Estado, empieza a recibir las primeras quejas de sus empleados.

La ex colaboradora de Alfonso Guerra, que toma las empresas del INI como si fueran el botín electoral del PSOE, se dedica a abordar a los altos cargos y a pedirles comisiones.

Un día, Aida Álvarez, sin anunciarse previamente, se presenta en su despacho con un documento en la mano.

—Quiero que me autoricéis una comisión del 5 por 100 para este proyecto —dice.

—Una comisión, ¿para quién? —responde Calvillo.

—Para el partido —precisa la coordinadora federal de Administración y Finanzas del PSOE.

Calvillo se siente sorprendido y molesto.

—¿Cómo que para el partido? —pregunta.

—Sí, para el partido. Son órdenes de Alfonso Guerra.

Educado, de modales exquisitos, pero enérgico cuando se presenta la ocasión, respaldado por su gran amigo Carlos Solchaga, el entonces director comercial del INI se niega en rotundo a acceder a la petición de Aida.

—¡Que llamo a Alfonso Guerra! —amenaza ella, enfadada.

Calvillo, con toda la parsimonia del mundo, le replica:

—Pues venga, ponme a Alfonso al teléfono. ¡Yo también quiero tener dos palabras con él!

El incidente acaba ahí. A partir de entonces, las visitas de Aida Álvarez cesan pero, en el Instituto Nacional de Industria, bajo la dirección de Luis Carlos Croissier, y en otras dependencias económicas del Gobierno, se le prohíbe la entrada.

La anécdota sobre la osadía de la «espía» de Alfonso Guerra se hace del dominio general entre los altos cargos de la Administracción. A mediados de 1987, Enrique Sarasola, se la cuenta a un grupo de amigos:

—A ésa ha habido que cortarle las alas. Iba a ver a los directores generales, sin pasar por ningún filtro ni nada y les ponía los papeles para que firmaran —dice.

La sorpresa ilumina los rostros de quienes escuchan al empresario socialista y ante la incredulidad general, Sarasola añade:

—...Y si se negaban, delante de las mismas secretarias, les amenazaba con llamar a Alfonso.

Obligada por el partido, a comienzos de 1986, Aida Álvarez pasa unos meses apartada de la vida empresarial y relegada de las actividades económicas del partido. Aunque sólo en apariencia.

* * *

El empresario socialista y ex dirigente del partido en Córdoba, Antonio Calleja Relaño, relacionado recientemente con el *affaire* de las comisiones por la compra de aviones de Iberia,[12] acaba de montar, en ese momento, su empresa Transcomin 86, en el número 70 de la calle Orense de Madrid, y la eficaz «asistente» de Alfonso Guerra aprovecha la coyuntura para renacer de sus cenizas.

—Necesito que me dejes el despacho —le dice un buen día a Calleja en su oficina.

—¿El despacho...? ¿Para qué? —pregunta el empresario cordobés.

—Pues para lo que tú sabes. Hay operaciones que no las debo hacer en Ferraz.

Antonio Calleja Relaño, vinculado a los negocios del partido desde 1982,[13] tiene otro despacho más modesto en el núme-

12. El asunto de las comisiones de Iberia se relata en el capítulo XI.
13. Ver capítulos II y XI.

ro 41 de la calle Ríos Rosas de Madrid, muy cerca de la antigua sede del PSOE de la calle Santa Engracia.

El local lleva algún tiempo cerrado y el empresario socialista piensa que no le vendría mal pagar aquel «impuesto revolucionario» al Partido Socialista. Ese mismo día le entrega las llaves a Aida.

—Pero ten cuidado con lo que haces —le advierte.

—¿Cuidado...? ¿Por qué?

—No olvides que el piso está alquilado a nombre de Transcomin 86.

Días después, Aida Álvarez se instala en las nuevas oficinas, coloca dos grandes fotografías de Felipe González y de Alfonso Guerra, con sentidas dedicatorias, sobre la mesa, a manera de reclamo, y manda instalar cuatro líneas telefónicas.

Luego, a través de sus privilegiadas relaciones con las comunidades autónomas y los Ayuntamientos socialistas, recopila información sobre los proyectos y las obras en vías de adjudicación y empieza a traficar con ella.

En las semanas siguientes, el piso de la calle Ríos Rosas se convierte en uno de los despachos de tráfico de influencias más florecientes de Madrid, según el propio Calleja. Por allí desfila una multitud de socios sorprendente —ligados unos al PP y otros al PSOE—, dispuestos a poner en marcha cualquier negocio a la sombra del poder político, fuera el que fuese su color.

Desde el célebre Gustavo Durán, el oscuro empresario relacionado con la escandalosa compra de diputados en la Asamblea de Madrid, hasta los enviados especiales de Ángel Sanchís, el ex tesorero del Partido Popular relacionado con el Caso Naseiro, se reúnen con la ex responsable Federal de Finanzas del PSOE, Aida Álvarez, en el despacho de Ríos Rosas.

Incluso Juan Guerra, el hermano del vicepresidente del Gobierno investigado después en Sevilla por tráfico de influencias y posible uso de un centro oficial para hacer negocios privados, acude al despacho cada vez que viaja a Madrid y necesita un lugar discreto para celebrar sus entrevistas.

—Entrar allí —comenta en una ocasión Calleja a un amigo suyo— es como el juego de las famosas muñecas rusas. Abres una puerta y te encuentras a los del PP, empujas otra y ves a los del PSOE, todos revueltos.

* * *

Además de los «financieros» paralelos de todos los partidos políticos, por el piso de Ríos Rosas pasan también altos ejecutivos vinculados a Agromán y a Dragados y Construcciones, que buscan la adjudicación de obras públicas, a cambio de comisiones destinadas supuestamente para el PSOE.

—Entre otros muchos asuntos, Aida negocia desde allí las obras de reparación del Parlamento Autónomo andaluz y el suministro de material sanitario para los hospitales de aquella Comunidad Autónoma —revela Antonio Calleja.

El despacho de Ríos Rosas conoce una actividad inusitada y sus frentes comerciales se multiplican.

—También se buscaban negocios para Pridesa (Proyectos e Instalaciones de Desalación, S.A.), dedicada a la construcción de plantas potabilizadoras, y a Babcock Wilcox, dos empresas vinculadas al partido —agrega el empresario cordobés.[14]

Ambas sociedades, Pridesa y Babcock Wilcox, estaban desde 1982 bajo el control de destacados militantes del PSOE como Juan Manuel Crovetto de la Torre y Manuel Fernández García. Posteriormente, un informe de Euskadiko Ezkerra, del verano de 1990, las relacionaría también con el ministro del Interior, José Luis Corcuera y con los intereses financieros de la UGT y del Partido Socialista.

Bajo dominio socialista y con el apoyo de Aida Álvarez, Pridesa ha hecho suculentos negocios en los últimos años. Se le han concedido las obras de las potabilizadoras de San Fernando de Henares (Madrid), Mieres (Asturias), Casablanca (Zaragoza), Jerez de la Frontera (Cádiz), y Córdoba, entre otras.[15]

—Algunas de estas potabilizadoras se adjudicaron desde el despacho de Ríos Rosas, tras intensas negociaciones entre los responsables de los Ayuntamientos afectados, Aida Álvarez y el broker Gustavo Durán —afirma Calleja.

El mismo empresario socialista asegura que Pridesa compartía este tipo de negocios municipales con la empresa In-

14. Babcock Wilcox es una empresa del INI.
15. Los datos sobre algunas de estas concesiones pueden obtenerse consultando los archivos de los Registros Mercantiles de Madrid y Bilbao.

ternacional de Representación y Gestión (I.R.G.), propiedad del diputado socialista en la Comunidad de Madrid, Benjamín Castro.

Calleja no habla de oídas. Él fue uno de los fundadores de I.R.G., una empresa dedicada a la gestión y al asesoramiento de operaciones comerciales, junto a Benjamín Castro, propietario a su vez de otras sociedades aparentemente relacionadas con el aparato financiero del PSOE.[16]

Sea como fuere, lo cierto es que a comienzos de 1987, al empresario cordobés, Antonio Calleja, comienzan a lloverle las críticas por la utilización que se está haciendo de su despacho de Ríos Rosas.

Un día se lo dice el propio José Miguel Elorrieta, consejero delegado de Agromán:

—¿Qué hace Aida Álvarez en tus antiguas oficinas?

—¿Pasa algo malo? —pregunta Calleja, alarmado.

—Hombre, malo, lo que se dice malo, no ocurre nada. Pero se empieza a hablar mucho de los negocios millonarios que se hacen allí.

El empresario cordobés decide cortar por lo sano y ese mismo día llama a Aida Álvarez.

—La semana que viene te espero a tomar café —le dice.

Calleja hace una pausa. Luego, en tono imperativo, agrega:

—Ah, antes de venir recoge tus papeles. Y no te olvides de traerme las llaves del despacho.

* * *

Tras la ruptura con Antonio Calleja, la ex colaboradora de Alfonso Guerra se decide a montar su propio grupo empresarial.

Alquila unas oficinas en Torres Blancas de Madrid, un moderno edificio proyectado por el arquitecto Francisco Sáenz de Oiza, cerca del apartamento de Eustaquia Lerchundi, la madre del empresario socialista Enrique Sarasola, y se instala por su cuenta.

16. Benjamín Castro niega tajantemente las vinculaciones de sus empresas con el PSOE. Asimismo, desmiente haber negociado en nombre de Pridesa.

El despacho de Aida Álvarez se convierte rápidamente en uno de los centros más activos dedicados a la promoción de negocios de personas cercanas al PSOE. En estas oficinas, la ex colaboradora de Alfonso Guerra celebra reuniones con los socios de GTP, Consultores, con el presidente de Transcomin, Antonio Calleja, y con el ex presidente de la Junta de Andalucía, Rafael Escuredo.

Con el apoyo de Alfonso Guerra, logra que el PSOE le adjudique la edición y la distribución de los documentos internos del partido y el 7 de mayo de 1987 funda la sociedad Distribuidora Expres 2020, en la que aparece asociada a su actual compañero sentimental, Miguel Molledo Martín, un piloto de líneas aéreas comerciales.

Poco después, comienza a introducirse en los negocios de la construcción y, con Aresservice, la sociedad de servicios del Banco Árabe Español, crea Servicios Inmobiliarios 2001.

Su ascensión es meteórica. El 17 de junio de 1988 inscribe en el Registro Mercantil otra empresa: Tecnología e Informática 2020, con la que pretende intermediar en el negocio de la venta de material informático ante la Administración.

El 19 de marzo de 1990 promueve una nueva alianza con el Aresbank y crea Madrid Sur 93 para poner en marcha la urbanización de El Gurrullero en Getafe, un negocio cuyas plusvalías pueden alcanzar los 10.000 millones de pesetas.

Pero el negocio más rentable lo consigue en marzo de 1989, cuando el Express Mail Service, el consorcio europeo de correos con sede en Bruselas, que coordina los servicios postales de 20 países occidentales, incluida la Dirección General de Correos española, adjudica a Transportes Aéreos Hispanos, S.A. (Tahis), el transporte nocturno de la correspondencia urgente entre Madrid y Bruselas.

La polémica concesión, que no cumplió las bases del concurso, permite a Tahis, una empresa de Miguel Molledo y María de los Ángeles (Aida) Álvarez, unos ingresos anuales de 300 millones de pesetas.

Pero Aida Álvarez, dueña hoy de una empresa de aviación, aspira a volar mucho más alto todavía.

* * *

Desde que llega a la Secretaría General de Comunicaciones, José Luis Martín Palacín, uno de los hombres de confianza del ministro de Transportes y Comunicaciones, José Barrionuevo, abriga un ambicioso proyecto: modernizar el correo aéreo español y ponerlo a la altura del siglo XXI.

Martín Palacín sabe que la situación actual de deterioro, que hace perder todos los años a la Dirección General de Correos varios miles de usuarios, es insostenible y que tarde o temprano tendrá que contratar una potente flota de aviones para trasladar la correspondencia a las diez principales capitales españolas.

Aida Álvarez y su socio-consorte, Miguel Molledo, son informados al detalle de estos planes y se dan cuenta de que pueden ganar al año varios cientos de millones de pesetas. Sólo necesitan contar con el apoyo del Partido Socialista y ampliar su flota de aviones con diez aparatos más, capaces de transportar, cada uno de ellos, diez toneladas de carga.

Miguel Molledo es de las personas que piensan que «al que madruga, Dios le ayuda». Por eso, poniendo en práctica el viejo aforismo, el jueves 19 de abril de 1990, se presenta en la empresa Trébol Internacional, de Manuel Prado y Colón de Carvajal, para que le ayude a buscar los aviones.

—Necesitamos —explica a Jesús Sainz— diez aviones Boeing 727 adaptados para el transporte de carga.

Jesús Sainz, un técnico comercial del Estado, socio de Prado y Colón de Carvajal, conoce a Molledo de otros negocios, pero su petición, a bocajarro, sin preámbulos, le coge de sorpresa.

—¿Y eso?

—Correos va a sacar un concurso para el transporte de la correspondencia. Hemos hablado con ellos y estamos seguros de que nos lo van a adjudicar.

—Y qué tipo de aviones quieres, ¿nuevos o usados?

—De segunda mano, por supuesto. Remotorizados y con un portón para el transporte de *containers*.

Jesús Sainz se pone inmediatamente a trabajar. Habla con varios *brokers* norteamericanos y averigua que una empresa de Miami, Express Line Company, dispone del suficiente número de aparatos y que está dispuesta a alquilarlos o a venderlos mediante *leasing*.

—Que Martín Palacín o Barrionuevo te firmen mañana el contrato —le dicen a Molledo desde Miami— y los aviones son tuyos.

—¿Hasta cuándo podéis mantener la reserva de los aviones?

—Un par de meses. Pero ya sabes que son tuyos en cuanto tengas el aval del Gobierno.

A partir de entonces, Miguel Molledo y Aida Álvarez visitan, en secreto, varias veces el Ministerio de Transportes, Turismo y Comunicaciones, la Dirección General de Correos y la sede del PSOE en la calle Ferraz de Madrid.

Pero el Gobierno, que no quiere comprometerse abiertamente con una empresa a la que se vincula en todos los medios al Partido Socialista, tras el escándalo Guerra, decide esperar.

La medida juega en contra de los intereses de Miguel Molledo y Aida Álvarez. Poco antes del verano de 1990 descubren, con sorpresa, que ya no están solos en la carrera por el control del transporte aéreo de la correspondencia. Una segunda empresa, ligada también a personas del partido, ha empezado a mover los sutiles hilos del Ministerio de Transportes, para quedarse con el multimillonario negocio.

Se trata de Pan Air Líneas Aéreas, una sociedad constituida con un capital social de 350 millones de pesetas y presidida por Nicolás Valero Fernández, un antiguo piloto de la flota de DC-9 de Iberia, militante de UGT y del PSOE.

Pan Air cuenta con la solvencia de que detrás de ese nombre se esconde la compañía australiana TNT Ipec Holding, considerada el mayor «carrier» del mundo. Pero, además, Nicolás Valero contrata los servicios del despacho de abogados de José María Calviño para que, por un puñado de millones, le eche una mano con el Gobierno.

Calviño y Aida, dos vidas paralelas al servicio del mismo señor, el vicepresidente del Gobierno, Alfonso Guerra, y los mismos intereses, los del Partido Socialista, acaban, de esta manera, enfrentándose mutuamente por un contrato del que José Luis Martín Palacín, secretario general de Comunicaciones, no quiere ni oír hablar.

No es nada extraño. Muy pocas personas se atreven todavía a meter las narices en los negocios de los hombres y mujeres del vicepresidente del Gobierno, una de las cuales controla los negocios del petróleo en España y es motivo de capítulo aparte.

V. LA MUJER QUE CONTROLA EL ORO NEGRO SOCIALISTA

Carmen Rodríguez Díaz, una mujer ligada desde hace años a los negocios del Partido Socialista Obrero Español (PSOE), llega a Sirecox, una empresa oficial a través de la cual el Estado compra la cuota estratégica del petróleo. Históricamente, ésta ha sido una de las vías más importantes de financiación política, tanto dentro como fuera de España. Ahora, con el PSOE en el poder, no hay razones para pensar que las cosas han cambiado.

El jueves 2 de agosto de 1990 Carmen Rodríguez Díaz, su marido, el ciudadano británico Robert J. Abbott, y la hija de ambos, parece una familia española, normal y corriente, que se prepara para emprender sus vacaciones estivales por el Mediterráneo.

Rodríguez Díaz, una militante socialista amiga personal de Felipe González, tiene ya listos los billetes de avión y las maletas, con los bañadores, la ropa de playa y los folletos turísticos, incluida la lista de restaurantes y lugares de esparcimiento recomendados por sus amigos.

Después de un duro año de trabajo, con un viaje como mínimo cada mes al extranjero para atender las obligaciones de su cargo, esta mujer, de complexión fuerte, ojos azules y pelo cortado a lo *garçon*, con mechas rubias, ansía como nadie un merecido y reparador descanso.

Pero ese mismo día, a casi 5.000 kilómetros de Madrid, en un búnker de hormigón armado de Bagdad, Saddam Hussein, el todopoderoso Presidente de Irak, daba una orden tajante a su ejército:

—Adelante y que Alá os guíe.

Automáticamente, varias divisiones de carros de combate de fabricación soviética T-54 y T-55 y 100.000 soldados, que en los días anteriores se habían concentrado en la frontera irako-kuwaití, emprenden la marcha hacia Kuwait City.

Es el comienzo de la invasión de Kuwait, un pequeño país de los emiratos árabes, situado al Oeste del golfo Pérsico, que atesora bajo sus cálidas tierras el 7 por 100 de las reservas mundiales de petróleo. La anexión de este territorio por Saddam Hussein pone en manos de Irak el 20 por 100 de las reservas mundiales de petróleo y ése es un grave problema que los países occidentales no están dispuestos a tolerar.

Para Carmen Rodríguez, la invasión del emirato supone un contratiempo. En principio, se interesa por ella como cualquier otra persona medianamente informada y atenta a los acontecimientos internacionales. Pero a la empresaria socialista la invasión de Kuwait le preocupa por un segundo motivo.

Desde el 29 de enero de 1988, fecha en que se creó la Sociedad General de Intercambios y Relaciones Comerciales Exteriores (Sirecox), Carmen Rodríguez Díaz ocupa el cargo de presidente de este organismo, encargado de controlar la llamada «cuota de petróleo» del Estado.

Como tal, la empresaria socialista es la encargada de evitar que, en caso de una emergencia como la crisis del Golfo que se inició durante el verano de 1990, se produzca un repentino desabastecimiento de crudo en el país, que impida el normal desenvolvimiento de los sectores básicos de la nación.

En estas circunstancias, el jueves 2 de agosto de 1990, cuando los tanques rusos conducidos por militares iraquíes entran en el emirato kuwaití para anexionarse aquel territorio, Carmen Rodríguez tiene razones de sobra para encontrarse nerviosa.

De los 215.000 barriles de crudo diarios que España venía adquiriendo a diversos países para formar su «reserva de guerra», una tercera parte, aproximadamente —70.000 barriles—, procedían de los pozos de petróleo iraquíes, país cuyas exportaciones de crudo —y de cualquier otra materia prima o manufacturada— habían quedado suspendidas temporalmente por la Comunidad Económica Europea y por la ONU, hasta que el orgulloso líder iraquí, Saddam Hussein, ordenara a su ejército retornar a sus fronteras anteriores y permitir de nuevo el autogobierno del emirato de Kuwait.

Con las maletas ya preparadas para salir de viaje, Carmen Rodríguez Díaz sacrifica, en agosto de 1990, sus vacaciones y regresa a su despacho de la planta ocho de Torre Europa, en Madrid, uno de los edificios de la capital de España preferidos por las multinacionales y las grandes empresas para instalar sus oficinas.

Esta mujer, que compra el 37 por 100 del petróleo que se consume en el país y que abastece de crudo a Repsol, Cepsa, Asesa, Petronor, ERT y Petromed, las seis refinerías públicas y privadas del país, con un volumen de negocio que supera los 150.000 millones de pesetas, tiene que quedarse a trabajar.

En contacto permanente con el ministro de Hacienda, Carlos Solchaga, de viaje oficial por Colombia para asistir a la toma de posesión del Presidente de aquel país, César Gaviria, la empresaria socialista y los 27 colaboradores de su despacho —entre los que se encuentran media docena de Técnicos Comerciales del Estado— necesitaron trabajar duramente día y noche para encontrar un país que estuviera dispuesto a suministrar los más de 50.000 millones de dólares en crudo que España compraba anualmente al desequilibrado líder iraquí.

Así, mientras Felipe González, el ministro de Defensa Narcís Serra y el titular de Asuntos Exteriores, Francisco Fernández Ordoñez, preparan el envío de una flotilla compuesta por una fragata y dos corbetas a las aguas del golfo Pérsico para impedir la salida del petróleo iraquí, en el luminoso despacho de Carmen Rodríguez, con sus ventanales orientados hacia el estadio Santiago Bernabéu, se consigue, tras numerosos intentos, que los países hispanoamericanos, Angola, Uganda y Arabia Saudí —a cambio de una presencia militar meramente «simbólica» en el Golfo—, se comprometan a vender a España los 70.000 barriles diarios que habían dejado de llegar desde Irak.

Al fin, tras la toma de posesión del Presidente del Gobierno de Colombia, César Gaviria, el ministro de Economía y Hacienda, Carlos Solchaga, que se había mostrado preocupado en los días anteriores, lo puede anunciar oficialmente.

—España no va a sufrir ningún problema de abastecimiento de petróleo.

El 26 de agosto de 1990, el mismo día en que zarpan la fragata *Santa María* y las corbetas *Descubierta* y *Cazadora* desde las bases navales de Rota y Cartagena, la presidenta de Sirecox ve cumplida su misión de Estado.

Carmen Rodríguez, una de las pocas mujeres españolas colocadas por el Partido Socialista al frente de una empresa estatal que mueve anualmente por encima de los 150.000 millones de pesetas y que, a pesar de todo, no figura en el Dicodi (Directorio de Empresas), puede ya empezar a disfrutar unas reconfortantes vacaciones, lejos de los aparatos de télex y de fax, que conectan su oficina con los principales mercados internacionales de crudo del mundo.

La empresaria socialista, hija del diputado del PSOE, Máximo Rodríguez, el de mayor edad del Congreso de los Diputados, y amiga del Presidente del Gobierno desde mucho antes del Congreso de Suresnes, celebrado entre el 11 y el 13 de octubre de 1974 en el Sur de Francia, quiere olvidarse al menos por unas semanas de la dichosa «cuota estratégica» del petróleo, un negocio de Estado creado durante la etapa de UCD, que ella tiene ahora la obligación de administrar.

* * *

Al presidente Adolfo Suárez también le calienta la cabeza, en otros tiempos, el asunto del petróleo. En 1977, cuando gana las primeras elecciones generales democráticas y se instala en la Moncloa como el primer Presidente del Gobierno salido de las urnas tras la guerra civil, un problema sin precedentes se le echa encima.

Inmerso en una operación de cambio, que arranca con la muerte de Franco y acaba con la convocatoria del referéndum, la elaboración de la Constitución y las primeras elecciones generales, el Gobierno apenas se preocupa de mirar al exterior para darse cuenta de las profundas transformaciones que está experimentando el mercado internacional.

Sin embargo, un problema de grandes magnitudes, que no puede obviar, amenaza a España en esa época: el suministro de petróleo y materiales energéticos, unos productos en los que el país es dependiente casi al 100 por 100 del mercado internacional.

El petróleo es la materia prima cuyo valor crece más en ese tiempo. De 1,8 dólares el barril en 1971, su precio se eleva a 41 dólares, a finales de la década. Pero lo preocupante no es eso. Lo que más inquieta a Suárez es encontrar un país que esté dispuesto a vender el crudo necesario, aunque sea a precio de oro.[1]

Los países de la OPEP habían iniciado su política basada en la idea de que los yacimientos de crudo no eran inagotables y, al tiempo que incrementaban los precios, recortaban la producción. De 306 millones de toneladas vendidas en 1977 se había pasado, así, a 262,2 toneladas en 1978.

La crisis del petróleo, iniciada en 1973, parecía una de las más serias amenazas que iba a sufrir el mundo occidental a finales de la década de los setenta. Mientras en España seguía con intensidad la transición democrática, el resto de los países occidentales —Francia, Italia y la República Federal de Alemania especialmente— habían tomado la iniciativa y, al margen de sus empresas privadas, habían renegociado directamente con los países productores de petróleo unas cuotas mínimas anuales de suministro.

Estas cuotas de compra permitían de esta manera a los Estados europeos —con mayor capacidad de presión que sus empresas privadas— negociar a largo plazo con los países suministradores de la OPEP y crear sus reservas estratégicas de petróleo. El mercado del crudo que hasta entonces funcionaba fundamentalmente en régimen de libre comercio, controlado por las Siete Hermanas,[2] comenzó a estatalizarse.

Cuando en 1977 Adolfo Suárez toma conciencia del problema, se encuentra con que, mientras la mayoría de los países occidentales han llegado a acuerdos bilaterales con los integran-

1. *The Seven Sisters* (Holdder and Stoughton, 1985), por Anthony Sampson; *Oil: The Price of Power* (Rainbird Publishing Group, 1986), por Adrian Hamilton.

2. Término acuñado por la Prensa internacional para referirse a las multinacionales, norteamericanas y británicas, que controlan el mundo del petróleo. Es el título de un libro del escritor británico, Anthony Sampson.

tes de la OPEP[3] y renegociado sus «reservas estratégicas de crudo», la empresa española Campsa depende casi exclusivamente de los vaivenes de los mercados internacionales de crudo controlados por las multinacionales.[4]

Junto al temor a que la Organización de Países Exportadores de Petróleo pudiera imponer una política de ventas restrictiva, el Gobierno de UCD se encuentra con otro problema añadido. Desde el verano de 1977 viene preparándose la insurrección popular que acaba derrocando en Irán, uno de los principales países suministradores de petróleo a España, al sha Mohamed Reza Pahlewi y, en su lugar, se instaura el régimen integrista del Ayatolah Jomeini, con lo que el peligro de guerra en el Golfo se aproxima cada día más.

En estas circunstancias, España necesita firmar rápidamente un acuerdo preferencial de compra de crudo, que impida a toda costa un desabastecimiento peligroso y logre colocar al país en una situación similar a la del resto de Europa.

Para ello, en el mes de agosto de 1977, Adolfo Suárez convoca una reunión urgente en la Moncloa para abordar el asunto. Tras estudiar la situación internacional y los dos grandes bloques en los que se ha dividido la OPEP una vez celebrada la reunión de Viena, el Presidente del Gobierno decide abrir una vía de negociación con Arabia Saudí.

Este país, que ha optado por seguir la senda moderada dentro de la Organización de Países Exportadores de Petróleo, ostenta en esos momentos el 25 por 100 de las reservas mundiales de crudo.

—¿Y por qué no negociar con Venezuela o México? —pregunta uno de los ministros convocados.

—Es otra posibilidad —dice Suárez—, pero yo me inclino por Arabia Saudí.

Adolfo Suárez, aficionado a fumar «Ducados», da una calada al cigarrillo, expulsa una bocanada de humo y añade:

—Al fin y al cabo, con Arabia Saudí tenemos grandes posibilidades de entendimiento. En ambos países, la forma de Estado es la Monarquía.

Tras la reunión, Suárez necesita encontrar a una persona de confianza que sea capaz de llevar a cabo una misión diplo-

3. Organización de Países Exportadores de Petróleo, fundada en 1960 con sede en Viena (Austria).

4. El Estado contaba en esas fechas con una reserva estratégica mínima de 70.000 barriles/día.

mática de Estado en el país del Golfo. El Presidente no tiene que pensar demasiado. Manuel Prado y Colón de Carvajal, embajador de España y uno de los últimos descendientes del almirante Cristóbal Colón, es el candidato ideal.

Presidente de la compañía aérea estatal Iberia, Prado y Colón de Carvajal está considerado en aquellos momentos como uno de los mejores amigos del rey de España, Juan Carlos I, quien durante los últimos años del régimen de Franco le había utilizado como su embajador personal.

De esta manera, el descendiente de Cristóbal Colón, había tratado personalmente al rey de Arabia Saudí, Jalid, y al entonces príncipe Fahd, los dos hombres que junto con el jeque Yamani, controlaban personalmente el comercio exterior del país que acumulaba la cuarta parte de las reservas mundiales de petróleo.

Desde entonces, Manuel Prado había estado en Riad en varias ocasiones, la última aquel mismo año, para inaugurar una línea de Iberia entre Madrid y Arabia Saudí, ocasión en la que había sido recibido por el Monarca, a quien había entregado una carta del Rey de España.

Poco después, el jefe de gabinete del Presidente, Alberto Aza, tiene a Prado al teléfono.

—Manolo —dice Suárez—, el Gobierno ha pensado negociar un acuerdo preferencial de petróleo con Arabia Saudí.

—¿Y bien?

—Nos gustaría que tú te hicieras cargo de las conversaciones exploratorias.

—De acuerdo. ¿Cuándo tengo que viajar?

—Lo más pronto posible.

Una semana después, el embajador Manuel Prado se desplaza de nuevo a Arabia Saudí, se entrevista con el rey Jalid y logra que el Monarca se comprometa a suministrar a España 150.000 barriles de crudo diarios.

—La condición impuesta por el Monarca —explica Prado a los autores del libro— fue que no se pagaran comisiones.

Al año siguiente, aprovechando un viaje de descanso del príncipe Fahd a Marbella, el Gobierno, ya sin el apoyo de Prado, entabla nuevas negociaciones y Arabia Saudí amplía la cuota a 250.000 barriles.

A partir de entonces, el Estado español se constituye en el primer comprador nacional de crudo en el exterior y en el intermediario entre los países árabes y las empresas comercializadoras del sector. En 1978 el Gobierno de Suárez importa directamente el 70 por 100 del petróleo que se consume en el país.

La empresa encargada por el Ejecutivo de administrar la cuota de petróleo del Estado es la Sociedad Hispánica de Petróleos, S.A. (Hispanoil), una entidad creada el 8 de julio de 1965, en pleno franquismo, y participada al 50 por 100 por el INI y al 50 por 100 por los hermanos Alfonso e Ignacio Fierro, por medio del Banco Ibérico y las compañías Financiera Fierro y Compañía Ibérica de Petróleos.

A comienzos de 1978, el Gobierno de Suárez garantiza el suministro de crudo a España. Pero, pese a la promesa de Manuel Prado al rey Jalid, los petrodólares cobrados a cambio del oro negro necesario para el sostenimiento de la industria española no acaban todos en los bancos de Riad.

* * *

Varias fuentes consultadas por los autores de este libro aseguran que, si bien el rey Jalid de Arabia Saudí puso como condición para la venta de los 150.000 barriles de petróleo diarios a España que no hubiera comisiones a particulares, en el protocolo de venta se incluía una cláusula que permitía destinar un pequeño porcentaje de los beneficios al apoyo de la reforma política y a la promoción en el exterior de la joven democracia española.

Buscar a la persona adecuada en Hispanoil, que con tacto y discreción se encargue de cobrar y canalizar las comisiones hacia las personas que tendrán la misión de administrarlas, fue uno de los problemas que se plantearon, a finales de 1977, a los hombres de la Moncloa.

Entonces, alguien del entorno de Adolfo Suárez piensa en José Ramón Bustelo y García del Real, *Hippie* Bustelo. Hermano de Carlos Bustelo, ministro de Industria y Energía de UCD desde el 4 de abril de 1979 hasta el 2 de mayo de 1980, hombre de carácter bohemio, *Hippie* Bustelo es uno de los técnicos comerciales del Estado de mayor prestigio en el país.

Con anterioridad había sido agregado comercial de la Embajada España en Venezuela y director general de Importación del Ministerio de Comercio, cuando estalló el escándalo de la «colza». Con ese historial, parecía la persona adecuada.

El Presidente del Gobierno, después de estudiar detenidamente su biografía, le manda a Hispanoil y cuando, en 1978, la sociedad amplía su capital de 10 a 100 millones de pesetas, José Ramón Bustelo forma parte de su consejo de administración.

—*Hippie* Bustelo —reconocía el ex secretario particular y cuñado de Adolfo Suárez, Aurelio Delgado, a los autores del libro— era la persona encargada de la distribución de las comisiones.

Aurelio Delgado, *Lito* para los íntimos, habló tres veces con los autores del libro, dos por teléfono y la tercera, exactamente el 18 de junio de 1990, en sus oficinas del *Diario de Ávila*, en la capital abulense.

—¿Qué se hacía con ese dinero? —se le preguntó en varias ocasiones.

—Ése es un secreto que pienso llevarme a la tumba —respondió.

De todas maneras, otras fuentes consultadas reconocieron que las comisiones por las compras del petróleo del Estado se dividían en dos partes iguales. Una iba a las arcas de UCD, para la financiación del partido, y otra se dedicaba a sufragar costosísimas operaciones de imagen, como las que se tuvieron que realizar para promocionar la vuelta de Josep Tarradellas a Cataluña; para convencer a las autoridades del B.I.E. (Boureau Internacional du Expositions) y celebrar la Expo'92 en Sevilla o para explicar la «transición política» española en el extranjero.

—Hay que recordar —comenta *Lito* Delgado— que en esa época, nadie fuera de España creía lo de la «reforma» y que hubo que dedicar mucho dinero a cambiar la imagen del país en el exterior.

El secretario particular y cuñado de Adolfo Suárez, a quien tradicionalmente se ha vinculado con el cobro de las comisiones del petróleo para financiar a la UCD, no es en la actualidad, como cabría esperarse, un hombre rico.

Ocho años después de abandonar su despacho de la Moncloa, *Lito* Delgado ha tenido que vender su casa de Majadahonda, en Madrid, para pagar las deudas del partido. Además, en tres ocasiones, la última en marzo de 1990, Banesto ha sacado a subasta su casa de Ávila «donde nacieron mis hijos, uno de los cuales hoy tiene 20 años».

Olvidado por muchas de las personas, según cuenta, a las que ayudó a prosperar durante la etapa de UCD, trabaja quince horas diarias para vivir y poder pagar algunos de los préstamos que contrajo como militante destacado del partido centrista.

—Está claro —dice— que la política a mí no me ha dado ni un duro. Por eso, cuando leo en los periódicos que me he llevado las comisiones del petróleo, me dan ganas de poner en la cabecera de mi cama un letrero que diga: «Soy tonto», «Soy tonto», para leerlo todas las mañanas.

Aurelio Delgado, hoy distanciado de su cuñado, Adolfo Suárez, no recuerda qué cantidades de dinero de las comisiones del petróleo se destinaban a la UCD.

—Sé que hubo varios viajes al extranjero de personalidades de la vida pública española para convencer a las cancillerías europeas de que la reforma iba en serio y que el rey Juan Carlos no era un monarca de opereta. Pero la organización de esos viajes dependían de otra persona.

* * *

No es únicamente en España, sin embargo, donde la «cuota estratégica del petróleo» se ha convertido en fuente de financiación de los partidos políticos, a través del cobro de comisiones.

El más reciente de los escándalos se produjo en Italia a mediados de la década de los setenta y los ecos de aquella situación todavía siguen provocando comentarios en la Prensa, la Radio y la Televisión de aquel país.

Por esa época, dos importantes personajes de la vida pública italiana, Giorgio Mazanti y Florio Fiorini, presidente y director financiero del Ente Nazionale de Idrocarburi (ENI), la compañía estatal de petróleo italiana, aparecían mezclados en un préstamo de 200 millones de dólares (unos 36.000 millones de pesetas) al Banco Ambrosiano.

El préstamo se había hecho sin el conocimiento del Gobierno italiano y la deuda se perdió, en gran parte, debido a la quiebra de la entidad financiera ligada a las finanzas del Vaticano.

Pero ésa era sólo la primera parte de la historia. Poco después, la investigación sobre la crisis del Ambrosiano descubría que el ENI había estado pagando una importante suma de dinero en comisiones a Petromin, una supuesta empresa de Arabia Saudí registrada en Panamá.

En total, las comisiones abonadas por el Ente Nazionale de Idrocarburi ascendían en aquellas fechas a unos 12.000 millones de pesetas e iban a parar a los bolsillos de siete personas.

Aparentemente, se trataba de varios jeques y hombres de finanzas árabes, ligados todos ellos a Yamani —el hombre que tenía la llave del petróleo saudí— y a la familia real.

—Las comisiones —se dijo en el Parlamento italiano— son una mínima contribución del Estado italiano a las labores de presión desarrolladas por estas personas, que están consiguiendo que Italia pueda comprar el petróleo más barato.[5]

En 1981 se supo toda la verdad. El presidente de la empresa fantasma Petromin y el presidente del Ente Nazionale de Idrocarburi eran la misma persona: Florio Fiorini. El segundo miembro de la lista era el dirigente del Partido Socialista Italiano, Bettino Craxi, que recibía el 4,5 por 100 de las comisiones del petróleo saudí.

Pero lo que parecía la gran revelación de la Justicia y de la Prensa italianas no lo era tanto. Posteriormente se supo que los miembros del Partido Socialista Italiano habían descubierto mucho antes que los verdaderos negocios, los que daban miles de millones de liras en comisiones, se hacían desde las empresas del Estado. También se conoció que los «peajes» que pagaban los constructores particulares por la concesión de licencias o las recalificaciones de terrenos eran pura calderilla para los partidos.

PSI y Democracia Cristiana, las dos fuerzas hegemónicas en el país, además del Partido Comunista, no le dieron muchas vueltas al asunto. Poco tiempo después, estos partidos se repartían las empresas del Estado, como ocurría con la venta de armas,[6] y con ello, la posibilidad de asegurarse una fórmula de financiación rápida y segura.

5. Del Diario de Sesiones del Parlamento italiano.
6. Ver capítulo I.

* * *

El 28 de octubre de 1982, cuando el PSOE asume el poder en España, Carmen Rodríguez es una destacada militante del partido. Los socialistas aún no saben qué hacer con el problema del petróleo y mantienen intacta la estructura de Hispanoil. No hay ningún dato que obligue a pensar que las comisiones por el petróleo, que hasta entonces se ingresaban en las arcas de Unión del Centro Democrático, a partir de esas fechas, no comiencen a fluir hacia la sede del PSOE, en las calles Santa Engracia, primero, y Ferraz, después, de Madrid.

Hippie Bustelo, la persona encargada de administrar las comisiones, mantiene por esa época, unas excelentes relaciones tanto con la UCD como con el PSOE, como consecuencia de la habilidad de la familia, con muchos políticos en su seno, de contar con un ministro en la UCD (Carlos Bustelo) y una presidenta del Instituto de la Mujer en la etapa socialista (Carlota Bustelo), por citar sólo dos nombres.

De esta manera, José Ramón Bustelo continúa como consejero de la Sociedad Hispánica de Petróleos, S.A. (Hispanoil), que en la primera etapa del Gobierno del Partido Socialista no sufre ningún cambio importante en su consejo de administración.

A mediados de 1984, sin embargo, se piensa que esta vía de financiación política tiene los días contados. Se supone que en el momento en que España entre en la Comunidad Económica Europea como miembro de pleno derecho, los monopolios estatales tendrán que desaparecer.

Pero no ocurre así. Durante las negociaciones para la entrada de España en la CEE, Felipe González da instrucciones a los expertos españoles para que la cuota de petróleo comprada por el Estado, que constituye entonces casi el 50 por 100 del consumo total del país, sea respetada.

El 1 de enero de 1986, cuando España ingresa de hecho en la Comunidad, la Sociedad Hispánica de Petróleos continúa adquiriendo varias decenas de miles de barriles diarios de crudo a Arabia Saudí y a México. Pero a finales de 1987, José Ramón Bustelo fallece como consecuencia de un cáncer y el Gobierno socialista pone en marcha su propio plan de reestructuración del sector energético, con la creación de Repsol y otras sociedades.

* * *

Una de las nuevas empresas que se ponen en funcionamiento es Sirecox, acrónimo de Sociedad General de Intercambios y Relaciones Comerciales Exteriores.

Participada al 50 por 100 por el Instituto Nacional de Hidrocarburos, dependiente del Ministerio de Industria y Energía, y el Instituto Español del Crédito Exterior (ICEX), organismo controlado por el Ministerio de Economía y Hacienda, el nacimiento de la nueva entidad es autorizada por decisión del Consejo de Ministros del 29 de enero de 1988, en la misma reunión del Gabinete en que se aprueba el reglamento de la ley de objetos fabricados con metales preciosos.

El Gobierno asigna a Sirecox la administración de la cuota estratégica del petróleo del Estado y nombra presidenta de la misma a Carmen Rodríguez Díaz, una de las personas de confianza del Presidente del Gobierno, Felipe González, y del secretario de Finanzas del Partido Socialista, Guillermo Galeote.

Según la biografía oficial que de ella ofrece la edición de 1990 de la edición inglesa del *Who is Who* (Quién es quién), Carmen Rodríguez, hija de exiliados españoles militantes históricos del PSOE, fue una aventajada estudiante de «Matemáticas y Ciencias Naturales, estudios que cursó en la Universidad Paul Sabatier de Toulouse».

También está considerada una especialista en comercio y relaciones internacionales, técnicas publicitarias y de mercado, cuyos estudios ha cursado en Francia e Inglaterra, dos países en los que ha pasado largas temporadas y donde nacieron sus aficiones al teatro, al cine, a la lectura y los deportes.

Su carrera profesional, según la misma fuente, se inicia en 1984, cuando la amiga de Felipe González es nombrada directora adjunta de la empresa Simex. Posteriormente, es administradora única de Iniexport, la empresa de ventas del INI, y consejera de Carboex, otra sociedad estatal, hasta que alcanza la presidencia de Sirecox.

La publicación *Who is Who*, sin embargo, escamotea hábilmente algunos datos sumamente interesantes para conocer los orígenes de su carrera empresarial y para atisbar las posibles razones por las que ha sido encumbrada a la presidencia de Sirecox.

En el año 1981, Carmen Rodríguez Díaz, junto a Antonio Calleja, Aida Álvarez, Julio Feo y otros militantes socialistas convertidos hoy en prósperos empresarios, empieza a trabajar para la empresa del PSOE, Management,[7] que dirige el empresario socialista Enrique Ballester Gallego.

—En Management, Carmen fue mi secretaria —confirma Ballester a los autores del libro.

Carmen Rodríguez juega en Management un papel discreto, siempre en un segundo plano, aunque mantiene hilo directo con tres personas claves del partido, que han depositado en ella su confianza: el secretario y el vicesecretario general del PSOE, Felipe González y Alfonso Guerra y el responsable de Finanzas, Emilio Alonso Sarmiento, conocido en algunos ambientes empresariales como «el hombre del maletín», por dedicarse al cobro de comisiones.[8]

Posteriormente, cuando Ballester abandona la sociedad y otro hombre del partido, Luis Velasco, acude a sustituirle, Carmen Rodríguez asciende de categoría.

—La nombré secretaria general del pequeño *holding* —agrega Enrique Ballester— y en esa época mandaba más que el propio Luis Velasco. Era muy eficiente.

De esta manera, las vidas de los dos compañeros de partido, con el paso del tiempo, acaban siendo casi paralelas. Mientras Velasco, ex secretario de Estado de Comercio, se encarga con Alfonso Guerra de la negociación para las compras del gas argelino, para presidir hoy Sovhispan —la empresa de comercio exterior hispano soviética—, Carmen Rodríguez se convierte en la mujer más poderosa del Partido Socialista, al pasar por sus manos, en la actualidad, el 37 por 100 de las compras de petróleo del país.

Su nombramiento por el Gobierno para la presidencia de

7. Ver capítulo II, «PSOE, Sociedad Anónima».
8. José Luis Gutiérrez en *Diario 16*, 10 al 28 de septiembre de 1984.

Sirecox se produce —y éste es otro de los datos que no aparecen en su biografía oficial— con el apoyo del aparato de Finanzas del PSOE, que dirige Guillermo Galeote, y del secretario de Organización y número tres del partido, *Txiqui* Benegas, con los que despacha habitualmente.

Con esta mujer, sin embargo, empieza una nueva era en la política de compras de crudo por parte del Gobierno español.

* * *

Cuando se crea Sirecox, el titular del Ministerio de Economía y Hacienda, Carlos Solchaga, está hasta las narices de las autoridades de Arabia Saudí.

Mientras España adquiere ininterrumpidamente casi 100.000 barriles de petróleo diarios a este país del golfo Pérsico y paga religiosamente con dólares, las autoridades saudíes no se gastan ni una sola peseta en España.

—La última compra importante —informan a Solchaga un día— fue la adquisición, en 1984, de cuatro aviones de transporte CN-235, de CASA.[9]

El Gobierno pretende no sólo que Sirecox haga ganar dinero a los países exportadores de petróleo. En unos momentos en los que el crudo alcanza los precios más bajos del mercado, se quiere utilizar el poder comprador de Sirecox para ayudar a algunas empresas españolas a introducirse en los mercados de los países petrolíferos, mediante el comercio de compensación, lo que representa un doble negocio para los amigos de Carmen Rodríguez.

De esta manera, una de las primeras misiones que le espera a Carmen Rodríguez cuando pisa por vez primera la planta ocho de Torre Europa, situada enfrente del Palacio de Congresos y Exposiciones y del Estadio Bernabéu de Madrid, es renegociar las compras de petróleo del Estado.

La antigua empresaria ligada a las sociedades del PSOE lleva sólo un mes en su despacho y ya ha elegido a los que van a ser sus colaboradores. Habla con sus amigos de Hispanoil y el Ares-

9. Construcciones Aeronáuticas, S.A.

bank y ficha para trabajar con ella a los profesionales más competentes, entre ellos a las consejeras María José Lanchares y Susana Menéndez del Valle.[10]

Con el equipo ya formado, Carmen Rodríguez traza sus planes y decide cortar por lo sano. Cancela los contratos de suministro de petróleo que Hispanoil tiene con Arabia Saudí y México y renegocia la firma de nuevos acuerdos con terceros países.

Uno de los primeros lugares que visita, a comienzos de 1988, es Irak, una nación desangrada por una cruel guerra con su vecino del Este, Irán, y que está dispuesto a vender el mayor volumen posible de crudo para tratar de recuperar su maltrecha economía.[11]

Carmen Rodríguez cuenta además con otro sólido argumento para ablandar el duro corazón del sanguinario líder iraquí, Saddam Hussein. Durante los siete largos años de guerra, España es uno de los principales suministradores de armas al país, incluido algún tipo de armas químicas, que el Ejército iraquí no duda en emplear contra sus enemigos, dejando en entredicho a las autoridades españolas.[12]

Pocos meses después, la presidente de Sirecox y el ministro del petróleo iraquí firman un acuerdo por el que el país del golfo Pérsico comienza a suministrar a España 70.000 barriles diarios, es decir, el 12 por 100 de las compras totales del Estado.

A cambio, el Gobierno de Saddam Hussein se compromete a invertir en productos españoles el 20 por 100 de los dólares pagados por España.

El acuerdo es, en esencia, muy beneficioso para la industria española. Sin embargo, a Saddam Hussein, durante los dos primeros años de vigencia sólo le interesa adquirir armas españolas y construir una impresionante planta de fertilizantes, de la que los servicios secretos occidentales tenían sospechas más que fundadas de que iba a ser utilizada para

10. Por este motivo, Sirecox es conocida en los ambientes empresariales de Madrid como «la empresa de las tres mujeres».

11. Alfonso Guerra, había visitado de incógnito este país años antes, según publicó el diario *El Mundo*, el 24 de octubre de 1990.

12. *Las armas de la Democracia*, de Vicenç Fisas; *Cambio 16*, 15 de febrero de 1988; *Mercado*, 1 de mayo de 1987; *Sipri Yearbook*, 1984-85-86.

construir armas químicas, poco antes de la invasión de Kuwait.[13]

El segundo viaje de la mujer de confianza de Guillermo Galeote, el responsable de Finanzas del PSOE, es a la Unión Soviética. En Moscú, una delegación de Sirecox, integrada por antiguos empleados de Hispanoil, con Carmen Rodríguez a la cabeza, se entrevista con el director general del Ministerio de Comercio encargado de las Relaciones para Europa.

En pleno auge de la «perestroika» de Mijaíl Gorbachov, el encuentro es tenso. El director general del Ministerio de Comercio que le toca a Carmen Rodríguez como interlocutor odia a los países occidentales y es contrario a las reformas llevadas a cabo en su país.

La presidente de Sirecox, que está a punto de presentar una protesta oficial ante el Gobierno soviético, en contra del Ministerio de Comercio de la URSS, acaba firmando un contrato por el que España empieza a adquirir, a partir de ese momento, 15.000 barriles diarios de crudo ruso.

De esta manera, Carmen Rodríguez viene a sustituir al cabo del tiempo en este negocio al presidente del Real Madrid, Ramón Mendoza, un empresario que a comienzos de la década de los setenta —cuando aún no existían relaciones diplomáticas con los países del Este— supo aprovecharse de los resquicios que permitía el Acuerdo Comercial España-URSS de 1972 y convertirse en el principal abastecedor español de crudos rusos, con dos millones de toneladas de compras al año por una suma de 220 millones de dólares, unos 16.000 millones de pesetas.[14]

Por último, la presidente de Sirecox viaja a Angola, el segundo país comprador de armas a España del África no magrebí.[15] Pero este desplazamiento no lo hace sola. Carmen Rodríguez forma parte del séquito del entonces vicepresidente del

13. La revista *Tiempo* publicaba en su número 422, páginas 98 y siguientes, que España había vendido además a Irak su mejor arma, la «Bomba Explosiva de Aire Combustible» (BEAC), considerada una pequeña bomba atómica táctica en potencia, al arrasar una superficie como la de un campo de fútbol. El arma comenzó a diseñarse en España en 1981 y el sistema de producción está clasificado como secreto de Estado. El artefacto ha sido experimentado recientemente y los resultados han sido satisfactorios.

14. «El Hombre de Moscú», revista *Cambio 16*, número 359, de 22 de octubre de 1978.

15. *Las armas de la Democracia*, Vicenç Fisas.

Gobierno, Alfonso Guerra, quien, dejando a un lado su habitual resistencia a los desplazamientos oficiales, visita Luanda el 7 de julio de 1989.

Con el respaldo de Guerra, la empresaria socialista suscribe un convenio para la adquisición de 5.000 barriles diarios de crudo al país africano durante dos años, mientras el vicepresidente del Gobierno firma con el presidente de Angola, José Eduardo Dos Santos, un convenio de cooperación bilateral y regala a la nación anfitriona 12 millones de dólares para dedicar a programas de educación.[16]

Con ello, la empresa de Carmen Rodríguez se garantiza, junto a las importaciones recibidas de Dubai y Gabón, el suministro de 215.000 barriles de petróleo diarios, lo que representa casi el 37 por 100 del consumo total del país.

Pero la empresaria socialista es algo más que la representante del Estado español para la compra de crudo en el extranjero. En los dos primeros años de funcionamiento de Sirecox han pasado por sus manos un total de 254.000 millones de pesetas,[17] sin contar el 4 por 100 de comisión que percibe por gestionar el 15 por 100 de Advanced Payment[18] por los contratos que consigue su empresa dentro del comercio de compensación.

La empresa del Estado Sirecox permite al Partido Socialista tener bajo control a un total de 250 sociedades españolas que tratan de vender sus productos en el exterior y que dependen para ello, en gran medida, de la buena voluntad de Carmen Rodríguez.

16. Otro de los escasos viajes de Alfonso Guerra como vicepresidente del Gobierno al exterior, fue para renegociar el contrato de compra de gas entre el Gobierno español y el argelino. El 23 de febrero de 1985, poco después de la visita de Guerra, *Diario 16* publicaba un editorial asegurando que aquella operación, presentada a la opinión pública como un «rutilante éxito político», había sido en realidad un regalo del Gobierno a Argelia, país al que hubo que indemnizar con 530 millones de dólares. Nadie, hasta ahora, se ha preocupado de investigar si aquel contrato contemplaba el pago de algún tipo de comisiones.

17. *Cinco Días*, 23 de marzo de 1990.

18. Se entiende por «Advanced Payment» el pago anticipado que los países subdesarrollados deben hacer, de acuerdo con las normas de comercio internacional, sobre los proyectos que contratan con el exterior. Este pago, generalmente del 5 por 100, se realiza como garantía. Sirecox suele retener un 5 por 100 de esta cantidad en concepto de comisión. Los autores del libro no han podido averiguar si este dinero se ingresa íntegramente en la caja de la empresa estatal o si un porcentaje va a parar a otras entidades.

Pero no es ésta la única ventaja con la que cuenta esta sociedad. La Secretaría de Estado para el Comercio le autoriza, en 1989, un año después de su nacimiento, inscribirse como empresa de intercambios en el Registro especial de Comercio Exterior y acogerse a la legislación aduanera y de control de cambios aprobada por el Gobierno en los años 1986 y 87. Esta legislación le permite abrir cuentas en divisas sin límite alguno en cualquier país extranjero.

Un trato especial como éste, al que muy pocos empresarios del sector privado tienen acceso, permite a Carmen Rodríguez constituir en la islas Caimán, uno de los principales paraísos fiscales del mundo, la sociedad SRX Internacional Limitada, con capital 100 por 100 de Sirecox, para el pago de comisiones en el exterior.[19]

Así, a la empresaria socialista, vinculada a los asuntos del partido, no parece escapársele ningún negocio. El 12 de enero de 1990, cuando el rey Juan Carlos visita México, país al que España concedió una ayuda especial de 4.000 millones de dólares, Carmen Rodríguez forma parte de la comitiva oficial.

El 23 de mayo del mismo año, pocos días después de la visita oficial a España del Presidente de Bolivia, Víctor Paz Estensoro, la amiga de Felipe González viaja a este país como representante del Gobierno para estudiar las posibilidades de construir carreteras, de la misma manera que visita Uganda para vender vagones de ferrocarril a cambio de café.

Acostumbrada a viajar con relativa frecuencia, la presidente de Sirecox ha recorrido en los dos últimos años más de 20 países y se ha entrevistado con más de un centenar de delegaciones de empresas estatales y privadas.

Con 45 años, esta mujer, a la que el rey Hussein de Jordania concedió hace unos años la Gran Orden del Istiqlal, es una máquina de trabajar. Y si, además, como dicen en el Partido Socialista Italiano, las comisiones de los partidos políticos se controlan desde las grandes empresas del Estado, Carmen Rodríguez, consejera también de Focoex, una empresa del INI, es, indudablemente, la mujer que controla el oro negro del Partido Socialista Obrero Español.

19. Algunas fuentes aseguran que esta empresa sirve también como vía de financiación de los partidos políticos. Los autores del libro no han encontrado pruebas de ello.

VI. LOS NEGOCIOS DE LOS HOMBRES DEL PRESIDENTE

Antonio Blázquez, Julio Feo, Rafael Escuredo y Francisco Palomino, todos ellos pertenecientes al entorno del Presidente del Gobierno, Felipe González, o al de su amigo, el empresario de origen vasco, Enrique Sarasola Lerchundi, son los hombres que han hecho los mayores negocios a la sombra de la Moncloa. Su agenda personal o una simple tarjeta de visita han sido para ellos, muchas veces, la llave mágica que les ha abierto las puertas de la fortuna.

Mediados de diciembre de 1988. Un empresario madrileño llama al despacho de Enrique Sarasola, en el edificio Pirámide de Madrid, para darle una importante noticia.

—Oye, Enrique, me he enterado de que Javier de la Rosa quiere deshacerse de un paquete de Prima Inmobiliaria. Te lo digo por si estás interesado.

—¿Sabes de qué inmuebles se trata?

—Todo el patrimonio de Ercros.

—¿Y cuánto dinero quiere Javier?

—Tengo entendido que sobre los veinte mil millones.

Media hora después de producirse esta conversación, suena el teléfono en el despacho de Javier de la Rosa. El empresario catalán reconoce inmediatamente la voz de Sarasola al otro lado del hilo.

—Javier, me han dicho que estáis vendiendo el patrimonio de Prima.

—¡Es que no te has enterado...! ¿No me digas? —contesta, burlón, Javier de la Rosa.

—Pues sí, lo acabo de saber... —insiste Sarasola.

De la Rosa, el hombre de KIO en España, suelta una rotunda carcajada.

—Conque lo acabas de saber. Pues sí que vas tú atrasado de noticias.

—¿Atrasado? ¿Por qué? —pregunta, inquieto, Sarasola.

—Hombre... ¿No me digas que no lo sabes? Pero si el comprador eres tú. Si llevamos un mes negociando con tu socio, Antonio Blázquez.

Era, exactamente, el 17 de diciembre de 1988. Después de hacer negocios juntos durante doce años, ese día, el empresario Enrique Sarasola recibía así una de las peores noticias de su vida. Su socio, Antonio Blázquez, al que hasta entonces había considerado como a un hermano, le había traicionado.

Descendiente de los propietarios originales de Bodegas Blázquez, adquiridas por Rumasa y expropiadas más tarde por el Gobierno, Antonio Blázquez, casado con Maite Abascal, una hermosa morena prima de Nati Abascal, y amigo de Felipe González desde que éste empieza a veranear en Cádiz en 1972, había decidido iniciar una nueva etapa empresarial.

Desde que construyeron en Cádiz el edificio Isecotel, a comienzos de los años setenta, Sarasola y Blázquez eran como uña y carne. Compartían los negocios y los amigos y los dos respetaban escrupulosamente aquella promesa que se hicieron poco después de conocerse:

—Mientras trabajemos juntos, no habrá secretos, ni zancadillas ni trapicheos de ninguna clase entre nosotros.

Uno y otro ayudaban financieramente a Felipe González en los años de clandestinidad del PSOE. En más de una ocasión sacaron al secretario general de los socialistas, en la etapa en que el partido era clandestino, por la puerta de atrás del edificio Isecotel, donde solían celebrar las reuniones, cuando llegaba la Policía para hacer una redada.

A principios de los ochenta, cuando Felipe González comenzó a veranear en Costa Doñana, Antonio Blázquez adquirió, en el cercano Puerto de Santa María, la finca Micateco, por cien millones de pesetas y la puso a disposición de la Moncloa, por si la familia González quería veranear en ella.

Blázquez y Sarasola formaban ya parte del selecto grupo de incondicionales de Felipe González, quien, por su parte, tenía siempre la deferencia de incluir entre sus invitados a la Bodeguilla a alguno de los banqueros o empresarios amigos de ambos.

Pero Antoñito, como le llama Sarasola, había traicionado a su socio. Con ésta era la tercera o la cuarta vez que el *Gordo* Blázquez, como le conoce el resto de las personas cercanas al «clan Sarasola», hacía negocios a sus espaldas. Y ya estaba bien.

* * *

En realidad, Sarasola llevaba unos meses observando cómo Blázquez flirteaba con los arquitectos sevillanos José María y Rafael González Caldas y con el ex diputado de UCD, José Manuel Tassara.

Propietarios todos ellos de Proinsur, una de las constructoras más activas de Andalucía, Sarasola pensaba que eran insaciables, al haber impulsado sin freno una gigantesca cantidad de promociones inmobiliarias.

Necesitados de suelo y conocedores de las buenas relaciones que mantienen las empresas de Blázquez y Sarasola con las de Javier de la Rosa, habían recurrido al *Gordo* para que hiciera de intermediario con Prima Inmobiliaria, una de las sociedades de KIO en España.

Cuando Blázquez aceptó la propuesta, empezó a maniobrar a espaldas de Sarasola y a llamar por teléfono en los momentos en que su socio o sus secretarias no estaban en el despacho, manteniendo varias entrevistas en secreto durante los meses de noviembre y diciembre con los hombres de Javier de la Rosa en Prima Inmobiliaria.

Así, el 17 de diciembre de 1988, Proinsur y Prima Inmobiliaria firmaban un acuerdo por el que la empresa de KIO vendía a la constructora andaluza 800 hectáreas de terreno en

Alcalá-Meco, cerca de la futura M-50;[1] una finca de 500 hectáreas en El Rompido (Huelva), para construir la Venecia del Atlántico, y varios millones más de metros cuadrados pertenecientes a otros terrenos dispersos por toda España.

Tanto para los responsables de Proinsur como para los de Prima Inmobiliaria, acostumbrados a manejar cifras millonarias todos los días, aquélla había sido, sin duda, la «operación del siglo». La empresa andaluza había pagado por esas fincas la nada despreciable suma de 18.000 millones de pesetas.

El negocio se había realizado en el despacho que utilizaba Blázquez en la calle Miguel Ángel, 23, de Madrid, propiedad de los dos socios, y Enrique Sarasola, considerado uno de los empresarios mejor informados del país, en esta ocasión no tuvo suficiente olfato y casi se entera por los periódicos.

«Ha sido la mayor traición de mi vida», pensó Enrique Sarasola a medida que recopilaba los últimos datos y retenía todavía en sus oídos la sonrisa burlona de Javier de la Rosa.

«Éste se va a enterar», se prometió a sí mismo.

A la mañana siguiente, a primera hora, *Pichirri* Sarasola y el *Gordo* Blázquez, después de doce años de matrimonio empresarial a la sombra del PSOE, de la Moncloa y de la amistad de ambos con Felipe González, tenían la primera pelea seria de su vida.

Ese día, el trabajo y la experiencia de toda una vida, uno al lado del otro, se iba por la borda. Antonio Blázquez hacía las maletas y se marchaba del despacho.

* * *

Desde hacía algún tiempo, a Sarasola no le gustaba la fama de especulador inmobiliario que se había ganado en determinados ambientes su socio Antonio Blázquez.

—Cuidado con esas recalificaciones de terrenos, Antoñito —le reconvenía cariñosamente Sarasola de vez en cuando, consciente de lo que decía, al haber sufrido él mismo las consecuen-

1. La futura autovía de circunvalación de Madrid, aún en fase de estudio.

cias, tras llevar a cabo negocios parecidos—. Esos asuntos no traen más que problemas.

Los sabios consejos de *Pichirri* Sarasola a su socio servían a éste de muy poco. En el verano de 1988, poco antes del asunto de Prima Inmobiliaria, el *Gordo* Blázquez también había hecho de intermediario entre Proinsur y la empresa Ardelca para la venta de 70.000 metros cuadrados de terrenos en San Pedro de Alcántara, muy cerca de Marbella (Málaga).

Ardelca era la sociedad que habían constituido los empresarios Gregorio Aranda Alcántara, Francisco Carrera Cabello y el alcalde de Sevilla, Manuel del Valle, amigos íntimos todos ellos del Presidente del Gobierno, Felipe González.

Gregorio Aranda, socialista de primera hora, había cobijado al actual Presidente en su casa del municipio malagueño en la etapa de la clandestinidad y mantenía unas excelentes relaciones con el PSOE.

El alcalde de Sevilla, Manuel del Valle, fue uno de los fundadores, con Rafael Escuredo y su mujer, Ana María Ruiz Tagle, del despacho de abogados laboralistas de la calle Capitán Vigueras de Sevilla, donde Felipe González veló sus primeras armas de la política.

Francisco Carrera Cabello, además de primo, fue uno de los compañeros de correrías del Presidente del Gobierno en las fincas El Cruce y Los Pinillos, durante las vacaciones que Felipe González pasó a lo largo de su infancia en San Pedro de Alcántara.

Entre el alcalde de Sevilla y los dos empresarios inmobiliarios malagueños existía desde hacía algunos años una fuerte amistad. Manuel del Valle era el asesor de Gregorio Aranda a comienzos de los setenta, cuando éste regentaba una cadena de supermercados y empezaba a hacer sus primeras operaciones en el mercado turístico de Marbella.

Con la llegada del PSOE al poder, los tres deciden asociarse y dedicarse a los negocios inmobiliarios. Crean la sociedad Ardelca, adquieren a bajo precio varias parcelas en San Pedro de Alcántara y las inscriben a nombre de Gregorio Aranda, Francisco Carrera y Segunda de Pedro Mediavilla, la suegra del alcalde de Sevilla, Manuel del Valle, una costurera a quien no se le conocía anteriormente ningún tipo de patrimonio.

Poco después, el Ayuntamiento de la localidad modifica el Plan General de Ordenación Urbana, permitiendo la construcción de apartamentos en la zona, y el Ministerio de Obras Públicas dispone, curiosamente, que la autovía de la Costa del Sol pase cerca de las parcelas.

La revalorización de los terrenos es inmediata pero el escándalo no tarda en saltar. Las revistas *Época* e *Interviu*[2] denuncian la operación especulativa y los representantes de Ardelca tienen que vender rápidamente.

Acuden entonces al despacho de Enrique Sarasola, pero éste, que puede hacer de mediador con los Albertos, se niega a intervenir en un asunto que ve poco claro. Sin embargo, su socio Antonio Blázquez no desaprovecha la posibilidad de ganarse unos cuantos millones y habla con José María González Caldas, uno de los propietarios de Proinsur.

El negocio es redondo para Segunda de Pedro Mediavilla, la suegra del alcalde de Sevilla, y sus socios, Gregorio Aranda y Francisco Carrera. Unos terrenos por los que han pagado 78 millones de pesetas los venden por 575. En un par de años, los socios fundadores de Ardelca obtienen unos beneficios de 497 millones de pesetas, de los que el *Gordo* Blázquez se lleva un buen porcentaje en concepto de comisión.

De esta manera, su fama de «especulador de especuladores» comienza a extenderse. En un determinado momento, incluso algún miembro del Gobierno llama a Sarasola para que le pare los pies y Alianza Popular pide en el Congreso que se inicie una investigación.

* * *

A finales de 1988, en efecto, el diputado de la Coalición Popular por la provincia de Cádiz, Álvaro Molina Fernández-Miranda, presentaba ante la mesa del Congreso de los Diputados una pregunta al ministro de Economía y Hacienda, Carlos Solchaga.

El diputado Molina quería saber por qué motivos dos parcelas de 435.499 metros cuadrados de superficie, que el Patrimonio del Estado había cedido gratuitamente al Ayuntamiento de La Línea de la Concepción para construir en ellas un par-

2. Ver *Interviu*, número 702, octubre de 1989, páginas 8 a 14.

que deportivo y una zona verde, iban a acabar en manos de la empresa privada Blasco de Garay 64, propiedad del empresario Carlos García Pardo.

Los terrenos estaban en la frontera con Gibraltar, una zona de mucho tránsito y con abundante movimiento de dinero, donde cualquier tipo de establecimiento comercial tenía el éxito asegurado de antemano.

La historia comenzaba unos meses antes, el 5 de agosto de 1987, cuando, presionado por algunos constructores, el Ayuntamiento de la localidad, con mayoría socialista, tras cambiar el uso de los terrenos, decidía sacarlos a subasta para construir en ellos una zona comercial y hotelera.

Al concurso habían acudido tres empresas, Parques Urbanos, Gaybo y Blasco de Garay 64, una sociedad vinculada al PSOE desde que, a comienzos de la década de los ochenta, construyó la sede central del Partido Socialista en Madrid.

Al diputado de Alianza Popular por Cádiz, Álvaro Molina, le habían comentado:

—Detrás de la operación de Blasco de Garay está Blázquez.

—¿Qué Blázquez? —preguntó Molina.

—Antonio Blázquez, el socio de Sarasola.

El 16 de septiembre de 1988 el Consistorio hacía público el resultado del concurso y, como era de esperar, la sociedad Blasco de Garay resultaba ganadora. Por un módico canon, iba a poder levantar en terrenos públicos un centro comercial, un parque acuático, un complejo hotelero y una amplia zona de aparcamientos.

El negocio estaba hecho. Pero ni el empresario Antonio Blázquez ni la corporación socialista de La Línea de la Concepción habían caído en un detalle. El Patrimonio del Estado, cuando el 7 de mayo de 1974 cedió los terrenos al pueblo, había prohibido expresamente en una cláusula que se pudieran cambiar de uso, para evitar especulaciones, tal y como recordó el diputado de AP, Álvaro Molina, al ministro de Hacienda, Carlos Solchaga, en su pregunta ante el Congreso.

De esta manera, el socio de Sarasola, que cuatro años antes había obligado a intervenir en el Congreso al ministro de Agricultura, Carlos Romero, para explicar las irregularidades cometidas en la venta de excedentes de azúcar del FORPPA[3] a

3. Más información sobre la pregunta del diputado del Grupo Parlamentario de Coalición Popular, Álvaro Molina, a la mesa del Congreso de los Diputados, puede obtenerse en la biblioteca de las Cortes.

través de su empresa Intermun, volvía a las andadas y provocaba la comparecencia del titular de Hacienda.

Pero eso no era todo. Vinculado a la constructora sevillana Proinsur, para la que trabaja en cuestiones puntuales, todos los asuntos en los que interviene a partir de entonces parecen estar tocados por la piedra del escándalo.

El 10 de febrero de 1990 tres dirigentes de Izquierda Unida, el diputado Jerónimo Andreu; el parlamentario andaluz Manuel Gómez de la Torre, y el concejal del Ayuntamiento de Cádiz, Fernando Santiago, envían un amplio dossier al fiscal jefe de la Audiencia Provincial de Cádiz, Jaime Ollero, «por si de ello se deducen actuaciones irregulares».

En el dossier, los tres acusan a Antonio Blázquez de haber actuado como intermediario de la empresa Proinsur en un intento de recalificación de un solar de 18.000 metros cuadrados, donde se asienta la antigua fábrica de cervezas Skol, adquirido previamente a la empresa Carlsberg por 1.500 millones de pesetas.

En este solar, situado en la principal avenida de Cádiz, en la misma entrada de la ciudad, la constructora Proinsur pretendía construir un complejo comercial de 50.000 metros cuadrados, para la multinacional francesa de la alimentación, Alcampo.[4]

Edificar en la zona un centro comercial suponía cambiar antes el uso del suelo de industrial a comercial y los dirigentes de Izquierda Unida por Cádiz acusaban a Antonio Blázquez de haber presionado al alcalde de la ciudad, el socialista Carlos Díaz, y al secretario del Ayuntamiento, Ignacio Moreno, con esa propuesta, con el fin de permitir a las empresas Alcampo y Proinsur obtener unos beneficios limpios de 20.000 millones de pesetas.

Sin embargo, el socio de Sarasola y amigo de Felipe González, al que en Cádiz acusan además de haber intervenido como gestor en la recalificación de 26 hectáreas pertenecientes a los antiguos terrenos de los astilleros, para que Dragados y Construcciones pueda edificar en ellos un total de 26.000 viviendas, no para de hacer negocios.

En marzo de 1990, el ex presidente del Parlamento Andaluz, Antonio Ojeda, se entrevista con el vicepresidente del Real Betis Balompié, de Sevilla, Manuel Domínguez, y le comenta:

—Pero hombre, ¿qué le has hecho a Antoñito Blázquez?

4. Los datos proceden de un estudio de Izquierda Unida de Cádiz.

Domínguez, hombre de confianza del clan Guerra en Sevilla y propietario de una de las consultoras más activas de Andalucía, no entiende nada.

—¿Al *Gordo* Blázquez...? Yo, nada, ¿por qué? —pregunta.

—Pues porque anda diciendo por ahí que estás puteándole.

El vicepresidente del Betis no sale de su asombro.

—¿Puteándole yo? ¡Qué cojones! ¿Quién te ha dicho eso? —vuelve a interesarse Domínguez.

—Pues creo que él mismo lo anda diciendo por ahí. Dice que le estás boicoteando la operación de venta de los terrenos del Betis.

—¿Conque se trata de eso...? —concluye Domínguez, que empieza a respirar más tranquilo—. Pues bien. Dile a Blázquez que si quiere los terrenos, que los pague. Que por muchas influencias que tenga, no se los vamos a regalar.

La guerra abierta entre el empresario y vicepresidente del Betis, Manuel Domínguez, y Antonio Blázquez, había comenzado un año antes, en marzo de 1989, cuando el socio de Enrique Sarasola y el presidente del club verdiblanco, Gerardo Martínez Retamero, firmaban un precontrato para la venta de los terrenos del Benito Villamarín, de Sevilla, a la empresa Proinsur.

A este acuerdo se había llegado después de negarse el Gobierno, tras numerosas deliberaciones en varios Consejos de Ministros, a asumir la deuda de los clubes de fútbol de la Liga Profesional. Martínez Retamero, presidente del Real Betis Balompié, un club que debía unos 2.200 millones de pesetas, no sabía cómo hacer frente a los costes financieros y así trataba de sacar dinero hasta de debajo de las piedras.

Retamero sabía que en el momento en que se construyera el magnífico estadio previsto en la isla de la Cartuja para la Exposición Universal de 1992, el Betis podría utilizar estas instalaciones, vender los terrenos del Benito Villamarín y saldar las deudas del club.

Pero las deudas acucian a corto plazo y el presidente del equipo verdiblanco se dirige al despacho de Enrique Sarasola. Entra en contacto con Antonio Blázquez y firma con él un precontrato por el que se compromete a vender el Benito Villamarín por 3.080 millones de pesetas. A cambio, el *Gordo* Blázquez le entrega como señal 200 millones de pesetas, una cantidad que permite a Retamero hacer frente a los pagos más apremiantes.

Para la constructora andaluza, la operación resultaría una bicoca. Situados en la Avenida de la Palmera, en la misma entrada de Sevilla, con acceso directo a la carretera de circunvalación que une la ciudad con Cádiz y Huelva, los propietarios de Proinsur, según el Plan General de Ordenación Urbana, podrían construir sobre ellos hasta 80.000 metros cuadrados[5] de viviendas y locales comerciales.

Sin embargo, no todo sería un camino de rosas. El acuerdo entre Gerardo Martínez Retamero y el representante de Proinsur, Antonio Blázquez, se había cerrado sin el conocimiento de la directiva ni de la asamblea del Real Betis Balompié y cuando se enteró el vicepresidente del club, Manuel Domínguez, un economista nacido en Bollullos del Condado (Huelva), puso el grito en el cielo.

—Los terrenos —dice Domínguez a un grupo de aficionados— valen por lo menos 8.000 millones de pesetas y nadie, ni Antoñito Blázquez ni Enrique Sarasola, se los van a llevar por la cara, por muy guapos que sean.

Manuel Domínguez, ligado a uno de los sectores socialistas más activos de Sevilla y propietario del *consulting* Deuno, especializado en inversiones en Andalucía, estaba ese día que echaba chispas.

—Si el Betis vende algún día los terrenos —agrega—, tiene que ser en pública subasta y al mejor ofertante.

Antonio Blázquez Marín, sin embargo, no se puede quejar de cómo le van las cosas, convertido en un importante promotor inmobiliario ligado al PSOE.

Pasado el tiempo, su alianza con Proinsur va como la seda y sus nuevos negocios suben como la espuma. Las empresas que tiene con Enrique Sarasola —con el que se peleó por segunda vez a comienzos de 1990 por el precio de un billete de avión— siguen dando buenos dividendos.

El único problema es que, por ahora, se tienen que entender a través de sus abogados y sus administradores.

5. Unos 60.000 metros cuadrados sobre rasante y 20.000 en plantas de sótano y semisótano.

* * *

Otro amigo de Felipe González, José Julio Feo Zarandieta, al cabo de los años, tampoco tiene de qué quejarse. Secretario general de la Presidencia del Gobierno con categoría de subsecretario, cobraba un sueldo bruto como tal de 7.053.444 de pesetas anuales.

Sin tareas específicas que desarrollar, aislado del Palacio de la Moncloa y sin apenas relaciones con el Gobierno, en junio de 1987, abandona su despacho oficial, en el edificio «Semillas» del complejo de la Moncloa.

Ha decidido dedicarse a los negocios y su irrupción en este complejo mundo va a producirse a lo grande. A los pocos meses de establecerse por su cuenta, el ex secretario de la Presidencia del Gobierno adquiere un edificio de cinco plantas,[6] en el número 14 de la calle Almagro, de Madrid.

El inmueble, construido por el empresario madrileño Luis García Cereceda, un hombre al que la mayoría de la Prensa ha vinculado en los últimos años a la financiación de los partidos políticos y, en especial, al Prim,[7] podía costar unos 500 millones de pesetas, según las estimaciones más conservadoras.

Julio Feo demuestra ser, sin embargo, una persona con suerte. Las tres inscripciones archivadas en el Registro de la Propiedad de Madrid indican que el precio de la compra fue de sólo 206.730.880 pesetas, que el ex secretario general de la Presidencia del Gobierno se compromete a pagar mediante tres operaciones de «leasing» con opción a compra, suscritas con la empresa Leasing Inmobiliario, del BBV, y con el Banco Perfecto Castro Canosa.[8]

La adquisición se realiza a nombre de dos empresas de su propiedad —Consultores de Comunicación y Dirección, S.A. y Feo y Asociados, S.A.—, y el edificio comprende casi mil me-

6. Salvo la planta tres, inscrita a nombre de otra sociedad.

7. Sobre Luis García Cereceda, pueden encontrarse nuevas referencias en los capítulos XVIII, XIX y XXIII.

8. La información puede obtenerse directamente en el Registro de la Propiedad de Madrid, sección 3, libro 71, tomo 2.447.

tros cuadrados de superficie habitable, de los que la mitad corresponden a oficinas y el resto a un magnífico dúplex.

Al amigo de Felipe González, las cosas debían irle bien. Además de abonar casi 18 millones de pesetas de entrada, Julio Feo se compromete a pagar un total de 3.167.208 de pesetas todos los meses, en concepto de *leasing* durante un plazo de cinco años.

Separado de su mujer, Ángela Kurt, a la que pasa una mínima pensión para la educación de sus dos hijas, a Feo le quedaba todavía dinero, después de esta excelente compra, para adquirir una finca en El Espinar (Segovia), a unos cuantos centenares de metros de la «hacienda» del empresario socialista Enrique Sarasola.

En ella, este valenciano de 54 años, madrileño de adopción, admirador del deporte de la vela y del fútbol, ex jugador empedernido de póquer y mus, antiguo estudiante de Ciencias Políticas por la Universidad de Stanford (Estados Unidos) y ex entrenador de baloncesto, descubre un nuevo *hobby*: los caballos, afición, por lo que parece, endémica, entre la elite emergente del socialismo español.

Con un potente Jaguar en la puerta, rodeado de guardaespaldas durante sus desplazamientos, y los negocios marchando viento en popa, Julio Feo parece un hombre nuevo. Atrás han quedado los duros años dedicados a la política y al servicio del Presidente del Gobierno, Felipe González.

* * *

A finales de 1982, Julio Feo Zarandieta lo ha probado todo o casi todo: asesor de imagen, experto en sondeos electorales, encuestador, director del gabinete del Gobierno Autónomo de Murcia, asesor del *holding* industrial del PSOE en la región levantina[9] y responsable de la campaña electoral del secretario general del Partido Socialista.

Un día, poco después de las elecciones generales del 28 de octubre de 1982, Felipe González le llama a su despacho de la calle Santa Engracia de Madrid.

9. Ver capítulo II.

—Julio, ya sabes que cuento contigo —le comenta el recién elegido Presidente del Gobierno—. Quiero que seas el portavoz del Gobierno.

Poco más tarde, González rectifica y le dice:

—Me gustaría tenerte más cerca de mí. He pensado que tal vez sería mejor que fueras mi secretario.

—¿Y eso qué es? —pregunta Feo, sin maldad.

—Hacerme la vida fácil.

Julio Feo Zarandieta, junto con la que luego sería directora general de RTVE, Pilar Miró, y con José Aureliano Recio, un abogado socialista sevillano, era por entonces el propietario, presidente y consejero delegado de la empresa Comunicación 2000. Pero su nuevo destino en la Moncloa le lleva a renunciar a sus cargos para dedicarse de lleno a servir a su amigo González.

El Presidente, sin embargo, además de un secretario, necesita un embajador de confianza al que encomendar las más delicadas misiones de Estado. Así, el 30 de diciembre de 1983, cuando acaba de regresar de la isla Martinica, tras disfrutar de un viaje a bordo del velero *Guadalmina,* González le llama para pedirle que tome un avión esa misma noche con destino a Panamá.

A las dos de la madrugada, sin rechistar, Feo se desplaza a Barajas, donde todo está dispuesto para la marcha. En el aeropuerto panameño le espera un coche de la Guardia Nacional para trasladarle a una playa donde se va a encontrar con el presidente Ricardo de la Espriella, a quien entrega una carta personal de Felipe González.

Sin perder un minuto, Julio Feo regresa al aeropuerto para tomar un vuelo de la compañía KLM, que le lleva a Caracas (Venezuela), adonde llega a tiempo para tomar las uvas de Año Nuevo en casa del actual presidente de aquel país, el socialdemócrata Carlos Andrés Pérez.[10]

El Gobierno acaba de alcanzar un acuerdo con Francia para extraditar a los principales dirigentes de ETA a América Latina. Julio Feo, como representante gubernamental, se encarga de explicar a las autoridades panameñas y venezolanas los planes antiterroristas del Gobierno español y pedir su colaboración.

En los meses siguientes, Julio Feo, sin dejar de jugar al mus

10. *Cambio 16,* número 751, del 21 de abril de 1986.

con sus amigos en una taberna de la calle Claudio Coello de Madrid, desempeña también un importante papel en la pacificación de Colombia, al poner en contacto a su presidente, Belisario Betancur, con los líderes de la guerrilla M-19, Álvaro Fayad e Iván Marino Ospina, en un piso de la calle Arturo Soria de Madrid.

—¡Presidente! —saludan los guerrilleros a Betancur, fundiéndose en un intenso y prolongado abrazo, mientras Feo les proporciona una botella de whisky, antes de dejarlos solos para que hablen.

Después de muchos años en lucha con el Ejército colombiano, la guerrilla más poderosa del país firmaba, de esta manera, una paz histórica con Betancur, gracias al encuentro organizado por Julio Feo, el hombre que poco después, el 19 de diciembre de 1984, logra sentar a Felipe González frente al líder libio Moamar el Gaddafi en Palma de Mallorca, tras realizar insistentes gestiones con la colaboración del fallecido ex canciller socialdemócrata austríaco, Bruno Kreisky, y trabaja en secreto para que España entable relaciones diplomáticas con el Estado de Israel.

Sin embargo, cuando a comienzos de 1985 el Presidente del Gobierno deja de llamarle para estas misiones, Julio Feo empieza a aburrirse en su despacho de 24 metros cuadrados del edificio «Semillas Selectas», del Complejo de la Moncloa, entre paredes tapizadas de color salmón y decoradas con cuadros de Miró, Tàpies y Bores.

En esta época, apenas mantiene contacto con Felipe González, cuyo despacho se encuentra en otro edificio, ni con los ministros, que cuando llaman a la Moncloa para hablar con el Presidente del Gobierno lo hacen a través de la Secretaría que controlan Piluca Navarro y Ana Navarro, las dos fieles «asistentes» de González en la Moncloa.

Aislado de los centros de poder, el licenciado en Ciencias Políticas por la Universidad de Stanford, empieza a ocuparse entonces de cuestiones secundarias como la seguridad y el protocolo del Presidente y los medios operativos del palacio presidencial.[11]

A partir de ese momento, su amistad con Felipe González

11. Un reflejo del escaso poder de Julio Feo en la Moncloa era su propia agenda, con muy escasas anotaciones, y el hecho de que todas las tardes se escapara a jugar una partida de mus con sus amigos.

es un *bluff*, que sigue vivo debido a la falta de información en la Prensa sobre su verdadera situación. Pero eso es algo que nadie conoce, salvo los miembros del Gabinete y el círculo de colaboradores íntimos de Felipe González.

Cuando el 30 de junio de 1987, después de un viaje de placer a Grecia, Julio Feo abandona la política para dedicarse a los negocios, esta circunstancia jugará a su favor.

* * *

Un día, en un rasgo de sinceridad, se lo cuenta a su socio, Ignacio Vasallo.

—Hay que pegar un buen «petardazo» y retirarse a tiempo.

—¿Cómo dices?

—Que tenemos que hacer un buen negocio y retirarnos.

—¿Y por qué tanta prisa? —pregunta Vasallo.

—Éste es un buen momento para los negocios y hay que aprovechar las oportunidades.

Ex director general de Promoción del Turismo, Ignacio Vasallo había fundado con Julio Feo y un amigo común, Ramón Sanromán, antiguo publicitario, la empresa Hosterías del País. Después, los dos participarían también en Consultores de Comunicación y Dirección.

Las dos sociedades comienzan a funcionar modestamente. Para subsistir, Feo recurre a sus amistades personales. El editor de *El País*, Jesús Polanco, con el que funda la empresa Eventos, le nombra consejero de dos sociedades suyas: Expoluz y Publiintegral.

El presidente de la empresa de armas Gamesa, José Luis Arregui, le ficha como su asesor y le paga 40 millones de pesetas anuales por llevarle las relaciones públicas, mientras el hoy ex presidente del Banco de Bilbao, José Ángel Sánchez Asiaín, al que conoce desde hace años y a quien presentó en su día a Felipe González, consigue que le adjudiquen algunos contratos para el lanzamiento de nuevos productos bancarios y le encarga la campaña de imagen para presentar la fusión del Bilbao y el Vizcaya.

La empresa de Julio Feo va defendiéndose. Manuel Gómez de Pablos, el presidente de Iberduero a quien el ex secretario de la Moncloa había ayudado a solucionar la crisis de Lemóniz, proponiéndole que los costes de la paralización de la central fueran absorbidos por las eléctricas, también está dispuesto a ayudarle.

Desde el extranjero le llaman algunos empresarios que quieren establecerse en España y necesitan un estudio de *marketing* publicitario. Feo contrata a dos periodistas, Fernando Jáuregui, ex redactor de *El País*, y Manuel Bueno, jefe de prensa del Banco Exterior, y les encomienda los estudios que luego él comercializará.

Pero el gran negocio con el que esperan librarse de las penas del trabajo tarda en llegar y entre Julio Feo e Ignacio Vasallo comienzan a surgir las primeras diferencias. Vasallo, que está empeñado en construir una gran urbanización turística en uno de los cayos cercanos a la isla de Cuba, es un hombre reposado, con mucha paciencia. En cambio, el ex secretario general de la Presidencia sabe que el poder de su agenda de teléfonos es cada día menos importante y que la necesidad de un buen «pelotazo» es para él algo cada vez más acuciante.

Hasta que la fortuna se asoma por primera vez un día en su despacho, encarnada en la figura de José Álvarez Stellin, presidente del Banco Consolidado de Venezuela, considerado la segunda entidad bancaria de aquel país.

Stellin había adquirido en España la ficha del Banco Castro Canosa, a través del que quería expansionarse y actuar en España. Pero tenía problemas para que el Banco de España le permitiera cambiar la denominación de Banco Castro por la de Banco Consolidado de España, así como para abrir oficinas en varias provincias.

Julio Feo se hace cargo del asunto. Habla con el Gobernador del Banco de España, Mariano Rubio, y, en un tiempo récord, consigue los permisos necesarios.

Álvarez Stellin, agradecido, le presta parte del dinero para la compra de sus oficinas y hace algo más importante: le pone en contacto con Gustavo Cisneros, el financiero venezolano ligado a la Internacional Socialista y a los intereses de la familia Rockefeller en Caracas.

Es el apoyo que espera. De la mano de Cisneros y de otras personas, el ex secretario de la Presidencia del Gobierno, miembro ya de la Trilateral, uno de los clubes más poderosos e influyentes del mundo, interviene, en octubre de 1987, en la venta de Galerías Preciados, como representante de la Organización Diego Cisneros, al grupo Británico Mountleith, propiedad del financiero Ronald Anthony Clegg, en casi 30.000 millones de pesetas.

Julio Feo, que durante su estancia en la Moncloa había jugado un papel importante en las negociaciones para el reconocimiento del Estado de Israel, firmado en el hotel Promenade de La Haya el 17 de enero de 1987, no tarda en multiplicar sus negocios.

Cuando monta su despacho, en el número 14 de la calle Almagro de Madrid, Jacques Hachuel Moreno, un empresario judío, nacido en Larache (Marruecos), propietario de H Capital y con una fortuna de orígenes oscuros,[12] le contrata para que lleve la imagen de su empresa.

Poco después, son los hermanos Salama, copropietarios de la sociedad Sevilla Service, quienes utilizan sus servicios como consultor para emprender diversos negocios en la Expo'92. Y, por último, otro miembro del clan judio en Madrid, Maurice Hatchwell, reconocido representante de los intereses franceses en España, a pesar de haber sido denunciado por la Prensa venezolana por estafa, le recomienda para que actúe como una de las cabezas del grupo de presión de la empresa Alsthom para obtener la adjudicación del Tren de Alta Velocidad (TAV).[13]

Pero el golpe de fortuna que tanto ansiaba Feo le llega el 28 de febrero de 1989. Ese día, el ex secretario general de la Presidencia del Gobierno vende el 75 por 100 de su empresa Consultores de Comunicación y Dirección al grupo británico Holmes and Merchant.

Por una sociedad sin ningún tipo de activos, que lleva apenas 18 meses en el mercado, el grupo británico paga la nada

12. La sociedad de Jacques Hachuel estaba siendo investigada, a finales de 1990, en Barcelona, por un juzgado en relación con un supuesto fraude a Hacienda por el uso de facturas falsas para eludir el pago del IVA a Hacienda. Más datos sobre el empresario judío, en el capítulo XXV, «Los amigos extranjeros del poder».

13. Para ampliar información sobre los presuntos negocios de Maurice Hatchwell en Venezuela, consultar el libro *Diccionario de la corrupción en Venezuela*, volumen 1 (1959-1979), publicado por el Consorcio de Ediciones Caprile (Caracas), en 1989. Las referencias a los Hatchwell figuran en la página 215 (Caso Muelles Flotantes) y página 263 (Caso Sierra Nevada). Más información sobre el TAV, en el capítulo XII.

despreciable suma de 400 millones de pesetas, pero obliga a Feo a continuar como presidente de la nueva sociedad durante un determinado número de años y a garantizar un mínimo de beneficios anuales.

Para entonces, sus relaciones con Ignacio Vasallo se han roto definitivamente. Pero el ex secretario general de la Presidencia del Gobierno ha conseguido su propósito: convertirse en un hombre rico de la noche a la mañana, deseo que también comparte otra persona cercana a Felipe Gonzálcz, el ex presidente de la Junta de Andalucía, Rafael Escuredo.

* * *

El 24 de mayo de 1988 el portavoz de Alianza Popular en el Congreso de los Diputados, Juan Ramón Calero Rodríguez, pedía ante la Comisión de Tráfico de Influencias de la Cámara la apertura de un expediente de investigación sobre las actividades de mediación del ex presidente de la Junta de Andalucía, Rafael Escuredo.

Calero, diputado de AP por Murcia, había recibido días antes un amplio dossier sobre la venta de los terrenos colindantes al estadio Sánchez Pizjuán de Sevilla y estaba seguro de que Escuredo, titular de un despacho de abogados en Madrid por el que pasaban muchos asuntos relacionados con la Administración, había intervenido en su recalificación y en la venta posterior a Construcciones y Contratas, la empresa que entonces controlan Alberto Alcocer y Alberto Cortina, los Albertos.

—Este asunto —comentó Calero a sus colaboradores— está más claro que el agua.

En efecto, el 29 de diciembre de 1986 se aprueba inicialmente el Plan General de Ordenación Urbana de Sevilla (PGOU) y los terrenos que rodean al estadio Sánchez Pizjuán son considerados como zona verde. Pero el presidente del club, Luis Cuervas Vilches, íntimo amigo de Rafael Escuredo, que se siente perjudicado, recurre.

Un año después, el 29 de diciembre de 1987, el Ayuntamiento modifica el plan y permite a la junta directiva del Sevilla Club de Fútbol construir una zona comercial y de aparcamientos en uno de los laterales del estadio, dejando el otro como zona verde.

Poco antes del cambio de uso, entre el 5 de febrero y el 2 de abril de 1987, el Sevilla Club de Fútbol había vendido unos terrenos, que todavía se consideraban zona verde, a la empresa Construciones y Contratas, por un importe global de 1.600 millones de pesetas.

La operación hubiera sido como la fábula de los labriegos que venden la piel del oso antes de cazarlo, si no se hubiese descubierto que detrás del asunto se encontraba la mano oculta de Rafael Escuredo.

El ex presidente de la Junta de Andalucía había actuado en todo el *affaire* como intermediario de los Albertos y, en algunos círculos, se le atribuían gestiones de mediación ante el Ayuntamiento de Sevilla para que se aprobaran las modificaciones del Plan General pedidas por el Sevilla Club de Fútbol y sus clientes pudieran hacer el negocio.

El bochornoso asunto se destapa el 8 de febrero de 1988, una vez aprobado el PGOU. Entonces, el constructor granadino Nicolás Osuna, que había permanecido en la sombra, reúne a la asamblea del equipo sevillista y hace al club una sorprendente oferta. Su empresa, Inonsa, está dispuesta a pagar 10.000 pesetas más por metro cuadrado sobre la propuesta de los Albertos.

Rafael Escuredo y los Albertos tienen que moverse rápidamente y quince días después, el 23 de ese mismo mes, hacen una contraoferta que casi duplica el precio inicial ofertado. En medio de la lucha de intereses, el nombre del ex presidente de la Junta de Andalucía salta a la palestra.

—Yo nunca he hecho tráfico de influencias —declara públicamente Escuredo.

Desde los medios de comunicación, sin embargo, la polémica arrecia cada vez más.

—Jamás he intervenido para que el Ayuntamiento de Sevilla modificara los criterios urbanísticos de la zona del estadio —añade el político andaluz.

La explicación no es satisfactoria y el 24 de mayo de 1988 el diputado por Murcia de AP llama a Escuredo a declarar al Congreso de los Diputados.[14]

14. Más información al respecto puede obtenerse consultando los archivos de la extinta Comisión de Tráfico de Influencias, del Congreso de los Diputados.

—Quiero que aclare —dice Calero— si conocía previamente el acuerdo que iban a tomar las autoridades urbanísticas del Ayuntamiento de Sevilla y si lo comunicó a los Albertos.

Pero Escuredo no comparece ante la Cámara. Poco antes de que comiencen las vacaciones parlamentarias estivales de 1988, el Partido Socialista, con mayoría en el Congreso, liquida la Comisión Parlamentaria que investiga el tráfico de influencias y el ex presidente de la Junta de Andalucía se ahorra el mal trago de aparecer de nuevo en todos los periódicos del país como uno de los hombres que había hecho de la política y de sus relaciones con el poder su medio habitual de vida.

* * *

Rafael Escuredo, considerado como uno de los abogados más carismáticos de la capital andaluza, había accedido a la Presidencia de la preautonomía de la región nueve años antes, en 1979, desde un modesto piso del polígono de San Pablo, cercano al aeropuerto de Sevilla. En 1982 fue nombrado presidente de la Junta de Andalucía, pero sólo duró dos años en el cargo.

Militante socialista desde 1967, la defensa a ultranza de la Ley de Reforma Agraria que él mismo había propuesto durante un congreso del PSOE en Ronda (Málaga) y los recelos que despertaba su creciente liderazgo en el PSOE, donde se le veía como el posible sustituto de Felipe González al frente del partido, cavaron su tumba y determinaron su dimisión.

El detonante fue, sin embargo, la publicación en *El País* de un largo artículo en el que se insinuaba que Escuredo, con la ayuda del cuñado de Felipe González, Francisco Palomino, y de la empresa Dragados y Construcciones, se estaba construyendo un lujoso chalet, en una parcela de 1.400 metros cuadrados, en la urbanización Simón Verde, a diez kilómetros de la ciudad, en una de las zonas más caras de Sevilla.

La información, publicada en el diario madrileño a finales de 1983 se interpreta como una maniobra de Alfonso Guerra desde la Moncloa para deteriorar la imagen del presidente de la Junta. Para Rafael Escuredo es la gota de agua que acaba con su paciencia. El 16 de febrero de 1984 llama a la Moncloa y habla con Alfonso Guerra.

—Me voy.

—¿Cómo que te vas?

—Sí, acabo de redactar mi carta de dimisión.

Tras su vuelta a la vida civil, en un principio, piensa reabrir su despacho de abogados en Sevilla. Pero, muerto Franco, la conflictividad laboral desciende en España y los bufetes laboralistas están pasados de moda.

Es cuando un grupo de colaboradores suyos de la Junta de Andalucía, entre los que se encuentran su asesor de imagen, Enrique García Gordillo; José Antonio Sáenz, ex consejero de Turismo, y Fernando Feijoo, ex consejero de Industria, le piden que se una a ellos.

Gordillo, Sáenz y Feijoo acaban de abrir Frontera 2000 para dedicarse a las relaciones públicas y al asesoramiento de empresas, apoyándose en los buenos contactos que habían dejado en la Junta de Andalucía.

En abril de 1984, Escuredo comienza a trabajar para el despacho en calidad de asesor jurídico, aunque en Sevilla todo el mundo sospecha que es el dueño real de la sociedad.

Lo cierto es que con él llegan los primeros contratos jugosos a Frontera 2000.

Secoinsa (hoy Fujitsu), Sevillana de Electricidad, Cerámicas Bellavista, Dragados y Construcciones y hasta el Sevilla Club de Fútbol quieren tener al ex presidente de la Junta de Andalucía entre sus asesores.

Pero el despacho de Sevilla, además de dar muy poco dinero, empieza a hacer mella en la imagen del ex presidente de la Junta y alto cargo del PSOE en Andalucía. Hasta que un día alguien del partido, medio en broma, se lo echa en cara.

—Me han dicho que has dado un salto muy grande.

—¿Qué tratas de insinuar? —pregunta.

—De sacar a la gente a la calle para pedir la reforma agraria has pasado a trabajar para las multinacionales.

Ese día, Escuredo se da cuenta de que Sevilla es un patio de vecinos. Sabe que los grandes negocios se mueven en Madrid y Barcelona y decide dar el gran salto.

* * *

Cuando llega a la capital de España, el ex presidente de la Junta de Andalucía no se encuentra solo. Un viejo amigo suyo, Plácido Vázquez, es, a comienzos de 1985, un funcionario contratado del Ministerio de Industria, de origen gallego y antiguo reponsable de Acción Electoral de UCD. Alejado provisionalmente de la política, disfrutaba de un período sabático en Madrid, mientras decidía su futuro.

Vázquez había conocido a Rafael Escuredo años antes en Andalucía, durante la campaña del referéndum para la autonomía, celebrado el 28 de febrero de 1980, cuando los simpatizantes del PSOE acudieron al cuartel general de la UCD, situado en el hotel Los Lebreros de Sevilla, con el fin de apedrearles y el ya presidente electo de la Junta fue a pedir disculpas.

Desde entonces traban una excelente amistad y por eso al ex responsable de Acción Electoral, de la extinta UCD, no le extraña la llamada de Escuredo.

—¿Qué haces, gallego? —le pregunta el recién dimitido Escuredo.

—Las cosas de siempre —balbucea Vázquez.

—Entonces, ¿por qué no te vienes a trabajar conmigo?

Poco después, el ex presidente de la Junta de Andalucía le explica su deseo de abrir un despacho de abogados en Madrid para centrarse en los asuntos mercantiles y en el asesoramiento de empresas, la actividad más rentable del momento. Pero el problema es que no tiene el dinero suficiente para pagar el primer mes de alquiler de un piso modesto.

—¿Y por qué no le pides ayuda al partido?

—¿Al partido...? —responde Escuredo en tono airado—. ¡Al partido, ni la hora!

Decidido, sin embargo, a hacer carrera en Madrid, el ex presidente de la Junta de Andalucía encuentra a un Plácido Vázquez dispuesto a todo y juntos fundan su primer despacho en la capital de los negocios españoles. Para comenzar, alquilan un apartamento en la calle Santísima Trinidad, junto a la sede del Partido Comunista de España (PCE).

«El Palomar», como lo conocen sus amigos, es minúsculo, con apenas 32 metros cuadrados. Pero los dos socios necesitan dinero para amueblarlo, pagar el teléfono y hacerse las primeras tarjetas de visita.

Vázquez y Escuredo acuden a varios bancos, los directores piden un autógrafo para sus hijos al ex presidente de la Junta de Andalucía, al que conocen por los periódicos, pero ninguno les presta un duro, hasta que Banesto se aventura y les facilita un crédito de tres millones de pesetas.

En «El Palomar», donde instala una cama plegable para ahorrar dinero, y en otra minúscula habitación de la pensión que suele ocupar en la calle Zurbano de Madrid, en la que alguna vez se tropieza en la entrada con alguna prostituta, el ex presidente de la Junta de Andalucía recibe, de vez en cuando, a sus amigos Carlos Solchaga y Nicolás Redondo.

Y en este ambiente, Rafael Escuredo hace su primer negocio. El presidente del Consejo Superior de Colegios de Farmacéuticos le encarga que eche abajo como sea una propuesta del Gobierno socialista que pretende convertir las farmacias en poco menos que tiendas de ultramarinos.

El ex presidente de la Junta de Andalucía negocia a cara de perro con el ministro de Sanidad, Ernest Lluch, y consigue que el Ejecutivo retire el proyecto de ley. A cambio, su bufete gana los primeros tres millones de pesetas.

Logrado el primer dinero, todo va a resultar más fácil. Un día va a verle a su despacho el presidente de la Fundación Friedrick Ebert, el paradigmático alemán Dieter Koniecki, que junto al embajador Guido Brunner, representa en España los intereses del Partido Socialdemócrata alemán, que tanto ha ayudado al PSOE antes de llegar al poder.

Koniecki, representante de los sindicatos alemanes de la Química, el Metal, los Servicios Públicos y los Transportes y licenciado en Filosofía por la Universidad de Bonn, había sido uno de los miembros del SPD en España que «vendió» internacionalmente la figura de Escuredo como posible recambio de Felipe González, si éste resultaba «tocado» en el escándalo «Flick».[15]

«Puede ser un buen sustituto para Felipe González, si éste se quema en el referéndum de la OTAN», se afirma en un documento interno del SPD alemán, elaborado posteriormente, que se atribuye también a Koniecki.

15. Más detalles sobre este *affaire*, en el capítulo XX.

Por eso, cuando Rafael Escuredo abandona la política, su amigo Dieter Koniecki no le deja en la estacada y le proporciona los contactos necesarios para que, por un contrato de 20 millones de pesetas, se convierta en el asesor en España de la empresa alemana Krupp, dedicada a la ingeniería de desarrollo y a la exportación de maquinaria industrial.

De la misma manera, su «mecenas» alemán le pone en contacto con las sociedades Siemens, ligada al Tren de Alta Velocidad y a diversos proyectos informáticos en la Expo'92, y Klaus Maffei, que por aquella época trataba de vender el carro de combate Leopard-2 a las Fuerzas Armadas.

Con clientes de ese nivel en su despacho, Rafael Escuredo y Plácido Vázquez tienen que cambiar rápidamente de oficinas y se van a la calle Diego de León, donde alquilan una planta por 100.000 pesetas al mes. Por esas fechas, acude también al despacho el empresario Enrique Sarasola, quien les pone en contacto con los Albertos, unos empresarios jóvenes con muchas ganas de hacer cosas.

El trabajo de Escuredo consiste en ayudarles a buscar suelo urbanizable donde construir en la Costa del Sol andaluza, echarles una mano con algunos ayuntamientos para acelerar trámites burocráticos y estar al tanto de lo que se mueve en las localidades en las que se van a aprobar planes de ordenación urbana y en las que interesa comprar suelo.

Sarasola, por su parte, le echa una mano en los problemas de tipo doméstico. Como el ex presidente de la Junta de Andalucía se encuentra en esa época muy disgustado con su secretaria, Paloma, le dice:

—Mañana te mando a una de las mías.

Poco después, Trini, una de las eficientes y discretas secretarias del amigo de Felipe González, de origen colombiano, se traslada al despacho de Diego de León.

Los buenos contactos entre Escuredo y la Administración se multiplican rápidamente y los empresarios con problemas empiezan a acosarle día y noche para que les ayude. Un día requiere sus servicios la empresa de seguridad Candi y al siguiente es la Asociación de Alcoholeros, que tiene problemas para homologar sus productos y comercializarlos en las farmacias, la que necesita que el ex presidente de la Junta de Andalucía les eche un cable.

Incluso, hasta el presidente del Burgos Club de Fútbol oye

hablar de la «mano» que el antiguo abogado laboralista, amigo de Felipe González, tiene en algunos estamentos y un día se presenta en el despacho, llevado por Plácido Vázquez, para que le gestione unos permisos de construcción en la Junta de Andalucía.

El presidente del Burgos Club de Fútbol y sus socios quieren urbanizar nada menos que Isla Canela, un pequeño islote protegido, situado en la costa de Huelva, junto a la frontera de Ayamonte, donde piensan instalar un gran casino y una urbanizacion de lujo, con capital internacional.

—¿Qué te parece el asunto? —le pregunta un día Escuredo a su socio Vázquez.

—Pues que es muy bueno. Si lo sacamos adelante, se acaban todos nuestros problemas.

Pero los obstáculos que pone Jaime Montaner, consejero de Obras Públicas de la Junta de Andalucía, aniquilan todas sus expectativas.

Escuredo, con todo, no puede quejarse. Sus negocios van viento en popa y así lo declara un día a *Diario 16.*[16]

—Verme a mí, por ejemplo, vale 200.000 pesetas.

No es para menos. Alan García, presidente del Perú, que había estado en Sevilla durante la campaña de las elecciones autonómicas de 1982, al llegar a la Presidencia de la República, nombra a Escuredo representante de sus intereses en España, y Sergio Ramírez, uno de los hombres fuertes de Nicaragua, le invita a visitar el país para ver las posibilidades que tienen los barcos españoles de pescar langostinos en sus costas.

Escuredo representa a un consorcio español que había requerido sus servicios, pero cuando viaja a Nicaragua, en el verano de 1986, está a punto de dejarse la vida. La avioneta en la que se desplaza por el país, en el momento de tomar tierra, capota y se salva por puro milagro.

Y es que cruzar el Atlántico siempre ha sido para Rafael Escuredo una aventura peligrosa, más propia de Indiana Jones, que de un antiguo abogado laboralista con ganas de hacer dinero. Poco antes, en Chile, habían estado a punto de fusilarle y en México, según contó el propio Escuredo a *Diario 16*, en abril del 87, tuvo que pedir de rodillas que le firmaran un contrato para la multinacional alemana Krupp, antes de salir del

16. *Diario 16*, 12 de abril de 1987, páginas 10 y 11.

país escoltado por miembros de la Embajada española, tras ser amenazado de muerte por la mafia mexicana.

Tres años después de conocerse, Plácido Vázquez y Rafael Escuredo rompen sus relaciones. El ex presidente de la Junta de Andalucía, que apenas cuatro años antes dormía en una mugrienta pensión de la calle Zurbano, se compra un chalet en Aravaca e instala sus oficinas en la céntrica calle de José Abascal, adonde se lleva a cuatro abogados del Estado, a un administrador y a dos secretarias como integrantes de su nuevo equipo de trabajo.

El nuevo despacho le permite atender varios asuntos a la vez y el ex presidente de la Junta de Andalucía, al tiempo que hace gestiones para que los Albertos —hoy separados de sus esposas— puedan adquirir la finca Guadalquitón, en San Roque (Cádiz), junto a la urbanización Sotogrande, empieza a trabajar para los árabes y abre oficinas en Marbella.

Por fin, la apertura de España al exterior y la llegada de la «perestroika» a la Unión Soviética le ofrecen sus últimos mercados.

Desde la integración española en el Mercado Común, su despacho se especializa en la gestión de subvenciones procedentes de la CEE, a cambio de un módico porcentaje, en torno al 4 o el 5 por 100 del monto total de cada operación.

Con la URSS, Escuredo mantiene un próspero negocio de importación de chatarra. Submarinos de la Segunda Guerra Mundial, modestos pesqueros y todo tipo de barcos rusos que llegan a los puertos de Bilbao o Santander para ser reconvertidos en materia prima con destino a los Altos Hornos pasan antes por el despacho de la calle José Abascal.

Allí, el ex presidente de la Junta de Andalucía, un abogado nacido en Estepa (Sevilla), el pueblo de los polvorones, convertido hoy en un próspero intermediario, al cabo de los años, ha encontrado la fórmula mágica para transformar la vil chatarra en dinero y llenar su despensa del caviar del Volga que le envían sus amigos de la Embajada rusa.

* * *

La trama íntima de Felipe González no acaba, sin embargo, en sus amigos Julio Feo y Rafael Escuredo. A comienzos de 1987, estalla el escándalo de Costa Doñana, con la opinión pública especialmente sensibilizada.

Diego Valderas, alcalde comunista de Bollullos del Condado (Huelva) y diputado autonómico por Izquierda Unida en el Parlamento andaluz, es el primero en recibir el soplo que pone en marcha el *affaire*:

—Paco Palomino, el cuñado de Felipe, está detrás de Costa Doñana —le dicen.

Valderas, coordinador de la política municipal del Partido Comunista en la comarca, lleva muchos años escuchando rumores por el estilo. Por eso, al principio, no le da mucha importancia a aquella información.

—¿Tú estás seguro? —pregunta.

—Naturalmente. Sé que han comprado ya una parcela en Matalascañas, en una zona que recalifica el Ayuntamiento. Con el dinero que obtengan por la venta, van a comprar en Costa Doñana.

En Matalascañas, una de las zonas turísticas más importantes de la provincia de Huelva, situada junto al Coto de Doñana, donde habitualmente veranea Felipe González con su familia, quedan muy pocas zonas urbanizables.

A Diego Valderas le parece, por tanto, que la información se puede comprobar fácilmente y hace una última pregunta:

—¿Hay alguien más metido en la operación?

—Naturalmente. También están Jacinto Pellón y Jesús Bores.

Antiguo delegado en Sevilla de la empresa Dragados y Construcciones y, en la actualidad, consejero delegado en la Sociedad Estatal Expo'92 de Sevilla, Jacinto Pellón era amigo personal de Felipe González. En su yate *Ferroca*, anclado en El Puerto de Santa María, solía ir a pescar el Presidente del Gobierno todos los veranos, durante su estancia en el Parque Nacional de Doñana.

Jesús Bores Sainz, abogado de profesión, formaba parte, igualmente, del círculo íntimo del Presidente. Hijo de una familia numerosa, compuesta por más de media docena de hermanos, Bores había compartido aula con Felipe González en la Facultad de Derecho de Sevilla y era una de las pocas personas a las que el jefe del Gobierno solía invitar al palacio de la Moncloa.[17]

Francisco Palomino era un modesto industrial, vinculado a la empresa Dragados y Construcciones, como Pellón, y propietario de una empresa de calderería y estructuras metálicas —Talleres Palomino, S.A.—, que había heredado de su padre. Casado con Lola González Márquez, Palomino tenía un segundo medio de vida: los negocios inmobiliarios.

Transcurren los primeros días de enero de 1988. Diego Valderas hace algunas indagaciones en el Ayuntamiento de Almonte, del que depende la urbanización de Matalascañas y las parcelas de terreno de Costa Doñana.

Averigua que el día 2 de febrero de 1987, casi un año antes, el Consistorio de Almonte, con mayoría socialista, había aprobado la venta de las tres últimas parcelas que quedaban por urbanizar en la playa de Matalascañas a las sociedades Gran Hotel Coto de Doñana y Club Atlántico, S.A.

Posteriormente, el 31 de marzo, la misma Corporación municipal autoriza también un cambio de uso del terreno cedido, incrementando el volumen de edificabilidad y cambia el uso residencial por el de hotelero. Poco después, Valderas informa de sus pesquisas a la dirección andaluza del partido.

—Se trata —comenta— de la típica operación especulativa inmobiliaria.

—¿Y dices que están ahí Palomino, Pellón y Bores?

—Eso parece, pero no lo tengo comprobado todavía.

Al día siguiente, el diputado onubense por Izquierda Unida, en el Parlamento andaluz, acude al Registro Mercantil de Sevilla.

Allí comprueba cómo el 25 de febrero de 1987, veintitrés días después de la venta de los terrenos de la playa de Matalascañas, se había constituido una sociedad de la que formaban parte Jacinto Pellón Díaz, Francisco Germán Palomino Romera y Jesús Bores Sainz.

La sociedad, denominada Neinsur, S.A., creada con un capital social de diez millones de pesetas, había nombrado administrador único al cuñado de Felipe González, Francisco Palomino, y su objeto social era la «promoción, construcción, comercialización y explotación de fincas urbanas de toda clase y naturaleza».

17. *Diario 16*, 17 de abril de 1988.

El alcalde de Bollullos del Condado acaba de obtener su primer éxito en la investigación. Falta ahora averiguar si la sociedad es la propietaria de los terrenos vendidos por el Ayuntamiento de Almonte, en la playa de Matalascañas, tras un cambio de uso para favorecer a los nuevos dueños.

La respuesta la encuentra en el Registro de la Propiedad de Huelva. Allí figuraba Club Atlántico, S.A., como una de las empresas favorecidas con la venta, por parte del Consistorio de Almonte, de una de las tres parcelas urbanizables de la playa de Matalascañas.

Entre los vocales de esta sociedad, a la que se había adjudicado 100.000 metros cuadrados, para construir un complejo hotelero, destaca Francisco Palomino, en nombre de la empresa Neinsur, S.A.

Los terrenos habían sido vendidos por la Corporación municipal de Almonte en 70 millones de pesetas. Tras la recalificación de uso y la reducción de los espacios dedicados a actividades sociales, del 33 al 10 por 100 de la superficie edificable, autorizada posteriormente por el Ayuntamiento, los arquitectos de Izquierda Unida estiman que la parcela podría valer meses después 700 millones, diez veces más el precio pagado por Club Atlántico, S.A. al municipio de Almonte.

—¿No os habréis pasado en las estimaciones? —pregunta Valderas.

—Por supuesto que no. Son los precios del mercado.

El alcalde de Bollullos del Condado y responsable de la política municipal de su partido en la comarca almonteña, había recorrido sólo la mitad del camino. Todavía tiene que demostrar las vinculaciones de los amigos del Presidente del Gobierno con Costa Doñana, el proyecto inmobiliario más importante de Huelva.

—La compra de la parcela de Matalascañas —informa Valderas a los altos cargos de su partido— es sólo una operación inmobiliaria a pequeña escala.

—¿Cómo una pequeña operación?

—Naturalmente. El gran negocio es Costa Doñana y es posible que con la parcela de playa de Matalascañas traten de obtener los fondos para el segundo proyecto.

Inscrita en el registro de la propiedad el 29 de julio de 1983, Costa Doñana —la Marbella socialista del Atlántico— era la empresa propietaria de una superficie de 8 millones de metros cuadrados y 6,650 kilómetros de playa en la Duna del Asperillo, en una zona privilegiada de la costa de Huelva, a escasos centenares de metros del Coto de Doñana, donde Felipe González recibía a sus invitados de honor, el Presidente francés, François Mitterrand, y el portugués, Anibal Cavaco Silva.

Los terrenos, en los que la Junta de Andalucía ha impedido sistemáticamente, hasta entonces, la construcción de viviendas, para evitar el deterioro de los acuíferos del Parque, habían sido comprados, a 150 pesetas el metro cuadrado, a una empresa alemana aquel mismo año. Los nuevos promotores piensan levantar en esos parajes una urbanización turística con capacidad para 32.000 plazas hoteleras.

El cambio de titularidad del suelo coincide sospechosamente con un cambio de actitud en la Junta de Andalucía. Curiosamente, cuando compran Costa Doñana los amigos de Felipe González, el entonces consejero de Obras Públicas de la Junta, el socialista Jaime Montaner, sufre una metamorfosis radical. Pasa de ser un furibundo defensor de la Naturaleza y el ecosistema de la zona a pronunciarse a favor de la construcción de una urbanización en el mismo lugar.

Con toda esta información bajo control, el alcalde de Bollullos del Condado y diputado autonómico de Izquierda Unida, Diego Valderas, acude por tercera vez al Registro Mercantil.

No pierde el tiempo. Uno de los tres socios de la compañía Neinsur, S.A., el abogado Jesús Bores Sainz, figura además como socio en otras dos empresas, Inversiones Doñana y Playas Doñana. Y esta última sociedad es propietaria de un importante paquete de acciones del gran proyecto urbanístico de la costa onubense, Costa Doñana.

Al día siguiente, Valderas comunica sus hallazgos a Luis Carlos Rejón y a Felipe Alcaraz, dos de los pesos pesados del comité regional de Izquierda Unida en la Comunidad Autónoma Andaluza.

Con aquella información confirmada en las manos, el partido de Julio Anguita en Sevilla tiene en su poder una verdadera carga de profundidad contra el Gobierno socialista, que contribuiría a deteriorar la imagen de honradez y de honestidad con la que se presentaba el PSOE ante la clase trabajadora andaluza y que le ha permitido ganar una elección tras otra desde el referéndum para la autonomía andaluza.

De los tres diputados de Izquierda Unida, que tenían información puntual y directa del *affaire*, Felipe Alcaraz es el que más difícilmente soporta la corrupción.

—Estamos ante una especie de cleptomanía —declara Alcaraz posteriormente a la Prensa.[18]

Alcaraz, Rejón y Valderas estudian el tema detenidamente. La primera intención del partido es llevar el asunto al Parlamento andaluz, pedir que se cree una comisión de investigación parlamentaria y organizar un amplio debate, que trascienda a la opinión pública.

A mediados del mes de marzo, en la oficina del grupo parlamentario de Izquierda Unida en Andalucía, situada en la calle Reyes Católicos, se trabaja febrilmente. Los diputados Diego Valderas, Felipe Alcaraz y Juan Carlos Rejón preparan sin descanso una serie de preguntas e interpelaciones sobre el «Caso Doñana». Días después las van a presentar a bombo y platillo en el Parlamento andaluz.

Sin embargo, mientras los máximos dirigentes comunistas andaluces consultan las fotocopias de los registros de la Propiedad y los acuerdos del ayuntamiento de Almonte y chequean los datos obtenidos de los distintos organismos de la Junta de Andalucía, el que, probablemente, es el secreto mejor guardado de Izquierda Unida en Andalucía, llega a los oídos de Francisco Palomino.

El cuñado del Presidente del Gobierno se reúne entonces con el abogado Jesús Bores y deciden anticiparse a la estrategia parlamentaria que prepara el partido de Julio Anguita. El 18 de marzo, por la mañana, Palomino y Bores acuden al notario y redactan un documento en el que reflejan la venta de sus participaciones en las sociedades Neinsur, Inversiones Doñana y Playas Doñana.

La decisión de Francisco Palomino y Jesús Bores es una especie de confesión de culpabilidad pero, al mismo tiempo, una solución acertada desde el punto de vista del Partido Socialista Obrero Español en Andalucía.

Cuando el 25 de marzo los parlamentarios de Izquierda Unida presentan sus preguntas a la Cámara, se encuentran con la sorpresa de que la bomba, que tan cuidadosamente tenían preparada, ha perdido una gran parte de su efectividad, al haberse desprendido, al menos formalmente, Palomino, Pellón y Bores, de sus participaciones en el proyecto de Matalascañas.

18. *El País*, *Diario 16*, segunda quincena de abril del año 1988.

Pero Izquierda Unida no está dispuesta a perder la batalla. En los primeros días de abril, sus responsables entregan el dossier a la Prensa y el domingo 17 de ese mes *Diario 16* de Andalucía publica la historia en portada a cuatro columnas, acusando al clan sevillano, formado por familiares y amigos del presidente Felipe González, de usar información privilegiada y valerse del tráfico de influencias para su enriquecimiento personal.

Como es de esperar, semanas más tarde, el Parlamento andaluz, con mayoría socialista, se niega a crear una comisión parlamentaria que investigue el escándalo «Costa Doñana», pese a que los parlamentarios del partido de Julio Anguita han encontrado documentos públicos que demuestran, al menos en un caso, que el consejero de Obras Públicas de la Junta de Andalucía, Jaime Montaner, ha falsificado documentos oficiales para favorecer los intereses de Costa Doñana y que algunas decisiones públicas se han amparado en el «amiguismo».

Por el contrario, quienes sí tienen que comparecer ante el Juzgado de Primera Instancia n.º 4 de Sevilla son las personas que promueven la investigación, los diputados de Izquierda Unida, Luis Carlos Rejón, Felipe Alcaraz y Diego Valderas, contra los que Francisco Palomino, el cuñado de Felipe González, presenta una demanda civil de protección del Derecho al Honor, a través de su abogado, Manuel Clavero Arévalo, ex ministro de UCD y compañero de profesión de Felipe González.

Como ocurre en el caso del periodista José María García y el ex presidente de la Federación Española de Fútbol José Luis Roca, y en otros muchos asuntos relacionados con la libertad de información, la Justicia, una vez más, es utilizada por algunos como instrumento político al servicio del poder, quebrando peligrosamente el principio de igualdad ante la Ley que debe amparar a todos los españoles.

En bastantes casos, en lugar de investigarse los hechos denunciados, para determinados jueces, resulta más fácil, más cómodo y, sobre todo, menos arriesgado para sus carreras profesionales, perseguir a los denunciantes e intentar sentarlos en el banquillo, como si todo se arreglara matando al mensajero.

Pero el caso «Costa Doñana», el primer asunto relacionado con un presunto tráfico de influencias en el que aparecen vinculados familiares directos y amigos de políticos españoles, no ha hecho más que empezar.

* * *

En septiembre de 1988, la revista *Tribuna de Actualidad*, que dirige el periodista Julián Lago, descubría una presunta operación de venta de los terrenos de Costa Doñana por parte de uno de sus anteriores propietarios, el abogado y amigo del Presidente, Jesús Bores, al constructor, comprador de fincas y empresario taurino, Joaquín Barral Rodríguez.

Los hechos, según narra el semanario, se habían producido el mes anterior en la urbanización Las Redes de El Puerto de Santa María, donde veraneaban, casi puerta con puerta, aquel año el ministro de Hacienda, Carlos Solchaga, el cuñado del Presidente del Gobierno, Francisco Palomino, y el abogado Jesús Bores, y donde había alquilado también un chalet el empresario Joaquín Barral.

La información, tal y como la presenta la revista madrileña, da a entender que ni Palomino ni Pellón ni Bores han vendido hasta entonces su participación en Costa Doñana, aunque formalmente, en los registros, consta lo contrario, y que año y medio después de que saltara el escándalo, tratan de hacerlo a través de personas de su confianza, ya que Joaquín Barral y Jesús Bores tenían algún parentesco familiar, aunque bastante lejano.

Tanto Bores como Barral, que reconocen haberse reunido en Las Redes para hablar de «asuntos de familia», niegan, sin embargo, categóricamente, haber tratado el tema Costa Doñana. De todas maneras, la duda de que amigos y familiares del Presidente del Gobierno continúan moviendo desde la sombra los hilos de «Costa Doñana» subsiste en algunos medios políticos.

Un mes antes, en agosto, la polémica vuelve a saltar en el Ayuntamiento socialista de Almonte cuando, en plenas vacaciones estivales, el alcalde del municipio convoca un pleno por sorpresa para vender el 23 por 100 de los terrenos de Costa Doñana, de propiedad municipal, a la empresa constructora por unos 2.000 millones de pesetas.

El pleno dura tres horas y no puede resolver nada ante las amenazas de los vecinos, que acusan al alcalde y a los concejales socialistas de expoliar al pueblo para favorecer los intereses especulativos de personas próximas al Partido Socialista. Los almonteños parecen tener razón.

—Aplicando los precios de venta actuales —declara Diego Valderas—, los terrenos valen hoy 5.100 millones de pesetas.

Pero el verano del 89 reserva aún otras sorpresas. Mientras los ecologistas, movidos por la organización internacional «Wild Life Fun», propietaria de algunas hectáreas del Parque Doñana, comienzan a movilizarse en toda Europa para salvar de la especulación el Parque Nacional —considerado la reserva biológica más importante de Europa—, en Suiza, se publica un catálogo bastante revelador.

En él aparecen dos nuevas sociedades interpuestas, Doñana Landerschliessung, con sede en el cantón de Uri (Suiza), y Doñana Land Development Ltd., registrada en Londres, como las propietarias de Costa Doñana. Ambas empresas utilizan el logotipo y el nombre de la Expo Sevilla 1992 , artículos de prensa firmados por Felipe González y la imagen del príncipe destronado Leopoldo von Bayern, «primo del rey Juan Carlos», para promover la venta de los terrenos.

Se trata de una maniobra más para disfrazar con una aureola oficial un proyecto privado que había nacido envuelto en la polémica, y vender, de esta manera, rápidamente las parcelas y dar por concluido el negocio antes de que el movimiento ecologista se hiciera demasiado fuerte en la zona.

La empresa suiza, presionada por la Casa Real, se ve obligada a rectificar los carteles, pero el deseo de los promotores de vincular el lanzamiento de la mayor urbanización de la provincia de Huelva a los intereses de las personas en el poder (Felipe González y el PSOE) y con la Junta de Andalucía, queda al descubierto. Con lo que la teoría del diputado autonómico andaluz, Diego Valderas, cobra de nuevo importancia.

—Nosotros creemos —declara Valderas— que Costa Doñana es un negocio del PSOE. No lo podemos demostrar pero no hay quien nos lo quite de la cabeza.

La hipótesis del alcalde de Bollullos del Condado vuelve a primer plano de la actualidad en marzo de 1990, con motivo del caso Juan Guerra.[19] La investigación del *affaire* llevada a cabo por el juez de Instrucción número 6 de Sevilla, Ángel Márquez,

19. Para conocer más detalles del *affaire* Juan Guerra, consultar el capítulo XVII.

y por el policía José Antonio Vidal, va a aportar nuevos y reveladores datos.[20]

Una empresa de Juan Guerra —Darom—, probablemente ligada a las sociedades paralelas del Partido Socialista, había realizado los informes técnicos llevados a cabo por el Ayuntamiento de Almonte para cambiar de uso los terrenos de Playa de Matalascañas y recalificar la zona Costa Doñana, antes de su venta a sociedades participadas por Francisco Palomino, Jacinto Pellón y Jesús Bores.

La compañía Darom es contratada por el Ayuntamiento de Almonte, que preside el socialista Rafael Díaz, quien asegura a algunos concejales de la localidad que se trata de «una empresa de Juan Guerra».

Pero el Partido Socialista, oficialmente, sigue sin reconocer vinculación alguna con el proyecto urbanístico Costa Doñana, mientras el rechazo al proyecto se generaliza cada día más en todas partes.

* * *

El domingo, 18 de marzo de 1990, ecologistas de toda España, y muchos de ellos llegados de países europeos, se concentran en las proximidades del Coto de Doñana para solicitar la protección de la Reserva Natural ante la amenaza que supone la construcción de la urbanización turística Costa Doñana.

Por primera vez, la conservación del medio ambiente y la protección de la naturaleza congrega a más de 8.000 personas en un acto público, donde el grito unánime es:

—Doñana p'a los bichos y no p'a los chorizos.

La multitudinaria manifestación está convocada por el Fondo Mundial para la Naturaleza (Adena) y por otros grupos ecologistas andaluces. Adena, considerada una de las organizaciones de protección del medio ambiente más prestigiosas a nivel internacional, llevaba algún tiempo aletargada en España.

Desde que en el mes de febrero de 1990 el embajador Ma-

20. Juzgado de Instrucción número 6 de Sevilla, diligencias previas, número 1527/90-M.

nuel Prado y Colón de Carvajal es nombrado presidente para España, en un acto celebrado en Bruselas, sin embargo, la asociación comienza a mostrarse activa. Prado y Colón de Carvajal, además de ser un gran admirador de la naturaleza, en la que se refugia todos los fines de semana, tal vez piensa que Costa Doñana es una obra socialista y no olvida tan fácilmente el proyecto de La Marina de Sevilla,[21] frustrado por presiones de la Moncloa.

La acción de los conservacionistas cosecha inmediatamente sus primeros frutos. Pocos días después de la manifestación, el entonces presidente del Gobierno andaluz, José Rodríguez de la Borbolla, desautoriza a su entonces consejero de Obras Públicas, Jaime Montaner, y se muestra partidario de «congelar» el proyecto de la polémica urbanización.

Adena había ganado en España el primer lance. En Suiza, entretanto, la Sociedad Española de Ornitología, vinculada internacionalmente a la «Royal Society for the Protection of the Birds», que preside la Reina Isabel de Inglaterra, presenta querella por estafa contra la sociedad Doñana Landerschliessung, de Ginebra, instándole a suspender la venta de parcelas.

La batalla definitiva va a darse en los organismos europeos. A mediados de marzo de 1990, el movimiento ecologista internacional se dirige al Comisario del Medio Ambiente del Parlamento Europeo, el italiano Carlo Ripa di Meana, y le pide que obligue al Gobierno español a cumplir la directiva comunitaria para la Proteccion de la Flora y Fauna Silvestre.

La decisión no se hace esperar. El 6 de julio de 1990 la Comisión de Medio Ambiente del Parlamento Europeo comunica al palacio de la Moncloa la apertura de un expediente a España por violar las leyes sobre protección de aves silvestres, «al permitir proyectos agrícolas y turísticos que perjudican a los hábitats naturales en Almonte, las marismas y Matalascañas».

Para el Parlamento Comunitario, Doñana, Patrimonio Europeo, es una de las últimas regiones salvajes del continente, amenazada por la construcción de la urbanización Costa Doñana.

Mientras que Alfonso Guerra, en aquel momento vicepresidente del Gobierno y presidente del Patronato de Doñana, mantiene un comprometedor silencio, Ripa di Meana, hace su primera advertencia seria al Gobierno.

21. Este asunto se relata en el capítulo XIV.

—En Bruselas —declara— no se puede cerrar los ojos a la catástrofe de Doñana, una zona sagrada para la memoria de los europeos.

La operación urbanística de Costa Doñana, calificada como «el negocio especulativo más grande de Andalucía», montado a través del uso de información privilegiada y tráfico de influencias, según Izquierda Unida, sufre su primer y tal vez definitivo revés

A Francisco Palomino, a Jacinto Pellón y a Jesús Bores, vinculados inicialmente al proyecto, el movimiento ecologista deja de gustarles para siempre. Pero al resto de los hombres del Presidente, que dominan otros muchos negocios, como se verá en los próximos capítulos, el asunto no llega a quitarles el sueño.

VII. SARASOLA, EL *BROKER* DE FELIPE (I)

Desde que conoció a Felipe González, muchos años antes de que el líder socialista llegara a la Moncloa, Enrique Sarasola Lerchundi es el hombre que se esconde tras las mayores operaciones financieras del Partido Socialista y del Gobierno. Tras su fulgurante carrera, el amigo del Presidente esconde un turbio pasado que estuvo a punto, varias veces, de llevarle a la cárcel.

José Pérez Pla de Viu creía que el negocio que se traía entre manos era una de las operaciones económicas que más beneficio podía dejarle en su carrera de intermediario dedicado al comercio internacional del alcohol y del azúcar.

En su profesión era habitual trabajar sin descanso cada mes sin obtener resultados tangibles a corto plazo, pero en aquella ocasión las cosas habían marchado bien desde el principio.

En febrero de 1988 había recibido una llamada de Pilar Zugaza, una de las directoras de Focoex,[1] la empresa dedicada a la promoción del comercio exterior, dependiente del INI y el Ministerio de Hacienda.

El 10 de ese mismo mes, el empresario madrileño contactaba por primera vez con sus dirigentes Antonio Enrich, Gaspar Salcedo y la propia Pilar Zugaza.

—Mira, tenemos una oferta para vender azúcar a Venezue-

1. Ver capítulo IX.

la, pero, como sabes, nosotros carecemos de experiencia en ese terreno y nos gustaría empezar a introducirnos.

—¿Y cuál es vuestra propuesta? —preguntó Pérez Pla.

—Hombre, pues nos gustaría que trabajaras para nosotros.

Antiguo empleado en España de la E. D. & F. Man (Sugar), la mayor compañía del mundo en la comercialización del azúcar, Pérez Pla era un alumno aventajado. Rápidamente, había aprendido el oficio y tenía su propia empresa, Tradincorp, bien introducida en el comercio internacional. Y así se lo explicó a Zugaza.

—¿Tú sabes que yo tengo mi propia compañía y que me dedico a los mismos temas? —le dijo.

—Por supuesto. Pero tal vez podrías actuar en esta ocasión como *broker* para nosotros.

Venezuela era un país que padecía una carencia crónica de azúcar y Cenazúcar, la empresa estatal venezolana comercializadora de este producto, quería adquirir, mediante un concurso público internacional, un total de 30.000 toneladas del edulcorante en sacos de 50 kilos y bolsas de un kilo.

Antonio Enrich, Gaspar Salcedo y Pilar Zugaza se mostraban muy optimistas de cara a la operación.

—Si logramos ganar este primer concurso vamos a tener las ventas aseguradas en el futuro —aseguró Zugaza.

Pero Pérez Pla, que conocía a fondo el sector, no estaba tan convencido de ello.

—¿Y cómo vamos a competir con Man, Scoa, Sucrimex o Rionda, las grandes multinacionales del azúcar? —preguntó.

—Tú no te preocupes por eso.

Pilar Zugaza, la directora general de Focoex, parecía muy tranquila y muy segura de sí misma. Aunque carecía de la más mínima experiencia en el comercio de *comodities*, aparentaba tener controlada la situación.

—Focoex conocerá las ofertas de las demás compañías. Tenemos la garantía de Cenazúcar de que no se cerrará la operación sin darnos la última oportunidad —explicó.

La empresa estatal proponía a Pérez Pla firmar un contrato de gestión. Como España no tenía azúcar disponible, ya que la Compañía General Azucarera tenía un concierto para vender en exclusiva sus excedentes anuales a la empresa británica E. D. & F. Man, a José Pérez Pla le esperaba un duro trabajo.

Su empresa Tradincorp debía moverse muy rápidamente en

el mercado internacional del azúcar y buscar los mejores precios y calidades para que Focoex pudiera realizar una oferta competitiva en el ámbito internacional y quedarse con el concurso de suministro a Venezuela.

En Focoex le pedían, además, que no fuera muy caro. La operación era «política» y el porcentaje de las comisiones a manejar iba a ser muy bajo.

—Como ya te he dicho —le recalcó Pilar Zugaza—, no va a haber mucho dinero para ganar. Menos de un 0,5 por 100.

Las comisiones por la intermediación y la gestión en el mundo del azúcar se movían en torno al 1 por 100. Pérez Pla se sintió defraudado.

—Por ese dinero no vale la pena moverse.

—Tal vez no a corto plazo. Pero Focoex es una empresa muy grande y yo no descartaría que en el futuro pudiéramos volver a trabajar juntos.

—Bueno, si es así, de acuerdo.

El 15 de marzo de 1988 Pilar Zugaza y José Pérez Pla, en nombre de Focoex y Tradincorp, firmaban un contrato de prestación de servicios mediante el cual la empresa de Pérez Pla se comprometía a trabajar en exclusiva para Focoex. A cambio, percibiría unas comisiones del 0,5 y 0,3 por 100, a aplicar sobre el precio de compra en origen, por cada tonelada métrica de azúcar que se vendiera a Venezuela.

Durante el resto del año, Pérez Pla viaja a París y a Londres para entrevistarse con los proveedores mundiales de azúcar; envía télex a una docena de empresas, recibe al minuto la cotización del azúcar en las bolsas de Londres y Nueva York y decenas de llamadas le mantienen al tanto de cómo está el mercado a cualquier hora del día o de la noche.

El presidente de Tradincorp trabaja «full time» para Focoex. A lo largo de ese tiempo presenta varias ofertas a la empresa estatal, que se frustran por la imposibilidad de Venezuela de hacer frente a los pagos.

La empresa del Estado español, sin embargo, no pierde la esperanza de llevarse el contrato y en las Navidades de 1988, Pilar Zugaza envía a Pérez Pla una tarjeta con esta sugerente felicitación.

—¡El año que viene, en Venezuela!

Sin embargo, los buenos deseos no siempre se cumplen.

* * *

En marzo de 1989, a Pérez Pla le habían salido dos fuertes competidores: el empresario socialista Enrique Sarasola Lerchundi, *Pichirri*, y el venezolano Gonzalo Colimodio, un hombre ligado a la industria farmacéutica y de la máxima confianza del presidente de Venezuela, Carlos Andrés Pérez, que entran en juego.

Sarasola y Colimodio montan una operación triangular con el apoyo de Focoex. Adquieren 350.000 toneladas de azúcar a Cuba, a través de la empresa panameña Carib-Sugar, financian la operación con un crédito FAD concedido apresuradamente por el Gobierno español a Venezuela, en el que se incluye el canje de parte de la deuda externa de Cuba con España, y comienzan a suministrar el producto de la república caribeña.

El azúcar que llegó a Venezuela, sin embargo, no se vendió a «precios políticos», como había previsto Pilar Zugaza. Según informó la Prensa en aquel país, su coste para el Gobierno venezolano resultó hasta 70 dólares más caro por tonelada, en relación con las cotizaciones del producto en las bolsas de Nueva York y Londres.

El escándalo estalló. El análisis de las condiciones de la venta acabó en el Parlamento venezolano. Y en el debate aparecieron nuevos y reveladores datos: Venezuela habría pagado un sobreprecio de 21 millones de dólares, alrededor de 2.500 millones de pesetas más, por la operación.

El financiero del PSOE, Enrique Sarasola, el hombre de negocios venezolano ligado a Carlos Andrés Pérez, Gonzalo Colimodio, y Focoex, la empresa de la Administración española, controlada por el ministro de Economía y Hacienda, Carlos Solchaga, y su mujer, Gloria Barba, directora de filiales y delegaciones de Focoex, habían hecho el negocio del año.

No todos los colaboradores de Focoex, sin embargo, habían quedado satisfechos con las «comisiones» del azúcar.

* * *

Cuando Pérez Pla se da cuenta de que le han arrebatado de las manos el negocio para el que había sido contratado un año antes, y al que había dedicado todos sus esfuerzos y el de su despacho, quedándose sin vacaciones y pasándose las noches en vela durante meses enteros para poder llamar por teléfono a Venezuela, se sube por las paredes.

—De mi trabajo no se ríe nadie —piensa el empresario.

Desde su empresa, Tradincorp, pone varios télex al presidente de Focoex, Germán Calvillo, a la directora general, Pilar Zugaza, y a la directora de filiales y delegaciones, Gloria Barba. No recibe respuesta, nadie le da explicaciones.

—Ésta me la pagan —dice Pérez Pla a sus amigos.

Al día siguiente se reúne con su abogada, Isabel de Diego, y la envía a Focoex con una propuesta negociadora. El presidente de Tradincorp pide una compensación económica que le permita recuperar los gastos realizados y sufragar el trabajo desarrollado para Focoex.

La respuesta que recibió fue toda una amenaza.

—Dile a Pérez Pla que si es listo, lo mejor es que se olvide del asunto.

El empresario decide entonces presentar una demanda de reclamación de cantidad contra Focoex por incumplimiento de contrato ante los tribunales. Isabel de Diego estudia el problema jurídicamente. Piensa que hay muchas posibilidades de ganar el caso. Pero recomienda a Pla que no se meta en pleitos.

—Podemos ganar, pero va a ser una victoria moral.

—¿Cómo una victoria moral? —pregunta el empresario.

—Recuerda lo que dicen en Focoex. Si quieres continuar en el mundo del «trading», no conviene tener por enemigo al Estado.

Pero Pérez Pla no se da por vencido y en alguna reunión pública hace determinados comentarios en contra de Focoex. Entonces empezaron las amenazas. Un día se lo confiesa a un amigo.

—Además de cornudo, apaleado. No dejan de amenazarme. Creo que hasta me han pinchado el teléfono.

José Pérez Pla se lamentaba con razón. Él no había hecho nada malo. Simplemente, había tenido la desgracia de tropezarse en el camino con uno de los hombres con más poder, en la sombra, del país, el empresario socialista Enrique Sarasola Lerchundi, un hombre providencial en la historia reciente del PSOE.

* * *

El 25 de marzo de 1983, un comando de ETA militar se desplazaba a Madrid para llevar a cabo un secuestro económico. Los terroristas, que no querían darse un viaje en balde, llevaban consigo, en un trozo de papel, los nombres de dos candidatos para tenerlos unos meses a la sombra de un oscuro «zulo».

Uno de ellos era Diego Prado y Colón de Carvajal, ex presidente del Banco de Descuento. El otro, un vasco de 53 años nacido en el casco viejo de San Sebastián, que se había mantenido hasta entonces en un discreto segundo plano en la vida política española. Su nombre: Enrique Sarasola Lerchundi, *Pichirri*.

La organización terrorista vasca había seleccionado a sus víctimas cuidadosamente, para hacer el mayor daño posible. A Diego Prado, por sospechar que formaba parte del entramado económico que debía sostener a la Casa Real. A Sarasola, porque tenían datos que le situaban como a uno de los financieros del Partido Socialista y por su amistad personal con el Presidente del Gobierno, Felipe González.

Casualmente, en las mismas fechas que los terroristas de ETA trataban de localizar el coche de Sarasola en la calle Fuentemilanos de Madrid, el empresario socialista se encontraba a tres mil kilómetros de distancia, en un lugar indeterminado de Túnez, negociando con el líder de otro grupo partidario del uso de las armas: el representante de la OLP, Yasser Arafat, a quien había acudido a visitar en nombre del Presidente del Gobierno, Felipe González.

La oportunidad del viaje de Sarasola al Norte de África, que se prolongó durante un par de semanas, le libró de una de las experiencias más crueles a que puede estar sometido un ser humano: pasar, como le ocurrió a Diego Prado, 80 días de cautiverio en manos de sus secuestradores y tener que pagar mil millones de pesetas de rescate para salvar la vida.

Sin embargo, su nombre y su papel dentro del PSOE, que hasta entonces no se había hecho notar, empezó a ser conocido de inmediato en todas las cancillerías europeas.

El 28 de marzo, tan sólo tres días después, el ministro español de Asuntos Exteriores, Fernando Morán, recibía un cable cifrado de la Embajada española en Túnez preguntándole quién era Enrique Sarasola y en calidad de qué había ido a negociar con la OLP. La misma pregunta se hacía el resto de los embajadores europeos en Túnez y Rabat, después de que el periódico marroquí *L'Opinion* publicara un extenso artículo relatando con todo lujo de detalles el encuentro.

Nacido en un ambiente universitario de provincias, en el seno de una familia de derechas de San Sebastián, Enrique Sarasola ha sido toda su vida un aventurero.

Hijo de un ingeniero químico que murió en la década de los sesenta y de un ama de casa que no fue nunca a la Universidad, estudia peritaje mercantil en Oramaz (Navarra). Con apenas 16 años, entra a trabajar como auxiliar en la Caja Provincial de Guipúzcoa, mientras juega como delantero centro en el Anaitasuna, equipo filial del Real Sociedad, donde empiezan a llamarle por el sobrenombre que le ha perseguido toda la vida: *Pichirri*.

De estatura más bien baja, algo regordete, pero de carácter abierto e inquieto, a los 18 años se va a Colombia en un barco. Como la mayoría de los emigrantes españoles, él también quiere hacer las Américas.

La vida allí es dura. En los primeros meses, Sarasola se gana el sustento como vendedor de zapatos para el empresario judío Jaime Gontowit, trabaja para la empresa Price Waterhouse, crea una sociedad de caucho en Medellín —la base de operaciones de las más poderosas organizaciones criminales del mundo, ligada al tráfico de cocaína— y acaba como casi todos los emigrantes que quieren hacer dinero fácil: vendiendo fondos mutuos de empresas americanas.

El 8 de junio de 1963, el empresario vasco y su socio José Félix de Rivera, otro destacado militante del PSOE, crean la sociedad International Securities Corporation (Iseco), con domicilio en Curaçao, y comienzan a vender bonos a través de una empresa inscrita en Nassau (Bahamas).

El negocio va viento en popa. En Hispanoamérica se desata la fiebre por el dinero y todo pequeño ahorrador que tiene unos cuantos dólares en el bolsillo quiere sacarlos fuera del país con rapidez y colocarlos en los Estados Unidos a través de la tupida red de paraísos fiscales caribeños.

El amigo del presidente González participa también de esa euforia y llega a abrir 28 oficinas de su empresa en 20 países diferentes, que dan trabajo a varias decenas de empleados.

Los malos tiempos no tardan en llegar. Poco después se detecta que la venta de bonos no es más que una monumental estafa en la que hay comprometidos personajes tan siniestros como Robert de Vesco y Bernard Cornfield y agentes de la CIA como Santos Traficantte.[2]

Miles de personas de las clases más modestas, entre ellos numerosos colombianos, quedan en la ruina. De Vesco intenta comprar el silencio de las autoridades norteamericanas haciendo un regalo de 240.000 dólares para la campaña de Richard Nixon, pero se cursa una orden de detención contra él y tiene que exiliarse a Costa Rica.

Enrique Sarasola, que en 1966 se había casado con María Cecilia Marulanda, hija de Alberto Marulanda Grillo, uno de los principales terratenientes de Colombia, y accionista de la compañía aérea Avianca, cierra también el negocio y regresa a España, con lo que termina su aventura colombiana.

* * *

Madrid era entonces una ciudad de poco más de tres millones de habitantes y la plaza de Castilla, donde se van a construir estos meses las Torres de KIO, todavía era un simple páramo. Los habitantes de la mayor ciudad española se divertían aún escuchando las canciones de Conchita Piquer; Antonio Buero Vallejo estrenaba en Madrid su obra *El Tragaluz*; José Luis Aranguren y Enrique Tierno Galván eran desposeídos de sus cátedras, tras las primeras manifestaciones estudiantiles contra el régimen, y en la ciudad había 385 millonarios, según el Censo de la Contribución sobre la Renta de Madrid.

En ese ambiente se instala Enrique Sarasola, en 1967, al-

2. Para más detalles, ver *Kings of cocaine*, de Guy Gugliotta y Jeff Leen, editado por Simon and Schuster en Nueva York.

quila unas oficinas en el número 48 de la Gran Vía, en el edificio del Banco Atlántico de Madrid, y crea su primera empresa, al frente de la cual coloca a Lácides Leonardo Luque Cervantes, uno de sus empleados de Barranquilla (Colombia).

Con la ayuda de este individuo, a quien en la oficina llamaban *cojonudito de Barranquilla*, José Félix de Rivera y Sarasola intentan en España dedicarse de nuevo a la venta de bonos norteamericanos, a través del Crédit Luxemburgois.

Descubren entonces que segundas partes nunca fueron buenas y el 29 de abril de 1967 constituyen la sociedad Inversiones, Servicios y Comercio (Iseco), con domicilio en el mismo portal de la calle Jacometrezo donde años más tarde se instalará la primera sede clandestina del PSOE en Madrid.

Con la nueva empresa, las cosas tampoco marchan bien, hasta que Sarasola descubre un día en Cádiz a Antonio Blázquez Marín, hijo del propietario de las célebres Bodegas Blázquez y una de las personas más ricas de la provincia.

Antonio Blázquez, además de conducir un moderno Triumph blanco descapotable, con el que despertaba la admiración de las jóvenes casaderas gaditanas, poseía un solar en el Paseo Marítimo de la ciudad, junto a la tapia del cementerio.

El país vivía entonces en pleno «boom» de la construcción. Así que José Félix de Rivera, Enrique Sarasola y Antonio Blázquez, sin ningún tipo de experiencia, constituyen la sociedad Inmobiliaria Bonaire, S.A., y se convierten en constructores. Los tres están seguros de que van a realizar el mayor negocio de sus vidas.

Antonio Blázquez, a quien cariñosamente llaman el *Gordo*, cede el solar a la sociedad y Sarasola y Félix de Rivera, como carecen de patrimonio, aportan a la nueva empresa la organización de ventas de su empresa Iseco.

Unos arquitectos amigos les hacen gratis los planos y Sarasola y José Félix de Rivera, empleando toda la sabiduría que habían adquirido en Colombia en la venta de bonos, convencen a Huarte y Compañía para que construya a crédito un edificio de apartamentos, conocido después como Isecotel.

Los pasos siguientes consisten en colocar un impresionante cartelón en la playa, hacer unas bonitas fotos en color de la maqueta y otras de los terrenos y elaborar un buen folleto publicitario.

Con esas expectativas y una maleta llena de propaganda,

Sarasola y Félix de Rivera se van a Hispanoamérica a vender los apartamentos, aún sin construir, entre los emigrantes españoles, a los que ofrecen la posibilidad de invertir en su país y en un proyecto lleno de futuro.

La aventura acaba como es de esperar. La organización de ventas del empresario de origen vasco, de la que forman parte personajes tan curiosos como los banderilleros del torero Jaime Ostos, no es tan eficaz como parecía ni los emigrantes españoles son tan ricos como creen. A mediados 1971, como la empresa Inmobiliaria Bonaire no paga las certificaciones de obras tal y como se había convenido, Huarte y Compañía comienza a presionar.

Enrique Sarasola y José Félix de Rivera, que necesitan liquidez a cualquier precio, se inventan el fondo de inversiones inmobiliario Fiseco, que resulta un nuevo fracaso y embarulla aún más las cosas. Algunos apartamentos figuran vendidos dos veces, en escritura pública y mediante el fondo inmobiliario.

Corre el año 1971 y la empresa constructora, Huarte y Compañía, no se fía en ese momento ni un pelo de los propietarios de Isecotel, que llevan varios meses sin pagar las certificaciones de obras. Durante los meses de verano, Inversiones, Servicios y Comercio, la empresa de Sarasola en Madrid, traslada las oficinas de Gran Vía a un edificio más modesto, en el número 15 de la calle Goya, para ahorrar dinero.

Los directivos de la empresa constructora, que están atentos a todos los movimientos de sus clientes, piensan que se trata de una operación encaminada a la ocultación de bienes. El 13 de octubre, José Merino, uno de los abogados del bufete de José Mario Armero, en nombre de Huarte y Compañía, recibe instrucciones para presentar querella criminal contra Enrique Sarasola y sus socios.

Las diligencias caen en el Juzgado de Primera Instancia número 8 de Madrid, que el 8 de marzo de 1977, casi seis años después, condena a la empresa Sarasola a pagar 21.985.019,75 de pesetas por certificaciones de obras y 4.766.348 de pesetas por intereses de demora.[3]

Con la sentencia en la mano, el abogado José Merino pide el embargo preventivo de los bienes y el juez lo concede e inmoviliza 100 apartamentos.

3. La informacion procede del sumario 523/81 del Juzgado de Primera Instancia n.º 8 de Madrid. Hubo otra condena en el Juzgado n.º 23 de Cádiz.

Inmobiliaria Bonaire recurre y la Audiencia Provincial levanta, poco después, el embargo. La organización de ventas de Iseco se pone a trabajar inmediatamente y demuestra una eficacia sin precedentes.

En un par de meses liquidan casi todo el edificio. Un grupo de apartamentos se vende a la sociedad Maybea, N.V., con sede en Curaçao (Antillas Holandesas), que actúa a través de la empresa colombiana International Securities Corporation, con sede en Nassau (Bahamas).

Otro paquete se transfiere a la sociedad Arrendamientos y Conservación de Edificios, S.L., de la que es propietario Antonio Blázquez Marín, uno de los dueños de Isecotel, la empresa condenada. El resto de los pisos se vende a militantes del Partido Socialista como el actual presidente de la Junta de Andalucía y ex ministro de Trabajo, Manuel Chaves, a Concepción Blázquez Marín, hermana del *Gordo* Blázquez, y a otros amigos de Cádiz y Sevilla, entre los que se encuentra algún pariente lejano de Felipe González.

Cuando Huarte, tras un nuevo recurso, logra que el edificio sea embargado de nuevo, de los 100 apartamentos requisados inicialmente por la Justicia, sólo once siguen escriturados a nombre de Inmobiliaria Bonaire, la empresa del amigo del Presidente.

—Ha sido un alzamiento de bienes en toda regla —piensa el abogado Merino.

Los tribunales españoles, sin embargo, carecen de medios para averiguar si Maybea, N.V., la extraña empresa compradora de las Antillas Holandesas, es una sociedad instrumental de Enrique Sarasola, como sospechaba el letrado de Huarte y como en realidad ocurría.

Pero las desgracias nunca vienen solas y el empresario socialista no pasa entonces, precisamente, por los mejores momentos de su vida.

* * *

El 25 de octubre de 1977, el juzgado de Instrucción de Navalcarnero, un pueblo de Madrid, admitía a trámite otra querella contra Sarasola por supuesta estafa y apropiación indebida, en relación con su gestión al frente de la urbanización de economía mixta Costa de Madrid, situada en el pantano de San Juan y de la que eran socios, a partes iguales, una sociedad de Sarasola y el Ayuntamiento de San Martín de Valdeiglesias.

La sociedad Costa de Madrid había sido creada años antes con los mismos criterios que Inmobiliaria Bonaire en Cádiz. El Ayuntamiento había puesto los terrenos para urbanizar y Sarasola y José Félix de Rivera, junto a otros socios, entre los que se encontraba Enrique Juaristi, algún dinero y la organización de ventas.

A pesar de que los terrenos están situados sobre el monte público del municipio, una de las escasas zonas vírgenes de pinares de la comarca, por esas razones inexplicables de la política de la época del franquismo y porque entre los socios iniciales de Costa de Madrid se encuentran algunos de los falangistas más reaccionarios del régimen, el gobierno de Franco autoriza la construcción de una urbanización en aquel entorno natural.

El negocio marcha como la seda durante los primeros años. Muchos madrileños, que soñaban con tener una parcela en uno de los pinares más bonitos de Madrid, junto a un pantano de casi doce kilómetros de longitud, apto para el deporte de la vela, invierten encantados sus ahorros.

Pero el empresario vasco aspira a convertirse en el dueño casi absoluto de la urbanización. Con el dinero ingresado por la venta de las parcelas, compra las participaciones a muchos de los socios y se hace con casi el 50 por 100 de Costa de Madrid, momento en que empiezan los pleitos con la corporación municipal, propietaria del otro 50 por 100 de la sociedad.

El Ayuntamiento de San Martín de Valdeiglesias, con un presupuesto municipal reducido, carece de recursos para suscribir las sucesivas ampliaciones de capital. Las peleas con el municipio derivan en enfrentamiento directo y algunos de los nuevos propietarios que han adquirido sus parcelas se encuentran con que no pueden ni siquiera inscribirlas.

En el año 1977, las querellas contra Sarasola llueven en los juzgados de Navalcarnero. Dos abogados del PSOE, Pablo Castellano y Miguel Cid Cebrián, se encargan de llevar los pleitos contra el empresario socialista, que instruye el juez Joaquín

Navarro Esteban, considerado en esa época un hombre cercano al Partido Socialista.

En 1983, mientras algunos propietarios presuntamente estafados escriben a la Moncloa para que Felipe González, ya Presidente del Gobierno, interceda ante Costa de Madrid y les ayude a inscribir sus parcelas, el juzgado de Instrucción de Navalcarnero tiene preparado el auto de procesamiento de Sarasola, según recuerda Pablo Castellano.

Pero la tan temida decisión judicial no llega nunca a producirse. El ascenso de Felipe González a la Moncloa resulta verdaderamente providencial para su amigo, *Pichirri* Sarasola Lerchundi, cuya vida transcurría paralela a la de los más influyentes personajes del PSOE desde mediados de la década anterior.

* * *

Pocos años antes, en 1974, recién celebrado el congreso de Suresnes en el que salió elegido el sector renovador del Partido Socialista, Enrique Múgica cita un día a Sarasola en secreto en Madrid. A la reunión se presenta también Carlos Zayas. Después de tomar todas las precauciones del mundo, Múgica le lleva a una pensión cercana a la Gran Vía.

Allí, en una fría y mal iluminada habitación, se hacen las presentaciones.

—Mira, éste es *Isidoro.*

Según la revista *Cambio 16,* Enrique Sarasola había tratado de fundar ese mismo año una asociación política con el falangista José Utrera Molina, al amparo del célebre «espíritu del 12 de febrero». Pero su primer encuentro con el secretario general del PSOE, Felipe González, es como su camino de Damasco.

—En ese momento, me convertí al «felipismo» —aseguró Sarasola en una ocasión a los autores del libro.

La pareja se conoce a mediodía, almorzando en el restaurante La Corralada, en la calle Villanueva de Madrid, de donde no se mueven hasta las doce de la noche.

El empresario y el político se enamoran mutuamente. Sarasola se une al socialismo en ese mismo instante y a partir de ese momento presta sus oficinas de la calle Goya de Madrid durante los fines de semana para que pueda reunirse en ellas el Comité Ejecutivo del partido en la clandestinidad, mientras su dúplex de Puerta de Hierro sirve de alojamiento, muchas noches, al secretario general del PSOE.

En este piso conoce Felipe González a los primeros banqueros y empresarios, algunos de los cuales son ahora sus huéspedes en «La Bodeguilla», que le lleva Álvaro Álvarez Alonso, un vecino de Sarasola cuya familia había estado muy ligada al almirante Luis Carrero Blanco, y que, con el paso del tiempo, se convertiría en el actual socio de Sarasola.

Como en aquellos tiempos, casi heroicos para los partidos políticos, los socialistas estaban aún mal vistos, su amigo Álvarez Alonso organizaba las cenas en su casa, de donde todos los invitados, de forma casi espontánea, se trasladaban a tomar una copa a casa del empresario guipuzcoano, en la que, de vez en cuando, aparecía Felipe González.

El 20 de noviembre de 1975, cuando muere el anterior jefe del Estado, Francisco Franco, Felipe González y parte de la Ejecutiva del partido están en la casa de Puerta de Hierro de *Pichirri* Sarasola, atentos a los últimos rumores.

Cuando se confirma la muerte del dictador, alguien de la ejecutiva del PSOE, eufórico, dice:

—Enrique, saca ya el champán.

Pero Sarasola y González se niegan a celebrar un hecho biológico tan esperado por la oposición al régimen.

—Yo no voy a beber champán esta noche —dice Felipe.

Cuando una buena parte de los reunidos se miran extrañados, Felipe González agrega:

—Yo no brindo por la muerte de ningún español, aunque sea mi peor enemigo.

La amistad entre el empresario guipuzcoano y el secretario general del PSOE —que muchos militantes del partido no saben cómo explicarse— es cada vez mayor. Cuando el PSOE alquila las primeras oficinas en la calle Jacometrezo de Madrid, *Pichirri* Sarasola paga los primeros recibos a un partido que, en los tiempos en que era secretario de Finanzas López Albizu, *Lalo,* obligaba a los militantes que viajaban en tren para asistir a alguna reunión a comprar las cervezas en tierra, aunque horas más tarde tuvieran que bebérselas calientes, para ahorrar un par de pesetas.

Sarasola comienza a actuar como financiero del PSOE. En octubre de 1987, mientras el juzgado de primera Instancia número 8 de Madrid empieza a tramitar la querella contra el empresario vasco por el caso Isecotel, emprende un viaje a varios países hispanoamericanos como acompañante y hombre de confianza de Felipe González.

En Panamá, Sarasola le presenta a su amigo Omar Torrijos, con quien tenía negocios desde tiempo atrás, y en Colombia hace lo mismo con el candidato a la presidencia del país, Julio César Turbay Ayala. Luego viajan juntos a entrevistarse con el líder venezolano Carlos Andrés Pérez, miembro de la Internacional Socialista, y con el presidente de México, José López Portillo.

De esos contactos, que, con el paso del tiempo, permitirían al avispado amigo del Presidente del Gobierno llevar a cabo sabrosos negocios alrededor del comercio de Estado, como el del azúcar con Venezuela, sale la primera financiación hispanoamericana del PSOE.

Como todavía quedan algunos años difíciles por delante para que el Partido Socialista alcance el poder, Sarasola se dedica a hacer algún chanchullo para la organización con El Corte Inglés, que está metido en un plan de expansión de sus grandes almacenes por toda España y necesita que los Ayuntamientos bajo control socialista le echen una mano.

En una de esas visitas al despacho del presidente de los grandes almacenes, Ramón Areces, el empresario socialista conoce un día a Alberto Cortina y a Alberto Alcocer, «los Albertos», cuando aún éstos eran unos perfectos desconocidos en el mundo de los negocios. Habla con ellos un rato y saca una buena impresión. Inmediatamente, Sarasola les propone asociarse y hacer algún negocio juntos, y los Albertos aceptan.

Meses más tarde, se los presenta a Felipe González con estas palabras:

—He aquí unos empresarios que van a dar mucho que hablar en el futuro de España.

Una frase que va a resultar premonitoria, aunque no sólo en el sentido en que la había expresado *Pichirri* Sarasola.

Otro momento decisivo que define su dedicación al partido y a la UGT se produce a comienzos de 1980, cuando Nicolás

Redondo y Paulino Barrabés, los líderes del sindicato, reciben un crédito del Banco de los Trabajadores Alemanes de 400 millones de pesetas, a través del Banco de España, para crear un grupo de empresas y autofinanciar sus actividades.

Enrique Sarasola se ofrece a echarles una mano y entra como un elefante en una cacharrería, prescindiendo de todo el mundo, incluido el marido de Carmen García Bloise, encargada durante un tiempo de las finanzas del partido, al que aparta de la gerencia de la imprenta de UGT.

Su carácter impulsivo y volcánico le empieza a crear no pocos enemigos. Emilio Alonso, el secretario de Finanzas del partido, con el que colabora a partir de 1984 en la creación de un grupo de empresas ligadas al PSOE, no tolera que se pase el día metiendo las narices donde no debe y Alfonso Guerra y sus seguidores no le perdonan que acapare la amistad del secretario general del partido y futuro Presidente del Gobierno.

Había, sin embargo, determinados gestos en la trayectoria humana y profesional del empresario vasco, que Felipe González no podía olvidar tan fácilmente.

* * *

El 23 de febrero de 1981, cuando el teniente coronel de la Guardia Civil, Antonio Tejero Molina, tomó militarmente el Congreso de los Diputados, Enrique Sarasola se encontraba en su despacho de la calle Miguel Ángel de Madrid. Como movido por un resorte, se incorporó de un salto y salió disparado al barrio de La Estrella, donde se encontraban Carmen Romero, y sus hijos David, Pablo y María, la familia de Felipe González.

Rápidamente, los trasladó a su casa de Puerta de Hierro y en previsión de que las cosas pudieran empeorar en las horas siguientes, habló con su vecino Álvaro Álvarez Alonso, cuya familia seguía muy ligada al antiguo régimen.

—¿Sabes lo del Congreso?

—Sí, lo vengo oyendo por la radio.

—Entonces, sabrás el peligro que corre la familia de Felipe. ¿Los esconderías en tu casa esta noche?

—Por supuesto. Para qué, si no, están los amigos.

Fue un favor que, posiblemente, Felipe González recordará toda la vida. En octubre de 1982, cuando llega a la Moncloa, el Presidente del Gobierno llama a Sarasola a su lado y le convierte durante unos meses en su embajador volante. Le envía con una carta personal al Vaticano para ver al cardenal Eduardo Martínez Somalo y darle garantías de que los socialistas no van a romper el *statu quo* de la enseñanza religiosa en España.

También le manda a Oriente Medio, hasta que en 1983 los cancilleres europeos en Túnez se sorprenden al detectar su entrevista con Yasser Arafat, en la que el líder de la OLP recibe garantías suficientes en el sentido de que el PSOE no va a establecer relaciones diplomáticas, de forma inmediata, con el estado de Israel.

La llegada al poder del Partido Socialista marca también el despegue de Enrique Sarasola como importante hombre de negocios. El empresario guipuzcoano empieza a dejarse ver, a partir de entonces, por el Club de Campo, una de las sociedades más selectas de Madrid, y comienza a frecuentar el hipódromo de La Zarzuela.

Unos meses antes, *Pichirri* Sarasola había comprado a Antonio Blasco, consejero del Banco Central, una de las mejores fincas de El Espinar, en la provincia de Segovia, para instalar allí la yeguada de orígenes más importante de España, donde pueden encontrarse sementales comprados al armador griego Niarchos y procedentes de las cuadras de la reina de Inglaterra y del legendario Aga Kan.

Pero la verdadera pasión de Sarasola gira alrededor del mundo de los grandes negocios, el comercio de Estado, generalmente controlado, en la mayoría de los países, por un reducido grupo de personas cercanas al poder. En este tipo de actividades, muy poco transparentes y de las que llega escasa información a la opinión pública, es de donde se extraen las grandes fortunas y las comisiones para los partidos políticos.

Cuando el empresario socialista comienza a exportar a través de Intermun, una empresa de su socio, Antonio Blázquez, los excedentes de carne y azúcar del Forppa (Fondo de Ordenación y Regulación de los Precios y Productos Agrarios), en realidad, está poniendo la primera piedra que le permitirá controlar una buena parte del inmenso pastel que constituyen las compraventas del Estado.[4]

Era la primavera de 1983 y Enrique Sarasola Lerchundi estaba más preocupado esos días por lo que ocurría en Colombia que por las críticas que recibía una de sus empresas en España.

* * *

Belisario Betancourt había llegado a la presidencia de la República de Colombia en mayo de 1982 apoyado por poco más de tres millones de votos —el 46 por 100 de los sufragios—, pero esperaba abandonar el cargo como uno de los presidentes más populares del país.

En los primeros años de su mandato integraría a Colombia en el bloque de los no alineados, negociaría con la guerrilla M-19 y, para consagrarse de cara a las generaciones futuras, se empeñaría en construir un Metro en la ciudad de Medellín.

Probablemente, cualquier ingeniero civil, con una formación no muy profunda, se habría dado cuenta en seguida de que el proyecto era titánico y descabellado para un país como Colombia, con otras necesidades más acuciantes. Pero Betancourt no era ingeniero.

Deseoso de acabar la obra antes de que concluyera su mandato, el 28 de febrero de 1983, el Gobierno de Colombia convocó un concurso público internacional para adjudicar la construcción de un tren metropolitano aéreo de transporte colectivo en Medellín, una ciudad con poco más de un millón y medio de habitantes. El contrato era, en relación con la cantidad de dinero que se iba a invertir, el más importante de la historia del país andino.

El Gobierno colombiano estaba dispuesto a gastar hasta 650 millones de dólares (unos 117.000 millones de pesetas de aquella época), una cifra sumamente jugosa para las empresas de los países industrializados con capacidad para acometer el proyecto.

El 28 de julio siguiente, cuando venció el plazo de presenta-

4. Este asunto se cuenta en el capítulo II.

ción de ofertas, quedó patente. Atraídos como las moscas a la miel, once empresas y consorcios internacionales, respaldados por seis países, acudieron a la convocatoria.

E inmediatamente, comenzaron las presiones. La primera ministra británica, Margaret Thatcher, envió a Colombia a su ministro de Comercio para ofrecer 60 millones de dólares en compensaciones si las obras del Metro se adjudicaban a una empresa de su país. Pero la señora Thatcher puso como condición que con ese dinero se compraran productos también británicos.

Los franceses y los norteamericanos ofrecían a Colombia un crédito de 50 millones de dólares, a pagar en 30 años, con un interés del 2 por 100 y 11 años de carencia. Los alemanes enviaron a otro ministro y a su embajador, Georg Joachim Schlaich, a visitar la ciudad de Medellín. Allí, Schlaich, con la mayor seriedad del mundo, declaró:

—Los germanos tomamos más café que cerveza.

Pero los más osados fueron, sin duda, los belgas. Desplazaron a Colombia nada menos que al príncipe Alberto[5] y a un séquito de 35 personas, con las maletas llenas de regalos, para negociar un asunto que el *Financial Times* calificó, acertadamente, en uno de sus artículos, como la «miniguerra del metro».[6]

La batalla que se libraba en Bogotá por la adjudicación del «contrato del siglo» en Colombia era tan importante, que en algunas ocasiones llegó a reunir en el hotel Tequendama hasta a cuatro ministros de cuatro países diferentes, para hablar con el presidente Betancur y sus ministros.[7]

En el INI se seguía el desarrollo de las negociaciones con un cierto nerviosismo. Al entonces director general de Bienes de Equipo, Manuel Pinedo, no le gustaba demasiado hablar del asunto.

—Más que un concurso para una obra de ingeniería civil, parece una película de *gángsters* —llegó a comentar.

Tres empresas españolas apostaban por la rifa millonaria. Las dos más importantes —Caf e Inirail— acudían con el respaldo oficial del INI, formaba consorcios por separado con

5. El príncipe Alberto, sobrino del rey Balduino, es el heredero de la Corona belga.

6. Ver *Financial Times*, mayo de 1984.

7. La información procede de un informe reservado de la División de Bienes de Equipo del INI.

grupos franceses y alemanes y competían entre sí. La tercera, Aplicaciones Técnicas Industriales (Ateinsa), se había presentado al concurso muy a última hora como integrante del consorcio hispano-alemán, del que formaban parte también Construcciones y Contratas y Entrecanales y Tavora, para la obra civil, y las alemanas Siemens y Man, para la ingeniería.

En esta guerra abierta de intereses, Enrique Sarasola, que representaba a la empresa del INI, Ateinsa, a sus socios, Alberto Cortina y Alberto Alcocer, y a su amigo José María Entrecanales, se pone en acción.

En el mes de mayo Sarasola viaja hasta Venezuela en Iberia y desde allí da el salto a Bogotá y Medellín en el avión particular de su amigo Carlos Andrés Pérez.

Sarasola lleva también una buena maleta repleta de dólares. Oficialmente, el empresario niega haber pagado algún tipo de comisión, pero el ex director de Bienes de Equipo del INI, Manuel Pinedo, asegura que para aquella operación se dispuso de una comisión especial.

La empresa pública, que habitualmente incentivaba sus ventas con comisiones del 2 al 3 por 100, autorizó excepcionalmente a pagar el 6 por 100 sobre el precio de licitación de las obras, es decir, unos 7.000 millones de pesetas.

El empresario guipuzcoano no está dispuesto a dejarse arrebatar el contrato. Mientras los ministros de Comercio y de Asuntos Exteriores de varios países competidores presionan en Bogotá, Sarasola hace lo mismo, tranquilamente, sin moverse de Madrid.

Hasta que se le presenta la ocasión, el 7 de octubre, cuando el presidente de Colombia, Belisario Betancur, realiza un viaje oficial a España para recibir el premio «Príncipe de Asturias» y entrevistarse en secreto con los dirigentes del M-19, Álvaro Fayad e Iván Marino Ospina, en un piso especialmente habilitado por el secretario general de la Presidencia, Julio Feo, en la calle Arturo Soria de Madrid.

Para guardar las apariencias, Betancur había nombrado una comisión de notables en Colombia y había contratado el asesoramiento de una empresa consultora internacional, Electrowatt, para que elaborara un informe técnico sobre las ofertas.

El concurso más deseado de la historia del país andino se falló el 23 de noviembre de 1983 y el grupo ganador resultó ser el consorcio hispano-alemán, del que formaban parte las empresas apoyadas por Sarasola: Ateinsa, Siemens, Entrecanales y Construcciones y Contratas.

La decisión causó la natural sorpresa en el INI, donde se sabía que Ateinsa carecía de los medios necesarios y del personal técnico adecuado para desarrollar una obra de tal envergadura. Por esas razones, el INI la había dejado fuera en la oferta oficial del sector público español y había optado por apoyar las ofertas de Caf e Inirail. Pero en el Instituto Nacional de Industria no hicieron ningún comentario. Al fin y al cabo, era una de sus empresas la ganadora del concurso.

Donde sí se organizó una verdadera batalla fue en Colombia, cuando las empresas perdedoras comenzaron a filtrar datos a la Prensa. Algunas de estas sociedades, que haían abierto oficinas en Bogotá durante un año y habían desplazado a sus ingenieros durante meses, efectuando inversiones entre uno y dos millones de dólares, no se daban por vencidas.

Uno de los primeros informes publicados daba a entender que la empresa suiza responsable del informe técnico, Electrowatt, había inclinado la balanza en favor de la oferta hispanoalemana. Los grupos ofertantes franceses y belgas habían descubierto que Siemens, una de las ganadoras, tenía una participación del 26 por 100 en Electrowatt.

El clima empezó a enrarecerse de tal manera que el Presidente de la República, Betancur, en una fiesta de la Embajada de España en Bogotá, celebrada poco después, se enfrentó a gritos con el columnista del diario *El Espectador*, Álvaro Escallón, que había mantenido una postura crítica sobre la adjudicación.

—Álvaro, eso que has publicado es una vileza —le increpó Betancur.

—Pero, ¿qué dices, Presidente?

—La adjudicación del Metro es limpia. Y sabes que yo estaría dispuesto a defenderla con la vida.

Las críticas arreciaron y a Belisario Betancur no le quedó más remedio que encargar la apertura de una investigación al Procurador General de la República, Carlos Jiménez Gómez. La investigación se encomendó al procurador Efraím Prieto Aya y a su grupo de colaboradores, pero no hubo resultados.

Poco antes de que Prieto Aya acabara su informe, era fulminantemente destituido y desterrado a la región del Guajira, en el desierto colombiano, por orden directa de la Presidencia, que le acusó de ocultar datos.

El gerente de la compañía de Transportes Masivos de Medellín, Diego Londoño White, la persona que había adjudicado las obras, acabó poco después en la cárcel acusado de tráfico de drogas y los 656 millones que costaba en 1983 la construcción de un Metro en una ciudad montañosa con una población tan dispersa como la de Medellín, se convertían en más de mil millones de 1990.

Lo cierto es que ni a Enrique Sarasola ni a Belisario Betancur les ha interesado mucho, en ningún momento, que esos problemas ni la forma en que se adjudicaron las obras del Metro trascendieran a la opinión pública.

* * *

Tampoco a Javier de la Rosa, el hombre de KIO (Kuwait Investment Office) en España, le gusta que se den demasiados detalles sobre el papel mediador que el amigo de Felipe González realizó para que se autorizaran determinadas inversiones de la familia real kuwaití en España.

En 1987, cuando el grupo KIO empieza a extender sus tentáculos por España y se plantea su participación en Cartera Central, y, a través de esta sociedad, tomar posiciones en la Banca, se encuentra con que el ministro de Hacienda, Carlos Solchaga, y el Gobernador del Banco de España, Mariano Rubio, no están entusiasmados por la labor.

De la Rosa, sin embargo, no se da por vencido tan fácilmente y, al corriente de los contactos entre Enrique Sarasola y los Albertos, con los que el empresario socialista tenía un proyecto para realizar dos centrales eléctricas sobre los ríos Sisa y Gera, en Perú, con un crédito FAD de Focoex (Fomento de Comercio Exterior), de 150 millones de dólares, busca su colaboración.[8]

Para el Partido Socialista y el Gobierno, que en todas las

8. Para detalles sobre los encuentros que tiene De la Rosa con Sarasola, los Albertos y Felipe González, ver capítulo XXVI.

campañas electorales anteriores habían tenido que ir de banco en banco mendigando un crédito, y desde la perspectiva de Sarasola y González, la posibilidad de controlar el Central a través de los Albertos es una oportunidad servida en bandeja que no pueden despreciar.

El 23 de noviembre de 1987, de esta manera, los dos primos y KIO firman un acuerdo en Londres para la constitución de Cartera Central, mediante el cual Alberto Cortina y Alberto Alcocer se aseguran el control del 51 por 100 de las acciones del Banco Central, a cambio de unos solares en la Plaza de Castilla, en Madrid, que pasan a ser propiedad del grupo kuwaití.

La operación deja a Sarasola un buen pellizco de dinero, no tanto como lo del Metro de Medellín, pero sí una buena suma que le permite adquirir una importante extensión de terreno en la isla de Santo Domingo, donde piensa construir una urbanización turística en Puerto Plata, el lugar donde años atrás han realizado sus inversiones sus amigos venezolanos Gustavo Cisneros y Carlos Andrés Pérez.

Sarasola, por estas fechas, se muestra públicamente como un empresario que está, aparentemente, de vuelta de los negocios y que sólo tiene una ilusión en su vida: su finca de El Espinar, donde piensa retirarse a cuidar sus 84 caballos de carreras, los faisanes y los búfalos que quiere llevar a su finca.

El empresario, que en 1958 se había iniciado en el mundo de los negocios en Colombia con la empresa Fabricaucho, produciendo ruedecitas de goma para muebles y juntas de plástico para neveras —según él mismo confiesa— no necesitaba ganar más dinero y lo que pretendía era recuperar el tiempo perdido para dedicarlo a su familia, a sus amigos y a sus aficiones favoritas, el boxeo y los boleros.

Aunque en algunas ocasiones, las apariencias engañan.

VIII. SARASOLA, EL *BROKER* DE FELIPE (II)

Los convenios bilaterales de cooperación, alrededor de los que se mueven miles de millones de pesetas cada año, el comercio con los países del Este y el control de la industria del cine son algunos de los últimos negocios de Enrique Sarasola. Un informe elaborado en Italia indica, además, que sus empresas ayudaron a llenar las cajas fuertes, en Suiza, del dictador Ceaucescu, antes de ser fusilado en Rumanía.

El diputado canario Luis Mardones Sevilla, candidato por la Agrupación Tinerfeña Independiente (ATI) al Parlamento español, recibió en el verano de 1987 un soplo:

—Luis —le dijeron—, investiga las importaciones de cemento de Rumanía.

—¿Y por qué?

—Hay gato encerrado. Tú pregunta y ya lo verás.

Mardones, después de que su interlocutor le facilitara algunos detalles más, hizo averiguaciones. Comprobó que desde marzo de ese año habían empezado a importarse cantidades masivas de ese material procedentes de Turquía, Yugoslavia y Rumanía a las islas Canarias.

El material se traía en barcos a granel y se comercializaba en los mismos muelles a precios que oscilaban entre un 30 y un 50 por 100 más baratos que los proporcionados por las empresas locales.

Las ventas se efectuaban sin demasiados controles de calidad pero detrás de la sociedad importadora de la mercancía estaba claro que debía existir un importante grupo empresarial.

Una de las sociedades había comprado, en febrero de 1987, un carguero de 145 metros de eslora, con 19.000 toneladas de peso muerto y una capacidad de carga de 24.358 metros cúbicos, el *Jovellanos*, que esperaba su turno para ser desguazado en los astilleros de El Ferrol.

El barco había sido remolcado hasta la isla de Tenerife y atracado en el dique del Este, donde era utilizado como almacén flotante de cemento.

—Esa gente (los empresarios) deben estar protegidos desde muy arriba —le habían comentado al diputado Mardones.

—¿Y cómo lo sabes?

—Averigua el flete que estaban pagando. ¡Una miseria!

* * *

En su despacho de Sevilla, un palacete de la Avenida de la Palmera, construido en la época de la Exposición Universal de 1929, Arturo Moya Moreno, ex diputado de UCD por Granada y socio de Manuel Prado y Colón de Carvajal en la empresa Trebolquivir, recibió en marzo de 1989 a los autores de este libro.

—Un tema interesante que podéis investigar —sugirió— es el del cemento.

—¡Hombre, el cemento otra vez! —exclamaron los periodistas al unísono.

—Desde hace dos años hay un gran descontento en el sector —agregó Moya—. Alguien se está dedicando a importar cemento de Rumanía. En lo que va de año se ha traído un millón de toneladas.

—¿Y eso qué tiene de malo? —preguntó Tijeras.

—Que se está haciendo una competencia desleal a la industria local. El cemento rumano sale un 30 o un 40 por 100 más barato, algunas de las partidas parece que no están oficialmente homologadas y alguien se está poniendo las botas.

Arturo Moya era consejero de una cementera del Banco Central y, como tal, manejaba buena información sobre el asunto.

—El cemento está entrando por los puertos de Valencia, Málaga y Canarias. Con el *boom* de la construcción, es aquí, en Sevilla, donde más se está utilizando, para la Expo, y en Madrid y en Barcelona, por lo de las Olimpíadas.

El ex diputado de la UCD sabía que los gerentes de varias empresas cementeras del país estaban preocupados y que algunos de ellos querían llevar el problema a la Prensa, aunque de momento no se atrevían.

—El volumen de cemento que se ha importado en estos meses equivale a la producción de una fábrica española en un año —añadió Moya.

—¿Y quién supones tú que está detrás del tinglado? —inquirió el periodista.

—Nadie sabe nada. Pero se barajan varios nombres.

—¿Como por ejemplo? —intervino Díaz Herrera.

—Se dice que pueden ser Juan Guerra, Sarasola o los Albertos. Pero son sólo rumores. Nadie quiere soltar prenda.

—¿Incluso a ti?

—Incluso a mí. Pero podéis hablar con los cementeros. Supongo que habrá alguna asociación de cementeros.

Arturo Moya hizo un último comentario:

—Detrás de todo esto hay un negocio muy importante. Son muchas toneladas y la bolsa de cemento, que pesa 50 kilos, cuesta unas 5.000 pesetas.

* * *

A mediados de diciembre de 1989, mientras Rumanía ardía en llamas y el *conducator* de la República, Nicolae Ceaucescu, y su mujer, Elena, se resistían a abandonar el poder, atrincherados en el edificio presidencial, la revista *Tiempo* envió a Bucarest a su corresponsal en Italia, Ahmad Rafat.

Nacido en Irán en la etapa del Sha, e hijo de diplomáticos,

Rafat era, a sus 36 años, un bregado periodista que había investigado en numerosas ocasiones los oscuros negocios de la Mafia siciliana. Con buenos contactos en algunos palacios italianos, desde los que se organiza el tráfico de armas, había viajado innumerables veces a Oriente Medio, una de las zonas del mundo donde se mueve como pez en el agua.

Tampoco los Países Bálticos y, en especial Rumanía, le eran ajenos. Años antes había viajado hasta Sofía y Bucarest siguiendo la pista de Ali Agca, el turco que intentó asesinar al Papa Juan Pablo II, en 1981.

Cuando a mediados de diciembre de 1989, tras la matanza de Timisoara, la situación interna de Rumania acabó en un golpe de estado de la propia Securitate y los miembros más liberales del Partido Comunista Rumano contra el dictador, Ahmad se centró en uno de los aspectos más interesantes, entre el aluvión generado durante el conflicto: el dinero de la familia de Ceaucescu.

Los periódicos extranjeros, especialmente *La Tribune de Généve*, aseguraban que el hombre fuerte de Rumanía durante más de 30 años, de quien su amigo Santiago Carrillo dijo que estaba afectado por una «tremenda paranoia», había acumulado en los bancos de Zürich en los últimos años una suma de 400 millones de dólares por cobros en las ventas de productos del Estado en el exterior.

Tras el fusilamiento de Ceaucescu y su mujer, Elena, el 22 de diciembre de 1989, el Departamento de Justicia y la Policía del país helvético, a petición de los nuevos gobernantes rumanos, habían solicitado a los bancos que bloquearan las cuentas en Zürich de Nicolae Ceaucescu y su familia, para restituir el dinero al patrimonio del país.

El dato era interesante, pero Ahmad Rafat no se conformó con una información tan genérica como ésa, reproducida además por la Prensa de todo el mundo, y quiso averiguar si alguna empresa española había ayudado a engrosar las cuentas corrientes privadas del sanguinario dictador rumano, de quien se decía que tenía en su residencia un traje y un par de zapatos para cada día del año, que luego tiraba, mientras su pueblo pasaba, incluso, hambre.

El corresponsal de *Tiempo* averiguó, poco después, que una de las vías utilizadas por Nicolae Ceaucescu para enriquecerse eran las exportaciones de cemento al extranjero.

En Rumanía, en esa época, destacaban dos empresas de ese sector: Karpati, vinculada al Partido Comunista búlgaro, y Vitrocem, ligada al Ministerio de Comercio Exterior.

Tanto Karpati como Vitrocem vendían ingentes cantidades de cemento a España. Pero no lo hacían directamente. Empleaban como mediadora a una empresa registrada oficialmente en Chipre.

Se trataba de la sociedad Crescent. Oficialmente, era propiedad de un ciudadano árabe pero, según las nuevas autoridades rumanas, constituía la vía principal utilizada por Nicolae Ceaucescu para acumular divisas fuera de su país, principalmente a lo largo de los dos últimos años, tras la *glasnost* llevada a cabo en la Unión Soviética por Mijail Gorbachov.

Las estadísticas de la Secretaría de Estado de Comercio del Ministerio de Economía y Hacienda español, correspondiente a 1988 y 1989, reflejaban que se había importado cemento de Rumanía por un importe total de 4.500 millones de pesetas.

Esta cifra representaba el 14 por 100 de las importaciones totales españolas de aquel país y no tenía precedentes en años anteriores. Era, por tanto, algo anormal en las relaciones comerciales entre Rumania y España.

«Un diez por ciento del cemento adquirido desde España a través de la red de Chipre —telegrafió Ahmad desde Bucarest— iba a parar a las cuentas de Ceaucescu en Suiza.»

En los enfebrecidos días de la revolución, Ahmad Rafat pudo entrevistar también al «general manager» de Karpati, la empresa de cemento propiedad del Partido Comunista Rumano.

«Hay otro asunto —agregó el periodista en un largo télex—, en el que se ven implicados el PSOE, e indirectamente, Focoex (la empresa estatal Fomento de Comercio Exterior) y un diplomático español destinado en Bucarest.»

«(...) El "general manager" de Karpati me dijo que la mayor parte del comercio exterior del país con España debería pasar por la empresa española Traindusa. Esta empresa española, con sedes oficiales en Bucarest y Madrid, debería pertenecer a un tal Antonio Enrich, considerado en Rumania un hombre del PSOE. También figura otra empresa relacionada con las mismas personas, cuyo nombre no he podido averiguar.»

Ahmad Rafat añadió otro importante párrafo, sin el más mínimo desperdicio:

«Según las declaraciones del responsable de Karpati, Traindusa se quedaba con otro 10 por 100 de cada actividad mediadora, que después dividía con una de las tres sociedades creadas por Ceaucescu para canalizar las divisas y dirigirlas a sus ya famosas cuentas en Suiza. La parte que se quedaba en Traindusa acabaría, según fuentes rumanas, en el PSOE.»

El periodista concluyó así su investigación:

«El primer secretario de la Embajada de España en Bucarest reaccionó con un gran nerviosismo cuando le pregunté por el tema. Antonio Enrich, al que solicité una entrevista, no acudió a ésta y me mandó a un empleado suyo, rumano. Sin que yo le anticipara nada del asunto, me comentó que la historia del cemento eran simples calumnias, levantadas por un tal Juaristi, para desacreditarlo.»

* * *

El primer escollo para continuar la investigación en Madrid fue que la empresa Traindusa no se encontraba registrada en ningún sitio. Su nombre no figuraba en el Directorio de Sociedades de 1989, ni en el Registro Mercantil de Madrid. Tampoco los cementeros habían oído hablar de ella.

Pero todavía quedaba una posibilidad: el potente ordenador de Hacienda, al que cada vez se le escapan menos cosas. Sin embargo, hurgar en los «bytes» del poderoso computador del ministro Carlos Solchaga, entrañaba otro problema.

Sólo los inspectores y subinspectores podían acceder a la memoria después de teclear su clave, que quedaba automáticamente grabada y que permitía, en cualquier momento, identificar a la posible fuente.

—Al que pillen husmeando en los ordenadores —había advertido en marzo de 1990 el secretario de Estado, José Borrell—, que le abran automáticamente un expediente.

Pese a todo, hubo suerte. En Barcelona, las cosas resultaban más fáciles. Los catalanes, siempre más abiertos al exterior, sabían cómo entrar en el cerebro de Hacienda sin que se enterara Borrell.

—La empresa que buscáis —informaron un día— no está en Madrid. Tiene sus oficinas en Bilbao.

La sociedad, efectivamente, estaba en Bilbao. Tenía su sede en el número 27 de la Alameda de Recalde, en el mismo edificio donde se encuentra la sede del PSOE. Su presidente era Alfonso Cadaval y Fernández de Leceta, un industrial domiciliado en la cercana calle Ercilla.

La empresa se dedicaba, esencialmente, al comercio con Rumania, y con este fin, el 1 de julio de 1988 había formado una Asociación Temporal de empresas con Focoex (Fomento de Comercio Exterior), del Estado, y habían abierto oficinas conjuntas en Bucarest. Antonio Enrich, la persona que había anulado su entrevista sin dar explicaciones con el periodista Ahmad Rafat, era un alto cargo de Focoex.

Todas las piezas comenzaban a encajar endiabladamente, como en un complicado *puzzle*. Pero los datos oficiales reflejaban que Traindusa había importado en el año 1989 poco más de 2.000 millones de pesetas en mercancías de Rumanía. Y no figuraba precisamente el cemento entre sus actividades esenciales.

Germán Calvillo, presidente de Focoex, se mostró solícito al facilitar estos datos. Titubeó, sin embargo, a la hora de explicar quién era su socio, Alfonso Cadaval, en Traindusa.

—Yo creo —dijo— que es militante del PSOE.

—¿Lo crees o estás seguro?

—No, no estoy seguro. Ahora que lo pienso, más bien creo que es del PCE.

Un largo trabajo de investigación, por enésima vez, acababa echado por tierra con una sola entrevista.

* * *

Cuando la dirección de *Tiempo* dejó el tema por imposible, dada la necesidad de una publicación como ésta de obtener resultados con una rapidez razonable, los autores del libro lo continuaron, pasado el tiempo, por su cuenta. Un día, en el mes de junio de 1990, invitaron a comer a un antiguo directivo de Focoex para que les hablara sobre el mundo del comercio exterior.

Hacia el ecuador de la conversación, de nuevo saltaron a la palestra Traindusa y el cemento de Ceaucescu.

—Yo creo —dijo— que es una empresa de Sarasola.

—¿De Sarasola?

—Hombre, en mi etapa de Focoex era lo que pensábamos todos pero no lo puedo asegurar.

La fuente de Focoex recordaba que en el mismo domicilio de Bilbao había otra empresa que usaba el mismo teléfono y el mismo número de fax que Traindusa.

—Yo creo que esta otra sociedad también es de ellos. ¿Por qué no investigáis por esa vía?

La empresa, Comercial de Asistencia Industrial (Coasin), efectivamente, tenía el mismo domicilio social que Traindusa, en la Alameda de Recalde, 27, de Bilbao. En su consejo de administración figuraban Alfonso Cadaval, de nuevo, su socio Ángel Julián Jáuregui y una tercera persona, Antonio Blázquez Marín, uno de los «hombres» destacados de Enrique Sarasola en el mundo de los negocios.

La presencia de Antonio Blázquez en una de las sociedades era, indudablemente, un hallazgo. Coasin se dedicaba a los negocios de importación y exportación pero en el censo Oficial de Exportadores e Importadores españoles, del Instituto Español de Comercio Exterior, no figuraba ninguna importación de cementos.

Otra vez había que empezar a buscar. Pero en esta ocasión todo iba a resultar más fácil. Bastó un simple viaje a Bilbao y una visita a las oficinas de Traindusa y Coasin.

—Al señor Cadaval —dijo una secretaria— se le localiza ahora en Madrid, en este teléfono.

El número correspondía a una tercera empresa, Hispasilos. En el Directorio de Empresas (Dicodi) figuraba inscrita como una sociedad dedicada a la «importación de cementos». La sociedad tenía sus oficinas en la planta 18 de la Torre Picasso de Madrid, el edificio construido por los Albertos.

Al frente de la empresa se encontraba el ex embajador de España en Rumania hasta el 15 de abril de 1988, Nicolás Revenga Domínguez. A Revenga, retirado ya de la carrera diplomática, casi no le había dado tiempo de colgar sus «hábitos». El 12 de mayo de ese año, apenas un mes después, ya presidía la empresa Hispasilos.

Un nuevo dato venía a confirmar que la sociedad pertenecía a Enrique Sarasola. La secretaria de Hispasilos, Ingrid Berenbeck, una alemana de Bremen, había sido durante muchos años la secretaria del amigo del Presidente del Gobierno en sus oficinas de la calle Miguel Ángel, de Madrid.

La confirmación definitiva que relacionaba a Sarasola con Hispasilos la iba a proporcionar, finalmente, el Registro Mercantil de Madrid. En las sucesivas inscripciones aparecían como accionistas su abogado, Jorge Yacobi Strasse, su socio Antonio Blázquez Marín y, por último, el propio Enrique Sarasola Lerchundi.

Hispasilos era, sin duda, la segunda empresa vinculada al PSOE y relacionada con el comercio de cemento a Rumanía, de que habían hablado a Ahmad Rafat en Bucarest.

A pesar de haber sido creada hace apenas dos años, la empresa tiene oficinas abiertas en Cádiz (Bética de Silos), Barcelona (Catalana de Silos), Bilbao (Tielsa) y Valencia.

Las cartas internas de la organización demuestran que la empresa ha salido de las fronteras españolas y es una de las principales proveedoras de la Sociedad Estatal de Cementos de Portugal, Cimport. Los contactos se hacen a través del ex presidente del Gobierno portugués, el socialdemócrata, Francisco Pinto Balsemao, ligado a los periódicos *Expreso* y *A'Capital.*

Otra documentación interna de la sociedad revela también que Hispasilos, la empresa de Enrique Sarasola, mantenía relaciones con otra sociedad, la Vassiliko Cement, de Chipre, una de las entidades implicadas en el pago de comisiones a la familia de Nicolae Ceaucescu en dólares en la banca suiza. Fuentes de Hispasilos, sin embargo, afirman que las compras de cemento a Rumanía los iniciaron pasado el verano de 1990.

El periodista iraní afincado en Italia, Ahmad Rafat, cuando telegrafió a *Tiempo*, a finales de 1989, estaba, probablemente, en lo cierto. El diputado canario Luis Mardones y el ex diputado de UCD por Granada, Arturo Moya Moreno, también lo estaban.

Lo que para Rafat era una gran exclusiva periodística, para el amigo del Presidente del Gobierno suponía, tan sólo, otro de sus negocios de «película». Las retransmisiones deportivas y el cine —las principales materias primas de las televisiones privadas— eran ya dos de los nuevos universos financieros, en los que Enrique Sarasola aparecía junto a su ex socio, Carlos García Pardo, y su clan de amigos.

* * *

A comienzos de 1989, el popular periodista radiofónico, José María García, puso el dedo en la llaga: Carlos García Pardo y Enrique Sarasola habían creado un *holding* para controlar la publicidad en el deporte español.

Eran las doce de la noche. La sintonía radiofónica de Antena 3 anunció la salida al aire de «Super García». En el estudio central de la emisora se hizo el silencio y el periodista comenzó a hablar con su acostumbrado tono misterioso.[1]

—Ibemed, S.A., se crea el 23 de julio de 1987 con un capital social de cinco millones de pesetas, teniendo como objeto la creación, promoción y comercialización de medios publicitarios. Sus fundadores son: Antonio Blázquez Marín (498 acciones de 10.000 pesetas); José Antonio Fernando Gil González (una acción de 10.000 pesetas).

A pesar de la tardía hora de emisión, aquella noche, como casi todas, varios millones de personas seguían sus comentarios con el oído pegado al transistor.

—El 30 de julio de 1987 —continuó García—, Ibemed, S.A. firma un contrato en exclusiva para España y Portugal del sistema AD-Time con la firma francesa RME por un espacio de veinte años, comprometiéndose a adquirir los equipos necesarios a la vez que a pagar una serie de «royalties». Éstos ascienden a 36.148 ecus al año (unos cinco millones de pesetas) por acontecimientos nacionales y a 2.169 ecus por cada acontecimiento internacional.

El periodista explicó entonces lo que era el sistema Ad-Time: un revolucionario mecanismo publicitario que permite la rotación de los paneles en los estadios. De esta manera, el anuncio en cuestión puede verse al mismo tiempo en todos los puntos del recinto. Las cámaras de televisión, que siguen la jugada, lo tienen que emitir necesariamente y los anunciantes no tiran su dinero.

La empresa Ibemed, sin embargo, se encuentra con un es-

1. En la elaboración de este texto, se ha seguido el guión escrito del programa, no su versión radiada.

collo insalvable para comercializar el Ad-Time en España. Televisión Española tenía prohibido, a causa de una normativa interna, retransmitir los partidos de aquellos recintos que contaran con el nuevo sistema publicitario.

Fue en ese momento cuando el periodista dio a conocer su primera sorpresa.

—Precisamente el mismo día que Ibemed compra el sistema Ad-Time —explicó José María García—, el Consejo de Administración de Televisión Española acuerda modificar una norma sobre «la difusión de la publicidad estática en ocasión de las retransmisiones realizadas por TVE», lo que comunica al director comercial de RTVE, Samuel Ortega y a la empresa Intermund.

Tras el relato cronológico de los hechos, el periodista demostró que Ibemed e Intermund, las dos empresas ligadas al sistema Ad-Time, tenían el mismo accionista principal y el mismo domicilio social.

—Intermund S.A. —reveló García—, es una empresa creada el 14 de octubre de 1982 por Antonio Blázquez Marín, su esposa María Teresa Abascal Álvarez y Juan Manuel Cabello Ariza. Tiene su domicilio social en Miguel Ángel, 23, y de la que es administrador único el propio Antonio Blázquez Marín.

La exclusiva del sistema Ad-Time para España y Portugal suponía un contrato multimillonario para las sociedades de Antonio Blázquez. Pero entonces, según contó el popular periodista radiofónico, ocurrió algo paradójico, inaudito.

—El 28 de diciembre de 1987 —dijo García— Antonio Blázquez vende sus acciones al Grupo Dorna.

De esta manera, el grupo que había empezado a relacionarse poco antes con el mundo del deporte, se transformaba en un auténtico monopolio, tanto en el ámbito publicitario como en el de las retransmisiones televisivas.

En efecto, en el verano de 1989, Dorna había ganado un concurso por el que la Liga Profesional de Fútbol le concedía todos los derechos de retransmisión de los partidos por 19.100 millones de pesetas para cuatro años, con lo que en 1990 se convirtió en el principal patrocinador del Real Madrid, tras la firma de un jugoso contrato para la explotación publicitaria de sus instalaciones.

Pero Dorna parecía estar en todas partes. En los últimos meses había llegado a un acuerdo con el Ministerio de Deportes de la URSS para la promoción del deporte en el mundo occidental. Y hasta varios equipos de la poderosa NBA, la liga norteamericana de baloncesto, habían caído en sus garras, al aceptar la instalación del sistema Ad-Time en sus canchas.

—¿Quién está detrás de todo este tinglado? ¿A dónde van a parar los miles de millones de pesetas que gana todos los años la empresa Dorna? —se preguntó José María García.

En la historia del verdadero cerebro de Dorna, Carlos García Pardo, un coruñés de 46 años, forofo del Real Madrid, señalado como uno de los más firmes candidatos para sustituir a Ramón Mendoza en la presidencia del club, que se remonta a bastantes años atrás y destapa varias de las más interesantes claves relacionadas con el entramado empresarial que gira alrededor del Partido Socialista Obrero Español, se encontraba la respuesta.

* * *

A comienzos de 1970, cuando Felipe González era un simple abogado laboralista en Sevilla y al PSOE le faltaban aún cuatro años para celebrar en Suresnes (Francia) el Congreso que impondría la renovación generacional del partido, dos personas acuden a un notario madrileño para crear una sociedad.

Los empresarios son Carlos García Pardo, antiguo ingeniero jefe en Construcciones MZOV, y Enrique Sarasola Lerchundi, un guipuzcoano recién llegado de Colombia.

Cuando tienen que buscar un nombre para la nueva empresa, piensan en «Sarasola y García», pero como les parece demasiado largo deciden unir las primeras sílabas de ambos apellidos y la inscriben como Construcciones Sarga, S.A.

La sociedad establece su domicilio social en la planta quinta del edificio de la calle Goya, 15, donde tenía su despacho también Enrique Sarasola, y en el mismo piso en el que el Partido Socialista Obrero Español celebra sus primeras reuniones durante la clandestinidad.

En el piso de Goya, 15 se hacían otros negocios. Allí tenía sus oficinas madrileñas, además, la sociedad Isecotel, propiedad de Enrique Sarasola y Antonio Blázquez Marín, a través de la cual pensaban construir un bloque de apartamentos en Cádiz.

A partir de esas fechas, las trayectorias profesionales e ideológicas de Carlos García Pardo, Enrique Sarasola y Antonio Blázquez Marín transcurren paralelas, siempre a la sombra del PSOE y de las actividades empresariales del partido.

Construcciones Sarga, S.A. cierra en 1982, tras una escandalosa suspensión de pagos. Pero entre 1976 y 1977, Carlos García Pardo funda, junto a su hermano Manuel García Pardo y a José Antonio Aguirre, consejero también en Sarga, las sociedades Dorna, Ferraz 70 y Blasco de Garay 64.

Las tres, con domicilio social en la calle Montesa, 12, comienzan su actividad cuando se inicia el diseño de la sede actual del Partido Socialista Obrero Español, en la calle Ferraz número 70, de Madrid, donde residió el fundador del partido, Pablo Iglesias.

La empresa Blasco de Garay 64 encarga al estudio de arquitectos Jorge Terse & Julián Colmenares la elaboración de un proyecto para la construcción de un edificio de nueva planta sobre las parcelas números 68 y 70 de la calle Ferraz de Madrid, de las que es propietaria la misma sociedad Blasco de Garay 64. Y en diciembre de 1987, el PSOE traslada su sede allí.

Con numerosas sociedades cruzadas, en las que aparecen reiteradamente los nombres de Antonio Blázquez, Enrique Sarasola y Carlos García Pardo, el incipiente grupo inmobiliario Dorna da así sus primeros pasos, realizando a partir de ese momento numerosas promociones inmobiliarias hasta hoy. En 1982, la fecha mítica en que el PSOE llega al poder, Carlos García Pardo decide diversificar sus actividades y abrirse al campo de la intermediación y la publicidad en el deporte, un negocio que mueve miles de millones todos los años, pero que, curiosamente, permanece virgen hasta entonces.

Ese año funda Dorna Asesores, empresa famosa por haber intervenido en el traspaso de jugadores de fútbol de unos equipos a otros, y en 1987 inscribe Promociones del Deporte.

Sin embargo, García Pardo da el gran golpe de mano que le asegurará el éxito en el futuro con el alquiler en exclusiva del sistema Ad-Time de publicidad rotatoria, que implanta en la mayoría de los estadios de fútbol y en las canchas de baloncesto y balonmano, con la firma de un contrato con la Liga de Fútbol Profesional para las retransmisiones de los partidos.

Con ello, el consorcio[2] Dorna, S.A., controla más del 80 por 100 de las imágenes deportivas que aparecen por televisión y obtiene un doble beneficio, como intermediario en el negocio de la publicidad y como concesionario de la propiedad de las imágenes televisivas.

Sus empresas, ligadas ahora a Banesto, alcanzan unos ingresos brutos anuales estimados en más de 15.000 millones de pesetas. Pero el grupo no para de crecer y en el verano de 1990, junto a Enrique Sarasola, hace una oferta al hipódromo de La Zarzuela para relanzar el club y retransmitir por televisión las carreras de caballos.[3]

Propietario de la cuadra Alborada, Carlos García Pardo comparte con Sarasola su afición por los caballos y por el cine, un negocio por el que el amigo de Felipe González se empieza también a interesar.

No en vano, ambos proyectos, cine y deportes, además de dar sus buenos dividendos, constituyen la vía más eficaz para controlar indirectamente las televisiones privadas.

Una fórmula que el empresario ligado al Partido Socialista Italiano, Silvio Berlusconi, ha llevado a la práctica en Italia y que Sarasola y García Pardo, dos empresarios formados a la sombra del PSOE, tratan de trasplantar a España.

* * *

En este contexto, el 3 de abril de 1987, el Consejo de Ministros acordaba enviar a las Cortes el proyecto de ley por el que se iban a regular las televisiones privadas en España.

2. El *holding* Dorna está integrado por las siguientes empresas: Promoción del Deporte, Iberoamericana de Medios, Exclusivas Ralco, Producciones Dorna, Dorna Asesores, Gestión de soportes publicitarios, Blasco de Garay 64, Dorna, S.A., Asterisco Films, Dorna Editorial, Pazo films, Consultores Asociados, Cuadra Alborada, Ad-Time Internacional, Comercial Dorna, Ferraz 70 y Dorna Managament Group.

3. Aprovechando la caída de la Bolsa por la crisis del Golfo, Dorna adquirió el 1,5 por 100 de Banesto, según el diario *La Gaceta de los Negocios*, del 27 de octubre de 1990, mediante un canje de acciones.

—El Gobierno ha querido hacer una Ley de Televisión Privada breve, escasamente reglamentista y abierta a los avances tecnológicos del futuro —informó Javier Solana, portavoz del Gabinete, ese mismo día en rueda de Prensa.

Solana, el «padre» del proyecto de ley, estaba orgulloso de su criatura.

—El Gobierno quiere —agregó— apoyar, fomentar y ensanchar el pluralismo informativo en nuestro país.

El envío del proyecto de ley al Parlamento representó el pistoletazo de salida que las empresas periodísticas españolas, empeñadas en conseguir un canal de televisión, esperaban para lanzarse a una dura carrera y conseguir su propósito.

Pero mientras la competición se iniciaba, en un despacho del edificio Pirámide de Madrid, donde tiene sus oficinas la empresa Ibermer, su propietario, Enrique Sarasola, tenía otros proyectos.

El amigo de Felipe González y su socio, Álvaro Álvarez Alonso, creían que lo importante no era disponer de una emisora y una antena para emitir. Eso, con los modernos sistemas de comunicación por satélite, estaba al alcance de cualquiera.

Lo verdaderamente importante en el mundo audiovisual que se avecinaba era disponer de excelentes programas, buenas películas y unos espacios deportivos bien planificados.

—Lo que tenemos que hacer —le dijo Sarasola a su socio— es controlar la materia prima.

—¿Cómo que la materia prima? —preguntó Álvarez Alonso.

—Sí, lo importante es crear una bolsa de películas, adquirir los derechos de emisión para toda España y comercializarlas.

El proyecto, a la larga, podía incluso permitirles un cierto grado de presión ideológica sobre las nuevas televisiones.

A Álvaro Álvarez Alonso la idea le parece excelente. Y a los pocos días la comenta con los productores de cine Alfredo Matas, el marido de la actriz Amparo Soler Leal, y José Antonio Sainz de Vicuña, propietarios de la empresa Kaktus Producciones Cinematográficas, S.A., y juntos llegan a la conclusión de que el proyecto es viable.

El socio de Sarasola se pone a trabajar casi inmediatamente y el 19 de mayo de 1988 inscribe en el Registro Mercantil la sociedad Cinepaq, «dedicada a la compra, venta, alquiler, importación, exportación y exhibición de películas de cine y vídeo».

Constituida la empresa, Enrique Sarasola se dispone a buscar los socios económicos más adecuados para su proyecto y para ello se pone en contacto con Marc Tessier, uno de los colaboradores del Presidente francés, François Mitterrand, y hombre fuerte de Canal Plus Francia, y con Germán Sánchez Ruipérez, propietario del diario *El Sol*.

Ambos están dispuestos a cooperar en el negocio. Tessier invierte 190 millones de pesetas en Cinepaq, a través de la Société d'Explotation de la «Quatrième Chaine» y de la empresa suiza Celebrity Enterprises, Inc., mientras Sánchez Ruipérez aporta 40 millones de pesetas por medio de su sociedad Compañía Europea de Comunicación e Información.

Con el paso del tiempo, se apuntan nuevos socios, entre ellos, el empresario catalán Javier de la Rosa, a través de su empresa Tibidabo, Francisco de Borja Arteaga, marqués de Estepa y vinculado a la familia Fierro, y el presidente de *El País*, Jesús Polanco, que adquiere las acciones a nombre de Canal Plus.

Se trata de empresarios amigos de Sarasola y de confianza del PSOE, junto a los cuales, el empresario socialista continúa manteniendo una mayoría estable en la sociedad, a través de Ibermer y de otras empresas participadas por él y por sus socios.

Con esta política de asociaciones, Sarasola podrá controlar desde su despacho la mayor parte del contenido de los espacios que emitirán Canal Plus y Tele 5, las más cercanas al PSOE, además de asegurarse un gran negocio de futuro.

Así, *Pichirri* Sarasola, una persona desprendida, habladora, ocurrente y amigo de sus amigos, a quien el dinero no le importa tanto como el dominio de los circuitos para conseguirlo, completaba una jugada financiera perfecta. Y todo ello con una maestría cuyos excelentes resultados le han mantenido alejado de otras tentaciones más fáciles, como el tráfico de drogas.

* * *

Este asunto, el de las drogas, le acarrearía, sin embargo, los mayores quebraderos de cabeza ante la opinión pública. En los primeros meses de 1990, Ricardo Portabales Rodríguez, un empleado de una empresa naviera gallega condenado por tráfico de cocaína y encarcelado en la prisión de Carabanchel, en Madrid, se ponía en contacto con el juez Baltasar Garzón para realizar una denuncia.

—En el año 1988 —declaró Portabales— hubo una reunión en un hotel de Isla Cristina (Huelva), para vender fusiles AK-47 a los narcotraficantes colombianos.

Baltasar Garzón, titular del Juzgado de Instrucción número 5 de la Audiencia Nacional, auxiliado por el fiscal Javier Zaragoza, instruía en esos momentos uno de los sumarios más importantes sobre el narcotráfico en España.

Las confesiones de Portabales, publicadas meses antes por la revista *Tiempo*, iban a constituir la base esencial que daría lugar a una gran redada, para acabar con las redes del narcotráfico en Galicia.

—A la reunión de Isla Cristina asistieron —continuó Portabales— el empresario Enrique Sarasola, los narcotraficantes Laureano Oubiña y Paz Carballo y el traficante de armas Monzer Al Kassar.

El traficante arrepentido Ricardo Portabales declaró también que él mismo había sido una de las personas encargadas de reservar las habitaciones en el hotel y que en alguna ocasión había visto el nombre de Sarasola escrito en la agenda de Paz Carballo, aunque con una particularidad.

—Como los gallegos pronunciamos mal las eses, le había anotado como «Guisasola» —dijo.

Las declaraciones de Portabales, un delincuente que necesitaba «hacer méritos» para conseguir un indulto del Gobierno, parecían estar más cerca de un cuento de hadas que de la realidad. Porque, entre otras cosas, para empezar, en Isla Cristina, una localidad de Huelva cercana a la frontera con Ayamonte, no hay un solo hotel.

Por otra parte, Enrique Sarasola, que es uno de los mentores de la Fundación para la Ayuda contra la Droga, presidida por la reina doña Sofía y el teniente general Manuel Gutiérrez Mellado, tampoco parece tener necesidad de recurrir al narcotráfico, para obtener el dinero que precise y mucho más, mediante actividades menos comprometidas.

En realidad, a estas alturas, los negocios de importación de cemento de la República de Rumanía y las empresas montadas en España para monopolizar la emisión de películas y programas deportivos a través de la televisión, tan sólo constituyen un simple divertimento para él.

Su secreta ambición consiste en controlar desde su despacho de Miguel Ángel, 23 o desde la planta 7 del edificio Pirámide de Madrid, o desde su finca de El Espinar, los negocios que surgen al amparo de los créditos internacionales concedidos por el Gobierno español, en virtud de los tratados de amistad y cooperación suscritos entre España y otros países, y el comercio de Estado.

El primer intento en este sentido se produjo el 23 de enero de 1984, apenas un año después de llegar Felipe González a la Moncloa. Sarasola, a través de la empresa Intermun, propiedad de su amigo Antonio Blázquez, trató de monopolizar las ventas de excedentes de azúcar, aceite y trigo del FORPPA.[4]

Pero, en esta ocasión, el tiro le salió por la culata.[5] El diputado aliancista Antonio Velasco Navarro llevó el tema al Parlamento y la empresa de Enrique Sarasola y Antonio Blázquez, acabó renunciando a la operación.

La tenacidad de Sarasola, sin embargo, iba a obtener sus frutos más adelante. Desde que su amigo, el Presidente del Gobierno, Felipe González, llegó a la Moncloa, su nombre figura en todas las agendas de altos cargos del INI y en los listines de trabajo de las empresas del sector público dedicadas a la fabricación y comercialización de armamento en el exterior.

Amigo del ministro de Economía y Hacienda, Carlos Solchaga; del titular de la cartera de Industria, Claudio Aranzadi; del ex secretario de Estado para el comercio, Luis Velasco; del presidente de Focoex, Germán Calvillo, y del hombre fuerte del Instituto de Comercio Exterior (Icex), Apolonio Ruiz Ligero, el empresario guipuzcoano es una de las personas que sin tener ningún cargo público ni representación alguna del Estado, ostenta la mayor cuota de poder real en el país.[6]

Pichirri Sarasola es de los pocos españoles que, al margen de las instituciones, se permite llamar a los Ministerios para

4. Fondo de Ordenación y Regulación de los Precios y Productos Agrarios.
5. Ver capítulo II.
6. En agosto de 1990, Javier de la Rosa necesitaba organizar un encuentro urgente entre el ex ministro de Kuwait, Ali Khalifa, y Carlos Solchaga, el titular de Economía y Hacienda español. Solchaga no estaba localizable. Un golpe de teléfono a Enrique Sarasola, que estaba de pesca, hizo que apareciera de inmediato.

preparar las visitas de los hombres de Estado y altos cargos de los gobiernos de otros países y quien influye de forma decisiva en la firma de muchos acuerdos comerciales internacionales.

«En relación al viaje del ministro rumano del día 23, te recuerdo que tienes que confirmar con la secretaria de Aranzadi (Mercedes), la reunión del día 27, a las 13.00 horas», le comentaba su socio Alfonso Cadaval en un documento interno de una de sus empresas, el 13 de septiembre de 1989.

La nota hacía referencia al ministro de Industria, Claudio Aranzadi, de quien Sarasola necesitaba un permiso para instalar en Sevilla una empresa de ensamblajes de tractores de maquinaria agrícola, a través de la empresa Autotractor, de la que el amigo de Felipe González es accionista.

Cadaval, presidente de Traindusa y accionista de Hispasilos, añadía más adelante:

«Asimismo, y aunque desde nuestra Embajada en Bucarest están solicitándolo, sería conveniente que dieras un toque a Apolonio Ruiz Ligero para tener una reunión los días 26, 27 (excepto a las 13.00 horas), 28 o 29.»

Alfonso Cadaval acostumbra a despachar los temas más importantes de su grupo de empresas con el «jefe», Enrique Sarasola, por escrito, en forma de memoranda, y casi siempre deja en su mano la resolución de los temas más difíciles, aunque se trate de asuntos domésticos:

«Convendría que alguien de la cúpula del Banco Hispano —le recordaba en una de las notas internas—, diera instrucciones al Hispano de Vitoria para apoyar a Talleres del Zuya en el planteamiento del convenio de acreedores, previo al levantamiento de la suspensión de pagos. Adjunto un pequeño informe al respecto.»

El amigo de Felipe González, que no sólo se relaciona habitualmente con los ministros del gabinete socialista, dedica, de esta manera, gran parte de su tiempo también a hablar con los banqueros del país. Una actividad que tampoco le ha impedido trabajar en otras direcciones.

El 8 de enero de 1990, cuando el rey Juan Carlos viajó a México para refrendar con su presencia la firma de un acuerdo de cooperación económica entre ambos países para la concesión por parte de España de créditos e inversiones por valor de 450.000 millones de pesetas en los próximos cinco años, los hombres de Sarasola estaban atentos a la firma del documento.

«Podríamos convertirnos en gestores para la obtención de mil millones de dólares (100.000 millones de pesetas) de crédito (contra el protocolo de los tres mil millones de España-México), para el proyecto de Endesa de las centrales térmicas —escribía Cadaval a Sarasola, tres meses antes—. Personalmente, entiendo que puede ser un tema complicado, y no tengo inconveniente en que me digas que no.»

En efecto, por las fechas en que se produce la comunicación entre el empresario Alfonso Cadaval y Enrique Sarasola, el INI, a través de Endesa, había iniciado negociaciones para vender dos centrales térmicas de 350 megawatios a México, para reforzar la capacidad del complejo de la Central Térmica Carbón 2 del país azteca.

Además, el convenio con México preveía también la venta a este país de varios barcos de pasaje y suministros navales. Diversos empresarios del PSOE, desde Juan Guerra hasta Antonio Calleja, trataban de hacerse con la operación. Y la documentación interna de la empresa Hispasilos ponía de relieve que el tándem Cadaval-Sarasola tampoco era ajeno al proyecto.

«Nuestro socio Anglo-Naval —escribía Cadaval en un memorándum enviado al amigo del Presidente— tiene una operación de entre doscientos cincuenta y trescientos millones de dólares de suministros de equipos navales a México *(sic)*. Esto sí, sería interesante conseguir que fuera dentro del protocolo. Si podemos hacerlo, deberíamos reunirnos con Esteve para discutir condiciones.»

Así, Sarasola, el empresario socialista, hace tiempo que no se pierde una. Tras echar una mano en la primavera de 1989 al Presidente de Venezuela, Carlos Andrés Pérez, suministrándole azúcar con un crédito de emergencia de 200 millones de dólares —concedidos por el Banco de España para paliar la crisis interna del país andino—, trató despues de sacar partido de su vieja amistad con el líder socialdemócrata venezolano.

El 6 de junio de 1990, cuando el Presidente de Venezuela viajó oficialmente a España para suscribir un convenio de cooperación por valor de 310.000 millones de pesetas, Sarasola aprovechó para ofrecerle algunos de los proyectos que tenía en cartera.

Entre ellos, destacaban dos plantas de procesamiento de mineral de aluminio y de hierro, que la empresa del INI, Industrias Mecánicas del Noroeste (Imenosa), quería llevar a cabo en Venezuela con la financiación que facilitaría el protocolo.

El presidente de Traindusa, el empresario bilbaíno Alfonso Cadaval, y Enrique Sarasola venían trabajando en esta operación desde hacía casi un año. El 6 de septiembre de 1989, en una carta con su propio membrete, Cadaval le informaba de la marcha del asunto en los siguientes términos:

> «Att. D. Enrique Sarasola
> Asunto IMENOSA/VENEZUELA
>
> Te informo de los últimos cambios, el nuevo presidente de Sidor es D. Ángel Barreto (podrás verlo en su anterior ocupación en el informe). D. Carlos Carpio es confirmado presidente de C. V. G. Internacional. Leopoldo Sucre viene el 23 o 24 de septiembre. El INI te invita a visitarle y quizá fuera conveniente buscar un encuentro tuyo con él. Si te parece bien, quizá fuera prudente informar sobre Ángel Barreto y Carlos Carpio.
> Alfonso.»

Otro de los ámbitos de actuación del empresario socialista ha sido tradicionalmente el Reino de Marruecos, país con el que España firmó un Acuerdo Marco de Cooperación Financiera el 29 de junio de 1988 que preveía la inversión por parte de empresas españolas de hasta 50.000 millones de pesetas en aquel país hasta el año 1992, en base a créditos blandos concedidos por el Gobierno español.

Finalmente, el acuerdo marco permitía a las empresas de Enrique Sarasola intermediar en algunas operaciones, como las protagonizadas por el consorcio Mitsui-Focoex, para construir plantas de ácido fosfórico y fertilizantes por un importe global de 1.100 millones de dólares en la región de Jorf Lasfar.

El proyecto, denominado Maroc Phosphore 5 y 6, estaba financiado por Japón y España al 100 por 100 y constituía, con las ventas de armamento[7] y la central térmica de Jorf Lasfar, construida por la empresa española de Dragados y la francesa Alsthom —por medio del INI— la principal inversión española en el país alauíta.

7. Para más detalles, consultar con el capítulo I.

Para Enrique Sarasola, sin embargo, este tipo de negocios no significaban ningún tipo de favoritismo ni de privilegio.

—¿Favoritismos? ¿Privilegios? ¿Información privilegiada? Le doy mi palabra de honor de que no lo he hecho nunca... ¡Nunca! —declaraba el amigo de Felipe González a la periodista Pilar Urbano, de la revista *Época*, en el verano de 1990.

Las gestiones con los ministros del Gobierno, los contactos al más alto nivel con los responsables de Focoex y el INI y las cartas de su socio, Alfonso Cadaval, en ese sentido, evidentemente, para el amigo de Felipe González no tienen ese significado.

IX. LOS PODERES DEL CLAN SOLCHAGA

Un restringido grupo de amigos de Carlos Solchaga, procedente fundamentalmente del antiguo Banco de Vizcaya, que controla las áreas económicas más importantes del país, ha venido realizando los negocios más importantes de los últimos años. Su historia nace en el País Vasco pero sus tentáculos llegan a todas partes, con lo que disponen de un espectacular lobby para controlar el mundo empresarial español hasta el año 2000.

En 1987 se prepara en Sevilla un acontecimiento social de muchos quilates. En Villa Luisa, un palacete árabe de ensueño, rodeado de palmeras y escenario ideal para rodar películas al estilo de Lawrence de Arabia, todo está dispuesto para celebrar una ceremonia de lujo.

José Aureliano Recio, Pepe para los íntimos, antiguo viceconsejero de Gobernación, consejero de Presidencia con Rafael Escuredo y consejero de Economía y Fomento de la Junta de Andalucía con José Rodríguez de la Borbolla, celebra el bautizo de sus dos hijos, Raúl y José.

La fiesta promete ser de las que hacen época. Más de dos centenares de personas, entre los que se encuentran todos los altos cargos de la Junta de Andalucía, confirman su asistencia. Pero el plato fuerte lo constituyen sus amigos de Madrid:

el ministro de Economía y Hacienda, Carlos Solchaga; el ministro de Trabajo, Manuel Chaves, y el presidente del Banco de Vizcaya, Pedro Toledo.

José Aureliano Recio invita también al titular de Industria y Energía, José Claudio Aranzadi Martínez, y a su predecesor en el cargo, Luis Carlos Croissier, actual presidente de la Comisión Nacional de Valores; al presidente de Focoex, Germán Calvillo, y al ex subsecretario de Industria, Eduardo Santos.

La sencilla ceremonia religiosa se convierte así en el reencuentro de un grupo de amigos, ricos y famosos, cuyo salto a la vida política y al mundo empresarial se produce apenas quince años antes en Vizcaya.

Todos ellos integran el *lobby* del ministro de Economía y Hacienda, Carlos Solchaga, uno de los clanes más poderosos del Gobierno socialista, que a lo largo de los últimos años se ha hecho con las riendas financieras del país.

Como padrinos de las criaturas actúan el entonces presidente de la Junta de Andalucía, José Rodríguez de la Borbolla, y el ministro de Economía y Hacienda, Carlos Solchaga.

Al término de la ceremonia, es el verdadero «padrino» del clan, el presidente del Banco de Vizcaya, Pedro Toledo, quien proporciona la sorpresa más emotiva al padre de los dos niños recién bautizados, regalándole a éstos sendas libretas de ahorros, con un saldo de dos millones de pesetas en cada una.

El detalle confirma la fama de persona afortunada que arrastra José Aureliano Recio. A esas alturas ya le ha tocado la Lotería Nacional en dos ocasiones, coincidiendo precisamente con el nacimiento de sus hijos, y su suerte ha alcanzado tal popularidad que en el despacho sus compañeros le restriegan los billetes de Lotería por la espalda, por si la suerte se contagia.

El periodista onubense Víctor Márquez Reviriego, consciente de esta circunstancia, no se resiste a inmortalizarla, en forma de copla, desde las páginas de *Cambio 16*:

La potra de Recio
no tiene precio;
que el consejero,
cada vez que la mete,
saca dinero.

Cuando sus amigos se reúnen en Sevilla para bautizar a sus dos hijos, Recio sabe que todos ellos son partícipes de alguna manera de esa misma suerte, ya que se trata del grupo político-financiero más influyente, compacto y homogéneo del país que, comandado por Carlos Solchaga, ha llevado a cabo las transformaciones económicas más trascendentales y los negocios más suculentos de la España socialista.

José Aureliano Recio, piel curtida por el sol, carácter afable, cara grande y ojos claros, conoce al ministro de Economía y Hacienda, Carlos Solchaga, en Bilbao, a mediados de los años setenta.

Recién licenciado en Derecho por la Universidad Complutense de Madrid, acaba de ingresar en la división comercial de Fasa Renault en calidad de inspector, tras aprobar los exámenes de rigor. Hijo de una familia numerosa de Jaén, encuentra su primer destino en el País Vasco.

Solchaga, antiguo subdirector del servicio de estudios del INI, donde ha trabajado a las órdenes de Miguel Boyer, se encuentra en Bilbao al haber sido recomendado por el profesor de Teoría de la Economía, Luis Ángel Rojo, para montar allí el gabinete de estudios del Banco de Vizcaya.

Pepe Recio tiene 23 años y Carlos Solchaga 29. Apenas ocho meses después de su desembarco en la ciudad, Recio abandona la empresa de automóviles y abre un despacho laboralista en la calle Licenciado Pozas de Bilbao, donde comienza a atender a los trabajadores que le envía el secretario general de UGT, Nicolás Redondo.

El trabajo es duro y, a veces, complicado, pero Recio, recién iniciado en la profesión, sabe a quién acudir cuando tiene problemas. Comparte piso con Manuel Chaves, catedrático entonces de Derecho del Trabajo en la cercana Universidad de Deusto, a donde el actual presidente de la Junta de Andalucía había llegado poco antes.

Chaves, gaditano y amigo de Felipe González, militante del Partido Socialista Obrero Español y de UGT, está dispuesto a echarle una mano cada vez que haga falta.

En 1977, el Banco de Vizcaya tiene un problema laboral con un colectivo de trabajadores al que representa Recio y Pedro Toledo, entonces director general de la entidad que más tarde presidiría, en lugar de acudir a la Magistratura de Trabajo, prefiere resolverlo personalmente con el sindicato socialista.[1]

Solchaga pone en contacto a Recio con Toledo y los tres quedan a almorzar en el restaurante Guría de Bilbao. Toledo y Recio congenian rápidamente y a partir de entonces entre ambos surge una amistad que perdura hasta la muerte del primero.

Poco a poco empieza a tomar forma el clan de amigos formado en torno al Banco de Vizcaya y al futuro ministro de Economía socialista. En 1978, cuando Carlos Solchaga, un tozudo navarro de Tafalla licenciado en Economía en Madrid, preside el gabinete de estudios, se lleva con él a Recio y entra a trabajar en el centro un ingeniero industrial vizcaíno, de 32 años, nacido en Bilbao y futuro ministro de Industria, de nombre Claudio Aranzadi.

Junto a Solchaga, en el despacho de al lado, trabaja un economista de Deusto, oriundo de Cañabate (Cuenca) pero educado en el País Vasco. Se trata de Francisco Luzón López, el hombre que en la actualidad preside el Banco Exterior de España, tras ser propuesto por Solchaga.

Por esa época, otro ingeniero industrial conecta con el grupo y se hace amigo de Carlos Solchaga y de José Aureliano Recio. Es José María Escondrillas, un madrileño nacido en 1934, que había sido durante seis meses director general de Ensidesa.

Escondrillas, hermanastro por parte de madre del *enfant terrible* de los socialistas vizcaínos, Ricardo García Damborenea, y antiguo empleado del empresario de la metalurgia, Luis Olarra, acaba de abrir en Bilbao un *consulting* bajo el nombre de Check, con el que empieza a trabajar en asuntos relacionados con la reconversión industrial y el salvamento de empresas en crisis.

Para Check trabaja también Eduardo Santos, un joven y prometedor economista que poco a poco ha ido penetrando en el mundo de la siderometalurgia, y su mujer, Mercedes Puelles, los dos antiguos compañeros de facultad de Carlos Solchaga y de su mujer, Gloria Barba, que poco después destaca como funcionaria del Instituto Nacional de Industria.

Recio, Chaves, Solchaga, Aranzadi, Luzón, Santos y Escondrillas pertenecen a esa generación que pasa por la Universi-

1. Toledo fue uno de los más prominentes miembros del clan de empresarios vascos del círculo Neguri (Bilbao). Más datos al respecto, en el libro *Neguri*, del periodista Mikel Amigot, editado por Tibidabo en octubre de 1990.

dad en los últimos años del franquismo y lucha, codo con codo, contra la dictadura. Salvo Escondrillas, casi todos tienen novia o acaban de casarse y sus inquietudes políticas, culturales y profesionales son las mismas o muy similares.

En los duros años en que el PSOE está en la oposición, tienen que ganarse el pan, día a día, con el sudor de su frente. Pero todos ellos constituyen el grupo de amigos íntimos de Pedro Toledo y el clan llamado a gobernar el país, con Felipe González.

* * *

Aunque no todos van a seguir la misma trayectoria. En 1978, cuando la UCD pone en marcha la preautonomía en el País Vasco y el presidente del PSOE, Ramón Rubial, es el encargado de presidir el primer Consejo General vasco, José Aureliano Recio es nombrado por el partido para auxiliar a Rubial en la presidencia del Gobierno vasco.

A Pedro Toledo le nombran consejero delegado del Banco de Vizcaya y su jefe de estudios, Carlos Solchaga, obtiene la Consejería de Comercio del segundo Consejo General vasco, la figura institucional que precede al actual Gobierno vasco.

Los tres amigos —Toledo, Solchaga y Recio— continúan viéndose con frecuencia y apoyándose mutuamente hasta que, en 1979, durante el acto de despedida a Ramón Rubial como presidente del Gobierno Autónomo vasco, al ser sustituido por Carlos Garaicoechea, Recio habla con Rafael Escuredo.

Éste ha recibido el encargo de montar la preautonomía andaluza y necesita personas con experiencia que le ayuden en la tarea.

—Pepe, ¿te vendrías conmigo como viceconsejero de Gobernación? —pregunta Escuredo.

—¿Y quién va a ser el consejero?

—Antonio Ojeda, pero como él va a estar permanentemente viajando a Madrid, tú vas a ser el verdadero consejero ejecutivo.

Pepe Recio inicia entonces un camino distinto, primero como viceconsejero de Gobernación y después como consejero de Presidencia de la Junta de Andalucía.

Pero la amistad de Carlos Solchaga y Pedro Toledo está por encima de cualquier actividad o cargo político y cuando abandona temporalmente la Junta por discrepancias con el partido, se establece en Madrid y el entonces consejero del Banco de Vizcaya le ofrece integrarse en la entidad.

Recio quiere, sin embargo, establecerse por su cuenta y, con Julio Feo, Roberto de la Guardia y Pilar Miró, crea la empresa de imagen Comunicación 2000, con la quc al final vuelve a encontrarse a su amigo Pedro Toledo, que empieza a encargarle diversos trabajos.

El Vizcaya, entonces bajo la presidencia de Ángel Galíndez, está a punto de lanzar sus bancos regionales y Comunicación 2000 es ideal para llevar a cabo la promoción de entidades como el Banco Meridional y el Canarybank, en la órbita del Vizcaya.

El equipo de Recio y Feo se pone a trabajar y organiza un concierto en vivo del pianista Felipe Campuzano en Sevilla para dar a conocer el Meridional en el mercado, una idea que en aquella época resulta revolucionaria, sobre todo en el mundo de la banca, que vive apegado a las viejas tradiciones.

En éstas llega 1987 y Recio vuelve a la Junta de Andalucía como consejero de Economía y Fomento, aunque por poco tiempo, con José Rodríguez de la Borbolla en la presidencia.

En diciembre de ese año, cuando ya se había producido la OPA del Bilbao sobre el Banesto, José Recio y Pedro Toledo, que acaba de ser nombrado presidente del Vizcaya, coinciden en la estación de esquí de Sierra Nevada.

Pedro Toledo sabe que las fusiones bancarias son inevitables de cara a la integración europea de 1992, como poco antes le había advertido su amigo Solchaga:

—U opas o te opan.

Toledo caza rápidamente el mensaje. Sabe que el Gobierno va a incentivar las fusiones bancarias y quiere adelantarse a sus competidores. Para ello, es fundamental contar con un buen equipo de personas, serio y cohesionado.

—Mira, Pepe —explica Toledo al todavía consejero de la Junta de Andalucía—, la banca va a dar un salto cuantitativo y cualitativo importante, y tú debes incorporarte al Vizcaya.

—Pero ahora no puedo dejar tirado a Pepote.

—Escucha. Voy a fusionarme. No sé todavía con quién. Voy a hablar con los bancos de la OPA. Tengo un buen equipo y quiero que te incorpores al que va a llevar a cabo la fusión.

—Déjame estas Navidades para pensarlo, Pedro —le responde Recio.

—Bueno, pero ten en cuenta que si tardas en decidirte, tal vez no entres.

—De acuerdo, vamos a ver cómo le sienta esto a Pepote.

Un par de meses después, José Aureliano Recio entra a formar parte, como consejero y director general, del equipo del Banco de Vizcaya que inicia la fusión con el Bilbao, para convertirse en la primera entidad bancaria del país.

Pedro Toledo, el banquero español más elegante y uno de los más brillantes e intuitivos de la generación que ha protagonizado el último asalto a la cúpula financiera del país, sabe en este momento muy bien lo que se trae entre manos.

Desde hace años conoce la íntima amistad que une a José Aureliano Recio con el ministro de Economía y Hacienda, Carlos Solchaga y la forma de sacarle provecho a la misma.

El nuevo consejero del Banco de Vizcaya tiene su casa en el número 180 de la calle Príncipe de Vergara de Madrid y, cada quince días, Carlos Solchaga y su mujer, Gloria Barba, acuden a cenar religiosamente al ático de la familia Recio.

Desde que el ministro de Economía y Hacienda apadrina a Raúl, el hijo mayor de José Aureliano y Belén Martínez Fresneda, los dos matrimonios son como uña y carne. Incluso, veranean juntos en la urbanización Las Redes, en El Puerto de Santa María (Cádiz), donde en agosto de 1989, protagonizan un escándalo juntos al lanzarse vestidos a la piscina, tras una noche de juerga.

En 1986 y 1987, el equipo de asesores de bolsa del Banco de Vizcaya se ocupa de llevar las inversiones bursátiles a Pepe Recio y a Carlos Solchaga. Y al ministro de Economía y Hacienda no le va nada mal. El patrimonio de 14 millones de pesetas que Solchaga declara en 1986 en el Parlamento se convierte en 24 millones un año después, lo que supone unas plusvalías de 10 millones de pesetas en sólo ese tiempo.[2]

2. Solchaga tiene en 1987 las siguientes acciones: 396 del Banco de Bilbao; 41 del Banco Comercial Español, del grupo Santander; 40 del Banco de Crédito Comercial; 1.199 del Santander; 475 del Vizcaya; 133 del Central y 242 del Hispano. Además, es titular de 150 bonos del Induban; 650 del Vizcaya; 75 de Hidroeléctricas de Cataluña y otros paquetes en el Urquijo Unión

Pedro Toledo se siente satisfecho de que personas tan importantes como el ministro de Economía y Hacienda confíen la gestión de sus ahorros a su banco. En realidad, para el presidente del Vizcaya, la amistad con el tándem Solchaga-Recio había sido una de las inversiones más beneficiosas de su vida, y la clase política y empresarial del país tiene la oportunidad de comprobarlo en la primavera de 1983, tras la quiebra de Banca Catalana.

Pedro Toledo, que por entonces empieza a ser conocido como uno de los banqueros del PSOE, es una de las personas que más influyen en el Gobierno para que el grupo bancario catalán, cuyo «agujero» cifra el Fondo de Garantía de Depósitos en 150.000 millones de pesetas, no se nacionalice.

El equipo económico del Gobierno, presidido por Miguel Boyer y del que Carlos Solchaga, como ministro de Industria, es pieza esencial, acepta la propuesta formulada por la banca española y en el Consejo de Ministros del 19 de mayo de 1983, el Ejecutivo renuncia al derecho de compra a favor de un *pool* de catorce bancos entre los que se encuentra el Vizcaya.

Mientras la mayoría de los banqueros que integran el «grupo de salvamento» de Banca Catalana carece de información fidedigna de los planes del Gobierno para reflotar la entidad ligada al presidente de la Generalitat, Jordi Pujol, el amigo de Carlos Solchaga cuenta con unos datos que le permiten tomar en todo momento la iniciativa.

El 6 de junio de 1983, quince días después de que el Consejo de Ministros renunciara a intervenir Banca Catalana, el Banco de Vizcaya, en nombre de los catorce bancos intervinientes, se responsabiliza de la gestión. Hasta que ocho meses más tarde, en marzo de 1984, anuncia su opción de compra del grupo bancario catalán.

A partir de ese momento, las ayudas del Banco de España para reflotar Banca Catalana son incontables. «Pedro Toledo —relata el periodista económico Javier Arce— recibió información de sus amigos Pepe Recio y Carlos Solchaga, para colocar todas esas ayudas en Obligaciones del Estado, al 18 por 100 de interés, en un momento en el que los tipos empezaban a bajar.»

«Con los beneficios que obtuvo —agrega Arce—, Toledo pudo sanear Banca Catalana y añadirla al patrimonio del Banco de Vizcaya sin que a la última entidad financiera le costase un duro.»

Los grandes negocios que empieza a hacer el Banco de Vizcaya —que en noviembre de 1987 se fusiona al Bilbao—, al amparo del clan formado años antes en el gabinete de estudios del Vizcaya, a orillas del Nervión, no hacen así, sin embargo, más que empezar.

* * *

En el verano de 1989, el presidente de Endesa, la empresa pública del sector de la electricidad, Feliciano Fuster, ordena a sus hombres adquirir acciones de las empresas del sector eléctrico en bolsa.

De esta manera, la Empresa Nacional de Electricidad (Endesa), la primera del INI por los beneficios y la segunda del país después de Telefónica, con un capital superior a los 180.000 millones de pesetas, empieza a posicionarse de cara a la reorganización del sector energético, en el que compiten cinco grandes empresas privadas y públicas: Iberduero, Hidrola, Sevillana de Electricidad, Unión Fenosa y la propia Endesa.

Los hombres de Fuster comienzan a comprar acciones de todas las compañías privadas pero, especialmente, de Sevillana de Electricidad, una entidad participada mayoritariamente por el Banco Bilbao Vizcaya, que es su principal accionista, y que desde hace muchos años se permite nombrar al presidente —tradicionalmente un hombre del Banco Meridional— y a un buen número de consejeros, entre los que figura José Recio.

La idea del Ministerio de Industria y Energía, cuyo titular es Claudio Aranzadi, uno de los hombres formados en el gabinete de estudios del Banco de Vizcaya, es que Endesa tome al menos una participación de entre el 14 y el 18 por 100 en Sevillana de Electricidad, es decir, un porcentaje similar al que tiene el BBV.

El Gobierno trata de garantizarse así un cierto control en la reordenación del sector e imponer su política de cara a las futuras fusiones.

Pero en los primeros días de septiembre, Pedro Toledo, a través de una oportuna confidencia, se entera de que Endesa, una empresa controlada por sus antiguos empleados, Carlos Solchaga y Claudio Aranzadi, le ha arrebatado la hegemonía en Sevillana de Electricidad.

Lejos de perder el tiempo, el presidente del Vizcaya descuelga el teléfono y llama a su amigo Solchaga al Ministerio de Economía y Hacienda.

—Carlos, ¿puedes explicarme lo que pasa con Sevillana?

Al cabo de unos minutos, hace una segunda llamada telefónica. Esta vez, su interlocutor es Claudio Aranzadi, titular de la cartera de Industria, otro de sus antiguos empleados del banco.

—Claudio, acabo de hablar con Solchaga sobre el tema de Sevillana...

Pedro Toledo hace una leve pausa y agrega:

—Como tú sabes, en el banco estamos muy preocupados por la actitud de Endesa.

La respuesta de los dos ministros no es conocida. Sin embargo, los efectos de ambas conversaciones resultan fulminantes.

Unos días después, la empresa pública Endesa que preside Feliciano Fuster, un mallorquín de 65 años, considerado uno de los amigos y hombres de confianza de Carlos Solchaga, vende al BBV un porcentaje de las acciones que había adquirido, con lo que la entidad vasca logra conservar su posición de privilegio en Sevillana de Electricidad.

Por algo, el BBV se ha convertido a lo largo de los últimos años en el primer banco del país, y Carlos Solchaga, a quien se reserva una plaza de vicepresidente ejecutivo en la entidad en el supuesto de que Felipe González decida prescindir de él, en uno de sus pilares decisivos.

* * *

El ministro de Economía había empezado muy pronto, en 1982, como titular de Industria en el primer Gobierno socialista, a hacer favores en materia energética a sus amigos del Banco de Vizcaya.

En aquellos momentos, Hidroeléctrica Ibérica del Duero, más conocida como Iberduero, cuyo principal accionista era el Banco de Vizcaya, tiene serios problemas económicos.

Con el cierre de la central nuclear de Lemóniz, cuyas obras están a punto de finalizar —a causa de la ofensiva terrorista de ETA, que llegó a asesinar a varias personas, entre ellas al ingeniero jefe de la central, José María Ryan—, Iberduero entierra varios cientos de miles de millones de pesetas.

En el aire queda la incógnita de quién va a pagar los más de 300.000 millones de pesetas invertidos en la central.

El presidente de Iberduero, Manuel Gómez de Pablos, un donostiarra de 67 años que conocía a Solchaga desde que éste empezó a trabajar en el Banco de Vizcaya, no está dispuesto a asumir semejante lastre y además es íntimo amigo de Julio Feo y de José Recio.

Los dos socios, que han fundado Comunicación 2000 en noviembre de 1981 y llevan la imagen y la estrategia de la empresa eléctrica, sugieren a Gómez de Pablos durante los últimos meses de UCD, que sea el Gobierno el que asuma los miles de millones de pérdidas que se pueden originar si, como así ocurre, se cierra la central de Lemóniz por «razones políticas».

Con la llegada del PSOE al poder, sin embargo, Iberduero se encuentra con un problema añadido. Desde años atrás tenía puestos los ojos en una pequeña compañía, Electra de Viesgo, y en ese momento el Banco de Santander, a través de Emilio Botín padre, lanza una OPA (Oferta Pública de Adquisición de acciones) sobre ella.

Cuando Gómez de Pablos reacciona con una contraopa, Emilio Botín no da su brazo a torcer. Al contrario, mejora la oferta y coloca a Iberduero y al Banco de Vizcaya en una situación difícil. Gómez de Pablos está dispuesto a pujar más fuerte para hacerse con el control de la compañía, pero Carlos Solchaga, que lleva varios meses dándole vueltas al asunto de Iberduero, no quiere que las cosas se le compliquen aún más.

—Manolo, te pido que no presentéis contraopa —le dice el ministro por teléfono.

—Pero ministro, no nos vamos a quedar con los brazos cruzados, perdiendo la oportunidad de controlar una empresa que nos interesa.

—Manolo —replica Solchaga en tono conciliador—, ya habrá nuevas oportunidades.

Gómez de Pablos, que desde la llegada del PSOE al poder destaca por sus elogios a la política socialista, entiende inmediatamente el mensaje y sigue la indicación del ministro.

El Vizcaya e Iberduero pierden la batalla de Electra de Viesgo pero con el consejo de Solchaga en el bolsillo se preparan ya para ganar la guerra del kilowatio.

La deuda de Lemóniz, que es en realidad el problema que preocupa en el Banco de Vizcaya, se resuelve rápidamente a costa de los usuarios, al anunciar Carlos Solchaga, en octubre de 1983, en nombre del Gobierno, el parón nuclear y la indemnización a las compañías eléctricas con cargo al recibo de la luz.

De las tarifas eléctricas se detrae un 3,9 por 100 para pagar los intereses que generan las inversiones realizadas por las empresas que entonces, obligadas, tienen que cerrar las centrales nucleares en construcción.

La decisión de Carlos Solchaga ahorra a sus antiguos patronos del Banco de Vizcaya los intereses sobre la nada despreciable suma de 300.000 millones de pesetas invertidos hasta ese momento en Lemóniz.

De esta manera, pasado el tiempo, el Banco de Vizcaya, fusionado al Bilbao a finales de 1987, puede poner la vista en lo que acaba convirtiéndose en el negocio energético más escandaloso de los últimos años, cuando otro de los hombres de Solchaga, Óscar Fanjul, decide privatizar una parte de Repsol y poner el negocio en manos del BBV.

* * *

Tras la fusión, el BBV es el primer banco del país pero su implantación en el sector petrolero nacional sigue siendo escasa comparada con la del Central, accionista mayoritario de Cepsa, o Banesto, con un fuerte control sobre Petromed.

El negocio del petróleo, uno de los que más beneficios deja, gracias a las comisiones y a los intereses, permanece hasta ese momento lejos del control del BBV y un banco de altos vuelos y grandes aspiraciones como éste no puede permitirse un lujo así.

Pero la oportunidad no tarda en presentarse. A mediados de 1988, el Gobierno decide privatizar una tercera parte de Repsol, la primera empresa en volumen de beneficios del sector energético, y los hombres del BBV, alertados, pasan a la acción.

La idea del presidente de Repsol, Óscar Fanjul, hijo de una familia de republicanos españoles, nacido en Santiago de Chile y compañero de Carlos Solchaga en el Gabinete de Estudios del INI, es sacar a Bolsa el 30 por 100 de las acciones del grupo, lo que supone colocar en el mercado de valores 150.000 millones de pesetas en acciones en el plazo de un mes.

El asunto se presenta como la operación financiera más importante de la historia de España y el ministro de Economía y Hacienda, Carlos Solchaga, que teme un fracaso, recurre a los banqueros amigos del Gobierno, Pedro Toledo y José Ángel Sánchez Asiaín.

«La amistad de Toledo con el equipo económico del Gobierno —escribe el periodista Juan Cacicedo en *Tiempo* en octubre de 1989—, facilitó al BBV entrar en la petrolera más importante del país como primer accionista privado, con derecho a un puesto en el consejo.»

Antes, lo había intentado el Banco Central, y fracasó. Posteriormente, trató de conseguirlo la ONCE, actuando como ariete del sector guerrista del Gobierno, pero también fue vetada.

El BBV tiene el privilegio también de no pagar un solo duro en metálico. Consigue sus acciones en Repsol a cambio de las participaciones en Petronor, General Química, Naviera Vizcaína y Texsa. El Banco Bilbao Vizcaya, que además se encarga de colocar las acciones en el mercado, gana con la operación unos mil millones de pesetas y comienza a gestionar una tesorería como la de Repsol, de miles de millones anuales.

Todo son beneficios para la entidad que presiden Toledo y Sánchez Asiaín, considerados ya desde hace tiempo como los banqueros del PSOE. «El BBV consiguió sus 15 millones de acciones, que le convierten en el mayor accionista privado de la empresa estatal, a 1.500 pesetas el título, cuando en el mercado se pusieron a la venta a 1.750 pesetas y, poco después, cotizaban a 2.685, lo que le supuso una plusvalía contable de más de 20.000 millones», reveló Cacicedo.

El lanzamiento de Repsol en las bolsas de todo el mundo, incluida la de Wall Street, había sido planificado minuciosamente, meses antes, por el hombre de confianza de Solchaga,

Óscar Fanjul, y Pedro Toledo, en la antigua sede del Banco de Vizcaya.

Calificada por el diario madrileño *El Independiente* como una operación de la *beautiful people* para llenarse los bolsillos, acaba convirtiéndose, con el paso del tiempo, en una de las mayores operaciones especulativas de la bolsa española.

Varias empresas aparecen implicadas en la falsificación de datos para obtener rápidas plusvalías, al comprar acciones a nombre de muertos, desaparecidos y otras personas cuyos apellidos son extraídos de la guía telefónica.[3]

Esta escandalosa operación coincide con la entrada en vigor de la Ley que regula el mercado de valores. La presidencia de la comisión nacional de este organismo recae, el 7 de noviembre de 1988, en el ex presidente del INI y ex ministro de Industria y Energía, Luis Carlos Croissier, otro de los conocidos integrantes del clan Solchaga.

El *lobby* del ministro es ya, después de llevar a cabo con éxito el asalto al sector energético, el más poderoso del país de cara a Europa y con vistas al año 2000, y sus amigos empiezan a cosechar el fruto de su trabajo.

* * *

En 1990, José Aureliano Recio es un hombre rico. Sus cargos —consejero del BBV y presidente del Banco Meridional— le permiten controlar algunos de los negocios de la Expo y la Junta de Andalucía en los que participan ambas entidades bancarias, como el de la sociedad Multivivienda, que construye 3.000 pisos y chalets alrededor de la isla de la Cartuja sevillana.

Después de verse indirectamente implicado, años atrás, en los negocios de su hermano Pablo Recio, ex consejero de Sanidad de la Junta, José Aureliano ha ganado el dinero suficiente como para comprarse un nuevo piso en la plaza de Cristo Rey de Madrid, cerca del que ocupa el millonario constructor se-

3. Una de estas empresas, Usera y Morenés, fue expedientada y multada por usar indebidamente los nombres de los habitantes de un pueblo entero de Andalucía, para adquirir paquetes de acciones, con destino a sus amigos.

cuestrado por ETA Emiliano Revilla, y disponer de algunas inversiones inmobiliarias y turísticas a nombre de algunos familiares de su mujer.

Propietario de una finca de fresones y de una empresa exportadora de langostinos en Huelva, el origen de su dinero parece estar más cerca de la etapa en que ocupa la Consejería de Turismo y Fomento de la Junta de Andalucía, con José Rodríguez de la Borbolla.

En este período, José Recio, en colaboración con el ex vicepresidente de la Junta, José Miguel Salinas Moya, favorece la creación de algunos proyectos urbanísticos en Marbella, como el Parque de Atracciones del libanés Redha Alywan, y permite la construcción de numerosas urbanizaciones, entre las que destacan varias promociones del Banco de Vizcaya.

Fuentes cercanas a su familia estiman hoy su patrimonio en varios cientos de millones de pesetas, incluyendo el dinero obtenido en Bolsa y los 60 millones que le han tocado en la Lotería Nacional, una vez en Madrid y otra en Sevilla.

Esa circunstancia dio origen en su momento a maliciosos comentarios entre la clase política de Sevilla, donde Recio ocupa hoy la presidencia del Consejo Social de la Universidad, nombrado por José Rodríguez de la Borbolla, que no quiso alejarse de él cuando dejó la Junta de Andalucía para entrar en el consejo del BBV.

Hoy Recio sabe que le han ido bien las cosas, aunque no tanto como a José María Escondrillas, el hermanastro del crítico socialista Ricardo García Damborenea, de quien el socialista andaluz tiene una idea clara:

—Ése —dice— ha hecho más de dos mil millones en su etapa de Unión de Explosivos Río Tinto.

* * *

Solchaga coincide con Escondrillas durante su etapa como presidente del servicio de estudios del Banco de Vizcaya, en Bilbao, donde obtiene las mejores referencias de este ingeniero industrial, que ha hecho su carrera profesional en el sector naval y siderúrgico.

Escondrillas es, por encima de todo, un especialista en salvar empresas de la quiebra. A comienzos de la década de los ochenta interviene en las crisis de Babcock & Wilcox, La Farga, La Palmera, Isodel y Spretcher y en la reconversión de la línea blanca de electrodomésticos, a través de la sociedad Check, de la que es propietario y con la que alcanza merecida fama en el País Vasco.

Los compañeros de UGT, a los que Escondrillas pone en bandeja la empresa Babcock & Wilcox, después de sanearla, son sus más fervorosos defensores, con el actual ministro de Interior, José Luis Corcuera, a la cabeza, como uno de los hombres fuertes del Sindicato del Metal.

Con estas credenciales, el 14 de enero de 1983, tras varias reuniones, Carlos Solchaga, que entonces ocupa la cartera de Industria, no duda en confiarle la gestión de ERT, el mayor *holding* industrial privado del país, apoyado en tres sectores básicos —petroquímico, fertilizantes y defensa— que en esos momentos, con una deuda de 160.000 millones de pesetas, se encuentra al borde de la quiebra.

La empresa, que ocupa el puesto número uno en el sector químico español y tiene nada menos que 125 bancos acreedores, en 1982 acumula un récord de pérdidas de 40.000 millones de pesetas.

En estas circunstancias, con apoyo del Gobierno, el ingeniero industrial vizcaíno logra que se apruebe un plan de saneamiento integral y otro de reestructuración financiera, para reflotar la empresa.

Cuando Escondrillas llega a la compañía, las acciones de ERT, con un valor nominal de 500 pesetas, se cotizan a 40 pesetas en la bolsa de Madrid. Cinco años y medio después, en julio de 1988, cuando tiene que abandonar Unión de Explosivos Río Tinto, las mismas acciones de 500 pesetas de nominal cotizan a 2.750 pesetas.[4]

El amigo de Carlos Solchaga realiza una buena operación quirúrgica pero también un gran negocio, cuando KIO compra una buena parte del *holding*.

José María Escondrillas y algunos de sus amigos —entre los que se encuentra su jefe de imagen, el periodista Ladislao

4. Explosivos Río Tinto presentó también, por esas fechas, una sonora suspensión de pagos internacional, lo que constituyó un notable escándalo, que puso en tela de juicio la solvencia del Gobierno

Azcona— habían invertido a su llegada, cada uno de ellos, entre 25 y 50 millones de pesetas en acciones de la compañía, conocedores de las ayudas oficiales que iba a recibir la empresa.

Al abandonar el holding, obtienen unas plusvalías que oscilan entre los 1.700 y los 3.450 millones de pesetas, cada uno de ellos.

El ministro de Economía y Hacienda, Carlos Solchaga, ve cómo a su alrededor se van enriqueciendo sus amigos y también se las ingenia para facilitar el ascenso de su mujer, Gloria Barba, una de las pocas personas en España que en la actualidad, junto a Enrique Sarasola y Carmen Rodríguez,[5] controla los resortes del comercio exterior y la mayor parte de los créditos FAD (Fomento de Ayuda al Desarrollo) del Estado.

* * *

A finales de 1989, Trébol Internacional, la empresa de comercio exterior del amigo personal del rey Juan Carlos, Manuel Prado y Colón de Carvajal, recibe una oferta para construir un hospital de 25 millones de dólares en Yemen del Sur.

Jesús Sainz, un técnico comercial del Estado y uno de los ejecutivos de Trébol, se pone inmediatamente a trabajar. Necesita obtener un crédito FAD, a bajo interés y con un amplio plazo de amortización, para que la operación resulte rentable al país comprador.

Sainz, excelente conocedor de los entresijos de la Administración española, no pierde el tiempo y se va a ver al director general de Política Comercial de la Secretaría de Estado de Comercio, el organismo que controla la concesión de los créditos FAD.

—Si queréis un crédito FAD —responden a Sainz— tenéis que meter en la operación a Focoex.

—¿Y por qué a Focoex? —pregunta el ejecutivo de Trébol, extrañado.

—A Focoex o a Iniexport, da lo mismo.

—¿Pero es que hay alguna razón que obligue a meter a un

5. Para más detalles, ver capítulos V, VII y VIII.

organismo del Estado en nuestros negocios? —vuelve a preguntar Jesús Sainz.

—No, ninguna. Pero entonces es mejor que acuda usted a los créditos comerciales.

Jesús Sainz entiende inmediatamente la sugerencia, habla con el presidente de Focoex, Germán Calvillo, y con la esposa del ministro Carlos Solchaga, Gloria Barba, directora general de filiales del mismo organismo, y el asunto queda resuelto.

El 22 de mayo de 1990, Trébol Internacional, la empresa de Manuel Prado y Jesús Sainz, firma con Yemen del Sur la construcción del hospital. Por gestionar la operación, recibe una comisión del 2 por 100.

Focoex, la empresa del Estado que controlan la mujer del titular de Economía y Hacienda y Germán Calvillo, un hombre de su absoluta confianza, a la fuerza, acaba cobrando otro porcentaje similar.

* * *

Fomento del Comercio Exterior (Focoex) nace como compañía mercantil anónima el 9 de julio de 1950, de la mano del Banco Exterior de España, para llevar a cabo todo tipo de operaciones comerciales y financieras relacionadas con el comercio exterior.

Hasta 1976 actúa como una empresa de servicios del Banco Exterior, sin ningún control por parte del Gobierno. Poco después, sin embargo, se presenta un día en el banco el vicepresidente económico del Ejecutivo, Fernando Abril Martorell, reúne a los directores generales y les dice:

—El Gobierno necesita una empresa de comercio exterior, un *trading*.

Rafael Martínez Cortiña, entonces vicepresidente de la entidad, recuerda perfectamente el encuentro con Abril Martorell.

—¿Y qué papel va a jugar el banco en este asunto?

—Hemos pensado en Focoex. El Gobierno quiere que le vendáis Focoex.

La operación se hace ese mismo año. El Ministerio de Economía y Hacienda, a través del Instituto Español de Comercio Exterior (Icex) y del Instituto Nacional de Industria (INI), adquiere el 76 por 100 de la compañía y el Banco Exterior de España se queda con el 24 por 100 restante.

El Ministerio de Hacienda aprueba ese mismo año una ampliación de capital de 165 millones de pesetas y Focoex comienza a funcionar como un *trading* del Estado, dispuesto a vender en el exterior los productos españoles y a abrir nuevos mercados en aquellos países difíciles donde la iniciativa privada, por falta de medios, no puede llegar.

La idea del vicepresidente económico del Gobierno, Fernando Abril Martorell, al crear la compañía, es ésa, y todo el mundo —exportadores oficiales y privados— se sienten felices con ella, pese a los largos y costosísimos viajes que tienen que hacer sus ejecutivos y que, en algún momento, hace sospechar a determinadas personas que Focoex, en lugar de ganar dinero, lo que hace es despilfarrarlo.

* * *

Con la llegada del PSOE al poder, la filosofía de Focoex cambia radicalmente. Al tiempo que se eleva su capital social a 660 millones de pesetas primero, y a 1.650 después, la idea de los respectivos ministros de Economía socialistas, Miguel Boyer y Carlos Solchaga, es convertir el *trading* del Estado en una empresa rentable.

Para ello, Focoex abandona su política inicial de fomentar el comercio en mercados más difíciles para abrir nuevas vías a los productos españoles, y concentra sus esfuerzos en los mercados tradicionales.

Este cambio de actitud se observa claramente en la estructura exterior de la empresa. Focoex, que hasta 1989 mantiene abiertas oficinas de representación en Argentina, Colombia, Ecuador, Venezuela, Hong Kong y Angola, cierra las dos últimas —situadas en mercados difíciles— y abre otras en mercados más próximos, como Marruecos.

Es entonces cuando se produce la paradoja. El Estado, a través de su empresa de comercio exterior, financiada con los impuestos de todos los españoles, se convierte en el principal competidor de los exportadores privados, que arriesgan su dinero y pagan sus tributos, barriéndoles de sus mercados.

El problema se agrava a partir de 1986, cuando Carlos Solchaga llega al Ministerio de Economía y Hacienda y pone al frente de Focoex a Germán Calvillo, uno de sus íntimos amigos.

Calvillo, un técnico comercial del Estado de 46 años, *master* en Economía por la Northwestern University de Illinois (Estados Unidos), que ha pasado por los Ministerios de Economía, Industria y Comercio con la UCD; director comercial del INI con Luis Carlos Croissier y ex director de relaciones externas del Instituto de Crédito Oficial, es una persona brillante, preparada, que conoce todos los resortes de la Administración y que tiene una capacidad de control absoluta.

Sin carnet del PSOE pero bien conectado con Enrique Sarasola, Carmen Rodríguez y otros muchos empresarios del partido que velan sus primeras armas en las empresas del PSOE, Calvillo inicia su etapa apostando fuerte.

Una de las primeras medidas que toma es ampliar la plantilla de Focoex a casi cien empleados en 1987 y ofrecer la dirección general de filiales de Focoex a Gloria Barba, antigua compañera suya de estudios en la facultad de Económicas de Madrid.

Con fama de brillante pero estancada hasta entonces como una oscura funcionaria más del INI, la mujer del ministro de Economía y Hacienda da el salto y se convierte de la noche a la mañana en una de las personas más importantes del comercio exterior español, con un sueldo que, según la revista *Tribuna*, supera el de su propio marido: casi once millones de pesetas, sin incluir dietas.[6]

Al tiempo que controla los créditos FAD, el principal incentivo a la exportación, a través de la Secretaría de Estado de Comercio que preside Apolonio Ruiz Ligero, y de la Dirección General de Política Comercial del mismo organismo, Calvillo crea, previa autorización del Consejo de Ministros, una empresa participada en Panamá.

La sociedad Focoex Internacional, S.A. (Fisa) abre sus oficinas el 4 de marzo de 1987 en el edificio del Bank of America, en la ciudad de Panamá. Según sus estatutos, tiene como obje-

6. *Tribuna*, 16 de octubre de 1989, página 24 y siguientes.

tivo social la realización de operaciones comerciales y financieras en el ámbito del comercio exterior, en cualquier país del mundo.

La misión esencial de esta sociedad, establecida en un paraíso fiscal y controlada directamente por Germán Calvillo y Gloria Barba, presidente y vicepresidenta de Fisa, es el pago de comisiones a las empresas compradoras del *trading* del Estado.

—Las comisiones normales que pagamos —relata Calvillo a los autores del libro— son del dos o del tres por 100. Excepcionalmente, llegamos al cuatro.

El presidente de Focoex cita al ex presidente del Perú, Alan García, como a una de las personas que habitualmente pedían comisiones a las empresas del Estado español, y dice que durante las Fiestas de San Isidro en Madrid, una romería de altos cargos y directores generales de empresas sudamericanas, que se desplazan a la capital de España para ver los toros, suele acudir al número 58 de la calle Orense —la sede de Focoex— a pedir adelantos sobre las comisiones.

Pero la revista *Tribuna* va más allá y en el número citado anteriormente asegura también que la filial panameña de Focoex puede haberse utilizado para pagar comisiones en el extranjero al Partido Socialista Obrero Español.

Otras publicaciones han sugerido incluso que a través de esta sociedad se ha canalizado dinero para algunos partidos como Acción Democrática, la formación que lidera el presidente de Venezuela, Carlos Andrés Pérez. Sin embargo, no hay documentos ni testimonios que avalen estas afirmaciones.

En cambio, sí existen personas respetables, dedicadas al comercio exterior, dispuestas a jurar que tras la llegada de Carlos Solchaga al Ministerio de Economía y Hacienda y de Germán Calvillo a la presidencia de Focoex, la empresa del comercio exterior estatal se ha convertido en una sociedad por medio de la cual sólo hace negocios el clan de amigos del ministro, desde el libanés Abderramán El Assir hasta el editor del diario *El País*, Jesús Polanco Gutiérrez.[7]

Con una facturación un poco por encima de los 40.000 millones de pesetas anuales, la sociedad ha vendido pertrechos para barcos a Angola, automotores y remolques a Senegal, redes de alta tensión a Argentina, almacenes frigoríficos a Costa

7. La información al respecto aparece en los capítulos I, VII, VIII, y X.

Rica, material escolar y hospitales a Colombia y armas a varios países, a través de su sociedad participada, Alkántara Iberian Exports Ltd., hoy inactiva.

En la mayoría de estas operaciones, los socios de Fomento de Comercio Exterior son empresas del Estado o, casi siempre, los mismos exportadores privados que actúan como *brokers* de Focoex en el mercado interno y se encargan, la mayor parte de las veces, de agrupar a pequeños exportadores y de organizar las ofertas.

De esta manera, el todopoderoso ministro de Economía y Hacienda, Carlos Solchaga, tiene en sus manos el arma ideal para castigar a los empresarios que disgustan al Gobierno o, al contrario, favorecer los intereses de las personas y empresas privadas que convengan al Ejecutivo.

Una política de trampas y recompensas que en otros terrenos saben aprovechar mejor que nadie los amigos de Carlos Solchaga.

* * *

A mediados de 1989, Francisco Fernández Marugán, un economista de 44 años, diputado por Badajoz y miembro de la Comisión Ejecutiva Federal del PSOE, recibe un informe alarmante.

El documento explica cómo se está enriqueciendo el clan del ministro de Economía y Hacienda, Carlos Solchaga, y en especial, uno de sus integrantes, el ex director general de Industrias Siderometalúrgicas y ex subsecretario de Industria, Eduardo Santos.

El dossier llega a Fernández Marugán, un hombre ligado al aparato del partido controlado por Alfonso Guerra, considerado el enlace directo entre la sede de Ferraz y la Moncloa, con una clara intención: que conozcan la información el Presidente y el vicepresidente del Gobierno.

A lo largo del documento, su autor acusa a Santos, un antiguo militante del Partido Comunista de España, de Santiago Carrillo, que conoce el éxito tras la llegada del PSOE al poder, de llevar a cabo una serie de operaciones especulativas en Bolsa para enriquecerse él y sus amigos, durante el proceso de saneamiento de la empresa Nueva Montaña Quijano.

Al mismo tiempo, el informe asegura que Santos —el hombre que había dirigido la reconversión industrial desde el Ministerio de Industria y Energía junto a Carlos Solchaga— pretende obtener unos beneficios de más de mil millones de pesetas por el salvamento de esta compañía, aprovechándose de las ventajas fiscales y las ayudas que está dispuesto a arrancarle a su amigo Solchaga.

Un año antes, en julio de 1987, desde la Subsecretaría de Industria, Santos se hace cargo de la reconversión de Nueva Montaña Quijano, una empresa del sector de los aceros especiales, con una deuda de 18.000 millones de pesetas, y unas pérdidas de 4.000 millones por año, pero no soluciona sus problemas.

La sociedad se encuentra en la órbita del Banco de Santander y sus responsables no saben cómo deshacerse de ella. Pero a Emilio Botín padre se le ocurre la idea.

—¿Por qué no contratar a un salvador de empresas?

La persona más adecuada en ese momento es sin duda Eduardo Santos, pese a fracasar en el intento desde la Administración. A comienzos de los años ochenta había hecho la reconversión de los aceriales en el sector privado, y de la siderurgia en el sector público.

Es íntimo amigo del ministro de Economía y Hacienda, Carlos Solchaga, y del de Industria, Claudio Aranzadi, y por lo tanto tiene facilidades para contar con ayudas y ventajas fiscales.

A comienzos de julio de 1987, Emilio Botín le llama y le ofrece el trabajo.

—Sí, pero con una condición —responde Santos.

—¿Qué condición? —pregunta el banquero.

—No quiero un sueldo. Prefiero trabajar a porcentaje.

—¿Cómo un porcentaje? —inquiere extrañado Botín.

—Sí, un 5 por 100 del capital de la empresa. De esa manera, si la operación sale mal, el Santander no pierde nada. Pero si resulta, quiero un porcentaje de los beneficios.

Poco después, Santos y Botín sellan el pacto. El Santander nombra al ex subsecretario de Industria consejero de la empresa Electra de Viesgo y presidente de Nueva Montaña Quijano, y el banco le traspasa el 5 por 100 de las acciones de la sociedad al precio simbólico de una peseta.

Con las manos libres para hacer y deshacer a su antojo y el apoyo de sus amigos Solchaga y Aranzadi, Santos lleva a cabo tres ampliaciones de capital por un importe total de 16.600 millones de pesetas, sanea Nueva Montaña Quijano en dos años y la pone en quinientos millones de beneficios. A continuación se la vende a los propietarios de Celsa (Compañía Española de Laminación), los hermanos José María y Francisco Rubiralta Vilaseca, viejos conocidos suyos, tras haber subido artificialmente su cotización en Bolsa.

El negocio es de los que hacen época. En el informe que se envía sobre Santos al Gobierno se calcula que con la operación obtiene más de mil millones de pesetas de beneficios por dos años de trabajo. Y todo gracias a las ayudas que recibe la empresa por su amistad con el ministro de Economía y Hacienda.

Carlos Solchaga y Eduardo Santos se habían conocido en 1971, durante un seminario que organiza en la Facultad de Económicas de la Universidad Complutense de Madrid el catedrático Pedro Schwartz.

Santos estudia entonces quinto de carrera, mientras Carlos Solchaga y Miguel Boyer son ya dos técnicos del Banco de España que dan a su vez clases en la Universidad.

Al seminario de Pedro Schwartz asisten también Óscar Fanjul, actual presidente de Repsol; Fernando Maravall, ex secretario general de la Energía, y Mercedes Puelles, la actual esposa de Eduardo Santos.

Los componentes de aquel seminario —Santos, Fanjul y Maravall— pasan más tarde a formar parte del gabinete de estudios del INI, creado por el superministro Boyer y dirigido por Carlos Solchaga.

Todos ellos forman ya un clan, cuando en 1978 Solchaga se va a Bilbao para crear el servicio de estudios del Banco de Vizcaya y conecta con Pedro Toledo.

Por entonces, Santos comienza a trabajar para Check, la empresa de Escondrillas, y se convierte en un acertado «bombero» de empresas hasta que en 1982, Solchaga, que acaba de ser nombrado ministro de Industria y necesita a una persona curtida, capaz de afrontar la reconversión industrial, le cita un día en un Vips de Madrid para ofrecerle un puesto en su Ministerio:

—¿Cuánto ganas? —le pregunta Solchaga.

—Ocho millones —responde Santos.

—Bueno, entonces no te va a interesar lo que te voy a ofrecer —dice Solchaga, desilusionado.

—No, ¡dime, dime!

—Se trata de la Dirección General de Industrias Siderometalúrgicas, ¿te interesa?

El sueldo representa menos de la mitad de lo que gana Santos entonces como vicepresidente del grupo de empresas privadas Aceros Especiales —su último puesto—, pero el cargo le seduce por lo que le puede reportar de experiencia personal.

El Gobierno pone así en sus manos la siderurgia integral del país, le asigna 200.000 millones de pesetas para su trabajo y le da un plazo de diez años para reconvertir todo el sector, reduciendo globalmente las plantillas de las empresas en 20.000 trabajadores.[8]

El amigo de Carlos Solchaga se entrega de lleno a la tarea. Pero como tampoco está dispuesto a perder dinero, su mujer, Mercedes Puelles, monta un *consulting* al lado de su despacho oficial, en el que se resuelven asuntos administrativos relacionados con la siderurgia.

Eduardo Santos, un madrileño de Cuatro Caminos, hijo de un restaurador de muebles, que tiene que estudiar la carrera a base de becas, se compra entonces su primer chalet y el primer coche caro y empieza a veranear en Palma de Mallorca.

Sus amigos, entre los que se encuentran el presidente de Focoex, Germán Calvillo, no entienden de dónde saca el dinero.

—Yo no puedo salir con vosotros. Los sueldos de mi departamento no dan para tanto —le dice un día Calvillo, a la sazón director general del INI.

Dos años más tarde, Solchaga, que ocupa aún la cartera de Industria, necesita como segundo de a bordo a un hombre duro y de confianza, capaz de hacer una reconversión industrial salvaje. Eduardo Santos asciende a subsecretario de Industria y permanece en el cargo hasta 1986. Un año antes, Solchaga se va al Ministerio de Economía y Hacienda para sustituir a Miguel Boyer, y Joan Majó asciende al Ministerio de Industria, con lo que el poder de Santos se acrecienta, dadas las limitaciones técnicas del ministro, un experto en electrónica que poco después empieza a hacer fortuna en el sector privado, al frente de la empresa Ceselsa.

8. Ver *Época*, número 272, del 21 de mayo de 1990.

Eduardo Santos hace lo propio también. Deja la Administración y se dedica a los negocios.

* * *

Su fama de hombre ligado al aparato del ministro de Economía y Hacienda y su experiencia como «salvador» de empresas le preceden en todas partes. En 1989, después de haber ganado sus primeros mil millones de pesetas con Nueva Montaña Quijano, un nuevo banquero, Alfonso Escámez, presidente del Central, le hace llegar un mensaje.

—Escámez —le dicen— quiere conocerte.

El Central es por esa época el accionista mayoritario de Material y Construcciones, S.A. (Macosa), una empresa dedicada a la construcción de material ferroviario, con fábricas en Valencia, Barcelona y Alcázar de San Juan (Ciudad Real). Pero la escasa demanda de trenes, la inflación de la plantilla y el bajo nivel tecnológico de la sociedad convierten Macosa, que lleva ocho años perdiendo dinero, en una pesada losa para el Banco Central.

Eduardo Santos, cuando Alfonso Escámez le plantea la situación y le coloca de consejero de Fenosa y de la Unión Naval de Levante, dos empresas del Central, acepta el reto encantado.

Como en el caso de Nueva Montaña Quijano, pide 1.500 millones de pesetas de honorarios para él y para su equipo por reflotar y vender la compañía.

Una vez suscrito un acuerdo con el Banco Central, el ex subsecretario de Industria se pone a trabajar febrilmente. De forma inmediata, se da cuenta de que el patrimonio saneado de Macosa se encuentra en unos solares de 200.000 metros cuadrados, situados cerca de la Villa Olímpica de Barcelona y que los talleres de Alcázar de San Juan y Valencia, de los que comen 3.500 trabajadores, no valen nada.

Eduardo Santos está también al tanto de los planes del Gobierno en materia ferroviaria. Sabe que Felipe González negocia en esos momentos la construcción de la línea del Tren de Alta Velocidad (TAV) que unirá, en 1992, Madrid con Sevilla. Al concurso se presentan dos grupos internacionales, la multinacional Alsthom y el consorcio alemán Siemens.

El ex subsecretario sabe también que uno de los planes del ministro de Industria, su amigo Claudio Aranzadi, es que la sociedad adjudicataria del concurso se haga cargo de las empresas vinculadas al sector ferroviario español.

Como la obsesión de Santos es vender Macosa al precio que sea, apuesta a caballo ganador y firma a la vez y en secreto sendos contratos de asesoramiento con Alsthom y con su competidor, Siemens. De esta manera, gane quien gane el concurso, Santos tiene asegurada la venta de la compañía.

Pero como lo que le interesa es desprenderse de la parte deficitaria de Macosa, transfiere a Meinfesa, una de las empresas filiales de Macosa, los activos ferroviarios. Una llamada al ministro de Economía y Hacienda, Carlos Solchaga, le garantiza unas exenciones fiscales del 97 por 100, las más altas que concede el Gobierno y sólo en casos muy excepcionales.

Santos puede así revalorizar el patrimonio de las empresas sin poner casi un duro y vender Meinfesa, una sociedad sobrevalorada, a los franceses de Alsthom, a los que el Gobierno adjudica a finales de 1989 la fabricación de los trenes del TAV.

Entretanto, Macosa, convertida en una sociedad de cartera, sale a Bolsa y Eduardo Santos lleva a cabo una serie de operaciones especulativas con ella. Adquiere la Inmobiliaria Sotogrande y acaba de socio de los Albertos y Carlo de Benedetti en Cofir.

Eduardo Santos, sin embargo, tiene problemas para cobrar por sus gestiones en Macosa. El 6 de junio de 1990 los nuevos copropietarios de la sociedad, Carlo de Benedetti y los Albertos, descubren el desvío de 1.500 millones de pesetas, que constituyen sus honorarios, de Macosa a una sociedad de su propiedad.

Aunque el crédito está pactado entre el ex subsecretario de Industria y el presidente del Central, Alfonso Escámez, los Albertos, que han detectado pérdidas no contabilizadas en Macosa por un importe de 2.436 millones, exigen la devolución del supuesto préstamo.[9]

Así las cosas, a Eduardo Santos, su último negocio le deja muy mal sabor de boca y probablemente no demasiados beneficios. Pero el amigo de Solchaga no se puede quejar. Propieta-

9. Consultar *El Mundo*, del 7 de junio de 1990, página 57, y *El País*, del 8 de junio de 1990, página 68.

tario de participaciones en varias empresas, con un chalet en Formentor (Palma de Mallorca), a donde se lleva de vacaciones al ministro del Interior, José Luis Corcuera, su fortuna no baja en la actualidad de los 4.000 millones de pesetas.

Poco antes lo había dicho, a las claras, el ministro de Economía y Hacienda, Carlos Solchaga.[10]

—España es hoy día el país en el que más rápidamente puede uno hacerse rico.

No le falta razón. Si, además, el que lo intenta pertenece a la órbita de sus amigos íntimos, las probabilidades de hacer fortuna pueden aumentar considerablemente.

10. Ver *Diario 16*, marzo de 1988.

X. POLANCO: LOS OTROS NEGOCIOS DEL ZAR DE LA PRENSA

Jesús Polanco, propietario de El País *y de la cadena SER es uno de los empresarios más influyentes de España. Pero, desde que los socialistas llegaron a la Moncloa, sus otros negocios, a través de los cuales vende hospitales, tractores y escuelas, han subido como la espuma. Polanco es hoy un poder económico indiscutible y entre sus socios se encuentran Alberto Alcocer y Alberto Cortina, los Albertos, el presidente de Bankinter, Jaime Botín, y el propio Estado.*

Desde que se traslada a vivir a Madrid, Antonio Calleja, el empresario cordobés ligado a las finanzas paralelas del PSOE, a comienzos de los ochenta, empieza a frecuentar la amistad de Jorge Barco, un empresario colombiano afincado en España, a quien más de una vez se ha relacionado con el narcotráfico, aunque nadie ha podido aportar, por ahora, pruebas.

Calleja y Barco se habían conocido en Colombia a través de amigos comunes. Cuando la mujer del primero, Beatriz Barco, es nombrada directora de la Oficina de Turismo de la Embajada de Colombia en Madrid, la casa que el matrimonio comparte en el Paseo de Rosales comienza a ser visitada por el empresario cordobés.

La llegada al poder en la República de Colombia del hermano de Jorge, Virgilio Barco, en septiembre de 1986, supone un motivo más para incrementar la mutua simpatía entre los dos hombres de negocios.

—Ahora que tienes un hermano presidente, podemos hacer negocios juntos —bromea Calleja.

—Y, ¿por qué no? —responde Barco.

Dicho y hecho. La oportunidad se les presenta muy pronto. Tras varios aplazamientos y una minuciosa preparación, el 31 de mayo de 1988, el Presidente electo de Colombia, Virgilio Barco Vargas, pisa por primera vez suelo español como máxima autoridad de su país.

En medio de las diversas visitas protocolarias programadas y de las cenas oficiales de rigor, Felipe González y Virgilio Barco suscriben tres protocolos de asistencia técnica en materia educativa, sanitaria y agrícola, a desarrollar dentro del marco del Convenio de Cooperación Científico y Técnico entre España y la República de Colombia, firmado por ambos países el 27 de junio de 1979.

La firma de los protocolos significa, de hecho, la concesión de España a Colombia de alrededor de 100 millones de dólares, en créditos, para que, con ese dinero, el Gobierno del país andino adquiera material escolar, maquinaria agrícola y equipamientos sanitarios a empresas españolas.

Cuando todavía los periódicos colombianos siguen hablando de los resultados de la visita de Virgilio Barco a España y de las espléndidas perspectivas que se abren para Colombia en el futuro, el empresario cordobés Antonio Calleja toma en el aeropuerto de Bogotá un vuelo de Avianca, de regreso a España.

En uno de sus bolsillos, el empresario lleva un contrato firmado para suministrar material educativo, por un importe de hasta veintisiete millones quinientos mil dólares, a Colombia.

El convenio había sido suscrito por una de sus empresas, Fonotrán, y el Ministerio de Educación Nacional de la República de Colombia, en base a uno de los tres protocolos signados entre el país andino y España. El acuerdo obligaba a la empresa de Calleja a suministrar, en los próximos años, libros, ordenadores y todo tipo de material escolar al Gobierno de Bogotá.

Exultante por el nuevo éxito alcanzado, el empresario cordobés no es consciente de que acaba de pisar un avispero. Por primera vez en su vida, ha topado con algo tan importante como la propia Iglesia: Jesús Polanco.

Desde que llevó a cabo su primer y más importante suministro de material escolar por 5.600 millones de pesetas en 1984, Polanco, propietario de Prisa, la empresa editora de *El País*, tenía en Colombia uno de sus principales mercados y no estaba dispuesto a dejárselo arrebatar.

Pero también se sentía ultrajado el empresario Enrique Sarasola. Amigo personal de los cinco últimos presidentes de Colombia, Sarasola no sólo había intervenido en la firma del contrato para la construcción del polémico Metro de Medellín. Desde la llegada del PSOE al poder, no se perdía una operación importante que tuviera que ver con ese país.

Desde hace tiempo, en círculos oficiales, se reconoce que en los últimos años, en el país hispanoamericano no se toma una decisión que afecte a España sin que él esté enterado, para informar al presidente González. Con la llegada de Virgilio Barco al poder, el cuñado de Sarasola, Carlos Arturo Marulanda, ocupa la cartera de Desarrollo Económico y su poder en Colombia se incrementa notablemente.

El amigo de Felipe González y el editor de *El País*, Jesús Polanco, forman, además, un támdem insustituible. Desde que se conocen, muchos años antes, y tras crear con otros empresarios la F.A.D (Fundación para la Ayuda contra la Droga), aportando cada uno de ellos 20 millones de pesetas de su pecunio personal, Polanco y Sarasola acuden juntos a muchos negocios. El de Colombia, por el que llevan luchando cerca de dos años, es uno de ellos.

Pocas horas después de regresar de Bogotá con su flamante contrato, Calleja recibe, a través de un intermediario, un mensaje atribuido a Enrique Sarasola. Su contenido no puede ser más elocuente:

—¡Dile a ese niñato que conmigo se va a enterar!

El amigo y hombre de confianza de Felipe González acaba de desenterrar el hacha de guerra y está dispuesto a cortarle la cabellera.

A la semana siguiente, el vuelo IB-915, de la compañía estatal Iberia, que hace tres veces por semana la ruta Madrid-San Juan de Puerto Rico-Bogotá, lleva, en sus asientos de primera clase, al propio Enrique Sarasola Lerchundi y a Juan Arenas, uno de los hombres de confianza del editor madrileño.

Sarasola y Arenas visitan, en Bogotá, a los ministros de Hacienda y Crédito Público y de Educación Nacional de Colombia, los organismos oficiales responsables de firmar los acuerdos y contratos complementarios que desarrollan los protocolos suscritos entre Felipe González y Virgilio Barco.

Una semana después, en el avión de regreso a España, Sarasola y Arenas traen un triunfo en el bolsillo: una orden del Gobierno de Colombia, que anula la reciente adjudicación del contrato para suministar material escolar a aquel país, a la empresa de Antonio Calleja. *Pichirri* Sarasola, lo mismo que su boxeador protegido, Policarpo Díaz, *El Potro de Vallecas*, gana, así, un combate más. Y Jesús Polanco, propietario de la empresa de material escolar Eductrade, también.

A este último, nadie le va a comer el terreno en un país en el que lleva más de quince años vendiendo libros y material escolar y que conoce como la palma de su mano.

* * *

Cuenta Manuel Fraga Iribarne, uno de los primeros accionistas de Prisa, que su presidente, Jesús Polanco, de joven llegó a vestir la sotana marrón de los jesuitas en la Universidad Pontificia de Comillas, donde habría estudiado Teología en sus años mozos.

La idea de que el actual empresario de Prensa estuvo a punto de ordenarse sacerdote ha circulado así en diversos medios, acrecentada por la excelente amistad que le une al actual duque de Alba, Jesús Aguirre, quien sí llegó a ejercer el ministerio sacerdotal.

La anécdota, sin embargo, no es más que un simple bulo. En realidad, en 1953, con 24 años, Jesús Polanco termina sus estudios de Derecho y Ciencias Políticas en la Universidad Complutense, después de haber cursado todas sus asignaturas en el histórico edificio de la calle San Bernardo de Madrid.[1]

1. Los datos proceden fundamentalmente de la biografía oficial facilitada a los autores del libro por el jefe de Prensa del Grupo Timón, Daniel Gavela.

Inmediatamente, en marzo del mismo año, con un solo empleado, que hace las veces de botones, impresor y encuadernador, se lanza de lleno al mundo de los libros con la Editorial Santillana, aunque desde los 17 años ya venía trabajando en tareas editoriales y en la comercialización de libros.

Su asesor de imagen, Daniel Gavela, relata que el primer despacho de Polanco fue un simple piso alquilado de la calle Alcalá, a pocos metros del kilómetro cero de Madrid, en la Puerta del Sol, donde instaló su empresa. El negocio, en aquellos años de sequía cultural, no fue muy boyante, pero daba algún dinero para ir tirando.

El hoy editor de *El País*, huérfano de padre, es una persona que ha tenido que hacerse a sí mismo desde niño. Dotado del temple especial, que sólo los hijos de viudas suelen tener, demuestra desde el principio que no es de los que arrojan la toalla a las primeras de cambio.

Pocos meses después, Polanco, nacido en Madrid pero de ascendencia cántabra, empieza a relacionarse con Francisco Pérez González, *Pancho* Pérez, propietario de la librería Hispano Argentina de Santander.

El presidente de Editorial Santillana y *Pancho* Pérez congenian rápidamente y deciden asociarse para imprimir libros.

Desde entonces, sus vidas y sus negocios, han marchado siempre paralelos.

Hasta finales de los años sesenta, la impresión y la venta de libros sigue siendo una actividad que apenas da para comer. La Editorial Santillana malvive imprimiendo cuadernos de caligrafía y las célebres cartillas de alfabetización.

Esa situación cambia, sin embargo, a partir del 17 de abril de 1968, cuando el general Franco nombra su decimotercer Gobierno y José Luis Villar Palasí, un catedrático de Universidad de origen valenciano, asume la cartera de Educación y Ciencia.

Villar Palasí, ligado al Opus Dei, recibe en aquel tiempo el encargo de llevar a cabo una importante reforma educativa en España y el 22 de octubre de 1968 comienza a elaborar un «Libro Blanco». La persona encargada de convertir en realidad ese cambio y de crear los nuevos programas por los que se han de regir los libros de texto es su hombre de confianza, el secretario general técnico, y posterior subsecretario del Ministerio de Educación y Ciencia, Ricardo Díez Hochleitner, hoy flamante presidente del Club de Roma.

Díez Hochleitner, también vinculado a la Obra de Dios, es amigo personal del presidente de Santillana, Jesús Polanco. De vez en cuando, se reúnen para charlar. Un buen día, a mediados de 1979, Polanco obtiene confidencialmente los nuevos programas educativos cuya autenticidad fue refrendada por el Ministerio.

Pero el editor madrileño recibe entonces un soplo aún más importante: aunque la reforma educativa lleva varios años paralizada y es contestada por muchos sectores, incluso por los menos integrados en el régimen, que la consideran demasiado radical, obtiene la confirmación, seria y rotunda, de que esta vez el Gobierno tiene el firme propósito de llevar a cabo sus planes, al precio que sea.

Así y todo, con aquella información privilegiada en las manos, lanzarse a producir libros es un riesgo enorme. Polanco es, sin embargo, un hombre decidido y apuesta en serio.

Contrata a diez universitarios, a punto de acabar sus respectivas carreras, y los pone a «fabricar» los nuevos libros de texto, a pesar de que los programas aún no son oficiales. Por un módico sueldo de 8.000 pesetas mensuales —que poco después incrementa hasta las 12.000—, el grupo de estudiantes universitarios, con un empeño encomiable, elabora un libro cada treinta días, bajo las directrices que, poco después, va a aprobar uno de los últimos gobiernos de la Dictadura.

Como en España no se conoce apenas el material didáctico moderno, algunos libros escolares son traducidos y adaptados de los sistemas educativos empleados en países anglosajones, pedagógicamente más avanzados. El nuevo material sustituye a las viejas y rancias enciclopedias de nuestros padres y, por primera vez, incorpora gráficos, dibujos y fotografías en color, ejercicios prácticos y recomendaciones para los profesores.

La supervisión y edición final de los textos corre a cargo de un, entonces desconocido, licenciado en Pedagogía, Emilio Martínez, quien hace un excelente trabajo. En justa compensación, Martínez preside en la actualidad la División A del Grupo Timón, de la que depende la Editorial Santillana.

La adaptación de estos libros a los nuevos programas educativos se plantea como una revolución en el campo de la educación primaria y secundaria en España. Por eso, todas las personas que intervienen en su confección tienen órdenes tajantes de no comentar nada con nadie en relación con su trabajo.

La operación se lleva a cabo en el más estricto de los secretos, casi como si de un asunto de Estado se tratara y los borradores de los nuevos libros de texto se guardan por las noches, cuidadosamente, para evitar filtraciones.

El 28 de julio de 1970, cuando las Cortes Españolas, reunidas en pleno, aprueban la Ley General de Educación y Financiamiento de la Reforma Educativa,[2] la Editorial Santillana da el golpe: el material educativo que va a imponer la nueva Ley en todos los centros escolares del país está ya impreso en los talleres de Polanco y listo para ser distribuido.

Mientras el resto de las editoriales empiezan a adaptar los textos a los nuevos programas, los libros del antiguo estudiante de Derecho inundan el país. Frente al tradicional sistema de ventas en librerías, Polanco adopta una fórmula más agresiva y vende su material directamente en los colegios, incentivando a los profesores. El nuevo sistema de *marketing* se revela eficaz y le permite copar rápidamente el mercado.

La operación es un éxito total. Poco después, Ricardo Díez Hochleitner, el autor de la reforma educativa, deja la Subsecretaría del Ministerio de Educación y Ciencia y ficha por Editorial Santillana. Desde entonces, el editor Jesús Polanco tiene a gala no dejar nunca tirado a un eficiente y fiel colaborador y amigo por nada del mundo.

Pero el presidente de la Editorial Santillana es un hombre ambicioso y luchador. Una vez conquistado el mercado español, proyecta extender su imperio a otros países y se lanza a la aventura hispanoamericana.

* * *

Un día, su socio *Pancho* Pérez y él cogen el avión y se desplazan a Santiago de Chile. Quieren conocer las posibilidades que hay de «exportar» los planes educativos españoles a aquel país. Allí visitan al Presidente de la República, Eduardo Frei, y le convencen para que lleve a cabo una reforma de la enseñanza básica, similar a la de Villar Palasí.

2. Ver BOE del 29 de julio de 1970.

Cuando regresan a España, con el nuevo plan educativo bajo el brazo, introducen algunas reformas en los libros de Lengua, Geografía e Historia, para adaptarlos a la idiosincrasia de aquel país, y publican una especie de híbrido de los textos españoles de Editorial Santillana. El material escolar es de una calidad aceptable y se comercializa muy bien.

El éxito de la experiencia chilena les da nuevos ánimos. Francisco Pérez y Jesús Polanco se pasan, en esa época, varios meses al año recorriendo Hispanoamérica desde el Río Grande hasta el cabo de Hornos. Hablan con todos los presidentes de Gobierno y los ministros de Educación de cada país. Así, la operación de Chile la repiten con éxito en Colombia, Venezuela, Argentina y otros países del Nuevo Continente.

A partir de entonces, Editorial Santillana da su primer salto cualitativo. Deja de ser una empresa que sólo fabrica libros de texto y se convierte en un *holding* editorial que comercializa programas educativos completos, adaptados a las necesidades y a la cultura de cada país.

Vender material escolar en el extranjero resulta todavía una aventura, sobre todo por los problemas de financiación que se plantean. Rafael Martínez Cortiña, vicepresidente durante muchos años del Banco Exterior de España, recuerda hoy a Polanco como al hombre que se pasaba los días haciendo antesala en el Banco para conseguir los créditos a la exportación necesarios, escasos en aquellos tiempos para el mercado editorial.

El presidente de Editorial Santillana, sin embargo, tiene claro que es preciso consolidar los mercados hispanoamericanos. Poco después, empieza a crear empresas en cada uno de los países y a colocar al frente de las mismas a personas bien relacionadas con los respectivos gobiernos, muchos de ellos, entonces, bajo regímenes autoritarios.

En Santiago de Chile funda Santillana del Atlántico, y pone al frente de la misma a Patricio Rojas, antiguo ministro de Eduardo Frei. En México, coloca al frente de su empresa, Técnicas Educativas Mexicanas, a su hermano Juan Manuel, fallecido hace dos años. A Buenos Aires envía a su sobrino, Javier Díez Polanco, hoy número dos de *El País*, para hacerse cargo de su compañía, Nuevas Técnicas Reunidas.

El asesor de sus empresas en Colombia fue un hijo del presidente Belisario Betancourt, mientras que en el país de los Incas, puso en marcha la sociedad Técnicas Educativas Peruanas.

Se cuenta que Manuel Fraga Iribarne, quien desde el Instituto de Cooperación Iberoamericana había contactado con el presidente de Editorial Santillana para que le ayudara a llevar las relaciones con la Compañía de Jesús en América del Sur, estaba asombrado del éxito alcanzado por el hoy editor de *El País*, y lo comentaba elogiosamente.

—Este Polanco —decía medio en broma— está utilizando la red de los jesuitas para vender libros.

Cierta o no la anécdota, el negocio marcha solo en Hispanoamérica y Polanco da el salto a Estados Unidos. La Administración de Richard Nixon muestra un cierto interés por las minorías y establece la educación bilingüe. El empresario español intuye el negocio, viaja a Nueva Jersey, crea la empresa Santillana Publishing, para exportar libros en castellano a USA y nombra director de la misma a Sam Laredo, un industrial de origen judío.[3]

Entretanto, no abandona el mercado español. Respaldado por su primer director financiero, Javier Díaz Fuentes, un hombre que luego pasaría a trabajar en el Banco Atlántico, y por Javier Baviano, un titulado de Icade que había ingresado en la empresa en 1970 como becario, compra la editorial Mangold, dedicada a los libros de idiomas. Altea, que hasta entonces es una sección de literatura infantil dentro de Santillana, se independentiza y se convierte en una editorial de libros infantiles y juveniles, también bajo el control de Polanco.

El proceso de expansión es ya imparable. La familia Fierro posee la editorial Taurus, especializada en libros de filosofía y ensayo. La empresa es deficitaria y su director, el jesuita Jesús Aguirre, se dirige a su amigo para pedirle ayuda.

Polanco compra Taurus y mantiene durante un tiempo al cura Aguirre como empleado suyo. No es un período demasiado largo, pero el actual duque de Alba se integra plenamente en la Editorial Santillana e incluso casa en la iglesia de los Sagrados Corazones de Madrid, al hijo mayor de *Pancho* Pérez González, el inseparable socio de Polanco.

A mediados de la década de los setenta adquiere a Jaime

3. La división internacional de la Editorial Santillana está formada por las siguientes filiales:

Técnicas Educativas Mexicanas (México); Nuevas Técnicas Reunidas (Argentina); Técnicas Educativas Peruanas (Perú); Santillana del Atlántico (Chile); Técnicas Educativas de Colombia (Colombia) y Santillana Publishing (Estados Unidos). Santillana tiene, además, filiales en Venezuela y Santo Domingo.

Salinas, prestigioso intelectual, hijo del poeta Pedro Salinas, la editorial Alfaguara, centrada en la publicación de libros de narrativa y ensayo. Y poco después, corona su obra con la adquisición de otras tres nuevas editoriales: Asuri, encargada de la producción de libros de lujo; Aguilar, encaminada a las grandes obras y al material didáctico especializado, y Diagonal, que aunque aparece inscrita como una empresa dedicada a la impresión de libros, en realidad se dedica a fabricar juguetes didácticos.

Para la comercialización de su amplio fondo editorial, crea la distribuidora Itaca. Pero como Aguilar, Altea y Taurus tienen problemas de ventas, monta la distribuidora Agata, que se encarga de comercializar también los libros de la célebre colección británica Pinguin.

Durante el advenimiento de la democracia a España, Jesús Polanco tiene ocho editoriales y dos empresas de distribución. Sus libros se venden en todos los países de habla hispana, incluso en el difícil mercado hispanoparlante de Nueva York.

Y con todas estas empresas, crea su consorcio editorial,[4] el Grupo Timón, al frente del cual pone a sus hombres de confianza, Francisco Pérez González, Ricardo Díez Hochleitner, Javier Baviano y Emilio Martínez.

Jesús Polanco es ya, en esa época, inmensamente rico pero le falta algo que, en su fuero interno, ambiciona más que la misma riqueza: el poder.

No tardaría en conseguirlo.

4. El consorcio se crea en 1972 bajo el nombre de Grupo Timón y en esas fechas tiene una sola división, que se dedica a los libros en todas sus variantes. Posteriormente, el Grupo Timón se configura en dos divisiones, la A y la B.

La división A, presidida por Emilio Martínez, está estructurada de la siguiente manera: Editorial Santillana (educación); Editorial Mangold (idiomas); Editorial Altea (juveniles); Editorial Taurus (ensayos); Editorial Alfaguara (literatura y ficción); Editorial Aguilar (textos universitarios); Editorial Asuri (libros en catalán); Editorial Diagonal (juguetes pedagógicos, hoy inactiva); Distribuidora Itaca: Distribuidora Ágata y Nuevas Ediciones Musicales (música clásica, posiblemente inactiva).

* * *

En el año 1971, cinco personas —José Ortega Spottorno, Carlos Mendo Baos, Ramón Jordán de Urías, Darío Valcárcel Lezcano y Juan José de Carlos Aparicio— se reúnen por primera vez en Madrid para fundar un nuevo periódico.

Todos ellos son profesionales liberales, que apuestan por el cambio político pacífico. Se constituyen en Junta de Fundadores del nuevo diario y cada uno de ellos pone 100.000 pesetas para crear la sociedad y pagar al notario.

Poco a poco se van adhiriendo nuevas personalidades al proyecto. El 20 julio de ese mismo año la nueva sociedad, Promotora de Informaciones, S.A., cuenta ya con 1.087 accionistas. Ese día se hace una ampliación de capital a 375 millones de pesetas y se permite la entrada de 21 nuevos socios. Uno de ellos es el presidente de Editorial Santillana, Jesús Polanco.

El nuevo periódico, que trata de conseguir, a duras penas, su inscripción en el Registro de Empresas Periodísticas, se presenta como un diario libre e independiente. Para ello, la mayoría de los títulos están repartidos entre pequeños accionistas, que han invertido en el proyecto menos de 500.000 pesetas.

De los 1.118 socios iniciales, sólo los cinco fundadores tienen invertido en el proyecto más de 16 millones de pesetas, lo que no supone una amenaza para la independencia del nuevo diario. «El poder real —se difunde entonces—, va a descansar en su plantilla de redactores y en el sindicato de pequeños accionistas.»[5]

Los cinco socios mayoritarios —se dice también— sólo controlan el 4 por 100 del capital social y la posibilidad de un golpe de mano por parte de cualquier persona o grupo social para hacerse con el control de la sociedad se considera prácticamente inexistente.

En septiembre de 1973, sin embargo, las cosas empiezan a cambiar. Tres de los accionistas mayoritarios —Jesús Polanco, José Ortega Spottorno y Darío Valcárcel— se constituyen en

5. Del libro inédito *Poder y Economía en «El País»*, del que es autor el profesor Enrique Bustamante.

una especie de comité ejecutivo. Un mes después, éste es sustituido por un consejero delegado y el cargo recae en el presidente de Editorial Santillana.

Pasa el tiempo y el Gobierno no da facilidades para el nacimiento del nuevo periódico. Gran parte de los fundadores, cansados, van perdiendo la ilusión por el proyecto. En 1975 hay una ampliación de capital y queda sin cubrir. Nadie quiere poner un duro en un negocio de incierto porvenir.

A comienzos de 1976, conseguidas al fin las bendiciones oficiales del entonces presidente Carlos Arias Navarro para salir a la calle, hay que comprar la rotativa. No hay dinero y el Banco de Crédito Industrial, al que se ha solicitado un préstamo, lo deniega. Sólo Jesús Polanco arriesga su patrimonio personal y consigue un crédito del Banco Atlántico para pagar el primer plazo de la imprenta.

En mayo de ese año, *El País* sale a la calle. Como tampoco hay recursos para pagar el primer sueldo de los redactores y de los trabajadores de talleres, el presidente de la Editorial Santillana tira de nuevo de su talonario personal.

Cinco meses después, en octubre de 1976, el periódico, que tiene sus oficinas en la calle Miguel Yuste de Madrid, es un éxito. Rápidamente se convierte en uno de los medios más influyentes de España. Y, además, contra el pronóstico de todos los estudios de mercado, empieza a ser rentable desde esa fecha.

Su lanzamiento constituye el mayor éxito económico y empresarial de la Prensa española de las últimas décadas. Algo, probablemente, irrepetible en el campo de la letra impresa. Sin embargo, la ausencia de control por parte de algunas de las personas o grupos políticos de los comienzos, que llevó a *El País* a autoproclamarse como «el diario independiente de la mañana», parece más bien un bonito empeño, un maravilloso ideal, que se queda en el camino.

Salvo raras excepciones, «el que paga, manda», y Jesús Polanco, que avala la compra de la rotativa y paga de su bolsillo los primeros sueldos de la plantilla, acaba haciéndose con el control real de la empresa.

No todos los consejeros, sin embargo, ven con buenos ojos la creciente influencia del editor. Un año después, a mediados de 1977, se desata la lucha por el poder.

Los consejeros José Ortega Spottorno y Darío Valcárcel, que representan la oposición al presidente de Santillana en el consejo de administración de *El País*, inician una política de hostigamiento. Pero Polanco, además de controlar una parte importante del capital, a través de las sociedades del Grupo Timón, cabecera de su grupo editorial; de Propulsa, una empresa prácticamente desconocida que edita las revistas *Aduanas* y *Contrapunto*, tiene a su socio, Francisco Pérez González, y a los dos directores de la publicación, el gerente Javier Baviano y el periodista Juan Luis Cebrián, de su parte.

El presidente de *El País* comienza a rodearse además de una serie de amigos incondicionales, como el abogado Matías Cortés; el presidente del Real Madrid, Ramón Mendoza; Antonio de Senillosa o el duque de Alba, Jesús Aguirre, a los que va dando, progresivamente, participación accionarial en el periódico.

Flanqueado y protegido por esta cada vez más poderosa guardia pretoriana, presenta batalla y los consejeros José Ortega Spottorno y Darío Valcárcel dimiten de sus cargos el 11 de mayo de 1978 y el 15 de diciembre de 1981, respectivamente. Polanco es ya el dueño absoluto de *El País*.

El diario conservador *ABC* empieza a llamarle Jesús *del Gran Poder*, por el control que ejerce en el mundo de la comunicación, y el Presidente de Editorial Santillana se convierte, entonces, en uno de los personajes con más influencia política en España.

En 1981, figuran como accionistas de Promotora de Informaciones, S.A. nada menos que cuatro ex ministros de UCD, dos ex ministros franquistas, 31 ex parlamentarios y parlamentarios de todas las tendencias políticas y cinco altos cargos del Gobierno.[6]

La fuerza de *El País*, que según el ejercicio económico de 1989 vende 865.000 ejemplares de media los domingos y mueve una cifra de negocios de 45.265 millones de pesetas,[7] permite así a su presidente mantener cordiales relaciones con personajes tan importantes de la política internacional como el ex secretario de Estado, Henry Kissinger; el ex Presidente francés, Valéry Giscard d'Estaing, o el canciller alemán, Helmut Schmidt.

Consolidado el diario y situado en el número uno del *ranking* de ventas, a gran distancia de sus competidores, a partir

6. Los datos han sido tomados, de nuevo, del libro citado anteriormente del profesor de la Facultad de Ciencias de la Información y periodista, Enrique Bustamante.

7. De la última memoria de *El País*.

de 1983, Polanco empieza a hacer sus primeros cálculos para convertir el periódico en un grupo multimedia, al estilo de los norteamericanos Gannett Newspapers, Knight-Ridder Newspapers, Time Inc. o Dow Jones & Co, que controlan un conglomerado de periódicos y revistas y tienen importantes paquetes de acciones en cadenas de Radio y Televisión.

* * *

El primer paso lo da en 1983, cuando *El País* saca su edición internacional y, al poco tiempo, a través de la sociedad Presa, obtiene del Estado licencias de radio para emitir en Valladolid, Cuenca, Madrid y Valencia.

Poco después, nace Radio *El País*, que transmite en los años siguientes. No obtiene, a pesar de todo, el éxito que había jalonado hasta entonces su carrera empresarial.

En círculos próximos al editor se atribuye, en buena parte, el fracaso de la Radio a los enfrentamientos entre los dos hombres de confianza de Polanco: el director de *El País*, Juan Luis Cebrián y Javier Baviano, el director-gerente. Daniel Gavela, responsable de comunicación del Grupo Prisa, hace otra valoración:

—El proyecto de Radio *El País* no salió adelante —explica— porque el Gobierno no nos dio las suficientes licencias para crear una cadena fuerte y competitiva.

A Polanco, este primer fracaso no pareció preocuparle. Con los importantes beneficios que genera el periódico, podía permitirse el lujo de perder 400 millones —el costo de Radio *El País*— y muchos más. Pero no se da por vencido y, en abril de 1984, en lugar de fundar una nueva cadena de radio, se plantea una opción más inteligente: adquirir una consolidada.

La elección es fácil. Desde que, a comienzos de 1980, entró en conversaciones con el presidente de la SER, Eugenio Fontán, para solicitar un canal de televisión a uno de los últimos Gobiernos de UCD, Polanco tenía echado el ojo a la que entonces constituía —y aún sigue siendo— la primera cadena radiofónica privada de España, con 120 emisoras propias o asociadas.

En abril de 1984, decide hacerse con el poder de la sociedad. Con la anuencia del Gobierno, al que es necesario solicitar autorización para rebasar determinados porcentajes en la tenencia de acciones de una empresa radiofónica, su equipo inicia la batalla por el control de la Sociedad Española de Radiodifusión (SER). Tiene enfrente a las familias Garrigues y Díaz Cañabate, que junto a Eugenio Fontán, eran los propietarios de importantes paquetes de acciones.

En una primera operación, Prisa[8] adquiere la participación del grupo Gómez Mira, que representa un 9,25 por 100 del capital. Poco después, compra otro 10 por 100. Y en enero de 1985, la editora de *El País* posee un 25 por ciento de la SER.

El cuarto asalto se consuma en junio de 1985, cuando el diario *El País* anuncia la compra del 26 por 100 de las acciones del grupo Fontán en la cadena de emisoras por parte de las empresas de Jesús Polanco. La primera red de emisoras privadas de España, con una audiencia de 7.430.000 españoles, está ya en sus manos.

La compra de la SER, una sociedad que entonces obtenía 100 millones de beneficios y contaba con una plantilla sobredimensionada, es un negocio redondo. Por menos de mil millones de pesetas, el antiguo librero de la Puerta del Sol pone bajo su control una gran empresa. Saneada convenientemente, la SER ofrece, en 1989, unos resultados de explotación espectaculares: 2.249 millones de pesetas, casi dos veces y medio el precio pagado cinco años antes por la sociedad.

Cubierto el campo de la comunicación radiofónica, el Grupo Prisa busca nuevos espacios hacia los que ampliar su mercado. Así, en 1986, Polanco inscribe una nueva sociedad en el Registro Mercantil: Promotora General de Revistas, S.A. (Progresa).

La idea del editor de *El País* es que Progresa se constituya en un *holding* de revistas al estilo de Time Inc., en Estados Unidos, con seis cabeceras en el mercado, o de la Editorial Mondadori en Italia, con 27 publicaciones semanales.

8. La estructura básica del Grupo Prisa es la siguiente:

División audiovisual: Sociedad Española de Radiodifusión (SER); Canal Plus España (Televisión) y Sogetel (Producción de programas y gestión de derechos); Comunicación Radiofónica (Radio Minuto).

División Editorial: El País, S.A. (Editorial del País); Edipais (libros y guías); Progresa (división de revistas); Estructura (prensa económica); Distasa (Distribución de Prensa); Editorial Bidasoa y Groupe Ponex.

Los buenos deseos, sin embargo, no siempre coinciden con la realidad. El 9 de octubre de 1987, después de un esfuerzo económico sin precedentes, Progresa saca a la venta el primer número de una nueva revista de información general, *El Globo*. Ésta se presenta como la alternativa informativa semanal al resto de las publicaciones que existen en esos momentos en el mercado.

El viejo enfrentamiento entre Javier Baviano y Juan Luis Cebrián —los dos hombres clave del éxito de *El País*—, por el control del semanario, unido a la falta de definición clara del producto, demasiado «marcado» por la etiqueta de *El País*, y otros problemas internos, acaban con el cierre de *El Globo*, en la primavera de 1988.[9]

La aventura ocasionó unas pérdidas de más de 1.200 millones de pesetas, aunque Prisa oficialmente reconoce, en sus memorias, una cifra menor: 617 millones. El resto de los gastos de amortización del semanario se camuflan, convenientemente, en el capítulo dedicado a «reserva voluntaria» del ejercicio económico de 1989 del Grupo Prisa.

El fracaso de *El Globo* acabó también con las expectativas de la sociedad Progresa de editar otras revistas, entre ellas una de historia. Su actividad ha quedado reducida a la publicación de semanarios para un público muy restringido, como *Gran Musical* o la revista del museo Reina Sofía de Madrid.

A pesar de todo, en 1989, Jesús Polanco se toma el desquite. Tras una reorganización general del *holding*, en la que Prisa aparece por primera vez como cabecera del grupo de Prensa, inicia la penetración en el mundo de las publicaciones económicas y en el de la televisión. La primera operación la realiza mediante la compra del 30 por 100 del grupo Estructura, que edita el diario *Cinco Días*, la revista *Mercado* y el confidencial *Rapport Económico*.

Es en la primavera de 1989, sin embargo, cuando Polanco da el salto definitivo y completa su grupo multimedia. A través de la Sociedad Española de Televisión, adquiere el 25 por

9. Baviano y Cebrián eran los dos hombres de confianza de Polanco en *El País* y durante muchos años funcionaron con un tándem perfecto. El primero, como director general, llevaba la gestión económica. Cebrián, la elaboración del producto editorial. El reciente nombramiento del director de *El País*, Juan Luis Cebrián, como consejero delegado del Grupo Prisa, desequilibró la balanza.

«Ese día —dice Baviano— un enchufe de dos polos, que funcionaba en horizontal, se colocó en vertical.» Javier Baviano dejó *El País*.

100 de Canal Plus España, proyecto en el que aparece asociado por primera vez a los banqueros y a los empresarios más poderosos de España y más cercanos al proyecto socialista.[10]

El editor de *El País* es, en esos momentos, bastante más que el mayor editor de Prensa y empresario de radio español. Sus otros negocios, que ofrecen una radiografía de su verdadero poder financiero, estaban todavía por contarse.

* * *

El intrépido empresario socialista, Antonio Calleja, cuando, en 1989, decide enfrentarse a Jesús Polanco y quitarle un negocio en Colombia, no sabe con quién se juega los cuartos.

Calleja ignora que, a comienzos de los años ochenta, cuando los socialistas se instalan en el poder, el empresario de Prensa y editor se plantea un nuevo reto empresarial.

De la misma manera que Dragados y Construcciones o Agromán se lanzan al mercado exterior a construir fábricas llave en mano, el presidente de Editorial Santillana decide ofrecer soluciones globales en el campo de la educación.

Polanco ha descubierto que ahí es donde están los grandes negocios. Lo suyo ya no es vender libros ni programas educativos, como años antes. Ahora se plantea exportar escuelas o universidades enteras, con todo su equipamiento deportivo, de ocio, cultural y educativo.

Para ello, con el apoyo del Gobierno, crea la División B,[11] del Grupo Timón, que comienza a operar desde finales de los años setenta. En el seno de esta división, una de las empresas ligadas al mundo de la enseñanza, Eductrade, se encarga de

10. Ver capítulo XXI.

11. La división B del Grupo Timón está integrada por un conjunto de sociedades que actúan en diversos campos, dentro y fuera de España. Las más importantes son:

Publiintegral y Expoluz; Eductrade (material educativo y agrícola); Sanitrade (hospitales); Demoscopia (sondeos); Profisa (financiera); Iberia Agrícola y Ganadera (finca de Huelva); Cadena Tropical (hoteles y bares); Canal (librerías Crisol). Profisa figuraba, además, como propietaria de algunas sociedades, tales como Publicidad Cid, Financiera Cisneros, Financiera Inmobiliaria Novoplaya, etc.

promover fuera de España cualquier iniciativa que tenga que ver con la educación.

Los problemas no tardan en presentarse de nuevo. Tras sus últimos contactos latinoamericanos, Jesús Polanco y su *alter ego*, Francisco Pérez González, se dan cuenta de que los países que visitan, endeudados hasta las cejas, no tienen capacidad de compra por sí solos.

El presidente del Grupo Timón y editor de *El País* acude a la empresa estatal Fomento de Comercio Exterior (Focoex), una sociedad dependiente del INI y del Ministerio de Economía y Hacienda, en busca de créditos y ayudas para financiar sus futuras operaciones.

El entonces presidente de Focoex, Juan Arenas Uria, se muestra muy receptivo hacia sus proyectos. La empresa estatal está buscando un socio privado español que le organice las ventas de material educativo y cultural en Hispanoamérica. Polanco le viene como anillo al dedo.

El editor no quiere asumir riesgos. Necesita, además, que alguien asegure las ventas y firma un convenio de colaboración con la Compañía Española de Seguros de Crédito a la Exportación (Cesce), un organismo dependiente del Estado.

De esta manera, con la garantía de las instituciones oficiales y sin arriesgar una sola peseta, a partir de 1982, altos cargos de Eductrade y Focoex comienzan a viajar a Colombia con el fin de estudiar las posibilidades de vender material escolar para aquel país.

En 1983, Eductrade, que actúa como una sociedad de gestión, firma su primer contrato con el Gobierno de Colombia. El acuerdo obliga a la Editorial Santillana, S.A. y a Focoex a suministrar material escolar —desde muñecas, hasta laboratorios escolares, pasando por material deportivo, globos terráqueos y ordenadores— por un importe de 4.600 millones de pesetas. Jesús Polanco regresa a Madrid con el documento bajo el brazo y habla con un total de 120 sociedades del ramo para que colaboren en el proyecto. Un año después, se lleva a cabo la operación.

El contrato suscita críticas en los sectores colombianos ligados a la educación. Sus dirigentes no entienden por qué hasta los lápices y las gomas de borrar se tienen que comprar en España. La Prensa se hace también eco del asunto. El diario *El Tiempo*,[12] de Bogotá, publica un duro artículo firmado por el

12. *El Tiempo*, 27 de julio de 1986.

El Gobierno socialista, con Felipe González y Alfonso Guerra al frente, comenzó impulsando la expansión de la industria armamentista española como «locomotora» económica del país.

Nerio Nessi, ex presidente de la Banca Nazionale di Lavoro y compadre de Alfonso Guerra, declaró en un juzgado italiano haber hablado con González y Guerra para la venta de armas a España.

Enrique Sarasola, amigo de Felipe González desde su juventud, perfecto conocedor de los hilos que mueven el comercio de Estado, veranea con el principal intermediario de armas del país.

«Beba», casada con José Luis Alcocer e hija del ex embajador en Egipto, Fernández Longoria, facilitó el acercamiento entre Sarasola, de quien es secretaria, y su cuñado, El Assir.

EL PAÍS, domingo 12 de julio de

COMERCIO DE ARMAS CON MARRUECOS

Un libanés influyente, clave en las exportaciones militares españolas

Carlos Solchaga y el intermediario de armas El Assir aparecieron fotografiados de esta manera en 1987. La foto no ha vuelto a publicarse más.

Manuel Prado y Colón de Carvajal, uno de los empresarios más activos del país, ha sido también uno de los que más negocios ha perdido con la llegada de los socialistas al poder.

Enrique Ballester, socio de Carmelo Trujillo (abajo) en la empresa que vende las corbetas a Marruecos, coordinó el primer grupo de sociedades del PSOE.

Luis de Velasco saltó a la Secretaría de Estado de Comercio cuando trabajaba a las órdenes de Ballester en la financiación paralela del PSOE. En la actualidad, preside Sovhispan.

Carmen García Bloise impulsó, desde la secretaría de finanzas del PSOE, el «holding» socialista.

Emilio Alonso, secretario de Finanzas del PSOE, mantenía continuos enfrentamientos con Ballester, por el control de las empresas socialistas, según relata este último.

Guillermo Galeote, secretario de finanzas del PSOE, ordenó recientemente el cierre de numerosos despachos de economistas y abogados vinculados al partido, a raíz del escándalo Juan Guerra.

Pedro Sancho, redactor del Programa 2.000 del PSOE, es una de las piezas clave de una de las últimas redes financieras vinculadas al Partido Socialista.

Roberto Dorado, director del Gabinete de la Presidencia y hombre de confianza de Alfonso Guerra, está en el secreto de numerosas operaciones financieras.

José María Calviño, a la cabeza del clan Guerra, ha adquirido un lujoso chalet junto al de Boyer, gracias a su intensa actividad en torno al mundo del juego y al negocio inmobiliario.

El Aresbank, sostenido en España por una importante participación de capital procedente del régimen de Gaddafi, ha financiado operaciones vinculadas a los hombres de negocios de Guerra.

Aida Álvarez, antigua empleada de la Secreta ría de Finanzas del PSOE, fue el brazo derech de Guerra en el aparato financiero del partido Hoy posee seis empresas y una creciente expe riencia inmobiliaria.

Un informe de Euskadiko Ezkerra relaciona al ministro del Interior, José Luis Corcuera, con los negocios en torno a las empresas vascas Babcock Wilcock y Pridesa.

Carmen Rodríguez, histórica ejecutiva financiera del PSOE, preside la empresa encargada de adquirir la cuota estratégica de petróleo para España y de gestionar sus jugosas comisiones.

Las comisiones obtenidas por la compra de petróleo constituyeron una de las vías de financiación más importantes de UCD. En la foto, Adolfo Suárez con Saddam Husein, en Bagdad.

Julio Feo (izquierda) cobraba siete millones de pesetas anuales como secretario de Felipe González. En1987 dejó el cargo y adquirió un edificio valorado hoy en 500 millones de pesetas en Madrid.

Aupado por Sarasola y los socialistas alemanes cuando llegó a Madrid en 1985, Rafael Escuredo ha hecho fortuna como intermediario desde Hispanoamérica a la URSS, y junto a los Albertos.

El alemán Dieter Koniecki, uno de los baluartes en los que se han apoyado los hombres de negocios del PSOE (a la izquierda), junto al polémico Fiscal General del Estado, Leopoldo Torres.

Felipe González ha tenido en su cuñado Francisco Palomino una sus mayores fuentes de preocupación, a raíz del escándalo Costa Doñana, en el que se vieron envueltos también Jacinto Pellón y Jesús Bores.

Enrique Sarasola (primero por la izquierda) organiza veladas de boxeo a las que acuden, invitados de todos los colores, entre ellos Ramón Mendoza y Los Albertos.

El venezolano Gustavo Cisneros, amigo personal de Sarasola y del Presidente González, ha sido uno de los mecenas del PSOE en la clandestinidad que luego han visto recompensados sus favores.

Carlos Andrés Pérez, presidente de Venezuela, es otro de los principales colaboradores de González en materia de terrorismo y en otros negocios que no tienen nada que ver con la política.

Sarasola se libró de que lo secuestrara ETA en 1983, al encontrarse en el norte de África negociando con el líder de la OLP, Yasser Arafat (derecha), en nombre de Felipe González.

Las millonarias cuentas suizas del ex presidente rumano Nicolai Ceaucescu, fueron relacionadas con los negocios de personas cercanas al Presidente del Gobierno español.

Carlos García Pardo, constructor de la sede central del PSOE y socio inicial de Sarasola, controla junto a éste el espectacular negocio de la publicidad y el deporte en televisión.

Carlos Solchaga ha organizado un poderoso clan económico. En la foto, con su mujer Gloria Barba (a la derecha) y con uno de sus hijos, en 1981, antes de que el PSOE accediera al poder.

José Angel Sánchez Asiaín y, sobre todo, Pedro Toledo, a la derecha, primeros copresidentes del Banco Bilbao Vizcaya, constituyeron la plataforma de lanzamiento bilbaína del clan Solchaga.

Eduardo Santos, brazo derecho de Solchaga durante la reconversión industrial, ha acumulado una importante fortuna salvando empresas en crisis con generosas subvenciones estatales.

José Aureliano Recio, consejero del BBV e íntimo amigo de Solchaga, invitó al bautizo de sus hijos en Sevilla a otros miembros del clan como Luis Carlos Croissier y Claudio Aranzadi.

periodista Gerardo Reyes, de la Unidad Investigativa del rotativo, en la actualidad redactor del influyente periódico norteamericano *Miami Herald.*

Según esta información, parte del material educativo que España envía en aquella ocasión a Colombia, por el que el país andino paga 4.500 millones de pesos, son «castañuelas, alfileres para clavar insectos, rompecabezas, cubos de colores, muñecas y juegos de dominó».

Pero las críticas no deben preocupar demasiado a las autoridades colombianas. Ese mismo año, otra de las sociedades de Polanco, Sanitrade, suscribe, a través de Focoex, otro acuerdo para suministrar al Fondo Nacional Hospitalario de Colombia equipamiento sanitario para más de cien hospitales rurales, por un importe de 45 millones de dólares.

Las operaciones se repiten con Argentina, país con el que firma un convenio de venta de material educativo dentro del Programa Educativo de Universidades, y con casi todas las naciones hispanomericanas.

En 1984, sin embargo, Polanco abriga proyectos más ambiciosos. Tras un viaje a la República Popular China, deslumbrado por el impresionante mercado que supone el país asiático, decide conquistarlo. E inmediatamente, Focoex pone a trabajar en el proyecto a su delegado en Hong Kong, Francisco Burgón, un hombre que conoce el terreno como la palma de su mano.

En mayo del año siguiente, aprovechando un viaje del Secretario de Estado de Comercio, Luis Velasco, se traslada a la República Popular China el delegado de Eductrade, Eduardo Cortés. En Pekín, el enviado de Polanco se entrevista con el director general de Compras del Gobierno chino y llega a un acuerdo para adquirir material educativo en España por 100 millones de dólares.

Los contactos se reanudan, meses más tarde, con motivo del accidentado viaje de Felipe González a China. Pero el Gobierno de Pekín, ya no está interesado en adquirir un cargamento masivo de lápices, cuadernos y microscopios en España. Desconfiados por naturaleza, los chinos prefieren ir poco a poco. Proponen firmar primero un acuerdo de compras por un importe de cinco millones de dólares y, a la vista de los resultados, suscribir el convenio principal.

La República Popular China, sin embargo, está muy lejos.

Los viajes cuestan demasiado dinero y el editor de *El País*, que no entiende los recelos de las autoridades de Pekín, decide abandonar la partida y apostar sobre seguro.

Entretanto, el editor demuestra, de nuevo, ser una persona agradecida. Cuando en 1986, Juan Arenas Uria —el hombre que le ha ayudado a hacer los primeros negocios con Focoex—, después de tres años y medio como presidente de la sociedad estatal, decide incorporarse al sector privado, le ofrece un puesto de trabajo y le convierte en uno de sus hombres de confianza, al frente de una de las divisiones del Grupo Timón.

No es Arenas, por entonces, el único beneficiado. Otros personajes del mundo de la política, como Julio Feo, ex secretario de la Presidencia del Gobierno con Felipe González; Jaime Lamo de Espinosa,[13] ex ministro de Agricultura con UCD; Eugenio Galdón, ex dirigente de UCD y Prudencio García, ex director general del Patrimonio, forman parte también de la nómina de «empleados» de las empresas del editor madrileño.

Sus negocios no sólo tienen que ver con la exportación y la información o la letra impresa. Polanco es propietario, además, de Profisa, una sociedad que le ha permitido comprar importantes participaciones en algunas empresas, como la Sociedad Ibérica Agrícola y Ganadera; Publicidad Cid, o las compañías valencianas Financiera Cisneros y Financiera Inmobiliaria Novoplaya,[14] algunas de las cuales ha vendido de nuevo.

Dueño de una finca en Huelva, donde cría corderos, el editor de *El País* y la Cadena SER tiene otros negocios tan insólitos como la empresa Tropical, propietaria de una cadena de cafeterías y hoteles, entre los que se encuentran los hoteles La Ponderosa y Jardín Tropical, en Tenerife, donde estaba descansando el presidente del PP, José María Aznar, durante la Semana Santa de 1990, cuando estalló el «caso Naseiro».

También funciona bajo su control la empresa Canal, que posee la cadena de distribución de libros y discos Crisol, con varias tiendas abiertas en Madrid y Barcelona y con perspectivas de ampliar el negocio hasta convertirse en El Corte Inglés de la cultura.

Es, con todo, en el sector del comercio exterior, donde el presidente y editor de *El País* ha ganado más dinero en los

13. Lamo de Espinosa, además de consejero de *El País*, es asesor de Eductrade en materia agrícola.

14. Los datos proceden del Registro Mercantil de Madrid.

últimos años y donde su actividad continúa siendo casi desconocida.

* * *

A lo largo de la última década, Eductrade y Sanitrade venden material sanitario y educativo a Cuba, para su Programa de Desarrollo Educativo, en el marco de un convenio firmado entre el Ministerio de Comercio Exterior cubano con Focoex, y participa en la venta del equipamiento para un hospital construido por Entrecanales en Boca Ortiz (Ecuador).[15]

En México, las empresas de Polanco intervienen, desde el año 1988, en un programa educativo valorado en 23 millones de dólares. En Argentina, Argelia y Marruecos, país este último donde el presidente de *El País* pasó la Semana Santa de 1987, trata de vender maquinaria agrícola y material sanitario.

Con todo ello, el empresario madrileño de orígenes santanderinos, gran amigo de Enrique Sarasola y del ministro de Hacienda, Carlos Solchaga, del que depende en último término Focoex, se ha consolidado en España, prácticamente, como el proveedor exclusivo de material escolar y sanitario en Hispanoamérica, a través de las instituciones del Estado, sin arriesgar un duro.

El supuesto monopolio que tiene con Focoex ha perjudicado, en teoría, los intereses de otros editores de libros, como el presidente de Anaya, Germán Sánchez Ruipérez, quien, en varias ocasiones, se ha quejado al Gobierno de que sus empresas reciben un trato discriminatorio con respecto a Editorial Santillana o Eductrade.

En la empresa estatal reconocen que, de hecho, Polanco recibe un trato de favor. Pero, aseguran, también, que si no hubiera sido por él, muchos exportadores españoles que fabrican material escolar diverso y que están aglutinados, desde hace unos años, en torno a Eductrade, no hubieran vendido ni un duro en el exterior.

De todas maneras, este empresario, que comenzó en 1953

15. La información procede de diverss fuentes de Focoex y del Gobierno.

como un modesto fabricante de libros en un pisito cercano a la Puerta del Sol, posee hoy uno de los patrimonios más saneados del país y una de las colecciones privadas de arte más importantes de España.

Propietario de un edificio en el número 17 de la calle Méndez Núñez de Madrid, donde ha instalado la Fundación Santillana; de un edificio modernista en la Gran Vía, 30-32, de Madrid, destinado a convertirse en la sede central de su imperio, y de palacetes del siglo XI y XII, en Santillana del Mar (Santander), su fortuna es incalculable.

La facturación anual de sus empresas —según su asesor de imagen, Daniel Gavela— superaba, en 1987, los 100.000 millones de pesetas y sus beneficios netos se calculan hoy en más de 5.000 millones.

A pesar de su inmensa fortuna personal, Polanco sigue siendo en su vida privada y sus gustos, como el empresario que se inició hace más de treinta años en la Puerta del Sol. Persona de carácter tímido, apegada a las tradiciones, aún continúa con su antigua secretaria, Pilar Balea, y trabaja quince horas al día, como en los primeros tiempos.

Su única ruptura con el pasado la constituye la reciente separación de su mujer, Isabel Moreno Puncel, para irse a vivir con su actual compañera, Mari Luz Barreiros —hija de Eduardo Barreiros, uno de los principales empresarios del anterior régimen, hoy colaborador del Gobierno cubano—, quien aportó a la pinacoteca del editor de *El País* el cuadro *Gran Vía*, del pintor Antonio López, valorado en 68 millones de pesetas.

La separación matrimonial, que parecía el fin de su imperio, ante el peligro de que Isabel Moreno Puncel reclamara por vía judicial la mitad de los dos *holdings*, el Grupo Timón y el Grupo Prisa, fue sólo una tormenta en un vaso de agua.

Su ex mujer no va a exigirle la mitad de todos los bienes. La clave de todo se encuentra en la sociedad Rucandio, S.A., la empresa familiar a través de la cual, Jesús Polanco, Isabel Moreno y los hijos de ambos, Ignacio, Manuel, María Jesús e Isabel, son los propietarios y los herederos universales del patrimonio creado por Polanco desde 1953.

De esta manera, el día que el editor o su ex esposa desaparezcan, sus hijos podrán continuar, e incluso incrementar, el mayor imperio de papel impreso —en forma de libros y periódicos— de la historia de España.

XI. CALLEJA, AUGE Y CAÍDA DE UN REBELDE

El reparto de las comisiones de las ventas de aviones de Iberia fue el primer detonante de la última guerra de clanes que ha estallado en la reciente historia del Partido Socialista. Antonio Calleja, un clásico de las finanzas del partido, aliado a Aida Álvarez pero enfrentado con Enrique Sarasola, Carlos Solchaga y Enrique Ballester, fue «quemado» públicamente por sus propios compañeros, por las peligrosas interferencias que ocasionaban sus actividades al resto de los negocios del grupo.

Antonio Calleja Relaño se sentía aquella mañana un hombre inmensamente feliz.

El avión en que viajaba, un Boeing 747 de Air France, había despegado minutos antes del aeropuerto Hô Chi Minh, destartalado por la guerra con los Estados Unidos. Estirado sobre la butaca de tonos suaves y relajantes del aparato, no podía contener su euforia de empresario triunfador.

Aunque todavía le quedaban dieciocho largas horas de vuelo, con lentas y aburridas escalas en Karachi (India), Hong Kong y París, para llegar al aeropuerto de Madrid-Barajas, su destino final, estaba contento. Todo el esfuerzo derrochado en los meses anteriores a su primera visita a Saigón había valido la pena.

Natural de Villa del Río, un pueblecito de 6.000 habitantes de la provincia de Córdoba cuya principal actividad consiste en fabricar muebles, Calleja, de 39 años de edad e hijo de un modesto carpintero de pueblo, había sido, probablemente, uno de los primeros empresarios españoles en pisar Vietnam, después de que el Ejército norteamericano se retirase del país, el 30 de abril de 1973, y los vietnamitas comenzaran a recuperarse lentamente de una guerra que, en su última fase, se había prolongado ocho largos y duros años.

Por eso, en su maletín de cuero Sansonite, el empresario cordobés llevaba un protocolo firmado con el Gobierno de Vietnam, al más alto nivel, para suministrar todo tipo de tecnología a aquel país, arrasado, que aún seguía sufriendo las secuelas de la guerra.

Era el 22 de diciembre de 1987. La jornada precedente y las anteriores, Antonio Calleja, acostumbrado al calor andaluz, había tenido que esperar horas y horas en una habitación del hotel Rex de la ciudad de Hô Chi Minh, con la camisa permanentemente empapada por el sudor, con el aire pegajoso bañándole la piel mientras dormía y con un aparato de aire acondicionado ruidoso y desvencijado golpeándole los oídos cuando necesitaba refrescar un poco el ambiente.

A lo largo de una semana, el empresario cordobés había tenido que alimentarse a base de langostas cocidas directamente en el hotel, a 75 pesetas la unidad, y arroz desportillado, similar al que utilizan los pueblos árabes para hacer el «cuscus», esperando ser recibido por la vicepresidenta del Comité del Pueblo, en el que se encarna el Gobierno de la República Democrática y Popular del Vietnam.

Finalmente, el 21 por la mañana, un alto cargo del Partido Comunista le llamó para avisarle de que había llegado el momento.

—Madame Thi Thi le recibirá hoy a las once —le dijo.

Su interlocutor le explicó, gráficamente, cuál iba a ser el protocolo y para hacerle entender el poder que la vicepresidenta del Comité del Pueblo tenía en Vietnam, agregó:

—La señora Thi Thi fue la amante oficial de Hô Chi Minh.

Nguyen Thi Thi era una mujer de unos 80 años, cuyos rasgos denotaban que el líder de la revolución vietnamita, Hô Chi Minh, tenía un gusto exquisito. A pesar de su edad y de su pelo cano, sus facciones revelaban haber sido en su juventud una mujer enormemente guapa.

La vicepresidenta del Comité del Pueblo vestía un traje de gasa rosa claro y su semblante era tan enigmático como el de la mayoría de las mujeres orientales que había conocido Antonio Calleja. Madame Thi Thi le dio la bienvenida oficial al país delante de un enorme mapa-mundi, con el océano Índico como centro del planeta, rotulado en inglés y forrado con papel de celofán.

Allí mismo, en aquella habitación de paredes azules construida con materiales prefabricados, sobre una mesa normal y corriente cubierta con un mantel a cuadros verdes, el empresario español y la vicepresidenta de Vietnam, un país situado a 18 horas de avión de España, suscribían un protocolo de cooperación económica cuyo volumen superaba el de cualquier otro compromiso comercial jamás firmado por el Gobierno español con cualquier país del Sudeste asiático.

En la cabina del avión, con la última camisa blanca que aún le quedaba limpia empapada todavía por el desesperante sudor de la ciudad de Hô Chi Minh, Antonio Calleja abrió su Sansonite y releyó de nuevo el protocolo de intenciones, de más de 30 folios, en cada uno de los cuales aparecía estampada su firma al margen y al pie de los mismos.

Su empresa, Transcomin'86, acababa de comprometerse a construir refinerías, centrales térmicas, fábricas de lubrificantes, un astillero, una planta para fabricar vagones de tren, un centro de montaje de automóviles y una gran planta central para confeccionar comidas preparadas en todo el territorio de Vietnam.

La sociedad que presidía Calleja «venderá a la República Democrática de Vietnam —venía a decir el protocolo— cinco barcos de 5.000 toneladas, un petrolero, quinientos motores de automóvil, transformará varios hospitales y equipará un laboratorio de microbiología completo».

El avión acababa de alcanzar la altura de crucero e hizo un leve giro hacia el Oeste. Las luces de emergencia, que obligaban a los pasajeros a ir sujetos al sillón, se apagaron. Calleja continuó leyendo:

El convenio entre el Gobierno de Vietnam y el empresario andaluz preveía también la cooperación de empresas españolas como Inirail y Babcock & Wilcox, en el desarrollo industrial, comercial y económico de este país asiático y, especialmente, de su capital, Hô Chi Minh. Además, anunciaba la creación de una empresa mixta entre Transcomin y el Gobierno de Vietnam para el control y la realización de los diversos proyectos previstos.

El protocolo suscrito era, sin duda, el sueño de cualquier gran empresario español. Ni Ramón Areces, el difunto presidente de El Corte Inglés, ni Emilio Botín, con el enorme respaldo económico y financiero que suponía el Banco de Santander, habían tenido nunca ante sus ojos un plan como éste, con la posibilidad de invertir 250.000 millones de pesetas en cinco años, dentro del Plan Quinquenal del Gobierno de Vietnam.

Éste era, evidentemente, el «contrato del siglo», por el que muchos empresarios españoles podrían estar dispuestos a pelearse.

La Asamblea Nacional vietnamita, surgida de las elecciones del 25 de abril de 1976, acababa de aprobar una nueva ley que autorizaba las inversiones de capital extranjero en aquel país, caracterizado por una economía estatalizada. Por primera vez, los extranjeros podían presidir los consejos de administración de las empresas radicadas en Vietnam y el Gobierno garantizaba la repatriación de los beneficios obtenidos por las entidades que decidieran instalarse allí.

Por eso, nada más acabar el acto protocolario de la firma del contrato, aquel 21 de diciembre de 1989, lo primero que hizo Calleja fue llamar a su oficina para dar la noticia a sus empleados.

—Nos ha tocado la lotería.

—¡Qué lotería..., si el sorteo se celebra mañana!

—Sí, pero a nosotros nos ha tocado un día antes, aquí en Vietnam. ¡Y nos ha tocado además el Premio Gordo!

Aunque en el Sudeste asiático se vivía aún bajo una economía de guerra, Antonio Calleja no podía quejarse. Había conseguido que el Gobierno de la República Democrática de Vietnam le pagara sus gestiones con una parte del millón quinientas mil toneladas de arroz que los sesenta millones de vietnamitas cosechan cada año para venderlos en el exterior. También había logrado un acuerdo para poder recibir petróleo a cambio de la tecnología necesaria para electrificar la ciudad de Hô Chi Minh o la planta de laminación de acero que había decidido construir de acuerdo con las autoridades del país.

El empresario andaluz había encontrado ya comprador para el arroz con el que el Gobierno de Vietnam le iba a pagar. Mientras él aguardaba pacientemente en el hotel Rex de la mítica ciudad de Saigón (Hô Chi Minh) para ser recibido por la vicepresidenta del Comité del Pueblo, madame Thi Thi, Juan José Galobart, uno de sus colaboradores, había volado a París para suscribir un acuerdo con el empresario de origen judío, Marc Rich, verdadero rey del arroz en el mundo, que le permitiera convertir aquel cargamento en pesetas.

Galobart es un hombre grueso de 62 años de edad que ha dedicado 35 años de su vida al comercio internacional. Aunque de joven había estudiado la carrera de Derecho y la de Ingeniero Industrial, su verdadera vocación era el *trading*. De hecho, había echado los dientes acompañando a su padre, Juan Galobart, como representante de los Domecq, en un viaje interminable en tren por los Estados Unidos hacía ya muchos años, vendiendo las pasas y aceitunas que los norteamericanos pedían por telegrama a Sevilla.

Considerado por todo el mundo como un viejo zorro del comercio internacional, Galobart había sido el maestro que enseñó los vericuetos de las finanzas y el *trading* a Marc Rich y a su antiguo socio, Jacques Hachuel, a los que conocía desde que trabajaron juntos, a mediados de los años sesenta, en una empresa de import-export situada en la Torre de Madrid, en la céntrica Plaza de España de Madrid.

El comercio con el exterior no tenía secretos para él y desde hacía algún tiempo colaboraba con Calleja. Por lo tanto, cuando recibió el télex del presidente de Transcomin pidiéndole que buscara comprador para el arroz vietnamita, Juan José Galobart supo a quién tenía que ver y a dónde.

En el corazón de París, en plenos Campos Elíseos, tenía sus oficinas una de las mayores empresas de comercio de arroz del mundo. Su director era otro viejo amigo suyo, Charles Pinto, un empresario portugués de ascendencia judía, que trabajaba para Marc Rich, el dueño de la sociedad.

Juan José Galobart pidió a su secretario un billete de ida y vuelta a la capital francesa y cinco horas después estaba sentado frente a la persona que más toneladas de grano compra y vende, diariamente, del planeta. El intermediario español y Charles Pinto negociaron a cara de perro durante un día entero. El representante de Marc Rich no quería adquirir el producto vietnamita. Tenía un 35 por 100 de granos rotos, frente al 8 o al 10 por 100 que es habitual en otros de mejor calidad. Apenas había mercado para este tipo de arroz, ni siquiera en los países africanos, acostumbrados a consumir los peores productos del mundo.

Pero Juan José Galobart, un tipo de carácter aparentemente apacible pero bregado en mil batallas, no estaba dispuesto a perder el contrato. Como Charles Pinto tenía que viajar a Bangkok, tomó un avión para el mismo país asiático. En el hotel Oriental, entre camareras thailandesas que servían el té de rodillas ataviadas con tules transparentes, mientras hacían reverencias con las manos y la cabeza, el colaborador de Calleja logró arrancar un acuerdo al hombre de Marc Rich, por el que el portugués se comprometía a pagar 225 dólares por cada tonelada de arroz.

En el Boeing 747 de Air France que le traía de regreso a España, después de atravesar medio mundo, Calleja y sus acompañantes, el ex manager de Julio Iglesias, Alfredo Fraile, y su colaborador, el empresario Francisco Martín Sierra, brindaron aquella mañana con Moët Chandon, un lujo desconocido en Vietnam.

Evidentemente, aquella mañana de diciembre, Antonio Calleja tenía motivos para sentirse feliz. Tras los años que había pasado trabajando como carpintero en el taller de su padre, oficio que le dejó un recuerdo en forma de cicatriz en el dedo índice de la mano izquierda, y después de haberse roto la espalda descargando camiones de pescado en el mercado de Legazpi, en Madrid, para pagarse sus estudios de Empresariales, el empresario andaluz comenzaba a saborear las mieles del triunfo.

* * *

A finales de diciembre de 1987, con un contrato de 250.000 millones de pesetas en el bolsillo, Antonio Calleja pensó, además, que era un empresario libre y que podía volar solo sin tener en cuenta sus orígenes ideológicos ni su larga relación con el Partido Socialista Obrero Español.

Cuando regresó, exultante, de Vietnam, alguien muy importante del PSOE intentó pararle los pies.

—Antonio, no lo olvides nunca. Tú eres un hombre del partido. ¡Árboles más altos han caído!

Calleja desoyó la advertencia. Era de los que pensaban en aquel viejo refrán castellano que decía: «A quien madruga, Dios le ayuda.» Por eso había comenzado a trabajar a una edad excesivamente temprana.

A los quince años, había instalado una fábrica de muebles en su pueblo natal con la que se dedicaba a construir cunas para recién nacidos que luego vendía a El Corte Inglés. Su padre, también carpintero, construía ataúdes, y en Villa del Río, aquella coincidencia se prestaba a todo tipo de bromas y chistes.

—Entre tu padre y tú tenéis controlado el crecimiento vegetativo de la población —le decían los amigos.

A los dieciocho años, el empresario cordobés se trasladó a vivir a Madrid. Para ganarse la vida se dedicó a vender pisos para la inmobiliaria Gol, con oficinas en la Puerta del Sol, al tiempo que empezó la carrera de Empresariales.

Eran los años finales de la década de los sesenta. Calleja conoce en Madrid a Pablo Castellano, a Luis y a Javier Solana y a Enrique Barón y comienza a militar en el Partido Socialista Obrero Español de la clandestinidad.

Meses más tarde, funda la sección cordobesa del partido con Ramón Toledo, un camarero del bar de la estación de ferrocarril; el que luego alcanzaría la vicepresidencia de la Junta de Andalucía, José Miguel Salinas, y Eduardo Rejón, nombrado después consejero de Sanidad del Gobierno Autónomo andaluz.

En una primera etapa, Calleja es nombrado secretario de imagen, para luego ocupar la secretaría de organización y convertirse en miembro del Comité Federal del PSOE, de alcance nacional, donde conoce a Felipe González y a Alfonso Guerra.

—Entonces —explica Calleja— éramos todos como amigos. Trabajábamos unidos como una piña y no había fisuras.

El empresario cordobés tenía el corazón en un lado y la cartera en el otro. Mientras militaba en el PSOE, era el delegado en Andalucía de la empresa Ciex, de Juan Garrigues, considerado por los socialistas como uno de los principales miembros de la oligarquía financiera.

Era un trabajo cómodo. Una o dos veces al mes se entrevistaba con los olivareros y las cooperativas exportadoras de cítricos. De esta manera, se fijaban los precios y las calidades del aceite de oliva y las naranjas que Garrigues exportaba para la Unión Soviética.

En aquella época, la Embajada de la URSS en España era la que mejor podía apreciar su labor y así lo hizo. Desde que empezó a trabajar con Juan Garrigues, el caviar Beluga y el vodka ruso, enviado por el agregado comercial de la Unión Soviética en España, no falta de su nevera.

También el Partido Socialista se aprovecha de sus conocimientos. Como quedó dicho en el segundo capítulo de este libro, a partir de 1980, Antonio Calleja forma parte del entramado de empresas socialistas creadas por Enrique Ballester y a través de Coopex ayuda a sus compañeros de partido a comercializar los cítricos del Levante español en los supermercados de la socialdemocracia alemana en Munich y Bonn.

Pero este sistema empresarial de financiación resulta un verdadero desastre para el partido. Una auditoría interna demuestra que falta dinero en algunas sociedades. Alfonso Guerra ordena cerrar las empresas y pide responsabilidades. Inmediatamente, se pone en marcha una auténtica «caza de brujas» para descubrir a los culpables.

Un día, en 1982, alguien avisa a Antonio Calleja de que el vicesecretario general del partido había encargado la elaboración de un dossier sobre él.

—Ten cuidado con *el Canijo* —le advierten sus compañeros—. ¡Ha ordenado que vayan a por ti!

Calleja estaba cansado de la política y días después pide la baja en el PSOE.

En 1983, cuando su amigo Jorge Soto se marcha de Coopex y funda Proco'75, sigue sus pasos y se dedican juntos a vender buques portacontenedores a la República Democrática Alemana. El negocio es redondo. En lugar de cobrar en divisas convertibles, importan carbón de Alemania Oriental para los altos hornos y la siderurgia del norte de España.

Con el dinero que gana, hace tres cosas importantes. Una de ellas parece algo consustancial a los empresarios socialistas que logran el éxito en su vida: montar una cuadra de caballos —Villa del Río—, cuyos ejemplares corren en el hipódromo de La Zarzuela. La otra, establecer su propia empresa. En abril de 1985, Calleja crea Transcomin, S.A., una sociedad cuyo objetivo social, según consta en la nota registral, es «la actuación como comisionista en operaciones de importación y exportación y actividades de contacto en operaciones de comercio internacional».

Con esta sociedad es con la que el empresario andaluz firma, un año después, en la República Democrática de Vietnam, ante el estupor de muchos empresarios españoles, el mayor compromiso comercial de su vida.

Con un pie en el difícil mercado del Sudeste asiático, su segunda meta va a consistir en conquistar el mercado americano. La oportunidad se le presenta cuando el actual presidente de Colombia, Virgilio Barco, recién elegido Presidente de la República, viaja por vez primera a España, el 31 de mayo de 1988, y firma tres acuerdos de cooperación con Felipe González en el palacio de la Moncloa.

Antonio Calleja, que es socio de Jorge Barco, el hermano del Presidente colombiano, en una empresa inscrita en Bogotá, se desplaza a la semana siguiente a Colombia y firma un acuerdo con su Gobierno para exportar material escolar por valor de 30 millones de dólares.[1]

El empresario cordobés ignoraba sin embargo que éste era un coto cerrado de Enrique Sarasola y Jesús Polanco.

A Calleja, la decisión de Focoex (Fomento de Comercio Exterior) —organismo estatal con el que Sarasola y Polanco trabajan habitualmente— de «levantarle» el contrato le sienta como un tiro. El encontronazo provoca también su primer enfrentamiento serio con el Gobierno socialista y, concretamente, con el ministro Carlos Solchaga.

Según relata el propio empresario cordobés, días más tarde, Solchaga y Calleja, que se conocían desde hacía muchos años, coincidían en una fiesta, en la casa del secretario del ministro, Pepe Casas.

—¿Qué tal los negocios? —preguntó Solchaga a Calleja en cuanto le vio.

—¿Que qué tal los negocios? Pregúntale a los h. de p. que tienes en Focoex, que acaban de quitarme una operación por la cara en Colombia.

—Hombre, no será para tanto —bromeó Solchaga.

Y Antonio Calleja, indignado, levantó la mano para agredir al ministro y calmarse al poco tiempo tras un forcejeo y algunos gritos.

1. Ver capítulo X.

El empresario andaluz se acababa de cavar su propia tumba, pero no dio importancia al incidente y como buen empresario pensó que unas veces se pierde y que otras se gana y que en esta ocasión le había tocado perder.

Sin embargo, en aquel momento, guarda un «as» en la manga con el que espera alcanzar el éxito en el «coto privado» de Focoex y Enrique Sarasola, es decir, en Colombia.

Se trata de las obras del nuevo Metro para la ciudad de Bogotá que el gobierno de Virgilio Barco quiere construir de manera inmediata.

A través de la división de Bienes de Equipo del Instituto Nacional de Industria español, Calleja había sido informado de que Barco, que había ocupado años atrás la alcaldía de Bogotá, quería ofrecer a sus ciudadanos la realización de una red urbana de ferrocarril que supusiera la solución definitiva a los problemas de tráfico de la ciudad y, al mismo tiempo, colocara a la capital colombiana a la altura de las ciudades más avanzadas del mundo, como uno de sus logros al final de su mandato, en 1990.

Para llevar a cabo este propósito, el 31 de marzo de 1987, el Gobierno de la República de Colombia había hecho llegar a 16 países amigos, entre ellos España, el pliego de condiciones «para un contrato intergubernamental para la financiación y ejecución del proyecto de transporte masivo de Bogotá».

El Gobierno español se había dado cuenta, inmediatamente, de que nuestro país no podía abordar en solitario un proyecto de esa envergadura. Francia ocupaba por entonces el primer puesto mundial en diseño y ejecución llave en mano de obras parecidas al Metro de Bogotá. Empresas de este país habían intervenido con éxito en proyectos similares en Santiago de Chile, Brasil, Atlanta, Nueva York, San Francisco, Hong Kong, Egipto, Venezuela, Singapur y Lisboa.

Con buen criterio, la división de Bienes de Equipo del INI había propuesto la creación de un consorcio hispano-francés, y lo consiguió, para tomar parte con ciertas garantías de éxito en el concurso internacional convocado.

Así, el 23 de abril de 1987, quince empresas de ambos países, entre las que se encontraban las francesas Interinfa y Alsthom y las españolas Dragados y Construcciones, Inirail y Macosa, suscribían un acuerdo para realizar una oferta conjunta en mejores condiciones que sus competidores italianos, belgas y canadienses.

Como presidente de Transcomin, la empresa Inirail había encomendado a Antonio Calleja realizar las labores de *lobby* en Bogotá. Los franceses, por su parte, habían contratado a Étienne Ramos, uno de los personajes más introducidos y con mayor nivel de influencia en la sociedad colombiana.

El negocio, de todas maneras, quedaba en casa, porque el empresario cordobés y Étienne Ramos eran socios y en los negocios que llevaban a cabo juntos compartían las ganancias.

Calleja, además, guardaba en una caja fuerte un importante dossier sobre el papel jugado por Enrique Sarasola como intermediario en la concesión de las obras del Metro de Bogotá. Por eso, cuando alguien le informó desde Colombia que el amigo de Felipe González no se daba por satisfecho con haberle quitado el contrato que había firmado con el Gobierno colombiano sino que estaba dispuesto a echarle de Focoex y del INI, respondió tranquilo:

—No te preocupes por Sarasola. Le espero en la operación del Metro de Bogotá.

Calleja, sin embargo, no sopesó bien el calibre del enemigo que tenía enfrente.

Meses más tarde tendrá ocasión de comprobarlo con motivo de un viaje a Bogotá, para tratar de convencer a las autoridades colombianas de que contraten la fabricación del Metro de la ciudad de Bogotá con el consorcio franco-español. Calleja tiene previsto, durante el viaje, asistir a una recepción que va a dar la Embajada de España, donde se van a congregar muchos ministros y altos cargos del gobierno de Virgilio Barco.

Poco antes de salir hacia el acto le llaman por teléfono. Al otro lado, Antonio Porto, director comercial del INI, le dice textualmente:

—Antonio, tú, mejor no vengas.

También empieza entonces a tener problemas en Focoex, la empresa controlada por el clan Solchaga. Ya no es fácil que un director general se le ponga al teléfono. Más difícil todavía resultaría que le recibieran.

Un día, uno de los directores que no se le quiere poner ni al teléfono, le invita a tomar una copa y en un momento del encuentro le hace el siguiente comentario:

—Antonio, me han dado órdenes de que no te reciba.

El empresario cordobés, extrañado, pregunta:

—¿Quién te ha dado esa orden?

—No lo sé. Pero son órdenes de muy arriba. Creo incluso que proceden del Ministerio.

Para Calleja estaba claro. La persona que había decidido su aniquilación como empresario no era otra que el propio Carlos Solchaga o alguien de su entorno.

A comienzos de 1989, el Gobierno colombiano decide no seguir adelante con el proyecto de construcción del Metro de Bogotá. Pero al empresario cordobés la noticia no le afecta para nada. La empresa de ingeniería del INI para la que trabaja, Inirail, prescinde de sus servicios por presiones de altos cargos del Gobierno y del Partido Socialista.

De todas maneras, aunque el INI y Focoex le cierran las puertas, Antonio Calleja piensa que por lo menos le dejarían hacer alguna cosa. A través de Juan José Galobart, una de sus empresas había entrado en contacto con el Gobierno mexicano meses antes. Tras unas duras negociaciones, le había arrancado un compromiso formal para construir cinco barcos en España.

Los buques, de distintos tonelajes, iban a ser contratados con Astilleros Españoles y tenían que estar acabados como muy tarde a finales de 1991. La operación, sin embargo, necesitaba financiación y apoyo oficial y no iba a ser fácil de realizar fuera de los circuitos controlados por el Ministerio de Economía y Hacienda, el INI y el empresario Enrique Sarasola.

Una llamada telefónica acabó convenciéndole de que sus temores no eran infundados.

—Antonio, en el INI dicen que la operación de México la quieren hacer ellos. Piden que les dejes el camino libre.

Su interlocutor era un alto cargo del Instituto Nacional de Industria, uno de los hombres de confianza del ministro de Industria y Energía, Claudio Aranzadi.

—¿Y yo, por qué me tengo que ir? ¿No es ya suficiente con lo que me habéis hecho?

—Me han dicho que te retires y yo me limito a repetírtelo. Ya sabes que aquí el que decide no soy yo.

Calleja se lo pensó un instante.

—Está bien, me voy, pero a ver si le dices a tu gente que Focoex no es el coto de caza de Carlos Solchaga y sus amigos. Y a ver si me dejáis de una vez tranquilo.

La voz, al otro lado del hilo, comentó:

—Como sabes, Antonio, yo no puedo prometerte nada.[2]

Era el 20 de diciembre de 1989. Y lo peor para el empresario cordobés, amigo personal del secretario de organización y número tres del PSOE, Txiqui Benegas, y de media docena de ministros del actual Gobierno socialista, estaba aún por llegar.

* * *

El *broker* Javier López Sanz no era precisamente, hace unos años, lo que se dice un admirador de las Fuerzas Armadas.

Hijo de un general de Intendencia del Ejército de Tierra, con varios hermanos en las Fuerzas Armadas, en el año 1965, para librarse del servicio militar, no se le ocurrió otra idea que escaparse de España y pedir asilo político a las autoridades francesas.

Residió en París hasta el año 1976 y para sobrevivir tuvo que realizar todo tipo de actividades. Luego, las cosas le fueron mejor. Comenzó a trabajar para la Caisse de Depôts y la compañía de viajes Wagons Lits Cook y empezó a viajar por todo el mundo. Por último, se estableció en Venezuela y se dedicó al comercio exterior.

Cuando regresó a España en 1983, López Sanz se trajo consigo dos cosas: un importante bagaje acerca de cómo funciona el comercio internacional en los países en que había vivido y la representación para España de algunas empresas internacionales.

Sin embargo, es ya en España, en 1986, donde entra en contacto con la multinacional francesa Snecma, dedicada a la fabricación de material aeronáutico y aeroespacial.

Snecma y General Electric, otra empresa del sector de la aviación, esta última de capital norteamericano, habían creado años atrás una filial, CFM Internacional, especializada en la fabricación de motores de aviación. Los directivos de esta

2. Finalmente, Calleja, a través de una nueva empresa, inscrita a nombre de sus socios, se llevó el contrato de los cinco barcos, frente a la competencia de otros empresarios socialistas.

última empresa estaban al corriente de que la compañía aérea Iberia —la empresa bandera de la Administración española, queposee una de las flotas más antiguas de Europa—, necesitaba urgentemente renovar 62 de sus aparatos de medio y corto radio de acción en el período 1990-1994.

El contrato de renovación de la flota de Iberia era una tarta de medio billón de pesetas. En la batalla por hacerse con un trozo de ese pastel competían los tres fabricantes más importantes del mundo: las empresas norteamericanas Boeing Aircraft, McDonnell Douglas y el consorcio europeo de aviación, Airbus Industrie, en el que España tiene un mínimo porcentaje de participación a través de Construcciones Aeronáuticas, S.A. (CASA).

En la motorización de los aviones competían CFM, el mayor fabricante del mundo, con la británica Pratt and Wihtney. Sin embargo, la importancia de que se eligieran motores de una u otra marca dependía no sólo de la calidad del material sino del tipo de avión elegido.

Si Iberia renovaba su flota con aparatos fabricados por Airbus Industrie en su factoría de Toulouse o con los de la Boeing Aircraft en sus plantas de Atlanta (Estados Unidos), los motores tendrían que ser de la CFM. Si, por el contrario, el ganador del contrato era la McDonnell Douglas, empresa cuya factoría principal se encuentra en San Luis (Misuri), los aviones vendrían equipados con motores Pratt and Wihtney. La decisión de Iberia a favor de una u otra opción supondría que CFM o Pratt and Wihtney ganaran o dejaran de ganar 60.000 millones de pesetas.

Por eso, cuando Javier López Sanz es contratado por Snecma para trabajar en España en colaboración con General Electric, la otra empresa fabricante del motor CFM, le asigna una misión muy específica:

—Javier, tienes que crear un *lobby* político para introducirnos en el mercado de las contrataciones oficiales españolas.

El empresario López Sanz había pasado dieciocho años fuera de España. Entretanto, el Partido Socialista había alcanzado el poder y él, casi recién llegado al país, se encuentra con que carece de los contactos necesarios para llevar a cabo una operación de ese calibre.

Una misión que aparentemente debía resultarle fácil, dada su experiencia como comerciante internacional, se convierte para él en un calvario durante algunos meses. Sus gestiones en el INI y ante la dirección de Iberia resultan inútiles y sus intentos de acercamiento al Gobierno, más vanos todavía.

Pero un día, alguien le da una tarjeta de recomendación para Manuel Pinedo Ridruejo. Ingeniero industrial, Pinedo había trabajado como director de Viajes Meliá en Bogotá (Colombia) y desde 1985 era el director de comercio exterior de la división de Bienes de Equipo del INI y una persona muy bien relacionada con los altos cargos económicos del Partido Socialista.

Manolo Pinedo le citó un día en su despacho oficial del INI, en la madrileña plaza de Salamanca, hizo que una de sus secretarias le sirviera un café bien calentito, le estuvo escuchando durante una media hora y luego le dijo:

—Vete a ver a Antonio Calleja.

López Sanz estaba harto de rodar de despacho en despacho y le preguntó a Pinedo:

—¿Tú crees que valdrá la pena?

—Él tiene las relaciones.

Javier López Sanz y Antonio Calleja congeniaron desde el primer día. El empresario cordobés le asegura tener muy buenos amigos a todos los niveles: Partido Socialista, Iberia, INI y Ministerio de Industria. Indudablemente, era el hombre ideal.

Un día que los dos han quedado en la casa de Calleja, un chalet del madrileño barrio de Mirasierra, éste le da garantías de que Iberia va a comprar los motores de Snecma y le comenta:

—Ayer mismo estuvo *Txiqui* Benegas aquí.

Calleja señala el sillón en que López Sanz está sentado y agrega, como sin darle importancia:

—Precisamente, estuvo sentado en ese mismo sillón.

Los dos empresarios siguen bebiendo whisky y charlando como dos amigos que se conocen de toda la vida. Calleja hace referencia también a sus buenas relaciones con otros cargos del Partido Socialista y juntos hacen planes para desplazarse, en febrero de 1987, a París para presentar a Calleja en sociedad ante la plana mayor de la multinacional Snecma.

Desde el despacho del empresario andaluz, en la calle Orense 70, y desde el chalet de La Moraleja que se acaba de comprar Javier López Sanz con el dinero ahorrado en Venezuela, hacen los contactos con la sede central de la multinacional francesa en París. López Sanz puede trabajar esos días con tranquilidad en casa. Las navidades han pasado y sus dos hijos han regresado a la universidad canadiense y al colegio público estadounidense donde cursan sus estudios.

Como era de esperar, el viaje a la capital francesa es un éxito total. El empresario cordobés resulta una pera en dulce para los directivos de la empresa francesa. Según una nota interna de Snecma, de 10 de febrero de 1987, Antonio Calleja da garantías absolutas a la compañía de que cuenta con el apoyo del presidente del INI, Luis Carlos Croissier, del subsecretario de Industria, Fernando Panizo, y del presidente de CASA, Javier Álvarez Vara, para llevar a cabo el contrato.

Con estas buenas referencias del PSOE y la industria aeronáutica española, Snecma y CFM firman sendos contratos de consultoría y representación con Transcomin y Fonatrán, las dos empresas de Antonio Calleja dedicadas a los negocios de intermediación.

Javier López Sanz y Antonio Calleja intentan que Snecma y CFM les paguen por sus servicios una comisión de al menos el 5 por 100 del precio final de venta, contando con que Iberia adquiera los motores CFM para la primera fase de renovación de la flota.

Pero la empresa francesa se mantiene inflexible. Sus responsables sólo están dispuestos a pagar una comisión del 2 por 100 sobre el precio final de los motores que se compren para equipar los aviones adquiridos a la Boeing Aircraft, y un 1,5 por 100 para los del consorcio europeo Airbus Industrie.

Calleja echa mentalmente las cuentas.

—Son unos quinientos millones —le dice a Javier López, para quien este contrato es el primer negocio importante de su vida y que responde:

—Menos da una piedra.

De regreso a España, Antonio Calleja y Javier López Sanz firman dos contratos mediante los que se reparten las comisiones y que sirve para abrir entre ellos las primeras divergencias.

—Vamos al cincuenta por ciento, como hemos quedado, ¿no? —pregunta Javier López Sanz.

—No puede ser. Yo tengo obligaciones políticas y he de repartir con otras personas. ¿Qué te parece el 40 por 100 para ti y el 60 por 100 para mí?

—Pues, si es así, muy bien.

Antonio Calleja y Javier López Sanz celebran, a partir de

entonces, varias reuniones con personal del INI. A través del ministro del Interior, José Luis Corcuera, contactan alguna que otra vez con el presidente de Iberia, Narcís Andreu, para pedirle información sobre la operación de compra de los aviones.

El empresario cordobés y su socio López Sanz están convencidos de que el contrato para la renovación de la flota de Iberia va a caer en dos empresas: la norteamericana Boeing Aircraft, considerado el mayor fabricante de aviones del mundo, y el consorcio europeo Airbus, a la que no se podía dejar fuera por las presiones de los socios europeos de CASA sobre el Gobierno español.

Tradicionalmente, la empresa de Atlanta se había llevado siempre un mayor bocado en las ventas a Iberia. En la década de los setenta había logrado introducir sus Boeing 747 «Jumbos» en el segmento de largo recorrido de su flota. Años más tarde, colocó también a Iberia una buena partida de su 727 para el sector de vuelos de corto y medio radio de acción.

La McDonnell Douglas, su rival de San Luis (Misuri), había tenido que conformarse siempre con ocupar el segundo lugar en la política de compras de Iberia. Fuentes bien informadas aseguraban que la inclinación de la balanza del lado de Boeing se debía, fundamentalmente, al poderoso grupo de presión que esta empresa había logrado crear en el seno de Iberia. Incluso, el delegado de Boeing en España en el momento en que se discutía la compra de los aviones era nada menos que el ex presidente de Iberia, Carlos Espinosa de los Monteros.

En el Estado norteamericano de Misuri, los directivos de McDonnell Douglas daban ya por seguro que el contrato de renovación de 62 aviones de Iberia iba a adjudicarse a sus rivales.

Era por otra parte una cuestión de simple lógica. La McDonnell acababa de vender a España 72 aparatos F-18 para el Ejército del Aire español, mediante una operación que había sido considerada como el «contrato del siglo» por parte española, suponiendo para la McDonnell unos ingresos de 300.000 millones de pesetas.

Ahora, simplemente por mantener un cierto equilibrio entre los dos proveedores más importantes de material aéreo, era razonable que el contrato de Iberia se adjudicara a la empresa de Atlanta. En McDonnell Douglas sabían que esto era así y estaban dispuestos a encajar la derrota con deportividad.

Sin embargo, a comienzos de octubre de 1987, Antonio Calleja dispone de los suficientes contactos «políticos» dentro del INI como para poder hacer que la decisión de compra de los aviones de Iberia, exceptuando la cuota que obligatoriamente hay que comprar al socio europeo, Airbus Industrie, pueda inclinarse a favor de cualquiera de los dos competidores norteamericanos: la poderosa Boeing y la McDonnell Douglas.

Calleja sabe también por entonces que el auténtico pastel del negocio se encuentra en la compra de los aviones y que los motores suponen sólo un 20 por 100 del volumen total de la operación.

¿Por qué no iniciar, pues, unos movimientos de mayor alcance y ofrecer sus servicios a la McDonnell Douglas, cuyos responsables estarían dispuestos a pagar a precio de oro sus gestiones ante la Administración española?

* * *

Asesorado por el entonces director de política comercial de la división de Bienes de Equipo del INI, Manuel Pinedo Ridruejo, y probablemente por el ex vicepresidente de la Junta de Andalucía, el también cordobés y amigo suyo, José Miguel Salinas, el presidente de Transcomin, Antonio Calleja, decide lanzar un órdago a lo grande.

El empresario cordobés da instrucciones a su secretaria, Eloísa Alarcón, para que localice al hombre de la McDonnell Douglas en España, el empresario Ricardo Fuster, presidente de la empresa Construcciones Aeronáuticas Españolas (CAESA).

Horas más tarde, en la sede de CAESA, en el edificio Pirámide, situado en el Paseo de la Castellana, 31 de Madrid, el general norteamericano Joseph P. Franklin y Ricardo Fuster, los hombres de McDonnell en España, escuchan de labios de Calleja las posibilidades que existen para la empresa que representan de alterar el equilibrio de fuerzas y quedarse con el contrato de renovación de la flota de Iberia.

Fuster y el general Franklin eran dos entendidos en aviones. El presidente de CAESA fue la persona que, a comienzos de la década de los ochenta, persuadió al Gobierno español para que comprara los 72 aviones militares F-18 con destino al Mando Aéreo de Combate del Ejército del Aire, lo que le reportó a él y a sus socios más de mil millones de pesetas en comisiones.[3]

El general Franklin había sido desde 1983 hasta 1987 el jefe de la misión militar norteamericana en España. Al jubilarse, se compró un chalet en la urbanización de lujo de La Moraleja y montó una empresa de import-export en el Paseo de la Castellana. A pesar de haberse retirado de las Fuerzas Armadas de su país, era un individuo con grandes apoyos e influencias tanto dentro como fuera de los Estados Unidos.

Antonio Calleja conoce a los dos personajes y su participación en el programa FACA. Sabe que en el seno del Gobierno existe un fuerte descontento porque la multinacional norteamericana McDonnell Douglas no ha cumplido con el programa de compensaciones previsto, y lo saca a relucir.

A pesar de estas dificultades, tiene en sus manos la posibilidad de que la empresa de San Luis se haga con el contrato de renovación de la flota de Iberia. Sin embargo, hay un problema de tiempo. Los directivos del INI quieren tomar una decisión en un plazo breve y necesitan que los ejecutivos de la multinacional norteamericana les den una respuesta en un plazo máximo de 48 horas.

—Pasado ese tiempo se considerarán otras ofertas —anuncian.

Franklin y Fuster, que habían perdido toda esperanza de quedarse con una parte del pastel, inician inmediatamente contactos telefónicos con la central de la compañía en San Luis (Misuri). Los directivos de la empresa se manifiestan encantados de conocer a la persona que dice tener la llave del PSOE, para darle la vuelta a la tortilla.

Es el 5 de octubre de 1987. Para los negociadores de la McDonnell, acostumbrados a preparar sus reuniones con un amplio margen, surge un problema. No hay tiempo para desplazar a sus negociadores a España. En consecuencia, se adopta una solución salomónica. El encuentro para discutir las condiciones de colaboración entre Transcomin, la empresa de Calleja, y la McDonnell, se fija a mitad de camino, en un lugar intermedio, entre Misuri y España: en el estado norteamericano de Florida.

Al día siguiente, 9 de octubre, en el vuelo de Iberia IB-965,

3. *Tribuna de Actualidad*, julio de 1988.

Antonio Calleja y su séquito viajan a Florida y se hospedan en las habitaciones 508, 510 y 512 del hotel Grand Bay de Miami, la capital del Estado. Esa misma tarde, en una de las suites del hotel se celebra la primera reunión entre españoles y norteamericanos. Por parte española participan en la misma el presidente de Transcomin, Antonio Calleja, y su vicepresidente, Francisco Martín Sierra.

Por parte norteamericana intervienen Ricardo Fuster y Luis Harrington, vicepresidente y responsable de ventas de la McDonnell Douglas. Como intermediarios están también presentes el general norteamericano Joseph P. Franklin y su socio en Miami, el polaco Joseph Popeck.

Pero no todas las personas que se encuentran al tanto de la operación han viajado a los Estados Unidos. Aida Álvarez, una de las primeras responsables del aparato de finanzas del partido socialista, se ha quedado en Madrid. También lo ha hecho el director de política comercial del sector de Bienes de Equipo del INI, Manuel Pinedo Ridruejo y, por razones de prudencia, el hombre de Snecma y General Electric en España, Javier López Sanz.

Quien sí se encuentra presente en la cita del hotel Grand Bay es José Miguel Salinas Moya, uno de los personajes más influyentes del Partido Socialista en Andalucía.

Compañeros de partido en la provincia de Córdoba, donde habían ostentado los cargos más importantes y representativos del PSOE, Antonio Calleja y José Miguel Salinas compartían más de un secreto y tenían, en esos momentos, otros negocios juntos.

Nacido en Málaga en 1952, Salinas había sido a partir de 1979 diputado del PSOE por Córdoba, presidente de la Diputación, consejero de Gobernación y vicepresidente del Gobierno Autónomo andaluz.

Al abandonar la Junta de Andalucía, meses antes, en junio de 1987, para presentarse a la Alcaldía de Córdoba, Salinas había empezado a cobrar un millón setecientas mil pesetas mensuales, durante un año, de la papelera española Torras Hostench, S.A., una empresa participada por la agencia estatal de inversiones kuwaití KIO (Kuwait Investiments Office).[4]

Tal vez por esta razón, porque previamente habían hecho negocios juntos, en la «cumbre» del hotel Grand Bay de Mia-

4. Los negocios de KIO en España se cuentan en el capítulo XXVI.

mi, José Miguel Salinas y Antonio Calleja son quienes toman las decisiones más importantes, desplazando al otro socio del empresario cordobés presente en el viaje, Francisco Martín Sierra, que ya empieza a sospechar que se va a quedar sin comisiones.

Calleja y Salinas piden a los hombres de McDonnell Douglas 15 millones de dólares por garantizarles que la compañía Iberia va a adquirir sus aparatos.

Para persuadirles de que no están perdiendo el tiempo, el empresario cordobés le dice al vicepresidente de la McDonnell Douglas, Luis Harrington, que habla en nombre del vicepresidente del Gobierno, Alfonso Guerra, y de otros altos cargos del INI, según reveló el periódico *Diario 16*.[5]

Esos y otros argumentos más sólidos llevan a la McDonnell a confiar a Calleja las gestiones de intermediación de su empresa ante Iberia para tratar de inclinar la balanza a su favor en los meses siguientes.

Por eso, al terminar la reunión, Antonio Calleja hace un total de trece llamadas telefónicas a sus contactos en Madrid, algunas de ellas para informar del resultado de las negociaciones. Dos de esas llamadas se producen al número telefónico particular de Aida Álvarez, en ese momento una de las más activas empresarias socialistas del país.

Las restantes conferencias son a Manuel Pinedo, delegado de Bienes de Equipo del INI; al teléfono de Jorge Barco Vargas; al Ayuntamiento de Boadilla del Monte, cercano a Madrid, y al delegado de General Electric en España, Félix Ros James.

* * *

De regreso a España, en el mes de diciembre, el general Joseph P. Franklin, el hombre del INI, Manuel Pinedo, y su mujer acuden un día al notario. Los tres constituyen, sin el conocimiento del resto de los componentes del grupo encargado de negociar con la McDonnell Douglas, la empresa United American Service, S.A.

5. *Diario 16*, 13 de febrero de 1990.

En un rasgo de ingenuidad o por no estar al corriente de la guerra desatada entre los socios españoles para el reparto de las comisiones, el general Franklin se lo cuenta en una carta a su socio Popeck en Miami.

«Esta empresa se ocupará del contrato de McDonnell Douglas como primer encargo», le escribe.

La existencia de la carta sólo es conocida durante algún tiempo por Franklin y su socio Popeck. Entretanto, a finales de ese mismo año, tal y como se había pactado en el hotel Grand Bay de Miami, Iberia adjudica los aviones a McDonnell Douglas y a Airbus Industrie, ante la sorpresa del sector aeronáutico español y de los pilotos de la línea aérea española, que suponían que la Boeing iba a ser la empresa ganadora.

Pero como nadie por entonces está en los entresijos del asunto, los comentarios cesan de inmediato.

Entretanto, Antonio Calleja, que había tenido a Aida Álvarez colocada en su despacho de la calle Orense de Madrid «a petición de gente muy importante del partido», empieza a tomar decisiones de las que luego va a arrepentirse.

Para evitar que la antigua colaboradora de la Secretaría de Finanzas del PSOE esté al tanto de sus operaciones, facilita a Aida una nueva oficina en el número 46, 1, «C», de la calle Ríos Rosas.[6]

También Javier López Sanz comienza a darse cuenta de que su socio Antonio Calleja quiere marginarle. López Sanz sospecha que el empresario cordobés ha cobrado las comisiones de McDonnell Douglas y las ha repartido sin contar con él.

La prueba definitiva la obtiene a finales de mayo, cuando Joseph Popeck le envía desde Miami la fotocopia de la constitución de la empresa United American Service y la carta del general Franklin que da a entender que ya ha cobrado las comisiones por medio de esta sociedad.

—¿Y dónde han ingresado el dinero? —pregunta el «hombre» de Snecma en España.

—No lo sé. Tal vez en Panamá.

López Sanz, que ha contraído algunas deudas a cuenta de las comisiones, estalla:

—¡Pues mi parte de las comisiones no la va a disfrutar!

El 9 de junio, el representante de Snecma en España, renuncia a su sueldo de ochocientas mil pesetas como consultor de

6. Los negocios de Calleja y Aida se cuentan en el capítulo IV.

Calleja en la operación de los motores y rompe definitivamente con Transcomin. Ese día cobra los cuatro millones de atrasos que le deben y se larga.

Y aquella misma noche, entre las sábanas, sin poder dormir un solo minuto, comienza a rumiar su venganza.

* * *

Cuando Enrique Ballester le conoce, Javier López Sanz, el representante de Snecma en España, está loco de furia.

Él no va a cobrar, probablemente, su parte del contrato con McDonnell Douglas, pero a lo que no está dispuesto es a que se le rían en sus propias narices. Antes está dispuesto a organizar un escándalo internacional y a «pringar» a todo el mundo.

Llevaría el tema, si fuera preciso, al Parlamento Europeo y pediría una investigación a fondo sobre el tráfico de influencias en España. Hablaría de las comisiones de McDonnell y Snecma y más de un alto cargo sería llamado a declarar.

Ballester trata de tranquilizarle:

—No seas loco. Espera un poco. Déjame que consulte.

A pesar de que ambos viven en La Moraleja y son vecinos desde hace un año, López Sanz y Ballester se conocen muy poco. El representante de Snecma había acudido a él porque Ballester era un hombre bien relacionado con el aparato de finanzas del partido y podía ayudarle. En una entrevista publicada en *Cambio 16* poco después, Ballester decía:

—Me encargaron (en 1980) que organizara el tinglado empresarial socialista.[7]

—¿Entonces, qué hago, Enrique?

El empresario socialista, sin titubear, replica:

—Salte de esto. ¡No te arrepentirás!

Pero López Sanz quería cobrar a toda costa los doscientos millones largos que le correspondían por la venta de los motores CFM para los 38 motores Airbus adquiridos en diciembre último por la compañía Iberia.

Ballester, sin pestañear, vuelve a insistir.

7. *Cambio 16*, número 954, página 14 y siguientes.

—Déjalo, Javier. Renuncia a las comisiones si es preciso y salte a toda prisa de ese asunto.

El empresario socialista había hecho consultas «muy arriba» en el PSOE y sabía que había instrucciones claras de proporcionar un escarmiento a Calleja. Enfrentado al ministro de Hacienda, Carlos Solchaga, a Enrique Sarasola, al actual secretario de Finanzas del partido, Guillermo Galeote, y al propio Ballester, el empresario cordobés era carne de cañón. Habían decidido ir a por él y la información que Ballester había recibido no podía ser más alarmante.

—El partido está hasta el gorro de Calleja. ¡Hay orden de ir a por él con todas las consecuencias! —dice a López Sanz.

En el PSOE no gustaba la forma en que había tratado de arrebatarle un contrato a Focoex y a Jesús Polanco en Colombia o de vender cinco barcos en México, en abierta competencia con Sarasola. El presidente del INI, Luis Carlos Croissier, pero, sobre todo, el ministro Carlos Solchaga y su mujer, Gloria Barba, no podían oír hablar de él.

En la Moncloa y en el partido ya se había elaborado un dossier sobre sus negocios. Todo el mundo, por un motivo o por otro, parecía haberse confabulado para pedir su cabeza en bandeja.

Pero Javier López Sanz quiere ver correr la sangre de su enemigo cuanto antes. Trata por todos los medios de que intervenga la Policía y lo consigue. En el mes de julio de 1988, un viejo amigo suyo le pone en contacto con un inspector de la Brigada de Información Interior que manda el comisario Alberto Elías.

El representante de Snecma almuerza, días más tarde, con el jefe de la propia brigada, Alberto Elías, y con el Comisario General de Información de la Policía, Jesús Martínez Torres.

Durante la comida, López Sanz pone a la Policía sobre la pista de las actividades de la empresa Transcomin. Pero la Comisaría General de Información tenía ya sus propios informes. Conocía los contactos de Antonio Calleja con *Txiqui* Benegas, el número tres del PSOE, de quien se rumoreaba que vivía en una casa del empresario andaluz,[8] y su estrecha relación con el ministro del Interior, José Luis Corcuera, y con el Director General de la Policía, José María Rodríguez Colorado, con los que, según los informes de la Policía, llegó a tener algunas actividades.

8. La vivienda se encuentra en un bloque de edificios de Mirasierra (Madrid), a donde Calleja ha trasladado su oficina en secreto.

En las semanas siguientes, la Policía se pone en marcha y se hace con las facturas de los hoteles de Miami, las cartas cruzadas entre Franklin y Popeck, los números de teléfono a los que el empresario cordobés llamó después de firmar el contrato con McDonnell Douglas y otros muchos papeles que demuestran la existencia de una operación de tráfico de influencias en el INI e Iberia para llevarse el contrato de renovación de la flota.

También los servicios secretos franceses se habían puesto a investigar por su cuenta, alertados por la multinacional Snecma. El doble juego de Calleja les había hecho perder muchos miles de millones de pesetas, al haber quedado reducidas sus ventas de motores a sólo 38 de los 62 aviones comprados por España.

Una mañana, a mediados de octubre de 1989, un alto cargo de la Embajada francesa llama al despacho de la calle Orense, 70 y pide hablar con Calleja.

El empresario cordobés concierta una cita para una hora después. Puntualmente, se presenta en su oficina una persona impecablemente vestida, que habla el español con un ligero acento extranjero. El visitante le entrega una tarjeta en la que lee: «André Bocchi. Delegado de armamento. Embajada de France.»

Pero los números de teléfono y la dirección en que trabaja el «diplomático» francés, un piso del número 21 de la madrileña calle López de Hoyos, forman parte de la infraestructura clandestina desde donde opera el servicio de información exterior francés en la capital de España.

El visitante, demasiado bien informado para ser un diplomático, pregunta sin rodeos:

—¿Cuánto dinero le han pagado los americanos por su ayuda para conseguir el contrato de Iberia?

Calleja se queda de piedra.

* * *

Entretanto, la Comisaría General de Información de la Policía ha reunido todas las pruebas en contra de Calleja. Jesús

Martínez Torres, Comisario de Información, y Alberto Elías se reúnen a comer con Enrique Ballester y le entregan una fotocopia del dossier que han elaborado.

—Haz con él lo que quieras, pero queremos que se conozca en el partido —le dicen.

Ballester, por entonces, tiene otras informaciones que le confirman que la CIA, por encargo de McDonnell Douglas, ha investigado también el tema y que en Washington no están contentos con Franklin.

Sus compatriotas echan en cara al ex jefe de la Misión Militar Norteamericana en España no haber sabido elegir a sus socios. La «guerra de las comisiones» está a punto de provocar un escándalo que puede dañar la imagen del país en el exterior.

Con todos estos datos en la mano, Ballester organiza un encuentro con Calleja en su despacho de la calle Orense, 70 y le da un ultimátum:

—En el partido me han pedido que vaya a por ti. Pero yo quiero darte una oportunidad. ¡Deja el mundo de los negocios!

Ballester y Calleja habían coincidido en varias empresas del PSOE a comienzos de los ochenta. Luego, en 1984, habían sido socios en la sociedad de import-export Coming. Los dos se conocían de sobra.

—A mí no me echa nadie de mi empresa. ¡Díselo a Sarasola, a Solchaga y a Guerra si quieres! —contesta Calleja.

Otro día, el empresario cordobés invita a un ministro a su casa a tomar unas copas. Durante la velada, el miembro del Ejecutivo le transmite un mensaje:

—Me han dicho que te comente que lo mejor para ti, por ahora, es que te vayas dos años de España.

—¿Que me vaya?

—Sí, que te vayas, por lo menos, a las Bahamas.

Las cosas siguen empeorando y él lo sabe. Semanas antes de las elecciones del 29 de octubre de 1989, Antonio Calleja tira de su chequera y envía un talón a la sede del PSOE.

El responsable de finanzas de Ferraz, Guillermo Galeote, no lo acepta.

El empresario cordobés se da cuenta entonces de que su sentencia de muerte acaba de ser dictada. Sólo falta saber el día y la hora en que se va a celebrar su entierro.

Pero el sepelio se va a producir de forma estrambótica. A comienzos de noviembre, el diputado del Partido Popular por Badajoz y uno de los hombres más combativos del Parlamento español, Luis Ramallo, recibe un sobre blanco con matasellos de Madrid en el que un remitente anónimo le hace llegar el dossier de la compra de los aviones de McDonnell Douglas. A través de una nota que el diputado encuentra en el interior del mismo sobre, alguien le pide que lleve el asunto al Congreso de los Diputados.

Ramallo, sin embargo, cree que los documentos proceden de la Policía y se tienta las ropas ante el temor de provocar una interpelación parlamentaria sin base.

«¿Y si son falsos?», piensa.

—Esto me suena a encerrona. Archívalos donde quieras —le dice a Pilar, su secretaria.

Luego lo piensa mejor y decide enviarlos a la Prensa. Ellos tienen medios y tiempo para sacar el tema adelante.

—¿Y si le hacemos llegar los papeles a los de *El Independiente*? —agrega.

A la secretaria le parece una buena idea. Una excelente y maravillosa idea que los periodistas, sin duda, le van a agradecer siempre, si el informe es auténtico.

El 22 de diciembre de 1989 el periódico madrileño publica en primera página el escándalo. Calleja recuerda la fecha. Apenas dos años antes, el mismo día, era el hombre más feliz de la tierra. Acababa de firmar el contrato de Vietnam.

Ahora es un empresario apestado. Todas las maldiciones del mundo parecen haber caído sobre él.

* * *

Un año después, Manuel Pinedo, director general de Bienes de Equipo del INI, ha perdido su empleo oficial. El *affaire* le ha obligado a someterse a tratamiento siquiátrico y todavía hay dos secuelas que no ha superado: le asusta pasar frente a un quiosco de Prensa y cuando ve a un periodista de frente se cambia de acera.

También le molesta que las empresas le consideren un ejecutivo acabado y que algunos amigos, a los que ha ido a pedir trabajo, le hayan sugerido que se espere uno o dos años «a que la gente olvide» y que se gaste, mientras tanto, la «comisión», de McDonnell, que niega haber cobrado.

Pero lo que de verdad le ha dolido más y le ha llegado al alma es no haber sido invitado a la boda de la hija de su mejor amigo, que era para él como de la familia.

* * *

Antonio Calleja ha tenido que cambiar de casa y abandonar su oficina. Durante varios meses ha necesitado tomar «Valium» para dormir y su empresa, con cinco empleados, tiene problemas para pagar la nómina.[9]

Casi un año después del escándalo de los aviones de Iberia, el Ministerio de Comercio, que le había concedido un crédito para la electrificación de la ciudad de Hô Chi Minh, se lo ha cancelado y el proyecto de Vietnam, el más importante de su vida, está a punto de naufragar.

En los últimos doce meses ha envejecido como en cinco años, ha perdido la fe y la ilusión en los negocios e, incluso, ha dejado de frecuentar los locales donde, a sus 39 años, encontraba chicas guapas y dispuestas a divertirse sin demasiados problemas morales.

—Lo que no les voy a perdonar al PSOE y al director de *El Independiente* —comentó un día a sus amigos— es haberme desmoralizado hasta el punto de perder mis impulsos sexuales y la mayoría de mis novias.

Pero el empresario andaluz se consuela. Para vivir, le queda una representación de azulejos italianos que ha empezado a montar frente a la mezquita de Córdoba, en su tierra natal.

—Este mundo de los negocios es muy cruel y no sé si vale la pena insistir cuando a uno le destruyen lo que ha estado construyendo a lo largo de toda su vida —se lamenta Calleja.

9. Calleja cerró definitivamente su oficina de la calle Orense el 28 de octubre de 1990, cuando este libro ya estaba en imprenta.

De todas maneras, si por alguna casualidad la fábrica de azulejos quiebra, a Calleja aún le queda su viejo oficio de carpintero. En su pueblo natal, Villa del Río, las mujeres aún traen, de vez en cuando, algún niño al mundo y siguen haciendo falta cunas.

XII. LOS NEGOCIOS DE LA ALTA VELOCIDAD

La adjudicación del primer Tren de Alta Velocidad, entre Madrid y Sevilla, supuso una de las mayores operaciones de tráfico de influencias conocidas en España. Alemanes y franceses movilizaron todos sus efectivos para hacerse con una tarta de casi tres billones de pesetas. En España se decidía esos días el futuro ferroviario de Europa, con una inversión de más de doce billones de pesetas.

La semana del 19 al 25 de diciembre de 1988, en plenas fiestas navideñas, el Gobierno de Felipe González vive una de las etapas más difíciles y tensas de su historia.

Esa semana, el Consejo de Ministros, que se celebra, como todos los viernes, en el palacio de la Moncloa, va a adjudicar la construcción de la línea de ferrocarril de alta velocidad entre Madrid y Sevilla, y la capital de España se convierte en un hervidero de grupos de presión.

Las dos empresas fabricantes de material ferroviario más importantes de Europa, la francesa Alsthom y el consorcio alemán liderado por Siemens, se disputan un contrato de 250.000 millones de pesetas.

Las dos multinacionales aspiran a llevarse por separado lo que en la Prensa se empieza a conocer como el «contrato del siglo» en materia ferroviaria.

Para ello, los hombres de Alsthom envían a Madrid nada menos que al vicepresidente de la Unión de Partidos Socialistas de la Comunidad Europea y secretario de Relaciones Internacionales del Partido Socialista Francés, Pierre Guidoni.

Desde mediados de diciembre, en el céntrico y lujoso hotel Villamagna, Guidoni ocupa una de las ocho suites para ejecutivos que se alquilan al precio de 125.000 pesetas por día más IVA, con derecho a una botella de champán francés, a una cesta de frutas y a una botella de agua mineral.

Antiguo embajador de Francia en España, desde enero de 1983 —un mes escaso después de la llegada de Felipe González al poder— hasta el 7 de julio de 1987, Pierre Guidoni acumula unas excelentes relaciones en la capital de España, adonde viaja una vez al mes para estrechar sus contactos en el Gobierno.

Abogado en ejercicio, de 47 años, y diputado socialista por L' Aude, de talante abierto y dialogante, Guidoni es el primer embajador francés que, en setiembre de 1984, llama a los dirigentes de Herri Batasuna, Santiago Brouard y Jokin Gorostidi, a su despacho, para decirles:

—O negocian ustedes con el Gobierno español o en seis meses el santuario francés se acaba.

Desde entonces, Guidoni mantiene unas excelentes relaciones con el entonces ministro del Interior, José Barrionuevo, en la actualidad responsable del Ministerio de Transportes y Comunicaciones, y con Felipe González y Alfonso Guerra, a los que conoce durante el XXV Congreso del PSOE, celebrado en Toulouse (Francia), entre el 13 y el 15 de agosto de 1972.

Evidentemente, Guidoni es la persona más adecuada para hacer labores de *lobby* en Madrid en favor de la multinacional Alsthom. Pero los alemanes no pierden el tiempo y colocan a sus mejores hombres en primera línea. El *lobby* de la República Federal de Alemania (RFA) opera desde el número 8 de la calle Fortuny, un edificio construido hace unos 25 años que alberga la sede de la Embajada de la RFA.

El responsable del grupo de presión alemán es Guido Brunner, un personaje de hablar pausado y aspecto bonachón, de 58 años, hijo de padre alemán y madre española, nacido en el madrileño barrio de Chamberí, y diplomático de carrera.

Brunner, embajador de la RFA en España desde hace muchos años, es una de las pocas personas que puede presumir de haber escondido a Felipe González en 1974 y 1975 de las redadas de la Policía en la Embajada de su país y de tener hilo directo con el palacio de la Moncloa.

Ni Guidoni ni Brunner están dispuestos a dar su brazo a torcer y los conciliábulos y las reuniones con altos dirigentes del PSOE y del Gobierno se suceden durante toda la semana, hasta que el 23 de diciembre la portavoz del Gobierno, Rosa Conde, hace pública la decisión del Ejecutivo sobre la adjudicación del Tren de Alta Velocidad.

El pastel es apetitoso, pero las multinacionales del transporte ferroviario, en realidad, se están jugando en España bastante más que una simple línea de ferrocarril.

* * *

El proyecto del Tren de Alta Velocidad prevé una obra de 476 kilómetros de longitud, de ancho internacional, con una inversión en obra civil de unos 250.000 millones de pesetas, más el coste de los 25 trenes, capaces de alcanzar 300 kilómetros por hora, que van a circular por sus vías.

Para las multinacionales Siemens y Alsthom constituye un bocado apetecible. Pero no tanto como el Plan de Transporte Ferroviario (PTF), aprobado por el Consejo de Ministros el 30 de abril de 1987, para adecuar los ferrocarriles españoles a las exigencias de los países comunitarios, en el horizonte del año 2000.

Este plan, desarrollado bajo la etapa del ministro de Transportes y Comunicaciones, José Barrionuevo,[1] intenta modernizar el sistema ferroviario español y unir las principales ciudades del país con líneas que permitan una velocidad media de 250 kilómetros por hora.

Para ello es necesario cambiar todo el trazado de las vías, construir centenares de túneles y viaductos, vallar miles de kilómetros de línea férrea y actualizar todo el parque móvil de Renfe.

Las inversiones previstas alcanzan los 2,7 billones de pesetas de 1990. Los responsables de Alsthom y Siemens saben que

1. El Plan se elaboró bajo el mandato del ministro Abel Caballero.

la compañía que logre hacerse con el control del Tren de Alta Velocidad Madrid-Sevilla y con las empresas ferroviarias del INI, Maquinista y Ateinsa, de las que quiere desprenderse el Gobierno español, se convertirá en el principal contratista de Renfe, de cara a la aplicación del PTF.[2]

Pero, al mismo tiempo, la francesa Alsthom, que acaba de desarrollar con éxito su sistema en las líneas París-Lyon y Atlantic, y el consorcio alemán integrado por Siemens, Krauss y Maffei, Thyssen Henschel y Asea-Brown-Bovery, que a partir de 1991 pondrá en funcionamiento el suyo entre las localidades de Hannover y Wurzburg, y Mannheim y Stutgart, se juegan en España la posibilidad de imponer su proyecto de Tren de Alta Velocidad en el resto de Europa.

* * *

Ambos modelos de alta velocidad pueden reducir el tiempo de viaje entre muchas ciudades europeas a dos o tres horas y suponen una revolución ferroviaria similar a la que experimentó la aviación comercial cuando se sustituyeron los aparatos de hélice por los impulsados con motores a reacción.

La mayoría de los países de la CEE estudian cómo adaptar su sistema ferroviario en los próximos treinta años. Un período en el que se construirán 30.000 kilómetros de líneas de alta velocidad en Europa con una inversión global que sobrepasará los doce billones de pesetas.[3]

Sólo dos compañías europeas —Siemens y Alsthom— están tecnológicamente capacitadas para hacer frente con éxito al reto de la alta velocidad. Por eso, la decisión del Gobierno de Felipe González, puede hacer subir la cotización de una u otra en las bolsas de todo el mundo o llevarlas a la crisis más profunda.

—O los alemanes o nosotros —dice a un grupo de periodistas españoles el presidente de la compañía francesa, Jean Pierre Desgeorges, a finales del verano de 1988.

Lo que había nacido como un simple problema comercial termina convirtiéndose en un asunto de Estado.

Una lucha sin cuartel que tan sólo acaba de empezar.

2. Revista *Mercado*, número 353, del 8 de julio de 1988.
3. *Euromoney*, noviembre de 1989. *La Vanguardia*, 14 de octubre de 1989.

* * *

El pistoletazo de salida había sonado dos años antes, exactamente el 11 de octubre de 1986.

Ese día, el vicepresidente del Gobierno, Alfonso Guerra, interrogado por la Prensa sobre los problemas de las comunicaciones con Andalucía de cara a la Exposición Universal Sevilla'92, anuncia la noticia a bombo y platillo.

—El Gobierno ha tomado la decisión de construir un nuevo acceso ferroviario a Andalucía.

El Ejecutivo no tenía todavía muy claro cómo debía ser el nuevo tren. Pero los técnicos de Renfe se ponen a trabajar y deciden, por una parte, acortar el recorrido entre las dos ciudades y, por otra, construir un ferrocarril que pueda circular a 200 kilómetros por hora, a mitad de camino entre los vetustos ferrocarriles españoles y los modernos trenes de alta velocidad.

Felipe González, a primera vista, permanecía ajeno a los nuevos rumbos de la historia y un año después, en octubre de 1987, varias empresas constructoras comenzaban las obras de infraestructura básica para la creación de la nueva línea ferroviaria.

Pero el éxito del Tren de Alta Velocidad París-Lyon, que lleva casi cinco años en servicio y ha logrado atraer a 18 millones de viajeros en los últimos doce meses, más las presiones de Alsthom y Siemens, animan al Gobierno español a revisar el proyecto.

En el mes de febrero de 1988, cuando se convoca el concurso internacional para adquirir los primeros trenes, el Gobierno ha decidido ya modificar el trazado de la vía férrea y ampliar el radio de las curvas y el ancho de los túneles para que las nuevas unidades puedan circular a 300 kilómetros por hora.

Ganada esa batalla, las multinacionales del sector se dan cuenta de que fabricar trenes especiales para España, a la larga, no es tan rentable como hacerlo para la Comunidad Europea. Y el Gobierno de Felipe González es forzado de nuevo a modificar el ancho de vía de la línea Madrid-Sevilla, para adaptarlo al internacional.

—De esta manera, España podrá acogerse a las subvenciones que da la Comunidad Europea —afirma la portavoz del Gobierno, Rosa Conde.

A los Ministerios de Transportes y Comunicaciones e Industria, que dirigen José Barrionuevo y Claudio Aranzadi, y a la dirección de Renfe empiezan a llegar estudios técnicos de ambas compañías en los que se demuestra que el cambio de ancho de vía no resultaría demasiado costoso.

El 21 de octubre de 1988, el Gobierno encarga a Renfe un estudio sobre la viabilidad técnica y los costes económicos que supondría un cambio de vía en la nueva línea Madrid-Sevilla y a comienzos de diciembre de ese mismo año, Felipe González da vía libre a la implantación del TAV europeo en España.[4]

La adaptación de las vías españolas al ancho internacional es aprobada por el Consejo de Ministros en su reunión del 9 de diciembre de 1988. Pero desde varios meses antes, los gobiernos de París y Bonn habían comenzado una verdadera cruzada para quedarse con la mejor parte del pastel.

* * *

Los más madrugadores habían sido los alemanes. El 15 de septiembre de 1988, apenas restablecido el curso político, tras las vacaciones estivales, el presidente del partido socialdemócrata alemán (SPD), Hans Hochen Vogel, visita en Madrid a sus colegas españoles.

Hochen almuerza en la «Bodeguilla» con Felipe González y con el número 3 del PSOE, *Txiqui* Benegas, y posteriormente se entrevista con el vicepresidente del Gobierno, Alfonso Guerra.

Aunque en la nota oficial que distribuye la agencia de noticias EFE no se hace referencia alguna al asunto, el presidente del SPD no cansa a sus amigos con discursos retóricos.

A solas con González y Guerra, aborda el «candente» asunto que le ha traído a Madrid: el concurso convocado por el Gobierno para construir una línea de alta velocidad entre Madrid y Sevilla.

4. Renfe, a su vez, contrató los servicios del Stanford Reseach Institute, para evaluar las propuestas presentadas por las multinacionales europeas.

Los alemanes saben que la mayoría de los ministros españoles se inclinan por el tren francés, más experimentado y más conocido internacionalmente. Un tren, el francés, que además ofrece otras ventajas: al estar ya implantado en suelo francés permitiría conectar Lisboa, Madrid y París sin problemas.

Para el Gobierno de Bonn la batalla se presenta difícil y muy compleja, por lo que decide aprovechar cualquier oportunidad para salirse con la suya.

Los franceses, sin embargo, no debían tenerlas todas consigo y organizan una contraofensiva. El 8 y el 9 de octubre nueve ministros del país vecino se encierran, junto a seis miembros del Ejecutivo español, en el hotel San Marcos de León, para hablar de política y también de negocios.

Por parte francesa no faltan los ministros de Industria y de Comercio —ambos relacionados con los intereses de Alsthom y el Tren de Alta Velocidad—, mientras por parte española están presentes el titular de Industria, Claudio Aranzadi, y el de Transportes y Comunicaciones, José Barrionuevo.

La guerra de presiones se desata casi inmediatamente. Veinte días después se presenta en Madrid el jefe del gobierno de Baden-Württemberg, Lothar Spath, al frente de una delegación de cuarenta empresarios de la RFA, entre los que se encuentran representantes de Siemens, Kraus Maffei, Brown Bovery y Thyssen-Henschel.

Los empresarios de la delegación alemana, que llegan a Madrid el 2 de noviembre, van directamente al grano. Se entrevistan con el ministro de Industria, Claudio Aranzadi, almuerzan con el presidente del INI, Jordi Mercader, y son recibidos por el rey Juan Carlos I en la Zarzuela.

Como saben que frente a sus rivales de Alsthom, que han tomado la delantera hace varios meses, no tienen mucho que hacer, diseñan una estrategia para lograr que el concurso no se adjudique por entero a sus competidores.

Y los planes, convenientemente expuestos en los círculos cercanos al Gobierno y al Partido Socialista, empiezan a dar sus frutos.

Los franceses se dan cuenta entonces de que están perdiendo terreno y vuelven a la carga. Esta vez utilizan su artillería más potente.

El 23 y el 24 de noviembre, Felipe González y François Mitterrand se entrevistan en la localidad francesa de Montpellier, al Sur del país, para hablar de los temas comunitarios y de diversos asuntos bilaterales.

Sin embargo, el Presidente francés emplea la mayor parte de la conversación en persuadir a González sobre la conveniencia de que el Gobierno español apruebe el cambio del ancho de vía y compre el tren francés de Alsthom.

En los días anteriores al viaje de Mitterrand, el presidente de Alsthom, Jean Pierre Desgeorges, se había entrevistado con los colaboradores del Presidente galo y les había transmitido la siguiente consigna:

—A los españoles, cuanto más duro se les hable, mejor lo entienden.[5]

Paralelamente, desde el palacio del Elíseo se había filtrado una noticia a la Prensa:

—El presidente Mitterrand considerará un gesto inamistoso que España no adquiera la totalidad del tren a Alsthom.

En este clima, la «cumbre» entre González y Mitterrand no alcanza el tono de cordialidad y entendimiento habituales entre los dos mandatarios. El Presidente español no está dispuesto a considerar todas las pretensiones de Mitterrand, como esperan los directivos de Alsthom.

Durante el encuentro que poco después mantiene González con los periodistas, lanza una declaración aparentemente enigmática sobre el TAV, pero lo suficientemente clara como para que la entiendan los directivos de Siemens y Alsthom:

—El Gobierno español va a inclinarse por una opción europea.

Sus palabras revelan que Francia, a la cabeza hasta entonces según todos los pronósticos, no va a ser la ganadora absoluta.

* * *

Así las cosas, los últimos días iban a resultar muy duros para los grupos de presión de ambas multinacionales.

Alemanes y franceses llevaban tiempo organizando sus respectivos *lobbies* en Madrid. Los franceses habían contactado

5. Revista *SENS*, números 2.192 y 2.193, páginas 1, 2 y 3.

con dos hombres de plena confianza del Presidente del Gobierno: Enrique Sarasola y Julio Feo.

Sarasola, relacionado con la adjudicación del Metro de Medellín, y ligado a los asesores de François Mitterrand, alrededor de los negocios de la comunicación desarrollados en España por Canal Plus Francia, era un avezado especialista en ese tipo de actividades.

Julio Feo, ex secretario de la Presidencia del Gobierno recibía el encargo de trabajar para los franceses del empresario judío Maurice Hatchuel, uno de los representantes oficiosos de Alsthom en España y amigo personal del Presidente venezolano, Carlos Andrés Pérez. Por sus gestiones en el terreno de la imagen y las relaciones públicas, Feo cobra seis millones de pesetas.

El *lobby* francés había tejido una importante red de influencias en otros estamentos de la Administración y tenía también sus peones hasta en el INI. Uno de ellos es Manuel Pinedo, director de Bienes de Equipo y supuesto implicado en el escándalo de los aviones de Iberia.[6]

En última instancia, los franceses creían contar además con el apoyo del ministro de Cultura, Jorge Semprún, un hombre que había hecho su carrera profesional en Francia, aunque no sabían hasta qué punto era importante su ayuda. Semprún llevaba pocos meses en el Gabinete.

Los alemanes se movían de forma bastante menos ostentosa. Su hombre de confianza en Madrid era el embajador de la RFA, Guido Brunner, pero también disponían de canales de información privilegiada, entre los que se encontraba el ex vicepresidente de la Junta de Andalucía, Rafael Escuredo, con despacho abierto en la calle José Abascal, de Madrid.

El abogado sevillano había tenido entre sus primeros clientes a Siemens, empresa con la que contactó a través del presidente de la Fundación Friedrik Ebert en Madrid, Dieter Koniecki, a mediados de la década de los ochenta.

Los hombres de Siemens contaban con el apoyo de la ex colaboradora de la Secretaría de Finanzas del PSOE, Aida Álvarez, y de la empresa ATP Asesores, una de las sociedades supuestamente vinculadas al Partido Socialista.

Según el diario *El Independiente,* otra de las personas que trabajaba para el *lobby* de Siemens era el periodista Germán

6. Ver capítulo XI.

Álvarez Blanco, amigo del embajador de la RFA en España, del número 3 del PSOE, *Txiqui* Benegas, y editor del confidencial económico *Sens*.

Álvarez Blanco, ligado sentimentalmente a la actriz de cine Victoria Vera, niega, sin embargo, cualquier relación con Siemens y el Tren de Alta Velocidad.

—Y al que publique lo contrario, que se atenga a las consecuencias —advierte, en tono amenazador.

Cabe destacar, sin embargo, el hecho de que la revista económica *Sens* (Spanish Economic News Service), que edita Álvarez Blanco, publicara en dos ocasiones, el 8 y el 29 de noviembre de 1988, sendos artículos denunciando las presiones francesas y ocultando las que, por la misma época, ejercía el *lobby* de la República Federal Alemana en España.

«(...) Si Alsthom logra llevarse el paquete global (del TAV)», afirma el *Sens* en su edición del 8 de noviembre de 1988, «la actual inestabilidad laboral y financiera francesa puede traducirse para España en un doble problema: imposibilidad de cumplir los plazos de entrega (y no inaugurar el TAV en 1992) y probable revisión de los precios pactados en función de la caída del franco».[7]

En plena batalla por el «contrato del siglo», la revista de Álvarez Blanco titulaba: «La presión francesa, al rojo vivo».

Álvarez Blanco no se equivocaba. A finales del verano de 1988, en un chalet de Formentor (Mallorca) se reunían los ministros de Interior e Industria, José Luis Corcuera y Claudio Aranzadi, con el propietario de la finca y conocido intermediario socialista, Eduardo Santos, para hablar sobre las posibilidades de Alsthom y la utilización por parte francesa de la política antiterrorista, como elemento negociador.

Pero las presiones de Pierre Guidoni y del embajador alemán, Brunner, no sólo se dejan notar de forma especial en los círculos próximos al Gobierno.

En el despacho del secretario de Finanzas del PSOE, Guillermo Galeote, en la sede central del partido, en la calle Ferraz de Madrid, también se celebran reuniones a puerta cerrada para hablar del TAV y de lo que ofrecen franceses y alemanes.

A estas reuniones asisten el presidente de Renfe, Julián García Valverde; el presidente de Amper, Antonio López, y el miembro de la ejecutiva del PSOE, Francisco Fernández Ma-

7. Revista *SENS*, número 2.192 del 19 de noviembre de 1988.

rugán, uno de los asesores del vicepresidente Alfonso Guerra.

Transcurría la segunda quincena de diciembre de 1988. La recta final estaba cada vez más cerca para las dos empresas que aspiraban a quedarse con el «contrato del siglo».

* * *

Tal y como lo había anticipado Felipe González, meses antes, en la cumbre de Montpellier, el 23 de diciembre de 1988 el Consejo de Ministros español adopta una decisión salomónica.

La construcción de los 24 trenes de alta velocidad se adjudica a la empresa francesa Alsthom, con el compromiso de adquirir las firmas españolas del sector ferroviario, Maquinista y Ateinsa.

Al consorcio liderado por Siemens se le asigna la fabricación de 75 locomotoras de gran potencia y la instalación y el mantenimiento de la señalización de la nueva línea Madrid-Sevilla, contrato en el que participa también Amper, sociedad para la que trabajaba como delegado en Andalucía Adolfo Guerra, uno de los hermanos del vicepresidente del Gobierno.

El acuerdo no satisface del todo a ninguna de las dos partes, que se habían gastado entre un 3 y un 5 por 100 del volumen del contrato en comisiones, pero tampoco perjudica especialmente los intereses de Alsthom ni los de Siemens.

Sólo una persona resultaría, en cualquier caso, beneficiada con el acuerdo, al margen de la decisión que adoptara el Ejecutivo: el *broker* Eduardo Santos.

Antiguo subsecretario del Ministerio de Industria y uno de los más activos intermediarios en las negociaciones para la adjudicación del TAV, había firmado dos contratos de colaboración, uno con Alsthom y otro con Siemens.

Colocando una vela a Dios y otra al diablo, Santos tenía todas las de ganar. Aunque puestos a forrarse no se quedaría precisamente solo.

XIII. RUMASA, UN NEGOCIO «P'AL PUEBLO», DE LA MONCLOA

Amigos de Felipe González y de Juan Guerra, protegidos de Miguel Boyer o personajes ligados a Enrique Sarasola y a KIO se beneficiaron de la reprivatización de Rumasa, un holding cuya expropiación costó a los españoles más que el actual plan de autovías. Entonces, se adjudicaron empresas a las peores ofertas, se derrocharon ayudas millonarias y se «regalaron» sociedades que han hecho ricos a los amigos de la Moncloa. Ahora, la Justicia quiere que se devuelva a sus legítimos dueños.

—Hija, cuando seas mayor, te llevaré a Venezuela. ¡Aquello sí que es el paraíso! —le dijo aquella noche Felipe González a la primogénita de la periodista Consuelo Álvarez de Toledo.

Felipe González, secretario general del Partido Socialista Obrero Español, acababa de regresar de su primer viaje oficial a Hispanoamérica, como representante de un partido español con vocación de convertirse en alternativa de poder, y se mostraba optimista y parlanchín.

Esa noche cenaba en casa de Consuelo Álvarez, una simpatizante del PSOE, y de su marido, Federico Ysart. Los dos eran periodistas y en esa época salían a cenar de vez en cuando con el matrimonio González.

Al actual Presidente del Gobierno, que vivía entonces en un modesto piso del barrio de La Estrella de Madrid, el lujo y las candilejas con que le habían recibido sus compañeros de filas socialdemócratas en Venezuela y Panamá, le habían vuelto loco.

—¡Venezuela! ¡Ése sí que es un país, eso sí que es vida! —volvió a repetir González durante la cena.

El secretario general del PSOE había acudido en aquellos primeros días de octubre del año 1977 a Venezuela, Panamá y Costa Rica, acompañado de su amigo, el empresario socialista Enrique Sarasola. No era éste, sin embargo, un viaje de placer. Las primeras elecciones generales se habían celebrado unos meses antes y el líder socialista acudía a Hispanoamérica en busca de financiación para pagar las deudas contraídas durante la última campaña electoral.

El recibimiento que le dispensaron sus compañeros de la Internacional Socialista fue de los que se recuerdan toda la vida.

El ex presidente de Venezuela y líder del partido Acción Democrática (Adecos), Carlos Andrés Pérez, había ido a recibirle al aeropuerto de Maiquetía y el empresario venezolano, Gustavo Cisneros, le había invitado a su casa, una mansión de varios miles de metros cuadrados, en el Country Club, donde se alojaba el magnate David Rockefeller cuando viajaba a Caracas.

Cisneros, además, se había desvivido en aquel primer viaje de Felipe González a Caracas. Puso a disposición del futuro Presidente del Gobierno español su avión particular, un jet de 14 plazas y a su piloto personal, Eduardo Ortiz, para que González y su séquito viajaran a Panamá para entrevistarse con Omar Torrijos, y a Costa Rica, para ver a Fidel Carazo. Por último, le invitó a pasar un fin de semana en su chalet de Los Roques, un palacio propio de las Mil y Una Noches, situado en uno de los parques naturales más impresionantes del Caribe, en estado semisalvaje, al que sólo se accede en avioneta.

El secretario general del PSOE pudo admirar también en Venezuela el inmenso poder de su nuevo amigo. Hijo de un conductor de autobuses cubano emigrado a Venezuela a comienzos de la década de los veinte, Cisneros era el dueño de casi todo: desde las hamburgueserías, los puestos de helados y algunas líneas de autobuses, hasta la Pepsi-Cola, las tiendas de ordenadores Apple, NCR e IBM o las grandes cadenas de supermercados y las productoras de discos y cintas de vídeo.

El magnate venezolano, íntimo amigo de los presidentes norteamericanos James Carter y Ronald Reagan, era el propietario de Venevisión, el principal canal de televisión venezolano y de parte de las acciones del Canal 10. Cisneros lo controlaba todo. Su influencia llegaba hasta el concurso de Miss Venezuela. La ganadora acababa siempre trabajando para él como modelo publicitaria para los productos de belleza que el clan Cisneros fabricaba.

Pero sus tentáculos abarcaban no sólo Venezuela sino Costa Rica, algunos otros países andinos y hasta los Estados Unidos. En este país, Cisneros pertenecía al consejo asesor del Chase Manhattan Bank, al de la Pan-Am y al de las empresas Beatrice Food, dedicada a la fabricación de golosinas; Spalding, fabricante de artículos de deportes, y Evenflo, dedicada a la producción de ropa para niños.

El periódico norteamericano *Wall Street Journal* evaluaba por esa época el volumen de sus negocios en cuatro billones de dólares y se decía que no era él quien acudía a los políticos para hacer negocios. Eran los políticos quienes se dirigían a él para que les echara una mano ante el Banco Mundial renegociándole alguna deuda o solucionando algún conflicto fronterizo.

Lo que muy pocas personas sabían es que el inmenso poder de la familia Cisneros arrancó el 12 de marzo de 1974, cuando Carlos Andrés Pérez decidió nacionalizar los pozos petrolíferos, las minas de hierro y algunas empresas básicas, controladas hasta entonces por norteamericanos.

Gustavo Cisneros se convirtió a partir de ese día en el hombre de los intereses estadounidenses en Venezuela. Con créditos concedidos por los antiguos propietarios de los pozos petrolíferos, compró algunas empresas; en otros casos negoció las indemnizaciones a sus legítimos propietarios y, a cambio de algunos favores, entró en contacto con las finanzas del partido Acción Democrática (Adecos).

El secretario general del PSOE, hijo de un vaquero sevillano que había estudiado Derecho en la Universidad de Sevilla y apenas unos meses antes vivía en un modesto apartamento de la calle Jacometrezo de Madrid, sin baño ni calefacción, era la primera vez que subía a un jet privado y se hospedaba en una mansión tan lujosa como la de la familia Cisneros en Caracas.

El recuerdo de aquella estancia en Venezuela le marcó de

manera indeleble. Cuando en el otoño de 1977 se despidió de Gustavo Cisneros, entre bromas, el líder socialista proclamó:

—Bueno, hasta que sea Presidente.

En el aeropuerto de Maiquetía, Gustavo Cisneros sonrió:

—Pues hasta que seas Presidente.

Y González cumplió su promesa. En 1983, un año después de alcanzar la Presidencia del Gobierno, iba a pasar sus primeras vacaciones oficiales, acompañado de su mujer, Carmen Romero, a la isla de La Orchila, propiedad del Gobierno venezolano.

Durante la estancia del matrimonio González en la isla, el yate *Paraíso*, de Gustavo Cisneros, un barco construido en Holanda con una cubierta parecida a la de un invernadero, con solárium y aire acondicionado y un observatorio, estuvo atracado en el embarcadero militar de la isla, a disposición del Presidente del Gobierno español.

Desde entonces, el magnate Cisneros se convirtió en uno de los hombres de Felipe González, en la sombra, para algunas actividades de tipo diplomático en Venezuela y Estados Unidos.[1]

El empresario venezolano compró un piso en la calle Alfonso XII de Madrid y empezó a pasar largas temporadas en España, donde una o dos veces al año ofrece una cacería en La Mancha, asiste a la romería de El Rocío, en Almonte (Huelva) y disfruta de algún que otro crucero por el Mediterráneo en el yate *Santa Cruz*. En todas estas fiestas no suelen faltar casi nunca socialistas ilustres como el ex ministro de Economía y Hacienda, Miguel Boyer, el hombre que expropió Rumasa, el empresario socialista Enrique Sarasola o la propia Carmen Romero.[2]

Los viajes de Cisneros a Madrid no iban a resultar en vano. En la capital de España el empresario venezolano estaba preparando uno de los negocios más rentables de su vida.

El 4 de diciembre de 1984 un Consejo de Ministros, presidido por su amigo Felipe González y al que asiste el ministro de Economía y Hacienda, Miguel Boyer, vende a una de sus em-

1. Ver capítulo IV.

2. A una de sus últimas fiestas en su casa, recién reformada, acudieron, a finales de octubre de 1990, los Fierro, los March, los Prado y Colón de Carvajal y los Urquijo. Algunos invitados llegaron a Madrid en sus jets privados desde Estados Unidos e Inglaterra.

presas, Elingra Benegingmaat, B. V., registrada en Holanda, la empresa Galerías Preciados, considerada entonces la segunda en el sector de los grandes almacenes del país.

Galerías Preciados era propietaria, en el momento de la transacción, de una superficie de 954.569 metros cuadrados de inmuebles, valorados, dos años antes, en 22.233 millones de pesetas.[3] Su patrimonio neto contable era de 38.585 millones, debido a una inyección de 34.643 millones de pesetas hecha por el Gobierno con cargo a los Presupuestos Generales, y su plantilla laboral había sido reducida de 12.000 a 10.000 personas.

Según el acta del Consejo de Ministros, la empresa así saneada fue enajenada por el Gobierno a dedo, sin un concurso público previo, por un precio de venta de 750 millones de pesetas, a la empresa Elingra Benegingmaat, propiedad de la familia Cisneros, cuyo capital social en el momento de la compra era de 22.000 florines, poco más de un millón y medio de pesetas.

La operación era el mejor regalo que se podía hacer al hombre que tantos desvelos había demostrado al atender a Felipe González durante sus viajes a Venezuela. En agosto de 1987, meses antes del plazo dado por el Gobierno para poder vender de nuevo los grandes almacenes, el empresario británico Anthony Clegg, propietario del grupo Mountleigh, iniciaba conversaciones con Gustavo Cisneros para comprar la compañía.

El acuerdo definitivo de venta se firmó el 15 de enero de 1988. Anthony Clegg pagó a Cisneros 30.600 millones de pesetas por Galerías Preciados, con lo que el venezolano multiplicó por 40,8 la inversión inicial hecha en la compra de la empresa.

El Estado español, que había invertido 34.643 millones de pesetas para entregarle la empresa saneada a Cisneros, ni siquiera pudo cobrar los impuestos correspondientes por esta segunda venta de Galerías Preciados. Elingra Benegingmaat era una sociedad extranjera y la operación se había realizado en las Antillas Holandesas.

A Gustavo Cisneros no le caben dudas, como se enseñaba

3. Advertencia al lector: Los datos que aparecen en este capítulo proceden de cinco fuentes distintas: las actas de los Consejos de Ministros, la documentación depositada por el Gobierno en el Congreso de los Diputados, las inscripciones realizadas en el Registro Mercantil por los nuevos propietarios de las antiguas empresas de Rumasa, los archivos personales del diputado Luis Ramallo y la información interna de algunos Bancos. Los datos no siempre coinciden. Los autores del libro han procurado elegir en cada momento los más fiables.

en algunos libros de texto del posfranquismo, de que «un buen amigo es el mejor tesoro».

* * *

Marcos Eguizábal, un empresario logroñés de 77 años de edad, también tiene un elevado concepto de la amistad.

Nacido en Villar de Arnedo e hijo de una familia numerosa, compuesta por 14 hermanos, empezó ganándose la vida como su abuelo y su padre: con un pequeño camión con el que recorría los pueblos de La Rioja vendiendo vino a granel.

Luego montó un negocio de fabricación de sacos de yute para la recogida de la patata, fue fabricante de turrón en Zaragoza, empresario de la construcción en Madrid, buscador de agua en El Aventino (Almería) y agricultor en El Ejido.

En todas estas actividades, Eguizábal demostró ser un empresario tirando a mediocre hasta que en 1984, poco después de que el PSOE ganara las elecciones, conoció a Juan Guerra, el hermano del vicepresidente del Gobierno.

Juan Guerra y Eguizábal se proponen hacer negocios juntos y para ello ambos participan, a través de una sociedad interpuesta, en las empresas de restaurantes de los aeropuertos de Madrid y Sevilla.

Tras este primer negocio van a venir otros. En 1985 Juan Guerra y Marcos Eguizábal emprenden una actividad más seria, en torno a la especulación urbanística en las costas de Almería.

Entursa, la empresa del Estado que se dedica a la promoción del turismo, es la propietaria de unos terrenos de 1.100 hectáreas en el cabo de Gata, una de las zonas naturales protegidas por la legislación de la Junta de Andalucía. Y Guerra y Eguizábal los compran en 1985, por un precio ridículo: 165 millones de pesetas.

Los directivos de Entursa, que saben que los terrenos no son edificables, estiman que han hecho un buen negocio. Pero quienes de verdad se han puesto las botas con la operación son Marcos Eguizábal y su socio Juan Guerra.

En abril de 1986, pocos meses después de llevarse a cabo la venta de los terrenos, las autoridades almerienses presentan un nuevo plan protector del medio físico que hace desaparecer la mayoría de las prohibiciones sobre construcción en los terrenos de Entursa.

En 1987, el Ayuntamiento socialista de Almería presenta el Plan Bahía, que prevé 30.000 plazas hoteleras y la construcción de un millón de metros cuadrados. Dos de los tres proyectos, aprobados el 18 de mayo de 1987 por la Junta de Andalucía, se iban a levantar sobre terrenos de Marcos Eguizábal y de Juan Guerra.

Pero para que el negocio fuera más redondo aún, era necesario acabar con la competencia. Y una nueva reforma del plan protector del medio ambiente, que convierte la zona del cabo de Gata y la mayor parte de la costa de Almería —salvo los terrenos del hermano del vicepresidente y Eguizábal— en un parque natural, lo consigue.

Casado y con cinco hijos, Eguizábal era propietario de una pequeña empresa vinícola, «Bodegas y Viñedos», en La Rioja, que fabricaba el vino «Vega Delicias», un mal competidor del célebre caldo de Valladolid, «Vega Sicilia». Sin embargo, la mayor aspiración del empresario riojano era convertirse en un gran cosechero y productor de vinos, un proyecto que ni su abuelo ni su padre pudieron realizar.

Ahora tenía amigos que podían ayudarle a convertirse en el gurú de los vinos en España y el 21 de diciembre de 1984, otro Consejo de Ministros presidido por Felipe González ponía en sus manos tres empresas vinícolas como Drame, S.A., Bodegas Lan y Bodegas Franco Españolas. Un año después, el 12 de diciembre de 1985, culminaba la operación al hacerse con el control de otras dos grandes empresas de la Rumasa estatal: Federico Paternina y Bodegas Internacionales y Díaz Mérito, S.A.

Las cinco bodegas son adquiridas por Eguizábal por poco más de 1.200 millones de pesetas más un pasivo de unos 2.000 millones, cuando el precio de mercado de las cinco bodegas, entonces, es, probablemente, diez veces superior.

Pero aquí no acaban las irregularidades. A pesar de carecer de experiencia en el sector vinícola, dos de las bodegas le son adjudicadas, pese a que su oferta económica es inferior a la de los restantes compradores, con mucha más experiencia y tradición en el sector.

En otros casos, aunque la oferta inicial resultara más ventajosa para el Estado que la del resto de sus competidores, el precio final que Eguizábal paga a la Hacienda Pública resulta rebajado hasta en un 30 por 100, en virtud de una cláusula de corrección incluida por el Consejo de Ministros en el acuerdo de venta, que permitía introducir correcciones a la baja en base a las variaciones patrimoniales experimentadas hasta el momento en que el nuevo propietario se hiciera cargo de los bienes adquiridos.

Eguizábal, que soñaba con convertirse en un gran cosechero y productor de vinos, vio cumplido su objetivo tras la reprivatización de Rumasa. Sus nuevas bodegas de Jerez facturaron en 1987 cerca de 9.000 millones de pesetas y en 1989, el nuevo gurú del vino español se convertía en promotor de la película *Oro Fino*, rodada en sus tierras con la participación de Stewart Granger como actor principal, para promover los caldos de La Rioja fuera de nuestras fronteras.

Claro que Marcos Eguizábal había demostrado una gran capacidad para seleccionar a sus amistades, muchas de ellas en los círculos próximos al poder, tras demostrar una valiosa habilidad para negociar con el Gobierno socialista.

En el mes de enero de 1990, vendía la bodega de Jerez Díaz-Mérito por 4.000 millones de pesetas. Apenas cinco años antes había pagado por ellas 400 millones de pesetas, un precio diez veces por debajo de los beneficios alcanzados con su venta.

Todo ello venía a refrendar la teoría esgrimida por el diputado Luis Ramallo en el Congreso sobre el hecho de que ésta, como otras muchas operaciones, había sido un regalo, incomprensible a menos que haya gente del PSOE en la sombra del negocio.

Ruiz Mateos no sólo lo piensa. También tuvo la oportunidad de comprobarlo. Un día uno de sus hombres de confianza recibió una llamada de Marcos Eguizábal en persona.

—Oye, sé que a José María le interesa recuperar Bodegas Internacionales. ¿Es cierto que queréis comprar?

—Pudiera ser.

—Pues si las queréis, yo no voy a ser quien os diga que no. Preparad 16.000 millones y empezamos a hablar.

* * *

A comienzos de junio de 1985, varios periódicos y revistas nacionales publicaban un anuncio en blanco y negro, a toda página, comunicando a la opinión pública en general que Transworld Construction Incorporated, una de las empresas norteamericanas supuestamente pioneras en el mercado estadounidense de la construcción, venía a instalarse por vez primera en España.

La empresa, que se presentaba como una multinacional con oficinas abiertas en 67 países del mundo, desde Manila, Bangkok o Río de Janeiro hasta Washington, Montreal o Francfort, venía a España —según el anuncio— a poner todo su prestigio internacional y su eficacia al servicio de todos los españoles.

Transworld Construction Inc. había llegado a un acuerdo con el Estado español e iba a comprar en condiciones ventajosas para el erario público la empresa Hispano Alemana de Construcciones, perteneciente al *holding* Rumasa.

Por esa época, la empresa constructota de José María Ruiz Mateos era una de las sociedades más fuertes y saneadas del grupo. Había intervenido en proyectos urbanísticos muy importantes en Irak, Arabia Saudí, Alemania y Francia. En España había construido el aeropuerto de Barcelona, la autopista del Ebro, varios estadios de fútbol y centenares de importantes edificios, entre ellos, las Torres de Jerez.

En el *ranking* de empresas constructoras del país, Hispano Alemana de Construcciones ocupaba el quinto lugar por volumen de obra y facturación, después de Dragados y Construcciones, Agromán, Entrecanales y Tavora y Construcciones y Contratas.

Después de la expropiación de Rumasa por el Gobierno, Hispano Alemana de Construcciones comienza a perder dinero bajo la Administración del Estado. Y el 28 de junio de 1985 la Comisión Reprivatizadora de Rumasa eleva al Ejecutivo una propuesta para vender la empresa a la Transworld Construction Inc.

La transacción se aprueba en el Consejo de Ministros del 10 de julio de 1985. La operación, según la mayoría de los partidos políticos, constituye un auténtico regalo de miles de millones de pesetas por parte del Estado a una entidad de la que en aquel entonces la opinión pública española no tenía datos.

En el momento de la venta, Hispano Alemana de Construcciones tenía un importante patrimonio y una tesorería de 7.025 millones. El pasivo de la entidad, debido a deudas con el Exbank y el Bank of America, era de 7.187 millones.

En estas condiciones, el Estado se hizo cargo de la deuda de la empresa y entregó a los compradores 11.069 millones de pesetas en dos talones.

Por su parte, los compradores pagaron en efectivo al Estado cien millones de pesetas en el momento en que se firmó la escritura pública, el 1 de octubre dc 1985, comprometiéndose a pagar otros 900 millones de pesetas en un plazo de siete años, sin ningún tipo de interés.

En definitiva, una empresa con un patrimonio de 17.000 millones de pesetas, a la que se le inyectan otros 11.069 millones de fondos públicos, se vende, con el visto bueno del Consejo de Ministros, en unos mil millones de pesetas.

El ex presidente de Rumasa, José María Ruiz Mateos, asegura que la persona encargada por el Gobierno de llevar a cabo la transacción fue el ex alto cargo de Dragados y Construcciones y hombre de confianza del Gobierno en la Expo Sevilla'92, Jacinto Pellón.

Amigo personal y compañero de vacaciones del Presidente del Gobierno, Felipe González, Pellón ha aparecido recientemente relacionado con otros escándalos, como el de la urbanización Costa Doñana. En la operación de venta de Hispano Alemana de Construcciones, sin embargo, no hay ningún dato que permita demostrar la intervención de Jacinto Pellón como intermediario o comprador a través de personas interpuestas.

Participara o no Pellón en el asunto, lo más extravagante estaba aún por conocerse. Transworld Construction Inc., la empresa a la que el Gobierno adjudicó la venta de Hispano Alemana de Construcciones, era una sociedad que se había constituido el 12 de junio de 1985, apenas 30 días antes de la enajenación de la antigua empresa de Ruiz Mateos, en el Estado norteamericano de Delaware, el único que permite dentro de las fronteras de los Estados Unidos la creación de «empresas fantasmas».

En el momento en que compró la quinta empresa constructora del país, Transworld Construction Inc. no cotizaba en ninguna bolsa del mundo y su capital social se reducía a 2.500 acciones, valoradas en un dólar USA cada una.

Lo peor, con todo, estaba todavía por llegar. Con los fondos recibidos del Estado, Transworld Construction Inc. adquiere, a su vez, la empresa Huarte y Compañía, una sociedad con 950 trabajadores y un volumen de facturación en torno a los 28.000 millones de pesetas.

Según reconoce el ministro Carlos Solchaga en las Cortes, «algunos socios americanos no aparecen». El Gobierno, para hacer frente al problema de descapitalización de Transworld Construction Inc., obliga a ésta a permitir la entrada en la sociedad del grupo Fiat-Impresit y del Aresbank (Banco Árabe Español), que aportan 1.500 millones de pesetas.

Así y todo, una empresa que daba beneficios en la etapa en que era dirigida por José María Ruiz Mateos, acaba costando a la Hacienda Pública 31.500 millones de pesetas, como consecuencia de la operación de reprivatización diseñada por el Gobierno.

La Fiat había sido recomendada previamente al Ejecutivo español por el entonces presidente de la Banca Nazionale di Lavoro, el compadre de Alfonso Guerra, Nerio Nessi. En el consejo de administración de la sociedad Fiat-Impresit figuraba otro hombre de confianza del poder socialista, el empresario Mario Caprile, un hombre que se había hecho rico en tiempos de Franco vendiendo magnetos italianas para las motos Montesa y que, durante algún tiempo, estuvo en las listas de Aduanas españolas como presunto contrabandista.

El Gobierno no sólo le regaló Hispano Alemana de Construcciones y le dio dinero para comprar Huarte a un grupo económico extranjero. En el verano de 1989, la Dirección General de Infraestructura del Transporte del Ministerio de Transportes, Turismo y Comunicaciones adjudicaba a Huarte e Impresit, una sociedad de la Fiat, constituida pocos días antes mediante una Asociación Temporal de Empresas, el tramo de obra civil del Tren de Alta Velocidad Madrid-Sevilla situado entre Córdoba y Alcolea.

El Banco Atlántico constituía, en febrero de 1983, cuando se expropió el grupo de la abeja, la «perla de Rumasa». Con un centenar de oficinas bancarias abiertas en el país y unos activos contables por encima de los 30.000 millones de pesetas, era una entidad bastante saneada.

Pocos días después de la reprivatización de Rumasa lo reconocía el propio ministro de Economía y Hacienda, Miguel Boyer Salvador.

—No hubiera sido necesaria la expropiación del Banco Atlántico.

La entidad crediticia tenía sus cuentas totalmente en regla. José María Ruiz Mateos, que conocía la situación interna del Banco Español de Crédito, a través de Javier de la Rosa, director general entonces del Banco Garriga Nogués, preparaba en secreto, desde el Atlántico, el abordaje al Banesto para incorporar uno de los «siete grandes» al patrimonio de Rumasa.

El Banco Atlántico, sin embargo, fue uno más de los bienes del consorcio de la abeja intervenidos por el Gobierno el 23 de febrero de 1983. Un año más tarde, el 14 de abril de 1984, el Patrimonio del Estado la sacaba a la venta.

A la oferta acudieron dos compradores: el Banco de Bilbao y el Arab Banking Co. El Consejo de Ministros, sin embargo, adjudicó la entidad a una sociedad integrada por el Arab Banking Co.; el Banco Árabe Español y el Banco Exterior de España.

Las dos primeras empresas, que asumen el 75 por 100 de capital del Banco Atlántico, son propiedad del Gobierno de la República Popular Libia. La tercera, el Banco Exterior de España, es una entidad de crédito público española.

El precio de la venta, según la escritura pública, es de 5.118 millones de pesetas. Este precio equivale a una valoración de las acciones del Banco a 750 pesetas, 250 pesetas por debajo de su valor nominal. Una operación que no se explica.

Meses después de la expropiación del *holding*, el Patrimonio del Estado compró las acciones del Atlántico a los inversionistas privados que tenían su dinero invertido en Bolsa, en acciones de este Banco, a 1.500 pesetas la acción.

La venta del 75 por 100 de la propiedad del Banco Atlántico al gobierno de Moamar El Gadaffi a mitad de precio de la cotización de sus acciones en Bolsa fue otro de los regalos que el Gobierno hizo con cargo a un patrimonio expropiado, que pertenecía a todos los españoles, desde el 23 de febrero de 1983.

El Banco Atlántico, bajo el control de los nuevos gestores, vale en la actualidad, apenas seis años después de la expropiación, a precio de cotización en Bolsa, unos 55.000 millones de pesetas.[4]

4. El Tribunal Superior de Justicia de Madrid ha ordenado la devolución de este banco a Ruiz Mateos.

* * *

Las 18 restantes sociedades que constituían el grupo bancario de Rumasa y que eran vistas con malos ojos por el resto de la Banca española, debido a los altos tipos de interés que pagaban a sus clientes y por la política agresiva de conquista del mercado que practicaban, se subastaron el 31 de julio de 1984.

Para ello, previamente, el Estado procedió a su saneamiento adquiriendo todas las deudas que los bancos de Rumasa tenían contraídas con las empresas del conglomerado empresarial. De esta manera, el activo de los bancos quedaba saneado y constituían un bocado apetecible para cualquier entidad financiera del país que quisiera absorberlos.

El saneamiento se hizo mediante la emisión de 440.000 millones de deuda pública especial, suscrita al 9,5 por 100 de interés, que los siete grandes bancos y cinco medianos compradores de la división bancaria de Rumasa se encargaron de colocar entre sus clientes.

La división bancaria de Rumasa había constituido siempre un problema para los banqueros tradicionales del país. Además de la agresividad empresarial y la fuerte competencia que representaban para el resto del sector, los banqueros clásicos lo veían como algo atípico.

—Nosotros estamos acostumbrados a que los bancos tengan empresas pero no a que las empresas tengan bancos —declaraba el presidente de la patronal bancaria, Rafael Termes, en la asamblea general de la Banca española en 1983.

Pero, una vez saneados por el Estado, los Bancos de Rumasa constituían una pera en dulce para el resto de las entidades financieras del país. A 31 de diciembre de 1982, los bancos de Rumasa, excluidas las cuentas de orden, tenían unos activos totales de unos 900.000 millones de pesetas, representaban el 4,5 por 100 de los activos de la banca española y una inversión crediticia de casi 500.000 millones. La Banca de Rumasa contaba también con una de las primeras redes de captación de clientes del país —un total de 1.034 oficinas— y una plantilla de 7.300 empleados y ejecutivos considerada por todos como una de las mejores del país.

Los Bancos adquirientes no tuvieron que rascarse demasiado el bolsillo para adquirir la división bancaria de Rumasa. Tras el saneamiento y la inyección económica propiciada por el Gobierno, cada acción fue valorada al precio simbólico de una peseta. De esta manera, 18 sociedades bancarias fueron enajenadas del Patrimonio del Estado por lo que vale un chalet en una zona pobre de Madrid.

* * *

Patricio Yon Otarola era, a principios de los ochenta, un ciudadano chileno con residencia en España a quien nadie conocía en el mundo de los negocios, salvo en Valencia, donde era director financiero de la empresa Textiles y Confecciones Europeas, fabricante de los pantalones Lois, que en la actualidad se encuentra en suspensión de pagos.

Su situación no era muy halagüeña hace unos años, pero, considerándose a sí mismo un iluminado de los negocios, dejó su empleo y se presentó un día en Madrid con una tarjeta de Miguel Boyer en el bolsillo, diciendo a todo el que quisiera oírle:

—Éste es mi amigo. E Isabel Preysler, no digamos. Ella hace siempre lo que yo quiero.

Yon Otarola, a quien se considera en todos los informes bancarios como un insolvente total, comienza a merodear por la sede de la Rumasa oficial. Se le ve con frecuencia por los alrededores del despacho del director general del Patrimonio del Estado, Javier del Moral.

A sus amigos les dice que está a punto de que le adjudiquen uno o dos bancos, pero el 5 de diciembre de 1984 el Consejo de Ministros le vende la empresa Laboratorios Friné, de la Rumasa expropiada, y el 26 de junio de 1985 le adjudica la sociedad Unión de Orfebres, S.A.

Yon Otarola demuestra ser un gran comprador. Adquiere Laboratorios Friné, una empresa de productos de belleza, por 79 millones de pesetas a pagar en cuatro años. Pero no sólo no paga ni un duro sino que en el momento de la adquisición es el Gobierno el que le entrega 30 millones de pesetas para «reposición de tesorería».

Con parte del dinero que le da el Estado, Yon Otarola compra Unión de Orfebres, la antigua sociedad cooperativa Plata Meneses que su anterior propietario había transformado en empresa y Ruiz Mateos había tratado de consolidar. Por esta sociedad paga 15 millones de pesetas en efectivo y se compromete a amortizar en ocho años un crédito que esta empresa tenía con el Credit Comercial de Francia.

El antiguo director de la fábrica de pantalones Lois, además de ser un desconocido en el mundo empresarial, no ofrece al Estado ningún tipo de garantías. Threshold Ibérica, la empresa que ha adquirido Unión de Orfebres, tiene un capital social de 500.000 pesetas. Sunrise Corporation Spain, la sociedad que compra Laboratorios Friné, está en peor situación todavía. Se crea el mismo día en que el Consejo de Ministros le adjudica la empresa de Rumasa, con un capital social de 200.000 pesetas.

El 9 de abril de 1986, poco después de consumarse la segunda operación, el diputado del Partido Popular, Luis Ramallo, advertía al ministro Carlos Solchaga sobre las irregularidades de la operación:

—¿Quién es ese señor y quién está detrás de él? ¿Por qué se le hacen estos regalos sin ningún tipo de garantías? ¿Cómo le van a encontrar si se le ocurre liquidar todo y marcharse?

La intervención de Ramallo fue premonitoria. Pocos meses después, Patricio Yon Otarola hipotecó el edificio que Unión de Orfebres tenía en la calle Julián Camarillo de Madrid y compró un local de 700 metros cuadrados en la calle Serrano de Madrid, en la llamada «milla de oro». El local lo puso a nombre de su mujer y lo volvió a hipotecar para adquirir el restaurante Berritz. Por último, hipotecó el restaurante también y adquirió un solar en el Paseo de la Castellana.

Paralelamente, creó varios *consulting* de gestión y a través de ellos canalizó hacia otras empresas la mayoría de los activos de Laboratorios Friné y Unión de Orfebres. A mediados de 1989, sus empresas, descapitalizadas y sin bienes, habían acumulado un pasivo de 3.700 millones de pesetas y las dos sociedades, que daban trabajo a 300 personas, estaban en suspensión de pagos.

El Aresbank, el Credit Comercial de Francia y otros dieciséis Bancos, en los que tenía cuentas pendientes, más el Estado, al que debía 400 millones de pesetas, le perseguían día y noche para intentar cobrar sus deudas.

Lo poco que sacaron en limpio las 200 empleadas de Laboratorios Friné encargadas de vender puerta a puerta la colonia y los esmaltes de uñas que producía esta empresa, fue un viaje a Brasil, en carnavales, con todos los gastos pagados por el visionario y excéntrico empresario.

El 27 de septiembre de 1988, ante esta situación y debido a la carencia de avales, un juzgado de Madrid dictaba orden de embargo contra los escasos bienes, aun no reprivatizados, que se habían adjudicado correspondientes a la Rumasa estatal.

Poco después, los bancos acreedores acababan vendiendo a Comisiones Obreras el edificio de Laboratorios Friné en Madrid, al no hacer frente la empresa a la operación de *leasing* mediante la cual había sido adquirido el inmueble. Patricio Yon pudo aún rescatar algún dinero de las pluvalías generadas, para pagar el sueldo a sus empleados, y vender su otra sociedad, Plata Meneses, en bancarrota, al empresario de orfebrería valenciano, Luis Espuñes.

Patricio Yon Otarola, entretanto, se había hecho con un importante patrimonio inmobiliario sin tener un duro, algo que no parece haber notado el ministro Solchaga.

* * *

El 21 de mayo de 1985 el Consejo de Ministros adjudicaba la venta de la empresa Prevert, S.A., perteneciente al ramo de la alimentación, a la sociedad Mexicana de Comercio Exterior, una empresa creada tres años antes con un capital social de 250.000 pesetas y presidida por un personaje hasta entonces desconocido: Juan Fernández Montreal.

El precio de la sociedad es de 200 millones de pesetas, en los que se incluye un pasivo de 75. Sin embargo, en lugar de proceder a pago alguno, el comprador recibe del Estado en el momento de la compra 11 millones en efectivo para hacer frente a gastos de tesorería y 56 millones en efectos, a cobrar de diversos clientes.

Fernández Montreal, que figura como presidente de Mexicana de Comercio Exterior justo en los meses en que el Gobierno inicia la reprivatización de Rumasa, recibe del Estado español, además, una segunda empresa: Chocolates Trapa.

Aunque el Consejo de Ministros acuerda fijar el precio de venta en 200 millones de pesetas durante su reunión del 25 de junio de 1985, en la escritura pública mediante la cual se formaliza la operación, el precio de venta se fija en 50 millones de pesetas, después de asumir el Estado un pasivo de 1.387 millones de pesetas.

De esta manera, el Gobierno desechaba una oferta sustancialmente más alta, efectuada por la sociedad Forward Enterprise Spain, favoreciendo los intereses de la empresa Mexicana de Comercio Exterior y de Fernández Montreal, un extraño personaje que también aparecía ligado a la empresa fantasma Transworld Construction Inc., que compró Hispano Alemana de Construcciones.

Desconocido en el mundo empresarial español, Fernández Montreal parecía contar en cambio con más amigos en los círculos del Partido Socialista. En 1989, participaba con el ex director general de Radiotelevisión Española, José María Calviño, en la creación del canal privado de televisión Tele 5, ligado en sus orígenes a grupos cercanos al PSOE.

Perteneciente al grupo de empresarios que capitaneaba el presidente de Anaya, Germán Sánchez Ruipérez, en Tele 5, Fernández Montreal entró en el canal privado de televisión con un 15 por 100 de las acciones.

* * *

El notario se lo advirtió a Javier del Moral, director general del Patrimonio del Estado y responsable de la reprivatización de las empresas del grupo Rumasa:

—Si el señor Fouad Jaled Jaffar no tiene el pasaporte, no vamos a poder firmar la escritura.

—¿Es necesario? —preguntó Del Moral.

—Naturalmente. ¿De qué manera, si no, voy a poder dar fe de la venta?

El director general de Patrimonio se volvió hacia su acompañante, un individuo delgado, con marcado aire árabe, y le explicó en un inglés no demasiado ortodoxo la necesidad de exhibir algún documento que acreditase su identidad para poder escriturar una propiedad.

Fouad Jaled Jaffar, vicepresidente ejecutivo de KIO en Europa y una de las personas que más dinero mueve todos los días en el mundo, se encontraba en aquellos momentos en un apuro. Había olvidado el pasaporte en el hotel Villamagna, donde estaba hospedado, y el notario, a pesar de que tenía todos los datos en la escritura que le había preparado uno de sus ayudantes, quería cerciorarse de la identidad de las partes antes de dar fe pública de la venta.

—¿Y no hay otra forma de arreglarlo? —preguntó Jaffar, que empezaba a enfadarse.

—No. Las leyes son así —respondió Del Moral.

El financiero árabe había acudido aquella mañana a la notaría para adquirir el 30 por 100 de Hoteles Agrupados, la cadena hotelera de Rumasa, Lavanderías Turísticas y el casino Tamarindos. Llevaba en el bolsillo un talón conformado por un importe de 1.115 millones de pesetas. Y ahora le decían que tenía que identificarse.

—¿Es que nuestro dinero no vale? —preguntó.

Javier del Moral no sabía ya cómo explicárselo.

—Sí vale. Pero la operación no es legal si el notario no da fe pública de ella.

Fouad Jaled Jaffar dio media vuelta para marcharse, cuando el representante del Aresbank intervino y salvó la situación, avalando con su firma algunas operaciones económicas que quedaban pendientes de pago.

El vicepresidente ejecutivo de KIO para Europa, de todas maneras, salió contento aquel día de la Dirección General del Patrimonio del Estado. El grupo al que representaba acababa de realizar una magnífica operación económica.

Pocos españoles habían oído hablar hasta el 20 de junio de 1984 de Kuwait Investment Office (KIO), una multinacional con oficinas junto a la catedral de San Pablo, en Londres, que había empezado a hacer inversiones en Europa. Ese día, el Consejo de Ministros aprobó la venta de Hoteles Agrupados (Hotasa) a un consorcio formado por la Cadena Sol, del empresario Gabriel Escarrer, y el grupo KIO.

Los nuevos propietarios de los hoteles expropiados el 23 de febrero de 1983 a José María Ruiz Mateos pagaron inicialmente 6.885 millones de pesetas —de ellos, 1.115 el grupo KIO— y asumieron el compromiso de abonar otros 9.400 millones de pesetas antes de 1991 para satisfacer créditos concedidos a la sociedad en la etapa en que estuvo presidida por el empresario jerezano.

La aportación financiera de KIO a la operación quedó reducida, sin embargo, a 2.400 millones de pesetas, ya que en junio de 1987 el grupo kuwaití vendió su participación al hotelero mallorquín Gabriel Escarrer, ante la negativa de este último de sacar a Bolsa los 32 hoteles de Hotasa.

De esta manera, tres años después de la compra, los 2.400 millones de pesetas de KIO se habían convertido en 8.400 millones. El grupo kuwaití, una empresa, a la sazón, desconocida en el país, obtenía alrededor de 6.000 millones de pesetas de plusvalías.

* * *

La expropiación de Rumasa se había producido un viernes 23 de febrero de 1983. Felipe González llevaba por aquel entonces tres meses y veintiséis días en la Moncloa.

Aquel día, Ruiz Mateos estuvo trabajando, como siempre, en su despacho de las Torres de Jerez hasta las diez y media de la noche, ajeno a lo que se le venía encima.

En el palacio de la Moncloa, el Gobierno había estado reunido en sesiones de mañana y tarde, durante bastante más tiempo de lo que era habitual, en el gabinete, que solía concluir sus reuniones poco antes de la hora de almorzar.

La mayoría del tiempo lo habían consumido el ministro de Economía y Comercio, Miguel Boyer Salvador, y los ministros «económicos» del Gobierno, Carlos Solchaga Catalán, titular de Industria y Energía, y Joaquín Almunia, ministro de Trabajo y Seguridad Social, que apoyaban las tesis de Boyer.

Al final, el Gobierno en pleno se había decidido por la expropiación del grupo. Tras una tensa semana de choques y enfrentamientos verbales y escritos en los medios de comunicación, Felipe González y Alfonso Guerra no dejaban tirado a su ministro de Hacienda.

Eduardo Sotillos, el portavoz del Gobierno, fue el encargado de dar la noticia aquella noche a todos los españoles a través de las pantallas de televisión.

A las doce y media de la noche, mientras la primera cadena emitía la película de Miguel Littin *El chacal de Nahueltero*, el coche de Sotillos, un Seat 131 del Parque Móvil, rodó veloz camino de los estudios de Televisión en Prado del Rey.

El comienzo y la estructura del Telediario tuvieron que modificarse para dar cabida a la noticia de última hora que el Presidente González quiso poner en conocimiento de todos los españoles aquella misma noche. Un asistente y un maquillador esperaban al portavoz del Gobierno en las puertas de Televisión Española y a medida que avanzaban hacia el plató le iban maquillando y dándole los últimos consejos.

Acostumbrado a hablar por la radio, de donde procedía, Eduardo Sotillos no tuvo que engolar demasiado la voz para anunciar, con el tono de seriedad preciso, que el Gobierno acababa de expropiar Rumasa.

—La expropiación se ha llevado a cabo —dijo— con objeto de garantizar plenamente los depósitos de los Bancos, de los puestos de trabajo y los derechos patrimoniales de terceros que el Gobierno considera gravemente amenazados.

Sotillos continuó, serio, con su intervención:

—Las razones de esta decisión del Consejo de Ministros entran de lleno en las consideraciones de la utilidad pública y el interés social previstos en el artículo 33 punto 3 de nuestra Constitución. El texto de este artículo, en el apartado citado, dice que nadie podrá ser privado de sus bienes y derechos sino por causa justificada de utilidad pública o interés social, mediante la correspondiente indemnización y de conformidad con lo dispuesto por las leyes.

Y el portavoz del Gobierno concluyó:

—Con esta medida, el Patrimonio del Estado se hace cargo de dichas entidades, asegurando así, absolutamente, los derechos de depositantes y empleados. El Gobierno ha cursado también instrucciones para que, hasta las ocho horas del lunes 28 de febrero, permanezcan cerradas todas las oficinas del grupo Rumasa y se suspenda, hasta nueva orden, la cotización en Bolsa de las acciones de las empresas del grupo.

José María Ruiz Mateos había llegado una hora antes a su casa, un chalet situado en el número 2 de la calle Alondra, en la madrileña urbanización de Somosaguas, y se había quedado a charlar un momento con su mujer, María Teresa, y con sus hijos, en uno de los tres salones de la casa.

Poco antes de la media noche, Bernardo Landeta, novio de su hija Socorro, llamó por teléfono y le dio la noticia:

—¿Has visto la televisión? —preguntó.

Socorro acababa de llegar también de la calle, había saludado a sus padres y se acababa de dar cuenta de que el televisor, en color, marca Grunding, de la casa, estaba apagado.

—¡Pues no! ¿Por qué lo dices? —respondió Socorro.

Landeta no sabía cómo dar la noticia.

—Entonces, ¿no habéis visto el Telediario?

—Pues no, de verdad que no... ¿Qué pasa?

Con tanto misterio, Socorro empezaba a impacientarse.

—Pues, que ha salido Sotillos..., ¿sabes?, el portavoz del Gobierno. Y ha dicho que os acaban de expropiar Rumasa.

Cuando su hija se lo contó a su padre, José María Ruiz Mateos no se lo podía creer. Que un Gobierno le expropiara a él, la persona que más puestos de trabajo había creado en toda España, el empresario que más riqueza había generado en el país, era algo que no cabía en cabeza alguna.

El propietario del consorcio de la abeja no estaba seguro de lo que le habían informado y quiso cerciorarse. Llamó a José Díaz Hidalgo, su más fiel colaborador, y le preguntó si sabía algo. Díaz Hidalgo había presenciado el Telediario en directo.

Quedó afectado por el *shock* y no había tenido tiempo de reponerse y llamar a su jefe.

Ruiz Mateos le preguntó:

—¿Y por qué dicen que han expropiado?

—Creo que han dicho que por «utilidad pública e interés social».

Confundido y desorientado por la noticia, pero conservando la entereza, Ruiz Mateos preguntó de nuevo a su colaborador:

—¿No han agregado nada más? ¿No han dado ninguna otra explicación pública?

—No. Pero creo que mañana el ministro de Hacienda, Miguel Boyer, va a dar una rueda de Prensa.

A las doce y diez de la noche, sin haber asimilado aún la pérdida irremediable de su imperio, el empresario jerezano, miembro supernumerario del Opus Dei, reunió a su mujer y a sus trece hijos ante la imagen de la Virgen del Perpetuo Socorro que presidía uno de los salones de la casa y dijo:

—Por ahora no podemos hacer nada. ¡Vamos a rezar!

Cuando media hora después acudió a la sede de Rumasa, en la madrileña plaza de Colón, el edificio que albergaba el *holding* de la abeja estaba completamente rodeado por la Policía.

Ruiz Mateos pidió permiso para entrar pero se lo negaron.

—¡Usted de aquí no se lleva ni la máquina de afeitar!

Los policías tenían órdenes terminantes de no dejar entrar a nadie ni sacar del inmueble un solo documento.

De regreso a su chalet «Villa de Rota», en Somosaguas, en la soledad del asiento trasero del coche, mientras su hijo Zoilo, al volante del coche, enfila la Casa de Campo, José María Ruiz Mateos cae por fin en la cuenta de que le han desposeído de todo.

«Setecientas empresas valoradas en quinientos treinta mil millones de pesetas que daban empleo a sesenta y cinco mil trabajadores, el mayor imperio económico de España, arrebatado en un momento», pensó para sí mismo.

Nacido en Rota, en la provincia de Cádiz, seis años antes de la guerra civil, había dedicado su vida a los negocios. En 1953, al frente de una bodeguita heredada de su padre había levantado las mayores bodegas de vinos de Jerez. Treinta años después, cuando el Gobierno socialista incautó sus propiedades, su empresa, Rumasa, desarrollaba su actividad en 24 sectores empresariales y él, Ruiz Mateos, era el primer contribuyente a Hacienda.

A lo largo de esos treinta años, el empresario jerezano había trabajado día y noche, sin un minuto de descanso, para hacer de Rumasa la empresa número uno en vinos, pieles, agricultura, ganadería y hostelería; la número dos en el sector de los grandes almacenes; la número cinco en construcción y en el campo inmobiliario; la número ocho en el sector de la Banca y la número diez en el segmento de las grandes aseguradoras.

«Y ahora todo el trabajo, esa multitud de empresas creadas a costa de muchas horas de sueño, de sinsabores y sacrificios, me lo arrebatan de las manos», se repitió una y otra vez mientras el coche atravesaba la verja de hierro de la puerta de su casa, tras activar su sistema hidráulico para abrirla.

Todo se había perdido por un estúpido rifirrafe en los medios de comunicación iniciado pocos días antes, cuando Mariano Guindal, un periodista de la agencia de noticias Lid, preguntó al ministro de Economía, Miguel Boyer, por unas auditorías que el presidente de Rumasa, Ruiz Mateos, se había comprometido a llevar a cabo en sus empresas y a entregar al Gobierno en un plazo convenido.

—Si no se hacen las auditorías en el tiempo acordado les mando a los inspectores del Banco de España —dijo Boyer.

Era el viernes 16 de enero, ocho días antes de la expropiación. La respuesta del ministro de Economía y Hacienda, en un tono duro y amenazador, salió reproducida al día siguiente en las primeras páginas de todos los periódicos.

En la calle, muchos empresarios venían poniendo en duda desde hacía años la solvencia económica y la liquidez de las empresas de Ruiz Mateos. Los consejos del Banco de España para que controlase su expansión y no comprase ninguna empresa más hasta reducir a límites tolerables la concentración de riesgos de los Bancos y las empresas del grupo eran olímpicamente ignorados por el empresario de la abeja, acostumbrado a imprimir una política agresiva y vigorosa a sus negocios.

Pero Ruiz Mateos necesitaba, además, que la opinión pública confiara en él. Y para eso era necesario acallar los rumores de crisis que otros se cuidaban de sembrar en contra suya. Por ello, aconsejado por Antonio Navalón, su asesor de relaciones públicas, que había empezado a trabajar en sus empresas recomendado por el presidente del Banco Popular Español, Luis Valls Taberner, replicó con otra nota más dura. Al día siguiente, sábado 17 de febrero, todos los periódicos del país titulaban: «Rumasa responsabiliza a Boyer de lo que pueda ocurrir en sus empresas.»

La nota oficial de Rumasa se interpretó esa mañana en la Moncloa como un desafío de José María Ruiz Mateos. Y Felipe González, que acababa de cumplir sus primeros cien días en la Moncloa, que había sufrido un golpe de Estado y la humillación de tener que tenderse en el escaño por la debilidad de un Gobierno de la UCD, no estaba dispuesto a sufrir desafíos de nadie.

El presidente González, una persona a quien sus más directos colaboradores califican como un político «soberbio» y «rencoroso» con sus adversarios, lo había advertido días antes de su llegada a la Moncloa ante un grupo de amigos.

—¡A mí nadie me va a echar un pulso. Y el que lo intente, que sepa de antemano, que lo pierde!

Ruiz Mateos tenía, por otra parte, pruebas de ello. En 1981, se había reunido con el secretario general del PSOE para negociar la cesión de 800 hectáreas de la finca La Almoraima —el mayor latifundio de Europa, con 16.000 hectáreas— a los vecinos del pueblo de Castellar de la Frontera (Cádiz).

La finca era propiedad de Rumasa y Ruiz Mateos había llegado a un acuerdo con Felipe González, satisfactorio para ambos. Al actual Presidente del Gobierno le nombraron entonces hijo adoptivo de Castellar y, agradecido, le dijo al presidente de Rumasa:

—Se ve que no eres un campesino. Un hombre del campo no hubiera regalado ni un palmo de tierra.

Meses después, poco antes de llegar al Gobierno, el secretario general del PSOE y Ruiz Mateos se reunieron de nuevo para cenar en casa del abogado Crispín de Vicente, cerca de los Nuevos Ministerios, en Madrid.

Felipe González comenzaba ya a recelar de Rumasa. Y aquella noche lo expresó con toda claridad:

—A mí no me importa que en España haya Rockefellers, pero que no tengan los pies de barro.

Sin embargo, no es explicable que José María Ruiz Mateos, que conocía el carácter y la forma de pensar del Presidente del Gobierno, se mostrara tan inflexible dos días después, el lunes 19 de febrero, cuando en compañía de su asesor, Diego Selva, se trasladó al edificio del Ministerio de Hacienda, cerca de la Puerta del Sol de Madrid, a calmar a la opinión pública y a buscar una salida al problema de las auditorías de Rumasa.

El empresario jerezano se había negado tajantemente a que el Banco de España pudiera entenderse directamente con los auditores de Arthur Andersen, sin la presencia de los directivos de Rumasa, y convocó una nueva rueda de Prensa contra el ministro de Hacienda.

—Una declaración de un ministro como la que hizo Boyer el pasado viernes —anunció solemnemente Ruiz Mateos— es más que suficiente para provocar el pánico en quienes tienen depositado el dinero en nuestros bancos. ¡Alguien está interesado en provocar una catástrofe!

El Gobierno replicó con más dureza todavía y, efectivamente, su enfrentamiento con el empresario más rico de España provocó el pánico. Al día siguiente, enormes colas de clientes se apiñaban ante las sucursales de los 24 bancos de Rumasa para retirar sus ahorros.

El Ejecutivo hizo pública entonces una nota para tranquilizar a los ahorradores. Pero ya era demasiado tarde. Nadie se fiaba ya de nadie. Las colas seguían aumentando y algunos directores de sucursales propusieron abrir por las tardes para poder atender a tanta gente y evitar las protestas de los rezagados.

El pánico también se adueñó del Gobierno. La avalancha de impositores había retirado en tan sólo cuatro días unos 3.000 millones de pesetas de todos los bancos de Rumasa. Pese a todo, el 23 de febrero por la mañana, cuando Miguel Boyer se subió al vehículo oficial para asistir en el Palacio de la Moncloa a la habitual reunión del Consejo de Ministros, llevaba en su cartera el decreto ley de expropiación de Rumasa.

Al regresar a su casa de Somosaguas aquella noche del 23 de febrero de 1983, después de no haber podido entrar en sus propias oficinas del Centro Colón, junto al madrileño Museo de Cera, José María Ruiz Mateos, a pesar del disgusto, dio gracias a Dios de nuevo por haberle dado fuerzas para superar la prueba a la que le había sometido.

Pero Ruiz Mateos, un empresario acostumbrado a mandar y a no dejarse avasallar por nadie, no podía creer que la voluntad divina avalara la expropiación de Rumasa ni que Dios tuviera nada que ver con los egoísmos y las debilidades de los hombres.

Para el empresario jerezano no había acabado todo. Todavía llevaría al Gobierno a los tribunales y lucharía duramente para que le devolvieran lo que él cree suyo. Había perdido una batalla pero la victoria final estaba aún por decidirse.

No era eso, sin embargo, lo que se pensaba en los restringidos círculos del Gobierno. Para el Ejecutivo, el caso Rumasa estaba definitivamente cerrado y no había vuelta de hoja.

* * *

Cuando en 1973 José María Ruiz Mateos compra el Banco de Extremadura y pone al frente del mismo a Antonio Hernández Gil, Luis Ramallo era un corredor de Comercio que necesitaba dedicar muchas horas del día a su trabajo, bien remunerado por otra parte, para ganarse la vida.

En estas circunstancias, el extremeño Ramallo escribió un día al todopoderoso presidente del grupo de la abeja para pedirle que le encargase de los asuntos del banco. La carta no fue contestada y Ramallo continuó con su trabajo. Desde entonces y hasta la expropiación de Rumasa, el 23 de febrero de 1983, no volvió a saber de Ruiz Mateos, salvo por los periódicos.

En el momento en que salta el escándalo, Luis Ramallo es diputado del Partido Popular por Badajoz. Rumasa, que hasta entonces había sido un arma arrojadiza contra Ruiz Mateos, a quien se le echaba la culpa de todos los males encontrados en el mismo, empezaba a convertirse en un *boomerang*, que amenazaba con alcanzar de lleno al propio Gobierno.

Los datos facilitados por el ministro de Economía y Hacienda, Miguel Boyer, en el Congreso de los Diputados, sobre los gastos de la Rumasa estatal, no tenían nada que ver con los que llegaban por otros cauces a la oposición. Algunos balances habían sido manipulados y el Gobierno trataba por todos los medios de cubrir con un tupido velo el asunto.

Pero había una cuestión más preocupante aún. Si la Rumasa de Ruiz Mateos, como decía el ministro Miguel Boyer, se había convertido en los últimos años en una máquina de perder dinero, la gestión del Estado incrementó de manera impresionante las pérdidas hasta hacerlas casi insostenibles.

Hasta 1984, el Partido Popular trató, en varias ocasiones, de hincarle el diente al espinoso asunto. Pero fracasó, al no haber enviado para ello al hombre adecuado. Entre la documentación que periódicamente enviaba el Gobierno al Parlamento, había miles de balances que se debían leer y analizar con mucho detenimiento.

Era una cuestión de mucha paciencia y para esa labor se necesitaba contar con una persona que supiera de Derecho y Economía a la vez. La más adecuada en el Partido Popular era Luis Ramallo, licenciado en Derecho, perito mercantil y corredor de Comercio.

Nieto de un comerciante de pana, de Badajoz, que hizo una importante fortuna a lo largo de su vida, e hijo de un comerciante de juguetes, sólo necesitó un par de semanas para estudiar la documentación sobre Rumasa y darse cuenta de la magnitud del asunto.

—Eso es un tema de Estado —le dijo un día al presidente de su partido, Manuel Fraga.

—¿Lo había dudado usted en algún momento, mi querido amigo?

—El Gobierno ha expropiado Rumasa sin saber lo que hacía. Le dieron un pistoletazo a la empresa y luego miraron a ver por qué.

El líder del Partido Popular escuchaba sin pestañear.

—Aquí hay responsabilidades políticas muy serias. El Gobierno, debido a su mala gestión, ha perdido más dinero en un año con la administración de las empresas reprivatizadas que el que hubiera podido perder Ruiz Mateos en cinco. Además, se han eliminado muchos puestos de trabajo.

Luis Ramallo dio algunas cifras significativas y concluyó con su análisis:

—El daño que el Gobierno ha hecho con la expropiación es muy superior al que se ha querido evitar. Y eso es un error político que estamos pagando todos los españoles y por el que debemos pedir cuentas al PSOE.

Tras la entrevista con el líder de su partido, Luis Ramallo salió de su despacho con una idea muy clara. Había que pedir la creación de una comisión parlamentaria que investigara el escándalo de las pérdidas que había causado la expropiación y posterior reprivatización de Rumasa.

Días después de la expropiación, el Gobierno había creado una comisión especial de investigación del caso Rumasa cuyo objetivo último había sido explicar ante la opinión pública la decisión del Consejo de Ministros.

En aquella comisión, que celebró nueve sesiones a puerta cerrada, declararon cincuenta personas, entre ellas los cuatro últimos gobernadores del Banco de España, tres ex vicepresidentes del Gobierno y siete ex ministros de Economía y Hacienda.

Ahora que había que analizar la gestión del Ejecutivo en torno a la administración y venta de unos bienes que desde el momento de la reprivatización eran del Estado, era lógico que se pusiera en marcha, con más motivo si cabía, otra comisión investigadora.

El diputado del PP planteó el asunto a comienzos de 1985.

—Si el déficit de Rumasa, el 23 de febrero de 1983, era de 259.339 millones de pesetas, y en la actualidad el costo de la expropiación sobrepasa los 800.000 millones, es necesario saber lo que está ocurriendo.

El Grupo Socialista del Congreso se opuso radicalmente a la creación de esta comisión.

—Si usted tiene dudas, señor Ramallo —le dijeron en un pleno del parlamentario—, acuda a los tribunales. Así perderá usted una querella más. Pero no lo dude. Aquí no habrá comisión de investigación.

El diputado Ramallo no se amilanó por los problemas que los socialistas planteaban para que se investigara a fondo un asunto tan oscuro y espinoso.

El Gobierno, a petición suya, enviaba periódicamente al Congreso las actas de reprivatización de las distintas empresas expropiadas a Ruiz Mateos. Pero no se las dejaban sacar de la sala donde se reunía la Comisión de Economía del Parlamento, que presidía su primo, el diputado por Baleares, Juan Ramallo Massanet.

Ramallo, sin embargo, necesitaba una copia de los acuerdos para estudiarlos detenidamente en su casa. Y un día decidió que la única forma de tenerlos era sustrayéndolos de la Comisión, sacando una fotocopia y luego volviéndolos a poner en su lugar de origen.

De esta manera, el diputado descubrió que las más de trescientas empresas expropiadas a Ruiz Mateos habían sido vendidas por la comisión asesora de reprivatización con mayor celeridad que su abuelo al liquidar una pieza de pana: en tan sólo sesenta horas de trabajo, el PSOE había traspasado el mayor imperio económico creado hasta entonces en España.

La anécdota, sin embargo, era, indudablemente, uno de los aspectos más escandalosos que se produjeron durante el proceso de reprivatización.

El 24 de mayo de 1984, en hora y cuarto de trabajo, la comisión vendió cuatro compañías de seguros y seis bodegas de champán. El 16 de junio del mismo año, en hora y cuarto de trabajo, pasaron al sector privado dieciséis bancos. El 19 de ese mismo mes, en dos horas, se reprivatizaron 36 hoteles con 17.616 camas y varias lavanderías.

Otro día, Ramallo, a quien sus compañeros de partido han bautizado con el título de *El llanero solitario*, por su empecinamiento a la hora de intentar desentrañar el «Caso Rumasa», hurgando entre los papeles, se encontró con que el Estado, después de sanear los dieciséis bancos de Rumasa, les concedió un préstamo de 400.000 millones de pesetas a través del Banco de España, al 8 por 100 de interés y a devolver en doce años, antes de reprivatizarlos.

Fue como un regalo. Ese dinero se obtuvo mediante una emisión de deuda pública, al 9,5 por 100, efectuada en julio de 1984. Tan sólo prestando ese dinero al 14 por 100 anual, los dieciséis bancos reprivatizados podrían haber registrado unos ingresos limpios conjuntos de unos 56.000 millones, en un solo año.

En otra ocasión, el 3 de febrero de 1987, el comité de empresa de Hispano Alemana de Construcciones comunicaba por escrito a Ramallo que de los 11.069 millones de pesetas que el Estado había entregado a esta empresa para su saneamiento, sólo habían sido ingresados en una cuenta del Banco Pastor, 9.299 millones de pesetas.

Los 1.770 millones restantes no figuraban en la contabilidad de la empresa. Probablemente, correspondían a las comisiones que se repartieron entre algunas personas consideradas cercanas al PSOE.

Días más tarde, llegaba otro papel a manos del diputado. De acuerdo con este documento, la sociedad contratada por el Estado para que le asesorara en la venta de las empresas de Rumasa, The First Boston Corporation, informaba favorablemente, el 10 de mayo de 1984, la venta de tres compañías de seguros del grupo de Ruiz Mateos a la compañía Caja de Seguros Reunidos, S.A. (Caser).

The First Boston Corporation reconocía, en el mismo escrito, que no tenía un conocimiento profundo del sector en España. Sin embargo, el mismo día en que Caser presentó su solicitud de compra, la informó favorablemente.

Ramallo descubre también que la mayoría de las empresas reprivatizadas por el Consejo de Ministros han sido rebajadas de precio y han recibido créditos y que la venta de muchas de ellas ha sido financiada por el propio Estado. Sólo en un caso, el Consejo de Ministros dice que el precio de venta de una entidad es bajo y pide que se incremente en 93 millones de pesetas.

La empresa era Electroquímica del Noroeste. El comprador, en cambio, no era ningún particular. Se trataba del INI, una entidad financiada por todos los españoles.

El diputado Ramallo es, tal vez, el caso más atípico del Parlamento español. Ha pasado más de cinco años dedicado, en su mayor parte, al «Asunto Rumasa». En ese tiempo ha hecho 402 preguntas verbales y por escrito al Gobierno, ha tenido 29 intervenciones en comisión y pleno y ha efectuado 227 preguntas al Tribunal de Cuentas.

Todo ello le ha supuesto miles de horas de trabajo, algunas veces ocupadas incluso en desplazarse al Registro Mercantil a pedir notas registrales de empresas de Rumasa, además de haber tenido que invertir 150.000 pesetas para blindar la puerta de su casa, un piso alquilado de 200 metros cuadrados, en el Paseo de la Castellana de Madrid, para proteger de posibles robos las decenas de miles de fotocopias que guarda.

A medida que avanzaba, iba descubriendo que la reprivatización del *holding* había sido un negocio montado para beneficio de personas cercanas al poder socialista.

Alfonso Guerra había dicho una vez en un mitin electoral:

—Hubo una vez un empresario que osó desafiar al Gobierno. Y nosotros le dijimos: pues ahora, «t'o pal pueblo».

Cuando Luis Ramallo comentó aquella frase entre sus compañeros de partido, no se guardó la indignación:

—Será, ¡todo para el pueblo de la Moncloa!

Los periodistas del Congreso, que le habían visto aparecer cargado de carpetas llenas de cifras, se echaron a temblar.

—Luis, por favor —le dicen—, no seas cataplasma.

Sus compañeros de partido no se explicaban tampoco muy bien por qué continuaba dedicado a Rumasa, siete años después de consumada la expropiación, a lo que él les solía responder:

—Para que se vaya sabiendo poco a poco lo que pasó. Para que la verdad sirva de escarnio al Gobierno.

En los cinco años que lleva estudiando personalmente la reprivatización de Rumasa, Ramallo ha solicitado en múltiples ocasiones la creación de una comisión de investigación sobre el caso, tantas veces como el Gobierno se ha negado a ello. El 9 de diciembre de 1987 fue el propio ministro de Economía y Hacienda, Carlos Solchaga, quien le respondió:

—No va a existir, mientras yo sea ministro y pueda influir sobre ello, esa Comisión de Investigación sobre Rumasa. Téngalo usted por seguro, señor Ramallo.

Desde entonces, los enfrentamientos entre el diputado del Partido Popular por Badajoz y el ministro Carlos Solchaga han sido frecuentes.

El tema de discusión ha sido siempre el mismo: el coste que ha supuesto Rumasa para los españoles. Mientras el Ministerio de Economía y Hacienda reconoce en un informe oficial que el coste, a 31 de agosto de 1988, era de 668.257 millones, algunos miembros del Tribunal de Cuentas hablan de 883.598 millones.

Frente a todos ellos, el diputado del Partido Popular, Luis Ramallo, echa otras cuentas y calcula que la reprivatización de Rumasa, a 1 de enero de 1990, ha costado a los españoles ya más de un billón de pesetas, es decir, varias decenas de miles de pesetas por español.

Ramallo, en sus cálculos, no incluye sólo las pérdidas directas del Estado sino el lucro cesante por los préstamos del Estado al grupo, a cero pesetas o a muy bajo interés, un análisis que no gusta en absoluto al ministro Solchaga, que en otra ocasión se volvió a enfrentar al diputado popular en el pleno del Congreso:

—Usted tiene una ignorancia enciclopédica —le dijo de entrada.

—Y usted una cara de hormigón armado —le respondió Ramallo.

El diputado extremeño aguanta así hasta 1989. Ese año, cuando Ruiz Mateos crea un grupo político y se presenta a las elecciones, pierde toda su fe en el empresario jerezano y decide arrojar la toalla. Carlos Solchaga, por fin, respira tranquilo.

* * *

Ruiz Mateos piensa que la esperanza es lo último que se pierde y desde el principio se dispuso a presentar batalla contra el Gobierno en todos los frentes.

Tras la expropiación de Rumasa, el empresario jerezano presentó una querella ante el Tribunal de Cuentas contra el Presidente del Gobierno, Felipe González Márquez; el ministro de Economía y Hacienda, Miguel Boyer Salvador y los administradores designados por el Estado de las sociedades de la abeja, Javier del Moral, Jaime Isaac y Juan Lladó.

Paralelamente, sus abogados llevaron al Estado español hasta el Tribunal Europeo de Derechos Humanos de Estrasburgo, por supuesta indefensión del antiguo propietario de Rumasa ante la Ley. Al cabo del tiempo, después de admitir el Tribunal Europeo la querella en 1987, Ruiz Mateos ha llegado a presentar en los tribunales ordinarios más de mil procedimientos de justiprecio, de reversión de sus empresas y de otro tipo, e innumerables querellas criminales.

Hasta ahora, los esfuerzos realizados para ver sentados en el banquillo de los acusados a Felipe González y al ex ministro de Hacienda, Miguel Boyer, han resultado inútiles. Pero él sigue pensando que la decisión del Gobierno de aquel 23 de febrero de 1983 fue una injusticia y quiere que alguien le repare de los daños ocasionados y pague por ello.

El blanco principal de todas sus iras, sin embargo, no se sienta en el Consejo de Ministros. Lo hace en el consejo de administración del Banco Popular Español y responde al nombre de Luis Valls Taberner, un miembro del Opus Dei, a quien considera el máximo responsable de todos sus males terrenales.

—Por Dios que tendrá que pagar por ello —decía recientemente Ruiz Mateos a un grupo de amigos, aunque la Justicia no hubiera sido precisamente eficiente en su caso.

El 23 de febrero de 1990, siete años después de la expropiación, la mayoría de los procedimientos judiciales continuaban en fase sumarial en distintos juzgados de Madrid.

Sin embargo, cuatro meses más tarde, un juzgado le daba por primera vez la razón. Ocurría el 26 de junio de 1990. El Tribunal Superior de Madrid, en una histórica sentencia, obligaba al Estado a devolver dos de las empresas expropiadas: el Banco del Norte y la aseguradora Atlas. Posteriormente, otros tribunales ordenaban también la devolución a Ruiz Mateos del Banco de Toledo, el Banco Atlántico y de las empresas Fisis, Status y del edificio Rumasa de Madrid, hoy propiedad de la Compañía Telefónica, S.A.

Con estas sentencias, el Tribunal Superior de Justicia de Madrid aceptaba la tesis de la defensa del empresario jerezano. Tanto él como sus abogados sostienen que el Gobierno no ha cumplido los fines de interés público ni la utilidad social que se pretendían con la expropiación.[5]

Las dos primeras sentencias se produjeron en el aniversario de la muerte de Escrivá de Balaguer, fundador del Opus, y en

5. En la primera quincena de noviembre de 1990, otra sala del Tribunal Superior de Madrid dictaba una sentencia en sentido contrario, por lo que la resolución final va a depender del Tribunal Supremo.

la víspera de la festividad de la Virgen del Perpetuo Socorro, patrona de Rumasa.

Para José María Ruiz Mateos, el hombre que hace diez años lo era todo, estas coincidencias son algo providencial. Lo malo es que, pese a que pueda tener a los santos a su favor, el Gobierno continúa estando radicalmente en contra.

XIV. HAGAN JUEGO, SEÑORES

El juego, un negocio que mueve billones de pesetas al año, ha pasado de ser una actividad mal vista y casi clandestina a formar parte del entramado financiero de casi todos los partidos políticos. Desde el PSOE hasta el Partido Nacionalista Vasco, incluyendo destacadas personalidades de la vida política, han tratado de engrosar sus arcas controlando sus beneficios. La lucha entre los diferentes clanes políticos por el control de casinos y loterías ha sido el pan nuestro de cada día durante los últimos años.

El 10 de mayo de 1988 el embajador Manuel Prado y Colón de Carvajal, amigo personal del rey Juan Carlos, reunía en el hotel Alfonso XIII de Sevilla a las autoridades andaluzas, para presentar en sociedad el que se esperaba fuera uno de los proyectos más lujosos de cara a la Expo'92.

En los amplios salones del hotel y ante más de 1.500 invitados, el descendiente de Cristóbal Colón dio a conocer sus planes para construir un amplio complejo urbanístico en pleno centro de la capital andaluza, junto al Guadalquivir, valorado en algo más de 9.000 millones de pesetas.

En una fiesta por todo lo alto, en la que corrieron el champán y el caviar, Prado y Colón de Carvajal exhibió una maqueta explicativa de cómo iba a quedar remodelada la zona de Los

Bordales, entre los puentes de Carrero Blanco y Alfonso XII, en el futuro, de acuerdo con un proyecto del arquitecto español de fama internacional, Ricardo Bofill.

El proyecto no dejaba nada a la improvisación. Contemplaba el saneamiento del río Guadalquivir en la zona, la recuperación de la vida ciudadana en una parte tradicionalmente descuidada de la capital andaluza, la creación de un puerto deportivo, instalaciones culturales y recreativas y la construcción de un centro comercial.

También se había previsto la creación de un hotel de 290 plazas que, en aquellos momentos, se consideraba el más lujoso y caro de Europa. La idea era que incluso se convirtiera en el símbolo de la ciudad ante la Expo'92, al alojarse en él las representaciones de más alto nivel de los países asistentes.

El hotel llevaba un sonoro nombre: Juan Carlos I. En carta personal dirigida a Manuel Prado y Colón de Carvajal fechada el 7 de abril de 1988, el Rey de España había autorizado a los promotores a emplear ese nombre.

Los responsables del proyecto habían pensado que el complejo hotelero pudiera estar acabado a mediados de 1991. Sus 40.000 metros cuadrados de instalaciones podían albergar, además, el gran casino de juego que la ciudad de Sevilla necesitaba para el futuro.

Muy entrada la noche, cuando concluyó la fiesta del hotel Alfonso XIII, muy pocas personas dudaban de la viabilidad del nuevo complejo. Contando con las más altas bendiciones de la nación y los apoyos financieros suficientes, todas las dificultades parecían vencidas.

Sin embargo, uno de los asistentes a la velada de presentación del nuevo hotel, el empresario andaluz Manuel Domínguez, estaba seguro aquella noche de que Manuel Prado y Colón de Carvajal no las iba a tener todas consigo.

Vicepresidente del Betis y hombre ligado al Partido Socialista Obrero Español, Domínguez llevaba algunos meses trabajando en su consultora Deuno, en el número 6 de la calle Harinas de Sevilla, sobre un proyecto similar, para construir un casino en San Juan de Aznalfarache, en las afueras de la capital andaluza.

Varios estudios de mercado, realizados algunos meses antes, demostraban que un proyecto lúdico de ese tipo iba a ser el gran negocio de 1992 cuando Sevilla, que no cuenta con ningún tipo de establecimiento de ese tipo, fuera invadida por varios millones de personas, ricas y con ganas de dejarse el dinero, durante los seis meses que dure la Expo.

Media docena de grupos económicos poderosos, con fuertes intereses en el negocio del juego, venían pugnando desde 1986 para abrirse camino en la jungla burocrática de la Junta de Andalucía y colocarse en primera línea de la parrilla de salida, a la espera de que fuera convocado el concurso para la creación del gran casino.

Uno de estos grupos estaba integrado por personas ligadas a la cúpula del Partido Socialista Obrero Español en Andalucía y por los empresarios del sector de las máquinas tragaperras, Manuel Lao y Joaquín Franco, dos de las personas que pueden exhibir cuentas supermillonarias ganadas con el juego.

Lao, Franco y sus socios del PSOE habían sabido acudir, como buenos conocedores de ese mundillo, al *consulting* adecuado para hacer este tipo de negocios: el de Manuel Domínguez, el vicepresidente del Betis y amigo personal del ex presidente del Parlamento andaluz, el socialista Antonio Ojeda.

Sin embargo, la noche en que Manuel Prado y Colón de Carvajal presentó su hotel Juan Carlos I, en el que algunos albergaban la secreta esperanza de construir algún día un gran casino, muy pocas personas hubieran dado un céntimo por el proyecto elaborado por el vicepresidente del Betis.

Vestido con su impecable smoking, que sólo usaba para las grandes ocasiones, Manuel Domínguez tuvo que sufrir aquella noche las bromas de algunos de sus amigos.

—Manolo, ¿y ahora qué vas a hacer con tu proyecto?

—Hombre, por el momento, cobrar los 10 millones de minuta.

—¿Y tú crees que alguien te va a pagar esa cantidad por un proyecto que no se va a realizar?

—Eso está por ver. ¡Aún no se ha decidido quién construye el casino de Sevilla!

Manuel Domínguez tenía toda la razón. El proyecto La Marina de Manuel Prado tenía las más altas bendiciones del país, contaba con los informes más favorables. Pero a los promotores se les habían escapado dos detalles.

Una de las pequeñas parcelas, de unos 2.000 metros cuadrados, sobre la que se iba a asentar el proyecto, era propiedad del Patrimonio del Estado. La segunda cuestión era más compleja: Alfonso Guerra, vicepresidente del Gobierno, tenía otros planes.

Arturo Moya, el hombre dispuesto por Manuel Prado para sacar adelante el futuro complejo turístico situado a las orillas del Guadalquivir, había llegado a un compromiso con el presidente del Patrimonio del Estado, Prudencio García, para adquirir los terrenos.

—¿Te parece bien 1.500 millones por la finca?

—Es una cantidad razonable.

—Pues adelante.

Cuando el acuerdo parecía a punto de firmarse, alguien vetó la operación.

—Las presiones son muy fuertes —le dijeron a Moya—. Si tu grupo sigue interesado en comprar, tiene que subir la oferta.

El grupo promotor del hotel Juan Carlos I hizo una segunda oferta por los terrenos al Patrimonio del Estado. Pero en esta ocasión la persona que decidía no era el nuevo presidente del organismo, Justo Zambrana.

—Este asunto —explican a Arturo Moya—, por su cuantía, debe ser aprobado por la Comisión de Subsecretarios.

A comienzos de junio de 1989, la venta de los 2.000 metros cuadrados del Patrimonio del Estado figura entre los asuntos que el subsecretario de Hacienda, Jaime Gaiteiro Fortes, lleva a la Comisión de Subsecretarios, previa a la celebración del Consejo de Ministros, que preside el vicepresidente del Gobierno, Alfonso Guerra.

La operación de venta cuenta con los preceptivos informes del interventor y del correspondiente abogado del Estado. Ambos son favorables y el asunto se prevé de mero trámite.

Siguiendo la pauta habitual de la Comisión de Subsecretarios, al llegar al expediente sobre los terrenos del hotel Juan Carlos I, Gaiteiro hace una sucinta exposición del tema y acaba con la pregunta de costumbre:

—¿Alguna objeción?

Alfonso Guerra, sin pestañear, da una orden concreta:

—Ese asunto, que se quede sobre la mesa.

A la semana siguiente, uno de sus abogados da la noticia a Arturo Moya y a Manuel Prado y Colón de Carvajal:

—Alfonso Guerra ha vetado el proyecto.

Para el empresario Manuel Domínguez, un economista de unos cuarenta años, nacido en Bollullos del Condado (Huelva), considerado como uno de los principales bastiones inversores del PSOE en Sevilla, de muchísimo mayor calibre que Juan Guerra, estaba claro que las cosas empezaban a marchar bien.

Domínguez era un hombre que había hecho la mayor parte de su fortuna vendiendo jeringuillas y material quirúrgico al Gobierno de Argel y asesorando a las empresas extranjeras que querían instalarse en la Exposición Universal Sevilla'92.

Hasta este momento, su nombre y su importante actividad financiera, siempre cerca del PSOE, han permanecido en la más absoluta oscuridad, aunque alcanzara cierta notoriedad social en Sevilla como vicepresidente del Betis.

Economista y consejero delegado para Andalucía de la Asociación Española de Comercio Exterior, el empresario de Bollullos era una de las personas que mejor conocía las vías de peaje de la Junta de Andalucía para llevar a cabo los más sustanciosos negocios.

Un día, en 1985, Gaspar Sarria, secretario de organización del PSOE en Andalucía, le llevó al Servicio Andaluz de Salud (SAS), el organismo que controla la gestión y las compras en todos los ambulatorios y hospitales andaluces y mueve un presupuesto anual de centenares de millones de pesetas.

Manuel Domínguez se hizo en seguida amigo de Agustín Ortega Simón; Paco Blanco, director general de equipamientos, y Eduardo Vigil, secretario general técnico del servicio, y cada vez que había que adjudicar un concurso importante aparecía por las oficinas.

A Remedios Vargas, jefe técnico de la Consejería de Salud de la Junta de Andalucía y militante de Democracia Socialista —que entonces se mantenía como corriente del partido, liderada por Ricardo García Damborenea—, Domínguez le parecía un tipo algo mafiosillo y no le gustaba nada en absoluto que cada vez que se presentaba en las instalaciones del SAS, todos sus jefes abandonaran sus trabajos para atenderle.

Las reuniones entre Agustín Ortega Simón, director general del Servicio Andaluz de Salud, y Manuel Domínguez se celebraban a puerta cerrada. Consciente de no haberle conocido nunca como militante de base del partido, y harta de encontrárselo siempre en los grandes actos del PSOE, junto a los principales líderes del partido, y de que la echaran del despacho cada vez que se presentaba Domínguez, Remedios Vargas empezó a interesarse por él.

—¿Pero este tío quién es? ¿Por qué lo recibes siempre a puerta cerrada? —le preguntó un día a Agustín Ortega.

—Porque me viene de arriba.

Remedios Vargas, una mujer que tiempo atrás había pagado con años de cárcel su militancia en el PSOE, no podía entender que existieran secretos entre sus propios compañeros socialistas.

—¿Quién es arriba? —pregunta.

—Alguien muy importante de quien no puedo hablar.

Pero Manuel Domínguez sabía lo que hacía. Pocas semanas después de que el Gobierno rechazara el proyecto de Manuel Prado y Colón de Carvajal para construir un hotel-casino en Sevilla, como vicepresidente del Betis, había estado con el vicepresidente del Gobierno, Alfonso Guerra, para entregarle el carnet oficial del club a su hijo Pincho.

El vicepresidente del Betis no había podido hablar con Guerra en aquellos momentos sobre la sociedad Casino Los Naranjos, a la que él representaba a través de su despacho, pero sabía por otras fuentes que el vicepresidente del Gobierno veía con buenos ojos la idea.

La sociedad había sido constituida el 27 de julio de 1988 y Manuel Domínguez, el gestor del proyecto, había tenido que hacer juegos malabares para encajar a los numerosos personajes e intereses contrapuestos que se iban a dar cita en lo que sería el futuro casino de Sevilla.

Por un lado estaban los empresarios del sector del juego, Manuel Lao y Joaquín Franco, «dueños» de la mayoría de las máquinas tragaperras del país. Enfrentados entre sí, tanto Lao como Franco querían participar en el proyecto.

De otra parte, se encontraban los intereses del Partido Socialista. Muchos de sus altos cargos pensaban que el juego podía ser una vía legítima de financiación. Por último, era necesario encontrar gente que pudiera representar los intereses que se le atribuían a Manuel Prado y Colón de Carvajal cerca de la Corona.

Después de muchas entrevistas, Manuel Domínguez había logrado que los socios profesionales, Manuel Lao y Joaquín Franco, socios a disgusto en el casino de Cádiz, aceptaran sentarse juntos en un consejo de administración. Seguidamente, convenció a Rafael Satrústegui y a Carlos Montoliú, dos hombres cercanos a la Zarzuela, para que representaran un 15 por 100 de las acciones.

El restante 50 por 100 del capital se repartió entre Luis Merino Bayona y Rafael Álvarez Colunga, dos hombres de negocios relacionados con el PSOE.

Colunga, ex presidente de la Cruz Roja de Sevilla y amigo personal de la mayoría de los miembros de la Ejecutiva provincial del PSOE en Sevilla, iba a ser nombrado presidente de la nueva institución lúdica. Pero también venía destacando a lo largo de los últimos meses como la cabeza visible del nuevo banco andaluz que se trataba de levantar en la región a la sombra del PSOE. No en vano, Colunga pasaba por ser uno de los empresarios más dinámicos de Andalucía, con intereses en numerosos sectores.

Una vez acabada aquella hábil operación, Manuel Domínguez sabía que Manuel Prado y Colón de Carvajal no tenía nada que hacer en aquel asunto.

Tampoco iba a pintar nada Juan Guerra, hermano del vicepresidente del Gobierno, que defendía la opción del casino de la Oromana, en la localidad sevillana de Alcalá de Guadaira.

—Tú hártate a trabajar. Ya verás que al final el casino se lo llevará Juan Guerra —le habían advertido sus amigos.

Pero a Domínguez, este tipo de comentarios le traían sin cuidado.

No le preocupaba en absoluto, tampoco, que el alcalde socialista de Alcalá de Guadaira, Manuel Hermosín, hubiera ido un día a ver a Alfonso Guerra, que solía pasear los domingos por el pinar de la Oromana, para pedirle apoyo para el casino de Alcalá.

—Alfonso, ya sabes que es un proyecto muy importante para el pueblo. Antes de que se lo lleven otros, nos gustaría...

—Ya lo sé. Pero en estos temas yo no puedo hacer nada.

Promovido por la sociedad que explota el Gran Casino de Madrid, la empresa con mayor nivel de profesionalidad del país, el Casino Oromana era uno de los cinco proyectos presentados al concurso convocado por la Junta de Andalucía para la adjudicación de una licencia en Andalucía con más posibilidades de éxito.

Sin embargo, el proyecto tenía un defecto. En su consejo de administración no había personas ligadas al aparato financiero del PSOE. El 11 de septiembre de 1989, cuando el consejero de Gobernación de la Junta de Andalucía, Manuel Gracia, hizo público el fallo del concurso, muy pocas personas de las que confiaban en la ruleta del Gobierno andaluz, se extrañaron por el resultado.

El futuro casino de la capital andaluza había sido concedido a la empresa «Gran Casino Los Naranjos de Sevilla», organizada por el flamante intermediario socialista, que supo escoger a las personas idóneas.

* * *

La decisión del Gobierno autónomo de convocar un concurso público para crear cinco nuevos casinos en Andalucía había provocado, poco antes, una intensa actividad de tráfico de influencias alrededor de los principales despachos de la capital andaluza y en Madrid.

El socialista Rafael Escuredo, el primer presidente que conoció la Junta de Andalucía, llevaba ya dos años en Madrid, cuando a finales de 1986, diversos grupos inversores iniciaron la búsqueda del asesor más adecuado para introducirse entre las autoridades autonómicas.

La posibilidad de conseguir un casino era real. El negocio estaba a la vista y en la capital andaluza, a raíz de la primera purga política que realizó el PSOE en Andalucía, acababan de nacer numerosos despachos de influencias regentados por antiguos cargos de la Junta que no estaban dispuestos a perder la oportunidad de enriquecerse, aprovechando su capacidad de gestión ante las autoridades oficiales, su mejor activo financiero.

Entre todos ellos, el despacho de Rafael Escuredo parecía entonces el más indicado para llevar a cabo cualquier proyecto de esas características. En Sevilla tenía a su hombre de confianza, Juan Manuel Castillo, ex consejero de Turismo, Comercio y Transportes bajo su mandato, para lo que hiciera falta.

Cuando la Junta de Andalucía se dispone en 1986 a organizar el concurso público para la adjudicación de los codiciados casinos, los posibles inversores se movilizan con rapidez.

Escuredo destaca como el fichaje más deseado y los empresarios de las tragaperras, Manuel Lao y Joaquín Franco, propietarios de Cirsa y Recreativos Franco, respectivamente, como los clientes más interesados en asegurarse el negocio.

La competencia entre los recién creados despachos andaluces es feroz y hasta los profesionales del sector llega una «carta» en la que figuran las supuestas tarifas ofertadas por antiguos colaboradores de Escuredo.

Treinta millones de pesetas por facilitar el anteproyecto de la Ley del Juego de Andalucía; veinte millones por organizar las entrevistas de presentación necesarias del proyecto del casino de Sevilla en la Junta de Andalucía; treinta millones por lograr un informe favorable de la Junta de Andalucía referente al casino; cien millones por lograr otro informe, esta vez vinculante, del Ministerio del Interior, para la aprobación del proyecto; y veinte millones por el seguimiento y gestión del proyecto.

Pero el proceso de adjudicación de los casinos andaluces sufre desde el principio un tira y afloja continuo. La apertura del concurso parece demorarse eternamente y Escuredo decide retirarse para dar paso a uno de sus antiguos y más íntimos compañeros de viaje: el ex vicepresidente de la Junta de Andalucía, José Miguel Salinas Moya.

En colaboración con José Bores, amigo personal de Felipe González,[1] y accionista de la sociedad B L y R Consultores, Salinas se lanza a la arena del juego desde su despacho situado, en aquella época, en el edificio Sevilla-2 de la capital andaluza.

Los dos amigos firman un contrato con Manuel Lao en 1987 por una minuta de quince millones de pesetas, con el que el empresario de las tragaperras se asegura la comunicación con la Junta de Andalucía.

El entonces director general de Política Interior del Gobierno autónomo andaluz, Manuel Cortés, había iniciado la preparación del expediente para sacar a concurso público la adjudicación de cinco casinos: uno en Almería, otro entre Estepona y Algeciras, un tercero entre Huelva y Ayamonte, uno en Granada y el quinto en Sevilla.

Su departamento dependía de la Consejería de Gobernación, al frente de la cual se encontraba Antonio Claret, con el que Bores y Salinas mantenían excelentes relaciones.

1. Ver capítulo II.

El panorama parece entonces halagüeño para los dos socios, que tienen la oportunidad de conocer al minuto cómo van evolucionando las modificaciones del pliego de condiciones del concurso.

Pero la burocracia de la Junta eterniza de nuevo el anuncio de la licitación, y Bores y Salinas se alejan progresivamente del mundo del juego, dejando el campo libre a Baltasar Fernández Ávila, otro viejo colaborador de Escuredo y Salinas en el Gobierno autónomo andaluz.

Director general de Comercio de la Junta de Andalucía entre 1979 y 1985 y ex director de Antena 3 en Andalucía, Fernández Ávila había realizado algunas gestiones puntuales para Bores y Salinas durante algún tiempo y en Andalucía era *vox populi* que el que contara con su favor tenía medio camino andado en el negocio de las ruletas, el «black jack» y el «chemin de fer».

Pero el presidente de la Junta de Andalucía, José Rodríguez de la Borbolla, víctima de todo tipo de presiones, decidió congelar indefinidamente el plan de casinos, asesorado por las autoridades del Ministerio del Interior, a donde los empresarios, deseosos de convertirse en multimillonarios en poco tiempo, no dejaban un solo día de llamar a la puerta.

El acuerdo del Gobierno andaluz es un jarro de agua fría para las aspiraciones de mucha gente. Pero para que la decisión no resultara tan drástica, el 31 de mayo de 1988, el ejecutivo autónomo rectifica su propuesta inicial y convoca un concurso para poner en marcha un solo casino: el de Sevilla.

Las cosas, sin embargo, estaban atadas y bien atadas desde mucho antes de que la convocatoria apareciera publicada en el BOJA (Boletín Oficial de la Junta de Andalucía). Manuel Domínguez tenía la partida ganada de antemano frente al resto de sus rivales.

Los despachos dedicados al tráfico de influencias y a la gestión empresarial vivieron, de todas maneras, una etapa de esplendor al amparo de los numerosos grupos, que veían en el juego una posibilidad de mejorar su nivel de vida.

* * *

Desde que en 1978 un Gobierno de la UCD despenalizara el juego en España, la industria del azar se ha convertido en uno de los sectores más pujantes de la economía española, dando origen al nacimiento de importantes fortunas y grandes imperios económicos.

Personas como Joaquín Franco, que hace quince años trabajaba como camarero en el bar Gredos de la calle Alonso Cano de Madrid, o como Manuel Lao, que vendía bolsas de pipas, chocolatinas y caramelos en el cine Eros de Tarrasa, son hoy los dueños de grandes industrias dedicadas a la fabricación de máquinas tragaperras en las afueras de Madrid y Barcelona y controlan parte de los casinos de Cataluña, Cádiz, Marbella, Las Palmas y Sevilla, éste en construcción.

Un informe del Ministerio del Interior, de 1985, cifraba el volumen de dinero que se mueve anualmente en torno al juego en España en alrededor de 2,5 billones de pesetas, una cifra equiparable al gasto que el Gobierno viene haciendo para transformar la vieja red de carreteras nacionales en modernas autovías.

En 1989 los españoles se gastaron 588.795 millones de pesetas en las loterías y apuestas del Estado (Lotería Nacional, Lotería Primitiva, Bono Loto y Quiniela de Fútbol). Esta cifra representó un aumento del 4 por 100 respecto del año anterior, según el informe anual del Organismo Nacional de Loterías y Apuestas del Estado.

Una cantidad de dinero similar —75.000 pesetas por habitante y año— no se gasta en ninguna otra parte del mundo, incluido Estados Unidos, donde se encuentran los casinos más famosos del mundo, como Las Vegas o Nuevo México.

Otro factor que ha contribuido al *boom* de este sector en España es el enorme abanico de posibilidades que se ofrece a los potenciales consumidores. Mientras en otros países de nuestro entorno sociocultural el número de juegos permitidos oscila entre tres y cinco, en esta vieja Piel de Toro hay doce juegos autorizados.

Sin contar las tradicionales rifas y tómbolas organizadas con fines humanitarios ni los sorteos de la Cruz Roja y de Cáritas, en el gran tapete verde que es hoy España puede uno elegir entre los casinos, los bingos, la Lotería Nacional, la Lotería

Primitiva, la Bono Loto, el cupón de la ONCE, las máquinas tragaperras y los juegos de boletos autorizados por las comunidades autónomas.

También se puede apostar a las quinielas de fútbol, a las quinielas hípicas, a las carreras de galgos o al juego de la pelota, en los frontones.

De estos doce juegos, siete de ellos —casinos, bingos, máquinas de azar, Lotería Primitiva, Bono Loto, boletos y quiniela hípica— se han implantado en los diez últimos años. Los más tradicionales, como la Lotería Nacional o el cupón de la ONCE, han tenido que reaccionar para no perder cuota de mercado, originando una fuerte competencia en el sector.

Tres grandes estamentos —el sector privado, el Estado central y las comunidades autónomas— se disputan, desde hace años, este importante negocio, que permite obtener fuertes cantidades de dinero de forma rápida y con muy pocas inversiones.

A estos grupos se han sumado recientemente algunos partidos políticos, que vislumbran en el negocio del juego y en su escasa transparencia fiscal, una posibilidad de llenar sus arcas al margen de la Ley de Financiación de los Partidos Políticos de 1988.

Los políticos han perdido los escrúpulos por el juego y el carácter mafioso que suele atribuirse a esta actividad, y en los consejos de administración de casinos, bingos y empresas de máquinas tragaperras es normal encontrar personas cercanas al Partido Socialista Obrero Español, Convergència i Unió o el Partido Nacionalista Vasco.

* * *

El 5 de diciembre de 1986, cuatro periodistas catalanes, Siscu Baiges, Martí Benach, Jaume Reixach y Paul McGuinness, redactores del semanario *El Món* y de *Diario de Barcelona*, iniciaban una investigación en profundidad para tratar de averiguar quiénes se hallaban detrás de la Loto Ràpid, un juego de boletos que acababa de implantar la Generalitat de Cataluña.

Los cuatro periodistas habían estudiado atentamente, desde meses antes, el concurso convocado por la Entidad Autónoma del Juego y Apuestas de la Generalitat de Cataluña.

Esta entidad había dependido, en dos momentos distintos, de la Secretaría General de la Presidencia de la Generalitat, de la que era titular Luis Prenafeta, y de la Consejería de Gobernación, controlada por Macià Alavedra, dos de los hombres de máxima confianza del presidente Jordi Pujol.

El 15 de septiembre de 1986, la Entidad de Juegos y Apuestas, había convocado un concurso para crear un nuevo juego de lotería instantánea llamado Loto Ràpid. A la convocatoria habían concurrido 34 empresas nacionales y extranjeras, desde los hermanos Lao, los amos de las máquinas tragaperras en Cataluña, hasta una sociedad del presunto miembro de los Grupos Antiterroristas de Liberación (GAL), Francisco Paesa.

El 5 de diciembre de 1986, la Entidad Autónoma de Juegos y Apuestas de la Generalitat había hecho público su fallo. La explotación de la Loto Ràpid recaía en Luditec, una empresa constituida tres días antes de que venciera el plazo para el concurso.

Sí era conocido, en cambio, su principal accionista, Arturo Suqué. Casado con Carmen Mateu, hija de Miguel Mateu i Pla, alcalde de Barcelona en tiempos de Franco y amigo de Cristóbal Martínez Bordiu, marqués de Villaverde, Suqué era el propietario de la empresa Inverama, que explotaba los tres casinos de Cataluña.

Los periodistas Baiges, Benach y McGuinness recibieron otro soplo de alguien cercano al aparato de finanzas de Convergència.

—La Loto se ha concedido a Suqué por recomendación de Luis Prenafeta.

A los reporteros de *El Món* no les extrañó la noticia. Nada se movía en Cataluña sin que el hombre de confianza de Pujol lo supiera y lo controlara.

—¿Y Prenafeta, qué gana con ello? —preguntaron.

—Tanto los casinos como la Loto son negocios del partido.

—¿Y eso cómo lo podemos demostrar?

—Investigad en los casinos y encontraréis cosas.

Los periodistas husmearon en los casinos del Castillo de Perelada, Lloret de Mar y Barcelona y sólo averiguaron que Doris Malfeito, la mujer del consejero de Gobernación, Macià Alavedra, solía celebrar sus exposiciones de pintura en los casinos de Suqué y que la floristería de Marta Ferrusola, la mujer de Jordi Pujol, suministraba la ornamentación vegetal del casino de Sant Pere de Ribes.

Cuando contaron el resultado de sus averiguaciones a su fuente, ésta les aportó un nuevo y significativo dato:

—Se os ha olvidado algo. Pujol en persona y una amplia representación de la Generalitat han estado en la boda de la hija de Suqué.

La empresa Luditec, concesionaria del juego Loto Ràpid, estaba participada por La Caixa, el Banco Hispano Americano, la sociedad propietaria de los casinos, Inverama, y la sociedad Imperial Trading and Development.

—A través de esta última empresa —le habían dicho a los redactores de *El Món*— se drena el dinero hacia Convergència.

Paul McGuinness descubrió que ésta era una sociedad instrumental. Había sido creada en Belfast (Irlanda) en 1974 con dos libras de capital social y figuraba a nombre de dos abogados, que representaban a cerca de otras doscientas empresas similares en Luxemburgo, Suiza y otros paraísos fiscales.

—¿Y no aparece nadie ligado a Convergència? —preguntaron sus compañeros desde Barcelona a McGuinness.

—No, sólo conocemos los nombres de los abogados.

—¿Que son hombres de paja...?

—Naturalmente.

La investigación había llegado a un punto muerto. Sin embargo, conocer que Imperial Trading and Development era una sociedad sin contenido había sido muy útil para los periodistas. La Entidad de Juegos y Apuestas de la Generalitat había informado en el momento de la concesión de la Loto a Luditec que la entidad irlandesa era el socio industrial encargado de aportar su experiencia en este tipo de juegos y la tecnología más sofisticada.

La Generalitat no contaba todos los datos.

La redacción de *El Món* descubrió todavía otro dato importante. El ex ministro de Asuntos Exteriores, José Pedro Pérez Llorca, que representaba en Luditec las acciones del Banco Hispano Americano, acababa de comprar el edificio del casino de Lloret de Mar, en representación de la sociedad Urquijo Leasing.

—Es parte del pago del dinero que Claudio Boada y el Banco Urquijo aportaron a la «Operación Reformista» de Miquel Roca —informaron a los periodistas.

El Món publicó a lo largo de 1987 seis reportajes sobre la polémica adjudicación de la Loto Ràpid y algunos de sus últimos descubrimientos relacionaban a altos cargos de Casinos de Cataluña con Paul Baron, de la mafia marsellesa, y a algunos de los accionistas de la empresa irlandesa Imperial Trading and Dcvclopment con una estafa a la Caja Hipotecaria de Friburgo, en Suiza.

El escándalo acabó con la apertura de una investigación parlamentaria a finales de ese año, en el Parlamento de Cataluña. La comisión encargada del caso, con mayoría de Convergència, concluyó exculpando de toda responsabilidad a Macià Alavedra, a Luis Prenafeta y a los directores del organismo de Juegos y Apuestas de la Generalitat, negando cualquier vínculo económico entre Convergència, Casinos de Cataluña y la Loto Ràpid.

Los periodistas Paul McGuinness, Jaume Reixach, Martí Benach y Siscu Baiges tuvieron que hacer frente a una querella ante el Juzgado de Instrucción número 13 de Barcelona por calumnias e injurias a Luditec, la empresa de Arturo Suqué.

El caso del juego en Cataluña parecía definitivamente cerrado y la honorabilidad de Convergència i Unió y del empresario Suqué había quedado limpia para el Parlamento y los tribunales.

Sin embargo, el 14 de diciembre de 1989, Jaime Sentís Abad, accionista y director financiero de Casinos de Cataluña, presentaba una querella en el Juzgado de Instrucción número 20 de Barcelona y acusaba al presidente de la sociedad, Arturo Suqué, de haberse apropiado de 2.086 millones de pesetas. Sentís agregaba que este dinero había tenido un destino político.

Según el texto de la querella, el dinero se hizo efectivo mediante cheques bancarios pagados por Casinos de Cataluña contra facturas falsas para justificar el gasto, aportadas por Francesc Gordo y José Antonio Sánchez Carrete, dos de los hombres de Pujol en el aparato de finanzas de Convergència i Unió.

Casinos de Cataluña interpuso demanda contra Sentís, éste retiró su querella, se marchó a Brasil y desapareció del mapa.

* * *

En setiembre de 1987, el líder del Partido Popular en Galicia, Mariano Rajoy, uno de los hombres de confianza de Fraga, recibió una llamada inesperada en su casa.

—Mariano, ya sé que os queréis cargar a Barreiros.

—Eso no es nada nuevo.

—También sabemos que estáis buscando pruebas como locos.

—Es cierto. ¿Por qué?

—Porque yo tengo una que le puede meter en la cárcel para siempre.

Aquellos días, las huestes de José Luis Barreiros, ex vicepresidente de la Xunta de Galicia, estaban muy atareadas. Preparaban una moción de censura para desbancar de la Presidencia del Gobierno autónomo al médico Gerardo Fernández Albor, uno de los hombres de Manuel Fraga.

Fernández Albor y su «delfín», Mariano Rajoy, estaban ocupados también en buscar información capaz de descabalgar a Barreiros del poder y de sentarle en el banquillo de los acusados del Tribunal Superior de Justicia de Galicia por prevaricación y cohecho en un turbio asunto: la adjudicación del «Juego de Boletos» a la empresa Sociedad General de Juegos de Galicia.

La llamada se produjo en aquellas circunstancias. Sin saber lo que en realidad iban a entregarle, pero guiado por una fuerte intuición, Mariano Rajoy tomó el primer avión y se desplazó hasta Madrid.

La dirección que le habían indicado correspondía a la de un despacho de la calle Galileo. Allí se iba a entrevistar horas más tarde con un personaje cuyo nombre le resultaba ya familiar a través del expediente de concesión del «Juego de Boletos» de Galicia.

Según la versión del Partido Popular, esa persona era el empresario Carlos Olano —a quien José Luis Barreiros había adjudicado el monopolio de este juego de azar en Galicia—, que figuraba como socio de Javier Rosón, hermano del fallecido ex ministro del Interior, Juan José Rosón, al frente de un bufete de abogados de Madrid.

En la entrevista, el interlocutor de Rajoy le muestra una fotocopia de un documento de la Xunta de Galicia con el membrete de la Dirección Xeral de Xusticia e Gobernacion. El papel, que lleva el número de registro 1.022 y está fechado el 21 de marzo de 1986, demuestra que Barreiros había concedido el «Juego de Boletos» a la Sociedad General de Juegos de Galicia.

La adjudicación se había hecho sin concurso previo, sin estar aprobado el Reglamento del Juego en Galicia y cuando la empresa beneficiaria, la Sociedad General de Juegos de Galicia, todavía no había sido inscrita.

Aquel documento demostraba, por lo tanto, que la concesión del monopolio del «Juego de Boletos», que iba a permitir a la empresa adjudicataria obtener unos beneficios netos anuales de unos 9.000 millones de pesetas, era una burda operación de tráfico de influencias.

El interlocutor de Rajoy tomó la palabra:

—Como ves, yo también le tengo manía a Barreiros.

—Ya lo veo. Este documento es muy valioso. Llevábamos meses buscándolo.

—Pues es tuyo si lo quieres. Ahora, tienes que darme quinientos millones. Es el dinero que hemos perdido en la operación.

Mariano Rajoy estalló de ira.

—¿Cómo que quinientos millones? Me lo tienes que dar por la cara. AP no dispone de esos fondos.

El interlocutor de Rajoy (Carlos Olano, según su versión), le arrancó el papel de un manotazo.

—O quinientos millones o nada. Piénsatelo.

Poco después apareció en la Xunta de Galicia el documento original, que sirvió para llevar ante los tribunales a José Luis Barreiros, a Carlos Olano y a Javier Rosón por dos supuestos delitos de prevaricación y cohecho.

Sin embargo, la historia que dio lugar al enjuiciamiento por vez primera en la historia de España de un vicepresidente de un gobierno autonómico, se había publicado originalmente en la revista *Cambio 16* el 22 de diciembre de 1986 y estaba firmada por Rafael Cid y José Díaz Herrera, uno de los autores de este libro.

Los periodistas habían descubierto, en aquella ocasión, que los verdaderos personajes que estaban detrás de la empresa Sociedad General de Juegos de Galicia eran los «amos de las tragaperras», los hermanos Joaquín y Juan Franco Muñoz, propietarios de Recreativos Franco y Ramón Talamas Jofresa, hombre de confianza de «Cirsa», la empresa que dirigía desde Barcelona Manuel Lao Hernández.

La concesión de la lotería instantánea de Galicia a Carlos Olano Fernández, socio de Javier Rosón Pérez —los intermediarios de los hermanos Lao y Franco en la operación— se había realizado, según declaraciones de José Luis Barreiros, tras varias llamadas del ex ministro del Interior, Juan José Rosón, y de su hermano, el presidente del Parlamento Gallego, Antonio Rosón, al entonces vicepresidente de la Xunta.

Una vez obtenida de forma irregular la concesión del «Juego de Boletos» por la Sociedad General de Juegos de Galicia, Carlos Olano había pedido, según fuentes de la Xunta, 500 millones de pesetas a Joaquín Franco y a Manuel Lao para traspasarle la concesión.

Las protestas del resto de las 21 empresas que se habían quedado fuera del concurso obligaron, el 9 de diciembre de 1986, al presidente de la Xunta, Gerardo Fernández Albor, a convocar al vicepresidente, Mariano Rajoy, y al ministro de Presidencia, Manuel Villanueva Cendón, a una reunión urgente en el palacio de Raxoy, sede de la Presidencia.

En aquella reunión, el Gobierno de la Xunta, decide anular la concesión del «Juego de Boletos», llevada a cabo el 1 de octubre de 1986, y, para evitar presiones y amenazas de los «amos de las tragaperras», esa misma noche publica el decreto en el Diario Oficial de Galicia.

El dato más alucinante no se descubrió hasta días después, cuando Mariano Rajoy pidió el expediente de la concesión de la lotería instantánea y descubrió que su antecesor en el cargo, José Luis Barreiros, había concedido a dedo, meses antes, la explotación en régimen de monopolio del «Juego de Boletos» a la misma empresa.

Posteriormente, ante un dictamen negativo del abogado del Estado, se anuló la concesión, se convocó un nuevo concurso y se volvió a adjudicar la lotería instantánea a la misma empresa: Sociedad General de Juegos de Galicia.

Los 500 millones del supuesto cohecho, sin embargo, no llegaron nunca a la sede central de AP en Madrid. Según sugieren Carlos Dávila y Luis Herrero en su libro *De Fraga a Fraga*,* debieron quedarse en Galicia.

* Publicado por Plaza & Janés. Barcelona, 1989.

Manuel Fraga Iribarne, que estaba al tanto del asunto, mandó en una ocasión al tesorero del partido, Ángel Sanchís, a Galicia, para que hablara con José Luis Barreiros. La ruptura entre Barreiros y Fraga no se había producido aún.

Sanchís quería obligar a Barreiros a pagar las deudas de las campañas electorales gallegas y el vicepresidente de la Xunta alegaba que no tenía dinero.

Ángel Sanchís replicó.

—Si es verdad que tienes dinero, paga las deudas de Galicia.

Y remachó:

—Lo sé todo.

Barreiros era entonces la inversión más importante de Alianza Popular en Galicia. Un año después de esta conversación, Mariano Rajoy hubiera pagado de buena gana, de haberlos tenido, los 500 millones, por meter al ex vicepresidente de la Xunta entre rejas.

Hubiera sido un elevado precio, ya que, en la segunda quincena de septiembre de 1990, el Tribunal Supremo inhabilitaba a José Luis Barreiros para ejercer cualquier cargo público durante seis años y un día.

* * *

El 7 de marzo de 1990 el asesor jurídico de Esan, el sindicato de la Ertzantza, la Policía Autónoma vasca, presentaba una denuncia en el Juzgado de Instrucción número 3 de Bilbao.

Los denunciados no eran los habituales delincuentes comunes pillados *in fraganti* robando un Banco o dándole un «tirón» al bolso de una señora. Eran, ni más ni menos, que el director general del Juego del Gobierno vasco, José Joaquín Portuondo, y su segundo, Alfredo Peña.

Portuondo y Peña, cuyo departamento —la Dirección General del Juego— depende de la Consejería de Interior, lo mismo que la ertzantza, eran acusados por el sindicato policial de un delito de estafa y otro de prevaricación en la concesión de las licencias de máquinas tragaperras en las provincias de Vizcaya y Guipúzcoa.

Pero los ertzainas no acudían solos a los tribunales. Pocos días después, 157 ciudadanos vascos y el partido Eusko Alkartasuna, el partido del ex lendakari Carlos Garaicoechea, se personaban en el caso como acción popular.

La denuncia está basada en una serie de investigaciones realizadas por la Policía vasca sobre el sector del juego en Euskadi, considerado como una de las vías de financiación del Partido Nacionalista Vasco.

Los hechos arrancan el 2 de julio de 1985. Ese día, el Gobierno vasco hace público un decreto que trata de reducir el parque de máquinas tragaperras existente en la Comunidad, al considerar la Consejería de Interior que su número es excesivo.

Pero los policías iban a descubrir muy pronto que una cosa eran las leyes y otra la realidad. Aunque oficialmente no se concedían licencias, el parque de máquinas, en lugar de disminuir, se incrementó. Entre 1984 y 1989, el número de máquinas tragaperras pasó de 5.500 a 11.000, tan sólo en la provincia de Vizcaya, una de las más afectadas.

Los ertzainas identificados con los números 3.143, 2.435, 3.169 y 4.220, adscritos a la Brigada del Juego, trataron de hacer cumplir el decreto. Fue un trabajo inútil. Cada vez que descubrían alguna irregularidad, les apartaban de las investigaciones y les trasladaban de unidad.

La situación empezó a enrarecerse cuando los agentes, en sus pesquisas, llegaron a averiguar que en Guipúzcoa existía un mercado negro de máquinas tragaperras. Las licencias eran concedidas por el propio director general del Juego, José Joaquín Portuondo, y por su segundo, Alfredo Peña.

Las licencias, cuya venta vulneraba el decreto del Gobierno vasco, eran proporcionadas por las personas que, al más alto nivel, tenían la obligación de hacer cumplir la ley y por ellas se pagaban hasta un millón de pesetas, según las declaraciones de los ertzainas. La persona encargada de cobrar —en metálico, como está mandado— era un individuo de Bilbao, no identificado por la Justicia.

En su primera declaración ante el juez instructor, Ricardo de Prada, Portuondo reconoció la existencia de un mercado ilegal de máquinas tragaperras. También dijo haberse entrevistado en un bar de Guecho (Vizcaya), con dos empresarios del sector: Araceli García y Olga López.

A partir de ahí, las dos declaraciones toman caminos distintos. Mientras Portuondo afirma que García y López le pidieron que les concediera 700 licencias para instalar las máquinas tragaperras requisadas por el Gobierno Vasco, al cometer sus poseedores alguna infracción, los empresarios del juego invierten los términos de la conversación.

Según su declaración ante el juez, fue el director general del Juego, José Joaquín Portuondo, quien les hizo la oferta de adquirir estas licencias, previo pago de las actas de infracción. Araceli García y Olga López, aportaban un pequeño pero significativo detalle: por cada licencia que se desbloqueara por este procedimiento, debían pagar 250.000 pesetas para el Partido Nacionalista Vasco.

El testimonio de Olga López fue aún más jugoso. Afirmó que en 1988 recibió otra oferta de 600 licencias de máquinas tragaperras. A cambio le pedían un «donativo» de 140 millones de pesetas. La mitad era para el PNV y el otro 50 por 100 para los intermediarios, entre los que se encontraba el director de Hacienda de la Diputación de Vizcaya, Ignacio Goiri.

A estos dos testimonios de empresarios se sumaba, el 23 de junio de 1990, el de Alberto Orraca, quien vinculó directamente a personas del PNV, de la Diputación de Vizcaya y del Gobierno autónomo con la concesión fraudulenta de permisos para la explotación de máquinas tragaperras en bares y cafeterías.

Otros empresarios vascos del sector del juego no se rasgan las vestiduras por estos hechos. Porque no es la primera vez que una situación parecida se plantea en el País Vasco.

El 12 de diciembre de 1985, sólo dos días después de publicar el decreto que regulaba el juego conocido como «boleto instantáneo», el Gobierno vasco adjudicaba la concesión a una empresa madrileña, Industrias Alfanuméricas, sin ningún tipo de concurso previo.

La sociedad puso a la venta inmediatamente la loto Raspe y Gane. Pero el partido Euskadiko Ezkerra no se dio por satisfecho con la actuación del Gobierno vasco y llevó el tema al Parlamento. El debate no sirvió para nada, salvo para el lucimiento personal del consejero de Interior del Gobierno vasco, José María Retolaza, y el del diputado de EE, Koldo Uriarte.

Una investigación en el Registro Mercantil de Madrid reveló, meses más tarde, por qué el Gobierno vasco había obrado con tanta celeridad en la concesión, impidiendo que otras empresas trataran de conseguir, en igualdad de condiciones, una adjudicación que se había diseñado para Industrias Alfanuméricas.

El administrador único de esta sociedad era Felipe Rodríguez Sanz, socio y probable testaferro en este negocio de Jesús Elguezábal Garay, director de Tráfico del Gobierno vasco, y de Dionisio Amorrortu, director de Transportes de la Diputación de Vizcaya. Ambos, además, eran militantes destacados del PNV, ligados al aparato de finanzas del partido.

* * *

Todos los militantes socialistas de la comarca estaban invitados. Era el 26 de mayo de 1986 y en Orihuela (Alicante), se inauguraba el pub Harpo.

El nuevo local era el primer resultado palpable de la llamada Operación Nécora (Negocios Comarcales Rápidos), un proyecto de los dirigentes del PSOE de la Vega Baja del Segura para hacer dinero de forma inmediata.

Pero no todos los socialistas compartían el mismo ideal. Francisco García Ortuño, primer teniente de alcalde del Ayuntamiento oriolano, era la voz disonante. No le gustaba la borrachera de poder de algunos compañeros del partido y empezó a denunciar algunos hechos en la Prensa local. García Ortuño no era consciente en aquellos momentos de que estaba a punto de provocar un escándalo nacional.

El primer teniente de alcalde del Ayuntamiento de Orihuela fue destituido de su cargo unos días antes de que se abriera el pub Harpo. Con ello, sus compañeros de partido creían haber controlado el asunto. Pero habían conseguido exactamente el efecto contrario: echar más leña al fuego.

Con ayuda de García Ortuño, los periodistas de *La Verdad* de Murcia descubren otros negocios surgidos de la noche a la mañana, en manos de socialistas. Uno de ellos es una administración de loterías, adjudicada a Jesús García Macía, un alcalde pedáneo de la comarca de Orihuela.

—Es cierto que tengo una lotería —había dicho García.

—¿Y cómo se la han adjudicado? —preguntaron los periodistas.

—¿Qué cómo...? Pues, la verdad, ahora no hay nada como ser socialista.

A medida que pasan los días, los reporteros van descubriendo que el nepotismo en la adjudicación de las loterías no es un caso aislado. Alcanza a esposas, novias, hermanos y cuñados de cargos socialistas. El asunto no se circunscribe a la Vega Baja del Segura. Afecta a toda la provincia.

El escándalo implica de lleno al gobernador civil de Alicante, Octavio Cabezas, ex biógrafo de Fraga, y al senador socialista, José Joaquín Moya, alcalde de Bigastro y secretario del partido en la Vega Baja del Segura. Entre los dos habían planificado dar la menor publicidad posible a la convocatoria de concesión de puestos de loterías en la comarca, publicada en el BOE, y adjudicar el mayor número de puestos posible a la gente de su partido.

En una reunión de dirigentes del PSOE en la Vega Baja del Segura, Cabezas le había dicho poco antes al senador Moya:

—Ya tenéis resuelto lo de las loterías.

Al entonces miembro del Partido Socialista y miembro del Consejo General del Poder Judicial, alguien le había dicho en una ocasión que el asunto era un negocio del partido.

—Todos los beneficiarios han tenido que pagar un «peaje» —le advirtieron.

Aunque se trata de un tema de escasa relevancia en el contexto general del tráfico de influencias, el nepotismo y la arbitrariedad empleadas en las adjudicaciones afecta a personas de economía modesta, que han optado al concurso y, quizá con más méritos, se han visto privadas de un medio de ganarse la vida.

Por eso, el escándalo es mayor a medida que se descubren en Castellón, Murcia, Valencia, Extremadura, Ceuta, Córdoba y Sevilla nuevos casos. El tráfico de influencias llega hasta Barcelona, donde se detecta que la ex secretaria del ministro de Sanidad, Ernest Lluch, ha resultado agraciada con un despacho de loterías.

El PSOE, que oficialmente había comenzado negando los hechos, para después confirmarlos, acabó reconociendo que se había producido un abuso de confianza de algunos de sus altos cargos en el reparto de los puestos de venta de las loterías.

El partido de la calle Ferraz decidió entonces tomar cartas en el asunto y nombró a Alberto Pérez, un hombre de Alfonso Guerra, investigador a nivel interno de la situación. Muchos hermanos, primos, esposas e hijos de altos cargos del partido fueron obligados a renunciar a la concesión. Unos lo hicieron pero la mayoría prefirió romper el carnet del PSOE a renunciar a un puesto de trabajo.

A escalas más altas, también hubo repercusiones. El 1 de agosto de 1986, el ministro del Interior, José Luis Corcuera, se veía en el ingrato deber de cesar al gobernador civil de Alicante, Octavio Cabezas, mientras José Joaquín Moya dejaba de figurar en las listas del PSOE al Senado en las elecciones generales de octubre de 1989. Su puesto lo ocupó Alberto Pérez Ferré, la persona encargada por el partido de investigar el escándalo.

El caso de las loterías, oficialmente, había quedado zanjado.

* * *

Igual que en el resto de España, la lucha por el control de los casinos asturianos, pendientes todavía de adjudicación, se presentaba dura, a mediados de 1987, para las nueve sociedades interesadas en hacerse con alguna licencia.

Sólo una de ellas, Gran Casino del Principado de Asturias, S.A., presidida por el empresario José Collazo Mato, se había situado, de salida, con un pie adelantado.

Collazo, una personalidad en Galicia, presidente del Casino de La Coruña y gran conocedor de las tramas relacionadas con el juego en la región, había servido como intermediario anteriormente entre el PSOE y el ex vicepresidente de la Xunta de Galicia, José Luis Barreiros, para que éste abandonara Alianza Popular.

Pero la aventura de un casino requería la habilidad necesaria para agrupar a los socios idóneos. Collazo no perdió el tiempo y como secretaria de la sociedad no dudó en colocar a Pilar Culler, cuyo matrimonio con el abogado Fernando Sempere le proporcionaría los contactos más oportunos para desenvolverse en el mundo del juego.

Un informe privado, elaborado por una agencia de detectives para la Organización Nacional de Ciegos Españoles, describía a Sempere como un individuo con «gran influencia en el Ministerio de Economía y Hacienda, estando vinculado asimismo en el negocio del señor Collazo».

Las nueve sociedades en liza habían comenzado la batalla agrupadas entre sí alrededor de seis proyectos diferentes y Collazo no estaba dispuesto a dejar escapar una oportunidad como ésa para hacerse con el control de uno de los negocios más sustanciosos de la cornisa cantábrica durante los próximos años.

José María Calviño, el hombre de Alfonso Guerra en Televisión Española, acababa de abrir su despacho en la madrileña calle del Marqués de Urquijo número 26, tras desempeñar su cargo en el ente público hasta el 20 de octubre de 1986, y Collazo también se pone en contacto con él.

El empresario gallego se había dirigido al despacho de Calviño por encargo del Presidente del Principado, Pedro de Silva Cienfuegos Jovellanos, y del alcalde de Gijón, Vicente Álvarez Areces, para obtener los permisos de explotación necesarios de un casino en el alto de Buenavista, junto a la carretera de La Coruña, en la provincia de Oviedo.

El 15 de diciembre de 1987 el ministro José Barrionuevo comparece ante la comisión de Justicia e Interior del Congreso de los Diputados para dar cuenta de las peticiones que habían llegado a su departamento y durante su intervención reconoce que un gabinete de influencias venía realizando gestiones desde hacía algún tiempo en favor de una de las empresas en liza. Los diputados, al escucharle, no se sorprenden en absoluto.

Por entonces, las maniobras en la sombra del ex director general de RTVE para echar una mano a la sociedad de Collazo no eran todavía del dominio público.

Pasados casi dos meses, el 10 de febrero de 1988, Barrionuevo vuelve a presentarse ante la misma comisión parlamentaria para hablar del mismo asunto. En una sala cercana al hemiciclo, donde se reunía la comisión, le aguardaba la sorpresa.

Francisco Álvarez Cascos, diputado de Coalición Popular por Asturias y uno de los hombres de confianza en la actualidad de José María Aznar en el PP, quería refrescarle la memoria.

—Lo que usted se dejó en el tintero en su pasada intervención, señor ministro —afirma—, es que la persona que estaba trabajando en estos asuntos era el ex director de RTVE, José María Calviño.

Ante la expectación de todo el mundo, Cascos hizo otra revelación:

—Pero Calviño no trabajaba sólo para una sino para dos sociedades.

En la sala se escuchó un murmullo.

—...se trata —continuó el diputado de la derecha— de las sociedades Casino del Principado de Lugones y Gran Casino del Principado, en Oviedo. En los dos casos, sus servicios han sido reclamados por encargo del Presidente del Principado y del alcalde de Gijón.

El ex director general de RTVE, en efecto, había ofrecido también sus servicios al competidor más directo de su primer cliente, la sociedad Casino del Principado, S.A., al frente de la cual se encontraba María del Camino Tartiere Barthe, condesa de Santa Bárbara de Lugones, la propietaria del palacio de Santa Bárbara, un majestuoso edificio situado en el concejo de Siero, en Lugones (Oviedo), en el que los promotores de la sociedad querían instalar su casino.

El Ministerio del Interior les había garantizado que si el casino de Lugones no creaba rivalidad entre Oviedo y Gijón, donde había previsto autorizar otro local de juego, no tendrían problemas para su adjudicación.

La comparecencia de Álvarez Cascos, reproducida al día siguiente por toda la Prensa asturiana, levantó ronchas entre los candidatos de las dos empresas.

José Muñoz Cabral, consejero delegado de la sociedad Casino del Principado, envió inmediatamente un telegrama al Congreso de los Diputados desmintiendo categóricamente que José María Calviño hubiese mediado para favorecer a su empresa, Casino del Principado.

—Es cierto —agregaba la nota— que por indicación del señor Areces, alcalde de Gijón, nos pusimos en contacto personal con el referido ex director general de RTVE, José María Calviño.

El telegrama de Muñoz Cabral añadía que el 29 de octubre

de 1987, él y sus colaboradores habían sido recibidos por primera vez, a las 11.30 de la mañana, en el despacho de José María Calviño, en Madrid.

Se habían entrevistado en primer lugar con Enrique Vázquez, director de los servicios informativos de Televisión Española durante la etapa Calviño, amigo inseparable y compañero de viaje de éste en todas sus aventuras empresariales.

A las cinco de la tarde, les recibía Calviño en persona. De entrada, les planteó que había otra sociedad con las mismas aspiraciones y que era necesario llegar a un acuerdo entre ambas, para que nadie se sintiera perjudicado:

—Si dejáis entrar como accionista en vuestro proyecto a Collazo Mato, no tendréis problemas con la licencia —afirmó Calviño.

Pero los promotores del Casino del Principado consideraban a Collazo Mato como su peor enemigo y no estaban dispuestos a compartir con él ningún negocio.

Como vicepresidente, secretario y segundo consejero delegado, la sociedad tenía a Francisco Javier Sitges Menéndez, a Francisco Javier Sitges Aparicio y Manuel Cora Alonso, los propietarios del astillero donde se habían construido los diversos yates *Fortuna* que venía utilizando el Rey durante sus vacaciones y con cuya amistad se sentían honrados los tres socios.

La presencia de Collazo Mato en su empresa les parecía innecesaria y así se lo dijeron a Calviño.

—¿Qué has dicho? —preguntó uno de los promotores del Casino del Principado.

—Que tenéis que llegar a un acuerdo con Collazo Mato —responde Calviño.

—Eso no, de ninguna manera.

—Pues entonces no hay nada que hacer.

Pero el tema no quedó zanjado con la comparecencia del ministro del Interior en el Congreso de los Diputados. El 23 de febrero de 1988, el subsecretario del departamento, José Luis Martín Palacín, es obligado a comparecer ante la comisión del Congreso, para dar nuevas explicaciones a la Cámara.

—Mis noticias, siempre externas —reconoce Palacín—, es que se han estado utilizando las influencias de Calviño.

Pero para el entonces subsecretario del Ministerio del Interior, esto parece algo sin importancia.

—El juicio moral que me merece una mediación de este tipo no es malo, sino todo lo contrario —asegura.

Martín Palacín no mencionó el nombre de Calviño pero tampoco hacía falta. La presencia de éste como asesor de una empresa de Collazo Mato, quien en los archivos del Ministerio del Interior aparecía vinculado al narcotráfico,[2] era un hecho lo suficientemente grave para que el Gobierno no lo aireara públicamente.

Las restantes empresas que aspiraban a la concesión de un casino en el Principado comenzaron a mover sus influencias y las agencias de detectives, contratadas por algunas entidades como la ONCE, dedicaron muchas horas extras a investigar los antecedentes del propietario del Casino del Atlántico.

El informe de la agencia de detectives manejado por la ONCE, bien informada durante los últimos años sobre todo lo que acontecía en torno al mundo del juego, advertía que el presidente de la sociedad Casino Rey Pelayo, S.A., Rafael Rodríguez Vivero, propietario del 97,5 por 100 de las acciones y vicepresidente de la Confederación de Salas de Bingo, era amigo personal de un conocido hombre de paja de Collazo Mato, llamado Laureda, que a su vez mantenía excelentes relaciones con el subsecretario del Ministerio del Interior, Santiago Varela.

El mismo informe destacaba que los promotores de la sociedad Casino del Cantábrico, S.A., pertenecían fundamentalmente al mundo de la construcción y que su director gerente, Ignacio de la Vega Martínez, carecía de conocimientos en torno al mundo del juego, por lo que también se llegaba a la conclusión de que se trataba de otro testaferro de José Collazo Mato.

Por último, a través del informe en cuestión, la dirección general de la ONCE conocía la vinculación existente entre los promotores de la sociedad Gran Casino de Asturias y los hermanos Fernández Espina, unos apellidos que en el Ministerio del Interior eran relacionados, desde hacía tiempo, con el Cártel de Medellín[3] y sobre los que el fiscal antidroga de Asturias

2. Tanto el empresario José Collazo como su abogado Fernando Sempere han asegurado reiteradamente que el primero nunca ha estado relacionado con el tráfico de drogas y que la información del Ministerio del Interior es falsa.

3. Los Fernández Espina desmienten haber mantenido relación alguna con el mundo de la droga, y en los primeros meses de 1990 llamaron a declarar a diecinueve periodistas de todo el país, en calidad de testigos, por haberse hecho eco de los informes oficiales del Gobierno afirmando lo contrario.

y el máximo representante del Gobierno para asuntos de drogas, Miguel Solans, guardan dos voluminosos informes.

Calviño había ido a relacionarse con una de las tramas más oscuras de la España actual, pero también con una de las mejor protegidas. A lo largo de las investigaciones que habían realizado los diversos cuerpos de seguridad sobre el clan de los Fernández Espina, aparecían implicados algunos altos cargos de la administración socialista, cuya identidad se negaban a desvelar las autoridades judiciales y policiales.

Las claves de la fortuna personal de estas personas saltan de Colombia a España alrededor de las grandes redes del narcotráfico internacional pero su influencia económica está perfectamente asentada en la región como eje de una historia que merecería un nuevo libro.

* * *

Nicolás Franco y Pascual de Pobil, hijo del que fue embajador de España en Lisboa, Nicolás Franco, y sobrino del anterior jefe del Estado, fue una persona que prestó grandes servicios a la Monarquía.

Compañero de estudios del rey Juan Carlos, se entrevistó en secreto en París en 1972, pocos años antes de la muerte de Franco, con el secretario general del PCE, Santiago Carrillo, y con *Isidoro*, el secretario general del PSOE, Felipe González.

Al llegar la democracia a España, se convirtió en un empresario discreto. En julio de 1979, el entonces ministro del Interior, Juan José Rosón, premió sus servicios al país concediéndole una licencia para instalar un casino en la carretera de Benidorm a Villajoyosa.

El casino Costa Blanca prometía ser un fabuloso negocio. Sin embargo, Nicolás Franco y sus socios, Francisco Ahicar Amigó y José Anastasio, hicieron dos cosas mal.

Una de ellas fue realizar una fuerte inversión de cara a los Mundiales de Fútbol de 1982. La directiva del casino pensó que éste era un buen momento para llenar las arcas del casino y decidió remozarlo.

La selección argentina iba a alojarse en el hotel Tívoli, cercano al centro de juegos, y Nicolás Franco y sus socios pensaban que eso iba a servir de gancho para atraer visitantes al local. Pero ocurrió todo lo contrario. La gente se quedó en su casa viendo la televisión y los responsables del casino no pudieron amortizar sus inversiones.

El segundo error fue nombrar consejero delegado del casino con plenos poderes al empresario Francisco Ahicar Amigó. Este empresario catalán era propietario de dos empresas —Uniholding e Interholding— que se encontraban en situación de quiebra técnica. Para salvarlas, Ahicar comenzó a transferir el dinero de la caja del local de juego hacia sus propias empresas y cuando quebró el Banco de los Pirineos, al que se encontraba ligado, tuvo que huir a Brasil.

Sus acciones en la entidad, que habían sido pignoradas a favor del Banco de los Pirineos, acabaron de esta manera en el Banco de España cuando el Fondo de Garantía de Depósitos se hizo cargo de las deudas de la sociedad financiera.

El casino, que llevaba más de un año sin pagar la tasa de juego a la Generalitat valenciana, había acumulado unas deudas cercanas a los mil millones de pesetas. Así que además del banco emisor, la Generalitat valenciana cayó también sobre el casino y lo intervino.

Cuando Nicolás Franco y Pascual de Pobil pensaba que todo estaba perdido, al rejoneador Pepe Anastasio, uno de sus socios, se le ocurrió una idea luminosa.

—¿Y si buscáramos un socio del PSOE?

—Hombre, no lo sé. No creo que funcione.

—¿Y por qué no lo probamos? —comentó.

—Bueno, pues adelante. Con probar no se pierde nada.

Hijo de un alto cargo del PSOE sevillano durante la II República, Pepe Anastasio había sufrido la clásica metamorfosis política que produjo en algunos sectores de la sociedad la llegada de los socialistas al poder. Acérrimo franquista en años anteriores, se convirtió en un socialista forofo.

Su finca de Las Rozas, en las afueras de Madrid, que había comprado al banquero López Quesada, convenientemente transformada en picadero de caballos y en restaurante de lujo, era uno de los habituales centros de reunión de los *yuppies* socialistas de Majadahonda.

Los fines de semana era habitual encontrarse allí a varias

docenas de altos cargos del PSOE aprendiendo a montar a caballo en la Hípica San Anastasio. Algunos ministros, como Manuel Chaves, José Luis Corcuera o el director general de la Policía y antiguo alcalde de Majadahonda, José María Rodríguez Colorado, solían ir de vez en cuando a comer a La Espuela, el restaurante de Anastasio, quien les atendía personalmente.

—Éste va a ser nuestro salvador —le dijo un día el rejoneador a Nicolás Franco, señalándole a un hombre hasta ese momento desconocido para él.

Pepe Anastasio le acababa de presentar a Julio Martino Fernández de la Torre, un viejo militante socialista, extremeño, de 65 años, ex maître en un hotel de Tánger y amigo personal del general de la OAS, Raúl Salam, a quien conoció en 1961 mientras trabajaba en otro bar de Madrid.

Con la llegada de la democracia, Martino Fernández de la Torre, desempolvó su carnet del PSOE y se hizo amigo de Felipe González.

En 1981 había acompañado al secretario general del Partido Socialista a ver a José María Ruiz Mateos para llevar a cabo algunas negociaciones un año antes de la expropiación de Rumasa.

Tras el ascenso del PSOE al poder, Julio Martino empezó a codearse con la cúpula del partido, hasta convertirse en uno de los visitantes más asiduos al palacio de la Moncloa, donde siempre es muy bien recibido por los directores generales y altos cargos del Gobierno, que acostumbran a degustar los jamones con los que suele obsequiar al personal.

—Pata negra auténtica y de bellota —les dice para recalcar la calidad del producto.

Al volante de su «Mercedes» blanco, suele acudir también algunos domingos a la Moncloa para recoger a Felipe González y salir discretamente a dar una vuelta por Madrid.

Convertido desde hace unos años en constructor, no es raro oírle presumir ante sus amigos de que uno de los pisos que construyó, cerca de su domicilio, en la calle Almagro de Madrid, está reservado para cuando Felipe González decida abandonar la Moncloa, aunque, evidentemente, no hay constancia documental de ello.

Nombrado consejero delegado y vicepresidente del casino Costa Blanca, sus buenas relaciones con el partido y la Moncloa le sirvieron para que en 1986 le recibiera el gobernador del Banco de España, Mariano Rubio, y le vendiera las 2.858 acciones que el Fondo de Garantía de Depósitos había embargado al Banco de los Pirineos.

Martino, sin embargo, no pagó el primer plazo de las acciones —unos 100 millones de pesetas— de su bolsillo. Tiró del talonario del casino y, de esa manera, se hizo con el control del negocio.

A continuación nombró secretario del consejo de administración del casino al abogado Fernando Múgica, hermano del ministro de Justicia, Enrique Múgica, y le dio una mayor participación al rejoneador Pepe Anastasio.

«¡Y a vivir que son dos días!», se dijo Martino, provocando la guerra entre sus socios, algunos de los cuales se plantean ahora llevarle a los tribunales.

Partiendo de la nada, el amigo de Felipe González se había hecho con un negocio que, gracias a las ayudas oficiales, meses después, empezaba a ser rentable y a dar mucho dinero, aunque, según Martino, no es para él.

—Tiene un destino «político» —ha declarado.

Un destino que no se corresponde, precisamente, con la naturaleza de este negocio: el azar.

XV. MIGUEL DURÁN: LE LLAMABAN *AL CUPONE*

En cinco años ha levantado una de las primeras empresas privadas de España por el volumen de ingresos, después de El Corte Inglés. Pero a Miguel Durán, director general de la ONCE, le preocupan más la beautiful people, *el poder y el dinero, que las necesidades de ciegos y minusválidos —auténticos parias de la organización— que fundamentalmente son aprovechados para vender cupones.*

El director general de la ONCE, Miguel Durán, llegó aquel 21 de febrero de 1989, con tres horas de retraso a la reunión del Consejo General de la Organización Nacional de Ciegos Españoles, que tenía que presidir.

La saturación del espacio aéreo en el cielo de Madrid había obligado al avión en que regresaba Durán a la capital de España a dar vueltas en círculo durante 40 minutos, antes de que el control aéreo de Paracuellos permitiera al piloto aproximarse a la senda de planeo del aeropuerto de Barajas y tomar tierra.

—Hemos estado allí arriba sin saber nada, si caíamos a un barranco o caíamos en un banco —bromeó al entrar en la sede central de la ONCE, en la calle Prado de Madrid.[1]

1. Las citas son textuales y proceden de las grabaciones magnetofónicas que la ONCE hace de sus reuniones.

Los trece miembros que integran el Consejo General llevaban tres horas reunidos bajo la dirección del presidente de la ONCE, José María Arroyo. Habían aprobado los temas menores de personal y esperaban ansiosos la llegada del director general para que les informara sobre las inversiones del organismo.

En los últimos días, los periódicos habían dedicado centenares de páginas a hablar de los contactos entre Miguel Durán y Alberto Alcocer y Alberto Cortina, los Albertos, para comprar parte de Cartera Central, del Banco Zaragozano y de Construcciones y Contratas. También se hablaba de fuertes inversiones en el Banco Bilbao Vizcaya.

La opinión pública no acababa de creérselo. El director general de un gremio de minusválidos —a los que siempre se había mirado por encima del hombro— aparecía en los medios de comunicación casi tantas veces como el Presidente del Gobierno, Felipe González. Convertido en un nuevo Rey Midas, Durán, parecía pasarse el día yendo con una maleta de un lado a otro, comprándolo todo.

En las fiestas y saraos, Miguel Durán, un personaje desconocido un par de años antes, se dejaba ver junto a Mario Conde, el presidente de Banesto; un día cenaba con el presidente de *El País*, Jesús Polanco, y a la mañana siguiente acudía a la calle Génova, para visitar al presidente del PP, Manuel Fraga.

—Como los señores consejeros saben, no es nada novedoso que la ONCE participe en el mercado de renta variable —dijo en cuanto se sentó en la mesa del Consejo—. Es más, creo que el sentir general es que la ONCE debe tener una participación más activa con parte de su cartera de valores en renta variable.

Miguel Durán acabó de acomodarse en el amplio sillón de cuero, aclaró la voz con un suave carraspeo y continuó:

—Nos parece intereante tener una participación activa en el Banco Zaragozano, en Portland Valderribas, en Focsa (Fomento de Obras y Construcciones). Nos parece también interesante tener una presencia activa, si se llega a consolidar la fusión, en el Banco Español Central de Crédito, no sólo por el prestigio y la influencia que pueda suponer para la ONCE sino porque detrás de esa estructura bancaria existe un grupo industrial fortísimo, que representa el 7 o el 8 por 100 del PIB.

Los trece consejeros que asistían a la reunión, escuchaban sus palabras sin rechistar.

—Ya tenemos dos representantes de la ONCE en el Banco Zaragozano —agregó Durán—. Son Enrique Cervando y Santos Cabrero. En los próximos días tendremos a José María Arroyo en Focsa y a Rafael de Lorenzo en Portland Valderribas. Para una organización como la nuestra es muy importante tener a nuestros hombres sentados en las empresas más importantes del país.

El director general de la ONCE hizo una pausa. Entonces, Justo de Andrés Lozano, uno de los consejeros más críticos con su gestión preguntó:

—¿Puede informarnos si se ha comprado ya el 2,5 por 100 de las acciones del Banesto y el Central?

Durán bebió un poco de agua y respondió:

—De momento hemos comprado setecientas mil acciones del Banco Central, que son las que mantendrían su cotización, en caso de que no se lleve a cabo la fusión. Banesto, en cambio, parece que tiene una paridad más artificial y hemos preferido aguardar.

Sin posibilidad de consultar notas o informes, debido a la ceguera que padecía desde la infancia, el director general de la ONCE hablaba todo el tiempo de memoria.

Aclarado el asunto de Banesto y el Central, continuó con su informe:

—También hemos comprado el 0,28 del futuro Banco Bilbao-Vizcaya. Para realizar estas inversiones, se hizo una encuesta entre 1.200 personas. El 95 por 100 opinaba que era bueno que la ONCE llevara a cabo iniciativas en sectores que no nos hicieran depender del cupón.

* * *

La irrupción de la ONCE en el mundo de las altas finanzas y los negocios fue una de las sorpresas más grandes que se llevó la sociedad española a comienzos de 1989.

De pronto, Miguel Durán, un invidente nacido en Azuaga (Badajoz), que con mucho esfuerzo había estudiado la carrera de Derecho en la Universidad Autónoma de Barcelona, y que, años antes, a lo máximo que podía aspirar en la vida era a vender cupones en las esquinas o a vivir de su carrera, se revelaba a los españoles como el gran mago de las finanzas.

El aparente milagro tenía una explicación lógica. Desde 1985, fecha en que la ONCE negoció con el Gobierno el lanzamiento del Cuponazo, que vino a sustituir a una rifa desprestigiada y con muy poca aceptación en la sociedad, el de los ciegos es un colectivo inmensamente rico.

Cada día ingresa por la venta de su lotería cerca de mil millones de pesetas en metálico, unos recursos limpios, libres de impuestos y retenciones, que no genera ningún banco del país. En ese tiempo, sin embargo, la entidad, de tipo benéfico, dependiente del Ministerio de Asuntos Sociales, que dirige la ministra Matilde Fernández, sigue viviendo del azar.

La ONCE quiere cambiar definitivamente esa tendencia y busca inversiones sólidas y seguras que le den un margen de independencia frente al poder y que le ayuden a cambiar la consideración social que el ciego tiene en la sociedad, donde se gana la vida con un oficio muy parecido al de la mendicidad.

Con esta perspectiva, en la primavera de 1988, la organización hace su primer acercamiento al Bilbao-Vizcaya, el primer banco del país, con la oferta de compra de un importante paquete de acciones. Los ciegos tienen ya el 0,28 por 100 de la sociedad fusionada pero aspiran a tener un paquete mayor. Buscan, a cambio, un puesto en el consejo de administración.

Pero la Banca vasca había sido un coto cerrado, controlado por el clan de Neguri y los economistas egresados de la Universidad de Deusto, las cunas del empresariado vasco. La idea de colocar a un invidente en el consejo de administración era aterradora.

Pedro de Toledo, presidente del Vizcaya y copresidente de la entidad fusionada Bilbao-Vizcaya, se lo dijo un día a Durán:

—Por ahora, lo del consejero no es posible.

A mediados de 1988, la ONCE cambia de estrategia. En lugar de buscar una alianza con la banca, Durán intenta un gran pacto con los Albertos, los empresarios de moda cercanos al Gobierno, cuyo imperio tiene entonces sus oficinas en la Torre Picasso, un edificio valorado en 40.000 millones de pesetas, situado en el complejo Azca, la zona de mayor revalorización inmobiliaria de Madrid.

Antes del verano, el abogado de la ONCE, Santiago Muñoz

Machado, se entrevista con Romualdo García Ambrosio, el hombre de confianza de Alberto Cortina y Alberto Alcocer. El objeto del encuentro es estudiar la forma de explotar unos terrenos que los ciegos tenían en la Isla Margarita (Venezuela) y que resultaban ruinosos, por un problema de gestión.

Los Albertos adquieren el 50 por 100 de los terrenos y ayudan a la ONCE a resolver el problema. A partir de ahí, los dos grupos empiezan a estudiar operaciones conjuntas.

Construcciones y Contratas, la constructora de los nuevos socios de la ONCE, está metida en varios proyectos inmobiliarios y necesita liquidez. A cambio, los Albertos están dispuestos a ceder acciones de sus empresas y a permitir el acceso de personas ajenas al grupo a los consejos de administración de sus sociedades.

Es lo que busca la ONCE. Ese verano, Romualdo García Ambrosio se va de vacaciones a Marbella y se lleva en la cartera un borrador de acuerdo entre los Albertos y los ciegos. Incluye la toma de participaciones por los ciegos españoles en Portland Valderribas, Banco Zaragozano y Cartera Central. También, a través de Cofir, el *holding* del magnate Carlo de Benedetti y los Albertos, se estudia entonces la creación de un fondo de inversiones.

En diciembre de 1989, el acuerdo está ya perfilado. Los equipos de las dos empresas, dirigidos por García Ambrosio y Muñoz Machado, siguen trabajando en secreto hasta el 22.

Ese día, después de una larga sesión que dura hasta las tres de la madrugada, Alberto Alcocer y Alberto Cortina, por Conycon, y José María Arroyo y Miguel Durán, por la ONCE, estampan sus firmas en el documento de dos decenas de páginas, que le convierten en socios de una de las empresas más cotizadas del país.

Los ciegos han perdido ya el complejo de que alguien les pueda mirar por encima del hombro.

* * *

No es, sin embargo, sólo la Organización Nacional de Ciegos Españoles la única entidad que, por aquellas fechas, se lanza a la lucha por el poder.

De hecho, los Albertos aspiran a lo mismo y la compra de las acciones del Banco Central por parte de los ciegos, a través de Cartera Central, es la operación con mayor calado político que se planifica, en aquel momento, desde las áreas del Gobierno socialista.

La guerra bancaria estaba en pleno auge y el Gobierno trataba de controlarla. Fracasado el intento de absorción de Banesto por el Banco de Bilbao, una entidad financiera vista con buenos ojos en los círculos de la Moncloa, a los socialistas no les gustaba nada que un hombre joven y emprendedor como Mario Conde, se hiciera con las riendas del Banco Español de Crédito.

Como se cuenta en otros capítulos, en el verano de 1988, en el despacho de la sociedad Ibermer, de Enrique Sarasola, se diseña una operación para desplazar a Mario Conde de la entidad bancaria, mediante una fusión entre el Banesto y el Central que diera el poder del nuevo banco a Miguel Boyer, uno de los hombres de la *beautiful people*, que acababa de dejar el Banco Exterior de España.

La operación consistía en nombrar a Miguel Boyer presidente de Cartera Central, llevar a cabo una compra masiva de acciones en el Banesto y Central, tomar posiciones en los consejos de ambos bancos y presentar a Boyer como el futuro presidente del Banco Español Central de Crédito.

Los Albertos, que no se fían de su socio en Cartera Central, Javier de la Rosa, que tiene el 49 por 100 de las acciones, convencen a Miguel Durán para que se comprometa a comprar éstas si el grupo kuwaití KIO, que representa De la Rosa, decide liquidar su participación en la sociedad.

El director general de la ONCE, sin embargo, ve en las desavenencias entre De la Rosa y los Albertos una oportunidad para incrementar su participación en el futuro Banco Español Central de Crédito y, en definitiva, su poder, y no la desaprovecha.

Como no conoce al hombre de KIO en España, llama a su amigo Antonio Asensio, presidente del Grupo Z, vecino del financiero catalán en Barcelona, y le pide que le concierte una cita. De esta manera, a mediados de diciembre, Javier de la Rosa recibe la llamada del presidente del Grupo Z.

—Javier, tú conoces a la ONCE, ¿no? —pregunta Asensio.

—¿La ONCE? ¿Te refieres a lo de los ciegos?

—Sí, claro.

—Pues claro que conozco a la ONCE. ¿Por qué lo dices?

—Me ha llamado el director general, Miguel Durán, que es amigo mío y me ha dicho que quiere conocerte.

Javier de la Rosa no entendía nada.

—¿Y para qué quiere conocerme? —pregunta.

—Creo que se trata de algo de Cartera Central, pero ignoro los detalles.

El hombre de KIO en España estaba cada vez más extrañado.

—¿De Cartera Central? ¿Qué quiere Durán de Cartera Central?

—Pues ya sabes. Durán es un tío fenomenal. Con lo del «Cuponazo» han hecho mucho dinero y tal vez desee invertir.

Asensio le da las cifras de ingreso de la ONCE y Javier de la Rosa se muestra entonces interesado. Habla por teléfono con Durán y se citan en Barcelona unos días más tarde.

—Y no te preocupes por el transporte —se despide De la Rosa—. Te mandaré mi avión privado.

El 9 de diciembre de 1988, en el piso de Antonio Asensio en la Ciudad Condal, se entrevistan el presidente de la ONCE, José María Arroyo; el director general, Miguel Durán y el hombre de KIO en España, Javier de la Rosa.

Los dos empresarios van directamente al grano.

—¿Es cierto que queréis invertir en algún banco? —pregunta De la Rosa.

—Así es. La ONCE tiene hoy unos ingresos saneados y debemos diversificar las inversiones. No es bueno depender sólo del juego.

—¿Y habéis pensado en Cartera Central?

—Efectivamente. Sabemos que KIO quiere marcharse de Cartera Central. Hemos creído que podríamos comprar vuestro paquete.

—¿Todo el paquete? ¿Disponéis de cuarenta y tantos mil millones de pesetas? —pregunta De la Rosa, incrédulo.

—En efectivo, naturalmente, no. Pero podríamos empezar comprando la mitad.

Tras aquel encuentro, Miguel Durán sigue haciendo indagaciones. Se entera de que las relaciones entre Mario Conde y su socio Juan Abelló empiezan a deteriorarse y se ofrece para adquirir parte de sus acciones.

El director general de la ONCE sabe que en los negocios la rapidez y la discreción son las claves del éxito. Por eso, sólo cuando tiene la operación cerrada, el 9 de enero de 1989, se reúne con Mario Conde, presidente de Banesto y le informa de su participación en Cartera Central. El 28 de ese mes se entrevista con el líder de la oposición, Manuel Fraga, que ha vuelto a tomar las riendas del PP, y le explica los planes de los ciegos.

* * *

Como casi siempre ocurre, el Consejo General de la ONCE, que debía haber autorizado las inversiones, fue el último organismo en enterarse de la irrupción de su organización en el mundo de la Banca y las altas finanzas.

Miguel Durán no ignoraba que una operación de aquel calibre, si era conocida previamente por más de tres o cuatro personas, no tenía ninguna posibilidad de acabar en acuerdo y actuó por su cuenta. Aquel 21 de febrero, cuando el asunto empezó a filtrarse en la Prensa, no tuvo más remedio que informar a sus compañeros.

—Nuestras inversiones —explicó Durán— han sido un gran acierto. Las ventas de cupones se están incrementando y, en estas fechas, estamos vendiendo cuatrocientos veinte cupones de media frente a los trescientos noventa y cinco del año anterior. Hemos sacado dos mil vendedores más a la calle y este año vamos a superar los doscientos ochenta mil millones de ingresos.

Desde que, el 27 de diciembre de 1985, un Real Decreto convirtió la antigua estructura de la ONCE en una «corporación de derecho público, de carácter social», las actividades de la Organización Nacional de Ciegos Españoles comenzaron a depender de un Consejo del Protectorado, integrado por la ministra de Asuntos Sociales, Matilde Fernández, y por altos cargos de los Ministerios de Interior y Hacienda.

Esta comisión aprobó las inversiones de la ONCE y Miguel Durán presentó al Consejo General como un éxito personal suyo que este organismo autorizase, el 10 de enero de 1989, la compra de acciones en Banesto, Central, BBV, Focsa, Portland y Grucycsa.

También era un triunfo suyo que la ministra Matilde Fernández autorizara a la ONCE a constituir sociedades instrumentales y a comprar y vender libremente las acciones. Pero su mayor victoria era la cuota de audiencia que había logrado arrancar al Gobierno, a cambio de apoyar la operación contra Mario Conde.

—Este acuerdo —dijo Durán a sus consejeros— constituye la mayor cuota de autonomía de gobierno que jamás ha tenido la ONCE en el aspecto económico. A partir de ahora, no vamos a dar cuenta a nadie.

El consejero Justo de Andrés Lozano, del grupo Cupol, la oposición a Miguel Durán en el Consejo General, pensaba, sin embargo, que el director general hacía muchas concesiones al Gobierno y que la inversión en Isla Margarita había sido una imposición de Felipe González para ayudar a su amigo Carlos Andrés Pérez.

—No, Felipe no sabe nada —replicó Durán—. Tampoco es verdad que esta inversión nos haya sido impuesta por el Gobierno para ayudar al presidente de Venezuela, Carlos Andrés Pérez.

—El intervencionismo del Estado en la ONCE, desde 1984, ha cambiado —explicó—. A la ONCE le interesa ahora tener su patrimonio para no volver a depender del Gobierno. Nos conviene tener compañeros de viaje cada vez más influyentes. Sánchez Asiaín y Pedro Toledo, nuestros actuales socios, lo son. También lo son Mario Conde y Alfonso Escámez, los presidentes del Banesto y Central, lo mismo que Alberto Cortina y Alberto Alcocer.

Durán sabía que debía ser duro e inflexible con el poder.

—Sólo con una presencia firme y sólida en los principales centros de influencia lograremos que la ONCE sea una institución cada día más segura, más prestigiada y más entendida —agregó.

Cuando, a finales de 1984, fue propuesto para un puesto directivo de la ONCE en Cataluña, la institución que representaba tenía unos ingresos anuales de 47.000 millones de pesetas y unas estructuras anquilosadas e inoperantes.

El ciego era tratado entonces como un apestado. Cuatro años después, en 1988, tras la modernización del sorteo del cupón y el aumento de la cuantía de los premios, la ONCE alcanzaba unos ingresos de 268.000 millones de pesetas, con un crecimiento sostenido que muy pocas empresas podían igualar.

La revista *Actualidad Económica* acababa de publicar un informe en el que la ONCE aparecía como una de las 56 empresas más grandes de España y como la quinta en inversión publicitaria. La sociedad disponía, probablemente, de los ingresos líquidos más saneados del país, sin pagar un solo duro a Hacienda.

Miguel Durán era el artífice de aquel imperio que mantenía a medio país entre admirado e incrédulo. También sabía que las envidias habían comenzado a aflorar, incluso en el Gobierno.

Algunos ministros se mostraban preocupados por la pujanza de los ciegos. A Miguel Durán comenzaban a temerle y en los mentideros políticos se decía que Felipe González había encargado al coronel Santiago Bastos Loureña, uno de los hombres de confianza del general Emilio Alonso Manglano en el CESID, que investigara a la ONCE, dato que Bastos niega.

Durán era consciente de todos los recelos y de las supuestas investigaciones.

—Es difícil que la Administración nos pueda querer y aplaudir siempre —dijo a sus compañeros—. Y yo tengo que decir una cosa. Si no puedes ser querido, por lo menos procura ser temido.

Algunos miembros del Consejo General de la ONCE no estaban de acuerdo con aquella frase. Pero Durán, que acababa de crear una empresa de detectives privados, por si quedaban dudas, volvió a repetirlo.

—La ONCE —añadió— debe tener los mayores mecanismos de disuasión posibles. Cuanto más fuertes seamos, más difícil resultará a los demás vencernos.

Eran casi las cuatro de la tarde y los consejeros estaban cansados. Uno de los miembros del Consejo General, enardecido por las palabras de Durán, sugirió entonces que la ONCE reconviniera a los Albertos por sus comportamientos sexuales.

—Acabo de leer en la Prensa internacional —dijo el consejero— un artículo que dice «Rubia desbragada conmueve la economía española». Yo creo que la ONCE, si es una organización seria, que vamos a tomar una posición firme en los bancos Central y Banesto, debería exigir un comportamiento más serio a sus socios.

En aquellos días, el escándalo Alberto Cortina-Marta Chávarri acababa de aparecer en todos los periódicos. La revista *Interviu* publicó aquella misma semana una foto de Marta Chávarri sin bragas, y el asunto se convirtió en un escándalo nacional.

Miguel Durán esbozó una sonrisa y dijo:

—No sé qué podemos hacer. Que algunas señoras no lleven las prendas interiores normales no entraba en el convenio que la ONCE firmó el 22 de diciembre pasado con el Central y el Banesto.

El caso Chávarri animó por unos instantes el ambiente.

—Yo lo que sí puedo hacer —agregó el director general— es procurar que os hagan una fotocopia de *Interviu*. Como sabéis, existen fotocopiadoras que ponen lo que quieras en relieve.

—Pues no estaría mal —bromeó otro consejero—. De todas maneras, por lo menos ya sabemos que hay dos de ésos famosos en España. El de la Bernarda y el de la señora ésa.

Un tercer miembro del Consejo General hizo otro chiste. Un ciego, según sus palabras, había acudido la semana del escándalo de Marta Chávarri a comprar *Interviu*. El quiosquero, que sólo tenía un ejemplar, del que no quería desprenderse, le preguntó:

—Hombre, pero tú, ¿para qué lo quieres, si no ves?

—¿Cómo que para qué? Pues yo, arrimo la nariz y huelo.

Cuando se levantó la reunión, pasadas las tres de la tarde, Miguel Durán, estaba más fortalecido que nunca. Cincuenta años antes, la organización que dirigía había sido concebida como una entidad dedicada a procurar la plena integración y participación de las personas ciegas en la sociedad.

Pero durante su mandato, la ONCE había dado un espectacular salto para convertirse en una de las empresas más fuertes y boyantes del país. Lo que nadie ha escrito es a costa de qué y de quién.

* * *

El antecesor de Durán, Antonio Vicente Mosquete, había sido presidente de la ONCE hasta que cayó por el hueco del ascensor, cuando regresaba a su domicilio, en 1987. Mosquete era muy confiado y cuando entraba en un ascensor, al abrir la puerta, ni siquiera trataba de tantear el terreno para averiguar si en sus próximos pasos iba a encontrar suelo firme o el oscuro vacío.

Aquella tarde de junio, murió tras recorrer unos metros en el vacío, desde la planta del edificio donde vivía, en la calle Castillo de Madrid, hasta la base de cemento del hueco del ascensor. Su excesiva confianza en la técnica le había matado.

Los ciegos españoles acababan de perder a un hombre providencial, que había dedicado su vida a luchar para sacar a la ONCE del «ghetto». Tras su muerte, el nuevo equipo directivo intensificó sus contactos con la Administración socialista y en tan sólo tres años, el tándem formado por el PSOE y la ONCE ha fraguado uno de los imperios financieros más importantes del país.

Todo imperio, sin embargo, suele construirse sobre los cadáveres de sus enemigos. Y la ONCE, gobernada con mano de hierro por Miguel Durán, no iba a ser la excepción.

La Organización Nacional de Ciegos Españoles había nacido, tras la guerra civil, como asociación protectora de los invidentes. El Gobierno del general Franco le concedió el monopolio del cupón y, de este modo, sus 30.000 afiliados subsistieron a duras penas, sin apenas cambios hasta muy avanzado el Gobierno de UCD.

Cuando en 1977, el ministro del Interior, Juan José Rosón, despenaliza el juego en España, el país se inunda de máquinas tragaperras, bingos, casinos, rifas y loterías más o menos legales.[2] La ONCE, que entonces carece de iniciativa, pierde el tren de la modernización, cede cuota de mercado y ve disminuir sus ingresos.

La respuesta para adaptarse a la nueva situación se produce en 1984. La ONCE decide fusionar los sorteos provinciales en uno solo, de ámbito nacional, para intentar un primer despegue. Pero ya no está sola en el mercado.

Prodiecu, una organización que se apoya en disminuidos fí-

2. Ver capítulo anterior.

sicos, pone en marcha lo que se conoció como Cupón del Minusválido. Un sorteo que surge como una peligrosa maldición para los ciegos españoles.[3]

Frente a la ONCE, exenta de tributos, los 12.000 trabajadores de Prodiecu vendían cupones por valor de 60.000 millones de pesetas al año, cotizaban a la Seguridad Social, pagaban a Hacienda religiosamente sus impuestos como trabajadores y disfrutaban, incluso, de un convenio colectivo, aprobado por el Ministerio de Trabajo.

Los vendedores de Prodiecu no se diferenciaban en nada del resto de las empresas que se dedicaban al negocio del juego en bares, bingos y casinos, salvo en que sus afiliados eran minusválidos y en que se disputaban los mismos mercados que la ONCE. Prodiecu era, por lo tanto, un serio obstáculo para los planes de crecimiento de los ciegos.

Miguel Durán, delegado de la Organización Nacional de Ciegos Españoles en Barcelona, es uno de los primeros en darse cuenta del peligro. A iniciativa suya, el Consejo General crea un comité conjunto de defensa del cupón y el 27 de septiembre de 1985 se encarga de coordinar la investigación para aniquilar a sus enemigos[4] en toda España.

Durán tenía entonces 30 años. Era una persona tenaz, con una fuerte ambición personal, y no estaba dispuesto a perder el tiempo inútilmente.

A la semana siguiente, convoca en su despacho a los directivos de la empresa de detectives Aarón y les encarga que investiguen al presidente de Prodiecu, Andrés Rodríguez Rodríguez.

Poco después, Durán tiene en sus manos un informe que le permite conocer las debilidades de su oponente: «Se trata de un personaje que sabe mentir con habilidad. Es persona liante y calculadora y, con su esposa, es considerado un "fantasma" entre el vecindario en que habita», dice el texto.[5]

El documento aporta también una relación de las sociedades a través de las que opera Prodiecu, el patrimonio estimado en cada provincia y las personas más relevantes de la organización.

3. El nacimiento de Prodiecu se analiza en el documento «Líneas esenciales para la defensa del espacio sociopolítico del cupón», de la ONCE.

4. Circular interna 8E-85-2.

5. Informe 1.299 de «Detectives Aarón».

A pesar de que los detectives no aconsejaban realizar una investigación más extensa sobre Prodiecu y sus dirigentes, al encontrarse «en su agonía final», el futuro director general de la ONCE, que conoce el poder de la información, solicita nuevos informes. Los resultados son demoledores.

A finales de 1985, la tensión entre ambas organizaciones está al rojo vivo. El 22 de noviembre Prodiecu firma un pacto con la Asociación de Promoción de Empleo al Minusválido (APEM) por el que esta entidad se compromete a facilitar a Prodiecu la lista de sus asociados, todos ellos minusválidos físicos, en toda España, para darles trabajo mediante la venta de su cupón.

La intención era pedir al Gobierno la licencia necesaria para la explotación del sorteo. Mediante su asociación con APEM, el presidente de Prodiecu esperaba obtenerla sin dificultades.

Pero en junio de 1986, Durán es nombrado secretario general de la ONCE y cuando hace la mudanza a Madrid, una de las pocas carpetas que trae es la del «jefe» de Prodiecu, Andrés Rodríguez.

Una de las primeras decisiones que toma, poco después de ocupar su despacho en la calle Prado es entrevistarse con el subsecretario del Ministerio del Interior, José Luis Martín Palacín, responsable del sector del juego en España, a quien entrega el dossier de Prodiecu.

Una guerra sin cuartel acaba de empezar entre las dos organizaciones.

A instancias de la ONCE, la Audiencia Nacional declara ilegal el sorteo de Prodiecu y el Juzgado de Instrucción número 8 de Barcelona incoa un sumario contra Andrés Rodríguez, que con el tiempo acabará procesado, juzgado y condenado en base a un informe-auditoría de Arthur Andersen, pagado por los ciegos.[6]

Durán demuestra ser un jugador nato. Mientras utiliza al Ejecutivo para desmantelar Prodiecu, cerrar sus oficinas y detener a sus vendedores, se enfrenta con otro sector del Gobierno, el Ministerio de Hacienda, del que depende la Organización Nacional de Loterías del Estado.

La ONCE, que había visto descender sus ingresos con el lanzamiento de la Lotería Primitiva, llevaba largos meses rumiando en secreto la revancha. Y el 27 de octubre de 1987 pone en

6. Fuentes del Consejo General de la ONCE facilitaron la auditoría a los autores del libro.

marcha la mayor campaña de publicidad conocida hasta entonces.

Era el lanzamiento del Cuponazo. Planificado minuciosamente para competir con la Lotería Nacional, Miguel Durán dispuso que los premios del Cuponazo se dieran a conocer en la noche del viernes, con más de doce horas de anticipación sobre la lotería del Estado.

El Órgano Nacional de Loterías considera que la ONCE, que no paga impuestos, está haciendo competencia desleal y pone el grito en el cielo. Se pide al Gobierno que se prohíba el Cuponazo. Pero entre la Organización Nacional de Ciegos Españoles y el PSOE hay ya algo más que una simple amistad.

El Gobierno no sólo no prohíbe la rifa. Por el contrario, poco antes del verano de 1987, Miguel Durán vuelve a entrevistarse con el subsecretario de Interior, Martín Palacín, y acuerdan el desmantelamiento definitivo de Prodiecu.

Los minusválidos españoles, por entonces, habían vuelto a reorganizarse, se manifestaban a diario por las calles y pedían que el Gobierno autorizara la venta del cupón de Prodiecu. Como fórmula alternativa preparaban el lanzamiento del diario *Portada*, del que pensaban vender más de un millón de ejemplares todos los días, al llevar como reclamo un número para un sorteo, a celebrar cada noche.

Pero el Gobierno, que atraviesa por un período de conflictividad laboral y estudiantil, no quiere emplear la fuerza con los minusválidos. Martín Palacín cree que la única forma de legitimar una acción violenta contra Prodiecu es mediante un acuerdo por el que la ONCE se comprometa a darles trabajo.

Miguel Durán estudia el asunto y lo acepta en seguida. Para él, los minusválidos son un negocio más. El Gobierno está dispuesto a aumentar la cuota anual de venta del cupón en once millones de pesetas por cada minusválido que contrate, y no necesita ni pensárselo.

El 25 de septiembre de 1987, el ministro José Barrionuevo lleva el asunto a la reunión del Consejo de Ministros y logra el acuerdo del Gabinete. Pocos días después, mientras los bares continúan atestados de tragaperras sin licencia, y en Madrid y en Barcelona siguen abiertos los casinos ilegales, la Policía barre en pocos días el cupón de Prodiecu de las calles.

La organización de minusválidos se autodisuelve el 16 de diciembre de 1987.

En el seno de la ONCE, a Miguel Durán empiezan a llamarle, soto voce, *Al Cupone.* Sin embargo, sus planes para eliminar todo vestigio de oposición interna todavía no eran públicos.

* * *

A finales de 1987 y comienzos de 1988 surge en la ONCE un grupo de oposición interno. Lo integran 19 pesonas, entre las que se encuentran José Miguel Cayarga, jefe de la Sección de Educación; Ricardo Gallol, director del Servicio de Afiliados; Fernando García Soria, jefe de la Sección de Cultura; Fernando Martínez Garrido, director de la Biblioteca y los miembros del Consejo General, Julio Corral y Antolín Leo.

Cuando, a partir de 1988, la ONCE se lanza con una voracidad desconocida hasta entonces a la compra de grandes participaciones en bancos, empresas inmobiliarias y entidades financieras, el grupo redacta un documento en contra de Miguel Durán.

Los autores del «documento de los 19», que se hace público el 30 de julio de 1988, piensan que la política de expansión de puertas afuera se está haciendo a costa del sacrificio de los invidentes, que han visto reducido el presupuesto de becas de estudio en un 30 por 100, y de la sobreexplotación de los vendedores, a los que se pide unos ingresos por encima de las necesidades de la ONCE.

El grupo promotor de la carta cree también que la actual dirección está desvirtuando los fines para los que se fundó la organización y que aparecen reflejados en el Real Decreto de 27 de diciembre de 1985. En lugar de crear un gran hospital para la prevención de la ceguera precoz, aprovechando la «escuela» de los doctores Barraquer y Fernández Vega, la Organización Nacional de Ciegos Españoles dedica sus fondos a especular en Bolsa y al negocio inmobiliario, como cualquier otra empresa capitalista.

Los firmantes del «documento de los 19» critican a Durán desde el momento en que, con la misma facilidad que se compra una empresa, no se prorroga un contrato a una invidente, por encontrarse ingresada en el hospital poco antes de que aquél venciera.

José Miguel Cayarga y el «grupo de los 19», después de exponer el riesgo que se corría de convertir a la ONCE en un apéndice del capitalismo especulativo, proponen a los afiliados la celebración de un congreso previo a las elecciones de diciembre de 1989, que daría, de nuevo, el poder a Miguel Durán y a su equipo.

En agosto, el «documento de los 19» empieza a circular por las oficinas de la ONCE en Madrid. Hasta que Durán se entera.

Rojo de ira, llama a uno de los 19 firmantes del escrito.

—Pero, ¿os habéis vuelto locos o qué? —grita fuera de sí.

Aunque la mayoría de los firmantes son universitarios, Durán se despacha a gusto. A unos les humilla y a otros les obliga a retirar sus firmas del documento y a pedir perdón.

Al final, les despide con la misma frase amenazadora:

—¡Si queréis hundir la ONCE, seguid por el mismo camino!

Seis meses más tarde, diecisiete de los diecinueve firmantes del escrito crítico eran destituidos de sus cargos en la Sección de Educación, el Servicio de Afiliados, la Sección de Cultura o la Biblioteca.

A ninguno se le dio la más mínima explicación.

* * *

Inocencio Rial Romero tampoco recibió justificación alguna el 12 de septiembre de 1988, cuando Miguel Durán decidió presentar querella criminal contra él en los juzgados de Instrucción de Madrid por «presuntos delitos de calumnias e injurias».[7]

Rial Romero, ciego de nacimiento y presidente del sindicato Apeavo, había enviado días antes una circular a sus afiliados en la que acusaba a la dirección de la ONCE de «negar a los pensionistas residencias o pensiones dignas, y gastarse el presupuesto en actos de lucimiento personal».

«La dirección de la ONCE —escribe Rial— atemoriza y ame-

7. Del texto de la querella.

drenta a los trabajadores con amenazas más o menos veladas y ejerce el poder con una sobredosis de autoritarismo y nepotismo.»

El presidente de Apeavo no descubre, con ello, nada nuevo. Basta escuchar algunas de las cintas de las reuniones del Consejo General de la ONCE,[8] para darse cuenta de cómo trata la Organización Nacional de Ciegos Españoles a sus afiliados.

Una buena parte de las reuniones se dedican a negar pensiones a viudas de ciegos, imponer sanciones con suspensiones temporales o definitivas de empleo y sueldo a los trabajadores. En algunos casos se llega incluso al destierro de un invidente fuera de su comarca, algo que ni la Guardia Civil practica.

Las actas grabadas de los plenos del Consejo General revelan también que la ONCE ha entrado en una dinámica de empresa capitalista en la que se valora más el rendimiento en la venta de cupones que la integración social del minusválido o invidente[9] y que las personas con deficiencias fisiológicas importantes, que no pueden alcanzar la rentabilidad exigida a los vendedores, son sistemáticamente rechazadas.

«El paternalismo, el cinismo y la borrachera de poder, subyacen en los comportamientos de la ONCE», decía Inocencio Rial.

A Durán no le bastó con querellarse. Pidió también al juez «acordar el registro del domicilio del querellado y de la sede del sindicato, y el decomiso de los ejemplares del escrito».

* * *

Rial Romero, sin embargo, no es el único que ha sentido el peso de la ley por discrepar públicamente, desde un cargo sindical electo, de la política del director general de la ONCE. Al director de la agencia de Lugo, Federico Pina Álvarez, le abrieron expediente por realizar unas declaraciones en la Prensa:

—El poder le está haciendo abandonar (a la ONCE) los fi-

8. Los ciegos, al no poder escribir, graban todas sus reuniones.
9. Los periodistas han tenido acceso a cerca de 60 horas de grabaciones de la ONCE.

nes para los que fue concebida. Los directivos se forran y la empresa entra en grandes operaciones financieras —declaraba Pina—. La protesta es demasiado blanca porque la maquinaria de la ONCE opera de una forma dictatorial, porque hay mucho trabajador contratado, que tiene miedo a protestar. Los ciegos incapacitados para vender cupones están dejados de la mano de Dios y los problemas que surgen se solucionan con prebendas.[10]

Pina no hacía más que reflejar públicamente algunos datos conocidos. El sueldo de Miguel Durán, director general de una entidad benéfico-asistencial era de 1.300.000 pesetas mensuales en 1988.[11] Por otra parte, diez consejeros territoriales de Cupol, el sindicato opuesto al director general, cambiaron de grupo al ser promovidos en el empleo por el equipo de Durán.[12]

Al director de la agencia de la ONCE en Lugo sus declaraciones le iban a reportar un serio problema. El 31 de julio de 1989 el delegado territorial de Galicia le anunciaba las sanciones que se le podían aplicar: suspensión de empleo y sueldo durante 60 días, traslado forzoso o despido. A Pina le dieron, eso sí, ocho días para recurrir.

A quienes, en cambio, no se les dio esa oportunidad fue a Marina Vázquez Miranda, María del Carmen Pinto Muiños, Juana González Muñoz y Manuel Castro González. Los cuatro eran profesores de EGB en el colegio Santiago Apóstol de la ONCE en Pontevedra, cuando en octubre de 1989 fueron despedidos por no cumplir el calendario de vacaciones de la Organización, contrario a la legislación laboral que regula el período vacacional de los profesores de EGB.

Los profesores recurrieron el despido y lo ganaron, lo mismo que José Luis Alonso Díaz, otro maestro destinado en Madrid, sancionado por parecidos motivos.[13]

Pero no es sólo la disidencia interna la que resulta aplastada sin contemplaciones. Los órganos directivos de la ONCE saben también que las críticas desde la Prensa no favorecen la pervivencia de una organización volcada a invertir en Bolsa, con demasiado protagonismo en el mundo de las grandes finanzas, y que,

10. Informe interno de 31 de julio de 1989.
11. José Ángel Sanmartín en *Tribuna*, número 42.
12. De un informe sindical facilitado por la ONCE.
13. Sentencias 650/88, 653/88 y 876/89.

al mismo tiempo, no paga impuestos al Estado por la venta del cupón, su principal fuente de ingresos.

Desde entonces, los periodistas que han tratado de reflejar la realidad interna del colectivo que preside Miguel Durán han sufrido en carne propia las presiones de la ONCE. Al periodista Rafael Cid, de la redacción de *El País*, le prohibieron en 1989 publicar un informe sobre la Organización Nacional de Ciegos Españoles en el rotativo madrileño.

Jorge de Lorenzo, de la revista *Tribuna*, preparaba un libro sobre la Organización Nacional de Ciegos Españoles, para lo que había tenido acceso a informes internos de la entidad. Un día recibió un requerimiento notarial instándole a no publicar el material. Era —según el requerimiento— propiedad intelectual de la ONCE, cuyo Consejo General debe expresarse, probablemente, en verso.

Con Raúl Heras, la cosa fue peor. En diciembre de 1989, Heras estaba ultimando su libro *El Clan*, sobre la *beautiful people*.[14] Miguel Durán se enteró y durante unas semanas los detectives de una agencia vinculada a la Organización Nacional de Ciegos Españoles, le fotografiaron y controlaron sus movimientos.

* * *

Las presiones a los periodistas, sin embargo, han sido simples anécdotas sin demasiada importancia en la reciente etapa de la ONCE. Desmantelada Prodiecu y controlada la oposición y la disidencia dentro de la organización, la mayor preocupación de Miguel Durán, a partir de ese momento, empezó a girar en torno al control de las empresas de Prensa.

Con un presupuesto de 230.000 millones en 1988, no iba a serle difícil. La ONCE, que en 1982 no aparecía en el ranking de las empresas que invertían más de 100 millones de pesetas al año en publicidad, en 1985, pasa a gastar 1.053 millones. En 1988 triplica esa cantidad. Los 3.054 millones de pesetas que invierte ese año para promover el Cuponazo convierten a la or-

14. *Temas de Hoy*, septiembre, 1990.

ganización en una de las primeras empresas en inversión publicitaria de España, después de El Corte Inglés y por delante del Estado.

El director general de la ONCE sabe que la publicidad es, junto a las ventas, el único recurso que permite la supervivencia de la Prensa en el mercado libre. Pero no ignora, además, que los periódicos necesitan dinero para hacer frente a la reconversión tecnológica o a los aumentos de plantilla.

—Si no puedes comprar a los periodistas, adquiere una participación en sus empresas —le había recomendado un amigo suyo.

Dicho y hecho. A partir de 1987, la ONCE compra pequeños paquetes de acciones en casi todos los grupos de Prensa, salvo en *El País*[15] y *ABC*. El capital invertido no le permite el control del medio y, mucho menos, el cambio de la línea editorial. Pero, con ello, obliga a suavizar el tratamiento de la información sobre la ONCE.

Sin embargo, donde Miguel Durán se vuelca de verdad con todo el dinero que maneja la ONCE es en la Radio y en la Televisión,[16] aunque estos medios no tengan nada que ver con la asistencia social al invidente.

De esta manera, con participaciones en todos los medios informativos y con los casi mil millones de pesetas diarios que le proporciona el cupón —2.000 millones los viernes—, Durán ostenta un poder del que muy pocas personas pueden presumir en España y fuera de ella.

* * *

A mediados del mes de diciembre de 1989, Inocencio Arias, subsecretario del Ministerio de Asuntos Exteriores, llamaba a la sede de la ONCE y pedía hablar con su director general.

15. A finales de 1989, las inversiones en Prensa de la ONCE eran: *La Gaceta de los Negocios*. del Grupo Z, 96 millones; *Diario de Barcelona*, 40 millones; *La Voz del Guadalete* (PSOE), 100 millones; *El Independiente*, 35 millones; *Servimedia*, 100 por 100 de la ONCE, e *Infiesa* (Grupo 16), 100 millones en obligaciones ya rembolsadas.

16. Ver capítulo XXIII.

—Miguel, el Presidente de Argentina, Carlos Menem, quiere invitarte a visitar su país —le dijo.

—Pues muy bien.

—¿Qué te parece viajar en enero? —preguntó Arias.

—Podría ser una buena fecha. Pero, ¿qué quiere el presidente de Argentina de la ONCE? —inquirió Durán.

—Le gustaría que estudiarais in situ el problema de los invidentes argentinos.

Miguel Durán visitó el país hispanoamericano los días 24 y 25 de enero de 1990. Pero no para estudiar los problemas de los ciegos argentinos. Lo que le interesaba al director general de la ONCE eran las posibilidades de inversión en la república argentina.

Antes de salir de España, Durán había conseguido un informe desglosado de los 35.112 millones de deuda que el país hispanoamericano tenía con los bancos españoles y, después de descansar en la finca que el tesorero del PP, Ángel Sanchís, posee en Salta, se dedicó a recorrer los organismos oficiales de Buenos Aires.

El director general de la ONCE pensaba adquirir a bajo precio en España una parte importante de la deuda exterior argentina y comprar con ella algunas de las empresas públicas que el gobierno de Carlos Menem estaba a punto de privatizar.

—¿En qué condiciones va a permitir el Gobierno argentino la repatriación de los capitales? —preguntó Durán en varios centros oficiales.

La respuesta no debió convencerle, porque el director general de la ONCE regresó con las manos vacías. Carlos Saúl Menem, por su parte, se quedó sin poder resolver el problema de los ciegos y minusválidos argentinos, un colectivo apenas protegido en el país, como pretendía.

Poco antes, en mayo de 1989, otro alto directivo de la ONCE, Jacinto Bertrand, había estado en Chile. Formaba parte de una comisión del Club de Empresarios de Madrid, que acudió al país para estudiar las perspectivas de inversión durante el régimen de Pinochet.

A su regreso, Bertrand recomendó no hacer ninguna inversión en el país hispanoamericano.

—No es gente seria —dijo.

—¿Por qué no son serios los chilenos? —preguntó Durán.

—No cumplen su palabra.

En el mes de octubre del mismo año, Rafael de Lorenzo, diputado del PSOE por la Asamblea de Madrid y responsable del Servicio de Planes y Programas Especiales de la ONCE, viajaba a Hungría. Lo hacía con otra comisión de empresarios madrileños que presidía el subsecretario de Industria, Fernando Panizo, y de la que formaban parte el presidente de RENFE, Julián García Valverde y el presidente de Mercasa, Jesús Prieto, entre otros.

El telón de acero acababa de caer y el Partido Comunista húngaro, en plena renovación, celebraba esos días su Congreso. De Lorenzo, uno de los hombres más lúcidos de la Organización Nacional de Ciegos Españoles, se dio cuenta de que el viaje era una pérdida de tiempo.

—¿Por qué? —le preguntó Miguel Durán, a su regreso.

—Alemanes e italianos tienen copados los mercados.

* * *

La ONCE, como el Espíritu Santo, parece estar en todas partes. Tras la compra de las acciones de los bancos Zaragozano, Central y BBV y de un importante paquete de acciones de Focsa y Portland Valderribas —las antiguas empresas de los Albertos—, los hombres de Miguel Durán no han dejado un solo día de adquirir alguna propiedad.

Con unos ingresos que, según las estimaciones de 1990, van a superar los 265.000 millones de pesetas, la ONCE ha creado una empresa —Icel— con El Corte Inglés, para fabricar material electrónico, y otra, con el BBV —Multivivienda— para construir 3.000 casas en Sevilla de cara a la Expo'92.

Con el Servicio Andaluz de Salud (SAS), la organización de ciegos ha firmado un convenio para instalar varios centros comerciales, al estilo de los Vips, en los principales hospitales andaluces; en Huelva, la inmobiliaria Oncisa ha comenzado a levantar el hotel Isla Antilla, valorado en más de 3.000 millones de pesetas, al tiempo que la cartera de obras de la constructora del grupo —Construcción, Gestión y Servicios—, al poco de nacer, a mediados de 1990, sobrepasaba ya los 15.000 millones de pesetas.

El plan de Miguel Durán, de buscar alianzas con los grupos más fuertes y poderosos del país, se cumple a rajatabla. Tras el apoyo al ex ministro de Economía y Hacienda, Miguel Boyer, para la presidencia del non nato Banco Central Español de Crédito, la ONCE participa en la empresa de capital riesgo Advent-1, junto a la Banca March, uno de los bancos que más dinero ha orientado hacia inversiones especulativas en España durante los últimos años.[17]

Con las dos cajas de ahorros de Vizcaya, los ciegos se han convertido en socios de la empresa Promotora y Desarrollo Talde, dedicada a la toma de participaciones en pequeñas y medianas empresas, a través de la cual controla importantes paquetes de acciones en más de treinta sociedades vascas.

La ONCE está presente también en el capital de Grucycsa y el Banco Zaragozano —las empresas de las Koplowitz y los Albertos— y es socio de Cofir, la sociedad del empresario italiano Carlo de Benedetti, en la entidad Eurofinanzas, que se dedica igualmente a la compra de participaciones en empresas.

A mediados de 1988, sin embargo, el excesivo furor inversionista de Durán empieza a ser mal visto por el Gobierno. Un informe interno del Ejecutivo comparaba las actividades de la Organización Nacional de Ciegos Españoles con las operaciones de «tiburoneo» de los italianos Carlo de Benedetti o Giancarlo Parretti, considerados los especuladores más activos de Europa.

El documento veía también con muy malos ojos algunas de las amistades del director general de los ciegos, especialmente las de Inversiones Ponent, una empresa ligada aparentemente a la Mafia, con la que Durán iba a explotar un casino en Azuqueca de Henares (Madrid).

* * *

Las alianzas con los grandes banqueros y empresarios del país le crean algún que otro quebradero de cabeza con el Mi-

17. *Tribuna*, número 35.

nisterio de Asuntos Sociales, situado en el número 39 de la madrileña calle de José Abascal, desde donde emana legalmente la vida de la ONCE.

El Gobierno, y en especial la ministra de Asuntos Sociales, Matilde Fernández, no comparte le idea de que la Organización Nacional de Ciegos Españoles funcione como un grupo especulativo más, olvidando los fines específicos de asistencia a los invidentes y minusválidos, para los que fue creada.

Pero las decisiones importantes que afectan a las inversiones de los ciegos españoles, en realidad, no dependen exclusivamente de la ministra de Asuntos Sociales.

—Los asuntos de la ONCE los consulto con Alfonso Guerra —declaraba Matilde Fernández.[18]

Así, sometida al criterio del Ejecutivo, la Organización Nacional de Ciegos Españoles ha funcionado en los últimos años como un instrumento del poder y del Partido Socialista para llevar a cabo su política económica e informativa.

A pesar de que Miguel Durán lo niega, el dinero de la ONCE se ha utilizado para financiar la compra de cadenas de televisión y radio afines al PSOE y para apoyar operaciones como la de Cartera Central. Es, en cierta manera, el «impuesto revolucionario» que los ciegos han tenido que pagar para que se les permita invertir los muchos miles de millones de pesetas que recaudan por la venta del cupón, en otros sectores económicos.

Otra de las múltiples ocasiones en que la ONCE «sufría» la política del Gobierno se consolidaba el 14 de abril de 1989. Ese día, Repsol, la primera compañía petrolífera del país, ligada al sector público y presidida por Óscar Fanjul, decidía realizar una emisión de acciones en Bolsa del 30 por 100 de su capital, lo que suponía colocar en el mercado de valores 130.000 millones de pesetas en acciones en el plazo de un mes.

Era la primera privatización parcial de una empresa pública y el Ejecutivo, que temía que la emisión no fuera cubierta en su totalidad, invitó a la ONCE a comprar acciones.

El director general de los ciegos españoles hizo sus cálculos, vio que la operación era buena y dio una orden al BBV.

—Compradme 4.000 millones de Repsol.

Pero la emisión se convirtió rápidamente en un negocio especulativo de los «yuppies» socialistas y de algunos bancos afi-

18. Ver revista *Mercado*, número 411, octubre de 1989.

nes al Gobierno, como el Bilbao-Vizcaya. Y a la organización de ciegos se le pidió que retirase su oferta de compra.

—Nos harías un gran favor —le dijeron a Durán.

—¿Un gran favor...? Pues yo creía que el favor os lo hacía yo comprando acciones de Repsol —protestó Durán.

—Sí, pero las cosas han cambiado.

Al final, la Organización Nacional de Ciegos Españoles tuvo que conformarse con 320 millones de pesetas en títulos de la empresa pública española, menos de la décima parte de los 4.000 millones que inicialmente le había obligado a comprar el Gobierno.

Los intentos por parte del Ejecutivo o de algún sector del PSOE de utilizar a la ONCE en sus planes, en cualquier caso, no cogían de nuevas a Durán. Poco más tarde, eran el presidente de Mercasa, Jesús Prieto, y los responsables del Banco de Fomento quienes llamaban a la puerta de la calle Prado de Madrid, para crear una red de distribución alimentaria en España. Se trataba del típico negocio organizado desde el partido. Rafael de Lorenzo, diputado socialista en la Asamblea de Madrid y director de Planes y Programas Especiales de la ONCE, se hizo cargo de la negociación. Se entrevistó varias veces con Prieto, un ugetista y militante del sector guerrista del partido, y llegó a la conclusión de que los directivos de Mercasa y del Banco de Fomento sólo iban a por el dinero de los ciegos.

—¿Cómo que a por el dinero? —le preguntó un día Durán.

—Sí, pretenden que la ONCE ponga 4.000 millones y les deje la gestión a ellos.

—¡Pero eso es un expolio! —replicó Durán, incrédulo.

—Ya se lo he dicho a Prieto, que estamos dispuestos a colaborar pero no a poner dinero sin contrapartidas.

La retirada de la Organización Nacional de Ciegos Españoles impidió que Mercasa se convirtiera en uno de los grandes monopolios del sector alimentario del país, como pretendían el Partido Socialista y, en concreto, Jesús Prieto y Alfonso Guerra.[19]

De todas maneras, con un enorme patrimonio forjado día

19. Las relaciones del Gobierno con la ONCE empezaron a deteriorarse a comienzos de 1990. El Ejecutivo no autorizó, en esa época, la venta de un 10 por 100 de las acciones de Tele 5 a un supuesto testaferro de Miguel Durán, para evitar que éste controlara, indirectamente, el 50 por 100 de la cadena televisiva. En el mes de septiembre del mismo año, Felipe González y Alfonso Guerra prohibieron expresamente que la ONCE ampliara el sorteo «El Cuponazo».

a día en las esquinas del país, vendiendo cupones de cien pesetas, una buena parte de la sociedad cree que la ONCE es como una gran fábrica de invertir dinero.

Esta actitud sería social y políticamente irreprochable si la empresa que dirige Miguel Durán pagara sus impuestos por el cupón y, como el resto de las empresas españolas, se contentara con obtener el típico 10 por 100 de beneficio en sus inversiones. Pero no es eso lo que hace la ONCE, piensan en Comisiones Obreras e Izquierda Unida.

* * *

El 23 de agosto de 1989 el sindicato afín al Partido Comunista de España, Comisiones Obreras, pedía oficialmente al Gobierno la realización de una auditoría de los bienes de la Organización Nacional de Ciegos Españoles. Paralelamente, el diputado de Izquierda Unida por Alicante, Narcís Vázquez Romero, obligaba a la ministra de Asuntos Sociales, Matilde Fernández, a comparecer ante el Congreso.

Algunos militantes de Comisiones Obreras e Izquierda Unida querían saber por qué motivos el Gobierno permitía a una organización tutelada por el Estado, dedicada a la ayuda social, que se desviara de sus fines asistenciales para convertirse en un poder económico, al estilo de Mario Conde o los Albertos.

Pero ni siquiera el temor a una investigación parlamentaria fue capaz de atemperar la voracidad compradora de la ONCE. Tras la inversión de Isla Margarita (Venezuela), donde van a construir un complejo turístico valorado en 5.000 millones de pesetas, los hombres de Miguel Durán pidieron al Gobierno de Carlos Andrés Pérez que les vendiera 15 hoteles en vías de privatización.

Meses después, los mismos ejecutivos acudían al Aresbank de Madrid con el propósito de ver dónde podían invertir. Miguel Durán se había enterado de que el Banco Árabe Español tenía tres hoteles en México, compartidos con la cadena Meliá —el Meliá Cancún, el Meliá Los Cabos y el Fiesta Americana Cancún—, y estaba dispuesto a adquirirlos al precio que fuera.[20]

Con muchos comportamientos similares a los de la Mafia, la ONCE es capaz de arañar hasta la última peseta en la negociación de un crédito o de usar empresas de detectives para conocer las debilidades del adversario, en el más puro estilo gangsteril de los tiburones financieros, y, al mismo tiempo, no reparar en gastos a la hora de patrocinar al equipo olímpico español o invertir entre 200 y 300 millones de pesetas en la financiación del equipo ciclista que se convirtió en la revelación de la temporada 1989-90 en la vuelta a España, el Giro de Italia y el Tour de Francia.

De la misma manera que incumple los contratos laborales con sus trabajadores, regateándoles un par de miles de pesetas a la hora de liquidarles los honorarios, la ONCE no duda en gastarse sumas multimillonarias en subvencionar los multitudinarios conciertos de Bruce Springteen en España.

Las inversiones las realizan a través de dos grandes centros de poder: la Fundación ONCE, controlada por el director de Planes y Programas Especiales, Rafael de Lorenzo, y la propia ONCE, cuyo máximo responsable es el director general, Miguel Durán.

La Fundación ONCE (Fundosa), cuyo objetivo esencial es crear empresas que den trabajo a minusválidos, actúa como cabecera de uno de los *holding*. En 1989 tuvo un presupuesto de 7.000 millones de pesetas y en su primer año de actividad, 1989, creó un total de 33 empresas y 9 filiales en Madrid, Extremadura, Andalucía, Cantabria, País Vasco y Cataluña.[21]

20. De un informe interno de Aresbank.

21. *Las empresas dependientes de Fundosa Grupo son las siguientes:* Servimedia (agencia de noticias); Fonctella (educación); Fundosa-lavanderías (limpieza); Pilsa (limpieza); Fundosa Social Consulting (selección de personal); Fundosa Control de Datos (informática); Comercializadora, S.A. (ventas); Galenas (tiendas en hospitales); Fundosa-Eurotaxi (taxis para minusválidos); Icel (circuitos electrónicos); Grupo Universal de Emisoras (Cadena Amanecer de radio); Sogitec (empresa de fabricación de ozono); Promi-Ultracongelados (tortillas de patatas); Publicaciones del Sur (periódico *La Voz del Guadalete*); Producciones Técnicas (carpintería metálica); Sevilla-93 (capital riesgo); Galenas Andaluzas (11 tiendas en hospitales); Aplicsa (fábrica de corcho); Oncedisa (finca de El Río); Dulces Artesanales de Azuaga (bollería); Austral Sport (prendas deportivas); Columbia (cintas de ordenador); Cesterías Cántabras (artesanía); Cantabria de Cerámica (artesanía); Otsean (masa de pan congelado); Sertel (marketing telefónico); Ciberven (informática); Provalls (promoción turística); Etsa-200 (turismo); Coral Balear (artesanía) y Pro-León (proyectos leoneses).

En este conglomerado de empresas, que supone una inversión superior a los 20.000 millones de pesetas, Fundosa Grupo posee un 30 por 100 del capital, llegando en algunos casos a ostentar la propiedad del 90 y hasta del 100 por 100 del capital de algunas empresas.

Además de este grupo empresarial, la Organización Nacional de Ciegos Españoles, como institución que invierte los beneficios procedentes de la venta del cupón —cerca de un billón de pesetas en cinco años— posee otras 64 empresas reconocidas oficialmente.

Algunas de ellas han sido adquiridas a través de sociedades instrumentales —Oncedisa, Divercisa, etc.— o mediante sociedades de capital-riesgo como Sevilla'93, Eurofinanzas, Advent 1 o la Sociedad de Desarrollo Talde.

De esta manera, la empresa de Miguel Durán tiene una buena parte de su patrimonio oculta a cualquier investigación periodística o parlamentaria, ya que el control de las inversiones en el mercado bursátil ha sido hasta ahora muy poco transparente.

Este segundo entramado empresarial contiene desde empresas de limpieza o de seguridad hasta sociedades dedicadas a la fabricación de material electrónico o a la explotación de aparcamientos. Eso sin incluir, naturalmente, las inversiones en solares e instalaciones turísticas, como la del Puerto de la Marquesa, cerca de Marbella, y en otras zonas de España, realizadas a nombre de testaferros.[22]

Las empresas de la ONCE generaron en 1989 unos beneficios confesados de unos 15.000 millones de pesetas y la administración de las 64 sociedades, pertenecientes a sectores muy diversos, empieza a plantear ya problemas de gestión y de estrategia empresarial, incompatibles con su actual status jurídico.

El patrimonio de la ONCE, uno de los secretos mejor guardados del país, sin embargo, puede muy pronto dejar de serlo. La Organización Nacional de Ciegos Españoles quiere crear un *holding* similar al de Fundosa, con todas sus sociedades, y sacarlas a Bolsa.

La configuración de ese consorcio obligará a una mayor

22 Miguel Durán siempre ha negado la existencia de éstos. Informes del Gobierno relacionan al constructor de Badajoz, Ángel Medrano, y al abogado José María Blanc, con los negocios de la ONCE. Este último está hoy distanciado de Miguel Durán.

transparencia de sus actividades y un mayor control por parte del Consejo del Protectorado y de los ciegos del patrimonio de su organización, inexistente hasta ahora.[23]

Un patrimonio que incluye incluso alguna que otra finca. Como Mario Conde, Juan Abelló o los Albertos, el director general de los ciegos no ha podido sustraerse a la tentación de adquirir un cortijo dedicado a la cinegética.

Aunque éste parece un lujo asiático para una asociación de invidentes, al no poder practicar el deporte de la caza, en 1989 Miguel Durán autorizó la compra de la finca El Río, de 4.000 hectáreas. Situada entre Fuenteovejuna y Los Blázquez, en las provincias de Córdoba y Badajoz, el cortijo constituye uno de los mayores latifundios de la zona, por el que la ONCE pagó poco más de 2.500 millones de pesetas.

La Organización Nacional de Ciegos Españoles también ha querido estar presente en la Exposición Universal Sevilla'92. Cuando el 20 de abril de 1990, el rey Juan Carlos inaugure oficialmente la muestra, la ONCE contará con un pabellón acristalado, semienterrado y rodeado por un foso inglés con más de 3.000 metros cuadrados de edificación.[24]

Situado en la avenida central del recinto de la isla de La Cartuja, en una parcela de 2.470 metros cuadrados, al lado de los pabellones de las Embajadas de Finlandia, Noruega y Canadá y de las empresas Fujitsu y Siemens, la ONCE ha consignado una partida de 500 millones para su construcción, aunque Rafael de Lorenzo estima que las obras podrían superar los mil millones.

Todo un récord, cuando el Gobierno de los Estados Unidos necesitó llevar el tema al Congreso nada menos que cinco veces

23. *Las principales empresas participadas por la ONCE son:*
Banco Zaragozano, Portland Valderrivas y Focsa, 3.911 millones de pesetas; Banco Central, 4.000 millones; Banco Bilbao Vizcaya, 2.310 millones; Inmobiliaria Urbas, 360 millones; Repsol, 330 millones; Construcción, Gestión y Servicios (constructora); Oncisa (inmobiliaria); Inversiones Ponent (juego); Progranada (capital-riesgo); Incrisa (capital-riesgo), Advent 1 (capital-riesgo), 150 millones; Iniciativas (capital-riesgo); Capve-300 (capital-riesgo); Eurofinanzas (intermediación de capitales), 60 millones; Sevilla-93 (capital-riesgo), 25 millones; Azuadesa (gestión), 2 millones; Slogan (publicidad); Vinsa (seguridad), 100 millones; Cepisa y Cicsa (aparcamientos), 63 millones; Isla Antilla (hotel), 3.000 millones; Albastros (hotel); Uniseguros (seguros); Isla Margarita (hostelería), 2.500 millones; Príncipe de Vergara (solar), 700 millones; Talde (promotora vasca), 200 millones; Multivivienda (constructora), 220 millones. A estas sumas hay que añadir las cantidades invertidas en comunicación: Unipress (100 emisoras de la Cadena Amanecer y la Cadena Rato), 6.000 millones; Tele Cinco, 1.000 millones, y otras inversiones en Prensa, hasta 500 millones.

24. El acuerdo ONCE-Expo se firmó el 13 de julio de 1989.

hasta que, el 22 de junio de 1990, la Cámara decidió aprobar una inversión de 100 millones de dólares.

Pero lo que para el país más poderoso de la Tierra parece un despilfarro, para la ONCE no lo es, aunque la inversión no tenga nada que ver con las atenciones sociales que necesitan los ciegos o los minusválidos.

La decidida vocación de estar presentes en los acontecimientos políticos y sociales del país que representen algo de poder ha llevado al equipo de Miguel Durán a suscribir más de 40 convenios con Ayuntamientos y organismos oficiales y a soñar con sacar el cupón europeo.

—Algunos de estos organismos —relata De Lorenzo— buscan sólo nuestro dinero, el expolio de la ONCE.

Fue lo que ocurrió en Cantabria, donde la Organización Nacional de Ciegos Españoles, en colaboración con la Consejería de Cultura de la Comunidad Autónoma, pretendía construir una réplica de las Cuevas de Altamira, para disfrute de los visitantes, al estar limitado el paso a las grutas originales, consideradas Monumento Histórico Nacional.

El proyecto suponía una inversión de 250 millones de pesetas pero incorporaba una importante novedad.

—Las pinturas rupestres iban a reproducirse en relieve, para que los invidentes pudieran apreciarlas al tacto —declaró De Lorenzo.[25]

El Gobierno de Juan Hormaechea pretendía que las obras fueran financiadas al 100 por 100 por la ONCE, algo que los ciegos, a quienes les molesta que les tomen por tontos, no están dispuestos a admitir.

Los primeros bisontes pintados en Altamira por el *Homo sapiens* no tienen la figura esbelta de Marta Chávarri, tal y como la revista *Interviu* la inmortalizó. De lo contrario, la ONCE, uno de los más importantes poderes económicos del país nacido en la etapa socialista, tal vez no hubiera planteado tantos problemas.

25. En entrevista con los autores del libro.

XVI. TRÁFICO DE INFLUENCIAS: LA COMISIÓN QUE NUNCA EXISTIÓ

En 1987, el Gobierno, en un arrebato de ética, creó una comisión parlamentaria para investigar el tráfico de influencias en España. Cuando algunas personalidades del partido fueron citadas en el Congreso para explicar el origen de sus fulgurantes fortunas, el Grupo Parlamentario Socialista echó tierra sobre el asunto. Nadie, y menos el Ejecutivo, estaba dispuesto a que los trapos sucios se airearan en público. Una trastienda que sus protagonistas todavía no han olvidado.

Después de darle muchas vueltas, Juan Ramón Calero Rodríguez, 43 años, diputado del Partido Popular por Murcia, estaba firmemente convencido de que era necesaria la creación en el Congreso de los Diputados de una comisión parlamentaria que investigara el tráfico de influencias y el uso de información privilegiada por políticos y altos cargos del Gobierno.

Una encuesta realizada por la empresa Emopublica, difundida por *Diario 16,* de Madrid, reflejaba que el 80 por 100 de los españoles pensaba que éste era uno de los males endémicos del país.

Nacido en La Alberca (Murcia), Calero, abogado del Estado y portavoz del Grupo Parlamentario Popular en la Cámara Baja, opinaba que sólo una regeneración ética de la clase política podía devolver al pueblo la confianza en las instituciones y dignificar la vida política nacional.

Aunque las profesiones de fiscal y de investigador no le gustaban, el portavoz del Grupo Popular en el Congreso decidió aquella misma tarde plantearle seriamente la cuestión a Antonio Hernández Mancha, presidente entonces del principal partido de la oposición.

—¿El partido está dispuesto a que tiremos de la manta? —preguntó el diputado.

La respuesta de Mancha fue concluyente:

—¡Adelante!

Juan Ramón Calero, sin embargo, no quiso pecar de precipitado y resolvió hacer una consulta más. Al día siguiente, se presentó en la residencia de profesores de la Universidad Complutense, en la calle Isaac Peral de Madrid.

Allí vivía desde hacía muchos años Manuel Fraga Iribarne, Catedrático de Derecho Político de la Complutense, que acababa de jubilarse de la Universidad y llevaba algunos meses provisionalmente semirretirado de la política nacional.

Fraga quería «dar paso a gente nueva», según sus propias palabras, aunque seguía manteniendo su escaño de eurodiputado y asistía periódicamente a las sesiones del parlamento de Estrasburgo.

El fundador de Alianza Popular encarnaba todavía la autoridad moral de la derecha española y eran muchas las personas de su partido que acudían a pedirle consejo.

Era el 8 de febrero de 1988. Calero sólo había interrumpido el aislamiento que Fraga mantenía del mundo de la política una sola vez, cuando Izquierda Unida quiso crear una comisión parlamentaria para investigar las actividades del GAL y le pidió al portavoz parlamentario del PP que su grupo se uniera a su iniciativa. Ésta era la segunda vez que se decidía a molestar a Fraga en su propia casa.

Como gallego de Villalba que es, el líder del Partido Popular escuchó atentamente su exposición y le respondió con una pregunta.

—¿Usted, mi querido amigo, tiene algo que ocultar?

—No, presidente. Yo soy más pobre que las ratas.

—Pues, yo tampoco —replicó Fraga—. Así que puede usted

hacer lo que quiera. Aunque yo le aconsejaría que adelante y ¡mucho ánimo!

Dos días después, el 7 de febrero, el Partido Popular presentaba en la mesa del Congreso de los Diputados una proposición no de Ley pidiendo que se creara una comisión de investigación.

El nacimiento de aquella comisión animó el cotarro político nacional durante algunos meses. El Parlamento, adormecido por el aplastante rodillo socialista, volvió a llenarse de periodistas y muchos diputados volvieron a interesarse por la vida parlamentaria.

La ciudadanía en general también lo hizo. Algunas personas, incluso, se ofrecieron voluntarias para declarar ante la nueva comisión encargada de investigar los negocios ilegítimos de los políticos de todos los partidos.

En los pasillos del Parlamento y en la calle, Juan Ramón Calero comenzó a cosechar una reputación de político hábil, tenaz y luchador, mientras la gente le llamaba para darle consejos y ayudarle.

También era mucha la información que recibía por correo y otros medios. Un día, alguien de las filas del Partido Socialista le envió un sobre blanco con una nota anónima. Hacía referencia a los sustanciosos gastos de vestuario que venía realizando la directora general de Radiotelevisión Española, Pilar Miró, con cargo a los presupuestos generales del Ente.

Calero le pasó la nota a su compañero de partido Luis Ramallo García y el asunto acabó acaparando durante semanas las primeras páginas de los periódicos y las portadas de las revistas.

La directora de cine Miró acabó compareciendo ante el Congreso de los Diputados para explicar el carácter de sus compras. El Partido Socialista la abandonó y a su amigo personal, Felipe González, no le quedó más remedio que pedirle su dimisión.

En otra ocasión, Calero recibió una extraña llamada de otra persona. Era un comunicante anónimo que le llamaba desde una cabina telefónica y le proponía una cita clandestina en el bar La Noria, en el Madrid de los Austrias, a las nueve de la noche, para, según dijo, «tomar una cerveza».

Ante el temor de que pudiera tratarse de una encerrona, Julián, el chófer del portavoz del Grupo Parlamentario Popular en el Congreso, se ofreció a llevarle en el coche oficial, un «Peugeot 405». Pero Calero prefirió enfrentarse solo ante el peligro.

A las nueve en punto, mientras estaba acomodado sobre la barra del bar junto a una buena jarra de cerveza, se le acercó un hombre ataviado con una llamativa gabardina, con los ojos ocultos tras unas gafas de sol. El informador ni siquiera le saludó. Le tendió un sobre grande, de color blanco, a la altura dcl cinturón y lc dijo:

—Señor Calero, tome usted.

Diez segundos después, el hombre de la gabardina se esfumó a paso ligero por el otro extremo de la calle.

De regreso al partido, Juan Ramón Calero rasgó el sobre y pudo enterarse de que el ex ministro de Industria Joan Majó y el general De Andrés habían creado una empresa privada, Ceselsa, que estaba utilizando información privilegiada para quedarse, entre otras cosas, con el *software* para la modificación de los aviones «Mirage F-1» que prestaban su servicio en el Ejército español.

El asunto había causado un gran disgusto en Inisel, una empresa de la división de electrónica del INI, de donde probablemente había partido la información.

Inisel pugnaba por el contrato, pero sus directivos intuían que no tenían nada que hacer ante las facilidades que el ex ministro Majó encontraba en las altas esferas de la Administración para sacar adelante su negocio.

* * *

Al diputado Luis Mardones Sevilla, perteneciente a la Agrupación Tinerfeña Independiente, lo eligieron sus compañeros del Grupo Mixto para que les representara en la Comisión para la Investigación del Tráfico de Influencias.

Juan María Bandrés, de Euskadiko Ezkerra, fue el encargado de comunicárselo:

—Lo hemos hablado, Luis, y creemos que debes ser tú.

—¿Y por qué yo?

—Bueno, hombre, tú representas al Grupo Mixto en la comisión del Estatuto del Diputado y ésta puede ser una actividad complementaria.

A Luis Mardones no le disgustaba aquel trabajo parlamentario. Entre otras cosas, porque pensaba que aquélla sería una buena forma de poner fin a la discriminación que se producía en el Parlamento entre los distintos sectores de la Cámara. Nacido en Santa Cruz de Tenerife hacía 50 años, casado y con cuatro hijos, Mardones tenía el Congreso dividido en tres categorías sociales.

Los de primera, que compatibilizaban sus despachos particulares con esporádicas visitas a la Cámara; los de segunda, integrado por los parlamentarios que ejercían la doble condición de diputados en el Congreso y concejales de Ayuntamientos o consejeros de cabildos o diputaciones, que por ley habían renunciado a uno de los sueldos pero que seguían cobrando por la vía de los pluses; y los de tercera categoría, que era la de los diputados que vivían exclusivamente de su salario e incluso se sentían perjudicados con la Ley de Incompatibilidades de la Cámara.

Entre estos últimos se encontraba el propio Mardones, un ex funcionario del Cuerpo Superior de Inspectores del Ministerio de Agricultura, que tuvo que renunciar en 1982 al ejercicio de su profesión y a su sueldo, al presentarse por primera vez a unas elecciones generales, con el *handicap* de que cuando abandone la política, tendrá que volver a su antiguo puesto y cobrar un sueldo de nivel 24, sin disfrutar de los ascensos que habrán conocido sus compañeros de promoción.

Por entonces, era el diputado que menos ganaba en la Cámara, unas 375.000 pesetas al mes, vivía en Madrid, en un piso alquilado, no tenía coche y a muchas sesiones parlamentarias acudía de «paquete» en la vespa de su hijo, si cuando iba a la Universidad le pillaba de paso el Congreso.

En estas circunstancias personales, se presentó el diputado canario como representante del Grupo Mixto en la Comisión sobre Tráfico de Influencias. Una actividad que en realidad le ocupó poco tiempo, tan sólo hasta mayo de 1988, porque un inoportuno accidente de circulación, con rotura de cadera, le obligó a guardar cama y a ausentarse hasta poco tiempo antes de que la Comisión se disolviera, dando por finalizada su tarea.

Sin embargo, durante el escaso tiempo que permaneció en

activo en el grupo, Mardones recibió muchas llamadas de ciudadanos que veían con buenos ojos que los diputados sacaran a relucir sus trapos sucios y los de los altos cargos del Gobierno, que creían que ésta era la única vía para dignificar la política y las instituciones.

Como se explica en el capítulo VIII, en una ocasión, le paran por la calle y le piden que investigue las importaciones masivas de cemento que se realizan desde Rumania.

Mardones no pudo llevar el tema a la Comisión sobre Tráfico de Influencias, pero la caída del presidente rumano, Nicolae Ceaucescu a finales de 1989, puso de relieve que ésta era una de las vías utilizadas por el dictador rumano para vender mercancías fuera del país y llevarse el dinero a Suiza.

La persona que más cartas envió a Mardones para que el diputado las empleara en la Comisión fue, sin duda, el abogado Javier Sainz Moreno, uno de los asesores del ex presidente de Rumasa, José María Ruiz Mateos, y ex pasante del despacho de abogados de Matías Cortés, el actual asesor del presidente de Banesto, Mario Conde.

Sainz Moreno había tomado la Comisión sobre Tráfico de Influencias como una Comisaría de policía. Pedía que se citara a declarar a su antiguo jefe, Matías Cortés; al ex ministro Pío Cabanillas; al presidente del Banco Popular, Luis Valls Taberner y hasta a uno de los miembros de la Comisión, el diputado del CDS, Alejandro Rebollo.

Un día llamó por teléfono a Mardones, incluso, un general retirado del Ejército que quería asesorarle.

—No hace falta que hagan ustedes ninguna Ley contra el Tráfico de Influencias —le dijo—. Ya existe.

—¡Ya existe! ¿Dónde?

—Está publicada en el Aranzadi. Busque usted en el año 1936.

El diputado Mardones recurrió, por curiosidad, a un viejo Aranzadi, en el que encontró un decreto militar contra las recomendaciones. Había sido promulgado el 1 de noviembre de 1936 por el Ejército de Franco, en plena Guerra Civil.

El decreto, con el número 1704/36, decía:

«Apelar siempre a la recomendación para conseguir aquello que deseamos se nos conceda, es un vicio nacional. Uno de los vicios que tenemos que corregirnos si hemos de llegar a hacer realmente una España nueva.

»Quedan, por tanto, prohibidas en el Ejército las recomendaciones. Ningún jefe ha de admitirlas. Y el militar que, dentro del Ejército, las haga, merece ser sancionado por el agravio que con ello infiere a sus compañeros y a la institución misma.»

El decreto continuaba en el mismo tono moralista y admonitorio y concluía:

«Las cartas de recomendación, como los anónimos, deben ser rotas sin leerlas. Así se economizará mucho tiempo que podrá ser empleado en labor más provechosa que la de satisfacer egoísmos.»

El diputado Mardones esbozó una sonrisa al leer aquel decreto militar. Como siglos antes en la época del conde-duque de Olivares, lo que trataba de investigar la Comisión sobre Tráfico de Influencias no representaba nada nuevo en España.

* * *

Cuando los compañeros de su grupo parlamentario le propusieron que acudiera a la célebre Comisión sobre Tráfico de Influencias en representación de su partido, el diputado de Izquierda Unida por Asturias, Manuel García Fonseca, no se podía creer que el PSOE hubiera aceptado crear una comisión parlamentaria de este tipo.

«Aquí hay gato encerrado», se dijo a sí mismo.

El diputado de Izquierda Unida y muchos de sus compañeros de filas pensaban que sólo la existencia de un pacto secreto entre el PSOE y el Partido Popular, para comerse a la UCD, repartirse el espacio político del centro y consagrar definitivamente el bipartidismo, podían justificar la creación de una comisión así.

Pero García Fonseca era una persona que no entendía la política sin un planteamiento fundamentalmente ético y la Comisión sobre Tráfico de Influencias a la que le enviaba su Grupo Parlamentario representaba una oportunidad para trabajar en esa dirección.

El diputado asturiano solía volar a Madrid todos los lunes

en el avión de las nueve de la mañana para asistir a las sesiones del Parlamento, tras pasar tres o cuatro días visitando las fábricas de su región. Casi siempre viajaba junto al entonces secretario general del Partido Comunista de España, Gerardo Iglesias.

El tema de conversación, con frecuencia, giraba en torno al Parlamento.

—¿Cómo ves el futuro de la Comisión? —le preguntó Iglesias al iniciarse los primeros trabajos.

—Hombre, llegar hasta el fondo del asunto no parece que vaya a ocurrir con el PSOE en el poder, sería nuevo en la Cámara —respondió el diputado—. Pero al menos es posible que quieran buscar un chivo expiatorio. Y con ello, algo podremos avanzar.

Hasta ese momento, su actuación en el Parlamento no se había destacado por ningún empeño reseñable relacionado con investigaciones de este tipo. Sin embargo, en su fuero íntimo, García Fonseca albergaba la esperanza de que al menos la investigación que debía emprender la comisión no se bloqueara a las primeras de cambio.

Desde que terminó el bachiller en la villa asturiana de Pola de Siero y entró en el seminario para estudiar teología y filosofía, García Fonseca no ha dejado de indagar sobre la moral de los pueblos a lo largo de los siglos. Por eso, tenía la esperanza de que el trabajo de la comisión en que se había visto envuelto, si no resultaba todo lo amplio que era de esperar, tuviera al menos un carácter ejemplificador.

Su condición de sacerdote, actividad que ejerció durante doce años desde 1964, le llevó a conectar desde un principio con los jóvenes trabajadores de la región, como consiliario de las Juventudes Obreras Cristianas (JOC), y más tarde junto a curas célebres como el padre Llanos o Díez Alegría.

Su fama de liberal, la refrendó comenzando a militar en el Partido Comunista de España en 1975 y conviviendo con su actual mujer sin pedir el correspondiente permiso eclesiástico, en una época en la que la Iglesia prohibía a sus célibes precisamente llevar a cabo esas actividades.

García Fonseca había pasado cuatro años en París, donde estudió Sociología y se licenció en Ciencias Políticas por la Sorbona, y sólo unos días antes de que estallaran los acontecimientos de mayo del 68, volvió a España. Eso sí, tiznado de un nuevo barniz parisino, que finalmente le llevó hasta el PCE, donde permaneció primero dos años sirviendo a la Iglesia y al Partido Comunista a la vez, hasta que se decidió a abandonar la sotana «por motivos funcionales».

Cuando hace cinco años, García Fonseca sale elegido diputado de Izquierda Unida por Asturias, rápidamente tiene que realizar unas oposiciones para procurarse una plaza como profesor agregado de instituto que le asegure su vuelta a la vida normal. En su grupo parlamentario rige la regla de asignar a cada uno de sus parlamentarios el mismo sueldo que cobraban durante el ejercicio de su profesión y en su caso no se trata precisamente de una nómina elevada.

Con esa trayectoria a sus espaldas, el diputado asturiano acudió a la Comisión sobre Tráfico de Influencias, convencido de que si no era posible profundizar demasiado en las actividades de personas concretas, sí era necesario al menos analizar las grandes áreas económicas que fueran proclives al tráfico de influencias.

Un día, nada más empezar la Comisión sus reuniones, su compañero de Partido, José Luis Núñez, le paró y le dijo:

—Toma, Manuel. Un funcionario de la Dirección General del Juego, que ha pedido guardar su anonimato, me ha pasado este dossier para que se investigue.

La carpeta que recibió García Fonseca contenía un detallado informe en el que aparecían implicados los ex ministros de Interior, Juan José Rosón y José Barrionuevo, además de diversos altos cargos del Ministerio, que en gran número dejaban sus puestos, como funcionarios en la Dirección General del Juego, para trabajar como empleados de las poderosas empresas de máquinas tragaperras.

El dossier describía las frecuentes filtraciones que se producían en torno a la legislación que se elaboraba en el Ministerio sobre el mundo del azar y señalaba la circunstancia de que incluso las propias empresas interesadas del sector tenían habilitados despachos en las dependencias ministeriales.

García Fonseca había releído varias veces los papeles.

—¿Crees que es bueno? —preguntó su compañero.

—A mí me parece moralmente convincente para iniciar una investigación. Vamos a ver si nos lo dejan llevar adelante.

Al poco tiempo, otro diputado de Izquierda Unida, Ramón Espasa, le entregó tres folios donde se explicaban los mecanismos que utilizaba la Banca para defraudar con los tipos de interés.

—Manuel, esto es de Barcelona, pero el fraude lo practican los bancos en toda España.

—¿Tendremos que demostrar que existe fraude? —preguntó García Fonseca.

—Está clarísimo. Lo verás cuando lo leas. Para el sector, la trampa supone decenas de miles de millones de pesetas y una gigantesca estafa para los ciudadanos.

García Fonseca recogió la documentación, la estudió y la introdujo en la carpeta correspondiente. Pero el PSOE impidió que el asunto se estudiara en la Comisión. El diputado de Izquierda Unida planteó entonces una interpelación en el Parlamento y la ganó, a pesar de que el presidente de la patronal bancaria, Rafael Termes, escribió dos artículos en la Prensa defendiendo la tesis opuesta.

Otros asuntos corrieron peor suerte. El Sindicato Libre de la Marina Mercante de Santander envió al diputado comunista una relación con los barcos que salían de aquel puerto con armas para Irán, en plena guerra del Golfo.

Pero el ex religioso ya sabía lo que iba a ocurrir en la sala habilitada en el Congreso para las reuniones de la Comisión sobre Tráfico de Influencias.

García Fonseca se dio cuenta de que en ella era inútil quemar cartuchos. Si alguien tenía algo importante, lo mejor era emplear la vía de los periódicos u otra cualquiera, antes que someter una propuesta de investigación a la presidencia de la comisión.

Hijo de un fabricante de almadreñas,[1] casado con una técnica de rayos láser, con dos hijas y después de haberse ganado la vida repartiendo libros en una furgoneta, a razón de 12.000 pesetas mensuales, el diputado asturiano vio frustradas una y otra vez sus esperanzas de poner sobre la palestra un solo caso que, al menos, dejase intacta la dignidad de la comisión.

1. Una especie de zuecos de madera.

* * *

El diputado socialista Justo Zambrana no adivinó lo que se le venía encima cuando le propusieron que presidiera la Comisión de Investigación del Tráfico de Influencias, recién creada en el Congreso.

Zambrana, nacido en Badalatosa (Sevilla), el pueblo más rojo de España,[2] licenciado en Filosofía y Ciencias Económicas por las universidades Católica de París y Complutense de Madrid, había recibido el encargo del portavoz del grupo parlamentario socialista, Eduardo Martín Toval.

—Como sabes, se va a crear una Comisión para investigar el Tráfico de Influencias y hemos pensado en ti para que la presidas —le dijo un día Martín Toval en su despacho oficial del Congreso de los Diputados.

—¿Y tú crees que yo valgo para eso?

—¿Por qué no? En batallas más duras has estado.

Zambrana, un hombre ligado al aparato guerrista, vinculado a «las entrañas del partido», como él suele decir, no veía aquel asunto muy claro pero obedeció sin rechistar.

—Bueno, pues lo que vosotros digáis. Como siempre.

Desde el Partido Socialista se montó una estrategia bastante coherente con sus propósitos. El partido había accedido a crear una comisión de investigación parlamentaria para evitar el desgaste de imagen que el continuo bombardeo de información sobre el tráfico de influencias estaba produciendo en la opinión pública, pero tampoco pretendía llevar a cabo ninguna investigación en especial.

A finales de la década de los setenta, mientras estudiaba en la Universidad Católica de París, primero, y, posteriormente, en la Sorbona, Zambrana había llevado a cabo todo tipo de actividades. Había sido mozo de limpieza de oficinas, antes de trabajar como obrero de la construcción cambiando tejados y emplearse, finalmente, como vigilante nocturno durante tres años en un hotel de la capital francesa.

2. En las elecciones generales, la mayoría de sus habitantes reparte sus votos entre socialistas y comunistas.

Sin embargo, ningún trabajo iba a reportarle tantos quebraderos de cabeza como el que desarrolló al frente de la comisión que le habían mandado presidir.

La primera carta que recibió fue la que le envió un obrero gallego. Había oído por la radio que Zambrana era el encargado del «tráfico de influencias» e inmediatamente le escribió para que el diputado socialista le recomendara a la autoridad competente en su lucha por el cobro de una pensión que le había sido denegada.

La anécdota reflejaba el concepto tan diverso que tenía la ciudadanía acerca de lo que realmente se trataba de arreglar con la comisión. Sin embargo, desde el primer día comenzaron a amontonarse sobre su mesa las denuncias de personas que recurrían a él para contarle los abusos de los alcaldes, de algunos miembros de las comunidades autónomas y hasta de sus compañeros del Parlamento.

Zambrana había estudiado el asunto. Sabía que el Poder mueve en España, a través de los Presupuestos Generales del Estado, los presupuestos de las comunidades autónomas y los de los Ayuntamientos, el 41 por ciento del Producto Interior Bruto, fijado este año en 50 billones de pesetas, de los que el Presupuesto General del Estado tan sólo alcanzaba los 16 billones de pesetas.

—Aquí va a salir más de un escándalo —le dijo un día a Martín Toval.

—Pues bien. Adelante, pero siempre que el tema no se convierta en un arma arrojadiza sólo en contra del PSOE.

Justo Zambrana, un segunda fila de la política socialista, es de los militantes del partido que creen a pies juntillas en la honradez de la gente del PSOE. Técnico de la Administración Civil del Estado y casado con una profesora universitaria, siempre ha vivido de su sueldo. Dispone de una vivienda de 160 metros cuadrados en Peñagrande (Madrid), tiene un coche Passat de los antiguos, pero prefiere viajar en autobús a circular en coche por Madrid.

Piensa que la mayoría de los compañeros de su partido comparte su forma de vida. Cree y ha creído siempre que la corrupción está en la derecha. La famosa frase de que «el ejercicio del poder corrompe y el ejercicio absoluto del poder corrompe absolutamente», debió haber sido escrita, según su forma de pensar, excluyendo al Partido Socialista.

Su grupo parlamentario había acogido de mala gana el nacimiento de la famosa comisión y para colmo, informes llegados a su partido a través de Jorge Verstrynge, que desde hacía tiempo merodeaba la «casa común» socialista prestando al partido servicios de diversa índole, e información sobre otras personas, indicaban que la iniciativa para montar la Comisión de Tráfico de Influencias era una maniobra para arrojarles del poder.

—Todo se ha fraguado en la fundación Cánovas del Castillo —le dijeron un día.

Aunque el presidente del PP era en aquellos momentos Antonio Hernández Mancha, a Zambrana le comunicaron que la verdadera cabeza rectora de la operación era otra.

—Fraga está detrás. Ha dicho que hay que echarnos como sea del poder. No te olvides, Justo.

Los contendientes ya estaban elegidos. El partido de Pablo Iglesias, que quería dar una imagen de limpieza absoluta, supo encontrar para ello al hombre adecuado, tanto por su carácter como por su trayectoria e incluso por el nombre con el que fue bautizado. Tan sólo era cuestión de esperar a ver qué camino tomaban los trabajos de la polémica Comisión de Investigación del Tráfico de Influencias.

* * *

Los primeros meses del año 1988 fueron difíciles para el Partido Socialista y la clase política instalada en el poder, desde las elecciones del 29 de octubre de 1982.

Mientras la oposición parlamentaria languidecía como consecuencia de la falta de liderazgo en el Partido Popular, el principal partido de la derecha, las críticas en la Prensa a la gestión política del Gobierno cambiaron de tono.

No se criticaba la «altivez» y la «arrogancia» con la que el PSOE ejercía día a día la labor de Gobierno, ni el papel de «apisonadora» que se atribuía al grupo parlamentario socialista en el Congreso, aniquilando cualquier propuesta o proyecto de Ley, por mínimo que fuera, de los partidos de la oposición.

El cambio de una a otra legislatura había dejado a muchos políticos socialistas en la cuneta. Otros se habían marchado por voluntad propia. Pero unos y otros aparecían todos los días en las páginas de los periódicos como beneficiarios de actividades relacionadas con el tráfico de influencias y la información privilegiada.

Personajes de la vida pública, como el ex director general de RTVE, José María Calviño, o el ex secretario general de la Presidencia del Gobierno, Julio Feo, eran constantemente acusados de beneficiarse de sus anteriores cargos.

Por si esto fuera poco, el Grupo Parlamentario de Izquierda Unida en la Cámara andaluza, había recibido informes de que Francisco Palomino, cuñado del Presidente del Gobierno, y dos amigos suyos, Jacinto Pellón y Jesús Bores, aparecían vinculados a un escándalo urbanístico en la provincia de Huelva.

Los socialistas que seis años antes habían llegado al poder alardeando ante la opinión pública de ser los abanderados de la moralidad, imponiendo un riguroso plan de incompatibilidades a los médicos, estableciendo horarios para los funcionarios públicos y tratando de reducir el gasto en la Administración, no podían tolerar ahora que se cuestionara la honradez de muchos de los altos cargos del Gobierno, del partido y a los familiares de éstos, aunque hubieran dejado de desempeñar sus funciones.

Cuatro meses antes, en noviembre de 1987, respondiendo al ambiente que se respiraba en la calle, el Partido Popular había presentado al Congreso de los Diputados una propuesta no de Ley pidiendo la creación de una Comisión de Investigación del Tráfico de Influencias y de Información Privilegiada.

La propuesta del Grupo Parlamentario Popular estuvo bloqueada cuatro meses en la mesa del Congreso de los Diputados. Hasta el mes de marzo, cuando el PSOE, el partido al que se dirigían el mayor número de acusaciones de corrupción y favoritismo políticos, decidió que la mejor forma de defenderse era subirse al carro de los atacantes.

A mediados de marzo, el Grupo Parlamentario Socialista, que controlaba la mesa del Congreso a través de la que se tramitaban todas las proposiciones, de Ley o no, a la Cámara, decidió tomar la iniciativa.

El portavoz del grupo, Eduardo Martín Toval, presentó una petición parecida a la del Grupo Parlamentario Popular para que se investigara el tráfico de influencias. La propuesta socialista, que en esencia era la misma del Partido Popular, sí llegó inmediatamente al pleno.

El día 15 de ese mismo mes, la cámara, al completo, del Congreso de los Diputados iba a debatir la creación de la Comisión de Investigación sobre Incompatibilidades y Tráfico de Influencias.

* * *

Eran las cinco de la tarde, la hora de los grandes toreros, y la voz del diputado del Partido Popular, Juan Ramón Calero, tronó en la tribuna de oradores.

—La finalidad de esta proposición no de ley es evitar que algunos individuos se instalen a la sombra del poder y que se enriquezcan usando su posibilidad de aproximación a las esferas del poder, o su capacidad de inducción y persuasión ante las personas titulares de cargos públicos.

A Calero, diputado por Murcia, lo mismo que al presidente de Alianza Popular, Antonio Hernández Mancha, les había sorprendido que el PSOE, de repente, se hubiera decidido por la creación de la Comisión de Tráfico de Influencias.

—Pero, señoras y señores diputados —continuó desde la tribuna de oradores del Congreso—, con esta comisión parlamentaria pretendemos algo más importante: tratamos de impedir que se desprestigien las instituciones democráticas, que los ciudadanos desconfíen del poder y que el respeto y la confianza que los ciudadanos depositan en la democracia, se rompa.

Calero, uno de los «descubrimientos» del Partido Popular en esa legislatura, propinó a su distinguido auditorio con otras frases célebres durante aquella intervención:

—Cuando hablamos de tráfico de influencias —dijo—, nos referimos no sólo a los políticos que están en el ejercicio de su función sino primordialmente a los que han dejado de serlo. A los que están fuera de la olla, abren la olla, cogen la cuchara y se comen el chorizo.

Al diputado por Murcia, portavoz parlamentario del Grupo Popular, le había tocado la defensa de la creación de la Comisión de Investigación del Tráfico de Influencias. Calero había hecho un discurso brillante, muy aplaudido por sus compañeros de partido, y estaba ya llegando a su fin.

—Aquí en España —concluyó—, no hemos tenido unos líderes que terminaban su mandato y se iban a su casita de campo porque no tenían nada. Aquí, algunos se han enriquecido enormemente a su paso por la política, con honrosas excepciones, y eso ha creado una profunda desconfianza en el pueblo español hacia su clase dirigente. Es necesario que la sociedad democrática reponga esa confianza.

Presidía la sesión el vicepresidente de la Cámara y diputado socialista por Guadalajara, Leopoldo Torres Boursault, actual Fiscal General del Estado. Torres concedió el uso de la palabra al Grupo Parlamentario Socialista. Y Justo Zambrana ocupó la tribuna de oradores.

—El tema que traemos hoy entre manos —empezó Zambrana— es importante para cualquier Estado democrático. Va con él la credibilidad del sistema, porque la democracia, por esencia, descansa en la voluntad y en la confianza de los ciudadanos.

Tras este encendido elogio del sistema democrático, el diputado socialista por Sevilla se mostró de acuerdo con la creación de una Comisión de Investigación del Tráfico de Influencias.

—Señor Calero —dijo—, estamos dispuestos a recoger su proposición y, además, a ampliarla y, no quiero que sirva de polémica, vamos a tener ocasión de comprobarlo cuando la estudiemos.

Justo Zambrana concluyó su parlamento:

—La última reflexión que quería trasladarles en nombre de mi grupo —afirmó elevando el tono de voz— es que queremos llegar a donde sea necesario. No va a haber ningún tipo de dificultad por parte de nuestro grupo para analizar cualquier tema y aplicar la mayor dureza, con la firme intención, además, de que se cumpla.

En su escaño, el portavoz del PP, Juan Ramón Calero, se sentía feliz de que el PSOE hubiera decidido apoyar su propuesta y crear la Comisión de Investigación del Tráfico de Influencias y que su portavoz se hubiera comprometido a llegar hasta el final. Cuando le tocó intervenir, en turno de réplica, lo dejó bien claro:

—Aceptamos el reto de que hay que llegar hasta donde sea

necesario —afirmó—. También lo compartimos. Y vamos a tirar de la manta y que salga lo que sea, caiga quien caiga.

A las siete menos diez de la tarde, tras la intervención de los grupos parlamentarios de Izquierda Unida, Democracia Cristiana, Minoría Catalana y CDS, el presidente en funciones de la Cámara, Leopoldo Torres, pidió que se votara.

La Comisión quedó aprobada por 275 votos a favor frente a seis en contra. Quedaba por demostrar ahora que, además de las buenas palabras, iba a servir para algo.

* * *

La Comisión de Investigación sobre Incompatibilidades y Tráfico de Influencias, como se registra en el libro de sesiones del Parlamento, se constituiría una semana más tarde, el 23 de marzo de 1988, en el Palacio del Congreso de los Diputados.

La integraban nueve personas: Justo Zambrana Pineda, por el Partido Socialista; Juan Ramón Calero, por el Partido Popular; Alejandro Rebollo, por el CDS; José López de Lerma, por Minoría Catalana; José Mirena Zubia, por el Grupo Vasco; Modesto Fraile Poujade, por la Democracia Cristiana; Manuel García Fonseca, por Izquierda Unida; Luis Mardones por el Grupo Mixto y José Antonio Segurado, por el Partido Liberal.

Durante los tres meses que estuvo en funcionamiento, los diputados se reunieron once veces en el salón Lázaro Dou del Palacio del Congreso de los Diputados.

Al principio todo fue armonía y entendimiento. La Comisión había recibido del pleno del Congreso un doble mandato. Investigar las actividades relacionadas con el tráfico de influencias en la última etapa y proponer a la Cámara reformas legislativas para regular como delito la intermediación y el uso de información privilegiada.

Las primeras discrepancias surgen cuando la Comisión decide elaborar un cuestionario que recoja los ingresos, las actividades no oficiales y el patrimonio de diputados, ministros y altos cargos de la Administración. El Gobierno se opone y desautoriza al presidente de la Comisión, el socialista Justo Zambrana.

Desde entonces, las diferencias son continuas.

—Yo creo que la Comisión —plantea un día el representante del Partido Liberal, José Antonio Segurado—, debe empezar por autoinvestigarse.

Segurado, agrega:

—Es necesario que lo hagamos para tener la autoridad moral y poder investigar a los demás.

—¡Vaya jeta que le echan algunos! —comenta ese día Zambrana en los pasillos del Congreso.

La tempestad no tarda en estallar. El 4 de marzo el Grupo Popular lleva a la Comisión una petición para que se investigue a dos ex ministros y seis ex altos cargos socialistas.

Se trata de los ex ministros Miguel Boyer Salvador y Joan Majó; el ex presidente de la Junta de Andalucía Rafael Escuredo; el ex director general del Patrimonio del Estado, Javier del Moral; el ex secretario general de la Presidencia del Gobierno, Julio Feo; el ex director general de RTVE, José María Calviño; el alcalde de Sevilla, Manuel del Valle, y el presidente del Consejo de Seguridad Nuclear, Donato Fuejo.

El PP pide, además, que todos ellos comparezcan en el Congreso de los Diputados a prestar declaración ante la Comisión.

Este tipo de investigación parlamentaria, en un país normal, no constituye piedra de escándalo ni lleva a ningún grupo parlamentario a rasgarse las vestiduras.

En situaciones similares, el Senado de los Estados Unidos había llamado a declarar al director político del gabinete de Ronald Reagan, Lyn Nofzinger, en 1983; a Michael Deaver, jefe del gabinete del Presidente norteamericano, años más tarde, y al miembro del comité de Apropiaciones Militares de la Cámara de Representantes, Mario Biaggi, sobornado con unas «vacaciones» en Florida por el empresario Mario Mariola.

El caso más reciente es el del especulador Ivan Boesky, uno de los «genios» de Wall Street, condenado a tres años de cárcel y a devolver 100 millones de dólares al Tesoro Americano por utilizar información privilegiada de la bolsa de Nueva York para hacer negocios.

Pero España no es Estados Unidos. El Presidente del Gobierno, Felipe González, está rojo de ira. Piensa que la decisión del PP de investigar a sus amigos Miguel Boyer y Julio Feo es un ataque personal «por elevación» y no está dispuesto a tolerarlo.

González convoca rápidamente una rueda de Prensa y lo dice claramemte: no va a permitir que se ataque a sus amigos por el simple hecho de serlo.

También el ministro de Economía y Hacienda, Carlos Solchaga, está furioso.

—Mientras yo sea ministro —declara—, aquí no va a haber nunca una comisión de investigación del tráfico de influencias.

Eduardo Martín Toval, portavoz socialista en el Congreso, tampoco puede reprimir su malhumor.

—¿Pero, qué os habéis creído? —le dice al portavoz del PP, Juan Ramón Calero—. ¿Pensáis que estamos tan locos que vamos a permitir que juguéis al linchamiento moral con el PSOE?

La Comisión de Investigación del Tráfico de Influencias estaba, ese día, herida de muerte. A partir de entonces, sus reuniones sólo sirvieron para constatar su inutilidad.

* * *

El diputado de Izquierda Unida, Manuel García Fonseca, trató en vano de resucitarla. Un día se lo planteó en los pasillos del Congreso al presidente de la Comisión, Justo Zambrana.

—¿Por qué, en lugar de investigar a personas con nombres y apellidos, no abrimos un gran debate sobre los grandes temas que afectan a la derecha económica, como la banca, la especulación inmobiliaria o el juego? —le dijo.

Zambrana no estaba por la labor.

—Pero hombre, tú sabes que los políticos somos unos «pringaos» —insistió Fonseca—. A quienes tenemos que investigar aquí son a los que de verdad detentan el poder económico real.

La negativa del diputado socialista por Sevilla fue, de nuevo, rotunda.

A los integrantes de la Comisión se les planteaba incluso un problema de tipo moral. El de su propia dignidad como parlamentarios. Ya no se trataba tanto de obtener grandes resultados como de salvar la cara ante la opinión pública.

—Hagamos algo. Busquemos por lo menos un chivo expiatorio para que sirva de ejemplo a la sociedad. Aunque sea para irnos de aquí con la frente alta —le ruega Fonseca al presidente de la Comisión.

Pero Justo Zambrana no piensa siquiera que esa postura testimonial y ejemplarizante para el resto de los ciudadanos deba llevarse a cabo.

—No es bueno que empecemos con el navajeo —le responde.

—Pero, hombre, ¿de qué navajeo hablas?

—Lo sabes muy bien. La derecha se ha desmadrado y quiere que la política se convierta en un navajeo —argumenta Zambrana—. Pero aquí, si alguien intenta sacar la navaja, no nos vamos a quedar quietos.

El oscuro asunto de los famosos *dossiers* que, se dice, guarda en alguna caja fuerte del palacio de la Moncloa el vicepresidente del Gobierno, Alfonso Guerra, flota en los pasillos del Congreso.

—A ver si vamos a tirar de dossiers también nosotros —advierte un diputado cercano a Martín Toval.

La Comisión de Investigación del Tráfico de Influencias e Información Privilegiada, desahuciada por el PSOE, languidecía lentamente.

El diputado del PP, Juan Ramón Calero, abandonó las sesiones el 31 de mayo.

José Antonio Segurado, en representación de la Agrupación de Diputados del Partido Liberal, lo hizo el 7 de junio.

Manuel García Fonseca, representante de Izquierda Unida, se fue el día 8.

* * *

Un mes más tarde, el 14 de junio de 1988, la Comisión cierra sus puertas, aunque hasta el 23 del mismo mes no presenta sus conclusiones al pleno del Congreso de los Diputados.

Para Justo Zambrana, su presidente, el Tráfico de Influencias, era algo etéreo, impreciso.

—El estudio del Derecho comparado ha permitido a la comisión constatar la no existencia del concepto «tráfico de influencias» como tal en el Derecho de los cinco países que nos sirvieron de referencia.

Desde la tribuna de oradores, Zambrana proclama a los cuatro vientos que el control sobre las desviaciones de poder son rigurosos y que ese «delito» no existe:

—Tanto en relación con los parlamentarios como con los altos cargos de la Administración —concluye— la llegada de la democracia ha supuesto la existencia de leyes de incompatibilidades y de registro de actividades antes inexistentes, que se suman al normal control social, propio del sistema democrático.

El diputado del Partido Popular, Juan Ramón Calero, en cambio, no comparte ese optimismo.

—Solemnemente, señoras y señores diputados, oficiamos esta mañana los funerales de la llamada Comisión de Investigación del Tráfico de Influencias —comienza Calero—; funerales orquestados por el Partido Socialista en torno al fallecimiento, a la muerte de la comisión que ya había sido anunciada hace varias semanas.

El diputado del PP por Murcia había subido aquella mañana a la tribuna de oradores del Congreso de los Diputados, en la Carrera de San Jerónimo, con ganas de pelea.

—Señores socialistas —continuó—, creemos que ustedes se equivocan si intentan hoy también oficiar el funeral del asunto del tráfico de influencias porque este asunto está vivo y está abierto social y políticamente. El tráfico de influencias es una realidad y no puede ignorarse este problema.

La sala de sesiones del Congreso de los Diputados se empieza a cargar de electricidad.

—Comparto la opinión del diputado Zambrana. La clase política, en su mayoría, se comporta con una rectitud ética —truena la voz de Calero en la tribuna de oradores—. Pero basta con que haya algún caso de tráfico de influencias para que, si no se aísla a los responsables, se ponga en peligro el prestigio de las instituciones y en tela de juicio el sistema democrático.

El clima general de frustración se mascaba en los escaños de la derecha, en el CDS, y en las filas de Izquierda Unida.

En ese ambiente, el portavoz del Grupo Parlamentario Socialista, Eduardo Martín Toval, cierra el debate.

—La comisión —dice— no ha aceptado convertirse en instrumento de difamación; la comisión no ha aceptado convertirse en fábrica de sospechas; la comisión no ha aceptado poner en duda gratuitamente, la honestidad de los políticos de la democracia.

Martín Toval hace un cántico angelical de los políticos socialistas. Al final de su intervención, lanza un rotundo desafío al Parlamento y a la sociedad.

—Encuentren un socialista venal —concluye— y diremos que todos los socialistas son venales y que el Partido Socialista también lo es.

* * *

¿Había socialistas venales o realmente «to er mundo e güeno»?, como se insinuó en el Parlamento.

El arriesgado reto del portavoz del Partido Socialista Obrero Español en el Congreso de los Diputados, no iba a caer en saco roto.

Los meses que siguieron han esclarecido en gran medida una pregunta clave que los políticos deberían tener siempre presente para garantizar el futuro de las instituciones y la credibilidad del sistema democrático, en el que todos confiamos.

XVII. LO QUE NUNCA SE HA CONTADO DEL CASO JUAN GUERRA

Cuando en enero de 1990 estalló el escándalo Juan Guerra, medio país tenía informes sobre las actividades del hermano del entonces vicepresidente del Gobierno. Por primera vez se narra, en las páginas que siguen, con nombres y apellidos, quiénes llevaron a cabo esas investigaciones, cómo se hicieron y por qué Alfonso Guerra y el Partido Socialista Obrero Español han protegido a uno de los mayores estafadores del sistema democrático..

Demetrio Cabello Torres, inspector jefe de Policía, responsable del grupo primero de la Brigada Regional de Información de Sevilla, recibió aquel día una orden de sus superiores:

—Investiga a este tipo.

—¿Qué quiere que investigue, jefe?

—Todo lo que podamos averiguar de él.

Cabello Torres, un sevillano de 38 años de edad, destinado desde hacía dieciséis años en los servicios de información de la Policía, echó un vistazo a la foto y al expediente que su jefe le acababa de tender sobre la mesa del despacho.

El expediente contenía algunos informes confidenciales sobre Jaime Cohen, un empresario de origen israelí, de padre ju dío y madre española, al que varios servicios secretos occidentales relacionaban con el Mossad, el servicio de espionaje del Estado de Israel.

El dossier también contenía la ficha policial de Cohen, un individuo de cuidado, teniendo en cuenta sus antecedentes. Demetrio Cabello tomó nota de los datos más relevantes.

En 1966, había sido detenido en Bélgica por extorsión. Cuatro años después, en 1970, le habían investigado en su propio país, Israel, al estar mezclado en una operación de contrabando de diamantes y en la muerte de una persona.

En 1971 aparecía implicado en Barcelona en el sumario 153/71 abierto en el Juzgado de Instrucción número 12 por supuestos delitos de trata de blancas, tráfico de drogas y prostitución. Por esa misma época, la Policía francesa había informado que el clan de la mafia marsellesa de los hermanos Zemour, a los que había estafado, le buscaban para ajustarle las cuentas.

La lista de delitos, órdenes de busca y captura, notas internas de la Policía española y comunicaciones de la Interpol ocupaban varias decenas de folios.

En 1974, la Policía francesa le relacionaba con una operación de tráfico de estupefacientes, lo que impulsó a Jaime Cohen a refugiarse en España, donde poco después se recibía una orden de busca y captura internacional contra él, dictada por un juez francés.

«Pues sí que es un buen pájaro», pensó para sí el inspector, mientras fijaba de nuevo la vista en el expediente.

Lo más chocante era que, con ese «currículum delictivo», las autoridades le hubieran concedido, años atrás, la nacionalidad española, basándose en que su madre, Soledad, es de origen español.

Para asombro suyo y de cuantas personas consultaran aquel expediente, allí, entre las docenas de papeles, había un certificado, de fecha 28 de noviembre de 1984, que aseguraba que Jaime Cohen, el espía israelí y el delincuente internacional, había sido inscrito como español en la página 153 del tomo 242 del Registro Civil de Madrid. Y a continuación, le habían concedido un pasaporte y un DNI provisionales que le convertían en otra persona y le autorizaban a viajar libremente por todo el mundo.

«¿Pero quién protege a este hombre? ¿Cómo es que no está

pudriéndose en la cárcel?», pensó el jefe del grupo primero de la Brigada Regional de Información de Sevilla.

El inspector Cabello creía que aquella mañana había agotado su capacidad de asombro, cuando se encontró con una nueva sorpresa. Al final de la década de los setenta, la Policía española había propuesto, en dos ocasiones, la expulsión de Cohen del país. Una de las propuestas estaba firmada por el Jefe Superior de Policía de Canarias. La otra, por el Comisario General de Información de Madrid.

En ambos casos y coincidiendo con la etapa en que Rodolfo Martín Villa fue titular de la cartera de Interior, una orden de un alto cargo del Ministerio impidió que el supuesto espía israelí fuera embarcado por la fuerza en un avión de Iberia, ya que El Al, la compañía de bandera israelí, aún no aterrizaba en Barajas.

Los últimos papeles ponían de relieve que Jaime Cohen era, en ese momento, el propietario del Bingo Betis, situado en el barrio de Los Remedios de Sevilla.

La sala de juego había sido denunciada a las autoridades en numerosas ocasiones por incumplir las normas sobre seguridad de la Junta de Andalucía. Pero el espía Cohen parecía tener bula para hacer lo que quisiera.

Un día llegaba la Brigada del Juego de la Policía, clausuraba el local, precintaba las puertas, y al día siguiente, las autoridades autonómicas le renovaban la autorización sin obligarle previamente a adecuar las instalaciones al reglamento. Demetrio Cabello recordó entonces las últimas palabras de su jefe:

—Quiero que averigüe quién protege a este hombre.

El inspector jefe Cabello había repasado por encima el expediente policial.

—Pero si esto es de la Brigada del Juego —protestó.

A lo que su jefe le respondió:

—No quiero que lo lleven los de la Brigada del Juego. Quiero que sea usted personalmente. El dueño parece ser un delincuente.

—¿Y quién le ha dado un bingo a un delincuente?

—Eso pregúntelo usted en el Ministerio del Interior.

El inspector jefe Cabello no necesitó formular ninguna pregunta en ningún Ministerio, porque la clave de todo aquel misterio estaba allí mismo. Uno de los últimos documentos del *dossier* indicaba que el agente del Mossad era un protegido del ex ministro Martín Villa, desde los tiempos en que se había creado el Batallón Vasco Español. En ese período, Cohen trabajó como jefe de seguridad de un importante editor de prensa barcelonés y al mismo tiempo debió hacer horas extras para rendir lo que los policías llamaban «un importante servicio al Estado».

Era el 4 de enero de 1986. El inspector Demetrio Cabello Torres cerró el expediente y lo guardó en un cajón. A la mañana siguiente, acudió a la Audiencia Provincial de Sevilla y fue a ver al juez de instrucción número 5, Antonio Moreno Andrade.

—Quiero que me autorice a «pinchar» el teléfono del Bingo Betis.

—¿Y para qué quiere usted intervenir el teléfono de un bingo? —preguntó el juez.

—Uno de los dueños es un delincuente internacional. Creemos que planea algo.

El juez Moreno Andrade, un hombre cercano a los cuarenta, de mediana estatura, famoso por su intervención en la investigación judicial del crimen de Los Galindos, firmó aquella misma mañana la autorización judicial para intervenir los teléfonos del bingo y de Jaime Cohen.

Días después, los «pinchazos» comenzaban a dar sus frutos. A tenor de lo que se escuchaba en las cintas, el empresario judío estaba protegido por varios altos cargos de la Consejería de Interior de la Junta de Andalucía, entre ellos el delegado del Gobierno, Francisco Morillo; el jefe del servicio del Juego, Isidoro Beneroso, y el secretario general de relaciones laborales y empleo de la Consejería de Fomento y Trabajo del Gobierno autónomo, Faustino Díaz.

La investigación policial revela igualmente que Cohen era accionista de una empresa de seguridad, Metropolitana, S.A., de la que formaba parte también el ex gobernador civil de Guadalajara, Fernando Domínguez García Paredes, uno de los hombres de confianza de Rodolfo Martín Villa.

La empresa de seguridad era la perfecta tapadera para que el servicio secreto israelí —considerado tradicionalmente uno de los más eficaces del mundo— pudiera operar tranquilamente en España.

Pero lo que preocupaba a los inspectores sevillanos no era el hecho de que un antiguo delincuente y espía del Mossad pudiera formar parte de una compañía de seguridad. Esta situación, bastante irregular, no inquietaba tanto como las gestiones continuas de Jaime Cohen cerca del vicepresidente de la Junta de Andalucía, José Miguel Salinas, para que a su empresa le adjudicaran la protección de algunos edificios oficiales del Gobierno autónomo y así poder infiltrar a su gente en las instituciones autonómicas andaluzas.

El inspector jefe Cabello no se lo podía creer y un día lo comentó con uno de sus superiores.

—¿Qué le parece, jefe?

—Que podíamos hablar directamente con los de la Junta para que les dejaran fotografiar los archivos. Así no tendrían que molestarse siquiera.

Pero el jefe del grupo primero de la Brigada Regional de Información de Sevilla había descubierto también un asunto bastante más serio y delicado.

De las transcripciones de las cintas se desprendía que varios policías de la Brigada Especial del Juego, que debían perseguir las irregularidades del Bingo Betis, estaban aparentemente colaborando con el propietario de éste, Jaime Cohen. Entre esos agentes, se encontraban un miembro de la USP —el sindicato progresista del cuerpo—, Tomás Pérez Olmos; el inspector Ángel Rodríguez, y Antonio Rosón, antiguo agente del CESID en Málaga.[1]

El problema era lo suficientemente grave como para que el inspector Demetrio Cabello Torres se lo comunicara personalmente al Jefe Superior de Policía de Sevilla, Manuel Blanco Benítez.

—¿Qué hacemos con este asunto, jefe?

—¿Con qué asunto?

—Con el de los compañeros.

Manuel Blanco Benítez, uno de los comisarios principales de la Policía, nacido en Huelva en el año 1926, había llegado al escalón más alto de la jerarquía policial, al solidarizarse con cinco policías que habían sido procesados por la muerte del etarra José Ignacio Arregui en los calabozos policiales.

En aquella ocasión, los partidos políticos le acusaron de corporativismo y el PSOE, tras ganar las elecciones, le mantuvo hasta julio de 1983 en «expectativa de destino». Hasta que por fin decidieron enviarle como Jefe Superior de Policía a Sevilla,

1. «Guerra lo sabía todo», revista *Tiempo*, 29 de enero de 1990, y «Caso Guerra: los papeles que no pudieron quemar», 5 de febrero del mismo año.

una ciudad donde había estado trabajando desde 1976 hasta 1980, y donde se sentía como en su casa mientras esperaba que le llegara la jubilación.

Manuel Blanco salió de su ensimismamiento. Delante de él, el inspector jefe Cabello aguardaba una respuesta.

—¿Qué me decía? —preguntó.

—Que qué hacemos con el asunto de los compañeros.

El Jefe Superior de Policía de Sevilla pensó que aquélla era la situación ideal para desquitarse.

—Usted siga hasta el final. ¡Caiga quien caiga!

En el mes de mayo de 1986, Jaime Cohen está acabado como empresario. La orden de cierre del Bingo Betis es tajante y ningún organismo oficial de la Junta de Andalucía quiere revocarla.

Cohen llama por teléfono.

—Habrá que hablar con Juan —dice.

—No, a Juan no se le puede molestar ahora. Ha llegado su hermano Alfonso de Madrid y está muy ocupado estos días —responde una voz al otro lado del hilo telefónico.

A mediados de junio de 1986, el juez Antonio Moreno Andrade ordena que se levante la intervención telefónica y el archivo provisional de las diligencias.

—Lo hice porque de las cintas no se desprendía ningún indicio delictivo —explicó el juez a los autores del libro.

Por su parte, fuentes de la Policía aseguraron que no se envió toda la información disponible sobre Juan Guerra a los juzgados, aunque hubiera sido suficiente para procesarle.

—Hubo comentarios con algunos magistrados —dicen—, pero ninguno quiso hacerse cargo del caso.

En su despacho oficial, en la planta segunda de la Audiencia Provincial de Sevilla, el juez Antonio Moreno Andrade, se descompone al escuchar esta versión.

—Nadie puede acusarme de no cumplir con mis obligaciones —dice.

Moreno Andrade sospecha también que la Policía no le contó toda la información que tenía sobre el caso. Está indignado y a mediados de 1990, cuando el fiscal jefe de Sevilla, Alfredo Flores, pide la reapertura de las diligencias, ordena a la Policía que le envíen las cintas para escucharlas íntegramente.

Pero las cintas grabadas en el teléfono de Jaime Cohen, en las que se habla de «Juan, el hermano de Alfonso», la única persona que en Sevilla puede hacer cambiar el parecer de todas las autoridades y reabrir el Bingo Betis, han sido, según la versión oficial, destruidas.

* * *

El 13 de marzo de 1986 se abrían en el Juzgado de Instrucción número 6 de Sevilla —el mismo que ahora investiga al hermano del vicepresidente del Gobierno— unas segundas diligencias en las que aparecía por segunda vez el nombre de Juan Guerra.

Ese día, varios inspectores de la Brigada del Juego acudían al Juzgado a solicitar un mandamiento de entrada y registro en el Club Privado Hispano Americano La Solana, que el 6 de febrero de ese año había abierto sus puertas en un chalet situado en el número 47 de la avenida de La Palmera de Sevilla.

—Creemos, señoría —dijo uno de los policías—, que bajo la apariencia de un club, se oculta un garito de juego.

—¿Y cómo lo saben ustedes?

—Se ha recibido una denuncia.

El Club La Solana se presentaba como un centro dedicado al desarrollo de las actividades sociales, culturales, deportivas y benéficas y a la promoción de las relaciones humanas. Su apertura se había anunciado a bombo y platillo en toda Sevilla y a la fiesta de presentación habían sido invitadas todas las autoridades de la comunidad, desde el presidente de la Junta de Andalucía, José Rodríguez de la Borbolla, hasta el alcalde de Sevilla, Manuel del Valle Arévalo.

Cuando poco despucés de la inauguración, los policías visitan el local, la sorpresa que se llevan es mayúscula. Bajo el cándido nombre de Club Privado Hispano Americano La Solana se escondía, en realidad, un casino de juego ilegal, con sus salas de *póquer, black jack, chemin de fer,* etc., propias de este tipo de locales. En sus salones confluyen todas las noches personas relacionadas con las mafias internacionales del juego y los personajes más influyentes de la vida política andaluza.

Una mezcla explosiva para un buen artículo de prensa que, por azares del destino, no llegó a publicarse en su momento.

El Club La Solana había sido inscrito el 12 de diciembre de 1985 en el registro de asociaciones de Sevilla, con el número 2.341, y contaba con los permisos pertinentes de la Junta de Andalucía para su apertura. En las gestiones de los mismos, según todos los indicios, había participado Juan Guerra González.

Pero eso no era lo más alarmante. El casino era un negocio-tapadera del GAL y el Batallón Vasco Español. Sus principales accionistas eran el corso Gilbert Perret, un antiguo miembro de la OAS residente en Castellón donde regentaba un restaurante, relacionado con la matanza del bar «Hendayais» en Bayona (Francia), y Carlos Gastón, un individuo afincado en Marbella y reclamado por la Policía francesa, que le vincula al comando que mató al periodista de *Egin*, Francisco Javier Galdeano, en el Sur de Francia.

Para la explotación de la sociedad, los activistas del BVE y del GAL habían creado la sociedad Porsur, al frente de la cual figuraban como accionistas la mujer y una hermana de Carlos Gastón. A pesar de que su nombre debía figurar en las listas de personas en busca y captura de todas las comisarías españolas, Gastón se movía como pez en el agua en Andalucía.[2]

Pocos días después de la apertura, en febrero de 1986, la Brigada del Juego de Sevilla envió a Madrid un extenso informe sobre el casino de la avenida de la Palmera y sus extraños socios. Pero los asuntos del juego habían sido transferidos poco antes a la Junta de Andalucía y todo el mundo se lavaba las manos.

Hasta que llegó la denuncia de un grupo de socios del Casino de Cádiz, que veía menguar sus ingresos.

—Si no cierran eso en menos de 24 horas, armamos el escándalo —amenazaron en la jefatura de Policía de Sevilla.

—¿Y por qué arman el escándalo?

—De sobra lo saben ustedes.

—¿Y qué es lo que tenemos que saber? —preguntó el policía.

Los representantes del Casino de Cádiz habían establecido contacto con Joaquín Franco, presidente de Recreativos Franco, el rey de las tragaperras, para venderle una participación en el negocio. Los antiguos propietarios del casino, al temer que Franco dejara de comprar, estaban indignados.

2. Para ampliar detalles sobre el Batallón Vasco Español, consultar el libro *Amedo: el Estado contra ETA*, publicado en esta misma colección.

—Lo que deben investigar es quiénes son un tal Perret y un tal Gastón, los verdaderos dueños del casino... ¿No me diga que no ha oído hablar usted del GAL?

El 13 de marzo, por la noche, la Policía llevó a cabo el registro del garito y encontró algunos juegos de cartas, unas fichas de juego y una lista de socios de honor de la entidad. Las mesas de *black jack*, el *chemin de fer* y las mesas de *póquer* habían desaparecido como por encanto.

En la lista de socios de honor de la sociedad figuraban los nombres de Juan y Adolfo Guerra González, los dos hermanos del vicepresidente del Gobierno, junto a medio centenar largo de personas, entre los que se incluían los nombres de muchas autoridades locales, autonómicas y centrales.

Fue suficiente. El 14 de marzo, un mes y ocho días después de su apertura, la Policía clausuraba sus instalaciones y la Junta de Andalucía retiraba el permiso a sus propietarios, Gilbert Perret y Carlos Gastón. A pesar de estar reclamados, ninguno de los dos fue detenido.

Las diligencias judiciales se sobreseen y el expediente de la Consejería de Interior de la Junta de Andalucía, concediendo la autorización por mediación de Juan Guerra, se sepulta en un armario. Hasta que en enero de 1990, cuando salta el «Escándalo Guerra», el fiscal jefe de Sevilla, Alfredo Flores, indaga en un sitio y en otro y reconstruye la trama.

En el primer interrogatorio a Juan Guerra, en el Juzgado de Instrucción número 6 de Sevilla, ante el juez Ángel Márquez y los abogados de la defensa y la acusación particular, Flores, que se reserva el conocimiento de esa información, hace una pregunta envenenada al querellado:

—¿Ha tenido algún tipo de negocios con dos personas apellidadas Gastón y Perret?

—No, no los he tenido.

—¿Las conoce al menos? —insiste el fiscal.

—No, no sé de quiénes me está hablando.

El asunto era lo suficientemente atractivo para que, al día siguiente, fuera titular de primera página de todos los periódicos. Pero la Prensa sevillana aún no había «intimado» lo suficiente con los medios forenses de la Audiencia Provincial.

* * *

El «Caso Juan Guerra», en la etapa en que los hechos no eran del dominio público, fue, además, objeto de otras investigaciones. A finales de 1986, pasadas las elecciones generales y una vez archivadas las diligencias de los juzgados números 5 y 6 de Sevilla, un buen día aparece por la capital andaluza el comisario José Barba.

Responsable de la sección primera de la Brigada de Interior, Barba es, en aquel entonces, el brazo derecho del comisario Alberto Elías. Acaba de llegar de San Sebastián, donde estaba al mando de la Brigada Regional de Información y tiene su despacho en la calle Leganitos. Apenas dos puertas le separan del que ocupa el polémico y cuestionado Elías.

Su primera visita, nada más llegar a Sevilla, es al despacho del jefe superior, Manuel Blanco Benítez, con el que mantiene una entrevista en secreto.

—Vengo a investigar el asunto del Bingo Betis —dice.

—Pues muy bien. ¡Adelante!

Los hombres de Blanco Benítez le ponen sobre la mesa un informe de más de cien folios. Contiene, fundamentalmente, las transcripciones de las grabaciones telefónicas ordenadas por el juez Antonio Moreno Andrade.

—Están a tu disposición. Empieza cuando quieras.

A José Barba, el grueso expediente le echa para atrás.

—¿Puedo hacer una fotocopia? —pregunta a sus compañeros.

—No, pero toma las notas que quieras.

El comisario Barba, como corresponde a una Brigada de Información Interior, va buscando las posibles implicaciones de funcionarios de policías en actividades presuntamente delictivas. Para ello tiene que comenzar por el supuesto espía israelí, Jaime Cohen, del que descubre que ha montado un imperio financiero gracias a su amistad con Juan Guerra.

—Este tío tiene más empresas que Banesto —le dicen a Barba en Sevilla.

Los inspectores han descubierto dos sociedades, Expansión 13 y J. C. V. Inversiones, en la calle Viladomat de Barcelona. Una tercera, Zoe, tiene su sede en la calle Provenza de la misma ciudad. Además, Cohen es propietario de Magazan, S.A., una sociedad con sede en el edificio Sevilla-2, uno de los centros neurálgicos de la capital andaluza, donde se maneja mayor cantidad de información privilegiada.

La Policía averigua que el espía judío y Juan Guerra son socios en negocios de máquinas tragaperras, venta de aparatos sanitarios a instituciones hospitalarias andaluzas, recalificaciones de terrenos y compra y venta de licencias a organismos de la Junta de Andalucía.

Las pesquisas policiales se centran cada vez más en el hermano del vicepresidente del Gobierno. Tres años y medio antes de que salte públicamente el escándalo, el comisario Barba advierte cómo aquel individuo de calva pronunciada, barba espesa y gafas de sol Rayban con los cristales ahumados y gorra marinera, imparte órdenes y da instrucciones a una gran parte de las autoridades de la Junta de Andalucía, como si mandara más que un ministro.

Sin cargo oficial alguno, Juan Guerra González, un individuo de 51 años, de signo Aries, analista de aceites como única profesión reconocida, ocupa un despacho oficial en la delegación del Gobierno en Andalucía y recibe a diario más visitas que el propio delegado del Gobierno, Tomás Azorín.

Algunos de los visitantes son jubilados, parados y personas desesperadas de toda índole, que no tienen para vivir y necesitan que alguien, con verdadero poder sobre las instituciones, les arregle el seguro de desempleo, les agilice el cobro de la pensión de viudedad y obligue al Servicio Andaluz de Salud a aplicarle la quimioterapia a un hijo con cáncer, desahuciado por los médicos, a quien se le va la vida a chorros en casa, sin la asistencia sanitaria debida.

La Brigada de Interior descubre también que, tras esta apariencia de buen samaritano, Juan Guerra viene utilizando el despacho oficial de la delegación del Gobierno para otras actividades menos confesables.

En su puerta, ante un sargento de la Guardia Civil que toma nota minuciosamente de todos los datos en un libro de registro oficial, hacen cola todos los días especuladores de terrenos, promotores inmobiliarios, compradores de licencias e intermediarios de media España.

Por Sevilla y por todo el país ha corrido la voz de que la

larga mano de Juan Guerra es como el brazo incorrupto de Santa Teresa: lo puede todo. Lo posible y lo imposible.

Los policías detectan contactos casi permanentes entre Juan Guerra y un empresario de origen alemán, Heinrich Schwartz, propietario de una empresa de import-export denominada Compañía Andaluza de Exportaciones (Cadexa), con sede entonces en la calle República Argentina de Sevilla.

Enrique Schwartz, como es conocido entre sus amigos españoles, es además el dueño, junto con otros ciudadanos de origen alemán, de la finca de naranjos El Toril, situada en la localidad sevillana de Mairena del Alcor.

En esta finca, Juan Guerra, Jaime Cohen, Enrique Schwartz y algunos funcionarios del Cuerpo Superior de Policía que le acompañan a todas partes como si fueran sus guardaespaldas, celebran sus fiestas y acaban en orgías a altas horas de la noche.

La finca El Toril constituye el segundo lugar de trabajo del hermano del vicepresidente del Gobierno en 1986, cuando no se encuentra en la delegación del Gobierno en Sevilla.

La Policía interviene ilegalmente el teléfono 235300, perteneciente entonces a la finca El Toril.[3] Los resultados son espectaculares.

Cada día llaman al teléfono media docena de empresarios para preguntar por Juan Guerra e interesarse por los trámites de la subvención que han pedido a la Junta de Andalucía o ver la forma de conseguir una licencia de obras.

El hermano del vicepresidente no sabe de qué manera han conseguido el teléfono y, a veces, en plena fiesta sexual se siente acosado, perseguido por la ralea de especuladores.

—Estos tíos —le dice en una ocasión a un amigo— no me dejan ni follar tranquilo.

Juan Guerra hace de El Toril su segunda residencia y cuando decide adquirir sus primeros cinco caballos, los instala en los establos de esta finca, situados junto al cortijo formado por diversas construcciones encaladas alrededor de un patio circular, adornado con el clásico albero andaluz.

Los caballos, adquiridos a un viejo ganadero de Mairena del Alcor, son un regalo para sus hijos Julián, Emilio, Daniel y Ángel y para su sobrino *Pincho*, el hijo de su hermano Alfonso Guerra, el vicepresidente del Gobierno.

3. El Ministerio de Interior ha desmentido oficialmente este dato, pero los autores del libro lo han confirmado a través de varias fuentes.

Pese a que los signos externos de riqueza son cada vez más evidentes, Juan Guerra sigue cobrando un sueldo de 175.000 pesetas mensuales del Comité Federal del PSOE y en sus declaraciones de la renta figura como una persona sin otro tipo de recursos. Todos los años, sin embargo, Carlos Solchaga, el ministro de Economía y Hacienda, le envía un talón del Banco de España, con el dinero que el Estado se ve obligado a devolverle.

La Brigada de Interior sabe, no obstante, que el hermano del vicepresidente ha urdido en la sombra un repentino grupo empresarial, que tarde o temprano tendrá que acabar en escándalo.

Su amigo de toda la vida, Juan José Arenas Casas, ha abandonado sus negocios de chatarra para crear con él la empresa Corral de la Parra.

El padrino de uno de sus hijos, el fotógrafo Francisco Javier López, ha constituido Construcciones Modulares Andaluzas.

Con José María Ramos Reina, un compañero de colegio, ha fundado Elecpor y Fracosur.

El conglomerado empresarial va creciendo. Corral de la Parra toma participaciones en Cimsa, Cimpa, H. R. T. y Promociones Turia. La empresa Fracosur se vincula a Compañía Andaluza de Trading, a Tierras Fértiles, a Seguros Santa Lucía y a Darom, una sociedad de consultoría.

En este contexto, mientras los principales líderes del Partido Socialista siguen presumiento en público de la honradez y de la ética de sus militantes, los negocios de Juan Guerra, montados en torno al tráfico de influencias y al uso de información privilegiada, se multiplican como un peligroso virus.

El repentino enriquecimiento del hermano del vicepresidente del Gobierno no pasa inadvertido para otra institución de la seguridad del Estado, el Centro Superior de Información de la Defensa (CESID), que manda el general Emilio Alonso Manglano y que depende orgánicamente del ministro de Defensa, Narcís Serra.

* * *

El CESID, cuya misión esencial es el espionaje militar e industrial y todo lo que tenga que ver con la seguridad y la defensa del Estado, en buena lógica, no tenía por qué investigar a Juan Guerra, un ciudadano libre de toda sospecha, que no trabaja como agente o colaborador de un país enemigo.

Pero a mediados de 1987, Cadexa, la sociedad de Heinrich Schwartz, se empeñó en vender una partida de botas militares, algunos uniformes y carros de combate al Gobierno libio del coronel Moamar el Gaddafi.

El Centro Superior de Información de la Defensa se metió de cabeza en el asunto y Juan Guerra González, el hermano del vicepresidente del Gobierno, salió en el transcurso de sus investigaciones.

De esta manera, los espías militares supieron que el «asistente» de Alfonso Guerra en Sevilla estaba en contacto con un grupo de personas vinculadas a las empresas del financiero judío Marc Rich que trataba de vender una partida de uranio a España.[4]

El material radiactivo procedía de Sudáfrica y, una vez procesado, podría ser utilizado en cualquiera de las centrales eléctricas existentes en este país. A Juan Guerra se le había encargado de gestionar su venta.

Los agentes del CESID ocupados en seguir la pista a toda sustancia susceptible de ser convertida en arma le oyeron hablar así con uno de sus socios:

—Un día de éstos tengo que ir a Barcelona.

—Hombre, pues entonces, acuérdate de lo del uranio.

La operación, según todos los indicios, no se llegó a realizar nunca. De la misma manera que los hombres de Juan Guerra no han podido vender dos contenedores de «kwanzas», la moneda oficial de Angola, que alguien les entregó en 1987 para que los introdujera en el mercado monetario, a cambio de una fuerte comisión.

Sobre la forma en que fue sacada la moneda del país hay varias versiones. Unas fuentes sostienen que fue sustraída por el general Ochoa, el jefe de las tropas cubanas en Angola, fusilado por Fidel Castro poco antes del verano de 1989 por dedi-

3. La revista *Interviu* ha sido la única publicación española que se ha hecho eco, parcialmente, del asunto.

carse al contrabando y al narcotráfico. Otras, entre las que se encuentra el ex delegado de Focoex en Angola, Gaspar Salcedo, piensan que el dinero fue trasladado a España por un pesquero de Isla Cristina, en Huelva, y que se trata de un asunto viejo.

Pero lo cierto es que los «kwanzas», moneda que no cotiza en el mercado internacional, llegaron un buen día al despacho de Juan Guerra, de la mano de un portugués apellidado Figueiredo, del abogado de Portimao, al Sur de Portugal, Juan Dionisio, y del empresario lusitano Elio Augusto Boleto Cavaco, primo del actual Presidente del Gobierno luso, el socialdemócrata Aníbal Cavaco Silva.

Los agentes del CESID detectaron varias reuniones en el despacho de Schwartz, en la calle Brasil de Sevilla, para tratar el asunto de los «kwanzas», a la que asistieron Juan Guerra y sus hombres de confianza, Francisco Maldonado y José María Ramos Reina.

A partir de ese momento, Schwartz, Maldonado y Ramos Reina hacen gestiones con bancos ingleses, holandeses y suizos para ver qué posibilidades hay de vender los dos contenedores de moneda angoleña.

Los hombres de Juan Guerra están convencidos de que tienen en sus manos el mayor negocio de su vida. Schwartz viaja a Londres, Boleto a Holanda y Figueiredo a la isla de Madeira en busca de entidades financieras que estuvieran dispuestas a comprarles semejante cargamento de dinero.

Recorren entidades suizas y de otros países, pero en todas partes los reciben tan sólo con buenas palabras. Después de casi dos años y medio de gestiones, Schwartz, Boleto, Figueiredo, Dionisio, Maldonado, Ramos Reina y Juan Guerra se dan cuenta de que han fracasado en su intento.

Al ex delegado de Focoex en Angola, Gaspar Salcedo, le llama un día uno de ellos haciéndose pasar por un médico gallego.

—Un cliente portugués, recién llegado de Angola —le dicen—, me ha pagado con «kwanzas».

—Hombre, pues ya puede usted tirarlas.

—¡Tirarlas! ¿Por qué?

—Porque ningún banco occidental se las va a cambiar.

—Hombre, pero podré ir a Angola y comprarme un coche.

Salcedo, uno de los mejores especialistas españoles en el país centroafricano se rió para sus adentros.

—Pues vaya usted a Angola. Si tiene suerte y no le detienen en la frontera por introducir ilegalmente moneda del país, ya puede darse por satisfecho. Pero no espere comprar un coche. Allí no existen esos lujos.

A finales de 1987, el Centro Superior de Información de la Defensa conoce todas las andanzas de Juan Guerra y de sus socios.

Se sabe que en algunos ambientes andaluces vinculados al Partido Socialista empiezan a conocerse sus negocios.

Nadie fuera de esos ambientes está en el meollo del asunto, pero el hecho de que un humilde empleado se convierta, de la noche a la mañana, en un terrateniente, en el propietario de varios pisos y chalets en Sevilla, de una flota de coches caros y de numerosos terrenos industriales y urbanizables comprados, entre otras, a la empresa Ensidesa, empieza a preocupar a los delegados del Gobierno en Andalucía, Alfonso Garrido y Tomás Azorín, dos de los «guerristas» andaluces más destacados. Aunque no lo suficiente aún para que alguien tire la primera piedra.

Desde el 28 de octubre de 1982, el día en que los socialistas ganaron las elecciones generales, el apellido Guerra inspira terror a mucha gente en Andalucía.

La bola de nieve, entretanto, continúa creciendo sin parar. Corren los años 1988 y 1989... Y el escándalo empieza ya a mascarse en el ambiente.

* * *

Cuarenta y nueve años antes, probablemente, nadie habría imaginado que aquel niño típico de postguerra, mal alimentado, sin apenas ropas y que jugaba descalzo con una pelota de trapo en la calle del Rastro de Sevilla, iba a protagonizar el escándalo político más grande de la España actual, convirtiendo los primeros cien días de la tercera legislatura socialista, tras las elecciones del 29 de octubre de 1989, en uno de los calvarios más dolorosos para Felipe González y sus colaboradores desde que el secretario general del PSOE llegó a la Moncloa.

Nacido en Sevilla en el seno de una familia de trece hermanos, en la que ocupaba el cuarto lugar por la cola, Juan Guerra González, fue el hijo de un criador de cerdos y de una empleada de una fábrica de café, que trabajaba de sol a sol seleccionando el grano para luego tostarlo.

Paradójicamente, la Guerra Civil, en la que se vieron involucrados trágicamente cientos de miles de españoles, llevó cierta prosperidad a su casa. El cabeza de familia logró emplearse en la Fábrica de Artillería de Sevilla, donde alcanzó el grado de jefe de fundición y alférez, tras la militarización que sufrió la empresa bajo las órdenes del general Franco.

Los Guerra residían entonces en una gran casa antigua de la calle del Rastro de Sevilla. Allí, Juan aprende a leer con la ayuda de su padre y de su hermano Alfonso, un año mayor que él, hasta que ingresa en el colegio Miguel de Mañara, en la Puerta de la Carne de la capital andaluza.

El ambiente del barrio, con decenas de niños descalzos y semidesnudos correteando por las calles, no dista mucho del que siglos antes había conocido el libertino medieval arrepentido, don Miguel de Mañara, que confesó sus culpas y se dedicó a la penitencia y a la caridad, y que acabó dando nombre al primer centro de estudios sevillano que albergó a Juan Guerra, tal vez como premonición de su futuro.

Él y su familia conocen la muerte de cerca cuando Juan sólo cuenta cinco años. Su hermana Consuelo, enferma de tuberculosis desde los dieciséis, fallece a los veinte, después de vivir un largo período sin contacto con sus hermanos por temor al contagio.

—Fue una experiencia terrible —ha recordado después Alfonso Guerra.

Pero la vida continúa y al cabo de los años Juan termina el bachiller en el Instituto San Isidoro de Sevilla. Es un mal estudiante. Se presenta siete veces, sin éxito, al examen de reválida. Con 19 años y sin trabajo, decide hacer el servicio militar como voluntario.

El mozo es destinado en Aviación, en el aeródromo sevillano de Tablada. Sólo unos días antes, conoce a la que durante veinticinco años sería su mujer, María de los Ángeles López Rubio, que entonces tenía trece años. Juan Guerra no podía imaginar en aquel momento que aquella niña menuda iba a convertirse un cuarto de siglo más tarde en uno de sus principales verdugos.[5]

El hermano del ex vicepresidente del Gobierno acaba el servicio militar en la base aérea de El Rompedizo, en Málaga, a donde había sido destinado después. Poco antes había muerto su padre. Su madre malvive con el resto de la numerosa familia y la escasa pensión que le queda, en una vivienda protegida que había asignado a sus empleados la Fábrica de Artillería.

Juan regresa con la familia y acude a la Universidad como oyente. Posteriormente, va a la Escuela de Peritos Industriales donde, ante un nuevo fracaso, se matricula en un curso del PPO (Programa de Promoción Obrera) mediante el cual el multimillonario hermano del vicepresidente obtiene el título de analista de aceites, el único del que puede presumir.

Su primer empleo tiene algo que ver con el ramo de la alimentación pero no con el aceite. Como representante de Cafés Valdés, Juan Guerra gana sus primeras pesetas, un dinero que ayuda a aliviar las necesidades de la casa y que permiten a sus hermanos, Adolfo y Alfonso, seguir estudiando.

A los 26 años, vuelve a los libros. Pero esta vez como representante de Círculo de Lectores. Pone tanta fe en el trabajo que inunda Andalucía de biblias y consigue una promoción en el empleo. En Círculo de Lectores le nombran delegado de ventas para las provincias de Córdoba, Jaén y Ciudad Real, con lo que establece su primera red de contactos fuera de Sevilla.

El futuro «asistente» del vicepresidente del Gobierno se traslada a vivir a Córdoba y conoce su primera época dorada. En 1967, los ingresos de 150.000 pesetas que obtiene como sueldo y por las comisiones de ventas de sus empleados le permiten vivir holgadamente.

Se instala en el hotel Reina Victoria, el más caro de la ciudad entonces, hasta que decide alquilar un piso amueblado de tres habitaciones, por el que paga 2.500 pesetas mensuales, en la barriada Cruz Conde, muy cerca del zoológico cordobés. Es un buen momento en su vida y Juan toma una decisión trascendental: casarse con María de los Ángeles López Rubio.

A los veintiún años, su mujer da a luz su primer hijo, Emi-

5. Tampoco podía adivinar entonces María de los Ángeles que sus próximos veinticinco años junto a Juan Guerra le costarían la vida, tras sufrir un derrame cerebral el 15 de octubre de 1990, como consecuencia de la tensión generada por el escándalo de su marido.

lio. La empresa en la que trabaja, Círculo de Lectores, obsequia a Juan con un viaje a Alemania y el hermano del vicepresidente descubre los *Top Less* y asiste a los primeros *strep tease* en los clubs nocturnos de Stuttgart, Colonia y Hamburgo.

A los tres meses, su mujer se queda de nuevo embarazada. Este hecho biológico se convierte en una constante en su vida durante los siguientes cuatro años. Cada 12 meses, la pareja trae un nuevo hijo al mundo.

En 1968, Juan Guerra cambia de empleo. Esta vez encuentra ocupación en la empresa Afha, como vendedor de cursos por correspondencia y con 6.000 pesetas de sueldo mensual más comisiones, vuelve a pasar estrecheces. El dinero apenas le da para pagar el nuevo piso de Sevilla. El matrimonio, que quiere tener una casa en propiedad, acaba trasladándose a la casa de los padres de María de los Ángeles, en El Aljarafe. Guerra descubre entonces la política y empieza a militar en el sindicato clandestino CNT.

Su hermano Alfonso es por aquellas fechas un mediocre profesor de la Universidad Laboral y de la Escuela de Peritos. Juan cambia de empleo. Por tercera vez, su futuro profesional parece reducirse a la venta de libros. En esta ocasión, la empresa que le ficha es el Instituto Americano.

Pero Juan se encuentra cada vez más inmerso en los laberintos de la agitación política clandestina y poco después participa como gerente en la empresa Prensa y Copistería, para editar *El Socialista* en Sevilla.

La sede de la empresa se encontraba en la calle Capitán Vigueras de la capital andaluza, donde era fácil tropezarse con Alfonso Guerra, el actual vicepresidente del Gobierno, corrigiendo las pruebas y a donde, de vez en cuando, acudía la Guardia Civil, que en una ocasión se llevó a Juan para interrogarlo durante 21 días consecutivos, etapa en la que el hermano del vicepresidente perdió trece kilos.[6]

La actividad clandestina de Juan Guerra durante este período transcurre en el ojo del huracán, siempre cerca de su hermano Alfonso y de Felipe González. Lo mismo le envían a Madrid a llevar un cargamento clandestino de libros de la Unión

6. El periodista Federico Villagrán, artífice de la revista *Torneo*, en cuyos talleres se tiraba *El Socialista*, editado por Prensa y Copistería, relató en *Tiempo* (número 444, de 5 de noviembre de 1990), cómo Juan Guerra fue impuesto en la empresa como gerente por su hermano Alfonso y otros detalles de interés sobre su desarrollo.

Militar Democrática (UMD), editados por el PSOE, que su hermano Alfonso le confía los archivos del partido en Andalucía. La documentación acaba, oculta en un maletín, en casa de los padres de su mujer, que no tenían nada que ver con la política ni sabían lo que contenía la cartera.

Pasado un tiempo, en 1977, se cierra Prensa y Copistería yJuan Guerra, que vive con su mujer y sus hijos en un piso de la urbanización Jardín Atalaya, en el pueblo de Camas, se queda otra vez en el paro, la eterna epidemia andaluza. Pero el hermano del vicepresidente sabe sacar provecho de la nueva situación.

Se apunta al subsidio del desempleo, cobra la indemnización de una sola vez y le pone una tienda de lanas a su mujer en la calle San Vicente de Paúl, en pleno barrio de Triana. Mientras María de los Ángeles, embarazada del cuarto hijo, trabaja y se ocupa de las faenas de la casa al mismo tiempo, él se dedica a la política y a pasear por Sevilla.

Los bares de la capital andaluza son los centros de reunión donde Juan Guerra planifica sus negocios y comienza a hacer nuevas amistades. Entre éstas se encuentran Francisco Javier López Martín y Pedro Llach Rey, dos personas que en lo sucesivo aparecerán relacionadas en muchos de sus negocios. Otras de sus amistades son Ángel Linero, Ramón Martínez de Mondajona y Juan Vergara, con quienes viaja en alguna ocasión a Marruecos, en una época en la que muchos andaluces encuentran en el comercio de hachís una manera de sobrevivir.

El fantasma del hambre y la miseria le llevan a trabajar esporádicamente en una empresa de detectives, dedicado a perseguir mujeres adúlteras, y a montar otros negocios tan pintorescos como una empresa de distribución de productos de peluquería.

Su mujer sigue trabajando en la tienda de lanas hasta 1981, fecha en que se la traspasan a su hermano Adolfo y a Marisa, su compañera, que montan en ella una tienda de juguetes. Pero el negocio va mal y la pareja no puede pagar el traspaso a Juan.

Los apuros económicos, otra constante en su vida, reaparecen. Juan Guerra, sin un duro y sin posibilidad de encontrar trabajo, se pasa los días en la librería Antonio Machado, ayudando a Carmen Reina, la mujer de su hermano Alfonso, atendiendo a los clientes que en esa época se interesan por los textos de Federico Engels, Carlos Marx y Herbert Marcuse.

El 28 de octubre de 1982, una fecha mágica en el calendario socialista, estaba a la vuelta de la esquina.

Un año y ocho meses antes, el 23 de febrero de 1981, también ocurrió algo decisivo, cuando el teniente coronel de la Guardia Civil, Antonio Tejero Molina, asaltó el Congreso de los Diputados, mientras Juan Guerra se encontraba en el jardín de su casa.

Un vecino, que acaba de escuchar la radio, le da la noticia. El antiguo analista de aceites, encargado por el Partido Socialista de velar por la seguridad de Carmen Reina, su cuñada, y de su sobrino *Pincho,* se pone en pie como movido por un resorte y se abalanza hacia el teléfono.

Mientras su hermano Alfonso permanece en Madrid tumbado en el suelo de su escaño parlamentario con los hombres de Tejero tiroteando el hemiciclo, Juan trata durante horas de localizar inútilmente a su cuñada y a su sobrino para ponerlos a salvo.

Por fin, los encuentra y cuando está dispuesto a sacarlos de España por Portugal, se da cuenta de que no lleva un duro encima. Tampoco en su casa hay dinero suficiente para huir al extranjero ni puede recurrir a los familiares ni a los amigos, ya que una buena parte de ellos está en el paro.

Juan Guerra se encara entonces con Carmen Reina, que está preparando las maletas para huir.

—¿Tienes dinero, Carmen, tienes dinero para salir de España? —le dice.

La mujer de Alfonso Guerra está tan atareada que no le oye. El «asistente» de su marido se acerca a ella, la sacude por los hombros y vuelve a preguntarle:

—¿Carmen, dónde tienes el dinero?

—Pero, ¿de qué dinero me hablas?

—Pues de tus ahorros. ¡Tenemos que huir!

Carmen Reina tampoco tenía un duro encima. Si decidían dejar el país, tenían que marcharse con lo puesto.

Al día siguiente, cuando se normalizó la situación, Juan Guerra González se hizo una solemne promesa.

Si algún día el PSOE llegaba al poder, ni él ni la familia de los líderes socialistas pasarían más por esa situación ni padecerían calamidades. Y así se lo dijo a su mujer, María de los Ángeles López Rubio.

—Robar, no, pero pasar calamidades tampoco.

* * *

Un día, cuando ya llevaba algunos meses instalado en su despacho oficial de la Delegación del Gobierno en Sevilla, Juan Guerra se presentó en el Servicio Andaluz de Salud.

Sin saludar a nadie ni decir palabra, abrió la puerta del gerente general, Agustín Ortega Simón. El «asistente» del vicepresidente del Gobierno fue a exigirle que readmitiera a un amigo suyo, despedido del servicio.

Pero Ortega Simón no estaba acostumbrado a recibir presiones de nadie y, mucho menos, de Juan Guerra.

—O te vas de aquí o te doy una patada en los cojones que te tiro por la ventana —le dijo.

El «asistente» no estaba acostumbrado a que le recibieran así y, en tono amenazador, replicó:

—¡De esto se va a enterar mi hermano!

—Pues dile también a tu hermano que si viene por aquí con recomendaciones le doy otra patada en los cojones.

Juan Guerra empezó a recoger velas.

—No te preocupes. ¡Se lo diré!

—Pero díselo al hermano que tú me presentas, no al Alfonso Guerra, vicepresidente del Gobierno, que yo conozco.

Un mes después, Agustín Ortega Simón recibió la orden de cese de la gerencia general del Servicio Andaluz de Salud de la Junta de Andalucía.

Ortega Simón había cometido la «osadía» de enfrentarse a uno de los poderosos miembros del clan Guerra, que ponía en posición de firmes al alcalde de Sevilla, Manuel del Valle; expulsaba de la sala de autoridades del aeropuerto de San Pablo al vicepresidente de la Junta de Andalucía, José Miguel Salinas Moya, y daba órdenes, en nombre de su hermano, a cualquier cargo público socialista de las ocho provincias meridionales.

Considerado el granero electoral del PSOE, en Andalucía no se había conocido con anterioridad ningún poder como el que Juan Guerra González llegó a ostentar dentro de las filas socialistas.

Pero, en realidad, el antiguo vendedor de libros y analista de aceites, no hacía más que ejercer, por delegación, la consigna impartida por Alfonso Guerra, pocos días después de alcanzar el poder:

—El que se mueva, ¡no sale en la foto!

* * *

A mediados de 1983, Juan Guerra llegaba cada noche agotado a su piso de la urbanización Jardín Atalaya de la localidad sevillana de Camas.

Un día sí y al otro también eran numerosas las personas que hacían cola ante la puerta de la Delegación del Gobierno en Sevilla, donde su misión más importante era recortar las páginas de *ABC* y mandárselas por fax a su hermano «para que estuviera enterado de lo que tramaba la derecha».

El «asistente» del vicepresidente del Gobierno atendía a todo el mundo: al anciano que necesitaba una ayuda para cobrar la pensión, a la viejecita que debía ingresar en un hospital de la Seguridad Social para ser operada y al joven parado que precisaba arreglar los papeles del paro.

Juan Guerra tenía cierta fama de Conseguidor y así le llamaban. La gente iba a visitarle, él se desvivía por resolver todos los problemas, pero regresaba hecho polvo a su modesta vivienda cada noche.

—¡Ya está bien de trabajar para los demás! —le decía a su mujer.

—Pero qué te pasa, hombre. Si tú en un fin de semana te repones —contestaba María de los Ángeles López Rubio.

Pero Juan Guerra no podía aguantar.

—¡Es que yo no soy la Virgen de Fátima!

* * *

Un año más tarde, a mediados de 1984, Juan Guerra continúa llegando tarde a su casa y, desde que el PSOE alcanza el poder, se siente más agotado que nunca. Pero ahora es feliz.

De vez en cuando lleva cosas a su casa que no se las podría haber pagado ni con el sueldo de tres meses, a 150.000 pesetas mensuales, que recibe del partido. Su mujer se siente cada día más preocupada por el origen del dinero.

Y un día, no puede aguantarse más y se lo pregunta directamente, sin rodeos:

—¿Qué estás haciendo, Juan? ¿De dónde sacas el dinero?

—Es que un día sí y otro no me tocan los ciegos.

Es una mentira piadosa, pero María de los Ángeles López Rubio, con la seguridad y el gracejo de la mujer andaluza, replica automáticamente:

—Sí, y en medio te toca la Primitiva.

La desenvoltura que emplea Juan Guerra cuando habla de negocios con los amigos y el origen de los buenos coches que empieza a ostentar, crean las primeras fisuras en el matrimonio.

—Pero, ¿de dónde te viene a ti el dinero? —insiste su mujer.

Él le da una y otra vez vueltas a la cabeza, hasta que un día le ofrece una explicación.

—Mira —le dice—, si cada día me vienen dos o tres personas pidiéndome una licencia de exportación, y unos no me dan nada a cambio y otro me ofrece 70 millones, ¿a quién crees tú que se la voy a dar?

—Al más honrado.

—Pues no, señor. Al que más dinero me ofrezca. Es ley de vida.

—Pero eso no es justo —protesta ella.

Juan Guerra hace un gesto con la mano. Sabe que no vale la pena y no quiere seguir discutiendo. Al cabo de un rato, cuando ella se encuentra más tranquila, le dice:

—¿Cómo puedes continuar con esas ideas? Contigo, así, yo no me voy a poder realizar nunca.

* * *

El 23 de febrero de 1989, un año antes de que salte el escándalo, José Oneto Revuelta, director de la revista *Tiempo*, la publicación española de información general de mayor penetración en el mercado, llamó a su despacho a los periodistas Ramón Tijeras y José Díaz Herrera.

—¿Por qué no os vais a Sevilla y me traéis una historia de Juan Guerra para la próxima semana?

El director de *Tiempo*, José Oneto, tenía la costumbre de dirigirse personalmente a sus redactores, saltándose la estructura burocrática de la revista. Él era, generalmente, quien proponía personalmente muchos de los temas que luego salían en la publicación, que se le ocurrían leyendo y releyendo la Prensa diaria y tratando de prestar atención a aquellos temas que parecen interesantes y a los que un periódico no puede dedicarles demasiado tiempo ni espacio.

En su despacho de la planta tercera del edificio del Grupo Z, en la calle O'Donnell de Madrid, al que pertenece la revista *Tiempo*, los dos periodistas se mostraron escépticos. Hasta aquella fecha sólo se habían publicado vagas referencias sobre el caso Guerra. Ni un solo periodista había acudido al registro de la propiedad y ni uno solo de los rumores que aparecían en las breves notas de Prensa estaba contrastado. Por lo tanto, era un trabajo en el que había que partir de cero y al que había que dedicar el día y la noche, guiándose, en principio, tan sólo por el instinto.

José Oneto, sin embargo, insistía en la historia:

—Tened en cuenta que puede ser portada.

Por experiencia, el director de la publicación sabía que la política en sí era un tema que no vendía. Pero todo lo que tenía que ver con los intereses económicos de los políticos eran temas de interés general. Por encima de todos los políticos, Alfonso Guerra, fustigador de la clase política durante el período de la UCD, era quien más atractivo ofrecía para los lectores.

José Díaz Herrera y Ramón Tijeras se miraron desolados, abatidos. La semana anterior habían acabado de entregar el último artículo de una serie de cinco capítulos sobre los negocios de los traficantes de armas en España. Localizar y hablar con cada una de estas personas había costado varias semanas. Ahora, el director venía con otro trabajo de chinos.

Antes de salir por la puerta, Oneto les hizo la última recomendación:

—Podéis contar con la gente de Sevilla si hace falta. Santiago Sánchez Traver conoce aquello como la palma de su mano. Él os puede echar un cable.

Sánchez Traver, delegado de la revista en la capital andaluza, en la primera reunión que los dos periodistas mantienen con él, recuerda que alguien le había dicho que los Guerra habían comprado una finca en Mairena del Alcor. Eso podía ser una pista. Por su parte, el fotógrafo Rafael Deben, que en aquellos momentos trabajaba para *Diario 16*, conocía a una enfermera que era amiga de María de los Ángeles López Rubio, la ex mujer de Juan Guerra, lo que podría convertirse en una segunda pista, aunque no muy segura, por las palabras de Deben.

—Yo no lo sé muy bien, pero creo incluso que Angelita y Juan andan medio peleados —advirtió.

—¿Y cómo la localizamos?

—Su número de teléfono no figura en la guía. Pero me da en la nariz que quizás ella quiera hablar.

Cherchez la femme. José Díaz Herrera y Ramón Tijeras se dividieron el trabajo. El primero trató de comprobar las informaciones sobre las fincas. Tijeras empezó a llamar a los hospitales de Sevilla para localizar a la enfermera.

En el periodismo de investigación los métodos tradicionales de trabajo no valen. Si alguien se presenta ante el gerente de una finca con un magnetofón y le pregunta si es de Juan Guerra, lo más probable es que salga corriendo y que Juan Guerra tarde en enterarse el tiempo que lleva descolgar un teléfono. Así que lo que José Díaz Herrera hizo fuc localizar a un corredor de fincas de un pueblo de Huelva, ponerse su mejor traje e iniciar una nueva actividad profesional en su vida: la de comprador de fincas.

—¿Que usted quiere comprar la finca La Alegría? Se acaba de vender hace unos meses. Si hubiera venido usted antes...

—Da lo mismo. Usted consiga que me la vendan. Hable con don Juan Guerra.

—¿Por qué sabe usted que es del señor Guerra? Mire, don Juan Guerra estuvo aquí pasando las vacaciones el verano pasado, con una señora y con los hijos. Pero al final, quienes la compraron, fueron unos señores de Écija.

—Vinculados a don Juan Guerra.

—Sí, sí. Son muy amigos, es cierto.

De esta manera, recorriendo media Andalucía en un «Land Rover» destartalado, los dos periodistas se fueron enterando de que el hermano del vicepresidente tenía más fincas en la región que la duquesa de Alba. Las Brujas, en la localidad de

Espartinas; La Carrascosa, en Las Pajanosas; Rancho Reina, en Morón de la Frontera; La Chimenea, en El Pedroso; un edificio de aparcamientos y numerosos inmuebles en Sevilla y Madrid, constituían el patrimonio acumulado por Juan Guerra directamente o a través de las sociedades Fracosur y Corral de la Parra, de las que es propietario, al 50 por 100, junto a su socio, Juan Arenas.

Por su parte, Ramón Tijeras hizo también rápidos progresos. En el ambulatorio de Camas, el pueblo donde se encuentra la antigua residencia familiar de Juan Guerra, después de mucho insistir, alguien supo dar noticia de Cobi, la enfermera que buscaba el periodista. Pero la muchacha llevaba unos días en su casa por razones de salud. Y allí la localizó por teléfono el periodista.

—Mire, soy periodista de la revista *Tiempo* y quería localizar a María de los Ángeles López Rubio. Me han dicho que usted es amiga suya...

—Sí, sí, la conozco.

—¿Me podría dar su teléfono?

—Pues no, pero si tiene usted mucho interés, dentro de media hora puede hablar con Angelita llamando aquí otra vez. Yo voy a avisarla y, si ella quiere, la tendrá aquí.

Cuando el periodista volvió a llamar, fue la propia ex mujer de Juan Guerra quien cogió el auricular.

—Verá, queremos hacer una historia sobre su marido y necesitamos charlar un rato con usted.

—¿Y qué les puedo contar yo?

—Pues algunos datos humanos, anécdotas y cosas así.

María de los Ángeles no parecía muy decidida a lanzarse.

—Prefiero que hable usted con mi abogado. Es quien tiene todos los papeles del divorcio.

—¡De acuerdo! Pero también me gustaría verla a usted para precisar datos. ¿A su ex marido últimamente le va muy bien, no?

—Sí, sí, le va muy bien. Tan bien que ahora quiere la demanda de divorcio y yo le he pedido 600.000 pesetas mensuales para acceder a ella.

—¿Entonces, por qué no nos vemos con su abogado?

El bufete de Antonio Alva Mendaro está situado en el número 14 de la calle Asunción de Sevilla, en el barrio de los Remedios. Una penumbra amarillenta iluminaba montones de legajos sobre una mesa de madera con molduras en los bordes. Allí se encontraban el letrado, María de los Ángeles y su amiga María Eugenia, algo tensos ante la visita que esperaban.

María Eugenia, una mujer de carácter, famosa en Sevilla por sus conocimientos sobre ciencias ocultas, era cliente de Antonio Alva desde hacía muchos años. Por eso, cuando supo que su amiga, María de los Ángeles, la mujer del hermano del vicepresidente del Gobierno, tenía muchos problemas para que alguien se hiciera cargo de su divorcio, convenció a su abogado, compañero de promoción de Felipe González, para que se encargara del caso.

—¿Queréis un whisky? —preguntó el letrado, que trataba de relajar la tensión del momento.

Después de las formalidades, María de los Ángeles López Rubio y Antonio Alva contaron al periodista la situación de la demanda de divorcio que Juan Guerra había interpuesto contra ella.

María de los Ángeles pretendía, en efecto, que su ex marido le pagara una pensión de 600.000 pesetas mensuales, para mantener a sus cuatro hijos, pero éste se negaba.

La ex mujer de Juan Guerra disponía, sin embargo, de un arma secreta para ablandarle ante los tribunales. Una enorme cartera de facturas, extractos bancarios y documentos de toda índole.

Algunos de los extractos bancarios demostraban que el hermano del vicepresidente, con un sueldo de 175.000 pesetas que le pagaba el Comité Federal del PSOE, movía decenas de millones de pesetas en cada una de las cinco cuentas corrientes personales que tenía. Evidentemente, Juan Guerra había amasado una enorme fortuna en los últimos años.

—¿Cómo has conseguido los papeles? —preguntó el periodista.

María de los Ángeles López Rubio sonrió con picardía.

—No los he conseguido yo. Han llegado ellos solos.

Luego explicó cómo Juan Guerra, al abandonar el domicilio conyugal para irse a vivir con su nueva compañera, había cometido el mayor error de su vida. Se había olvidado de cambiar la domiciliación de sus cuentas bancarias y su ex mujer, María de los Ángeles, convertida ahora en su enemigo, le tenía cogido por el cuello.

—Y eso que hace unos meses me dio pena y le di una caja de zapatos llenita de papeles —se lamentaba la mujer.

Ramón Tijeras se dio cuenta inmediatamente de que aquellos papeles constituían una bomba informativa.

—Pues nos interesaría publicar esos papeles. ¿Podría llevarme una copia?

María de los Ángeles consultó a su abogado con la mirada.

—Hombre, siempre que no me metáis en la cárcel a mí.

Había datos suficientes como para hacer un reportaje de antología, pero los periodistas no se dieron por satisfechos todavía. Durante un viaje a Madrid para chequear datos, José Díaz Herrera y Ramón Tijeras, se reunieron con un jefe de la Brigada de Interior en un bar cercano a la plaza de España. El policía, bajito, con gafas y una barba bien cuidada, llevaba los datos anotados en una hoja de papel con varios dobleces.

—Tenéis que hablar con un tal Enrique Schwartz —dijo en una de las ocasiones—. Con este hombre debe de llevar algún negocio.

Los periodistas tenían ya el dato por María de los Ángeles López Rubio. Y siguieron la pista. Una pista que les llevó hasta el amigo alemán de Juan Guerra, propietario de una finca en Mairena del Alcor llamada El Toril, donde Juan Guerra pasaba en compañía de sus hijos los fines de semana y muchos días laborables, junto a Enrique Schwartz y sus socios alemanes.

La finca, plantada de naranjos, había estado en el punto de mira de la Policía durante muchos meses. Su teléfono había sido intervenido ilegalmente y en sus terrenos habían pastado los cinco caballos de Juan Guerra, comprados para sus hijos y *Pincho,* el hijo de su hermano Alfonso Guerra, bajo la mirada de los inspectores de Madrid.

Los dos periodistas localizan por fin a Schwartz, después de ponerse en contacto con sus socios alemanes en Munich, en las oficinas de la empresa Cadexa, en el número uno de la calle Brasil de Sevilla, donde el alemán había montado su nuevo negocio de importación y exportación. Llaman a la puerta y cuando les abren, preguntan:

—¿Es usted Enrique Schwartz?

—Sí, soy yo. ¿Qué quieren ustedes? —contestó una voz desde el fondo del local.

Schwartz, un individuo algo obeso, rubio pero sin apenas pelo y con aspecto de matón de barrio, estaba sentado en un amplio sillón, desde el que contestaba. Una morena de amplio escote, permanecía recostada en el respaldo mientras una tercera persona había abierto la puerta.

—Somos periodistas y queríamos hablar con usted acerca de su amigo Juan Guerra.

—¿Quién les ha dicho que yo soy amigo de Juan Guerra?

—Lo sabemos.

—Pues mi mamá me ha dicho que no hable con periodistas.

Schwartz no se había molestado en levantarse para saludar, pero sí lo hizo para dar por finalizada la conversación. Abrió la puerta de la calle. Los periodistas entendieron la muda invitación y se marcharon.

José Díaz Herrera y Ramón Tijeras dedicaron los días siguientes a identificar y localizar a los socios y testaferros de Juan Guerra y a recorrer los registros mercantiles de Andalucía para armar el «puzzle» de empresas de su propiedad.

En más de una ocasión, la ex mujer de Juan Guerra acompañó a los periodistas a los registros para ver lo que iban consiguiendo, por si le servía para respaldar la demanda económica que había presentado contra su marido para concederle el divorcio. Cualquier información adicional que pudiera obtener sobre los negocios de Juan Guerra era un arma nueva a su favor en la demanda de divorcio.

María de los Ángeles se mostraba sorprendida.

—Yo sabía que tenía dinero pero no me imaginaba que tuviera tanto como para comprar todas estas cosas.

La ex mujer de Juan Guerra aprovechaba también los comentarios que le hacían sus hijos cuando llegaban a casa después de pasar el fin de semana con su padre. Generalmente, se trataba de datos valiosísimos que permitían identificar las nuevas compras que iba realizando el hermano del vicepresidente.

—Nos ha dicho papá que va a construirse un chalet de 600 millones en la finca La Carrascosa.

—Sí. ¿Y de dónde saca el dinero tu padre?

—De un negocio que tiene entre manos. Él espera que le salga bien.

El reportaje inicial se había convertido en una larga serie. A finales de febrero de 1989, José Díaz Herrera y Ramón Tijeras cuentan ya con información suficiente para iniciar la publicación del primer capítulo sobre los negocios de Juan Guerra y sus actividades económicas.

Y el miércoles 29 de marzo, el día en que entonces se cerraba la edición de la revista, dedican la tarde a escribir la primera entrega. Ese miércoles se presentaba una nueva publicación del Grupo Z, *La Gaceta de los Negocios*, en el edificio de la bolsa de Madrid, donde se reunió la jet económica española. Allí, los responsables empresariales del grupo editorial se enteran de que en el número siguiente del semanario se va a publicar una información muy dura, que afecta al hermano del entonces vicepresidente del Gobierno.

En aquellos momentos, entre copa de champán y bocado de caviar, la alta dirección de la empresa decide levantar el tema que estaba ya en la imprenta, lanzando por la borda varias semanas de intenso trabajo.

Juan Guerra abandonaba casualmente en aquellas fechas el famoso despacho que venía ocupando en las dependencias de la Delegación del Gobierno en Sevilla.

* * *

El Gobierno iba a decidir sobre la concesión de las licencias de televisión privada, entre cuyos candidatos se encontraba el Grupo Z, que pilotaba el proyecto de Univisión. Alfonso Guerra, como todo el mundo sabía, tenía mucho que decir en aquel asunto.

El Grupo Z, por una vez, iba a colocar sus intereses empresariales —legítimos, por otra parte— por encima del derecho general a la libertad de información que defendían todos los profesionales de *Tiempo* sin excepción, incluidos el director, José Oneto, el subdirector, Pedro Páramo, y el director de Información, Miguel Rodrigo.

Parte de esta información se publicó, meses después, en la revista *Época*, tras habérsela facilitado Manuel Fraga Iribarne, que había recibido detalles del *dossier* a través de María de los Ángeles López Rubio, temerosa de que Juan Guerra continuara pegándole como había hecho hasta entonces de vez en cuando.[7]

7. En su libro autoexculpatorio *Yo, el hermano* (Planeta, 1990), Juan Guerra niega haber pegado a su mujer. Reconoce, sin embargo, que fue condenado por ello.

La exposición de *Época*, sin embargo, no tuvo el más mínimo impacto. Sería necesaria la salida del diario *El Mundo* y con él, la aparición de un fenómeno nuevo en la Prensa española —una competencia feroz por la información— para que el tema alcanzara el eco debido en todos los medios de comunicación, sin excepción, del país.

* * *

El día D del escándalo Guerra fue el lunes 7 de enero de 1990, cuando Pedro J. Ramírez, director de *El Mundo*, un periódico joven pero incisivo, con una buena plantilla de profesionales, se reunió a media mañana con los redactores jefes del rotativo para decidir los temas de portada.

—Hay un tema de Juan Guerra y el alcalde de Barbate que habría que seguir, para ver qué da de sí —dijo.

—¿De qué va? —preguntó el director-adjunto, Juan Carlos Laviana.

—Es un escándalo de urbanismo —recordó el director de *El Mundo*.

Pedro J. Ramírez había extraído los datos leyendo el *ABC*. El diario conservador había publicado el día anterior la información en un «suelto», oculto en páginas interiores y sin ningún relieve tipográfico. Pero el director de *El Mundo* tenía muy presente una anécdota que le ocurrió en Sevilla en 1986, durante las elecciones andaluzas.

Estaba cenando en un restaurante con el alcalde de la ciudad, Manuel del Valle, y su mujer, María Luisa de Pedro Mediavilla, cuando, de pronto, entró un señor barbudo en el reservado y, sin saludar a nadie, se dirigió al alcalde y le dijo en tono imperativo:

—¡Vámonos, que se hace tarde!

El alcalde se despidió inmediatamente y se puso en pie para largarse. Pedro J. Ramírez, intrigado, preguntó a la mujer de Manuel del Valle.

—¿Y este señor, quién es?

—¡Quién va a ser...! Juan Guerra, que tiene despacho en la Delegación del Gobierno.

El entonces director del *Diario 16* se quedó más extrañado todavía.

—¿Y en calidad de qué tiene el despacho?

—En calidá de qué va a sé. En calidá de hermano de Arfonso.

Pedro J. Ramírez se dio cuenta de que en Sevilla, Juan Guerra mandaba más que el propio alcalde, Manuel del Valle. Y a partir de entonces, con buen olfato periodístico, se propuso no perderlo de vista. Por eso, aquel 7 de enero de 1990, tras leer el suelto de *ABC* pidió a su redacción de Sevilla que se movilizara y trabajara el asunto.

En la reunión de la tarde, la redacción de *El Mundo* volvió a tratar el tema.

—El alcalde de Barbate ha reconocido que Juan Guerra le llamó para un asunto inmobiliario —informó uno de los redactores-jefes.

—¿La información está confirmada? —preguntó Pedro J. Ramírez.

—Por supuesto. Pedro de Tena, el corresponsal de Sevilla, ha hablado personalmente con el alcalde, Serafín Núñez.

—Pues que vaya a páginas interiores, con llamada en primera —ordenó entonces Pedro J. Ramírez.

Al día siguiente, el matutino madrileño, que desde su nacimiento apenas había sacado cien números a la calle, titulaba en primera página:

«El alcalde de Barbate admite que Juan Guerra medió en un negocio inmobiliario.»

En páginas interiores *El Mundo* se limitaba a reproducir, con algún detalle nuevo, una información del *Diario de Cádiz* según la cual Juan Guerra había telefoneado a Serafín Núñez, alcalde de Barbate, para pedirle la aprobación de un complejo turístico en Puerto Plata. Allí, un socio suyo, José Garrido López, intentaba construir varios hoteles, un puerto deportivo, 3.300 chalets y zonas verdes y recreativas.[8]

En el Gobierno y en la sede del Partido Socialista, en la calle Ferraz de Madrid, no le dieron importancia a la publicación de aquella información sobre el que poco después se empezaría a conocer como «Caso Guerra». En el verano anterior, la revista *Época* había dado un amplio dossier sobre el asunto y había pasado inadvertido para la opinión pública. ¿Por qué no iba a ocurrir lo mismo ahora?

8. Los detalles sobre esta operación se han contado en el capítulo IV.

Pero los analistas del PSOE se equivocaron de plano. La información de *El Mundo* era, en aquellos momentos, el leve impulso que necesitaba la bola de nieve del «Caso Juan Guerra» para echarse a rodar y provocar el alud informativo que estuvo a punto de llevarse por delante al ex vicepresidente del Gobierno.

Los hombres de Alfonso Guerra, el ex vicepresidente del Gobierno, que presumía de tener dossiers de todo el mundo, habían pasado por alto una cosa: la persona de quien probablemente más documentación escrita había en este país era sobre Juan Guerra, el hermano del vicepresidente.

En los meses previos al escándalo, dos grupos de la Policía, la Brigada Regional de Información de Sevilla y la Brigada de Interior, habían preparado amplios dossiers del caso Guerra. La revista *Tiempo* había tenido destacados en Andalucía periodistas investigando durante tres semanas. En los Juzgados de Instrucción números 5 y 6 y en el de primera instancia número 6 de Sevilla, en el que se llevaban los trámites de separación entre María de los Ángeles y Juan Guerra, y en la sede del Partido Popular, en la calle Génova de Madrid, también había informes sobre Juan Guerra.

La publicación por *El Mundo*, el 7 de enero de 1990, de la mediación de Juan Guerra ante el alcalde de Barbate de Franco para que se concediera la licencia a la urbanización Puerto Plata, fue, de hecho, el pistoletazo de salida.

A la mañana siguiente, Fernando Orgambides, responsable de la edición andaluza de *El País*, recibía una llamada desde la redacción central del periódico, en Madrid.

—Amplíanos la información de Juan Guerra y de Puerto Plata —le dijeron.

Orgambides estaba disgustado por el «pisotón» informativo de *El Mundo*. Excelente profesional, no se contentaba con «refritar» las informaciones publicadas por otros periódicos. Así que reunió a la redacción del periódico en Sevilla y dijo:

—Necesitamos una noticia nueva de Juan Guerra. Algo que sea verdaderamente de peso.

Tres días después, el 10 de enero, el periódico de la calle Miguel Yuste titulaba en portada:

«Ensidesa vende a bajo precio una finca rústica de Sevilla a un hermano de Alfonso Guerra.»

La información hacía referencia a la venta, por 20 millones

de pesetas, de la finca La Carrascosa, situada en el término municipal de Las Pajanosas, a Juan Guerra. Los terrenos, propiedad de la empresa nacional Ensidesa, habían sido tasados diez años antes en 56 millones.

* * *

A partir de ese día, fue como si se desatara el diluvio universal. Durante diez meses consecutivos, las portadas de todos los periódicos, las revistas de información general y los informativos de radio dedicaron toneladas de papel y miles de horas de programas a hablar de los negocios de Juan Guerra.

Ni un solo personaje, vivo o muerto, de la historia de España ha recibido jamás tanta atención por parte de los medios de comunicación social como el asistente de Alfonso Guerra y sus actividades en el despacho de la Delegación del Gobierno en Sevilla.[9]

Concejales, alcaldes y profesionales de Salamanca, Jaén, Almería, Alicante, Madrid, Sevilla, Cádiz, Valencia, Extremadura, Barcelona, Chipiona, Guillena, Alcalá de Guadaira, Benicasim, Murcia, Mijas y Vicar acusaban a Juan Guerra de mediar en innumerables negocios. Durante unos años, el fantasma del hermano del vicepresidente había recorrido España en todas direcciones recalificando terrenos, concediendo licencias, abriendo bingos clausurados, adjudicando obras y vendiendo licencias para máquinas tragaperras, sin enterarse el resto del país.

El tema parecía no agotarse nunca. Cazados en un endiablado torbellino informativo, el PSOE y el Gobierno, en lugar de expulsar a Juan Guerra del partido e iniciar una investigación interna sobre el uso del despacho de la Delegación del Gobierno en Sevilla para negocios particulares, tuvo una reacción primitiva.

José María Benegas, número 3 del partido, acudió a los tribunales de justicia y se querelló contra *ABC, El Mundo, Época* y *Tribuna.*

Como en cualquier dictadura bananera, para el Partido Socialista era más fácil matar al mensajero que tirar de la alfom-

9. Juan Guerra, en su autobiografía, se lamenta de este hecho.

bra bajo la cual, durante años, se había ido acumulando la basura de la corrupción. El apellido Guerra en el seno del PSOE y en el país entero seguía pesando mucho.

La incoación masiva de querellas podía interpretarse, en cualquier país civilizado, como una agresión frontal contra la libertad de información. En una sociedad más desarrollada, como ocurre en Estados Unidos, hubiera dado lugar, con toda seguridad, a una contraquerella de la Federación de Asociaciones de la Prensa contra el PSOE, en defensa de los principios democráticos y la libertad de información.

En España, sin embargo, los periódicos y revistas tuvieron que defenderse individualmente frente a la maquinaria del PSOE. Y, uno a uno, los jueces de instrucción y las salas de las audiencias fueron dando la razón a la Prensa y la verdad y la libertad de expresión resplandecieron como nunca.

El Partido Socialista se vio obligado, de esta manera, a plegar velas. Juan Guerra era «invitado» a dejar el partido y los «barones» del PSOE, entre ellos José Bono, Joaquín Leguina y Francisco Fernández Marugán, comenzaron a hacer las primeras críticas públicas al «ciudadano» Juan Guerra.

Entretanto, seguían publicándose informaciones que continuaban poniendo entre las cuerdas al Gobierno.

«Alfonso Guerra lo sabía todo», titulaba en portada la revista *Tiempo*, haciendo referencia a los informes policiales que la Brigada de Interior había remitido a la Moncloa.

«El delegado del Gobierno en Andalucía, Tomás Azorín, remitió un informe al Gobierno en 1987, sobre las actividades de Juan Guerra», afirmaba *El Mundo*.

«El secretario del Partido Socialista, Carlos Sanjuán, informó a Alfonso Guerra personalmente de las actividades de su hermano», añadía el *ABC*.

Todas estas informaciones, corroboradas por sus autores, eran suficientes para demostrar que Alfonso Guerra conocía el tema con anterioridad y que no había actuado en consecuencia. Al menos políticamente, era el responsable del mal uso hecho por su hermano del despacho de la Delegación del Gobierno en Sevilla.[10]

Pero la palabra dimisión no se ha inventado todavía en

10. Izquierda Unida y el Partido Andalucista quieren pedir el procesamiento de Juan Guerra y los delegados del Gobierno en Andalucía por el uso privado del despacho oficial, un bien público.

el diccionario del PSOE. El 1 de febrero de 1989, el vicepresidente del Gobierno comparecía ante las Cortes para dar explicaciones.

—Nunca he pedido a las personas de mi entorno que me informen de sus actividades privadas —declaraba.

Alfonso Guerra, el «oyente» del Gobierno, como se declaró nada más llegar a la Moncloa en diciembre de 1982, era sordo de remate. Y además ciego. Porque, al parecer, no había leído la montaña de informes enviados desde Sevilla y Madrid por Tomás Azorín, Carlos Sanjuán y los servicios de información de la Policía y el CESID.

* * *

La historia que sigue es menos conocida. El Gobierno se niega a crear una comisión parlamentaria para investigar el asunto y con esa misión se nombra a dos fiscales: Jaime Ollero, de Cádiz y Alfredo Flores, de Sevilla.

—Es la mejor manera —había dicho alguien de la ejecutiva del PSOE— de dar una imagen de transparencia de cara a la opinión pública y tener controlado el caso.

La idea del Partido Socialista era permitir que los fiscales reunieran cuatro papeles, para dar la apariencia de que se había investigado, y que antes de las elecciones autonómicas andaluzas, el fiscal general del Estado, Leopoldo Torres, diera por concluida la investigación y echara tierra sobre el asunto.

La estrategia funcionó a la perfección. Hasta que un día, a finales de marzo, alguien relacionado con los medios forenses de la Audiencia de Sevilla se lo comenta a dos periodistas de Madrid, en confianza:

—¿Sabéis lo que os digo? Yo no aguanto más. Éste es un asunto que para llevarlo bien hay que ponerlo en manos de un juez.

—¿Y por qué un juez?

—Porque el fiscal está sometido a presiones. Y porque ésa es la única garantía de que todo el trabajo sirva para algo.

—¿Y qué pasa si el asunto continúa como hasta ahora, bajo el control del Fiscal General del Estado?

—Pues que dentro de quince días se mandará el informe a Madrid. Y que, lo más probable, es que Leopoldo Torres diga que no hay indicios de delito y todo acabe en un cajón de Las Salesas.

Las garantías de que la investigación siguiera su curso si el «expediente informativo» iniciado por los dos fiscales acababa en un Juzgado de Instrucción, eran diferentes.

—Cuando se levanta el secreto de un sumario, los hechos son públicos y el juez no tiene más remedio que actuar. Cualquier persona puede presentarse como acción popular.

—¿Las garantías de que Juan Guerra pueda ser procesado y no parezca todo un invento de la Prensa son reales? —preguntan los periodistas.

—Absolutamente.

Para hacer bascular la capacidad investigadora sobre el caso Juan Guerra desde el Ministerio Público hacia un Juzgado de Instrucción, había que montar toda una operación.

—Sólo es posible si alguien presenta una querella contra Juan Guerra —afirma el informante.

—¿Una querella?

—Sí, una querella en el Juzgado de Guardia. Automáticamente, los fiscales Ollero y Flores dejarían de investigar y tendrían que enviar sus informes al Juzgado.

—¿Y qué pasaría con Leopoldo Torres?

—Se quedaría con las ganas de dar «carpetazo» al asunto.

Aquella misma mañana, Torres había llamado dos veces a Sevilla y Cádiz para interesarse por la investigación y había pedido que el último y definitivo informe estuviera sobre su mesa en un plazo máximo de quince días.

—Aún quedan varios meses de investigación. ¿No te parece demasiado partidista el celo del Fiscal General?

Por supuesto. Había que actuar pronto y esa misma tarde los periodistas hablaban con el presidente del Partido Andalucista, Alejandro Rojas Marcos.

—Es cierto que quieren dar «carpetazo» al asunto —reflexionó— y dejarnos al Parlamento, a la Prensa y a todos como tontos. Pero yo no puedo tomar ninguna iniciativa. Tengo que hablarlo con el partido.

De vuelta a Madrid, los informadores hablaron con Pablo

Castellano en un salón del Congreso. El antiguo militante socialista lo comprendió en seguida.

—Esperad un poco —dijo—, voy a hablar con la gente de Izquierda Unida de Sevilla.

Un rato después, regresó sonriente.

—Lo he conseguido. Mañana mismo presentarán la querella.

Al Fiscal General del Estado, Leopoldo Torres, el asunto más importante de su corta pero accidentada carrera de fiscal —que se había iniciado con una querella al diario *El Mundo* por el «Caso Guerra»—, se le acababa de escapar de las manos.

* * *

Los hechos recientes son más del dominio público. La querella de Izquierda Unida acabó en el Juzgado de Instrucción número 6 de Sevilla, que lleva un juez joven y profesional, Ángel Márquez.

Prudente y meticuloso, empezó ordenando un registro en los despachos de Juan Guerra, pidió los libros de registro de la Delegación del Gobierno en Sevilla y ordenó el interrogatorio de decenas de personas y el examen de numerosas cuentas corrientes en todo el país.

La investigación ha revelado hasta ahora que Juan Guerra trabajaba para importantes grupos financieros del país, que hacía sus negocios en la Delegación del Gobierno y que Alfonso Guerra mintió al Parlamento cuando afirmó lo contrario.

Otros asuntos oscuros están pendientes de aclararse. La desaparición de parte de los famosos libros de registro de la Delegación del Gobierno, coincidiendo, curiosamente, con la visita de miembros del GAL e importantes narcotraficantes a Sevilla, y la posible implicación de servicios de inteligencia próximos al Gobierno en los pinchazos telefónicos al policía José Antonio Vidal, el responsable de la investigación policial, a algunos jueces, al fiscal Flores, y al abogado del Partido Andalucista, Emilio Lechuga.

El asunto, con la intervención de «fontaneros» en las cercanías de la Audiencia Provincial de Sevilla, toma todos los tintes del caso «Watergate» norteamericano, que obligó a dimitir al presidente Richard Nixon el 9 de agosto de 1974.

Pero España está a 6.000 kilómetros de distancia de Estados Unidos y Alfonso Guerra, que hizo un amago de dimisión en enero de 1990 —que no le permitió el presidente Felipe González—, no va a intentarlo de nuevo.

—Mi hermano se irá de la política. Pero, por ahora, no va a darle esa satisfacción a la derecha[11] —declaró Juan.

Tampoco parece querer dársela a su propio partido, en el que, perdida toda autoridad moral, cada día son más los ministros —desde el *beautiful* Carlos Solchaga hasta el ex comunista Jorge Semprún— a quienes les gustaría no tropezarse con él todos los viernes en la sala del Consejo de Ministros.

La investigación ha revelado una tragedia. Pero también se ha visto salpicada por el sainete y la farsa: cuando el juez Márquez decidió suspender el interrogatorio a Antonio Guerra, ante las incoherencias de sus declaraciones, y someterlo a un examen psiquiátrico para ver si estaba loco; o cuando el hermano mayor del todavía vicepresidente enseñó en los juzgados un desnudo de Alfonso Guerra, para demostrar lo «bien armado» que estaba.

El hecho realmente dramático de todo el *affaire* lo constituye la muerte por «hemorragia cerebral» de María de los Ángeles López Rubio, el 15 de octubre de 1990, tras las presiones sufridas durante los últimos diez meses, que le habían obligado a recibir tratamiento siquiátrico y a tomar pastillas para soportar la ansiedad y el desasosiego.

Un año después de que estallara el escándalo, el 11 de enero de 1991, en plena crisis del Golfo Pérsico y tras el aislamiento político a que se había visto sometido en el seno del Gobierno y por los partidos de la oposición —que empezaban a retirarse de los actos públicos a los que asistía—, Alfonso Guerra abandonaba la Vicepresidencia del Gobierno.

Un Alfonso Guerra con el que desaparecerá, bajo el espeso manto de la corrupción política, aquella imagen de la España bucólica, verde, naif y un poco ingenua, que el PSOE trató de transmitirnos en los carteles de las primeras elecciones generales, y que diez millones de españoles habían idealizado.

11. *Tribuna de Actualidad*, septiembre de 1990.

XVIII. LAS AMISTADES PELIGROSAS DE JOSÉ MARÍA AZNAR

El 1 de abril de 1990, durante el último Congreso celebrado en Sevilla, el presidente del Partido Popular, José María Aznar, fue aclamado como el nuevo líder, joven y renovador, de la derecha española. Pero el «Suresnes» del Partido Popular duró lo que un azucarillo en un vaso de agua. El escándalo Naseiro y las peligrosas amistades de Aznar, en Valladolid y en el sector de la construcción de Burgos, amenazan desde el primer día al sucesor de Manuel Fraga.

Domingo, 25 de febrero. En el Prado de San Sebastián, en Sevilla, a trescientos metros escasos del lugar donde ha tenido su despacho oficial el hermano del vicepresidente del Gobierno, el PSOE celebra su primer mitin para recuperar la imagen perdida, tras el escándalo y el deterioro público sufrido durante los meses anteriores, a raíz del «Caso Juan Guerra».

Son cerca de las ocho de la tarde. El día ha sido caluroso y los 20.000 campesinos, en su mayoría jubilados, traídos desde todos los puntos de Andalucía en autobuses pagados por el partido, que han pululado a lo largo del día sin rumbo fijo por la ciudad, se van sentando en las sillas de tijera, mientras los técnicos hacen las últimas pruebas de megafonía.

Cerca de las nueve de la noche, con las cámaras de Televisión Española retransmitiendo en directo, el vicepresidente del Gobierno, Alfonso Guerra González, sube al estrado para oficiar la ceremonia.

—¿Cómo puede ser que el secretario general del Grupo Popular en el Congreso sea el señor Sartorius, el comunista que se lleva del ronzal a los del Partido Popular? —brama, ante un público enfervorecido—. ¡Y pretenden juntos deteriorarnos desde el punto de vista de la ética!

Las principales críticas de Guerra van dirigidas contra la alianza formada por comunistas y populares, en aquellos momentos, en el Congreso de los Diputados, en relación con el «Caso Juan Guerra». El vicepresidente del Gobierno es especialmente duro cuando se dirige a los responsables del PP.

—Pero en los próximos meses vamos a ver grandes cosas —agrega—, porque los socialistas les vamos a tomar la palabra. ¿Quieren catarsis? Pues hagamos la catarsis para todos, ¡para ellos también!

* * *

Viernes, 6 de abril. Un mes y diez días después. Seis y media de la tarde. Los autores del libro, José Díaz Herrera y Ramón Tijeras, llaman por teléfono al secretario de Finanzas del Partido Popular, Rosendo Naseiro, a su despacho del partido, en la calle Génova de Madrid.

Naseiro era una de las personas que pretendían consultar como fuente para la elaboración de este libro. Con el pelo rizado y algo canoso, bajito y con unos pómulos sonrosados que no ocultan su origen gallego, podía resultar un hombre clave para conocer por dentro el funcionamiento económico de un partido.

Secretario de Finanzas en la etapa de interinidad de José María Aznar, Naseiro había sido confirmado en el mismo cargo por el presidente del partido pocos días antes de esta llamada, en el congreso de Sevilla.

—Yo creo que debéis hablar también con él —nos había recomendado tiempo atrás Alejandro Muñoz Alonso, vicepresidente del PP.

Muñoz Alonso, catedrático de la Facultad de Ciencias de la Información y ex vicepresidente del Grupo 16, era uno de los últimos fichajes de los populares y había sido una de las primeras personas que había conocido el proyecto de los dos periodistas de hacer un libro «en profundidad» sobre el tráfico de influencias y el uso de información privilegiada en España. Antes de salir de su despacho, Muñoz Alonso insiste fervientemente:

—No dejéis de hablar con Naseiro. Es un hombre algo misterioso, pero os puede contar algunas cosillas.

Nosotros sabíamos por experiencia que los responsables de las finanzas de los partidos son las personas más reacias a hablar con los periodistas. Pero dos vicepresidentes del Partido Popular, Francisco Álvarez Cascos y Alejandro Muñoz Alonso, y el propio presidente del partido, José María Aznar, se habían comprometido a llamarle previamente con el fin de ablandarle.

A pesar de todo, Naseiro había estado rehuyendo las llamadas de los periodistas durante cerca de tres meses. Hasta que por fin, el viernes 6 de abril, poco antes de las vacaciones de Semana Santa, se pone al teléfono.

—Yo no voy a negarme a recibiros, pero de mí vais a sacar muy poco —fue su carta de presentación.

—Hombre, no es ésa la impresión que nosotros tenemos de usted. De todas maneras, nos gustaría charlar un rato.

—Charlar, todo lo que queráis. Pero quiero preveniros de que yo sé muy poco. No me gustaría que os hicierais ilusiones y luego os llevarais un chasco.

—Nosotros no tenemos inconveniente, como dice, en perder un rato. ¿Cuándo nos vemos?

El secretario de Finanzas del PP no tenía más excusas para resistirse. Así que él mismo sugirió una fecha:

—Yo me voy de vacaciones mañana mismo. No vuelvo hasta el lunes de Pascua. Podemos llamarnos al día siguiente, el martes, día 19.

—Muy bien, pues hasta el martes.

Antes de colgar el aparato, Rosendo Naseiro volvió a reiterar la advertencia:

—Pero no os hagáis ilusiones, que yo no sé nada.

* * *

Lunes, 10 de abril. Semana Santa. Alicante. Once y media de la mañana, aproximadamente.

Funcionarios de la Brigada Regional de Policía Judicial de Valencia irrumpen en un modesto apartamento del número 17 de la calle Piedra, en la urbanización Vistahermosa, en la costa alicantina.

Los funcionarios van provistos de un mandamiento judicial de arresto contra Rosendo Naseiro, el tesorero del Partido Popular, y de una orden de entrada y registro del apartamento familiar. Firma ambos documentos un joven juez instructor, todavía desconocido, titular del Juzgado de Instrucción número 2 de Valencia, llamado Luis Manglano.

El tesorero del Partido Popular, que lleva tan sólo dos días de vacaciones, acompañado de su mujer y su hija, en el pequeño apartamento familiar, tiene que restregarse varias veces los párpados para darse cuenta de que no está soñando.

Los policías le identifican a primera vista. Pero para cerciorarse un poco más, uno de ellos le pregunta:

—¿Don Rosendo Naseiro?

—El mismo.

—Queda usted detenido.

Sobreponiéndose del primer impacto cuando un inspector de Policía le coloca sin ningún miramiento las esposas alrededor de sus muñecas, Rosendo Naseiro hace una petición:

—¿Puedo hablar con mi abogado?

Uno de los policías que habían ido a detenerle le responde tajante:

—Lo siento. No puede usted hablar por teléfono ni comunicarse con nadie.

—Pero la Ley me faculta a designar libremente a mi abogado —protestó el tesorero del PP.

—Es probable —replica el policía—. Pero el juez nos ha pedido que le detengamos y le traslademos a Valencia sin permitirle hablar con nadie, ni siquiera con su abogado.

Horas después, Rosendo Naseiro, tesorero del PP y hombre

de confianza del presidente del principal partido de la oposición, José María Aznar, recorre en un vehículo camuflado de la Policía los 166 kilómetros que separan Alicante de Valencia.

No pasa siquiera por el Juzgado. La Policía le conduce directamente a Comisaría para tomarle las huellas digitales y de allí le traslada a la cárcel de la ciudad para ser encerrado en una celda destinada a los presos preventivos.

En la soledad de la prisión tiene el tiempo suficiente para reflexionar:

«Ésta es la venganza de Alfonso Guerra», piensa.

Sea como fuere, días más tarde, el tesorero del Partido Popular, el hombre que no sabía nada, no va a poder acudir a su cita con los periodistas.

* * *

La de Naseiro fue una de las cinco detenciones que ordenó el juez Luis Manglano el 8 de abril de 1990. Así, horas después, eran trasladados a Comisaría y a los calabozos de los juzgados el concejal del Partido Popular en Valencia, Salvador Palop; el delegado de Dragados y Construcciones, Luis Janini; el delegado de la empresa Huarte, Carlos Bonet; el arquitecto municipal de Cullera, Luis Latorre, y José Balaguer, presidente de Electronic Trafic, S.A. (Etra), una empresa especializada en sistemas de control de tráfico urbano.

Cuando todavía no se habían apagado los últimos rescoldos del escándalo Juan Guerra, la sorpresa cambió de bando. Hasta entonces, el fiscal general del Estado, Leopoldo Torres, no había encontrado indicio de delito alguno en el proceder del hermano del todavía vicepresidente del Gobierno socialista. Y de pronto, como si de una esperadísima segunda parte cinematográfica se tratara, da con sus huesos en la cárcel uno de los eslabones más importantes de la reciente historia del PP: Rosendo Naseiro, a través de quien se unía la figura del presidente fundador del partido, Manuel Fraga, amigo íntimo y padrino político suyo, con la de José María Aznar, el nuevo presidente ejecutivo del mayor partido de la oposición, que confirmó al tesorero de Fraga en su puesto, tras el último congreso del PP en Sevilla.

De este modo, la siniestra sombra de la corrupción acabó por empañar las actividades financieras de los dos partidos políticos más importantes del país. La Prensa frívola, que en 1989 había encontrado su filón informativo en Alberto Alcocer y Alberto Cortina, los Albertos; sus ex mujeres Alicia y Esther Koplowitz; el banquero Mario Conde, el ex ministro de Hacienda Miguel Boyer y en su mujer, Isabel Preysler, acababa de encontrar una nueva veta, esta vez de una extensión inagotable.

* * *

Todo había empezado el 28 de noviembre de 1989, cuando otro juez, el titular del Juzgado de Instrucción número 14 de Valencia, Antonio Rodríguez Pedrero, autorizó la intervención del teléfono del abogado Rafael Palop, hermano del concejal del PP, Salvador Palop, y numerosas y sorprendentes conversaciones comenzaron a grabarse en la sala de escuchas de la Policía.

Los inspectores del grupo segundo de la sección de Estupefacientes de la Policía Judicial de Valencia, Enrique Ortega y Enrique Peiró, habían solicitado la intervención del teléfono de los hermanos Palop, para seguir la pista de un presunto delito relacionado con el tráfico de drogas.

Los policías venían vigilando al abogado Rafael Palop, dedicados a la defensa de pequeños camellos valencianos, al que pretendían utilizar como cebo para capturar a una importante red de narcotraficantes.

El comisario jefe de la sección de estupefacientes de la Brigada Regional de Policía Judicial de Valencia había solicitado la intervención del teléfono número 351 36 18 y había justificado así su petición:

«Porque sospechamos que se están produciendo llamadas de interés policial, toda vez que en ese teléfono se ponen en contacto individuos pertenecientes a una organización internacional de traficantes de cocaína para establecer citas.»

El juez ordenó la escucha y, el 12 de diciembre de 1989, sonó en casa de los Palop la primera llamada que iba a desencadenar lo que acabaría conociéndose por el «Caso Naseiro».

—¿Sí? —respondió Salvador Palop, concejal del Partido Popular en el Ayuntamiento de Valencia.

—¿Salvador Palop? —preguntó al otro lado del hilo telefónico Ángel Sanchís, diputado nacional por Madrid y ex tesorero del Partido Popular.

—Soy yo —confirmó Palop.

—Hola, soy Ángel.

—¿Qué tal Ángel? Espera que me cambie el teléfono.

—¿Alguna novedad? —preguntó Sanchís sin saber que la conversación estaba siendo grabada.

—No —continuó Palop—. Que el jueves va al pleno, y te cuento otra novedad, que ésa sí que tal... Bueno, el jueves va al pleno, se aprueba y no hay ningún problema. Es decir, que pasado mañana ya... ya está claro.

Pocos días después, el concejal Salvador Palop telefonea a Arturo Moreno Garcerán, vicesecretario general de Acción Electoral del PP y una de las personas de confianza de José María Aznar.

—¿Arturo?

—Hombre... ¿Qué tal Borito, cómo estás?

La voz del concejal Salvador Palop suena exultante por el teléfono.

—Muy bien. Y buenas noticias además.

—¿Por...?

—Porque voy a conseguir más financiación.

—¡Ah, sí! ¿Cómo? —pregunta Moreno.

—Pues un pago aquí, en Valencia.

(...)

—José María Aznar se tiene que dar con un canto en los dientes —comenta Palop.

—Al menos se queda muy contento —agrega Arturo Moreno—. Porque Aznar lo dice: «Oye, pues Arturo y sus amigos me están ayudando mucho.» Y todo eso, ¿me entiendes?

—Pues tú eso también coméntaselo a José María para que sepa qué es lo que estamos haciendo —remacha el concejal valenciano.

—Yo no le he dicho nada, pero lo sé de otras personas que me han dicho que sí. Que ha hablado muy bien de nosotros y tal. Es que estuve comiendo el viernes con Luis Fraga, con el sobrino de Fraga, ¿no?, que trabaja aquí.

—Sí.

—Es también muy amigo de Naseiro... Y entonces me dijo que Aznar me ponía por las nubes y tal.

—Sí, pues, por dentro, cuando puedas, se lo comentas a José María, lo que estamos consiguiendo —concluye Palop.

En la Jefatura de Policía de Valencia, los inspectores Ortega y Peiró no necesitaron romperse mucho la cabeza para adivinar que aquellas conversaciones reflejaban algunas operaciones de tráfico de influencias llevadas a cabo en Valencia, en las que intervenían el concejal del PP, Salvador Palop y el ex tesorero del mismo partido, Ángel Sanchís, junto al entonces titular del cargo, Rosendo Naseiro, y en las que se mencionaba al presidente del PP, José María Aznar y al vicesecretario de Acción Electoral, Arturo Moreno.

Los policías tenían en sus manos, en aquellos momentos, unas cintas que poco tiempo después iban a convertirse en uno de los escándalos más sonados de la democracia española.

¿Qué hacer con ellas? Los policías, voluntariamente o por error, se guardan las más comprometedoras y no las entregan, como es su obligación, al Juzgado de Instrucción número 14 de Valencia. Su titular, Antonio Rodríguez, opta por archivar el caso el 4 de enero de 1990.

De acuerdo con la versión oficial, las grabaciones telefónicas no habían aportado información suficiente como para procesar a nadie por un presunto delito de tráfico de estupefacientes y el juez envió las diligencias al fondo de un armario sin transcribir siquiera el contenido de las cintas grabadas.

* * *

Los inspectores Ortega, 49 años, y Peiró, de 37, sin embargo, lo tenían todo perfectamente estudiado. Esperaron a que estuviera de guardia el Juzgado de Instrucción número 2 y solicitaron una nueva intervención telefónica del número de Salvador Palop.

Era el 28 de diciembre de 1989. Los policías sabían probablemente lo que se iban a encontrar, pero basaron la petición en un presunto delito de tráfico de drogas, ocultando, presumiblemente, al juez que el teléfono ya había sido intervenido por otro juzgado y que las diligencias se habían archivado.

El titular del Juzgado, Luis Manglano, 36 años, miembro de la Asociación de Jueces para la Democracia y sobrino del director general del Centro Superior de Información de la Defensa (CESID), el teniente general Emilio Alonso Manglano, se tomó un día para estudiar el asunto.

El 29 de diciembre de 1989, Manglano extendía su firma en un papel timbrado de la Administración de Justicia autorizando el *pinchazo*. En la sala de escuchas de la Jefatura Superior de Policía de Valencia, un magnetofón conectado con el teléfono de Salvador Palop se ponía de nuevo en marcha.

—Oye, Ángel, ya he hablado con ese tío.

—¿Con qué tío? —pregunta Sanchís.

—Con el de Cullera, con el técnico.

—¿Y qué?

—Pues que ha tragado —responde Palop—. Treinta, veinte.

—Treinta, veinte. OK.

—¿Entonces, te parece bien? —pregunta el concejal valenciano.

—Muy bien —contesta Sanchís—. Pero, ¡escúchame, Boro! Si el tema lo podemos hacer sin que se entere este... Rosendo, yo encantado.

Para entonces, el país entero estaba pendiente de la comparecencia del vicepresidente del Gobierno, Alfonso Guerra, en el Congreso de los Diputados, para explicar en calidad de qué su hermano Juan ocupó durante varios años dos despachos en las instalaciones de la Delegación del Gobierno en Sevilla. La intervención de Guerra acabaría produciéndose el jueves 1 de febrero de 1990.

El juez Manglano siguió con atención, desde Valencia, a través de la televisión, las palabras del vicepresidente del Gobierno, pero sobre su mesa de trabajo tenía parte de un sumario que iba a convertirse en el siguiente gran escándalo político-financiero de la democracia española. Y todo por culpa de un simple teléfono.

—Boro... —saludó Rosendo Naseiro a Salvador Palop el 13 de febrero, transcurridas apenas dos semanas desde la intervención de Alfonso Guerra en el Congreso.

—Bueno.

—¿Qué tal te va?

—Te cuento... Te cuento porque he estado con los dragones hoy —explica Palop refiriéndose a la empresa Dragados y Construcciones—. Y entonces, eh, yo he quedado. Bueno, no he quedado aún, no he cerrado porque aún no hemos llegado. Primero, los moros, se han llamado andanas *(sic)*.

—¿Ah, sí?

—Sí, pero claro, éste me dice que nosotros tenemos que llamar y los otros tienen que dar la cara. Porque es que a lo mejor se han creído que nosotros..., que ellos están por ahí intermediándose sin oficio ni beneficio. Cosa que eso... No pueden ni pensarlo, pero que llamemos y que demos la cara. Que den la cara. De todas maneras, yo hablaré contigo.

—Sí, sí.

Salvador Palop escucha atento las explicaciones del tesorero del PP, Rosendo Naseiro, que continuó así:

—...y ya lo veremos. Segundo; me dicen, de Alicante cero coma cinco, y cero coma cinco son igual a siete cinco.

—Por la.... por lo de Alicante.

—Sí —afirmó Naseiro—. Y yo le he dicho que no y tal. Que como mínimo cien. Es que a mí esa cifra es la que más me gusta.

—¿Cuánto?

—Cien.

—En vez de siete cinco y tal... ahora no puede ser y tal y yo digo: Mira, entre todo te tiene que salir dos, cero, cero. Y que arréglalo como sea y tal y cual porque entre las tres, dos, cero, cero. Te tiene que salir a ti.

—Sí.

Nunca en la historia reciente de España una conversación telefónica había reflejado con toda su cruda realidad la forma en que un partido obtiene el dinero clandestino para financiarse.

—Y yo tal y cual —continuó Palop cuando ya pasaban varios minutos de las siete y media de la tarde, el 13 de febrero de 1990—, y ellos estaban plantados en uno siete cinco. Y en todo caso vería si hay alguna solución más favorable en Alicante, que le apoyaremos ésa y entonces sacaría eh... sacaría uno... sacaríamos dos, cero, cero. Dice que no que luego habrá más cosas y que podremos sacar, pero que ahí sólo puede dar siete con cinco, al contado, ¿eh?

—Sí.

—Que equivale a uno cinco cinco cero tal. Dice que los otros, nuestros oponentes, le han pedido exactamente dos coma cero.

Palop acababa de anunciar a Naseiro que no estaban solos en el negocio y fue entonces cuando el tesorero del PP no se aguantó más.

—¿...Dos?

—¡Dos! Sí —le confirmó Palop.

—¡Coño!

—Y que eso no puede ser que...

—¿Nuestros oponentes?

—Sí. Y que nuestros oponentes ahí dicen que sólo han conseguido rebañar hasta uno coma cinco, ¿eh? porque dicen que son autosuficientes que tal y cual y dicen que no, tal y cual...

—¿Ellos hablar... o sea oponentes? —continuó Naseiro desconcertado.

—Sí. Sólo.

—¿Eh?

—Sólo.

—¿Y entonces... quieren el pacto nuestro?

—Sí. Y a nosotros lo que nos dan es cero coma cinco. Que equivale a siete con... A siete cinco.

Los dos militantes del PP hablaron y hablaron sobre comisiones y operaciones y en los días sucesivos lo hicieron también el resto de los implicados en el llamado «Caso Naseiro».

Pero el 6 de abril de 1990, el director de una sucursal bancaria de Valencia va a ver a Salvador Palop y le informa de que la Policía está preguntando por sus cuentas. El concejal valenciano se pone nervioso, llama a sus amigos y envía a su padre al Juzgado de Instrucción número 2 de Valencia a preguntar por qué le están investigando.

Los hechos se precipitan. Tres días más tarde, el juez Luis Manglano se sienta en la máquina de escribir, redacta personalmente varias órdenes de detención, llama a los policías Enrique Peiró y Enrique Ortega y se las entrega.

—Cumplid esto inmediatamente.

La Policía valenciana lo tenía ya todo preparado. Con los mandamientos judiciales en la mano, la gran redada se ponía en marcha.

El 9 de abril de 1990, la agencia estatal EFE, ofrecía la primera información oficial sobre el caso:

> Madrid, 9 abril (EFE). — Rosendo Naseiro, coordinador de finanzas del PP, fue detenido hoy en su domicilio

de Alicante por la Policía judicial acusado de un delito de cohecho en operaciones inmobiliarias.

Junto con Naseiro, que fue reelegido responsable de finanzas del partido en el último congreso del PP celebrado hace una semana, fueron detenidos el concejal del PP del Ayuntamiento de Valencia y presidente de la Comisión de Hacienda de esta corporación, Salvador Palop; el director regional de Dragados y Construcciones, Luis Janini; el arquitecto municipal de Cullera, Luis Latorre y los empresarios Balaguer y Bonet.

Naseiro, de 53 años, considerado hombre próximo al presidente fundador del PP, Manuel Fraga, e íntimo amigo suyo, es responsable de las finanzas de este partido desde 1987.

El PP, a través de un comunicado, confirmó esta tarde la detención y prisión de Naseiro y Palop. En la nota se señala que +a pesar de las gestiones realizadas en Valencia, todas las indagaciones han resultado inútiles para conocer el origen, las causas de la denuncia, así como el contenido del auto de prisión+.

Acababa de producirse el pistoletazo oficial que ponía en marcha el segundo escándalo político del año, cuando aún la opinión pública no se había repuesto del «Caso Juan Guerra».

* * *

Fue como una conmoción, como un enorme trallazo, que noqueó en pocas horas a la clase política del país y puso de relieve que la patente de corso había desaparecido.

En España era la primera vez que se detenía a un político en ejercicio, desde la instauración de la democracia, y la decisión del juez Luis Manglano de encarcelar a Naseiro en la prisión de Valencia, decretar su incomunicación y privarle de su derecho a elegir su propio abogado —que fue sustituido por uno de oficio en los interrogatorios, para evitar filtraciones— causó el natural malestar entre la clase política del país.

La Semana Santa de 1990 fue la Semana de Pasión no sólo para el tesorero de Alianza Popular, Rosendo Naseiro, y el concejal del mismo partido por Valencia, Salvador Palop, privados de libertad, sino también para el titular del Juzgado de Instrucción n.º 2 de la ciudad del Turia, que tuvo que soportar un aluvión de críticas ante la forma poco limpia de llevar el asunto.

Aunque fue por poco tiempo. En las semanas siguientes, la sociedad española empezó a saber, poco a poco, por los periódicos, que el tesorero del Partido Popular no era tan inocente como aparentaba en un principio, al ser presentado por su partido como una víctima de la mala actuación de la Justicia. Así lo demostraban los casi 600 folios del sumario que contenían las transcripciones de las cintas magnetofónicas grabadas por orden del juez. Allí se relataban con pelos y señales las numerosas operaciones ilícitas para financiar el PP, cuyos dirigentes podían incurrir en delitos de prevaricación y cohecho.

Los altos cargos del partido de Aznar y Fraga involucrados en el *affaire*, habían encontrado en las recalificaciones, las licencias municipales y la concesión de obras, un filón para llenar las arcas del PP y, de paso, incrementar el saldo de sus cuentas corrientes. De ese modo se lo decía el diputado por Madrid, Ángel Sanchís, a Salvador Palop, a comienzos de febrero.

—Todos los temas que te vayan llegando me los das a mí.

—Me parece bien.

—Luego tú y yo, de común acuerdo, decidiremos cuáles de esos temas se los pasamos a Rosendo y cuáles no.

—Muy bien.

—De todas formas, los que vengan de por ahí fuera, si podemos camuflárselos a Rosendo, se los camuflamos.

—Mejor.

—Y, si no, pues mala suerte.

—Pero es que, en cualquier caso, se puede pactar con Fulanito de Tal el 4 y decir a Rosendo que es el 3...

Era lo nunca visto. Por primera vez un diputado y concejal del primer partido de la oposición, aparecían ante la opinión pública tal y como eran, sin el más mínimo escrúpulo moral y con unos comportamientos más típicos de una película de *gángsters* que de altos cargos de un partido de orden.

Pero eso no era lo realmente preocupante. La publicación de las diligencias previas 295/90, iniciadas en Valencia por el juez Luis Manglano, ponían de relieve que el Partido Popular había montado toda una red de financiación paralela de sus actividades, al margen de la Ley de Financiación de Partidos de 1987, para recaudar fondos con destino a la formación política.

De ese aparato económico clandestino formaban parte, según la investigación del juez Manglano, el tesorero del PP, Rosendo Naseiro Díaz; el anterior tesorero y diputado por Madrid, Ángel Sanchís Perales; el vicesecretario de Acción Electoral del PP, Arturo Moreno; el concejal por Valencia, Salvador Palop y otras personas relacionadas con el llamado «Clan de Valladolid» del Partido Popular, el lugar donde el líder del PP, José María Aznar, había ostentado la presidencia de la Comunidad Autónoma de Castilla y León, meses antes.

Las diligencias previas 295/90 dejan entrever también que todas estas personas venían actuando coordinadas entre sí para pedir dinero a las empresas de la construcción, a los contratistas de limpieza públicas, a las sociedades relacionadas con el mantenimiento del alumbrado y a los propietarios de terrenos susceptibles de recalificación, como fórmula para captar fondos con destino al partido.

Las oficinas desde donde se planificaban y se centralizaban todas estas actividades ilícitas era la sede del Partido Popular, en la madrileña calle Génova, donde tenía su despacho el coordinador de Finanzas del PP, Rosendo Naseiro.

Oficialmente, el Partido Popular desmiente que la dirección del partido estuviera al tanto de lo que estaba pasando. Sin embargo, la sospecha de que José María Aznar conocía lo que se fraguaba cuatro plantas más abajo de su despacho está en la mente de todo el mundo. Se lo contaba Salvador Palop a Ángel Sanchís en una de las conversaciones grabadas por el juez.

—Pues a mí me cogió Aznar y me dijo ¡sube para arriba! A mí el que me cogió fue Aznar —afirma Palop.

—Ya sé que tú estuviste hablando con Aznar —replica Sanchís— y (también sé) que Aznar dijo que todos esos temas a... Rosendo.

La publicación de las cintas del «Caso Naseiro», tres semanas después de que el PP hubiera celebrado su Congreso en Sevilla, era como una maldición. El partido de Aznar, que empezaba a levantar cabeza, sufría una de las mayores crisis de su historia, con la sombra de la duda rondando la figura de su líder y la imagen de otros muchos de sus dirigentes deteriorada por la corrupción.

Lo decía un ministro del PSOE, días después, en los pasillos del Congreso de los Diputados:

—¡Y estos tíos, más chorizos que nadie, eran los aspirantes a ministros en el Partido Popular!

Pero en el fondo de todo este bochornoso *affaire* latía una cuestión mucho más seria y profunda: la angustiosa y terrible falta de medios económicos de los partidos políticos en España.

* * *

El 10 de febrero de 1987, cuando Antonio Hernández Mancha llegó a la presidencia de Alianza Popular, tuvo ocasión de comprobarlo por sí mismo.

—Don Antonio —le dijo un día el portero por un teléfono interior—, que aquí hay dos señores que dicen que vienen con un mandamiento judicial a llevarse el arco detector de metales.

—¿El arco detector de metales? —preguntó el entonces presidente de AP.

—Sí, el del control de seguridad —respondió el vigilante encargado de la portería de la sede de la calle Génova.

Hernández Mancha hizo algunas averiguaciones. La Banca Echevarría, a la que el partido había dejado de pagar un crédito electoral, había llevado el asunto a los tribunales y el juez ordenó embargar los únicos bienes propiedad del partido, las mesas, las sillas, las máquinas de escribir y el arco detector de metales, adquiridos para la sede central.

Hacía apenas dos semanas que Manuel Fraga, tras cosechar su último fracaso electoral en las elecciones generales de 1986, había decidido retirarse a Galicia y Hernández Mancha, elegido su sucesor, empezaba a conocer lo que era un partido por dentro.

—Antonio —le cuenta más tarde su secretario—. Llaman los de la Banca Plasencia. Quieren saber si tenemos intención o no de abonarles el crédito.

El panorama era desolador. Pocos días después fue Telefónica quien cortó las líneas de la sede central del partido por no abonar una deuda acumulada de 11,7 millones de pesetas, mientras en uno de los primeros viajes del presidente de AP a Bilbao, nada más llegar al Hotel Ercilla, el director le paró en el ascensor.

—Don Antonio, me gustaría que diese usted orden de que nos pagasen una deuda que tienen ustedes aquí.

—¿Una deuda, de qué?

—Es una cuenta dejada a deber por don Carlos Robles Piquer, de las elecciones generales de 1986.

—¿Y a cuánto asciende?

—Alrededor de unos cinco millones de pesetas.

Antonio Hernández Mancha no se lo podía creer. En lugar de un partido político acababa de heredar un montón de problemas y una cifra incalculable de impagados, que no figuraban en ningún libro de contabilidad, y debido a los cuales, en el lugar menos pensado, le sacaban los colores.

Una auditoría llevada a cabo por la empresa Ernst and Whynney ponía de relieve que AP, un partido que aspiraba a gobernar el país y a hacer cumplir las leyes, no pagaba las cuotas empresariales ni sociales a la Seguridad Social. Tampoco abonaba el IRPF de sus trabajadores y apenas llevaba contabilidad alguna.

En los pocos papeles que los seguidores de Hernández Mancha encontraron en el aparato de Finanzas había cuentas corrientes en bancos y empresas, como Corporación Industrial 25, S.A., que no se sabía muy bien si eran asuntos personales del anterior tesorero, Ángel Sanchís, o del partido.

Corporación Industrial 25 había sido, sin embargo, una sociedad muy activa. A comienzos de la década de los setenta había adquirido la finca «La Moraleja», de 25.000 hectáreas, en Salta (Argentina), y tampoco había datos precisos sobre si era de Sanchís o del partido, aunque el tesorero de AP le había dicho un día muy serio a Hernández Mancha:

—La finca es de don Manuel. Allí está para cuando él quiera ir.

La auditoría del Ernst and Whynney revelaba que AP era un saco sin fondo, una máquina de gastar dinero. En 1986, el partido había tenido unos ingresos de 1.973 millones de pesetas y había gastado 3.530 millones. Al año siguiente, en 1987, en plena campaña de austeridad, Alianza Popular había recibido aportaciones por 2.164 millones. Los gastos ascendieron a 2.250 millones.

Antonio Hernández Mancha había llegado a AP rodeado de una guardia pretoriana integrada por José Ramón del Río y Arturo García Tizón. Los tres eran abogados del Estado y estaban dispuestos a sanear como fuera las finanzas del partido.

El presidente de AP no era partidario de «cortar cabezas», pero no había un solo día en que no le contaran alguna «maldad» del tesorero, Ángel Sanchís Perales.

Un día, durante la campaña electoral de 1986, un militante, después de hablar largo y tendido con el presidente de la patronal de las gasolineras españolas, consiguió que les autorizaran a colocar carteles de AP en los centros de venta de toda España. Al partido de Manuel Fraga no le iba a costar ni un duro.

El militante le «vendió» la idea a Sanchís y éste estalló de júbilo. Luego dijo:

—Pero «gratis», no. Gratis para nosotros, pero al partido, que le cueste el dinero.

Este tipo de anécdotas eran de lo más frecuente. Así, el presidente de AP decidió que había que cortar por lo sano. Sin pensárselo dos veces, destituyó a Sanchís y nombró a dos de sus hombres de confianza, José Ramón del Río y Arturo García Tizón, como responsables de las finanzas del partido.

* * *

Cuando Del Río y García Tizón tomaron posesión de la Secretaría de Finanzas de AP, sus arcas estaban vacías, como pensaban, y había deudas por todas partes. Pero lo que no esperaban era que los futuros ingresos de Alianza Popular, según la Ley de Financiación de Partidos Políticos, estuviesen también comprometidos para pagar deudas.

Pero así era. Manuel Fraga, de cara a las elecciones generales de 1986, en las que se jugaba por última vez su futuro político como líder de la derecha, lo había pignorado todo.

El porcentaje de dinero que correspondía al partido por número de votos obtenidos y la cantidad a percibir del Estado durante los próximos cuatro años, por el número de escaños alcanzados, en aplicación de la Ley de Financiación de los Partidos Políticos, habían sido entregados como prenda a los bancos, que cobraban directamente de Hacienda.

Fraga, con todo, había llegado a mucho más. En su afán por sacar dinero hasta de debajo de las piedras había pignorado hasta la pequeña suma de dinero que abona mensualmente el Congreso de los Diputados a los partidos políticos para garantizar el funcionamiento de los Grupos Parlamentarios, destinado al pago del teléfono y de las secretarias del Congreso.

José Ramón del Río, gaditano, ex presidente de la Caja de Ahorros de su ciudad, no se lo podía creer.

—¿Puedes traerme los saldos de las cuentas corrientes? —pidió a una de las secretarias.

Había varias cuentas en distintos bancos pero todas estaban a cero pesetas, salvo una del Banco Popular en la que quedaban apenas cien mil.

—Es la bancarrota total —le dijo José Ramón del Río a su compañero García Tizón—. Este mes no vamos a poder pagar ni siquiera al botones.

—Pues algo habrá que hacer, a menos que queramos poner en la puerta el letrero de «Cerrado por quiebra».

El panorama era más que desolador. Mientras Rosendo Naseiro, el tesorero puesto por Fraga, siguiendo las instrucciones del «patrón», se dedicaba a despedir secretarias y empleados y a suprimir teléfonos para reducir los gastos al mínimo, José Ramón del Río y Arturo García Tizón empezaron a llamar a los amigos que tenían alguna relación con bancos o cajas de ahorro.

Al final, alguna de las gestiones cuaja. Francisco Tomey, diputado de AP por Guadalajara y presidente de la Diputación, hace gestiones con la Caja de Ahorros Provincial y obtiene un crédito de 60 millones. En Toledo, el propio García Tizón logra un segundo préstamo de 40 millones.

Cuando se lo dicen a Antonio Hernández Mancha, a éste le vuelve el alma al cuerpo. Con cien millones en las arcas del partido, por lo menos van a poder pagar la nómina de sus empleados durante un tiempo.

Pero aquello era sólo un pequeño respiro. En los próximos meses, Alianza Popular tenía que hacer frente a tres campañas electorales: las autonómicas, las municipales y las elecciones al Parlamento Europeo.

—¿Con cuánto dinero crees tú que podemos arreglarnos? —pregunta un día Mancha.

—Yo creo que para hacer un papel digno, vamos a necesitar, por lo menos, 1.100 millones de pesetas —responde *Món* del Río.

¡Necesitaban 1.100 millones de pesetas y debían hasta las orejas!

Los primeros problemas surgieron ya con las autonómicas. Manuel Fraga, antes de marcharse a Galicia, había prometido al líder de AP por Castilla-León, José María Aznar, que el candidato por esta comunidad iba a ser él. Pero el presidente de la CEOE, José María Cuevas, apostaba por un paisano de León, el ex vicepresidente del Gobierno con UCD, Rodolfo Martín Villa.

Como Cuevas era quien tenía el dinero, pidió hablar personalmente con el presidente de Alianza Popular para discutir la candidatura. Así, en enero de 1987, Antonio Hernández Mancha, Alberto Ruiz Gallardón y José Ramón del Río acuden por vez primera a cenar a Diego de León, 50, la sede de la CEOE, donde le aguardan el presidente y vicepresidente de la patronal, José María Cuevas y Carlos Pérez de Bricio.

La cena, a la larga, resulta tranquila. Resuelta la candidatura de Aznar, tras una conversación telefónica de Cuevas con Fraga, los comensales se centran en la elección del menú y en otras cuestiones relacionadas con la política y el Gobierno.

Aznar, el candidato que también defendía Hernández Mancha, había sido el elegido. Pero el presidente de AP se da cuenta de quiénes mandan entonces en Alianza Popular, además de Manuel Fraga: el todopoderoso presidente de la patronal y sus hombres de confianza, Pérez de Bricio y Pedro Ariola, casado con la diputada por Málaga, Celia Villalobos.

Hernández Mancha acababa esa noche de ganar una batalla. Pero le faltaba todavía vencer en la más importante: la de los bancos, que no parecían muy dispuestos a prestarles de nuevo su dinero, tras el fracaso de Fraga.

* * *

La negociación con los «siete grandes» le tocó a Arturo García Tizón, un madrileño de 44 años, abogado del Estado con destino en la Audiencia Nacional y diputado por Toledo desde 1982.

Como era la primera vez que se dedicaba a ello y desconocía la manera en que debía dirigirse a los bancos, García Tizón empezó por preguntarle a un amigo:

—Tú —le aconsejó éste— explícales cómo les vas a pagar hasta la última peseta. Es lo único que te van a preguntar.

El abogado del Estado y diputado de AP por Toledo así lo hizo. Se fue a una librería, compró una docena de rotuladores de colores, un paquete de cartulinas y se pasó un par de días elaborando unos gráficos muy didácticos.

Cuando los enseñó en el primer banco le dijeron:

—Ya era hora de que alguien de AP, en lugar de contarnos el rollo de siempre, de que son la derecha y que están para defendernos, nos explicara cómo va a pagarnos.

Tras recorrer todas las oficinas principales de Madrid, García Tizón era bastante optimista. Todos los banqueros consultados, sin excepción, le habían recibido con buenas palabras. Aunque desde entonces, ninguno de ellos había vuelto a abrir la boca para autorizar definitivamente el crédito. Entretanto, pasaba el tiempo y las elecciones se echaban encima.

—Aquí no hay nadie que arrime carbón —decía Hernández Mancha con su típico gracejo andaluz—. A perro flaco todo son pulgas.

Los créditos, finalmente, llegaron. El mismo día que los periódicos publicaron las primeras encuestas electorales asignando el número de escaños a cada partido, todos los bancos llamaron a la vez para conceder el dinero.

También el sector eléctrico estaba dispuesto a aportar su granito de arena por la causa. Los empresarios del sector, muchos de los cuales se habían enriquecido incontroladamente durante el franquismo, mantenían un contencioso histórico con el Partido Socialista, que nada más asumir el poder había paralizado los planes de construcción de centrales nucleares en el país y mantenía congelado el Plan Energético Nacional.

Agrupados en torno a Íñigo Oriol, presidente de Hidroeléctrica y de la Condesa de Fenosa, los empresarios del kilowatio esperaban que, con la llegada de AP al poder, soplaran de nuevo buenos vientos para el sector. Por eso, tradicionalmente, en período electoral, celebraban varias cenas y recaudaban algunas decenas de millones de pesetas, que hacían llegar al partido de la calle Génova de Madrid.

En 1987 llaman a *Món* del Río, responsable de Acción Electoral de AP, y le dicen:

—Toma. Ésta es nuestra contribución.

José Ramón del Río abre el sobre que acaban de entregarle y encuentra un cheque por un importe de 25 millones de pesetas, escena que se repite otras tres veces hasta completar los cien millones.

Al partido llegan otros donativos de algunas empresas que *Món* del Río se encarga de contabilizar en un libro de registro y de trasladar a los responsables de las campañas electorales, pero, el resto de las ayudas, en conjunto, no alcanza los cien millones de pesetas.

Pese a ello, Hernández Mancha hace una campaña electoral bastante digna. En 1987, AP gana las elecciones de la Comunidad de Castilla-León, tiene la mayoría en muchos Ayuntamientos y en algunas comunidades autónomas, como la de Madrid, puede obtener el poder simplemente con una alianza con el CDS, el partido de Adolfo Suárez.

Tras las elecciones, el presidente de AP, Antonio Hernández Mancha, y José Ramón del Río se dan cuenta, inmediatamente, de que estar en la oposición no es lo mismo que ostentar el poder, desde el punto de vista de la financiación de los partidos políticos.

Los empresarios del sector de la construcción, que hasta entonces se habían mostrado remisos a dar un duro al Partido Popular, a partir de 1987, comienzan a hacer acercamientos hacia sus dirigentes.

Un día, un amigo le dice a José Ramón que uno de los empresarios más importantes de Madrid está interesado en conocerle. *Món* del Río hace que le preparen un almuerzo y, de esta manera, entra en contacto con el equipo del empresario de la construcción Luis García Cereceda.

Se trata de uno de los principales contratistas de obras de Madrid y sus colaboradores le confiesan que es una de las personas que más dinero ha dado al PSOE, a través de las concesiones de licencias y recalificaciones de suelo.

También le aseguran que, ideológicamente, Cereceda se considera una persona de derechas, aunque tiene que echar todos los días por la borda sus escrúpulos morales y renunciar a sus principios para hacer negocios.

—Lo que sí te digo —le explican— es que estamos hartos de darle dinero a la gente del PSOE.

—¿Y cuál es vuestra oferta? —pregunta Del Río.

—Ahora, si queréis, vosotros podéis tener también mucho dinero. Sois los dueños de muchos Ayuntamientos importantes y controláis el gobierno autónomo en Castilla-León.

A José Ramón del Río, la oferta que le hacen los colaboradores de García Cereceda no le coge por sorpresa. Su antecesor en las finanzas del partido, Ángel Sanchís, le había hablado de ello. También le había comentado: «Pero eso siempre hay que negarlo. Aunque me arranquen las uñas de los pies, negaré eternamente que los partidos se financian de esa manera.» Y Ramón del Río preguntó:

—¿Y tú crees que eso nos puede reportar beneficios?

—Por supuesto. Tenéis en vuestras manos todas las contratas de limpieza, las concesiones de licencias de obras, las recalificaciones de terrenos... ¡El dinero no os va a faltar!

El tesorero de AP, sin comprometerse a nada, tomó buena nota de las sugerencias de los hombres de la construcción en Madrid. Y a la mañana siguiente, hizo un amplio resumen de su conversación al presidente del partido, Antonio Hernández Mancha.

—Pero tú verás lo que haces. Éste es un tema delicadísimo y peligrosísimo —le advierte.

—¿Y tú qué me aconsejas que haga? —pregunta Mancha.

—Si aceptas entrar en esta vía de financiación debes elegir a alguien de absoluta confianza para ello.

Hernández Mancha ve rápidamente la solución.

—Pues, entonces, hazlo tú.

Sin embargo, José Ramón del Río no está dispuesto a pasar por esas situaciones.

—No. Yo quiero hacer carrera política. No he venido a Madrid a recoger sobres —contesta.

En otra ocasión, Del Río le plantea a Hernández Mancha la posibilidad de elaborar una lista de notables de los negocios para que AP les envíe una carta y les pida dinero. Pero es entonces el presidente del partido quien no está de acuerdo:

Antonio Calleja, firmó un protocolo de 250.000 millones de pesetas con la vicepresidenta de Vietnam antes de perder el apoyo del PSOE por el escándalo de la venta de motores a Iberia.

Informes de Alberto Elías sirvieron para que el PSOE acabara con el empresario socialista Antonio Calleja, relacionado con el escándalo de Iberia. El polémico comisario conocía el caso Juan Guerra desde 1987.

Bettino Craxi, secretario general del PSI, con el presidente del Gobierno español Felipe González. El poder de la Internacional Socialista.

Jesús Polanco, presidente de Prisa, l[a] empresa editora de «El País», se h[a] convertido en los últimos años en un[o] de los exportadores más activos en lo[s] sectores editorial, sanitario y agrícola

Polanco ha llevado a cabo negocios, entre otras personalidades, con los Albertos. En la foto, aparece en el centro, también junto al ministro del Interior, José Luis Corcuera.

Pierre Guidoni, ex embajador de Francia en España y habitual mediador entre el Gobierno español y ETA, negoció, junto a Eduardo Santos y Julio Feo, la adjudicación del Tren de Alta Velocidad a Alsthom.

Amigos de González y de Juan Guerra, protegidos de Boyer o personajes ligados a KIO se beneficiaron de la reprivatización de Rumasa, el «holding» expropiado a Ruiz Mateos.

Luis Ramallo investigó la reprivatización de Rumasa, con la dificultad de que tanto él como Ruiz Mateos, los bancos y el Consejo de Ministros manejan cifras distintas entre sí.

Marcos Eguizábal, colaborador de Juan Guerra en varios negocios, adquirió las bodegas de Rumasa a pesar de no presentar la mejor oferta. Otros recibieron ayudas millonarias para ello.

José Luis Barreiros, ex presidente de la Xunta de Galicia, fue inhabilitado para ejercer cargos públicos durante seis años, y un día, por conceder irregularmente una lotería, un negocio habitual en la financiación paralela de los partidos políticos.

Miguel Durán (en la foto con Javier de la Rosa), se codea con los financieros más importantes del país, aunque para ello haya tenido que usar mano dura con los invidentes y minusválidos menos productivos.

En las reuniones del Consejo de la ONCE no sólo se habla de los Albertos. También se comentan las cualidades físicas de sus compañeras: Alicia y Esther Koplowitz, y Marta Chávarri.

Juan Ramón Calero, de AP, miembro de la Comisión del Tráfico de Influencias, vio cómo ésta dejó de funcionar en cuanto el vicepresidente del Gobierno amenazó con una «guerra de dossieres».

El 14 de septiembre de 1982, apenas unos días después de que el PSOE ganara las elecciones generales, el Partido Socialista pretendía transformar la sociedad. El que cambió fue el partido. En la foto, Alfonso Guerra.

El 4 de enero de 1986, cuatro años antes de que saltara el escándalo a la Prensa, el inspector de Policía Demetrio Cabello Torres comenzó a investigar las actividades de Juan Guerra.

María de los Ángeles López Rubio, la esposa de Juan Guerra fallecida en octubre de 1990, fue la primera víctima del mayor escándalo político y financiero de la democracia.

El abrazo entre Manuel Fraga y José María Aznar en el congreso de Sevilla, que aupó a éste a la presidencia del PP en marzo de 1990, ancló el futuro de este partido en el pasado.

«Yo sé muy poco», dijo el tesorero del PP, Rosendo Naseiro, a los autores del libro, cuando trataban de hablar con él sobre la financiación de los partidos. Tres días después era detenido.

La detención de Salvador Palop, concejal del Ayuntamiento de Valencia por el PP, ligado al «clan de Valladolid», revelaba la disposición de los jóvenes dirigentes de este partido para el enriquecimiento personal.

El ex tesorero del PP y diputado, Angel Sanchis, compartió intereses con Aida Álvarez, del aparato de Finanzas del PSOE, antes de que el Congreso decidiera si debía o no ser procesado.

José María Aznar perdió los nervios en el Parlamento cuando Alfonso Guerra se refirió al escándalo de la construcción de Burgos, cuyo final aún se dirime en los tribunales.

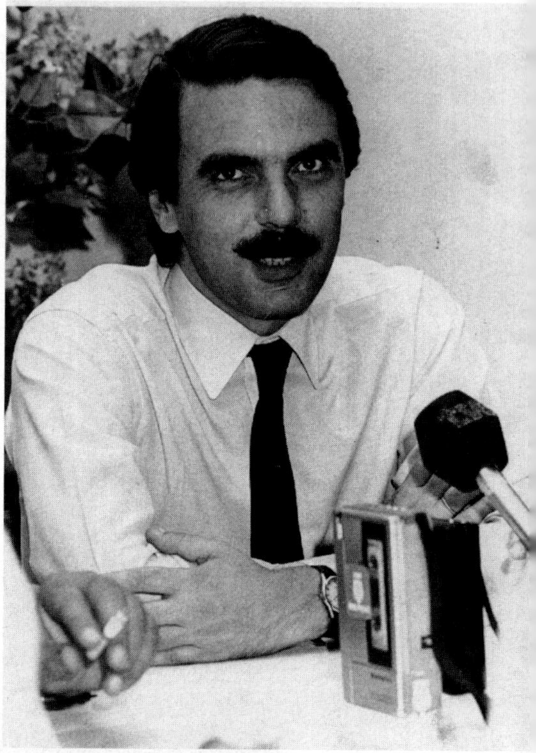

Empresas del comisario europeo del PP Abel Matutes (de pie junto a Van Goethen director de fondos para créditos e inversiones de la CEE) recibieron subvenciones millonarias de ésta.

Tras sortear varios escándalos financieros en la Dictadura, Matutes buscó la colaboración de Txiqui Benegas, a quien invitó a visitar sus salinas en Cádiz. En la foto, entre el comisario y María Jiménez.

(DIARIO DE CÁDIZ)

Alonso Puerta abandonó el PSOE tras denunciar en 1984 las irregularidades que su partido venía cometiendo en la adjudicación de las contratas de limpieza del Ayuntamiento de Madrid.

El 13 de abril de 1990, «El País» presentaba Canal Plus en sociedad con esta imager emblemática: Pedro Toledo, Sánchez Asiaín, André Rousselet, Carlos March, Alberto Alcoce y un representante de Botín.

Miguel Durán y Silvio Berlusconi crearon Tele 5, tras las gestiones realizadas por José María Calviño, propiciadas por el Gobierno, cuando Polanco decidió no presentarse al concurso.

José Luis Martín Palacín fue encargado por Barrionuevo de llevar a cabo la adjudicación de las emisoras de FM, hasta que Fali Delgado y Guillermo Galeote activaron la Operación Arco Iris y le apartaron del asunto.

Mientras Robert Hersant asaltaba el Grupo 16, su editor, Juan Tomás de Salas, con barba, y su abogado, Gregorio Arroyo, a la derecha, firmaban un acuerdo con Alberto Rusconi, a la izquierda.

Pedro J. Ramírez (con Rosa Conde y Joaquín Estefanía), en la época en la que el Fiscal General del Estado, Leopoldo Torres, trataba de amordazar a «El Mundo», querellándose contra su director.

La Banca española recibió con recelo al PSOE, pero pronto los banqueros se dieron cuenta de que el Gobierno de González era el mejor de los regalos para incrementar sus cuentas de resultados.

Giancarlo Parretti fue uno de los numerosos extranjeros que, como Jacques Hachuel o Carlo de Benedetti, acudieron a España al olor del dinero fácil, mientras Marc Rich llegó escondiéndose de la justicia americana.

Javier de la Rosa ha logrado acumular un impresionante patrimonio financiero, pese a los escándalos protagonizados por su padre, Antonio de la Rosa, y por él mismo con el Banco Garriga Nogués.

—Déjalo, *Món*. No quiero que nadie piense que soy un sablista.

Decididamente, ni uno ni otro habían nacido para dedicarse al proceloso mundo de las finanzas que posteriormente le tocaría vivir a Rosendo Naseiro. Ni tampoco para acudir demasiado a Diego de León, 50, la sede de la CEOE, a escuchar los sabios consejos del presidente de la patronal española.

* * *

En realidad, a José Ramón del Río, a Arturo García Tizón y a Antonio Hernández Mancha, el trío de abogados del Estado que monopolizaban la mayor cuota de poder en Alianza Popular, no les caía bien José María Cuevas, el presidente de la CEOE.

—Cuevas que se dedique a lo suyo, que son las empresas y a nosotros que nos deje hacer lo nuestro, que es la política —solía decir Hernández Mancha cada vez que alguno de sus colaboradores venía a expresarle las quejas del «patrono de los patronos» acerca de la marcha de AP.

Pero las cosas, en realidad, no ocurrían así. No había un día en que Cuevas no se molestara por algo o que alguno de sus colaboradores no llamara a la sede de la calle Génova para «cantarle las cuarenta» a Mancha.

Los hombres de éste, por su parte, también tenían su lista de agravios. Achacaban al presidente de la patronal utilizar el partido como forma de presión, unas veces, y como moneda de cambio, otras, en las negociaciones de la CEOE con Felipe González o el ministro de Economía y Hacienda, Carlos Solchaga.

—Para Cuevas somos lo mismo que Nicolás Redondo para el PSOE, un instrumento con el que amenazar al contrario —comenta un día un miembro del «consejo áulico» de Hernández Mancha.

Con ello, la estrategia y los intereses electorales de AP como partido que aspira a ganar unas elecciones resultan sistemáticamente dañados por los vaivenes a que es sometida la formación política, debido a los intereses de la patronal.

Los hombres de Hernández Mancha no quieren ser utilizados pero, por prudencia, procuran no hacer ninguna crítica fuera del partido. De esta manera, la situación entre ambas instituciones es tensa pero se mantiene hasta el 11 de julio de 1988.

Ese día, la revista *Tiempo* publica un reportaje alucinante en portada, con amplio despliegue de texto y fotos en la página 51.

«Última revelación en AP —titula el *magazine*—, Hernández Mancha asegura que se le apareció Santa Teresa de Jesús.»

El reportaje irrita al presidente de Alianza Popular, que por esa época empieza a sentir una serie de presiones desde la Prensa para que abandone su cargo. Mancha piensa que el artículo está inspirado por la CEOE y decide desenterrar el hacha de guerra.

Reúne a sus incondicionales en la planta séptima de la sede de AP, en la calle Génova, y les dice:

—Ya está bien de ser las marionetas de la CEOE.

El presidente de AP ordena a sus hombres de confianza que empiecen a trabajar discretamente y elaboren un informe, reflejando las innumerables veces que Cuevas ha utilizado al partido en beneficio de la patronal y en contra de sus intereses electorales.

El informe se presenta una mañana al Comité Ejecutivo del partido y, esa misma tarde, una copia del texto vuela hasta Diego de León, 50, para aterrizar sobre la mesa de José María Cuevas.

Arturo García Tizón achaca la filtración a uno de los «delfines» de Fraga y de Cuevas, el vicepresidente de AP, Alberto Ruiz Gallardón.

García Tizón se lo comenta a sus compañeros. De común acuerdo, planean tomar algún tipo de medidas contra Ruiz Gallardón, pero es demasiado tarde. En la sede de la CEOE, Cuevas acaba de leer el documento y no se lo puede creer. Enrojecido de ira, exclama:

—¡Estos tíos están como chotas!

El presidente de la CEOE descuelga el teléfono, pide que le pongan con Fraga en Galicia y le dice, escuetamente:

—Manolo, tienes que volver.

Antonio Hernández Mancha, enfrentado a Miguel Herrero y Rodríguez de Miñón, a Abel Matutes y a un grupo de notables en el partido, acababa de abrir un nuevo frente, el de la CEOE.

Como presidente de AP, sus días estaban contados.

* * *

A mediados de octubre de 1988, Antonio Hernández Mancha empieza a hacer las maletas en la planta séptima de Alianza Popular, en la calle Génova de Madrid. Manuel Fraga, que nunca se había acabado de ir del todo y que conservaba las prebendas del coche oficial, un «Volvo» de quince millones de pesetas, vuelve para recoger las riendas del partido.

Durante el interregno, José María Aznar, el delfín de Fraga, viaja a Madrid para entrevistarse con el «patrón». Aznar y Fraga charlan en varias ocasiones sobre los problemas de financiación del partido. Los hombres de Hernández Mancha observan que, con la llegada del hasta entonces presidente de Castilla-León, los empresarios de la construcción de Madrid empiezan a rondar por la sexta planta de Génova. Y en ese ambiente, un día, varios miembros del equipo saliente escuchan de labios del propio Aznar:

—Yo el tema de las finanzas lo quiero resolver desde el primer día.

Una frase que más tarde remató así:

—¡A mí no me va a pasar lo que a Hernández Mancha!

La sentencia en sí no es significativa. Pero cuando José María Aznar llega a la calle Génova de Madrid para asumir el liderazgo del principal partido de la oposición, después de abandonar la presidencia de la Junta de Castilla-León, un fantasma le persigue: el escándalo de la construcción de Burgos, un turbio asunto que afecta directamente al alcalde de esta ciudad, a varios concejales y a uno de los más importantes constructores de la zona.

El asunto de la construcción había saltado a las páginas de los periódicos locales, a comienzos de 1988, cuando la propia Federación de Empresarios de la Construcción de Burgos presentó querella en el Juzgado de Instrucción número 2 contra el alcalde de la ciudad, José María Peña, contra dos concejales y contra el constructor Antonio Miguel Méndez del Pozo.

En esta insólita querella, los empresarios burgaleses acusaban a su colega Méndez del Pozo y al alcalde de la ciudad, Peña, perteneciente al grupo Solución Independiente, de un puñado de delitos: falsedad en documento público, prevaricación, uso de información reservada y abuso de funciones.

Todo se reducía, en el fondo, a una simple cuestión de dinero. Los empresarios de Burgos, que no se comían una rosca en las contratas municipales, acusaban al alcalde, José María Peña, de adjudicar las obras municipales a su amigo, el empresario Antonio Miguel Méndez del Pozo, quien le había colocado en la Alcaldía con el apoyo de José María Aznar y los votos de AP.

En efecto, poco antes de las elecciones municipales del 10 de junio de 1987, el empresario Antonio Miguel Méndez del Pozo y José María Aznar se desplazan a Madrid para tratar de convencer a los máximos responsables entonces de Alianza Popular de que retiren su candidatura a la Alcaldía de Burgos y apoyen la del líder de Solución Independiente, José María Peña.

El presidente de AP, Antonio Hernández Mancha, y el responsable de Acción Electoral, José Ramón del Río, confirmaron a los autores del libro la existencia de esta entrevista, pero se negaron a comentar los posibles acuerdos económicos suscritos con el empresario Méndez del Pozo.

Lo cierto es que, a partir de entonces, el futuro presidente del PP y el constructor Antonio Miguel Méndez del Pozo empiezan a ser vistos juntos. Aznar asiste a una serie de reuniones políticas que se celebran en el Real Club de Valladolid, presididas por el empresario de la construcción.

En estas reuniones, a las que acuden empresarios y políticos, algunos de ellos relacionados con el escándalo Naseiro, uno de los temas permanentes de debate gira en torno a cómo echar al PSOE del poder y, fundamentalmente, cómo buscar vías alternativas de financiación para AP.

Las amistades peligrosas de José María Aznar, sin embargo, no fueron conocidas fuera de los círculos políticos de Burgos y Valladolid hasta el viernes, 3 de febrero de 1990, fecha en que el vicepresidente del Gobierno, Alfonso Guerra, hizo una velada alusión a este espinoso asunto en el debate parlamentario sobre el «Caso Guerra».

El presidente del Partido Popular, en un lenguaje poco inteligible —«Ni en Burgos, ni en Valladolid, ni en...»—, negó los hechos. En el Juzgado de Instrucción número 2 de Burgos, sin embargo, cinco personas, entre ellas el presidente de la Diputación de Burgos, han afirmado lo contrario.

«El empresario Antonio Miguel Méndez del Pozo, a quien el fiscal de Burgos pide ocho años de cárcel y la acusación particular treinta, entraba en el despacho del presidente regional (por Aznar) sin anunciarse y colocaba a sus socios en cargos autonómicos», aseguraba el desaparecido semanario *El Globo.*[1]

Pero las reuniones políticas del Real Club Valladolid iban a jugar un importante papel en el desenvolvimiento económico y financiero del Partido Popular.

* * *

Cuando el presidente del Gobierno autónomo de Castilla-León, José María Aznar, se desplaza a Madrid para hacerse cargo de la presidencia del Partido Popular, a finales de 1989, un grupo de leales decide coger los bártulos y convertirse en sus «compañeros de viaje».

Todos ellos son personas jóvenes, con muchas ambiciones y muy pocos escrúpulos para llevarlas a cabo, según se desprende del sumario abierto en Valencia por el juez Luis Manglano. Como casi siempre andan juntos, con frecuencia llaman la atención en la sede de Génova del refundado Partido Popular de Aznar.

—¿Quiénes son ésos? —pregunta un día un periodista.

—Son los del «Clan de Valladolid» —responde alguien con buena intuición para los nombres.

El único vallisoletano era, en realidad, el diputado del PP por esa provincia, Miguel Ángel Cortés, pero el clan lo componían el vicesecretario de Acción Electoral, Arturo Moreno Garcerán, el concejal del Ayuntamiento de Valencia, Salvador Palop, y Javier Tallada.

Además de sus escasos prejuicios morales, tenían otros

1. *El Globo,* número correspondiente al 4 de marzo de 1988, en las páginas 25 y 26.

vínculos comunes. Eran accionistas de la empresa Futuro Financiero, investigada por el juez Luis Manglano de Valencia, y militantes o simpatizantes del Opus Dei, lo mismo que el alcalde de Burgos, José María Peña, o el constructor Antonio Miguel Méndez del Pozo.

En el seno del refundado Partido Popular apostaron por lo más difícil y, con la ayuda del diputado por Madrid, Ángel Sanchís, se responsabilizaron de la reorganización de las finanzas paralelas del PP. Era, sin lugar a dudas, la forma más rápida de ascender en política.

Pocos meses después, en el congreso de Sevilla, celebrado a finales de marzo de 1990, aspiran a copar algunas secretarías del partido. Pero José María Aznar sólo se fijó en uno de ellos, Arturo Moreno, recomendado por la patronal, y le adjudicó la vicesecretaría de Acción Electoral.

Los demás tendrían que esperar. Porque en el congreso de Sevilla —el Suresnes de la derecha—, que en principio parecía que iba a servir para librar a los órganos directivos del partido de los viejos «mamuts» de la política, Manuel Fraga, a última hora, impuso a su viejo amigo y colaborador, Rosendo Naseiro, al frente de la Secretaría de Finanzas.

Arturo Moreno, Miguel Ángel Cortés, Javier Tallada y Salvador Palop, sin embargo, abrigaban una ambición desmedida —sin límites— por hacerse con el poder en el seno del partido, apoyados por el diputado Ángel Sanchís, y no renuncian por nada del mundo, a sus objetivos, como demostraron las escuchas telefónicas ordenadas por el Juzgado de Instrucción número 2, de Valencia:

Salvador Palop: — Oye, tenemos que copar la tesorería, tenemos que coparla, de verdad.

Ángel Sanchís: — ¿Sí?

Palop: — Tenemos que coparla. Es fundamental para el grupo y para...

Sanchís: — Sí, para todo el mundo.

Palop: — Aznar se tiene que dar con un canto en los dientes. Tiene que saber que la gente de Arturo le estamos ayudando mucho.

Sanchís: — Lo sabe porque me lo ha dicho Luis Fraga.

Pero la Policía, esos días con más motivos que nunca, vigilaba de cerca los movimientos de algunos militantes del PP, mientras en la sede de Génova, Rosendo Naseiro —al frente de un aparato de finanzas reorganizado y sin demasiados escrúpulos— se dedicaba a llenar las arcas con el dinero de las recalificaciones, las adjudicaciones de obras y las basuras.

* * *

El Gobierno y la Policía habían tenido siempre una información puntual y fidedigna de lo que ocurría en el seno del Partido Popular, especialmente en su aparato de finanzas, muy vulnerable por las amistades del tesorero de Fraga en el partido, Ángel Sanchís, con los financieros del PSOE y algunos policías.

En febrero de 1988, un alto cargo de AP recibe una confidencia. Un micrófono que la Policía descubre, por esas fechas, en la casa de Pozuelo del director general de Asuntos Consulares del Ministerio de Exteriores, Rafael Pastor Ridruejo, en realidad iba destinado a escuchar al notario Félix Pastor Ridruejo, hombre de confianza de Manuel Fraga en Alianza Popular. Por una equivocación, el artilugio había acabado en el domicilio de su hermano.

El 14 de mayo de 1985, Alianza Popular se querellaba contra el Comisario Jefe de la Brigada de Interior, Alberto Elías, por una supuesta investigación llevada a cabo en la sede del partido de la calle Génova de Madrid, de donde algunos hombres de la brigada habían conseguido en 1983 y 1984 importantes documentos internos del partido.[2]

Durante el segundo semestre del mismo año, la Policía española tenía mucho interés en conocer cómo obtenía el dinero el recién creado Partido Liberal, presidido por José Antonio Segurado, un empresario de 47 años que a finales de 1984 había dejado la vicepresidencia de la Confederación Española de Organizaciones Empresariales (CEOE) para dedicarse a la política.

El 7 de octubre de 1985, la sede del Partido Liberal, situada en la plaza de las Cortes, 4, de Madrid, sufría el asalto de un supuesto comando del grupúsculo neonazi Revolución Nacional. Sus miembros se habían limitado a revolver los archi-

2. Alberto Elías fue juzgado por este *affaire* y resultó absuelto.

vos y a llevarse sólo dos carpetas: la lista de militantes del partido y las cartas personales de su presidente, José Antonio Segurado.

Entre la documentación personal de Segurado, figuraban varias tarjetas de su puño y letra dirigidas al presidente del Banco Central, Alfonso Escámez, en las que le pedía que hiciera de intermediario ante los presidentes de los siete grandes bancos, con el fin de que hicieran efectiva una subvención mancomunada, de 90 millones de pesetas, pactada con anterioridad, para el lanzamiento del partido, que iba a celebrar su primer congreso el 28 de junio de 1985.

En una de las cartas, acompañada de una copia de la composición del consejo político del Partido Liberal y otra de las cuentas del partido, con el estado de ingresos y gastos, Segurado le decía a Escámez:

> «Querido presidente:
> Unas breves líneas como recordatorio de nuestras últimas conversaciones telefónicas, sobre el eventual apoyo que tú y tus colegas pudierais prestar al Partido Liberal.
> Sería extraordinariamente agradable para mí que pudierais darme la oportunidad de exponeros, con brevedad, cuáles son las realidades y proyectos.
> Tal vez un desayuno de trabajo o un almuerzo podría ser lo ideal, pero lo dejo a tu buen probado criterio.
> José Antonio Segurado.»

Un mes después, el 28 de mayo de 1985, el presidente del Partido Liberal enviaba una carta de dos folios a los presidentes de los siete grandes bancos en la que les daba cuenta del funcionamiento del partido y concluía: «Te agradecería pensases en la posibilidad de que los grandes bancos pudiesen otorgarnos un apoyo conjunto de 90 millones.»

La misma carta había sido enviada el día antes, 27 de mayo, al presidente del Central, Alfonso Escámez, con un tarjetón que ponía textualmente:

> «Estimado presidente y amigo:
> Te agradecería me comunicases si estimas conveniente que envíe una carta idéntica a tus compañeros presidentes de los seis grandes bancos.

No te oculto la urgencia de mi petición pues tengo que empezar a efectuar los pagos del congreso y de las sedes.
Un fuerte abrazo,
José Antonio Segurado.»

Un mes después del asalto a la sede del partido, parte de la documentación robada en la sede de los liberales era conocida por altos cargos de la Policía. Los papeles se intentaron vender posteriormente a una revista de información general de Madrid que, al conocer su procedencia, no quiso publicarlos.

El autor del robo, el militante de extrema derecha, Sergio Martínez, creador del grupo neonazi Revolución Nacional, fue detenido más tarde y encarcelado por estos hechos.[3]

Sin embargo, lo que nunca se reveló es que el ultraderechista Martínez trabajaba como confidente para uno de los hombres del comisario regional de Información del Cuerpo Superior de Policía, José Blanco, y que habían intentado infiltrarlo en el Grapo.

Tras fracasar en este intento, Sergio Martínez, que trabaja bajo las órdenes directas de un inspector de primera, acabó asaltando la sede del Partido Liberal para robar la documentación que más comprometía a su fundador, José Antonio Segurado.

No era ésta, sin embargo, ni la primera ni la última ocasión en que las Fuerzas de Seguridad del Estado, bajo el control del Gobierno socialista, empleaban una parte de su tiempo en conocer las vías de financiación del principal partido de la oposición.

En diciembre de 1989, durante las elecciones gallegas, el servicio de información de la Guardia Civil de Pontevedra dedicó una buena parte de su tiempo a averiguar si Manuel Fraga recibía algún tipo de ayuda monetaria de los traficantes de tabaco de la Ría de Arosa.

Lo único que los agentes pudieron comprobar fue que el político de Villalba había asistido dos días antes de las elecciones a una comida con algunos contrabandistas de tabaco.

La sección segunda de la Guardia Civil redactó inmediatamente una nota que envió al gobernador civil de Pontevedra, Jorge Parada, que decía textualmente:

3. Sergio Martínez había sido presionado por la Policía, para que se infiltrara en el Grapo. Él prefería, sin embargo, investigar a los partidos de derechas, a cuyos líderes consideraba unos «traidores».

«A las 12,40 horas del día de la fecha llegó a la localidad de Cambados D. Manuel Fraga Iribarne, candidato a la presidencia de la Xunta de Galicia, en unión de otras personalidades afines a su partido para participar en una comida en el restaurante Rosita, ofrecida por sus simpatizantes, a la que asistieron unas 300 personas, finalizando el acto a las 16,15 horas.

»Entre los asistentes se encontraban, entre otras personas, las siguientes:

Alcalde de Meis, D. Jorge Casal Pintos; alcalde de Cambados, D. Antonio Pillado Montero; alcalde de Villagarcía, D. José Luis Rivera Mallo; teniente de alcalde de Cambados, D. Santiago Tirado Serem; alcalde de Rivadumia, D. José Ramón Barral Martínez; presidente de la cofradía de pescadores, D. José Sineiro Cacabelos; D. Fernando Otero Pérez (a) Pitufo y Sandía; D. Olegario Falcó Piñeiro (a) El Trompetista, estos últimos con antecedentes por contrabando.»

* * *

El 12 de abril de 1990, pocos días después de que se desencadenara el escándalo Naseiro, Francisco Álvarez Cascos, vicepresidente ejecutivo del Partido Popular, estaba absolutamente convencido de que, tras las escuchas telefónicas a militantes de su partido, estaba la Policía.

—A mí no me deja de rondar por la cabeza que Alberto Elías ha tenido algo que ver con el asunto —declaraba Álvarez Cascos.

Elías, comisario jefe de la Brigada de Interior, acababa de ser absuelto poco antes en el sumario que se seguía en un juzgado de Madrid por el supuesto espionaje a la sede de Alianza Popular de 1985. Pero en la cúpula del partido de la derecha, en la calle Génova de Madrid, se temía que hubiera vuelto a las andadas.

Había algunos datos para la sospecha. Enrique Ortega y Enrique Peiró, los inspectores de Valencia que destaparon el caso Naseiro, habían sido compañeros de Elías en los grupos antidrogas de la Policía, antes del año 1983, fecha en la que el polémico comisario tuvo la oportunidad de dejar de perseguir traficantes de droga, para mandar la Brigada de Información Interior.

Además, estaba la amenaza del vicepresidente Alfonso Guerra en el mitin del 25 de febrero de 1990 en Sevilla:

—¿Quieren catarsis? ¡Pues hagamos la catarsis para todos!

¿Había preparado la Policía la catarsis del Partido Popular? ¿Era el caso Naseiro un montaje de los servicios de información, que conocían de antemano las actividades del tesorero del PP, Rosendo Naseiro?

Las preguntas tienen una difícil —casi imposible— respuesta. Pero, aunque algún día logre demostrarse que la Policía se extralimitó en sus funciones y brindó a Alfonso Guerra la cabeza de José María Aznar en bandeja de plata, la actuación poco ética de los servicios de información, a pesar de ser condenable, no ocultan el verdadero problema de la España de 1990.

Lo verdaderamente preocupante era que en los años 1989 y 1990, el Partido Popular —una formación política con vocación de Gobierno— se venía financiando por procedimientos que repugnan la conciencia de cualquier persona civilizada y que los políticos que se dedicaban a estos menesteres, aspiran a ser los ministros del mañana.

XIX. LA OSCURA IDEOLOGÍA DEL DINERO

El secretario de organización y número 3 del PSOE, Txiqui *Benegas, el comisario europeo del PP, Abel Matutes y el diputado y* broker *aliancista, Ángel Sanchís, son enemigos políticos en las instituciones. Pero demasiados datos indican que, para ellos, por encima de cualquier ideología, está el dinero. Luis García Cereceda, industrial madrileño, ligado financieramente a todos los partidos políticos, lo sabe también muy bien.*

Puntual, como es costumbre en él, al volante de su propio «Mercedes 450» azul, Ángel Sanchís Perales, 51 años, diputado del Partido Popular por Madrid, llegó aquella mañana a la plaza del Ayuntamiento de Pozuelo de Alarcón, un pueblo de la zona Norte de Madrid.

Eran las once en punto de la mañana de un día especialmente frío del mes de febrero. Sanchís aparcó el coche en doble fila, en el *parking* reservado para los concejales, se abrochó el abrigo de paño marrón y subió las escaleras hasta la primera planta del Ayuntamiento.

En aquellos momentos, el alcalde de la localidad, José Martín Crespo, un arquitecto y militante del Partido Popular como él, estaba hablando por teléfono.

Diana, su secretaria particular, le hizo sentarse en una salita y, acto seguido, le anunció:

—El señor Sanchís le está esperando.

Unos minutos después, el diputado estaba ante el alcalde Martín Crespo. Tras las presentaciones, Sanchís fue el primero en romper el fuego.

—Hay un asunto de carácter reservado del que me gustaría hablar contigo.

—Tú dirás —le respondió el alcalde, diligente.

Sanchís tragó saliva. No es hombre de muchos rodeos, así que fue directo al grano.

—Se trata de Somosaguas Sur.[1]

—¿Qué tienes tú que ver con Somosaguas Sur?

El diputado Ángel Sanchís se hurgó en el bolsillo interior de la chaqueta, sacó un papel con un plano dibujado y rotulado en inglés y lo extendió sobre la mesa, delante de los ojos del alcalde.

—Hombre, pues represento al propietario de la sociedad. Me gustaría que vieras este plano y me dijeras qué te parece.

El alcalde Martín Crespo echó un vistazo al documento. Reproducía los contornos de los terrenos de la urbanización Somosaguas Sur. Alguien había dibujado allí mil y pico de viviendas con una altura bastante superior a la que permite el planeamiento urbanístico de la zona. También había un campo de golf, oficinas y zonas de servicios no previstos en los estudios técnicos realizados anteriormente por el Ayuntamiento.

—¿Qué me quieres decir con esto? —preguntó el alcalde.

—Pues lo que estás viendo. Si tú ves viable una modificación del plan parcial de Somosaguas Sur en este sentido.

* * *

José Martín Crespo no tuvo que hacer demasiada memoria para recordar el proyecto urbanístico conocido como Somosaguas Sur, y los innumerables avatares que había sufrido en los seis últimos años, debido a las presiones del consejero socialis-

1. La primera persona que reveló la identidad de Sanchís como negociador en la operación de Somosaguas Sur fue el periodista Fernando Jáuregui, en el diario *Ya*.

ta, de orígenes comunistas, de Política Territorial de la Comunidad de Madrid, Eduardo Mangada, para reducir la edificabilidad primero y, luego, para restituirla a sus términos iniciales.

El tema, que había dado lugar a una de las mayores polémicas urbanísticas de los últimos años en Madrid, había llegado al Ayuntamiento a comienzos de los años ochenta, a través de Vallehermoso, una de las inmobiliarias del Banco Hispano Americano.

La empresa del Hispano era la propietaria de varios millones de metros cuadrados de terreno, situados al otro lado de Somosaguas, considerada tradicionalmente como una de las zonas residenciales de más alto *standing* de Madrid.

Vallehermoso había querido construir en estos terrenos una nueva urbanización, con 1.289 chalets individuales y un campo de golf. La nueva ciudad residencial, que se bautizó como Somosaguas Sur, se ofrecía como una alternativa de mayor calidad y confort al tradicional barrio de Somosaguas, donde, desde siempre, había vivido un selecto grupo de ciudadanos tan importantes como Emilio Botín, el presidente del Banco de Santander; José María Ruiz Mateos, el hombre de Rumasa, y los infortunados Gregorio López Bravo, ex ministro de Franco, y los Marqueses de Urquijo.

—Queremos construir la urbanización más exclusiva de Madrid —había declarado por esa época su promotor.

El Ayuntamiento aprobó el plan parcial y concedió los permisos de construcción a la inmobiliaria Vallehermoso, que pavimentó algunas calles y allanó el terreno de lo que iban a ser las zonas verdes. Pero en ese momento se produjo una grave crisis en el sector de la construcción y la urbanización estuvo algún tiempo parada.

En estas circunstancias, llegaron los socialistas al poder y el arquitecto Eduardo Mangada, nombrado Consejero de Política Territorial de la Comunidad de Madrid con el gobierno de Joaquín Leguina, tomó la decisión de reducir el número de viviendas a la mitad. Martín Crespo recuerda la conversación que, en esa época, tuvo con el consejero.

—Es una medida que puede no ser correcta —le comentó.

—¿Y por qué no te parece correcta?

—Hombre, yo pienso que es un asunto que puede acabar

en los tribunales y puede dar lugar a indemnizaciones. E incluso, no sé si podría ser hasta inconstitucional.

Pero Mangada parecía decidido a todo.

—Pues da lo mismo. Yo pienso que en Somosaguas Sur hay demasiadas viviendas previstas y voy a permitir que se construyan sólo las que considere justas.

Al alcalde de Pozuelo de Alarcón le pareció, en cierto modo, valiente y admirable la decisión del consejero de Ordenación Territorial y Medio Ambiente, cuando dijo que estaba dispuesto a que se cumplieran las normas a rajatabla, y agregó:

—Y si hay que indemnizar, se indemniza. El Gobierno se ha gastado 500.000 millones en una reconversión industrial. Si ahora hay que hacer otra urbanística, yo no veo motivos para que no se haga.

Como había previsto Martín Crespo, el Banco Hispano Americano llevó a la Comunidad de Madrid a los Tribunales pidiendo que se declarara nulo el acuerdo del Gobierno autónomo de reducir el número de viviendas de Somosaguas Sur. Entretanto, para evitar un juicio público, que podría sentar al gobierno de Joaquín Leguina en el banquillo, el consejero Eduardo Mangada y los representantes de la constructora del Hispano llegaban a un acuerdo intermedio.

Se edificarían seiscientas viviendas, unas pocas más de las autorizadas inicialmente por la Consejería de Política Territorial pero bastantes menos de las mil que autorizaba el plan parcial aprobado en la etapa de UCD. Y para que los constructores no perdieran dinero en relación con el plan inicial, se les permitiría levantar además una serie de locales comerciales.

Así las cosas, Eduardo Mangada y el alcalde de Pozuelo, José Martín Crespo, se habían reunido a finales de 1989 y habían firmado un acuerdo inicial de reforma del plan parcial de Somosaguas Sur pactado con la nueva sociedad constructora, Afisa, propiedad del empresario Luis García Cereceda, uno de los constructores que había emergido en Madrid en los últimos años, consolidándose rápidamente como uno de los promotores de viviendas más importantes de la capital de España.

Mangada se comprometía a autorizar el nuevo plan en la Comunidad de Madrid, mientras el alcalde de Pozuelo lo debía someter a votación en un pleno del Ayuntamiento, con mayoría del PP, y se comprometía a aprobarlo, siempre que la corporación se mostrara favorable.

* * *

Resuelto así el problema, unos meses antes, tras el compromiso contraído entre el Ayuntamiento de Pozuelo y la Comunidad, al alcalde, José Martín Crespo, la visita del diputado de su partido, Ángel Sanchís Perales, en la que le propuso una nueva modificación del plan parcial para construir mil viviendas en lugar de 600, le resultaba un tanto chocante.

Las palabras de Sanchís le sacaron de su ensimismamiento.

—¿Tú qué piensas? ¿Ves posible una modificación del plan en ese sentido?

José Martín Crespo fue tajante:

—No sólo no lo veo viable. Pienso que es un disparate. Y creo que la Comunidad piensa igual que yo.

El diputado Ángel Sanchís parecía muy seguro de sí mismo. Depositó el abrigo, que aún llevaba en el brazo, en una silla, y comentó:

—Tú no te preocupes por lo que diga la Comunidad, que eso ya lo tenemos hablado con *Txiqui* Benegas, y el PSOE, al más alto nivel, está de acuerdo. Tú dime si este proyecto te parece viable o no.

En sus casi seis años de mandato al frente del Ayuntamiento de Pozuelo de Alarcón, José Martín Crespo no se había visto sometido nunca a un intento de soborno tan claro. Considerado por todo el mundo como un profesional serio y honrado, la conversación comenzaba a molestarle.

El alcalde recordaba que un año antes, durante la moción de censura a Joaquín Leguina en la Comunidad de Madrid, se había hablado del plan de Somosaguas Sur como una de las formas de pago de los socialistas al constructor Luis García Cereceda por el apoyo dado al PSOE por los hombres del Prim (Partido Regionalista Independiente).

Entonces se había hablado de un fabuloso negocio inmobiliario de 24.600 millones de pesetas y al alcalde de Pozuelo le vino a la memoria que la presidenta de Afisa, Petra Mateos, era una conocida simpatizante del Partido Socialista, ex secretaria del ministro de Economía y Hacienda, Miguel Boyer.

—Pues creo que, desde mi punto de vista, no es fácil una modificación tan drástica —contestó—. Son demasiadas viviendas en un área muy pequeña.

Pero Ángel Sanchís no se daba por vencido.

—Hombre, ten en cuenta los intereses del partido.

Protegido tras sus gafas de miope, de montura color oro, insistió, por si el alcalde no le hubiera oído bien:

—Si esto se aprueba en la próxima campaña, puede haber una sustanciosa suma de dinero para el PP.

Martín Crespo hubiera estudiado, probablemente, cualquier sistema de compensación económica al Ayuntamiento a cambio de un razonable incremento del volumen de edificación. Desde hacía años, la corporación que presidía estaba empeñada en la reforestación de las zonas verdes del municipio, fundamentalmente los parques próximos a la Casa de Campo.

Lo que no estaba dispuesto a aguantar el alcalde era, sin embargo, ningún tipo de soborno, aunque la propuesta arrancara de gente de su propio partido.

Así que, sin más dilaciones, dio por terminada la conversación. Educadamente, pidió al diputado del PP que recogiera sus cosas y se marchara del despacho, continuando con los asuntos del día como si la visita no se hubiera producido.

Sin embargo, en pleno escándalo Juan Guerra, Martín Crespo decidió rentabilizar políticamente el asunto.[2] El viernes siguiente, 16 de febrero, el alcalde y Luis García Cereceda se reunían a almorzar en un restaurante de la calle Pedro Muguruza de Madrid para aclarar sus diferentes puntos de vista.

El constructor Cereceda no le negó, en ningún momento, haber enviado a su despacho a Sanchís Perales en calidad de *broker* y Martín Crespo aplicó el viejo adagio de «el que calla, otorga» y dedujo que el diputado del Partido Popular por Madrid era un hombre que trabajaba a las órdenes del empresario ligado al sector de la construcción.

Acto seguido, José Martín Crespo, después de consultar con Alberto Ruiz Gallardón, portavoz del PP en la Asamblea de Madrid y aspirante por su partido a sustituir a Joaquín Leguina en la presidencia de la Comunidad, llamó al periodista Manuel Quintero, de *Diario 16*, y, sin revelar la identidad de Sanchís, declaró:

—Un *broker* me intentó comprar para agilizar Somosaguas Sur.

2. El «Caso Juan guerra» se cuenta en el capítulo XVII.

Con un comportamiento típico del que no quiere ver la viga en el ojo propio pero detecta la paja en el ajeno, el alcalde de Pozuelo de Alarcón cargó las tintas hacia el Partido Socialista Obrero Español:

—El intermediario me contó que Benegas estaba sobre el asunto, en representación de personas de mayor rango en el PSOE —declaró al rotativo.

El secretario de Organización del PSOE, Benegas, no podía admitir que una acusación tan dura y tan clara, que afectaba directamente a su honorabilidad como político, se mantuviera en pie un solo instante.

Cuando el 17 de febrero por la mañana leyó la noticia en *Diario 16*, lo primero que hizo fue negar tajantemente los hechos y, a continuación, llamar al notario para requerir formalmente al alcalde de Pozuelo de Alarcón y emplazarle a revelar la identidad del *broker*.

—José Martín Crespo —manifestaba el número 3 del PSOE— está ética, política y jurídicamente obligado a desvelar el nombre de la persona que ha puesto en duda mi honestidad.

De esta manera, en pleno acoso al PSOE por el «Caso Juan Guerra», cuando aún no se había desvelado el *affaire* Naseiro-Sanchís-Palop, Martín Crespo se convertía en un cazador cazado. No podía dar el nombre del *broker*, el antiguo tesorero de Alianza Popular, Ángel Sanchís, lo que suponía echar tierra sobre su propio partido, pero tampoco podía seguir sosteniendo que *Txiqui* Benegas era uno de los hombres del PSOE que cogían dinero de los empresarios de la construcción sin aportar las pruebas necesarias.

Así que no le quedó más remedio que convocar de nuevo a la Prensa y hacer una segunda declaración, matizando sus palabras iniciales y comprometiéndose a crear una comisión de investigación en el Ayuntamiento, para esclarecer hasta el final el oscuro asunto de Somosaguas Sur.

Sin embargo, la sensación que captó la opinión pública tras el escándalo fue que constructores avispados y políticos de izquierda y de derechas se repartían, aparentemente, en privado los grandes negocios, mientras se peleaban por otros y guardaban las formas en el Parlamento, donde defienden planteamientos y concepciones diferentes de la sociedad.

Como años antes había dicho el líder aliancista, Manuel Fraga, «la política hace extraños compañeros de cama». Los negocios, probablemente, también, y había otros datos para corroborarlo.

* * *

La afortunada frase de Fraga, digna de figurar en los manuales de sociología política, venía que ni pintada a Ángel Sanchís y a Abel Matutes, el hombre fuerte de Alianza Popular en las islas Baleares.

Sanchís y Matutes formaban un férreo tándem en el seno de AP. Abel Matutes, dueño de extensas propiedades en la isla de Ibiza y de la Banca Matutes, era el «barón» de AP. Sanchís actuaba como fiel escudero. Pero los dos estaban profundamente compenetrados y no había un asunto, por mínimo que fuera, que escapara a su control.

En la crisis de AP de 1987, cuando Fraga abandonó el barco y se retiró a su Galicia natal a reflexionar junto a las meigas, Sanchís se encargó de presionar a los distintos grupos del partido, apretando las tuercas a unos y concediendo prebendas a otros, para que Abel Matutes fuera elegido presidente de AP y, desde las alturas, tutelara la gestión de Antonio Hernández Mancha, que debería gobernar el partido desde una secretaría general, al estilo del PSOE.

Aunque la estrategia no cuajó, Matutes y Sanchís siguieron colaborando juntos. El comisario europeo, que se pasaba la mitad de la semana en su despacho oficial de Bruselas y el resto descansando en la isla de Ibiza, estaba perfectamente informado, a través de su «escudero», de cuanto se cocía en la sede de Génova, en Madrid.

Cuando alguien contaba a Manuel Fraga alguna ruindad en relación con alguna actuación de Ángel Sanchís, antiguo presidente de Nuevo Banco, en la tesorería del partido, el comisario europeo, Abel Matutes, estaba siempre al quite para hacer que se perdonaran las pequeñas faltas de su compañero de partido.

Al fin y al cabo, Sanchís estaba metido en algunos negocios, como el de los vídeos comunitarios, y era lógico que algunas operaciones le salieran mal. Si en algún momento había detraído algo de dinero para tapar un agujero en sus empresas, también debía comprenderse.

Pero de lo que no había dudas, para Matutes, era de que el tesorero de AP era un hombre honrado, que se sacrificaba por el partido, desarrollando un trabajo ingrato que nadie quería hacer, y si en algún momento había tomado algún dinero, ya lo devolvería.

Por eso, Matutes no paraba de echar cables a Sanchís. Cuando en 1989 llegó a la sede de Génova José María Aznar y refundió el PP barriendo de la ejecutiva todo vestigio de franquismo, Ángel Sanchís llamó a Bruselas para llorar sobre el hombro de su protector.

Matutes, a su vez, llamó a Galicia, habló con Fraga y logró que al ex tesorero del partido no se le diera la patada. Sanchís no había tenido nunca un cargo público y ya era hora de dárselo. El número 3 en las listas por Madrid para las elecciones generales del 29 de octubre de 1989, era un buen lugar para que obtuviera el acta de diputado.

Paralelamente, Ángel Sanchís y Abel Matutes habían ido tendiendo puentes hacia el Partido Socialista hasta crear una compleja red de influencias. A través del *broker* Gustavo Durán, el ex tesorero de AP había entrado en contacto con Aida Álvarez[3] y estaba al tanto de los mecanismos de financiación empleados por el PSOE.

Matutes, por su parte, había aprovechado los veranos en la isla de Ibiza, donde se reúne lo más granado de la «jet» socialista, para hacer amigos entre la nueva clase política. Pesos pesados del PSOE como el ministro Enrique Múgica, el secretario de Organización socialista, Txiqui Benegas, el ex ministro de Industria, Luis Carlos Croissier, eran invitados de honor de su yate, *Elisa,* siempre listo para zarpar.

En ese contexto de influencias, Abel Matutes había «bruñido», a mediados de 1986, su candidatura como Comisario español en la Comunidad Económica Europea.

Tras la entrada de España en la CEE, en enero de ese año, dos de las Comisarías del Mercado Común, en manos anteriormente de parlamentarios de otros países, debían ser controladas por políticos españoles. En una de las reuniones en la Moncloa, entre Manuel Fraga y Felipe González, para negociar las condiciones del pacto constitucional, los dos responsables de

3. Ver capítulo IV.

las dos primeras formaciones políticas del país habían acordado que una de las Comisarías debería ser para su partido.

Aunque lo normal era que el candidato se ofreciera en una terna al Gobierno para que lo eligiera, Fraga tenía decidido ya quién debía ser el representante de AP: su cuñado, Carlos Robles Piquer, director general de Cultura Popular en el franquismo y uno de sus fieles en la calle Génova.

Pero un día, mientras cenaba en Galicia en compañía de Miguel Herrero de Miñón y otros líderes de AP, le llama el entonces «eurodiputado» Abel Matutes.

—Manolo, Felipe te va a ofrecer mi nombre como comisario europeo y te quiero informar, para que lo sepas, que he aceptado.

Manuel Fraga no entendía nada. Matutes ni siquiera iba a figurar en la terna de candidatos. Permaneció reflexionando un instante hasta que la voz del empresario de Ibiza le hizo volver a la realidad.

—¿Qué te parece, Manolo?

Fraga continuaba sin podérselo creer.

—No lo sé —respondió—. Tengo que pensarlo. ¿Quién te ha propuesto?

Las palabras de Matutes no dejaban duda.

—El mismo Alfonso Guerra.

Abel Matutes, el cacique de Ibiza para unos, el emprendedor empresario de Baleares para otros, se fue a Bruselas a estrenar cargo y despacho oficial en la sede de la Comunidad Económica Europea. Pero por Formentera, una isla de apenas 82 kilómetros cuadrados y poco más de 3.000 habitantes, separada de Ibiza —el paraíso natural de la contracultura— por un canal de apenas 3,6 kilómetros de ancho, se avecinaba la tormenta.

* * *

El entonces líder de Izquierda Socialista y diputado del PSOE por Cáceres, Pablo Castellano, tenía fama dentro del partido de tener la lengua larga.

Pero Castellano, uno de los críticos del partido fundado por

Pablo Iglesias, era uno de los pocos políticos socialistas que no rehuía el diálogo con la Prensa. Y aunque muchas veces se equivocaba en cuestiones de matices, sus juicios eran siempre rotundos y certeros, tal y como corresponde a un buen profesional de la abogacía, acostumbrado a bregar en los palacios de Justicia.

En 1986, tras renunciar a su escaño para ser nombrado miembro del Consejo General del Poder Judicial, Castellano cambió los aires secos de Cáceres por la brisa marina de Mallorca, donde se compró una casita. Desde entonces, en lugar de pasar los fines de semana en Extremadura, comenzó a disfrutar de las playas y de la arena cálida de las Baleares.

Allí, a lo largo de innumerables charlas con compañeros y amigos del partido, comenzó a enterarse de muchas cosas. Hasta que un día se entrevistó con el periodista Raúl del Pozo y decidió compartir con él todas aquellas confidencias.

En septiembre de 1987, el letrado del Consejo General del Poder Judicial declaraba que «Txiqui Benegas y Abel Matutes eran socios y tenían un negocio conjunto en Ibiza de 6.000 millones de pesetas».[4]

En las mismas manifestaciones, Castellano afirmaba que el número 3 del PSOE y el entonces vicepresidente nacional de Alianza Popular «habían sido vistos varias veces juntos, acompañados de sus mujeres en la discoteca Ku de Ibiza y en varios restaurantes de la isla de Formentera».

En realidad, el Comisario europeo Abel Matutes había mostrado desde siempre un cierto reparo a entrar en la célebre discoteca de Ibiza, por temor a que sus propietarios, tres empresarios vascos, estuvieran relacionados con la organización terrorista ETA. Pero cuando observó que el número 3 del PSOE, *Txiqui* Benegas, acudía allí todos los días, durante el verano, a jugar al *squash*, se hizo amigo de los empresarios y comenzó a visitar los sótanos del centro, donde se encuentra la pista.

Desde entonces, el cacique ibicenco y el político socialista han coincidido en Ku en algunas ocasiones, practicando esta modalidad del deporte de la raqueta.

Posteriormente, los dos políticos, de ideologías contrapuestas, han viajado varias veces hasta Formentera en el yate del comisario europeo de AP, acercándose a sus orillas a bordo de

4. Ver diario *El Independiente* de esas fechas, entre cuyas informaciones destaca la entrevista realizada por Raúl del Pozo a Pablo Castellano.

una lancha «Zodiac» para visitar los terrenos que el empresario ibicenco tenía en Punta Pedrera, C'an Marroig, Torre Gavina y Estany des Peix.

Estos terrenos, con una superficie de tres millones de metros cuadrados, de los cuales medio millón lo constituyen un espacio sumergido en forma de lago, habían sido comprados por el comisario Matutes por 180 millones de pesetas en 1983, a través de las sociedades Torregavina, S.A., y Formentera, S.A., inscritas a nombre de un pariente suyo y de dos testaferros.

El Plan Provincial de Ordenación Urbana los convirtió en zona urbanizable pero el municipio de Formentera —bajo control socialista desde 1986— había hecho inviable el sueño del ex senador de AP por Ibiza de levantar allí una urbanización turística, al no aprobar las normas subsidiarias de planeamiento.

Abel Matutes, a la vista del fracaso, intentó un segundo negocio. En 1986 solicitó de la Comunidad Autónoma de Baleares autorización para realizar una experiencia de cultivo marino de langostinos en Estany des Peix, a la que también se opuso el Ayuntamiento.

La cría de langostinos se realizó, de todas maneras, y no dio resultados. Pero el comisario europeo no se dio por vencido y en septiembre de ese año vendía los terrenos de C'an Marroig, Torre Gavina, Estany des Peix y Punta Pedrera al oscuro multimillonario italiano Giancarlo Parretti,[5] por unos 1.500 millones de pesetas, operación que le iba a reportar unos beneficios de 1.300 millones.

Una de las cláusulas de la transacción determinaba, sin embargo, que para que el acuerdo fuera válido el empresario ibicenco Abel Matutes tenía que comprometerse a gestionar los permisos de edificabilidad en la zona, operación en la que Pablo Castellano encaja al número 3 del PSOE, *Txiqui* Benegas.

El papel de Benegas, de quien Pablo Castellano sigue pensando que es socio de Abel Matutes —aunque no hay pruebas que lo acrediten— habría consistido en hablar con los órganos del Partido Socialista en Baleares para persuadirles de que se levantara el veto a las construcciones turísticas en la isla de Formentera.

No eran éstas, sin embargo, las únicas ocasiones en que *Txiqui* Benegas era visto frecuentando amistades peligrosas. En

5. «Los amigos extranjeros del poder», capítulo XXV.

marzo de 1990, a raíz del escándalo por el pago de comisiones a altos cargos del PSOE por la compañía norteamericana, McDonnell Douglas, en relación con la compra de aviones para la renovación de la flota de Iberia, el empresario socialista, Enrique Ballester, hizo unas declaraciones al periodista Jesús Cacho publicadas en el diario *El Mundo*, en las que expresaba la necesidad de «salvar» a *Txiqui* Benegas.

El secretario de Organización del PSOE, Benegas, y uno de los implicados en el escándalo de los aviones, el empresario socialista Antonio Calleja Relaño,[6] solían verse con relativa frecuencia en el chalet que Calleja tenía entonces en la colonia Mirasierra de Madrid.

—Ambos han sido socios en varios negocios —relataron a los autores del libro fuentes del INI.

—Con *Txiqui* yo sólo me he ido de copas y de «ligue» —ha asegurado Calleja.

Por su parte, no puede decir lo mismo el comisario europeo y alto cargo del PP, Abel Matutes. Un par de años antes del asunto Formentera, el 29 de agosto de 1985, el periódico *Diario de Cádiz* publicaba una foto en portada en la que aparecían el cacique ibicenco y el número 3 del PSOE, José María Benegas, en compañía de la actriz María Jiménez.

Benegas y Matutes se habían desplazado ese mismo día en el *jet* particular del comisario europeo desde el aeropuerto de Ibiza hasta el de Jerez de la Frontera para visitar la factoría gaditana de Cultivos Piscícolas Marinos (Cupimar), en San Fernando (Cádiz), de la que el comisario europeo controla la mayor parte del capital.

El número 3 del PSOE y el entonces vicepresidente de Alianza Popular se fueron luego a almorzar juntos a la Venta Vargas, uno de los restaurantes típicos de la provincia de Cádiz, donde se encontraron con la cantante María Jiménez. Allí, Benegas, después de posar en la foto, declaró que las industrias piscícolas marinas «tienen un importante futuro». En el mismo diario, el responsable de Organización del PSOE, añadía:

—Apoyaré cuantos proyectos importantes de este tipo surjan en Cádiz.

Las declaraciones habían sido providenciales. Meses más tarde, el Fondo Europeo de Orientación y Garantía Agrícola (Feoga), vinculado a la Comunidad Económica Europea, y la

6. En el capítulo XI se cuentan las conexiones de Benegas con Calleja.

Consejería de Pesca de la Junta, presidida por el ex presidente de la Junta de Andalucía, José Rodríguez de la Borbolla, a través del plan ZUR (Zona de Urgente Reindustrialización), concedían a Cupimar un total de 505 millones de pesetas en subvenciones.

La concesión de estas ayudas dio origen a que el eurodiputado italiano, Alberto Tridente, acusara al comisario español de haberse beneficiado de su cargo. Tridente, además, dirigió una pregunta a la Comisión Europea sobre la forma en que se habían concedido las subvenciones, mientras el comisario europeo, Abel Matutes, se ofrecía voluntariamente para dar explicaciones al presidente de la Comisión Europea, el francés Jacques Delors.

El asunto tuvo también su continuación en España. Manuel Gómez de la Torre, parlamentario andaluz de Izquierda Unida por Cádiz, presentaba igualmente una pregunta al Parlamento andaluz en la que trataba de averiguar si la concesión de las ayudas del ZUR a las empresas de Abel Matutes tenían algo que ver con la visita de *Txiqui* Benegas a Cupimar y su declaración pública como secretario de Organización del PSOE, de que «apoyaría cuantos proyectos importantes de este tipo surgieran en la provincia de Cádiz».

Constituida en agosto de 1981, Cultivos Piscícolas Marinos (Cupimar) es una de las empresas de vanguardia en la Comunidad Económica Europea en materia de granjas marinas dedicada al cultivo de mariscos y al engorde de lenguados y doradas.

El periodista Germán Álvarez Blanco, amigo personal de *Txiqui* Benegas, a quien conoce desde hace 14 años y «al que le tuve que prestar este año 50.000 pesetas, para que su hija pudiera irse a un campamento», fue nombrado —según cuenta él mismo— consejero de Cupimar por Matutes, aunque en el Registro Mercantil no consta tal inscripción.

—Matutes empezó a cortejarle al conocer la gran amistad que le unía a *Txiqui* Benegas —explica un amigo de Álvarez Blanco, quien era otro de los jugadores de *squash* asiduos de la discoteca Ku de Ibiza con quien los dos políticos han compartido cancha en más de una ocasión.

Álvarez Blanco, ligado a un *consulting* que da empleo a veinte personas, dedicado, según él, a negocios lícitos, y al tráfico de influencias con empresas vinculadas al PSOE, según la información de algunos periódicos, permaneció poco tiempo en la empresa de Matutes.

—Se fue —relató la misma fuente a Ramón Tijeras— cuando Matutes, intentando aprovecharse de sus contactos en círculos socialistas, le pidió que le presentara al alcalde de San Fernando o a alguna otra personalidad del PSOE para resolver unos problemas de permisos que tenía con su empresa en Cádiz. Entonces, se propuso que le sustituyera Antonio Asensio.

Puede ser pura coincidencia. Pero su baja coincidió con el período en que en la Prensa comenzaban a airearse las supuestas conexiones entre *Txiqui* Benegas y Abel Matutes, el intocable cacique ibicenco, dueño de importantes empresas inmobiliarias en Baleares, contra quien los poderes del Estado se han enfrentado sin éxito hasta ahora.

* * *

Cuando José Guasch, ganadero y fabricante de hielo jubilado, asestó un bastonazo a Abel Matutes a la salida de sus oficinas en Ibiza, muy pocas personas en la isla daban crédito a sus ojos.

Era a mediados de 1986 y el anciano había golpeado a la persona más influyente de las Islas Baleares y a una de las más ricas de España, por incumplir un pacto en el traspaso de una propiedad cuyas condiciones tuvieron que dirimirse en los tribunales.

Antes de viajar a Bruselas, donde ya era comisario europeo, Matutes amenazó con meter a su agresor en un manicomio. El anciano retiró entonces la denuncia. Pero Guasch es el único ibicenco que puede contar una proeza igual. Su garrote negro con ribetes dorados se había estrellado contra el imperio Matutes.

Desde que inició su carrera política, a finales de los años sesenta, el poder del Comisario ha crecido al ritmo de sus negocios. Matutes es propietario —directa o indirectamente— de más de veinte hoteles repartidos entre las islas de Ibiza y Menorca y Benalmádena (Málaga); tiene una compañía de trans portes marítimos, Umafisa; una compañía de aviación privada, Audeli Air Company, dedicada al transporte de carga; era dueño de la Banca Matutes hasta vendérsela recientemente a uno de los grandes bancos españoles, en condiciones muy ventajosas al ser la entidad financiera más activa de la isla, y es dueño también de las mayores piscifactorías de Andalucía, en Cádiz, y de grandes extensiones de terreno en la costa atlántica, entre esta provincia y Ayamonte, en Huelva.

Su feudo, sin embargo, es Ibiza, una isla de 572 kilómetros cuadrados, donde es propietario hasta del agua que beben sus habitantes, al comercializarla a través de la empresa de Aguas de Formentera, S.A.

En esta isla, el hoy comisario europeo había extendido sus dominios desde mucho antes de emplearse como político y ni el régimen del general Franco, al que llegó a enfrentarse a comienzos de los años setenta por la demolición de un hotel, pudo acabar con él.

En febrero de 1970, varias cargas explosivas estratégicamente colocadas en los pilares del edificio, derribaban el hotel Ínsula Augusta, de 31 metros de altura, construido en terrenos de Playa d'en Bossa, en el municipio ibicenco de San José.

El inmueble, propiedad de la sociedad Hoteles Ibicencos, S.A. (Hotisa), de la que Abel Matutes era vicepresidente, había sido construido en 1967 y estaba considerado como uno de los orgullos de la isla de Ibiza. Pero tenía un inconveniente. Había sido levantado apenas a 1.900 metros del aeropuerto e incumplía todas las normas relacionadas con la seguridad aérea.

La Dirección General de Aviación Civil puso un pleito contra la empresa de Matutes y acabó ganándolo. Pero antes de ordenar la demolición, el general Franco quiso cerciorarse de que no iba a cometerse una arbitrariedad y encargó al ministro del Aire, Julio Salvador Díaz Benjumea, que realizara un informe técnico.

Benjumea viajó personalmente a la isla, vio cómo el edificio interfería la línea de planeamiento del avión y cuando aterrizó le dijo a Abel Matutes:

—Si llego a llevar una bomba arriba, la habría echado.

El cacique ibicenco, imperturbable, le contestó:

—Si usted hubiera echado esa bomba, tendría que pagar ahora los destrozos.

El hotel acabó demoliéndose. Fue una de las pocas obras

que el gobierno del general Franco ordenó derribar, pero al final, Abel Matutes, que por aquel entonces era alcalde de Ibiza, resultó el ganador. Una sentencia posterior, del Tribunal Supremo, obligaba al Estado a indemnizarle con 118 millones de pesetas.

Casado y con cuatro hijos, la fulgurante carrera empresarial de este político singular, que se levanta todos los días a las seis y media de la mañana y que viaja en su jet particular, transcurre paralela a la de su jefe de filas, Manuel Fraga Iribarne.

Mientras en los años setenta, Fraga se dedicaba a inaugurar paradores y a promover el turismo en todo el país, Matutes hacía lo mismo en Ibiza. Conseguía que las autoridades centrales hicieran la vista gorda y aceptasen una cierta permisividad en el relajamiento de las costumbres sexuales y el consumo de las drogas blandas, lanzaba la moda Ad Lib, a través de la falsa princesa yugoslava Smilja Mihailovich, y se convertía en promotor.

En pleno «boom» turístico, los hoteles de Matutes invaden la isla como una plaga. Sociedades como Hotisa o Urcoisa, levantan torres en el municipio de San José y en otros puntos de Ibiza al ritmo de la creciente demanda de plazas hoteleras.

El empresario ibicenco era el único industrial que, por esa época, no tenía problemas financieros para abordar cualquier proyecto urbanístico, al disponer mediante su propio banco, la Banca Matutes, de una perfecta tela de araña con sucursales en toda la isla.

Aunque es obvio que ni el hoy comisario europeo ni su familia aparecen ni directa ni indirectamente relacionados con el negocio de la droga, varios informes policiales de mediados de los setenta revelan que su banco, lo mismo que el resto de la banca que operaba entonces en la isla, se beneficiaban del blanqueo del dinero negro del hachís, la principal sustancia estupefaciente consumida entonces.

De esta manera, la entidad bancaria propiedad de la familia obtenía —como el resto de los bancos— unos recursos que incrementaban los saneados beneficios del cambio de divisas y los depósitos de los clientes.

A finales de la década de los setenta, cuando se instauró la democracia en España, el empresario ibicenco acudió a la calle Génova de Madrid y se inscribió en el partido de Manuel Fraga, del que fue senador por la isla de Ibiza.

Sin embargo, su gran éxito político consiste en haber respaldado la candidatura de Gabriel Cañellas, un destacado militante del PP de Mallorca, para la presidencia del Gobierno balear.

A partir de entonces, sus sociedades Don Toni, Urcoisa, Doliga, Cipaex y Palm Beach, registradas la mayoría de ellas a nombre de su hermano Antonio, de sus hijos o de terceras personas, empiezan a construir hoteles en terrenos no urbanizables, protegidos por el Icona o en zonas sin planes generales de Ordenación Urbana aprobados.

Algunos grupos ecologistas se lanzan a protestar por lo que consideran un atentado a la Naturaleza y el concejal socialista del Ayuntamiento de San José, José María Ribas, presenta varios recursos en contra de las licencias de obras concedidas a las empresas de Matutes.

Pero el entonces vicepresidente de AP sabe elegir bien las amistades. En su yate *Elisa*, de 23 metros de eslora, que ha venido a sustituir a otro, más pequeño —el *Ica*, de 17 metros de longitud—, empiezan a navegar políticos como *Txiqui* Benegas o el ministro de Justicia Enrique Múgica; el ex ministro Eduardo Punset y Manuel Fraga, como antes lo habían hecho artistas como Julio Iglesias, Massiel o la actriz norteamericana Ursula Andress.

Las excursiones veraniegas en yate son como el bálsamo para los negocios. Los problemas con los concejales socialistas desaparecen y el *holding* Empresas Matutes, que dirige su hermano Antonio, empieza a rodar como la seda.

Consolidada su posición en el sector hotelero y en el de las comunicaciones aéreas y marítimas, el hoy comisario europeo se plantea la expansión de sus negocios en el sector agrario. Funda la sociedad Horto-Ibiza, que empieza a comprar terrenos agrícolas en la isla y a construir invernaderos con el fin de dedicarse a la producción de cultivos intensivos, fundamentalmente hortalizas y tomates.

Sus empresas, vinculadas a los servicios estratégicos de la isla, le convierten en el auténtico cacique de Ibiza, controlando desde el agua potable embotellada que beben los turistas, los hoteles donde se hospedan, los bancos en los que cambian sus divisas, hasta las hortalizas que comen.

Desde hace poco tiempo, Matutes les vende también los langostinos y las doradas procedentes de su empresa Cultivos Piscícolas Marinos (Cupimar), que abarca una superficie de 4.000.000 de metros cuadrados entre San Fernando, Chiclana de la Frontera y Puerto Real, en la provincia de Cádiz.

Instalada en un área de influencia socialista como es Andalucía, Matutes ha necesitado contar con multitud de permisos de la Junta de Andalucía y del Gobierno —en aplicación de la Ley de Costas— para poder instalar allí la empresa con más futuro de su *holding*.

El PSOE, que ha boicoteado numerosos proyectos en Cataluña «porque no vamos a dar ninguna ventaja a Convergència i Unió», según un ministro del Gobierno, no ha dudado, sin embargo, en esforzarse para ayudar al comisario europeo por el Partido Popular y compañero de pista de *squash* de *Txiqui* Benegas.

Y es que ya lo dejó claro hace unos años en Cádiz el número 3 del PSOE, refiriéndose a las empresas de Matutes:

—Apoyaré cualquier iniciativa de este tipo que surja en esta provincia.

Desinteresada o no la ayuda, Benegas aparece ahora relacionado, según la versión inicial del alcalde de Pozuelo, José Martín Crespo, luego desmentida, con el empresario de la construcción Luis García Cereceda, un personaje que ha movido los hilos desde la sombra y ha resultado providencial para que el presidente de la Comunidad de Madrid, Joaquín Leguina, haya podido conservar su sillón en los cuatro últimos años.

* * *

A finales del mes de abril de 1988, tres oscuros personajes almuerzan juntos en un restaurante del Paseo de la Castellana de Madrid. Dos de ellos son los diputados de la Asamblea de Madrid, Nicolás Piñeiro y José Luis Ortiz, elegidos en los comicios del 10 de junio de 1987, tras presentarse en las listas del Partido Popular (entonces AP).

El tercero es Juan Figueroa, socio del empresario de la construcción, Luis García Cereceda, en la sociedad Empresa de Promociones Económicas, S.A., y ex jefe de Gabinete del ministro de Sanidad de UCD, Jesús Sancho Rof.

Nicolás Piñeiro, un viudo de 48 años, padre de cuatro hijos y teniente de alcalde del municipio madrileño de Algete, y su compañero de partido, José Luis Ortiz, están a punto de marcharse de AP para fundar un nuevo grupo político en Madrid: el Partido Regionalista Independiente (PRIM).

—Estamos ilusionados con vuestro proyecto —dice Figueroa a sus compañeros de mesa—. Si os decidís a dar el paso, no os preocupéis por nada.

—Pero tú, ¿en nombre de quién hablas? —pregunta Ortiz.

—No se puede decir —responde un enigmático Figueroa—; si se conociera, las presiones políticas serían insoportables.

Juan Figueroa hace todo lo posible por resultar persuasivo.

—Una cosa sí os aseguro —insiste—. En el nuevo partido, ¡dinero no os va a faltar![7]

En la primavera de 1988, tras esta reunión, se pone en marcha la operación política de mayor alcance conocida hasta hoy en la Comunidad Autónoma de Madrid, para garantizar la estabilidad del Gobierno socialista de Joaquín Leguina.

Tras las elecciones autonómicas del año anterior, en la Comunidad de Madrid se había producido una situación peculiar. Los socialistas no habían alcanzado la mayoría en la Asamblea, pero las dificultades entre los líderes de la derecha, Manuel Fraga y Adolfo Suárez, para crear una mayoría estable, permite a Joaquín Leguina gobernar en solitario.

Mientras las fuerzas políticas de izquierda (IU y PSOE) sumaban 47 escaños, la derecha (AP y CDS) contaba con un total de 49 escaños.

Desaparecido Manuel Fraga, en ese momento, de la vida política madrileña, las posibilidades de entendimiento entre Adolfo Suárez y el nuevo líder del PP, Antonio Hernández Mancha, parecían mucho mayores y la permanencia de Joaquín Leguina al frente de la presidencia de la Comunidad empezaba a peligrar.

Hasta que un día, Leguina y el constructor madrileño, Luis García Cereceda, entran en contacto a través de la presidenta de Afisa (Administración Financiera e Inmobiliaria, S.A.) —una de las sociedades de Cereceda—, la simpatizante del PSOE, Petra Mateos.

El «rey del ladrillo» y el presidente de la Federación Socialista Madrileña se reúnen en un refugio, propiedad del empre-

7. Manuel Quintero, en *Diario 16*, abril de 1988.

sario, en la estación de esquí de Baqueira Beret (Lérida), y pasan un fin de semana juntos.

Poco después, uno de los lugartenientes de Cereceda, Figueroa, ponía en marcha la operación, para arrancar dos diputados a la derecha —con el pretexto de crear un nuevo partido— y romper así la mayoría natural que podía poner la presidencia de la Comunidad de Madrid en manos del aliancista Alberto Ruiz Gallardón.

Pero Piñeiro y Ortiz no acaban de decidirse a fundar el PRIM y las noticias sobre las maniobras de García Cereceda llegan a la sede central de Alianza Popular, en la calle Génova de Madrid, a través del alcalde de Algete, Tomás de la Puebla, un agricultor de toda la vida.

De la Puebla, enemistado tradicionalmente con Nicolás Piñeiro, había visto en Guadalajara los estatutos del nuevo partido y da la voz de alarma.

—Piñeiro —dice el alcalde— nos va a traicionar. Está preparando un nuevo partido.

—No le hagas caso. Ya sabes que está loco por cargarse a Piñeiro —comentan en AP.

Pero los rumores suben de tono y Alberto Ruiz Gallardón, Luis Eduardo Cortés y otros miembros del Grupo Parlamentario aliancista en la Comunidad de Madrid toman la iniciativa. Se reúnen con Piñeiro en un chalet de Majadahonda y le preguntan a bocajarro:

—¿Es cierto que nos traicionas?

—No. Juro que no.

Los reunidos, trece en total, no están dispuestos a creerle por las buenas.

—Lo juro por la memoria de mi mujer —repite Piñeiro.

—Entonces, ¿qué es eso de PRIM?

—No lo sé. El único objetivo de mi vida es Alianza Popular —responde Piñeiro sin vacilar.

Pero en junio de 1988, da el paso definitivo y funda el PRIM. Joaquín Leguina ya puede respirar tranquilo.

Su sillón en la presidencia de la Comunidad, por el momento, no corre peligro.

* * *

Once meses después, en mayo de 1989, las cosas pueden cambiar. Los dirigentes del CDS y de AP, molestos por las permanentes agresiones que vienen sufriendo por el Partido Socialista en algunos municipios, preparan la batalla de Madrid.

Representantes de ambas fuerzas políticas se reúnen y firman un pacto secreto para controlar a la vez el Ayuntamiento de la capital y presentar una moción de censura que haga caer a Joaquín Leguina de la presidencia de la Comunidad Autónoma.

Es la jugada maestra. Pero, mientras la operación para echar a Juan Barranco del Ayuntamiento no plantea problemas, al alcanzar la mayoría con los escaños del PP y CDS, la moción contra Leguina necesita el voto de al menos un diputado de izquierdas o el apoyo del PRIM.

En ese momento, entran en liza los hombres de Luis García Cereceda. El 19 de mayo, Gustavo Durán, socio del poderoso constructor madrileño en la empresa Promociones y Conciertos, S.A. (Procisa), propietaria del edificio que alberga la sede central del CDS en Madrid, cree tener la victoria del centroderecha en sus manos.

Durán, antiguo vendedor de electrodomésticos, que además trabaja como comisionista para Cereceda, cita en su despacho de la calle Zurbano de Madrid al joven diputado autonómico de Izquierda Unida, Miguel Ángel Olmos.

—Tú y yo no nos conocemos —le había dicho Durán por el teléfono—, pero tengo un asunto importante que proponerte. ¡Sé que te va a interesar!

El diputado Olmos, recién llegado al cargo, supone inmediatamente que le quieren sobornar. Consulta con su abogada, Cristina Almeida, y decide acudir a la cita con un pequeño magnetofón en el bolsillo. Antes, toma otra precaución: pasa porel notario y plasma sus sospechas en una declaración por escrito.

Su intuición no le falla.

—Yo trabajo con la *gran constructora* (sic) —le dice a modo de presentación Durán— y estoy comisionado por ellos para arreglar el tema de la Comunidad.[8]

—Pues yo estoy intrigadísimo —contesta Olmos—. No sé qué es lo que pinto aquí.

8. Mariano Sánchez, *Tiempo*, marzo de 1990.

Gustavo Durán se ahorra los preámbulos y va directamente al grano.

—Por parte de la construcción, yo tengo poderes amplios y absolutos y tú tienes algo...

—Claro, claro, soy consciente de ello —interrumpe Olmos—. Tengo en mi mano la gobernabilidad de la Comunidad.

—Cierto. Y puedes tener todo el oro del mundo. Para la gran contrucción, Miguel Ángel, cien millones de pesetas es poco dinero, no es nada.

El intermediario madrileño, que dice hablar en nombre de los empresarios de la construcción y del PP, pierde todo su pudor y habla de carrerilla, sin sospechar que un magnetofón registra cada una de sus palabras.

—No dejes, Miguel Ángel, no seas primo, no dejes pasar esta oportunidad —concluye Durán—. Yo estoy cansado de ver políticos que luego, cuando pasa su momento, viven en una situación horrorosa, pasándolas putas y sin ninguna ayuda. En definitiva, lo que te estoy proponiendo es algo que todos lo hacen, eso para empezar, o sea, que todos lo hacen asolapados, que todos lo hacen, todos, Miguel Ángel, todos.

La operación acaba en escándalo cuando el diputado Miguel Ángel Olmos acude al juzgado y presenta una querella contra Durán por intento de soborno.

Lo más curioso del caso, sin embargo, es que, mientras uno de los socios de Luis García Cereceda, el *broker* Gustavo Durán, trata de sacar adelante la moción de censura contra Leguina, otro de sus hombres de confianza, Juan Figueroa, lucha desde el bando contrario para impedir que pueda formarse una mayoría de centro derecha que derroque al presidente de la Comunidad.

El constructor madrileño, como muchos políticos y empresarios experimentados, tiene muy presente, en esos momentos, la moraleja que aconseja no poner todos los huevos en la misma cesta.

* * *

En realidad, a García Cereceda, a quien en círculos políticos madrileños se considera el inspirador y el financiero del PRIM, le ha gustado siempre tener un puesto en la fila de los vencedores.

Considerado una de las diez primeras fortunas del país, construida a golpe de ladrillo y de especulación inmobiliaria,[9] el empresario de la construcción es uno de los personajes más enigmáticos de la sociedad madrileña.

Propietario de un campo de golf de 9 hoyos en Pozuelo de Alcorcón, de un chalet en Baqueira Beret y de otro en La Moraleja (Madrid), García Cereceda es uno de los pocos multimillonarios que prefiere permanecer en el anonimato, que rehúye los grandes actos sociales y las cacerías para refugiarse en las islas del Caribe y en las redacciones de los periódicos no hay fotos suyas.

El industrial madrileño está, no obstante, desde hace más de veinte años, perfectamente informado sobre los entresijos de la política municipal y nacional.

En los tiempos de la dictadura tuvo a Gregorio López Bravo, considerado una de las personas más influyentes del régimen, en el consejo de administración de su empresa Promociones y Conciertos (Procisa).

Durante la etapa de UCD, su enlace con el Gobierno era Juan Figueroa, jefe del Gabinete del ministro de Sanidad, Jesús Sancho Rof (quien posteriormente aparecería como accionista de Promoción Económica, S.A., otra de las sociedades de Cereceda) y el propio Adolfo Suárez, a quien le une una vieja amistad.

De esta manera, cuando Suárez funda su nuevo partido, el CDS, y necesita contar con un local aparente en Madrid para establecer su sede central, el empresario no duda en alquilarle un palacete situado en el número 7 de la calle Marqués del Duero por el que, según el periodista José Carlos Blanco, «paga un alquiler casi irrisorio».

Blanco, que ha investigado la biografía de García Cereceda para la revista *Tiempo*, va más allá. «En dos ocasiones, en 1986 y 1987 —afirma el periodista—, altos cargos del CDS se reúnen con el empresario en el hotel Monterreal, situado en la madrileña colonia de Puerta de Hierro, para hablar de la finan-

9. Las notas de los Registros de la Propiedad y Mercantil de Madrid revelan que en un solo día ha ganado cientos de millones de pesetas con la venta de terrenos.

ciación de las elecciones generales y de las municipales celebradas en esos años.»

Los autores del libro no tienen pruebas, sin embargo, que demuestren que el partido del Adolfo Suárez recibió dinero de las empresas de Luis García Cereceda, y se limitan exclusivamente a registrar el dato.

Propietario de un vasto imperio financiero, que incluye numerosas inmobiliarias, financieras y empresas de comercio exterior,[10] el industrial madrileño ha sido acusado de tejer una impresionante red de tráfico de influencias en torno al PSOE. Él lo niega tajantemente:

—¡Que alguien me demuestre que he recalificado un solo terreno o que he comprado algo de forma ilegal y le doy 100 millones de pesetas! ¡Cien millones! —dice enfadado, en una conversación privada con los autores del libro.

No obstante, varios altos cargos del PSOE, entre los que se encuentran el ex secretario general de la Presidencia del Gobierno, Julio Feo, viven en casas construidas por Cereceda, y desde el 27 de julio de 1988, Petra Mateos-Aparicio Morales, una economista simpatizante del PSOE, vinculada al sector leguinista de Madrid, trabajó primero como consejera y luego como presidente de Afisa, una sociedad de la que quiere desprenderse Cereceda.

Pero la genial maniobra que le ha permitido tener en un puño la Comunidad de Madrid durante cuatro años, para no dejarse arrebatar su condición de líder de la construcción en Madrid, propia de la frialdad cerebral que le ha hecho multimillonario, fue la creación del partido bisagra de Nicolas Piñeiro, el extraño PRIM.

Para muchos empresarios, y para muchos políticos también, la ideología dominante es el dinero.

10. Las empresas más importantes ligadas a Luis García Cereceda y a sus socios son las siguientes: Administradora Financiera e Inmobiliaria (Afisa); Promociones y Conciertos Inmobiliarios, S.A. (Procisa); Lugarce (Luis García Cereceda); Pez 12; Inmuebles Claudio Coello, S.A.; Attila Rex; Agruva; Princesa 37; Biclacen; La Remonta; Bravo Murillo, S.A.; Bravo Murillo 207; Caballero de Gracia 10; Iprocomsa; Gestora Génova 10; Inversiones Urbanas 1; Europromociones Inmobiliarias y Promociones y Comercio, entre otras.

XX. LOS PRIMEROS ESCÁNDALOS DE LA DEMOCRACIA ESPAÑOLA

La guerra por el control de las contratas de basuras y el «Escándalo Flick» acabaron en 1984 con la ilusión que muchos españoles habían depositado en el Partido Socialista y el cambio político en España. Los militantes socialistas, que se hicieron cargo de los Ayuntamientos años antes sin depurar a los funcionarios franquistas corruptos, acabaron implicados en los mismos escándalos que hasta poco antes habían combatido en las instituciones.

Fue el 31 de mayo de 1981, un día que presagiaba el comienzo de un largo y cálido verano, cuando la opinión pública española descubrió por primera vez que la corrupción se había instalado en las entrañas del PSOE, un partido que había tenido a gala a lo largo de un siglo de historia la ética en los comportamientos humanos y la honradez de sus militantes.

Ese día, el gabinete de dirección del Ayuntamiento de Madrid, copado por el PSOE, como la mayoría de los Ayuntamientos españoles desde las elecciones de 1979, se reunía en el despacho del alcalde Enrique Tierno Galván.

El asunto a tratar no era políticamente relevante: los ediles que componían el equipo directivo del Consistorio de la capital de España tenían que adjudicar una contrata de limpieza para los distritos de Fuencarral, San Blas y Hortaleza, en el nordeste de Madrid.

El presupuesto de la contrata, 4.000 millones de pesetas, para prestar un servicio durante cinco años, era un bocado apetecible para las constructoras y las empresas de limpieza de Madrid.

Sobre los concejales que componían el equipo rector de la corporación se habían ejercido numerosas presiones en los días anteriores. Sin embargo, todo parecía indicar que el PSOE iba a adoptar una postura de partido serio e incorruptible, tal y como creía el teniente de alcalde, responsable de las áreas de Personal y Obras Públicas, Alonso Puerta.

Pero en aquella reunión, el delegado municipal de Hacienda, el socialista Baltasar Aymerich, pidió permiso para conceder la contrata de basuras por el procedimiento de urgencia. Se creó una comisión mixta para estudiar el asunto, en la que estaban el delegado de Saneamiento, Jesús Espelosín; el titular de Seguridad, José Barrionuevo, y el teniente de alcalde, Alonso Puerta.

En la comisión, Baltasar Aymerich y Jesús Espelosín llevaron en todo momento la voz cantante, como si procuraran controlar la adjudicación.

—Focsa y Cycsa son las empresas mejor colocadas —dijo Espelosín.

—También hay otra, Semat, que a mí no me parece mal —añadió Aymerich.

—Yo opino lo mismo. A Semat habrá que darle algo —agregó Espelosín.

—Por lo menos, uno de los distritos —concluyó Aymerich.

Baltasar Aymerich y Jesús Espelosín habían sido las personas encargadas de estudiar el informe técnico. Pero una tercera persona, el concejal de Saneamiento, Manuel Mella, no estaba en absoluto de acuerdo con sus apreciaciones.

—¿No estaréis equivocados? —preguntó.

—¡Qué va! Semat, junto con Focsa y Cycsa, son con mucho las mejores ofertas.

El concejal Mella pensó que el tema no merecía un debate más amplio y se calló, al tiempo que las concesiones de limpieza de Fuencarral, San Blas y Hortaleza recibían el visto bueno del Grupo Socialista del Ayuntamiento de Madrid, que ostentaba la mayoría absoluta, para ser aprobadas en pleno.

* * *

El escándalo estalló días después, cuando el director general de Ordenación del Transporte del Ayuntamiento, Florentino Pérez, paró al teniente de alcalde Alonso Puerta en uno de los pasillos de la Casa Consistorial y le espetó:

—Todos vosotros sois unos sinvergüenzas.

—¿Unos sinvergüenzas? ¿Por qué? ¡Cómo te atreves a levantar ese tipo de calumnias!

—¿Conque calumnias, eh? No me digas que no sabes que tu partido está cobrando comisiones a cambio de la concesión de los servicios municipales.

Alonso Puerta y Florentino Pérez se fueron entonces a un bar para hablar más tranquilos y allí el director general de Ordenación del Transporte le contó todo lo que sabía.

—Y ahora, si quieres conocer más detalles, habla con tus compañeros de partido —añadió.

—¿Con qué compañeros? —preguntó Puerta.

—Con el secretario de la Federación Socialista Madrileña, Joaquín Leguina, y el consejero de Hacienda, Baltasar Aymerich.

Florentino Pérez, antes de marcharse, le hizo una nueva confidencia:

—Los dos han reconocido lo de las comisiones. Y han confirmado otra sospecha que tenía: éste es un «vicio» del PSOE extendido por todos los Ayuntamientos del país con mayoría socialista.

Alonso Puerta no entendía nada. Cien años de honradez socialista tirados por la borda a cambio de unos cientos de millones para financiar las actividades del PSOE, le resultaba algo imposible de comprender.

Puerta, un militante socialista que procedía de las filas del Partido Socialista Popular de Tierno Galván, necesitaba que alguien de los suyos le asegurara que aquello estaba ocurriendo de verdad.

Habló con los concejales José Barrionuevo y Manuel Mella

y obtuvo la confirmación de que el 10 de agosto de 1981, un mes antes de que se planteara el asunto de la limpieza, Jesús Espelosín y el representante de la compañía de limpiezas Semat, Pedro Galindo, habían estado comiendo en el Club 31 de Madrid y que Galindo, a la vez empresario y militante socialista, había llegado a ofrecer dinero al partido a cambio de la adjudicación del contrato.

Aquel día Alonso Puerta creyó que debía denunciar los hechos al alcalde, Enrique Tierno Galván, y pedir que se creara una comisión de investigación que depurara las responsabilidades de algunos militantes de su partido antes que perder su virginidad y su ética socialista.

Y tal como lo pensó, lo hizo.

Tierno Galván, el «viejo profesor», tuvo entonces que paralizar la concesión de los servicios de limpieza y de disolver la comisión mixta UCD-PSOE que iba a adjudicar la contrata por el procedimiento de urgencia.

El Partido Socialista se vio en la difícil papeleta de tener que crear una comisión de investigación que llegara hasta el fondo de un escándalo que comenzaba ya a aparecer en las páginas de los periódicos y empezaba a erosionar gravemente la hasta entonces impoluta e incorruptible imagen del partido, en vísperas del XXIX Congreso del PSOE.

La investigación la llevó a cabo Juan Barranco, quien reconoció que existían «indicios« de corrupción en la adjudicación de las contratas de limpieza y puso de relieve la existencia de otros casos de adjudicaciones similares en el Ayuntamiento madrileño.

—¿Es cierto lo de Pedro Galindo? —le preguntó un día Alonso Puerta a su compañero Juan Barranco.

—Eso parece —replicó éste, sin más explicaciones.

—¿Qué es lo que parece? —insistió Puerta.

—Que Galindo fue a la sede del partido y puso sobre la mesa de un compañero de la ejecutiva quinientas mil pesetas.

—¿Por lo de las contratas de limpieza?

—Por lo de las contratas de Semat.

Alonso Puerta pidió entonces que se tomaran medidas contra los delegados de Hacienda, Baltasar Aymerich, y de Saneamiento, Jesús Espelosín.

* * *

El teniente de alcalde del Ayuntamiento de Madrid creía todavía que las irregularidades en la concesión del servicio de limpieza de San Blas, Hortaleza y Fuencarral eran hechos aislados en el partido y que el cobro de comisiones no era un modelo institucionalizado de funcionamiento.

Puerta cayó en la cuenta de su error cuando el denunciante de una serie de esas irregularidades se convirtió en uno de los principales denunciados y en objeto de investigación. Los comités regional y federal del PSOE reaccionaron de manera violenta en contra suya, le suspendieron de militancia y la Comisión de Conflictos del partido le abrió un expediente.

El único apoyo que parecía tener el teniente de alcalde era el del alcalde de Madrid, Enrique Tierno Galván, que de vez en cuando le decía:

—Sosiéguese, Puerta. Que usted ha obrado bien.

—Pero, si no dejan de perseguirme.

—¡Quién le va a perseguir a usted, hombre! —le animaba Tierno.

—El partido. Aquí parece que el que ha estado cobrando comisiones soy yo.

—Bueno, pues usted tranquilícese, que ya sabe que cuenta con todo mi apoyo.

A mediados de octubre de 1981, el pleno del Ayuntamiento de Madrid debatió el espinoso asunto de las contratas de limpieza. Joaquín Leguina y José Barrionuevo dieron la razón al teniente de alcalde Alonso Puerta al reconocer públicamente que las empresas concursantes habían cometido cohecho y que había existido un intento de soborno sobre dos altos cargos socialistas del Ayuntamiento.

Los grupos políticos de la Corporación acordaron por unanimidad presentar una querella criminal contra los comisionistas de las empresas, pero el Ayuntamiento nunca acudió a los tribunales de Justicia.

Entretanto, algunos militantes socialistas de otras provincias comenzaron a hacer llegar a Alonso Puerta testimonios y pruebas documentales que demostraban que el cobro de comisiones era uno de los sistemas de financiación habituales del PSOE. Éste supo entonces que el sistema comenzó a utilizarse desde abril de 1979, fecha en que el PSOE ganó las primeras elecciones democráticas en los Ayuntamientos.

Uno de los documentos recibidos por el teniente de alcalde era una comunicación interna del PSOE de Alicante al grupo de concejales socialistas. Tenía fecha 11 de octubre de 1979 y estaba firmada por el miembro de la Ejecutiva del partido en la Comunidad Valenciana, Pedro Lorca Rubio. Decía así:

«Queridos compañeros:

»Según la vigente Ley de Régimen Local, las corporaciones están facultadas para contratar determinados servicios, utilizando el método de contratación directa.

»No se os escapará la importancia tanto económica como política que tiene para el partido el control de esta contratación (ejemplo, plan general de ordenación urbana, recogida de basura, mantenimiento, alumbrado público, etc.).

»Es propósito de la C. E. (Comisión Ejecutiva) del P. V. (País Valenciano), que al igual que se ha establecido en otras Federaciones del partido, y más concretamente en aquellos grandes Ayuntamientos donde el volumen económico de estas contratas podría suponer una fuente extra de financiación, el establecer en esta Federación una metodología que nos permita estar enterados antes de su resolución y con el tiempo suficiente de todas aquellas licitaciones y subastas al objeto de poder concurrir a ellas.

»Deberéis extremar las medidas de control e información, especialmente en lo referente a la confección y/o revisión de planes generales de ordenación urbana, puesto que la C. E. dispone de gabinete técnico suficientemente capacitado para dicho cometido.

»Deberéis reunir toda esta información conforme se vaya produciendo y (enviarlo), repito, con tiempo suficiente, a la Secretaría de Política Municipal de Valencia.

»Saludos socialistas

»Pedro Lorca Rubio»

La carta no era un documento nuevo. Años antes, había sido exhibida por el vicepresidente del Gobierno, Fernando Abril Martorell, en el Congreso de los Diputados. Pero el entonces vicesecretario general del PSOE, Alfonso Guerra, había reaccionado fulminantemente. Antes de que nadie pudiera acusar al Partido Socialista de financiarse mediante actividades poco lícitas, mandó abrir un expediente al firmante de la circular, Pedro Lorca Rubio. Más tarde, le expulsaron del partido.

Para Alonso Puerta, aquella carta significaba mucho más. Era la prueba fehaciente de que las comisiones se habían convertido en el método sistemático de financiación del PSOE.

Los Ayuntamientos del franquismo, que se habían caracterizado por constituir la institución más corrupta del antiguo régimen y que en otro tiempo habían servido de plataforma para el enriquecimiento personal de numerosos alcaldes, no habían sufrido ningún tipo de depuración con la llegada de la democracia a España.

Y el aparato institucional de las corporaciones locales, podrido hasta la médula y acostumbrado a llenarse los bolsillos con el dinero de los contribuyentes, había contaminado a la nueva clase política, acabando así con los cien años de honradez del Partido Socialista, una formación que en tiempos de su fundador, Pablo Iglesias, tenía a gala expulsar a sus militantes por no pagar a tiempo el recibo de la luz o el pan al tendero de la esquina.

* * *

Pero Pablo Iglesias estaba muerto y bien enterrado. Y Alonso Puerta, al descubrir los manejos de un sector de altos cargos del partido, se había convertido en la «oveja negra» del aparato. Una circunstancia que iba a sufrir en su propia carne.

Mientras los dos concejales socialistas corruptos del Ayuntamiento de Madrid continuaban en sus cargos o eran recompensados con responsabilidades más importantes, el Comité de Conflictos del PSOE, por presiones de la Moncloa, le llamó un día para comunicarle la expulsión de su partido.

El teniente de alcalde del Ayuntamiento de Madrid trató de persuadir a los inquisidores de que estaban cometiendo una terrible injusticia con él.

—Aquí, en el informe, se reconoce la existencia de intentos de cohechos a dos responsables del Ayuntamiento de Madrid.

—Da igual.

—Se habla de militantes que ofrecen donativos para conseguir beneficios.

—Es lo mismo. No son ésos los motivos de la expulsión.

—¿Por qué razones se me aparta, entonces, del partido?

—Porque el tema debió haberse tratado y resuelto en la órbita del Partido Socialista.

Poco después, el alcalde Tierno Galván le recibía en su despacho para comunicarle otra mala noticia:

—Yo, como usted sabe, le aprecio, pero me veo obligado a cesarle como teniente de alcalde.

Puerta no supo qué responder. Fue el «viejo profesor» quien volvió a tomar la palabra:

—Comprenda usted la delicada situación en que me encuentro, las presiones del partido...

Tierno Galván parecía contrariado consigo mismo. Se le veía dolido y desencantado.

—Lo siento, pero no puedo hacer otra cosa.

Alonso Puerta salió destrozado de la entrevista con el alcalde. Pero aún no había «saboreado» el peor de todos los tragos.

Cuando al día siguiente regresó a la Casa de la Villa, sede del consistorio municipal, la Policía tenía instrucciones del alcalde de prohibirle el acceso a las dependencias utilizadas por los miembros de la Corporación.

—Lo siento, don Alonso —le dijo un guardia—, pero tengo órdenes de no dejarle pasar. Estas dependencias son para uso exclusivo de la Corporación y usted fue cesado como teniente de alcalde.

Alonso Puerta se encaminó hacia la salida de la Casa de la Villa y el guardia, de lejos, le repitió:

—¡Don Alonso, que yo sólo cumplo órdenes!

El PSOE sacrificaba así la ética y los principios socialistas para proteger otros intereses de partido y echar tierra a un asunto demasiado turbio, que aquel largo y cálido verano de 1981, hizo perder la virginidad y la candidez a muchos dirigentes socialistas, después de haber sido votados por millones de honestos contribuyentes.

* * *

En la Unión del Centro Democrático, el partido de Adolfo Suárez, instalado en el poder desde que en junio de 1977 ganó las primeras elecciones democráticas, se conocía con suficientes detalles cuáles eran las vías de financiación del PSOE.

Pero los hombres del Duque, que acababan de salir de las tinieblas de la dictadura, no serían quienes tirasen la primera piedra. Para los altos cargos de la UCD, con responsabilidades fuera y dentro del Gobierno, era preferible dejar que los socialistas se hundieran en las turbias aguas de la corrupción que se generaba en los Ayuntamientos, antes que escuchar la lengua afilada y viperina de Alfonso Guerra en el Parlamento llamando a su jefe de filas, Adolfo Suárez, «tahúr del Misisipí».

A pesar de todas las acusaciones de corrupción hechas públicas por los dirigentes socialistas en el Congreso de los Diputados, reproducidas en titulares por la mayoría de los periódicos, lo cierto es que el PSOE no tuvo nunca —en los años en que estuvo en la oposición— datos concretos que pudieran implicar a sus oponentes en negocios de corrupción política.

Mientras Felipe González y Alfonso Guerra lanzaban todo tipo de ataques a sus oponentes, que al carecer de pruebas documentales se convertían automáticamente en meros juegos florales para la galería, la UCD había encontrado un cómodo sistema de financiación, basado en cuatro fórmulas distintas, que los socialistas nunca lograron descubrir.

Una de las vías de acceso de dinero negro a las arcas del partido de Suárez procedía de las empresas del sector eléctrico.

La UCD había apoyado con la mayor voluntad del mundo la construcción de la central nuclear de Lemóniz en el País Vasco. Cuando los inversores llevaban casi dos billones de pesetas gastados, la instalación no se pudo inaugurar debido a una feroz campaña terrorista de ETA, que culminó con el asesinato de dos de los ingenieros de la fábrica, y con varias amenazas de muerte a toda la plantilla.

El cierre de la central nuclear fue un duro golpe para las empresas del sector eléctrico y, probablemente, hubiese significado la quiebra de muchas empresas, si el Gobierno no hubiera cargado los costes de construcción de la planta a los recibos de la luz de millones de españoles.

Las negociaciones entre altos cargos del Gobierno y los directivos de Lemóniz, que determinaron el pago de las inversiones no rentabilizadas con cargo a los recibos de la luz de los ciudadanos, aportaron una fuerte cantidad de dinero a las arcas de UCD. A partir de entonces, la práctica se institucionalizó.

Todos los años, cada vez que los responsables del sector eléctrico acudían al Ministerio de Industria a negociar la subida del canon energético, había siempre una negociación técnica en la que se ajustaba el precio del kilowatio hasta el último céntimo en beneficio del usuario.

Concluida esa negociación, intervenían los políticos redondeando las cifras con un aumento de un par de céntimos por kilowatio/hora. La operación significaba cada año un beneficio económico de unos cientos de millones de pesetas, de los cuales una parte iba a parar a las arcas de la UCD.

Otra vía de financiación eran los coeficientes bancarios, el dinero que estaba obligada a depositar la banca privada en el Banco de España procedente de los pasivos de los clientes, para sufragar las deudas del Estado.

Las personas que negociaban esos asuntos por parte de la patronal bancaria eran siempre los hombres de confianza de Rafael Termes, el presidente de la Asociación Española de la Banca Privada y los altos cargos del Banco de España. Unos y otros sabían que reducir un solo punto el coeficiente de caja de los bancos suponía aumentar la masa de dinero circulante en muchos miles de millones de pesetas.

Por eso, tras la negociación técnica, venía la política que se celebraba en el despacho del vicepresidente económico del Gobierno. Allí se «aquilataban» las cifras al mínimo. Y la banca, ese tipo de favores sabía recompensarlos convenientemente.

Una tercera fórmula empleada por la UCD para obtener dinero era la venta de los excedentes agrícolas españoles que dependían del Fondo de Ordenación y Regulación de los Precios y Productos Agrarios (FORPPA), del Ministerio de Agricultura.[1]

1. Detalles sobre el funcionamiento de este tipo de operaciones, en el capítulo II.

Por último, quedaba la ayuda exterior que algunos países árabes proporcionaban a España a cambio de que el Gobierno de la UCD no reconociera al estado de Israel y permitiera a la Organización para la Liberación de Palestina (OLP) abrir una oficina de representación, con *estatus* diplomático, en la Península.

Los *petrodólares* llegaban a Madrid a través de las comisiones establecidas en las compras de crudo que adquiría directamente el Estado a través de la empresa Hispanoil y que constituía la llamada «reserva estratégica», es decir, la reserva de petróleo necesaria para que el país pudiera subsistir durante un corto período de tiempo —alrededor de un mes— en caso de conflicto o grave crisis mundial, con cortes de las vías de suministro de petróleo o problemas de abastecimiento.[2]

De todas maneras, con esta estructura de financiación, a UCD nunca le faltó dinero. Éste llegaba a la sede del partido, en la calle Cedaceros, 11, de Madrid, de la mano de dos de los hombres de confianza de Adolfo Suárez: el vicepresidente del Gobierno, Fernando Abril Martorell, y el cuñado y secretario personal del Presidente, Aurelio Delgado, más conocido por el sobrenombre de *Lito.*

Una tercera persona a la que Adolfo Suárez permitía intervenir en el tema de las finanzas era Álvaro Alonso Castrillo, a quien cariñosamente llamaban «el hombre del maletín», por sus continuas idas y venidas a la Moncloa con un maletín de cuero siempre dispuesto para llevar dinero al partido.

Sin embargo, Alonso Castrillo, implicado recientemente en el «affaire Naseiro», fue tal vez el único alto cargo de la UCD al que la desaparición del partido dejó en la ruina más absoluta, después de conocer unos años de maravillosas «vacas gordas». Con el grifo de la Moncloa cortado y con deudas por todas partes, Castrillo tuvo que vender su casa y escapar al extranjero, concretamente a Miami, para no acabar en la cárcel. Algunos otros altos cargos del partido, como Aurelio Delgado o el ministro de Justicia, Íñigo Cavero, han tenido, igualmente,

2. Aparte de estos ingresos, la UCD solía recibir donativos personales que se entregaban directamente a Adolfo Suárez y de cuya procedencia no acostumbraba a dar cuenta a nadie, ni siquiera a sus colaboradores más cercanos.

que responder frente a las deudas con su patrimonio personal.[3] Pero el escándalo estaba en el PSOE.

* * *

El «Caso Puerta», enterrado por la propaganda socialista poco después de la expulsión del que hasta entonces había sido el «díscolo militante» del partido, iba a conocer una segunda parte años más tarde, en el verano de 1984, con los socialistas controlando el poder central y Felipe González instalado en la Moncloa.

El detonante que hizo reventar la situación no fue Alonso Puerta ni los detectives privados que, según su versión, el PSOE había contratado para que le vigilaran y para que amenazaran a su abogado. Estos detectives, incluso, en alguna ocasión, habían llegado a alquilar un apartamento contiguo a su casa para escuchar a través de las paredes las conversaciones que mantenía con sus letrados y tenerle controlado más estrechamente.

La chispa que reavivó el fuego del escándalo fue la delicada situación interna que atravesaba una de las empresas de limpieza implicadas en los sobornos —la sociedad de capital sueco Sellberg— y el juicio que debía verse ante la Magistratura de Trabajo aquellos días por la expulsión de varios de sus directivos dos años antes.

Carlos Franco Aradilla, antiguo director general de Sellberg, que reclamaba a la empresa una indemnización por despido después de 12 años al frente de la misma, había hecho una declaración ante notario relatando cómo se lograban las adjudicaciones de los servicios de limpieza en los Ayuntamientos controlados por el Partido Socialista.

3. Tras el hundimiento de la UCD, las deudas del partido se camuflaron en una de las últimas crisis bancarias, como pérdidas, y fueron amortizadas por el Fondo de Garantía de Depósitos. Plácido Vázquez, uno de los dirigentes de la formación política liderada por Adolfo Suárez, afirma que el pasivo de UCD era entonces de unos 4.000 millones de pesetas. Por el contrario, Aurelio Delgado asegura que el agujero del partido de Suárez no superaba los 2.000 millones. En todo caso, uno y otro han confirmado a los autores del libro que las deudas fueron pagadas por el Estado, con cargo al bolsillo de todos los ciudadanos españoles.

«Saneamientos Sellberg —revelaba Franco Aradilla— ha dispuesto de varios talones para que, después de cobrarlos, se entregara su importe en efectivo a don Emilio Alonso Sarmiento, el secretario de Finanzas del PSOE, en calidad de donativo.»

La pieza clave del entramado «político-financiero» era el empresario socialista Vicente Torres García, el hombre encargado por Sellberg para hacer de puente entre la empresa y el PSOE y entregar los sobornos.

Vicente Torres, según el acta notarial, había jugado un papel importante en el «Caso Puerta». «Todas las gestiones encaminadas a conseguir dicho contrato fueron realizadas por el señor Torres», revelaba el documento.

«Fui informado de que Emilio Alonso le mandó entrevistarse con el señor Leguina —continúa el informe—. El señor Leguina le indica que debe tratar el asunto con los señores Espelosín y Aymerich. Toma contacto con el señor Espelosín y organiza un almuerzo para tratar de la adjudicación.»

Vicente Torres, aparejador de profesión, viejo militante del Partido Socialista Popular de Enrique Tierno Galván, había hecho una carrera fulgurante en el mundo de las empresas de limpieza.

En 1979 era un simple empleado de Semat, amigo del responsable municipal del Comité Federal del Partido Socialista Obrero Español, el canario Luis Fajardo Spínola y prestaba sus servicios en la ciudad de La Laguna (Tenerife), regida por un alcalde del PSOE, donde consiguió la adjudicación del servicio de limpiezas para su empresa.

Tras el éxito conseguido con este primer contrato, Torres García se convierte en el intermediario entre el PSOE y los Ayuntamientos socialistas y consigue los contratos de Algeciras, Marbella, Ibiza, Elche y Sagunto.

En 1981, tras el escándalo Puerta, a Carlos Franco Aradilla, director general de Sellberg, que no consigue que le adjudiquen ni un concurso, le explican el éxito de su competidora, la empresa Semat.

—La clave está en Vicente Torres García —le dicen.

—¿Quién es ese hombre? —pregunta.

—Un simple aparejador.

—¿Un aparejador?

—Sí, pero dicen que tiene «mucha mano» en el PSOE.

—¿Tiene buenos contactos?

—Es amigo personal de los responsables de las secretarías de Política Municipal y Finanzas del PSOE, Luis Fajardo Spínola y Emilio Alonso Sarmiento.

El director de Sellberg, Carlos Franco Aradilla, da una orden a su equipo de ejecutivos:

—Hay que fichar a Vicente Torres.

Sellberg, que se encuentra en una situación financiera difícil, necesita hacerse con varios contratos de limpieza ese año para garantizar su supervivencia. El 5 de mayo consigue la adjudicación de Murcia. El 9 de junio la de Mérida (Badajoz) y el 4 de agosto se apunta un nuevo éxito: el servicio de limpieza de Lorca (Murcia).

Por las mismas fechas, el director general de la empresa Sellberg, Carlos Franco Aradilla, había librado tres talones de diez, tres y dos millones de pesetas, que se entregan al empleado Vicente Torres García.

—Eran donativos para el PSOE —revela Franco Aradilla.

Vicente Torres, «el Conseguidor», debía hacer efectivos los talones, convertirlos en dinero en metálico, y entregarlos en una maleta al secretario de Finanzas del PSOE, el mallorquín Emilio Alonso.

El pago se hacía en los apartamentos de las Torres de Colón, en pleno centro de Madrid. Según reveló el periodista de *Diario 16*, José Luis Gutiérrez, el procedimiento utilizado era bastante curioso. Alonso Sarmiento, que tenía alquilado el apartamento 824, se desplazaba allí y esperaba la llegada de Vicente Torres, que vivía en otro apartamento similar, situado un piso más abajo, con el número 724.

Cuando aparecía Vicente Torres acompañado de su inseparable maletín, daba unos golpes con su bastón en el techo del apartamento. Emilio Alonso Sarmiento contestaba de la misma manera. Tras el intercambio de señales, los dos hombres se encontraban en el apartamento del secretario de Finanzas del PSOE y, como en una antigua película de gángsters, intercambiaban los maletines.

El escándalo de la adjudicación de los servicios de limpieza municipales, a raíz de la publicación de estos datos, produjo tal crisis política, que el 25 de septiembre de 1984, el Presidente del Gobierno, Felipe González, se vio obligado a comparecer ante la opinión pública para anunciar una investigación a fondo a los partidos políticos.

«Quiero proponer al partido y al Grupo Parlamentario Socialista —dijo González— que se investigue y aclare seriamente el procedimiento de financiación de los partidos políticos en España desde 1977.»

Por primera vez desde su llegada al poder, Felipe González se sentía molesto con la Prensa, que había aireado estos escabrosos asuntos y, en tono duro y amenazante, advertía:

—Por consiguiente (propongo), que haya una comisión parlamentaria que haga esto para empezar y, para el futuro, que la comisión parlamentaria investigue cuáles son los recursos, a su vez, que sostienen a los medios de comunicación social.

* * *

Pero 1984 iba a convertirse, sin embargo, en el año de los escándalos relacionados con la financiación de los partidos políticos. El culebrón no había hecho más que empezar. Cinco días después de la amonestación de Felipe González a la Prensa, el 30 de septiembre, los juristas del partido socialdemócrata alemán celebraban una reunión informal en el hotel Rathaus de Hannover (República Federal de Alemania).

Durante el acto, uno de los contertulios, el diputado del SPD, Peter Struck, hacía un inocente comentario indicando que una buena parte del dinero entregado por el consorcio Flick al partido socialdemócrata, había sido desviado hacia España para financiar las actividades del PSOE.

Flick, una de las más importantes multinacionales alemanas que en tiempos pasados financió al partido nazi, había originado meses antes una enorme polémica en Alemania occidental, por supuestos sobornos a políticos, y había obligado a dimitir al presidente del Bundestag (parlamento) y al ministro de Hacienda alemanes.

La conexión española del *affaire* Flick iba a despertar en España igual cúmulo de pasiones. Dio origen a una tímida comisión de investigación pero, como era de esperar, no provocó ninguna dimisión. El detonante iba a ser la publicación de las palabras del diputado socialdemócrata Peter Struck por el periódico germano *Frankfurter Rundschau*.

Aparte de la crónica del periódico alemán, otro hecho precipitó los acontecimientos: la declaración del ex gerente del consorcio Flick, Guenter Max Paefgen, ante una comisión parlamentaria de la RFA, asegurando que su empresa había canalizado importantes sumas de dinero hacia España y Portugal hasta 1982, para favorecer el socialismo democrático en ambos países. Este dinero, según Paefgen, había ido a parar al PSOE, por medio de la fundación socialdemócrata Frederik Ebert.

La publicación de estos datos provocó la crisis más grave que se había conocido hasta entonces en el seno del Partido Socialista y en el Gobierno desde la llegada de Felipe González a la Moncloa en 1982. El presidente se vio forzado a acudir voluntariamente al Parlamento para dar explicaciones públicas sobre el comportamiento de su partido.

En una sesión tensa, cargada de electricidad y nerviosismo, el 14 de noviembre de 1984, Felipe González dijo:

—Ni de la Fundación Ebert, ni del consorcio «Flick», ni del Partido Socialdemócrata Alemán he recibido ni un marco, ni un duro ni una peseta.

Pero el fiscal general de la República Federal de Alemania, Andreas Schutz, vino, años después, a enmendarle la papeleta. Después de pasarse seis años investigando, la Fiscalía de la RFA hacía públicas, a finales de mayo de 1990, sus investigaciones sobre el Escándalo Flick.

Entre 1978 y 1985 se utilizaron 22 millones de marcos (1.400 millones de pesetas) de la fundación alemana Frederik Ebert, para financiar al Partido Socialista Obrero Español y al Partido Socialista Portugués. El dinero viajó a España a través de una cuenta abierta en un Banco de Zurich (Suiza), desde el Instituto para Encuentros Internacionales, y otra cuenta en Tel Aviv, de la fundación hebrea Fritz Naphtali, que actuaron como tapaderas para sacar el dinero de la República Federal de Alemania.[4]

Los datos de la Fiscalía de Bonn parecen sólidos y están respaldados por seis años de duros trabajos y centenares de declaraciones de los propios interesados.

La investigación de la Fiscalía General de la República Federal de Alemania contradicen radicalmente las palabras del Presidente del Gobierno español, Felipe González, en el pleno

4. Ver *Der Spiegel*, del 1 al 15 de mayo de 1990.

del Congreso de los Diputados del 14 de diciembre de 1984, donde, de forma rotunda y categórica, había afirmado:

—Que quede claro: ni yo ni mi partido hemos recibido dinero ni de «Flick» ni de «Flock». Y ésa es una afirmación que nunca me veré obligado a rectificar.

Tras el informe de la Fiscalía de la RFA, Felipe González tal vez piense ahora que rectificar y reconocer públicamente que su partido ha estado metido en asuntos no demasiado limpios, probablemente, no sea cosa de sabios.

Sin embargo, para el presidente González, aquel año de 1984 el turrón tuvo, por primera vez, un sabor amargo.

Sus biógrafos dicen que los primeros escándalos de la democracia le quitaron el apetito y que, a partir de entonces, el partido de Pablo Iglesias se transformó en una organización semejante a la que describe George Orwell en su famosa novela *1984*, con el PSOE como Gran Hermano, tratando de borrar el rastro de su propia historia, donde, «oficialmente», la corrupción no existe y donde el vicepresidente, Alfonso Guerra, continuaría, hasta un año después del escándalo de su hermano, del que políticamente es responsable, sentado en el mismo sillón.

XXI. LO QUE LA TELEVISIÓN PRIVADA NUNCA CONTARÁ DE SÍ MISMA

Jamás el poder y la Prensa viviero una «luna de miel» en España como la que conocieron cuando Felipe González decidió conceder las televisiones privadas. La batalla por el control del tren de la modernidad en el campo de la comunicación provocó el manejo de los sutiles hilos del tráfico de influencias y movilizó a líderes y políticos extranjeros. Para ello, el Gobierno puso un precio a cada uno de los canales, que los candidatos pagaron religiosamente.

El 1 de febrero de 1990 un Alfonso Guerra nervioso, crítico, hábil para detectar los defectos en los partidos de la oposición e ignorar los errores del PSOE, comparecía, a petición del Gobierno, ante el Congreso de los Diputados, para dar su opinión sobre el *affaire* Juan Guerra, que había irrumpido semanas antes en los periódicos y había hecho correr ríos de tinta en todas las redacciones del país.

Durante su intervención, el vicepresidente del Gobierno acusó a medio país y a la clase política en general de practicar el tráfico de influencias y se rasgó las vestiduras porque los partidos de la oposición le acusaron de ser «políticamente responsable» del enriquecimiento repentino de su hermano, desde el despacho oficial que ocupaba en la Delegación del Gobierno en Sevilla.

Aprovechando la tribuna del Congreso de los Diputados y la transmisión en directo que hacían del debate Tele Madrid, Antena 3 TV y algunas emisoras de radio, el vicepresidente Guerra lanzó sus dardos envenenados contra los medios de información del país que habían conseguido las nuevas cadenas de televisión privadas, acusándolos veladamente de ejercer el tráfico de influencias para hacerse con ellas.

—He recibido llamadas telefónicas y he recibido también visitas —dijo Guerra— y debo decir que en el tema de los canales (privados) de televisión yo creía no estar facilitando ningún tráfico de influencias de quien venía a verme.

En el mismo tono insinuante, recalcando algunos hechos y dando a entender mucho más de lo que decía, el vicepresidente del Gobierno continuó su parlamento:

—He recibido a los mismos responsables de las empresas privadas que lo han solicitado y, por cierto, han obtenido canales de televisión. ¿Es que ha habido tráfico de influencias por esas personas que han venido a explicar el proyecto y a decir que es a ellos a quienes debemos concederlo?

El vicepresidente Alfonso Guerra, probablemente, tenía toda la razón. La concesión por el Consejo de Ministros en agosto de 1989 de tres canales de televisión a los grupos empresariales de Antena 3, Tele 5 y Canal Plus se había debido más al fruto de negociaciones previas llevadas en secreto en los despachos del palacio de la Moncloa entre los años 87 y 88 que a la deliberación, serena y moderada del Ejecutivo, en base al informe aportado por la mesa de contratación, que se encargó de elaborar el correspondiente estudio técnico.

Incluso, hay quien dice que cuando el Gobierno convocó el 23 de mayo de 1989 un concurso público para la concesión de los tres canales privados de televisión, los nombres de las personas que iban a ostentar su titularidad ya habían sido extraídos del bombo y que el concurso sólo era una mera forma de guardar las apariencias y cubrir las formalidades jurídicas y documentales frente a las candidaturas.

Algo, por otra parte, posible. Desde que en 1931, la R.C.A. (Radio Corporation of America) colocó una antena de televisión en el Empire State Building de Nueva York y comenzó a emitir imágenes en movimiento, la televisión se ha convertido en el mayor medio de persuasión de masas. La mayoría de los gobiernos del mundo trataron inmediatamente de asegurarse su monopolio y en aquellos países en que funciona la televisión privada, los titulares de cada canal son minuciosamente seleccionados.

En este contexto, en marzo de 1987, el Presidente del Gobierno Felipe González, convocó en el palacio de la Moncloa una ronda de conversaciones con los principales responsables de los medios informativos de difusión nacional, para hablar de los problemas de la Prensa en España.

Los socialistas acababan de ganar por mayoría absoluta las segundas elecciones generales y el presidente González estaba contento con el tratamiento que la Prensa había dado a su partido durante la campaña electoral.

La precipitada convocatoria de los comicios había obligado al Gobierno, meses atrás, a retirar del Congreso un proyecto de Ley destinado a regular la televisión privada. Sin embargo, poco después, eufórico por el nuevo triunfo electoral, González parecía decidido a abordar definitivamente aquella asignatura pendiente del Gobierno socialista.

* * *

Dos de las primeras personas que acudieron a la Moncloa fueron el empresario catalán Javier Godó y su hombre de confianza, Rafael Jiménez de Parga.

Descendiente de una familia que se había dedicado durante cinco generaciones al mundo de la Prensa, Javier Godó era un economista de 48 años, presidente de la agencia de Prensa «Lid» y de *La Vanguardia*, un periódico fundado por su tatarabuelo en 1881 con capital procedente de la industria textil catalana, para apoyar al Partido Liberal de Práxedes Mateo Sagasta. Su acompañante, Rafael Jiménez de Parga, era un catedrático de Derecho Mercantil de la Universidad Central de Barcelona, vicepresidente de Antena 3 Televisión y uno de los grandes defensores de la televisión privada en España.

Javier Godó era también presidente de Antena 3 Radio, un grupo que poseía una importante cadena de emisoras de FM pero que se había constituido en 1980 con vocación televisiva y había venido dando en los siete últimos años una dura batalla para que se reconociera en España el derecho de los profesionales libres a difundir sus ideas y opiniones en el campo de los medios audiovisuales.

Ante la indecisión de los distintos gobiernos de la UCD para sacar adelante la ley de la televisión privada, Antena 3, después de acudir a la Audiencia Nacional y al Tribunal Supremo, había planteado un recurso ante el Tribunal Constitucional el 7 de agosto de 1981, tras lo cual este alto organismo emitió una sentencia histórica el 31 de marzo de 1982.

Su contenido establecía la posibilidad de crear televisiones privadas en base al artículo 20 de la Constitución, relativo a la libertad de información, y al 38, que consagra la libertad de crear empresas, del mismo texto legal.

Sin embargo, el Tribunal Constitucional dejaba en manos del Gobierno la creación del plan técnico que debería poner en marcha la televisión privada.

Con esa ley en la mano, en abril de 1982, Javier Godó y parte de su equipo directivo de Antena 3 van a ver al entonces Presidente del Gobierno, Leopoldo Calvo-Sotelo, para que les permita llevar a cabo su proyecto.

Pero Calvo-Sotelo, un hombre que había hecho su carrera política y empresarial ligado a los grupos económicos más poderosos del país, les da una respuesta que les deja helados:

—La UCD no va a autorizar la televisión privada.

—¿Hay alguna razón especial, Presidente?

—Sí que la hay. Me pedís que ponga un servicio público, como es la televisión, a disposición de la oligarquía financiera y eso no puede ser.

En julio de ese mismo año y anticipándose ya al triunfo electoral de los socialistas, los empresarios de Antena 3 habían convencido al ministro de Justicia, Pío Cabanillas, para que llevara al Consejo de Ministros una propuesta de decreto ley que permitiera la creación de televisiones privadas en España.

Cabanillas elabora el borrador, logra que el Consejo de Estado lo informe favorablemente, y lo presenta en el Consejo de Ministros que se reúne en la Moncloa el 4 de agosto de 1982.

Tres políticos de UCD, dos de ellos ministros —José Pedro Pérez Llorca, Francisco Fernández Ordóñez y José Antonio García Díez— vetan el Decreto Ley.

—Un decreto de este tipo tiene que ser visto antes por el Consejo Político de UCD —le dicen al conde de Godó.

Pero UCD, como partido político, está casi disuelto desde el congreso de febrero de 1981, celebrado en Palma de Mallorca.

Con ello, las expectativas y el optimismo que había generado entre los partidarios de la televisión privada la sentencia del Tribunal Constitucional, se transformaron de nuevo en pesimismo y apatía.

La llegada del PSOE al poder, el 28 de octubre de 1982, había sido otro jarro de agua fría para los promotores de una televisión pluralista. El PSOE veía con recelo a la Prensa, consideraba a sus empresarios como a sus enemigos naturales, y estaba en contra de autorizar las televisiones privadas.

Sin embargo, poco a poco, a comienzos de 1984 y 1985, la postura socialista comenzó a dar un giro de 180 grados y las empresas con vocación televisiva empezaron de nuevo a albergar alguna esperanza sobre el futuro de la televisión privada.

* * *

Por eso, aquella mañana primaveral de marzo de 1987, cuando se dirigía en el «BMW» azul marino de Rafael Jiménez de Parga al palacio de la Moncloa, el presidente de *La Vanguardia*, Javier Godó Muntañola, tercer conde de Godó, título otorgado a su familia por el rey Alfonso XIII, se sentía moderadamente optimista.

En uno de los amplios salones del palacio de la Moncloa, rodeados de tapices de Goya, pinturas de clásicos españoles y una de las mejores colecciones de relojes de pared de Europa, Felipe González y Javier Godó charlaron largo y tendido por espacio de hora y media.

En el curso de la entrevista el Presidente del Gobierno y el empresario de Prensa congenian rápidamente. Los dos contertulios hablan durante un largo rato sobre el modelo óptimo de comunicación y en seguida se ponen de acuerdo en dos cosas.

Ni a Felipe González ni a Javier Godó gusta el tipo de periodismo que hacen en aquellos momentos los dos principales diarios de la capital de España, el influyente *El País* y el conservador *ABC.*

El periódico conservador no era del agrado de la Moncloa por sus supuestas campañas contra el Partido Socialista y *El País* también empezaba a decepcionar a Felipe González. Su servilismo al poder, apenas disimulado, se notaba a la legua y hacía poco creíble su información, incluso para muchos votantes socialistas.

Con el poder que acababan de otorgarle en las elecciones generales del 15 de junio de 1986 los 8.901.718 de votantes que apoyaron la opción socialista, Felipe González no necesita ya de periódicos como *El País,* dedicados a darle permanentemente coba. Lo que en cambio sí preocupa de verdad al Presidente, en aquellos momentos, es el nuevo fenómeno que comienza a atisbarse en la Prensa: la reiteración de ciertas noticias en torno al Partido Socialista semana tras semana, en las páginas de los periódicos, incluso cuando no hay nuevos elementos informativos.

—La erosión que esto produce en la opinión pública es insoportable para cualquier Gobierno —decía González, que al mismo tiempo se mostraba como un entusiasta del periodismo «no redundante» que venía haciendo *La Vanguardia.*

Cuando el conde de Godó le expuso las líneas maestras de su proyecto, basado en la neutralidad de la información, la ausencia de posicionamientos políticos en la línea editorial y la no reiteración de las noticias más negativas para el poder, el Presidente del Gobierno se manifestó complacido.

—¿Tú crees que es posible hacer ese tipo de periodismo en la televisión privada? —le preguntó González.

—No sólo lo creo —afirmó rotundo Javier Godó—. Es el único periodismo que sé hacer.

Aquella tarde, cuando abandona el palacio de la Moncloa y el «BMW» azul marino de Rafael Jiménez de Parga enfila la autopista de Barajas, camino del puente aéreo que le ha de trasladar de regreso a Barcelona, el tercer conde de Godó está seguro de haber conseguido, finalmente, una cadena privada de televisión.

* * *

También Antonio Asensio, presidente del Grupo Z, y Jesús Polanco, presidente de Prisa, la sociedad que edita el periódico *El País*, obtienen la misma impresión, después de conversar largo y tendido con Felipe González.

Asensio, propietario de un grupo de 27 publicaciones lideradas por *El Periódico de Catalunya* y las revistas *Tiempo* e *Interviu*, había creado poco antes la sociedad Univisión y era un firme candidato para hacerse con uno de los canales de televisión privada.

Así parecía haberlo entendido también el Presidente del Gobierno, Felipe González, a quien el presidente del Grupo Z había conocido en anteriores ocasiones y a quien había tratado siempre de una forma especial en todas sus publicaciones.

Asensio, un empresario de 41 años que había llegado al mundo de la Prensa a los 18, cuando muere su padre y tiene que hacerse cargo de un pequeño taller de fotocomposición en Barcelona, sabía que la televisión, en última instancia, iba a depender de la voluntad del Gobierno.

Asesorado por el vicepresidente del Grupo, José Luis Erviti, y por el consejero delegado, Félix Espelosín, había iniciado poco antes una política de acercamiento al Partido Socialista y a la Moncloa, en la que jugó un papel importante el hoy secretario general de la ONCE, Miguel Durán.

Excelente amigo del secretario general de Comunicaciones, José Luis Martín Palacín, desde que juntos resolvieron el problema de la lotería de Prodiecu, Durán, que aspiraba a uno de los canales de televisión de la mano de Asensio, decidió llamarle a comienzos de 1987.

—Oye, José Luis, si la ONCE aspirase a un canal de televisión, ¿crees que tendría alguna posibilidad de conseguirlo?

—Hombre, yo creo que sí. Depende de los socios que elijas.

—¿Tú piensas que el Gobierno le daría un canal a mi amigo Antonio Asensio?

—Por supuesto, el Grupo Z parece un grupo editorial serio.

—¿Y crees que sería bueno que el Grupo Z moderara un poco su línea editorial?

—Hombre, pienso que sí. Eso facilitaría las cosas.

Miguel Durán era una persona acostumbrada a tomar decisiones rápidas. Conocía a Antonio Asensio, al haber intervenido en la operación de venta del edificio de la calle O'Donnell, 12, de Madrid, sede central del Grupo Z. Desde entonces le unía una fuerte amistad con su presidente, al que cariñosamente llamaba *Antoñito* y con el que se reunía de vez en cuando para comer.

El presidente de la ONCE pensó que le sería muy fácil convencer a su amigo de la necesidad de rebajar la política informativa del grupo, ante la oportunidad histórica que se le brindaba de acceder a un canal de televisión privada. Y decidió llamarle inmediatamente.

—Pues espera un poco —le dijo Durán a Palacín—, voy a hablar ahora mismo con Antonio Asensio.

Diez minutos después volvía a sonar el teléfono en el despacho de José Luis Martín Palacín, en la planta segunda del palacio de Comunicaciones de Madrid, junto a la estatua de la Cibeles.

—José Luis, Antonio me dice que de acuerdo.

—Ah, muy bien.

—Asensio va a hablar inmediatamente con los directores de todos sus medios. Es lo que me ha dicho.

—Pues muy bien.

Media hora después, José Luis Martín Palacín descolgaba el teléfono, llamaba a la Moncloa y pedía que le comunicaran con el despacho del ministro secretario del Gobierno, Virgilio Zapatero, para transmitirle, punto por punto, la conversación que acababa de tener con Miguel Durán.

—Yo no sé si os vale para algo, pero he creído importante que sepáis la disposición hacia el Gobierno en que se encuentra el Grupo Z —concluyó Martín Palacín.

El mensaje fue registrado en Moncloa y pocos días después, las cosas empezaron a cambiar en el Grupo Z. Los directores y columnistas más agresivos de sus periódicos y revistas comenzaron a perder poder e influencia dentro de la casa y Carlos Luis Álvarez, *Cándido*, columnista, amigo personal de Felipe González y asiduo de «La Bodeguilla», en la Moncloa, se incorporó al grupo como consejero personal del presidente, Antonio Asensio.

José Luis Martínez, otro buen periodista, a pesar de simpatizar con el PSOE, también conocido por ser uno de los hombres de confianza de José María Calviño en Televisión Española, pasó a ser el delegado de *El Periódico de Catalunya* en Madrid.

Al mismo tiempo y después de un estudio de mercado en el que invierten 25 millones de pesetas, el presidente de Zeta decide lavarle un poco la cara al Grupo. Revistas como *Lib*, no muy rentable y con un contenido altamente pornográfico en sus páginas, son vendidas a otras empresas.

* * *

Jesús Polanco, uno de los mayores accionistas de diversas empresas —Citsa, Sogetel y otras—, todas ellas nacidas como embrión de un futuro canal privado de televisión, fue el tercer empresario llamado por González a la Moncloa para tratar sobre el mismo asunto.

Polanco mantenía desde hacía meses un gran enfrentamiento con el poder por el tratamiento que *El País* venía dando a la información sobre terrorismo en sus páginas. Sin embargo, el Presidente del Gobierno y el editor de Prensa habían llegado a un pacto aquellos días para buscar una salida honrosa al problema.

Salvado este escollo, el grupo Prisa se convirtió automáticamente en uno de los máximos candidatos a la concesión de un canal de televisión privada en España.

Pero no fueron solamente los grupos Z y Prisa los que hicieron guiños de complicidad con el Gobierno previos a la concesión de las televisiones privadas. El 10 de noviembre de 1987, Francesc Noy, un periodista brillante, cercano a las tesis de Convergència i Unió, dejó la dirección de *La Vanguardia* de Barcelona. Juan Tapia, redactor jefe de economía y periodista cercano al PSOE, ocupó su lugar.

En la sede del PSOE, en la calle Ferraz de Madrid, sugieren también la conveniencia de que la cabeza del director general de Antena 3, Manuel Martín Ferrand, facilitaría el entendimiento entre el conde de Godó y el Gobierno. Pero el veterano periodista era una pieza clave en el entramado empresarial de Antena 3 Radio y Antena 3 Televisión y Javier de Godó no estaba dispuesto a someterse a presiones y a prescindir de sus servicios.

Así las cosas, en la primavera de 1987, el Gobierno había elegido los candidatos a los que habría de adjudicar las tres licencias para explotar un canal de televisión privada.

Tras estas entrevistas, en las que sólo participaron tres empresarios del sector de la comunicación, Felipe González da por concluida su ronda de consultas de cara a la regulación de la futura televisión privada. Otros importantes representantes del mundo de la Prensa, como Juan Tomás de Salas, presidente del Grupo 16; Luis María Ansón, director del diario conservador *ABC* o los representantes de Editorial Católica, que editan el periódico *Ya*, son ignorados por el Gobierno y excluidos de cualquier consulta.

En una lista que se manejaba en el Ministerio del Portavoz del Gobierno, en el palacio de la Moncloa, alguien había anotado sobre Salas, uno de los empresarios de Prensa que más se había jugado por traer la democracia y la libertad a este país, y el veterano periodista Luis María Ansón, ligado tiempo atrás a los intereses de la Corona, que no parecían candidatos idóneos para ostentar la titularidad de un canal de televisión con un Gobierno socialista.

Con ello, a finales de marzo de 1987, todavía sin ley que regulara la materia, en algunos círculos periodísticos muy reducidos de la capital de España se sabe quiénes van a repartirse en primera instancia la tarta de la televisión privada.

A Antena 3 de Televisión le correspondería el canal de la derecha. El Grupo Z y Prisa —la empresa editora de *El País*— controlarían los otros dos canales, en la creencia de que no serían beligerantes con el proyecto socialista.

* * *

El proyecto de Ley que iba a regular la concesión de las televisiones privadas era el secreto mejor guardado por el Gobierno. Sólo su Presidente, Felipe González, el vicepresidente, Alfonso Guerra y el ministro portavoz del Gobierno, Javier Solana, conocían con detalle los diferentes borradores que se habían venido realizando en los últimos meses, desde el 15 de junio de 1986, fecha en que el PSOE había ganado por segunda vez consecutiva las elecciones generales.

El texto se había cocinado por entero en la Moncloa y el equipo de técnicos de Javier Solana, que había trabajado durante ocho meses en el borrador que el Gobierno debía enviar al Parlamento para que se convirtiera en Ley, tenían instrucciones severas de no hablar con nadie.

Los tres miembros del Gobierno que conocían a fondo el asunto —González, Guerra y Solana—, se habían juramentado para no hablar del tema con nadie, ni siquiera con los miembros del propio gabinete, que tenían una idea muy vaga del asunto.

Tan sólo una persona cercana a esas áreas de poder, el ex director general de Radiotelevisión Española, José María Calviño, había visto el borrador, días antes de que fuera enviado al Consejo de Estado para su informe preceptivo. Se lo había enseñado el vicepresidente del Gobierno, Alfonso Guerra, en su despacho oficial y le había pedido su parecer.

Calviño hizo entonces algunas anotaciones al borrador antes de devolvérselo al vicepresidente. Y sin necesidad de que nadie se lo pidiera, permaneció callado como una tumba, de la misma manera que se mantuvo sin rechistar cuando en las elecciones de 1986 le llamaron de Moncloa para ofrecerle una cartera ministerial le hicieron pasar por el amargo trago de hacer las maletas en Televisión Española y despedirse de sus colaboradores para, por una decisión de última hora, retirarle de la lista de ministrables, cuando lo que esperaba era el anuncio de su nombramiento.

Por todo ello, los presidentes de los grupos empresariales de Prensa que aspiraban a tener su propio canal de televisión privada, que llevaban algún tiempo con las antenas desplegadas para conocer el proyecto de Ley que estaba elaborando el Gobierno, se enteran de su contenido cuando les llaman por teléfono los periodistas que han acudido al palacio de la Moncloa a cubrir la habitual rueda de Prensa posterior al Consejo de Ministros.

Los empresarios del sector, de todas maneras, pensaban que el nuevo proyecto de Ley iba a ser esencialmente parecido al que exactamente un año antes el Gobierno había enviado a la Cámara de Diputados para regular la televisión privada y que el Ejecutivo hubo de retirar apresuradamente del Parlamento al convocarse las elecciones generales.

Sin embargo, cuando el 3 de abril de 1987, el portavoz del Gobierno, Javier Solana, compareció ante los periodistas en la antigua sala de Prensa del edificio «Semillas» del complejo de la Moncloa, más de un empresario de un grupo informativo dio un puñetazo de rabia sobre la mesa.

El nuevo proyecto de Ley de Televisión Privada reducía a tres el número de canales de televisión autorizados y limitaba en el tiempo, a diez años renovables, el período de la concesión administrativa.

Por otra parte, era un proyecto claramente intervencionista. Obligaba a las cadenas de televisión a comprar en España el 40 por 100 de su producción, a emitir un mínimo de cuatro horas diarias, a comprar el 50 por 100 de las películas en la CEE y a que la publicidad no superara el 10 por 100 del tiempo de emisión.

Pero el aspecto que más molestó a los profesionales del sector y en el que se veía claramente la mano del ex director general de Televisión Española, José María Calviño, fue la limitación en cuanto a los porcentajes de participación de las empresas periodísticas en los futuros canales de televisión privada.

Según el proyecto de Ley, ninguna persona física o jurídica podría ser titular de más del 25 por 100 de una sociedad concesionaria. Este porcentaje quedaba reducido al 15 por 100 si el titular contaba al mismo tiempo con una participación de otro 15 por 100 en el capital de un periódico o revista de ámbito nacional.

El proyecto de Ley, aparte de vulnerar el artículo 38 de la Constitución, que consagra el derecho de los españoles a crear empresas privadas sin limitación alguna, estaba hecho claramente para que el sector de la información no se convirtiera en un monopolio controlado por muy pocas personas.

Entre los responsables de los medios de comunicación, se adivinaba, sin embargo, que había sido concebido esencialmente en contra de una persona.

«Es una ley anti Polanco», pensó Romualdo de Toledo, fundador y director general del Grupo 16, en su despacho del número 41 de la calle García Noblejas de Madrid.

Daniel Gavela, subdirector de *El País* y asesor de imagen del Grupo Timón, el *holding* editorial de Polanco, leyó detenidamente el texto y extrajo la misma conclusión:

—Hay un artículo en especial, el que limita los porcentajes de participación en el accionariado, que parece haber sido redactado pensando en un empresario en concreto: el presidente de Prisa, Jesús Polanco dijo a los autores del libro.

El Gobierno, que en un borrador inicial había reducido los porcentajes de participación accionarial al 15 por 100 —aunque luego los amplió al 25 por 100—, evidentemente no deseaba que el dueño de un periódico como *El País*, que vende más de un millón de ejemplares los domingos, y de la cadena SER, la más importante de la radiodifusión privada, con una audiencia que supera los 7.000.000 de oyentes, fuera el dueño absoluto de una de las cadenas privadas de televisión.

Pero Polanco, el Ciudadano Kane que había forzado al Gobierno a elaborar una Ley especial de televisión para impedirle que acumulara un excesivo poder, no se iba a tragar tan fácilmente el sapo.

* * *

—Esto no es una Ley, es una trampa.

En su despacho de la Fundación Santillana, en la calle Méndez Núñez 17 de Madrid, Jesús Polanco no podía contener su ira aquella tarde.

Un mensajero de *El País* acababa de traerle en un sobre cerrado la referencia del Consejo de Ministros, que contenía el texto completo del proyecto de Ley que el jefe de los servicios informativos de la Moncloa, Francisco Martos, había repartido aquella misma tarde entre los periodistas asistentes a la rueda de Prensa posterior al Consejo de Ministros.

«Esto no puede quedar así. Tenemos que hacer algo», se dijo para sus adentros el editor de *El País* y primer accionista de la cadena SER.

Polanco no se conformaba con que el Gobierno le asignara una parte ridícula de la tarta de la televisión privada, ni tampoco con el número y la clase de películas que debía emitir la cadena privada de televisión a la que aspiraba.

«Esto es un fraude. Nos piden que hagamos un gran esfuerzo económico y nos impiden decidir lo que podemos hacer con nuestro dinero», pensó el zar de la Prensa española, mientras releía la media docena de folios que contenían el proyecto de ley gubernamental.

Jesús Polanco descolgó el teléfono, marcó un número interior y le dijo a su secretaria:

—Ponme con Juan Luis Cebrián.

El actual consejero delegado de Prisa y ex director de *El País* también estaba disgustado con la Ley. Las cautelas impuestas por el Gobierno a lo largo del texto le parecían excesivas.

Al día siguiente, el periódico *El País*, la «obra» de Juan Luis Cebrián, publicaba bajo el título «La trampa televisiva» uno de los más duros editoriales de su historia.

El resumen de Prensa que la dirección general de Relaciones Informativas de la Oficina del Portavoz del Gobierno le pasa cada día, sobre las siete de la mañana, al Presidente del Gobierno, destacaba los dos párrafos más elocuentes:

«Consecuente con su trayectoria estatista —decía el editorial— durante años el PSOE fue doctrinalmente reticente a la legalización de la televisión privada. Poco antes de su victoria de 1982, sin embargo, renunció a esa posición y se comprometió a regular, en base a la experiencia de otros países, el libre acceso de la iniciativa privada a este medio.»

«Los sucesivos aplazamientos en el cumplimiento de su compromiso aparecen ahora como la prueba de que esa rectificación doctrinal no era tal, como tampoco la quiso anteriormente el franquismo ni la UCD. Hicieron una promesa atractiva para el electorado, harto de la manipulación de la televisión pública por parte del poder. Pero cuando esa manipulación empezó a hacerse en su beneficio, se dispusieron a un empeño tan lamentable como imposible: controlar no sólo TVE, sino cuantas televisiones privadas se intenten hacer en el país.»

Pero la postura de Jesús Polanco era algo más que la rabieta de un niño pequeño al que sus padres no le quieren comprar un juguete. El 17 de junio de 1987, durante la asamblea anual de accionistas de *El País*, el presidente del consejo de administración de Prisa proclama solemnemente la decisión de no acudir al concurso público para la concesión de las televisiones privadas, mientras en otro de sus editoriales, *El País* anota:

«Convocadas nuevas elecciones generales y afianzados los socialistas en el machito, el nuevo marco legal (de la televisión privada) es reglamentista, lleno de cautelas y plagado de deseos de control.»

Entretanto, la Moncloa se había dado prisa en enviar el proyecto de Ley al Congreso. Mientras la Ley se discute en el Parlamento, una lluvia de críticas caen en avalancha sobre el texto del Gobierno.

El marco legal que quiere instaurar el Ejecutivo socialista no gusta a nadie. Ni un solo partido político, salvo el PSOE, apoya el proyecto de Ley. La Asociación de Editores de Diarios Españoles (AEDE) y muchos profesionales de la comunicación se sienten defraudados.

Sin embargo, en el palacio de la Moncloa y en las esferas del Gobierno la preocupación es de otro signo. Tanto para Felipe González como para el responsable de la Ley, el ministro Javier Solana, e incluso para el Partido Socialista, la retirada de Jesús Polanco es algo que hay que evitar a toda costa.

En la sede del PSOE, en la calle Ferraz, 70, de Madrid, se piensa que *El País* es el único órgano que puede dar «patente democrática» a la Ley de la televisión privada. La autoexclusión de Jesús Polanco, por el contrario, podía ser interpretada como un retroceso muy serio en el tema de las libertades y la modernización del país.

De otra parte, Felipe González, que aspiraba a pasar a la historia como el Presidente del Gobierno socialista que trajo la televisión privada a España, no podía exponerse al fracaso de que el principal aspirante a un canal le diera olímpicamente la espalda y tachara a su Gobierno de demagogo y oportunista.

Desde la Moncloa y algunos ministerios se pone en marcha una operación con la que se intenta explicar al díscolo empresario el propósito de la Ley y se le trata de persuadir para que acepte el nuevo marco legal.

Una de las personas que interviene como mediador es el propio Enrique Sarasola, amigo personal de González y de Polanco.

—Jesús, me han pedido que te transmita que reconsideres tu posición sobre lo de la televisión.

—¿Y por qué no reconsideráis vosotros la Ley?

—Jesús, tú no puedes hacernos esto.

—Yo no puedo haceros eso. Vosotros, en cambio, podéis hacer las cosas a vuestro antojo.

El primer empresario de la Prensa española se niega a aceptar cualquier tipo de oferta procedente del Gobierno y se mantiene en esa posición, al menos de cara a la galería, hasta febrero de 1989.

Un mes escaso antes de que el Gobierno abriera la ventanilla a los aspirantes para que pudieran presentar sus solicitudes y optar a los nuevos canales privados de televisión, el 26 de febrero de ese año, el presidente de Prisa cena con José María Arroyo y Miguel Durán, presidente y secretario general de la ONCE, respectivamente.

En mitad de la cena, después de haber abordado diversos temas generales, Durán le hace a Polanco la pregunta de rigor.

—Y tú, Jesús, ¿qué decisión has tomado sobre la televisión?

—La única decisión acertada: no acudir al concurso.

En aquellos momentos, tanto el secretario general de la ONCE como otros muchos empresarios de Prensa, estaban confundidos por la actitud del empresario periodístico. ¿Hablaba en serio Jesús Polanco o guardaba alguna carta escondida en la bocamanga?

* * *

También en el seno del Partido Socialista y del Gobierno había bastante confusión y un cierto nerviosismo acerca de la difícil situación que planteaba el desplante del editor de *El País*.

Su decisión de no presentarse al concurso resultaba un golpe bajo. Pero el partido no tardaría en reaccionar, poniendo en marcha, a comienzos de 1988, una de las operaciones que han pasado más desapercibidas para la opinión pública española.

El Gobierno socialista había contado hasta entonces con tres candidatos firmes para la televisión privada: Antena 3 Televisión, promovido por el grupo de *La Vanguardia*; Univisión, auspiciado por el Grupo Z, y Sogetel, el proyecto de *El País*.

Los socialistas pensaban que un instrumento tan importante como un canal de televisión no se podía poner en las manos de cualquiera. Por lo tanto, si Polanco decidía abandonar definitivamente su proyecto, era necesario contar con un nuevo grupo empresarial sólido que pudiera emprender con éxito la tarea de crear este canal y evitar que alguien no previsto se «colara».

También existía otra posibilidad. Adjudicar dos de los tres canales de televisión previstos al Grupo Z y a Antena 3 Televisión y declarar el tercero desierto por falta de solvencia económica del proyecto.

Esta segunda opción, sin embargo, significaba el reconocimiento público de la incapacidad política del Gobierno para sacar adelante un proyecto tan importante como el de la televisión privada en España y el Partido Socialista no estaba dispuesto a correr riesgos de ese tipo.

Así que, a comienzos de 1988, José María Calviño el ex director general de Radiotelevisión Española y hombre de absoluta confianza del vicepresidente del Gobierno Alfonso Guerra, recibe un encargo muy especial.

—José María, ya sabes que Polanco no se presenta al concurso de televisión.

Calviño reconoce al otro lado del hilo telefónico la voz nítida del vicepresidente Guerra.

—¿Y bien? —pregunta.

—Ya sabes que éste es un tema muy delicado, donde el partido se juega mucho. No podemos exponernos al fracaso.

El ex director general de Radiotelevisión Española escucha atento, sin pestañear.

—Es necesario ir pensando en cómo crear un nuevo grupo empresarial para la televisión privada.

Calviño había sido el primer director general de RTVE que, después de dejar el cargo oficial, había intentado crear un canal de televisión privado en España —Canal 10—, que trató de emitir desde Londres y detrás del cual se dijo siempre que se encontraba el vicepresidente Guerra.

El rocambolesco proyecto murió, sin pena ni gloria, a comienzos de 1988, cuando sus emisiones eran todavía de tipo experimental. Pero José María Calviño, uno de los impulsores del proyecto, había sacado por lo menos algo en claro: cómo aunar voluntades y esfuerzos para crear un canal de televisión privado.

Con esta experiencia previa, Calviño contacta en primer lugar con Germán Sánchez Ruipérez, un empresario cercano al Partido Socialista, nacido en Peñaranda de Bracamonte (Salamanca) y dedicado al mercado editorial.

Sánchez Ruipérez, propietario de Anaya y otras editoriales, que en 1987 produjeron unas ventas consolidadas de 11.985 millones de pesetas, es uno de los primeros empresarios del sector de libros de texto del país y un nato competidor de Jesús Polanco, a quien tiene presente en su pensamiento y en sus conversaciones las 24 horas del día.

El presidente de Anaya había tenido que resignarse desde que se inició, treinta años antes, en el mercado editorial, a ocupar un segundo lugar, detrás de Jesús Polanco. Sin embargo, desde hacía tiempo, albergaba la esperanza de publicar un periódico —*El Sol*— capaz de competir en el mercado de la prensa diaria con *El País* y de arrebatarle incluso el liderazgo.

Por eso, cuando José María Calviño le expuso la posibilidad de optar a un canal privado de televisión, apoyado por el Gobierno, con plenas garantías de obtener la licencia, Sánchez Ruipérez vio el cielo abierto. Ante sí tenía la oportunidad de tomarle la delantera a su rival en la carrera por el control de la televisión, el medio de comunicación de masas del futuro.

Sánchez Ruipérez había participado al comienzo de las conversaciones para la televisión privada en una de las sociedades auspiciadas por Antena 3 Televisión y en algún cajón de su mesa guardaba un viejo proyecto de televisión, en el que había contribuido ideológica y financieramente.

—¿Crees que es viable? —preguntó Ruipérez.

José María Calviño echó un vistazo a los grandes números.

—En principio sí, pero habrá que verlo detenidamente.

El presidente de Anaya estaba interesado, además, en conocer qué tipo de papel se le asignaba en la nueva televisión privada y Calviño tenía las ideas muy claras al respecto.

—Lo bueno sería que tú, como socio fundador, te encargues del control de los informativos.

—¿Tú crees que eso va a ser posible?

—No sólo es posible. Es imprescindible.

Calviño se llevó la pipa, cargada de tabaco oloroso, a la boca, aspiró profundamente y dejó escapar lentamente una bocanada de humo.

—Los informativos —explicó— son el cordón umbilical que te unen al poder. El que controla los informativos es el dueño de la televisión. Lo demás, son tonterías.

El 14 de septiembre, el ex director general de RTVE y Pedro de Vega, otro miembro del PSOE ligado al sector «guerrista», acuden a la sede de la ONCE y ofrecen a sus dirigentes participar en un nuevo canal de televisión privada. Miguel Durán, el secretario general de los ciegos españoles, consulta con la ministra de Asuntos Sociales, Matilde Fernández, y con el Consejo General de la Organización Nacional de Ciegos Españoles, hasta que el 17 de noviembre da su respuesta a Calviño.

—José María, ¿a ti el proyecto te parece viable?

—Tú lo conoces perfectamente. Es el mismo proyecto de Antena 3, modificado.[1] Creo que se puede realizar sin problemas.

—Entonces, cuenta con nosotros.

El tercer socio del nuevo canal iba a venir de la mano del secretario general del Partido Socialista Italiano (PSI), Bettino Craxi, uno de los compañeros de Felipe González en la Internacional Socialista.

José María Calviño supo que Craxi había llamado a la Moncloa para recomendar a Silvio Berlusconi y que Enrique Sarasola *Pichirri* también andaba recomendando al genio italiano de la televisión privada en los círculos del Partido Socialista.

Sánchez Ruipérez quedó encargado de contactar con Berlusconi y tomó el primer avión para Milán.

En el mismo aeropuerto, el «mago» Berlusconi le estaba esperando para tributarle un recibimiento de reyes. Nada más llegar, le hizo subir a una impresionante limusina que condujo personalmente hasta su mansión, donde alojó al editor español.

Luego le paseó por Milane Due, una impresionante ciudad del futuro, de dos millones de habitantes, concebida y edificada por Silvio Berlusconi, en su etapa de constructor, para hacer feliz al hombre. A continuación, le llevó a ver las instalaciones de sus cadenas privadas de televisión. Por último, al final de una larga velada en su casa, amenizada con música, Berlusconi en persona se levantó, tocó el piano y cantó para Sánchez Ruipérez.

Seducido por el encanto de su futuro socio, el presidente de Anaya, que da a entender varias veces que el inspirador del nuevo canal de televisión es el vicepresidente del Gobierno, Alfonso Guerra, a quien llama el «vicealtísimo», llega al día siguiente a un acuerdo sobre Tele 5 con Berlusconi.

—Como tú sabes —dijo el empresario italiano—, yo soy el

1. Anteriormente, la ONCE había entrado en contacto con Antena 3 para analizar la posibilidad de llegar a un acuerdo, y fundar juntos un canal de televisión. Otros grupos, como Z, mantuvieron también contactos, en el mismo sentido, con Antena 3.

socio industrial. Me gustaría que los programas y la publicidad me los dejarais a mí.

—Por mí no hay inconveniente. Como tú tampoco ignoras, mi grupo está interesado en el lanzamiento de un nuevo periódico. A mí me encantaría ocuparme de los informativos.[2]

Silvio Berlusconi se detuvo un instante a reflexionar.

—¿Tú crees que Miguel Durán estará de acuerdo?

—Por supuesto. Durán hará lo que nosotros decidamos.

—Entonces, por mi parte de acuerdo.

Silvio Berlusconi se pellizca un instante la nariz y agrega:

—Los programas informativos nunca me han interesado. Además, no sería bueno para Tele 5 que un extranjero tomara partido en los boletines informativos.

Sin embargo, el pacto no iba a ser tan fácil. Cuando regresa de Milán, Germán Sánchez Ruipérez y Miguel Durán se reúnen para comentar el viaje y el secretario general de la ONCE se da cuenta de que le quieren tender una trampa. Sánchez Ruipérez y Berlusconi han pensado en su colectivo sólo como socios financieros, dejándole al margen de las decisiones importantes.

«Éste se cree que los ciegos tenemos que ser también necesariamente tontos —piensa Durán, refiriéndose a Sánchez Ruipérez—. ¡Pues se va a enterar!» Pero no hace el más mínimo comentario sobre sus intenciones y cuando alguien de la ONCE le pregunta sobre la cuestión, el secretario general se sale por la tangente.

—Hombre, salvo Ofelia, yo creo que todo va bien.

—¿Y qué pasa con Ofelia?

—Pues, hombre, que es del Opus. Y cuando vea una teta en la pantalla, pues es probable que se escandalice y quiera que cambiemos la programación.

Ofelia, que también había estado presente en la entrevista, es la mujer de Germán Sánchez Ruipérez.

Miguel Durán decidió poner en marcha su estrategia. A través del propio Sánchez Ruipérez pidió entrevistarse personalmente con Silvio Berlusconi. Se fijó para ello el día 5 de abril de 1989.

Esa memorable fecha, el Milán y el Real Madrid se enfrentan en el Santiago Bernabeu por la Copa de Europa de fútbol.

2. Sánchez Ruipérez llevaba tiempo meditando sobre la posibilidad de sacar a la calle lo que más tarde se convertiría en *El Sol.*

Miguel Durán y Silvio Berlusconi, flamante presidente del Milán, asisten al partido y ocupan dos plazas en el palco del presidente del Madrid, Ramón Mendoza.

Mientras su abogado, Santiago Muñoz Machado, le va narrando el desarrollo del partido, Miguel Durán aprovecha los descansos y los momentos en que no está el balón en juego para hablar con Berlusconi.

Durán y Berlusconi hablan de nuevo en el partido de vuelta, en Milán, el 15 de abril siguiente. El secretario general de la ONCE se entera así de primera mano de que le habían llevado a Tele 5 sólo para que pusiera el dinero y cerrara la boca.

Cuando regresó a Madrid, sus compañeros del Consejo General de la ONCE esperaban impacientes.

—¿Qué tal? ¿Cómo han ido las cosas?

—Pues muy jodido por el 5-0 al Madrid —responde Durán—, pero con una agradable sensación televisiva.

En realidad, el secretario general de la ONCE se sentía bastante bien. En los dos campos de fútbol, en Madrid y en Milán, Berlusconi y él habían sentenciado el futuro de Tele 5.

La Organización Nacional de Ciegos Españoles había logrado acaparar algunos de los cargos directivos del nuevo canal de televisión, dejando a Berlusconi la producción de programas. Además, Publiespaña, una sociedad del magnate italiano, llevaría la gestión publicitaria, el verdadero pastel del negocio televisivo, a cambio de garantizar unos ingresos mínimos y ceder un 33 por 100 de los beneficios a la ONCE.

El negocio, para la organización de Miguel Durán, es redondo. Pero Germán Sánchez Ruipérez se siente marginado y quiere renegociar unos nuevos acuerdos. El presidente de Anaya discrepa incluso del modelo de televisión, descafeinado, que quieren hacer Durán y Berlusconi.

Él es partidario de una televisión con unos informativos que sean capaces de competir con los de la primera cadena de Televisión Española. Sin embargo, al director general de la ONCE y al empresario de la televisión italiana, les parece un disparate gastarse 5.000 millones de pesetas en potenciar los servicios informativos, que ocuparían en ese caso el 10 por 100 de la programación, cuando el presupuesto de Tele 5 es de 12.000 millones.

Las presiones de Ruipérez y sus aliados son tan fuertes, que, el 5 de mayo, la Organización de Ciegos hace un amago de tirar la toalla y marcharse. Berlusconi le retiene.

—Espera un poco. Vamos a hablar por lo menos.

Pero Miguel Durán, cansado de luchar, no está dispuesto a aguantar más. Es Berlusconi quien tiene que convencerle.

—Parece claro que aquí los únicos que estamos de acuerdo somos nosotros dos. Pues, hagamos un pacto y sigamos adelante.

Esa misma tarde, Silvio Berlusconi y Miguel Durán firman un acuerdo para repartirse el poder en Tele 5. Germán Sánchez Ruipérez, que a pesar del apoyo de José María Calviño no ha conseguido imponer sus criterios, monta en cólera y amenaza:

—Esto lo va a saber el «vicealtísimo».

—Por mí que lo sepa quien quiera. Pero los acuerdos ya están firmados —replica Durán.

Las desavenencias en Gestevisión-Tele 5 estaban a flor de piel. Germán Sánchez Ruipérez se sentía ungido por el poder y en cualquier momento la batalla por el control de la sociedad podía estallar de forma imprevisible.

Miguel Durán estaba hasta las narices. Un día pide audiencia a Alfonso Guerra y va a visitarle personalmente al palacio de la Moncloa para explicarle el problema.

—Deben ustedes buscar el consenso —le recomienda el vicepresidente.

El hombre fuerte de la ONCE sabía que la tarea iba a resultar inútil.

—No es fácil, vicepresidente.

—¿Puede usted explicarme por qué?

—Porque éste es un tío muy cerril.

—Bueno, pues usted por lo menos lo intenta. Si las cosas salen mal, siempre le quedará la satisfacción de haberlo intentado.

Faltaban apenas tres meses para que venciera el plazo que se había dado el Gobierno para adjudicar los tres canales de televisión que preveía la ley. Los futuros socios de Tele 5 aún no se habían puesto de acuerdo sobre el reparto interno de la nueva cadena de televisión.

Pero todos sin excepción habían jurado lavar los trapos sucios en casa y guardar un sepulcral silencio sobre las divergencias internas.

José María Calviño, el hombre que había diseñado la operación del canal prosocialista, lo había advertido en una de las reuniones.

—Si algo de esto trasciende nos vamos a quedar sin canal. No es sólo que alguien no vaya a salir en la foto. Es que nos quedamos sin foto y sin máquina de retratar.

Era el 15 de mayo de 1989 y la televisión privada estaba ya en la misma rampa de lanzamiento.

* * *

El 17 de mayo era el último día de plazo que había dado el Gobierno a las empresas aspirantes para que presentaran sus propuestas como candidatos a uno de los tres canales privados de televisión previstos por la Ley.

Aunque en los círculos del poder se sabía que la decisión estaba ya tomada, el Ejecutivo tenía que guardar las apariencias. Y de cara a la opinión pública había que cubrir las formalidades y poner un listón muy alto.

A los aspirantes se les exigía tener un capital mínimo de mil millones de pesetas disponibles en el momento de la presentación al concurso. También debían contar con avales suficientes, por un importe de 10.000 millones de pesetas, para hacer frente, en el caso de que el Consejo de Ministros le otorgara la licencia.

Las empresas concursantes deberían presentar un plan técnico de viabilidad y contar con la infraestructura necesaria para comenzar a emitir en Madrid y Barcelona en un plazo máximo de seis meses a partir de la resolución del Consejo de Ministros.

Dos meses antes de la fecha límite de presentación, en el mes de marzo, los tres grupos favoritos del Gobierno —Antena 3 Televisión, Tele 5 y Univisión— habían elegido ya a sus socios y tenían definidas sus estrategias televisivas.

Antena 3, la sociedad del conde de Godó, acudía al concurso asociada a un grupo de 35 periódicos regionales y llevaba como socios capitalistas a la Caja de Ahorros de Zaragoza, la banca Rotschild y a media docena de empresas españolas.

Tele 5 estaba constituida a partes iguales (un 25 por 100 del capital) por el presidente de Anaya, Germán Sánchez Ruipérez; la Organización Nacional de Ciegos Españoles y Fininvest, la sociedad matriz de Silvio Berlusconi. Otros dos accionistas nacionales, Ángel Medrano y Juan Fernández Montreal, se repartían el resto de las acciones.

Por último, Univisión Canal 1, la sociedad de Antonio Asensio, el presidente del Grupo Z, estaba integrada por el magnate de la Prensa británica, Rupert Murdoch, el presidente de H Capital, Jacques Hachuel, el Banco Central y Banesto, dos entidades de crédito no muy bien vistas en la Moncloa.

Otros dos grupos, Televisión Canal 5, promovido por un conjunto de 25 profesionales catalanes, y el Grupo 16, se habían sumado a última hora a la carrera para alzarse con uno de los tres codiciados canales de televisión. Sin embargo, ninguna de estas dos entidades parecía contar, en principio, con posibilidades de llegar a la final.

Para el Consejo de Ministros, tomar una decisión sobre las sociedades a las cuales se le deberían adjudicar los tres canales de televisión, en estas circunstancias, era una tarea fácil.

* * *

A última hora, sin embargo, las cosas iban a complicarse. Jesús Polanco, el presidente de Prisa, la empresa editora de *El País*, que se había autoexcluido voluntariamente del proyecto y lo había proclamado a los cuatro vientos, decidía, el 13 de abril de 1989, acudir a la convocatoria.

Después de haberse opuesto radicalmente al proyecto televisivo de canales privados propuesto por el Gobierno a través de *El País* y en conversaciones privadas, el todopoderoso empresario de Prensa Jesús Polanco se descolgaba, el 22 de mayo de 1989, con una nueva empresa televisiva, Canal Plus España, y decidía acudir al concurso convocado por el Gobierno.

En este nuevo proyecto, que había cogido por sorpresa a una parte del Gobierno y a la mayoría de los profesionales de la comunicación, el editor de *El País* se presentaba del brazo de Canal Plus Francia, la empresa de André Rousselet, el ex jefe de Gabinete del Presidente de la República Francesa, François Mitterrand, un canal de televisión prosocialista, de mucho éxito en Francia, con una audiencia de pago de tres millones de hogares.

En realidad, la operación para el lanzamiento de un canal conjunto de televisión en España, similar a Canal Plus Francia, se había montado a toda prisa en los dos últimos meses, tras un acercamiento de los antiguos asesores de François Mitterrand a Jesús Polanco.

Desde muchos meses antes, los franceses, que se sentían atacados e incomprendidos por una parte de los medios de comunicación españoles, tenían deseos de incrementar su participación e influencia en la Prensa española. Este interés coincidía con los planes de expansión de Canal Plus Francia. Después del éxito alcanzado en el país vecino y los acuerdos suscritos para crear un canal similar en Bélgica y la República Federal de Alemania, André Rousselet, el hombre fuerte de Canal Plus, pretendía ampliar su campo de influencia al mercado español.

Con tal fin, en 1988, Canal Plus Francia había entrado en contacto con el empresario socialista Enrique Sarasola, para que le realizara algunos estudios de viabilidad, abriendo oficinas en el número 5 de la calle Conde de Xiquena de Madrid. Al frente de las mismas había colocado a otro antiguo colaborador de François Mitterrand en la presidencia de la República, Bernard Brossollet.

Pero Brossollet, un cuarto o quinta fila de Canal Plus, fracasa en su empeño de contactar con los grupos españoles, lo mismo que Enrique Sarasola, que intenta, por distintas vías y sin éxito, convencer a Jesús Polanco de la bondad de la Ley Socialista.

El presidente de Prisa está convencido de que la Ley es inviable. Piensa que los socialistas están equivocados y que hay que esperar porque, tarde o temprano, tendrán que salir del error.

—Con la misma lógica, los socialistas hubieran prohibido la máquina de vapor —le oye decir un día su jefe de imagen, Daniel Gavela.

Pero los franceses no están dispuestos a perder el tren de la modernidad ni la única posibilidad que tienen de tomar una participación importante en un canal privado en España.

En el mes de febrero envían a Madrid a Marc Tessier, el responsable de la expansión de Canal Plus Francia. Tessier, un hombre del Partido Socialista Francés, ligado a François Mitterrand, se entrevista con el consejero delegado de Prisa, Juan Luis Cebrián, en el edificio de *El País*, en la calle Miguel Yuste de Madrid.

Tessier sabe que el veto que Polanco pone al proyecto socialista de televisión se basa en el límite del 25 por 100 de capital que la Ley impone a los socios para evitar que una persona pueda tener el control absoluto de un medio de comunicación tan poderoso.

—Si me obligan a asumir un riesgo enorme, casi bestial —había dicho Polanco en varias ocasiones— no pueden quitarme la posibilidad de tomar decisiones.

Hábil negociador y experto conversador, Tessier, cambia de estrategia. En lugar de plantear de frente las bondades del proyecto de Ley socialista, empieza a hablar de Canal Plus Francia y del éxito conseguido en los últimos años.

Con estadísticas en la mano, le demuestra a Juan Luis Cebrián que el número de abonados es de 2,5 millones de esectadores y que la tendencia es llegar a los 3 millones en menos de un año. Por otra parte, le asegura que el número de personas que se reabonan al servicio se encuentra entre el 92 y el 95 por 100 de los usuarios.

Frente a la televisión de contenidos generales que ofrecen las grandes cadenas, Canal Plus de Francia está especializado en un segmento de televisión más sectorial, basado en películas y deportes, que es la tendencia que impera en el mercado norteamericano y que se está imponiendo en Europa.

Por último, Tessier muestra a Cebrián la encuesta elaborada en España por Enrique Sarasola, el amigo de Felipe González. Los resultados revelan que el éxito que se alcanzaría con este modelo televisivo en España supera con creces el triunfo obtenido por Canal Plus en Francia, donde la empresa está pensando seriamente si el hecho de sobrepasar el límite de tres millones de hogares de audiencia no sería perjudicial para Canal Plus, a la hora de atender adecuadamente a los usuarios.

Juan Luis Cebrián queda encantado con el proyecto. Se lo expone detalladamente a Polanco. Éste piensa que, al contar con una audiencia cautiva, no va a suponer ningún riesgo empresarial y, después de un par de entrevistas más de Juan Luis Cebrián con Marc Tessier en París y Madrid, llegan a un primer acuerdo de colaboración que firman Jesús Polanco, por Prisa, y André Rousselet por Canal Plus Francia.

El acuerdo fija en un 25 por 100 el porcentaje de participación de Canal Plus Francia en el nuevo proyecto y, entre otras cosas, deja las manos libres a Polanco para elegir los socios españoles.

El editor de *El País*, partidario de hacer negocios con empresarios de banca que cuenten con algún respaldo industrial, entra en contacto con Carlos March y Alberto Cortina y Alberto Alcocer. Los Albertos, que eran accionistas ya de la empresa Sogetel, aceptan encantados la idea de Canal Plus España.

En una segunda fase, Polanco convoca a otros banqueros amigos del Gobierno como José Ángel Sánchez Asiaín y Pedro Toledo, del Banco Bilbao-Vizcaya y a la familia Botín, a través de Jaime Botín, el menor de los hermanos, presidente de Bankinter, y les vende una participación de la sociedad.

El 22 de mayo Canal Plus España se presenta oficialmente en sociedad con una destacada sorpresa: el proyecto aporta la novedad de ofrecer una alternativa de televisión de pago, cuya existencia no está siquiera contemplada en el marco de la Ley socialista. Por el contrario, esta Ley obliga a las cadenas privadas a actuar como «servicio público».

Con todo, no es ésa la única vulneración del texto legislativo. Mientras éste impone que en el accionariado no haya capital público, Canal Plus Francia, la sociedad extranjera que ostenta el 25 por 100 de las acciones, está integrada por la agencia Havas, las sociedades Génerale des Eaux, Geneval y L'Oreal, el grupo CCF y la Banca Nacional de París, entidades todas ellas públicas o bajo el control del Estado francés.

El proyecto televisivo Canal Plus España se presenta, pues, como un reto al Gobierno. Jesús Polanco, el editor de *El País*, adapta, de hecho, la letra de la Ley a su proyecto de televisión. Pero, además, de palabra sigue vituperando la Ley.

En el acto de presentación de Canal Plus España tuvo ocasión de repetirlo.

—Seguimos considerando restrictiva y mala la ley de la televisión privada —dijo—. Por eso creemos que un servicio mixto, gratuito y de pago, puede ser la fórmula de adaptación competitiva a la realidad española.

Nadie en el Gobierno dice nada. Pero el repentino cambio de actitud del presidente del grupo editorial más importante del país, es una papeleta muy difícil de resolver. El Ejecutivo tiene tres jóvenes casaderas a las que les habían salido cuatro novios de buena posición y de buena familia.

El miércoles 17 de mayo, cuando a las doce de la noche acaba el plazo de presentación de candidaturas para la futura televisión privada, Felipe González tiene un problema más que resolver encima de la mesa. La actitud de Jesús Polanco obligaba de nuevo al Gobierno a reaccionar en consecuencia, al tiempo que los grupos aspirantes iniciaban una dura ofensiva en todos los frentes para ganar posiciones y colocarse como favoritos entre los distintos miembros que integraban el gabinete ministerial.

Mientras el vicepresidente de Antena 3 Televisión, Rafael Jiménez de Parga, se entrevistaba en junio y julio con Felipe González, el presidente del Grupo Z, Antonio Asensio, lanzaba una campaña de imagen en todos los periódicos y revistas de su *holding*. Todo su mensaje se reducía a un número mágico: los diez millones de lectores semanales que decía tener la empresa.

El Grupo Z pretendía, aparentemente, hablar claro al Gobierno: si el PSOE había obtenido diez millones de votos, los periódicos y revistas de Antonio Asensio llegaban todas las semanas a otros tantos millones de españoles.

Entretanto, en las redacciones de los periódicos y entre los empresarios de Prensa empezaban a cursarse las primeras apuestas:

Quiénes iban a ser los grupos ganadores, de parte de qué empresarios iba a inclinarse el Gobierno y por qué, era el misterio a esclarecer.

* * *

El Gobierno iba a consumir nada menos que dos reuniones del Consejo de Ministros para resolver esta incógnita. En la primera reunión del Gabinete, el 28 de julio, el ministro de Transportes y Comunicaciones, José Barrionuevo, se había limitado a presentar un informe de la mesa de contratación, sobre la viabilidad de cinco de los seis proyectos presentados, al no haber pasado el del Grupo 16 el trámite inicial de la apertura de plicas.

El informe había sido elaborado meses antes por el director general de Comunicaciones del Ministerio de Transportes y Comunicaciones, José Luis Martín Palacín, en su coche oficial mientras se dirigía hacia un pueblo de Cáceres para asistir al entierro de un tío suyo.

Este informe fue, durante algún tiempo, uno de los secretos mejor guardados del país, del que existían sólo cuatro copias. Una en poder del Presidente del Gobierno, Felipe González; otra en poder del vicepresidente, Alfonso Guerra; una tercera en la caja fuerte del ministro de Transportes y Comunicaciones, José Barrionuevo, y la cuarta, en el cajón del despacho de José Luis Martín Palacín.

Sin embargo, días antes de la reunión del Consejo de Ministros, el subsecretario del Ministerio del Portavoz del Gobierno, Miguel Gil, que apoyaba claramente la opción televisiva de Jesús Polanco, había decidido filtrarlo a la Prensa y el 26 de julio su contenido aparecía reflejado en las páginas del rotativo madrileño *ABC*.

A pesar de todo, el ministro Barrionuevo se había limitado a hacer suyo el informe de la mesa de contratación, a añadirle dos folios de conclusiones, y a presentarlo dos días después, el 28 de julio, al Consejo de Ministros que se celebraba ese día y al que no acudió el vicepresidente, Alfonso Guerra.

El vicepresidente, que no era partidario de concederle el canal de televisión privado a Jesús Polanco, había decidido, ese viernes de finales de julio, irse de vacaciones a Conil (Cádiz) con su familia.

El informe de la mesa de contratación leído en el Consejo de Ministros era bastante claro. De las cinco ofertas de televisión que habían acudido al concurso convocado por el Gobierno, la mejor clasificada tanto desde el punto de vista técnico como en cuanto a programación era la de Tele 5. En segundo lugar, figuraba el proyecto de Antena 3.

Por último, empatadas en tercer y cuarto lugar, se encontraban Univisión Canal 1 y Canal Plus. El informe, sin embargo, precisaba también en uno de sus párrafos que Canal Plus era la opción televisiva que menos se ajustaba al concurso convocado por el Gobierno y que por tratarse de un canal de pago, que no necesitaba de la red de Retevisión para el transporte de la señal, podía adjudicarse fuera de concurso.

El ministro de Transportes y Comunicaciones, José Barrionuevo, por lo tanto, recomendaba al Gobierno que se adjudicara el concurso a las ofertas de Tele 5, Antena 3 y Univisión.

—En el caso de Canal Plus —concluye Barrionuevo—, lo más apropiado sería que, como propone la mesa de contratación, el Consejo de Ministros promoviese una fórmula técnica distinta que le permitiera acceder, fuera de concurso, a un canal de televisión privado.

No todos los ministros, sin embargo, estaban de acuerdo con este planteamiento. Algunos incluso veían en las palabras de José Barrionuevo una especie de *vendetta* hacia *El País* por la obsesión informativa que el periódico de la calle de Miguel Yuste había mostrado hacia él en los años en que el ministro ocupó la cartera de Interior.

Pero la nota más sobresaliente de aquel Consejo de Ministros fue que los tres hombres que más directamente habían llevado el tema de la televisión privada y negociado con los grupos interesados en la explotación de los canales, el Presidente del Gobierno, Felipe González; la ministra Portavoz, Rosa Conde y el ministro de Educación, Javier Solana, no dieron con la fórmula mágica para que ningún grupo periodístico se sintiera excesivamente agraviado con el acuerdo que saliera de aquella sala.

Por lo tanto, Felipe González decide dejar el asunto sobre la mesa hasta el próximo Consejo de Ministros y llevarse los distintos expedientes al Coto de Doñana, donde pasó unas semanas de vacaciones, para meditar más detenidamente.

A la mayoría de los ministros, que tenían las maletas hechas para irse a sus lugares de descanso, la decisión del Presidente les pareció la más lógica. Dentro de tres o cuatro semanas, cuando volvieran a reunirse, con la cabeza despejada, sería más fácil tomar una decisión acertada.

Pero no todos los empresarios aspirantes a un canal privado de televisión estaban dispuestos a descansar aquel verano. Antonio Asensio, del Grupo Z, llamó a la ministra Portavoz, Rosa Conde, para interesarse por lo que pensaba el Gobierno sobre Univisión.

—Ha ido bien. El Consejo no se ha decidido todavía, pero

tu proyecto ha sido informado favorablemente por la mesa de contratación.

Miguel Durán, antes de partir de vacaciones, habló con la ministra de Asuntos Sociales, Matilde Fernández.

—Ministra, ¿qué os ha parecido nuestro proyecto?

—No sé lo que opinarán los demás ministros, pero yo lo veo muy sólido.

Jesús Polanco fue, probablemente, la persona con un verano más ajetreado. Según la versión ofrecida por el diario *El Independiente* —que Polanco niega—, al conocer a través de sus fuentes de información que el proyecto de Canal Plus España, la sociedad que patrocinaba, podía ser excluido en la próxima reunión del Consejo de Ministros, puso el grito en el cielo y amenazó:

—En este país todavía no hay cojones para no darme a mí la televisión.

Tras escuchar la tranquilizadora información que le proporcionó Rosa Conde, Antonio Asensio se fue a Marbella a pasar un verano lejos de tantas preocupaciones. En cambio, Jesús Polanco, nada contento con el horizonte que se avecinaba, desarrolló una frenética actividad de pasillos entre sus amigos cercanos al Presidente del Gobierno: desde Enrique Sarasola, cuya empresa, Ibermer, había intervenido en la realización del proyecto de viabilidad de Canal Plus, hasta sus socios franceses, que tampoco tardan en reaccionar.

El 20 de agosto siguiente ocurre un hecho significativo. El Presidente del Gobierno español, Felipe González, abandona sus vacaciones en Doñana y se traslada a Madrid para entrevistarse en «La Casita de Arriba», de El Escorial, con el presidente francés, François Mitterrand.

El pretexto de la entrevista es la necesidad de ambos mandatarios de abordar temas comunitarios. Pero a muchos observadores no se les escapa que Mitterrand apoya en esos momentos en Francia la opción de Canal Plus, una sociedad que allí preside un ex colaborador e íntimo amigo suyo, André Rousselet, con un 25 por 100 en Canal Plus España, la sociedad de Jesús Polanco.

Una de las personas que piensa que Mitterrand vino a España a echarle un cable a su amigo Rousselet en el tema de la televisión es el secretario general de Comunicaciones, José Luis Martín Palacín. Cuando regresa de las vacaciones, el miércoles 23 de agosto, una de las primeras cosas que hace es llamar al ministro de Transportes y Comunicaciones, José Barrionuevo, y preguntarle por el asunto:

—¿Hay ya alguna decisión tomada?

—No, ninguna. Creo que el tema está como lo dejamos en el Consejo del 28 de julio.

Sin embargo, Martín Palacín no se queda contento. Hace otras averiguaciones y esa misma tarde le comenta a algunos de sus colaboradores que, tras la entrevista de Felipe González con François Mitterrand, el tercer canal de televisión iba a concederse, casi sin ninguna duda, a Polanco.

El director general de Comunicaciones quiere saber qué noticias tienen al respecto en el Grupo Z y muy a última hora llama a su amigo, José Luis Erviti, vicepresidente de la empresa editorial.

—¿Qué tal las cosas?

—Pues muy bien, esperando la resolución del Consejo.

—¿Tenéis alguna esperanza?

—Sí, estamos muy confiados.

Palacín tenía ya los suficientes datos para saber que el Grupo Z iba a resultar el claro perdedor en el próximo Consejo de Ministros. Aunque algún alto cargo de esta empresa le había dicho muy seriamente que todo estaba pactado con el Gobierno, el director general de Comunicaciones está convencido de que ese tipo de cuestiones no se resuelven de esa manera tan burda.

Antonio Asensio continuaba confiado, descansando tranquilamente en Marbella. A Palacín le preocupaba la escasa información que aquel importante grupo editorial tenía sobre lo que podía ocurrir días después.

—¿Quién os ha informado? ¿Cuáles son vuestros contactos con el Gobierno? —le pregunta a Erviti.

—Rosa Conde.

—¿La ministra, Rosa Conde?

—Sí, la ministra.

—¿Pero, no tenéis otros contactos dentro del Gobierno?

—No, en absoluto.

Entonces, José Luis Martín Palacín le deja caer una frase a José Luis Erviti que el vicepresidente del Grupo Z no llega a captar en todo su significado.

—Creo que debéis ir pensando en adaptar el cuerpo para entrar en otro canal.

Entretanto, el 23 y el 24 de agosto, el presidente Felipe González y el vicepresidente, Alfonso Guerra, que también se han incorporado al trabajo, hablan sobre la concesión de las televisiones privadas.

La opción de Antena 3 había quedado suficientemente debatida en la reunión del Gabinete del 28 de julio y no iba a plantear problemas. Así que Alfonso Guerra, el miércoles 23, convocó en la Moncloa al primer promotor del canal, el empresario de Prensa y presidente de *La Vanguardia*, Javier Godó, para darle personalmente la noticia.

El conde de Godó se hallaba de viaje en Nueva York cuando se recibió la llamada telefónica en su casa de Barcelona. Tomó el primer avión de regreso a España y se presentó en la Moncloa la víspera del Consejo de Ministros. Aquel mismo día, en el despacho del vicepresidente del Gobierno, el conde de Godó supo que iba a ser el titular de una emisora de televisión.

—Le he llamado para anticiparle que mañana el Gobierno va a poner en sus manos un instrumento muy importante —le comunicó Guerra en tono solemne.

Javier Godó, educadamente, dio las gracias anticipadas al Gobierno. Guerra, con el mismo tono engolado, concluyó con una frase que cualquiera podría atribuir, perfectamente, al general Franco:

—A partir de ahora, va a ser usted responsable, ante la Historia, del buen o mal uso que haga de la televisión.

* * *

Esa misma mañana el Presidente y el vicepresidente del Gobierno tenían también otras preocupaciones. Mientras para la concesión de los canales a Antena 3 y a Gestevisión Tele 5, la empresa ligada a empresarios cercanos al Partido Socialista, no habían existido problemas, la adjudicación del tercer canal se preveía difícil.

Respecto a las dos candidaturas que se manejaban, la del Grupo Z y la de *El País*, cada día transcurrido desde la última reunión del Gabinete había contribuido a desequilibrar la balanza a favor del presidente de Prisa.

Aparte de lo que hubieran podido hablar Felipe González y François Mitterrand en El Escorial, las presiones por parte del equipo de Polanco eran enormes y algunos miembros del Gabinete habían comentado que en el Consejo de Ministros previsto para el día siguiente iban a pujar abiertamente para que uno de los canales de televisión fuera adjudicado al editor de *El País*.

Como en este caso no se podía tomar una decisión salomónica, el Gobierno necesitaba encontrar una fórmula para salvar la cara y contentar a todo el mundo. El problema era que sólo quedaban 24 horas de tiempo.

Alfonso Guerra cree, sin embargo, que todavía se puede hacer algo para evitar el escándalo y tratar de convencer a alguno de los cuatro grupos en litigio para que lleguen a un acuerdo entre sí que evite que el Grupo Z, que inexorablemente va a ser el gran perdedor, se sienta excesivamente perjudicado y molesto con la decisión que va a adoptar el Gobierno.

La idea de fusionar a dos de los grupos que aspiraban a ostentar la titularidad de un canal de televisión en uno solo se le había ocurrido, en realidad, a comienzos de julio, al secretario general de Comunicaciones, José Luis Martín Palacín, que previó con anticipación lo que iba a ocurrir y se puso a idear soluciones imaginativas.

A comienzos de ese mes, Palacín había hecho los primeros tanteos al respecto, llamando a su amigo Miguel Durán, a la sede central de la ONCE.

—Miguel, ¿tú estarías dispuesto a ceder un 5 por 100 de tu parte a Antonio Asensio en Tele 5?

—¿Qué ocurre? ¿Pasa algo?

Martín Palacín le explicó la situación que podría plantearse meses más tarde, en el Consejo de Ministros, al haber decidido Jesús Polanco presentarse a última hora al concurso cuando ya existían otros tres grupos sólidos que aspiraban a un proyecto que limitaba a tres el número de canales.

Miguel Durán había escuchado con atención y, dispuesto a ayudar a su amigo Palacín, respondió con prontitud:

—Por nuestra parte no hay problemas. Ahora es necesario que el resto de los socios estén dispuestos a desprenderse también del otro 5 por 100.

—Pues muy bien, Miguel. Eso es lo que quería oírte decir.

Pero el secretario general de la ONCE, siempre animado para

atender con prontitud las solicitudes del Gobierno, había querido poner rápidamente el tema en marcha.

—Entonces, déjame un par de minutos, que hablo con Germán Sánchez Ruipérez y con Silvio Berlusconi —le anunció Durán.

—No, no, que lo estropeas.

—¿Entonces, no confiáis en que yo pueda hacer esa gestión?

Martín Palacín tuvo que armarse de paciencia para frenar el ímpetu de su amigo.

—No es que no confiemos, Miguel. Es que ése es el último cartucho y no lo podemos quemar ahora.

El jueves 24 de agosto, Alfonso Guerra dio la orden de quemar ese último cartucho. Pero para buscar un pacto de última hora era necesario que alguien tratara de poner de acuerdo, previamente, a las dos partes.

La ministra Portavoz, Rosa Conde, había sido la persona que había mantenido confiado a Antonio Asensio durante los últimos meses y por ello fue también la encargada de llamar al presidente del Grupo Z para comunicarle cómo estaba la situación.

—Antonio, es probable que tu grupo no vaya a conseguir mañana la concesión de televisión.

A Asensio, que a esas alturas —mal informado por sus asesores— esperaba la llamada del Gobierno para confirmarle la concesión del canal de televisión, la noticia le coge de sorpresa.

—Pero, ministra, ¿qué me estás diciendo?

—Lo que oyes. Que vuestro proyecto, Univisión, es probable que tenga que ser excluido en la reunión de mañana.

Asensio no podía dar crédito a sus oídos.

—Pero si el proyecto de Univisión es probablemente el que más garantías de viabilidad económica y técnica ofrece de los que se han presentado al concurso.

—Hombre, Antonio, tienes que entenderlo. El Gobierno tiene que valorar también otros criterios.

Rosa Conde hizo una pausa. Se le notaba nerviosa, agitada.

—Es posible, sin embargo, que te podamos colocar como socio en Gestevisión Tele 5.

La ministra Portavoz, acto seguido, marca el teléfono de Miguel Durán. El secretario general de la ONCE viajaba en coche de Barcelona a Badajoz y, casualmente, aquel día se encontraba en Madrid.

—Miguel, ¿estarías dispuesto a ceder tu 25 por 100 de capital en Gestevisión Tele 5 al Grupo Z?

Durán esperaba esta llamada desde hacía meses pero no suponía que le fueran a pedir que cediera, sin nada a cambio, el 100 por 100 de sus acciones. No sabía lo que estaba pasando pero imaginaba que el Gobierno estaba en dificultades, tal y como le había anticipado Martín Palacín, y trataban de utilizar a la ONCE como comodín.

—Bueno, ministra, pues así, a secas, no.

—¿Cómo que no, Miguel? Nosotros contábamos ya con vuestra buena disposición.

—Con nuestra buena disposición sí, pero no con todas nuestras acciones.

—No te entiendo, Miguel.

—Nosotros estamos dispuestos a ayudar al Gobierno pero no a desprendernos de todas nuestras acciones. Podemos ceder un 5 por 100 de nuestra participación si el resto de los accionistas hace lo mismo.

No había nada que hacer. Rosa Conde fracasa con sus gestiones pero Alfonso Guerra todavía no da la batalla por perdida. Horas más tarde, su amigo y colaborador, José María Calviño, intenta poner en marcha una segunda operación.

Calviño está seguro de que hablando, uno por uno, con todos los consejeros de Gestevisión Tele 5 podría llegar a una solución de compromiso y pide una convocatoria urgente de la sociedad.

A las seis y media de la tarde, Miguel Durán, Germán Sánchez Ruipérez y un representante de Berlusconi se reúnen, bajo la atenta mirada de Calviño, en la sede de la ONCE. La propuesta del Gobierno es que cada uno de los tres socios mayoritarios ceda un 5 por 100 de sus acciones para concedérselas al Grupo Z.

Miguel Durán es el primero en tomar la palabra:

—La ONCE —manifiesta textualmente— no veta al Grupo Z.

Pero Germán Sánchez Ruipérez no está por la labor.

—Yo no estoy dispuesto a asociarme con determinados empresarios que usan la información como medio de presión —esgrimió el editor como argumento.

Así, la última oportunidad de incluir al Grupo Z en un canal de televisión privado acaba tirada por la borda.

* * *

Al día siguiente, 25 de agosto, los ministros llegan al palacio de la Moncloa con su habitual puntualidad para celebrar el único Consejo previsto aquel mes. Tostados por el sol y algunos ligeramente rejuvenecidos por el deporte, los miembros del Ejecutivo no pueden ocultar su preocupación por el tema que van a tratar.

Aunque en el orden del día figuran otros asuntos, el debate sobre la televisión privada ocuparía casi por entero las cinco horas que el Gabinete, en pleno, permanecería encerrado en la nueva sala de sesiones que se inauguró el 1 de enero de 1989, coincidiendo con el período en que España presidió la CEE.

Tal y como se preveía, la concesión de las dos primeras emisoras de televisión, la de Antena 3 y la de Tele 5, no ofrece ningún tipo de problemas al Gobierno. Antena 3 representa los intereses más próximos a la derecha que al PSOE le interesa cultivar, y Tele 5 es, por su parte, la entidad ligada a los empresarios próximos al Partido Socialista, que había impulsado la misma organización política.

El verdadero dilema se plantea a la hora de adjudicar el tercer canal. Desde el comienzo del debate, cuatro miembros del Gabinete —los titulares de las carteras de Economía y Hacienda, Carlos Solchaga; de Cultura, Jorge Semprún; de Defensa, Narcís Serra, y de Educación, Javier Solana— se muestran demasiado beligerantes a favor de Canal Plus España, la empresa patrocinada por *El País* y ligada a altos cargos del Partido Socialista Francés.

El proyecto de Univisión es, evidentemente, más atractivo desde el punto de vista técnico y financiero. Sin embargo, el socio internacional del Grupo Z, Rupert Murdoch, pasa por ser un admirador de la primera ministra británica, la conservadora Margaret Thatcher, y eso no gusta en la Moncloa.

Mario Conde y Alfonso Escámez, sus otros dos socios capitalistas, son, por otra parte, los banqueros con los que el Gobierno mantiene el mayor número de conflictos.

Por si fuera poco, el Ejecutivo cuenta con una auditoría externa, facilitada por una de las primeras firmas del mercado, que indica que el Grupo Z ha vendido el 25 por 100 de las acciones del *holding* a Murdoch mediante la firma de un documento secreto, meses antes de presentar la solicitud para optar a uno de los canales de televisión privada.

El Gobierno no tiene posibilidades de verificar la verosimilitud del informe. Pero, de ser cierto, no sería sólo Canal Plus España, la sociedad de Jesús Polanco, la que vulneraría la Ley.

Pasadas las dos de la tarde, la ministra Portavoz del Gobierno, Rosa Conde, daba la noticia, intentando dotar de cierta convicción a sus palabras:

—No ha sido una decisión fácil para el Gobierno. Los cinco solicitantes cumplían los requisitos previstos por la Ley y el Gobierno ha estudiado con toda delicadeza las peticiones.

Rosa Conde, mostrándose todo lo seria que puede, agrega:

—Créanme ustedes, para nosotros ha sido una decisión dura, difícil pero también justa y lo menos arbitraria posible.

Y concluye dándole a sus palabras ese matiz de grandeza y distanciamiento de los problemas terrenales con el que suelen hablar los políticos.

—Si alguien quiere acudir a los tribunales, puede hacerlo. Por supuesto, todo acto administrativo puede ser impugnado.

Al día siguiente, el diario *El País* editorializaba:

«El fin del monopolio público televisivo en España comenzó ayer (...). Ello constituye un avance indudable en el panorama informativo y en la pluralidad de medios de comunicación en España; una contribución a la modernización social, a la democracia política y a la participación de un mayor número de ciudadanos.»

A partir de ahí, el Gobierno trataría de consolidar su posición en los medios de comunicación radiofónicos y escritos, un empeño antiguo, en virtud del cual el PSOE empleó, poco después, todas las armas a su alcance, como se verá en los próximos capítulos.

XXII. LA RADIO SUENA MEJOR EN FRECUENCIA SOCIALISTA

El Gobierno se autoconcedió las últimas emisoras de Frecuencia Modulada que quedaban en España. Guillermo Galeote, José María Calviño y los «fontaneros» de Moncloa diseñaron la operación. Profesionales de la radio de toda la vida quedaron excluidos en el reparto, mientras empresarios del PSOE, sin experiencia alguna en el terreno de la comunicación, acapararon la mayor parte de las licencias.

Luis del Olmo, presentador y director del programa «Protagonistas», de la Cadena COPE, uno de los periodistas con más audiencia de la radio española, aspiraba aquel 1 de agosto de 1989 a tener su propia cadena privada de emisoras de radio.

El 4 de abril anterior, el Ejecutivo había decidido ampliar el Plan Técnico de Frecuencia Modulada y conceder 153 nuevas emisoras en todo el territorio nacional, para unirlas a las 389 ya existentes. El Gobierno de Felipe González trataba con ello de que las 217 ciudades más importantes del país tuvieran su propia emisora.

Del Olmo, nacido en Ponferrada (León) hace 52 años, uno de los profesionales más populares de las ondas, había solicitado meses antes al Ministerio de Transportes y Comunicaciones la concesión de 40 emisoras de Frecuencia Modulada.

En los días previos a que se hiciera público el resultado del concurso público se sentía ligeramente optimista.

«Las 40 emisoras no me las van a dar, pero media docena, por lo menos, sí», pensaba Del Olmo.

El popular locutor, que alcanzó la fama ante los micrófonos de Radio Nacional de España y que llevaba casi dieciocho años manteniendo el mismo programa, «Protagonistas», como el de mayor audiencia durante las mañanas, estaba considerado como uno de los mejores profesionales del medio.

Su espacio radiofónico, una especie de magazine de cuatro horas de duración, que se emite sin ninguna interrupción de nueve de la mañana a una de la tarde, había sido el programa estrella en Radio Nacional de España a finales de la década de los setenta y continuó triunfando en la Cadena de Ondas Populares (COPE), desde donde se emite en la actualidad, durante los ochenta.

Salvadas las distancias ideológicas, nadie en el gremio había discutido nunca su intensa y entera dedicación al periodismo radiofónico.

Sus relaciones con el Gobierno socialista tampoco eran malas. Luis del Olmo había presentado a Felipe González y a Alfonso Guerra en varios mítines electorales, había sido invitado cuatro veces a la «Bodeguilla» y todas las semanas varios altos cargos del partido acudían a su programa, beneficiándose de una audiencia matinal de entre tres y cuatro millones de españoles.

Por eso, Del Olmo, con una cierta lógica, pensaba que un Gobierno de un país democrático no podía dejar pasar por alto su «currículum» profesional a la hora de adjudicar las licencias.

Pero el periodista radiofónico pecó de candidez. El 1 de agosto, cuando el Boletín Oficial del Estado hizo público el reparto de licencias, su nombre no figuraba en la lista.

Dos días antes de las concesiones, el ministro de Relaciones con el Parlamento, Virgilio Zapatero, al tachar su nombre de la lista de adjudicatarios, había comentado a un compañero de Gabinete:

—¡A Luis del Olmo, ni agua!

Tampoco aparecían los nombres de otros relevantes «comunicadores» del medio. En su lugar, figuraban muchas empresas desconocidas, sociedades como la ONCE, cuya labor social era otra, y personas sospechosas de estar vinculadas al aparato de comunicación del Partido Socialista Obrero Español, que dirige el médico andaluz Guillermo Galeote, pero que entonces controlan desde la sombra el vicepresidente del Gobierno, Alfonso Guerra, y su hombre de confianza para estos asuntos, el ex director general de Radiotelevisión Española, José María Calviño.

Pocos días después, el *affaire* saltaba a las páginas de los periódicos como un escándalo de tráfico de influencias y chanchullos políticos favorecidos por el poder.

* * *

Alfonso Guerra y José María Calviño eran dos personas ajenas a la concesión de las FM, en enero de 1989, cuando el Gobierno decidió ampliar la red de emisoras de Frecuencia Modulada.

Aprobado el Plan Técnico Nacional de la Televisión Privada el 11 de noviembre de 1988, el Gobierno había decidido ampliar la cobertura de las emisoras de radio de frecuencia modulada y crear 153 nuevas estaciones en el conjunto del territorio nacional.

El trabajo fue confiado por Felipe González al ministro de Transportes y Comunicaciones, José Barrionuevo Peña, un hombre que no era bien visto en los círculos guerristas del palacio de la Moncloa pero que contaba con la confianza del Presidente.

Barrionuevo, un excelente profesional de la política, que tenía otros temas de mayor envergadura de los que ocuparse, como la renovación de la infraestructura viaria y ferroviaria del país, delegó en la Secretaría General de Comunicaciones, al frente de la cual se encontraba José Luis Martín Palacín, un hombre de su absoluta confianza.

De esta manera, en enero de 1989, el secretario general de Telecomunicaciones, Martín Palacín, se encuentra con dos asuntos sumamente delicados: la concesión de los canales privados de televisión y el no menos complejo de la adjudicación de las emisoras de FM.

Antiguo director general de Tráfico y ex subsecretario del Ministerio del Interior, Martín Palacín estaba acostumbrado a que se le plantearan retos difíciles en su carrera profesional y a resolverlos con pragmatismo y eficacia.

Así que la primera decisión que toma cuando el Gobierno le encarga llevar a cabo la adjudicación de las cadenas de televisión y las emisoras de FM es crear dos mesas de contratación —una para cada asunto— y rodearse de profesionales de su confianza, que conozcan a fondo los entresijos de los medios de comunicación.

El secretario general de Comunicaciones conoce desde hace tiempo a Julio de Benito y a Eduardo Alonso, dos profesionales de Televisión Española, de la etapa de Pilar Miró, defenestrados en el Ente con la llegada de Luis Solana. Habla con ellos, les hace una oferta para convertirlos en sus asesores, y se los lleva a trabajar al palacio de Telecomunicaciones, en la plaza de la Cibeles de Madrid.

De Benito y Alonso son los responsables de elaborar el pliego de condiciones que va a permitir al Gobierno adjudicar las nuevas emisoras que se van a sacar a subasta y que constituyen la última fase de ampliación de la red de emisoras de FM en el territorio nacional.

José Luis Martín Palacín cree que una forma equitativa de reparto de las nuevas emisoras de FM debe contemplar los intereses de su partido, el PSOE, que aspira a tener una cadena de emisoras propia y las legítimas aspiraciones de algunos profesionales de la radio, como Pepe Cañaveras; Jesús Quintero, *el Loco de la Colina*, o Luis del Olmo, que quieren dejar de ser empleados de las emisoras en las que trabajan y crear sus propias empresas.

También existen otros profesionales y colectivos, como el antiguo directivo de la SER, Eugenio Fontán, o el sindicato Comisiones Obreras, a los que habría que tener en cuenta.

El secretario general de Comunicaciones quiere, sin embargo, contar con el respaldo del partido en un tema tan delicado y un día se va a ver a Guillermo Galeote, hombre fuerte del aparato de comunicación, en la sede del PSOE.

—Mi opinión es que las nuevas concesiones deben hacerse de forma que las grandes cadenas de radio no sean, una vez más, las beneficiarias —le dice a Galeote.

—Yo también creo lo mismo —responde el actual secretario de Finanzas del PSOE.

—También pienso que debemos ser generosos con los profesionales de la radio —opina Martín Palacín—. A gente como Cañaveras o Luis del Olmo no podemos negarle una emisora.

—¿Tú crees?

—Hombre, sí. En Ponferrada, su patria chica, ¿qué daño nos va a hacer Luis del Olmo con una emisora? —concluye Palacín.

—Tienes razón —admite Galeote.

A la semana siguiente, el ministro de Transportes y Comunicaciones, José Barrionuevo, se entrevista con el vicepresidente Alfonso Guerra en la Moncloa para hablar del asunto. El Gobierno y el partido comparten los mismos criterios: Antes de darle una nueva frecuencia a las grandes cadenas de radio se va a tener en cuenta a los profesionales y a los simpatizantes del partido. La idea era no marginar a nadie y menos a los periodistas radiofónicos que quisieran tener emisora propia.

Por entonces se produce la llamada de Miguel Durán, el secretario general de la ONCE, a Martín Palacín.

—José Luis, me he enterado de que la concesión de las emisoras de FM va a depender de ti.

—Hombre, pues en cierta medida sí.

—Pues no sabes lo que me alegra.

—A mí no tanto. Ya sabes lo delicado que son siempre estos temas.

—Lo sé. Por eso quería recordarte el interés que tiene la ONCE por las FM.

Como ya quedó apuntado, José Luis Martín Palacín y Miguel Durán mantenían unas excelentes relaciones desde que el primero fue subsecretario del Ministerio del Interior y ayudó al segundo a acabar con Prodiecu, la competencia de la Organización de Ciegos.

Entre el secretario general de Comunicaciones y el secretario general de la ONCE surgió desde entonces una fuerte amistad. Como el tema de las televisiones privadas estaba aún muy verde, la Organización Nacional de Ciegos Españoles había pensado en crear una cadena privada de radio —el medio más idóneo de comunicación para un invidente— y lo había comentado en varias ocasiones con Martín Palacín.

Al secretario general de Comunicaciones, al igual que a buena parte de la ejecutiva del PSOE, no le parecía ético que el partido tuviera participación directa en una red de emisoras. La idea de tener a su disposición y a la del Gobierno una nueva red de emisoras —de corte progresista— controlada indirectamente desde el Poder, sin embargo, no le disgustaba.

Por su dependencia del Gobierno, la ONCE era el medio idóneo que tenían el Ejecutivo y el Partido Socialista para contar con esa red de emisoras sin poner un duro y sin que nadie pudiera tachar al Gobierno de favoritismos en las concesiones.

Así las cosas, José Luis Martín Palacín hace las consultas oportunas y llama de nuevo a Miguel Durán.

—Cuenta con las emisoras —le dice.

El problema que se plantea es que la Asociación de Radio Independiente (ARI), que preside José González Batista, un empresario asturiano cercano al PSOE, aspira también a quedarse con un buen paquete de emisoras.

La gente de ARI cuenta ya con una serie de estaciones en las cabeceras de comarca de toda España. Son buenos profesionales de la radio pero para despegar y convertirse en un grupo empresarial serio les falta financiación. Y Martín Palacín cree haber encontrado la solución.

—Lo ideal sería que ARI y la ONCE se unan y creen una buena red de emisoras —explicó Palacín a sus colaboradores.

—Eso sería lo lógico. Pero, ¿quién convence a Durán para que ponga el dinero?

—Tal vez yo mismo.

A finales de enero, Martín Palacín se reúne con el secretario general de la ONCE. El hombre de Barrionuevo lleva una propuesta concreta.

—Según nuestros cálculos, os podemos conceder alrededor de unas sesenta emisoras en toda España.

Miguel Durán echa cuentas. No eran todas las que él esperaba pero menos da una piedra.

—¿Y tú crees que con sesenta emisoras vamos a poder hacer una cadena como la SER o Antena 3, que tienen el doble?

Martín Palacín se muestra persuasivo.

—Depende de la potencia y del emplazamiento.

—Es cierto. Pero, como sabes, nosotros aspirábamos a contar con algo más serio. Al menos con una emisora por provincia y por cabecera de comarca importante.

—Las podéis tener —insiste Palacín—. Siempre se pueden buscar fórmulas.

—¿Qué fórmulas? —pregunta Durán, escéptico.

—No podemos dar todas las emisoras de FM a una sola empresa. El Gobierno quedaría en evidencia. Pero si os asociáis a la gente de ARI, podéis sumar las 60 nuevas emisoras a las que ellos tienen.

En el mes de febrero, Miguel Durán y el director de planes de la ONCE, el diputado socialista en la Asamblea de Madrid, Rafael de Lorenzo García, se entrevistan con el presidente de ARI, José González Batista y con el vicepresidente, Mariano Lázar, y llegan a un rápido acuerdo.

La ONCE se compromete a comprar, por cerca de 400 millones de pesetas, el 50 por 100 de la Asociación de Radio Independiente (ARI), empresa que cuenta entonces con unas 50 emisoras, y acepta aportar mil millones más para constituir la cadena de FM, en el momento en que el Gobierno falle el concurso y les conceda las 60 nuevas emisoras de las 153 licencias previstas.

José Luis Martín Palacín y sus colaboradores, los socialistas Julio de Benito y Eduardo Alonso, son informados del acuerdo inmediatamente y casi no se lo pueden creer.

Un asunto que, aparentemente, se planteaba arduo y lleno de aristas e intereses, iba a resolverse de forma rápida, original y, lo que era más importante, dejando a todo el mundo contento, tanto a la gente del Partido Socialista como a profesionales independientes de la radio de la talla de Pepe Cañaveras y Luis del Olmo.

¿Alguien da más?

* * *

El guión de Palacín parecía perfecto, pero entonces aparecen en escena Rafael, *Fali,* Delgado, secretario general de la Vicepresidencia del Gobierno y hombre de confianza de Alfonso Guerra, y José María Calviño, otro allegado al círculo guerrista.

A mediados de febrero, quince días después de que José Luis Martín Palacín hubiera obtenido el visto bueno del partido, a través de Guillermo Galeote, y del Gobierno, vía José Barrionuevo-Alfonso Guerra, para poner en marcha la mesa de contratación de las FM, se convoca una reunión en la Moncloa.

A ella asisten el secretario general de la Vicepresidencia del Gobierno, Rafael Delgado; el director general de Medios de Comunicación Social, dependiente del Ministerio de Presidencia, Francisco Virseda, y el secretario general de Comunicaciones, José Luis Martín Palacín.

Este último es el primero que toma la palabra para exponer los criterios que deben emplearse a la hora de conceder las 153 emisoras de Frecuencia Modulada y hacia el ecuador de su parlamento, uno de los «fontaneros» presentes, *Fali* Delgado, le interrumpe bruscamente con su sonoro acento andaluz.

—¡Anda ya, que no te enteras de nada!

El secretario general de Comunicaciones se queda cortado y los colores se le suben a las mejillas.

—Que sí, hombre, que no te enteras —prosigue Delgado.

Martín Palacín comienza a ponerse nervioso.

—Aquí lo que tenemos que hacer es la gran cadena de emisoras del partido y dejarnos de tonterías —concluye Delgado.

Martín Palacín respira hondo y trata de hacerse de nuevo con el control de la situación.

—Pero eso nos puede traer algunos problemas —replica.

—Qué problemas ni qué n'á. Aquí vamos a hacer la radio del PSOE y se acabó —concluyó bruscamente *Fali* Delgado.

—Bueno, bueno... Ése no era el parecer del Gobierno ni el del partido hasta hace muy poco.

José Luis Martín Palacín regresa aquel día a su despacho algo aturdido por la discusión. Tras el cambio de actitud del Gobierno, cree advertir la presencia de algunos altos cargos de RTVE, como Jordi García Candau, o de periodistas cercanos a Alfonso Guerra, como Manuel Campo Vidal, en buena sintonía con el vicepresidente del Gobierno desde que le entrevistó tiempo atrás en el programa de televisión «Punto y Aparte».

Sin embargo, Palacín no hace ningún comentario con sus colaboradores a la espera de ver cómo evolucionan los acontecimientos. Pero éstos empiezan también a husmear y un día el ex subdirector de programas informativos diarios de TVE y hombre de confianza suyo, Eduardo Alonso, entra en su despacho y le dice:

—José Luis, creo que nos quieren quitar lo de las FM.

—No seas optimista, Eduardo —responde con ironía Palacín—, ¿quién iba a estar interesado en llevar un muerto como éste?

—Pues me han dicho que los «fontaneros».

Al día siguiente, el secretario general del vicepresidente del Gobierno, Rafael Delgado, le llama por teléfono.

—José Luis, me han pedido que me haga cargo del reparto de las emisoras de FM.

A José Luis Martín Palacín, la noticia, a aquellas alturas, no le coge por sorpresa.

—¿Quién te lo ha dicho?

—Al vicepresidente no le gusta cómo se está llevando el asunto y me ha dicho que me encargue yo personalmente.

—¿Ah, sí, te ha dicho eso?

—Sí. Y me gustaría que me pasaras el expediente en seguida.

Martín Palacín pide algo de tiempo para pensárselo y hace una consulta con sus colaboradores. La decisión de Alfonso Guerra de retirarle de la concesión de las emisoras de FM le parece una falta de confianza del partido y del Gobierno en su gestión. El secretario general de Comunicaciones confía plenamente en su equipo, cree que el proyecto de FM que han elaborado sus colaboradores es técnica y políticamente aceptable y, por un momento, está dispuesto a luchar lo que haga falta para sacarlo adelante.

—Me voy a dejar la piel si es necesario —comenta.

Más pragmáticos, Eduardo Alonso y Julio de Benito, le aconsejan prudencia y cautela para evitar los enfrentamientos dentro del partido. Si tras la operación están además el vicepresidente Alfonso Guerra y el ministro Virgilio Zapatero, ambos con despacho en el complejo de la Moncloa, al lado del Presidente Felipe González, la batalla va a estar de antemano perdida.

—Pasa los papeles a la Moncloa —le sugieren.

—Eso no es justo —se resiste Martín Palacín.

—No será justo. Pero dentro de unos meses te alegrarás de haberlo hecho.

Unas palabras que a la larga iban a resultar premonitorias.

Mientras Eduardo Alonso y Julio de Benito, los dos «asesores» de José Luis Martín Palacín, se dedican por entero al asunto de las televisiones privadas, los «fontaneros» de Moncloa, Rafael Delgado, Francisco Virseda y Javier Nadal, entran en contacto con el despacho del ex director general de RTVE, José María Calviño, en el número 26 de la calle Marqués de Urquijo de Madrid, para crear la gran cadena de radio socialista.

El clan de la Moncloa al que se ha unido Calviño celebra

reuniones también con Guillermo Galeote, en la sede del PSOE, y con los ministros Virgilio Zapatero y el vicepresidente Alfonso Guerra, para ir perfilando la estrategia a seguir.

Entretanto, un día, al ministro de Transportes y Comunicaciones, José Barrionuevo, a quien Martín Palacín ha preferido no informar del asunto para evitarle problemas, le llega un papel para que lo firme.

Barrionuevo se extraña de que el documento proceda de las áreas de la Moncloa, en lugar de venir de la Secretaría General de Comunicaciones. Ese día llama a Martín Palacín.

—Pero, ¿qué pasa con ese tema? —pregunta.

—Nada, que en Moncloa han decidido tomar ellos las riendas del asunto.

—Hombre, José Luis, ¿pero eso no era nuestro?

—Sí.

—Entonces, no voy a firmar.

José Luis Martín Palacín tiene que emplear ese día bastante mano izquierda para persuadir a su ministro de que es mejor para todos dejar las cosas como están.

—Tú firma. No vale la pena dar ninguna batalla.

—¿Y por qué no?

—No me gusta cómo están las cosas.

Por su parte, los «fontaneros» de Moncloa, tras las primeras entrevistas exploratorias, habían decidido poner en marcha la denominada operación «Arco Iris». Tras el golpe de mano a los planes del Ministerio de Transportes y Comunicaciones, necesitan encontrar a un grupo de personas, militantes del partido, dispuestas a prestar sus nombres para la concesión de las emisoras de FM.

Guillermo Galeote y José María Calviño elaboran las listas de los simpatizantes que, suponen, pueden estar interesados en colaborar en una operación de este tipo, bajo la sombra del proyecto socialista. Poco después, Calviño se encarga personalmente de contactar con algunos de los «interesados» para conocer su punto de vista y, finalmente, se elabora una lista definitiva.

En ésta figuran los nombres del presentador de Televisión Española, Manuel Campo Vidal; del director del periódico *La Voz de Almería*, Pedro de la Cruz Alonso; del propietario de la emisora Radio Surco, Francisco Castellano; del pintor José Ignacio de Blas y el empresario socialista asturiano, Blas Herrero, entre otros.

Paralelamente, el secretario de imagen del PSOE, Guillermo Galeote, se entrevista con el director de Planes de la ONCE, Rafael de Lorenzo García, para proponerle la concesión de las 60 emisoras de radio pactadas anteriormente con José Luis Martín Palacín.

Rafael de Lorenzo se da cuenta en seguida de que lo que pretenden los altos cargos del partido fundado por Pablo Iglesias es que ellos pongan el dinero y dejen la gestión y el control informativo de la cadena de emisoras de FM en manos de personas de la absoluta confianza del PSOE.

Las conversaciones entre el director de Planes de la ONCE y el entonces secretario de imagen del Partido Socialista se celebran durante los meses de febrero a mayo de 1989. A lo largo de aquellos encuentros, Rafael de Lorenzo fue conociendo a Guillermo Galeote y captando, pese a su ceguera, todos sus tics y manías, hasta el punto de ponerle un sobrenombre apropiado, que rápidamente se extendió por toda la sede de la ONCE: *Galezote.*

—¿Qué tal hoy el *Galezote*? —le preguntó Durán a finales de mayo.

—Igual que siempre. Quiere que paguemos nosotros las emisoras y le dejemos el mando a él.

—¿Entonces, qué hacemos?

—Creo que así no vamos a llegar a ninguna parte.

Como la ONCE no está por la labor, en mayo, los militantes del partido seleccionados por los altos cargos del PSOE para hacerse cargo de las emisoras de Frecuencia Modulada, inscriben un total de 17 sociedades anónimas en el Registro Mercantil.

En un par de meses de trabajo en secreto tienen ultimado el plan de concesión de las emisoras. Y cuando el *Boletín Oficial del Estado* hace públicos los nombres de los adjudicatarios, salta el escándalo.

Los profesionales que se han presentado al concurso para contar con su emisora propia y las cadenas de radio que han solicitado licencias para ampliar su red de cobertura, han quedado prácticamente excluidas. En su lugar, la mayoría de los concesionarios son simpatizantes o parientes de altos cargos del Partido Socialista Obrero Español o miembros de la ONCE, que han acaparado hasta 16 emisoras para crear su cadena Radio Amanecer.

En los días que siguen, los calificativos de enchufismo y sectarismo son los dardos más suaves que se lanzan contra el Gobierno. Las licencias de las emisoras no se pueden vender en un plazo de cinco años, pero, entretanto, se puede ceder su explotación a otras sociedades que estén interesadas en ello.

El periodista Manuel Campo Vidal es el primero que opta por esta fórmula: las cinco emisoras que han conseguido sus empresas, Noguera Comunicación y Economía y Estrategias Europeas de la Comunicación, en Huesca, Teruel y La Rioja, pasan a ser explotadas en régimen de usufructo por la Cadena SER en los próximos años.

Las acusaciones suben de tono. El periodista Luis del Olmo llama «sinvergüenza» al vicepresidente Guerra, al que considera responsable de la manipulación. Hay quien, además, imputa públicamente al Ejecutivo la irregularidad de pagar favores a alguno de sus militantes o simpatizantes por la vía de las concesiones.

Las sospechas se hacen más patentes cuando la mayoría de los adjudicatarios carecen de planes de viabilidad económica para poner en funcionamiento las emisoras y algunas sociedades cercanas al PSOE, como Radio Blanca, que ha obtenido siete licencias de explotación, acaban cediendo sus derechos a favor de la ONCE, por falta de experiencia.

Las irregularidades descubiertas en el proceso de adjudicación son enormes. Algunas empresas se constituyen 24 horas antes de que venza el plazo, otras no están inscritas en el Registro Mercantil. En unos casos, la mesa de contratación asigna un cero a Luis del Olmo en «programación», al tiempo que un alcalde socialista que no ha visto una emisora de radio en su vida obtiene hasta un nueve.

La revista *Cambio 16* asegura, poco después, que la concesión de las emisoras había obedecido a un plan minuciosamente elaborado por Alfonso Guerra y Guillermo Galeote para reflotar la imagen deteriorada del partido. Un informe político presentado en el Comité Federal del PSOE, poco antes, planteaba la «urgencia de potenciar estrategias de comunicación que contrarresten la agresividad de determinados medios de comunicación frente al Partido Socialista».

La operación Arco Iris sienta cátedra. Mientras decenas de

empresas y profesionales de la comunicación son marginados, en Murcia, Valencia, Galicia y Andalucía, comunidades autónomas todas ellas bajo control socialista hasta finales de 1990, las emisoras de radio que se conceden por los respectivos gobiernos autónomos, van a parar todas ellas a empresas desconocidas, bajo el control de militantes o simpatizantes del PSOE.

Entre serio y burlón, un alto cargo socialista lo comenta un día en público:

—Pero, ¿de qué os quejáis? ¿No ha ocurrido en este país siempre lo mismo? ¿No es verdad que el que parte y reparte se queda siempre con la mejor parte?

Blas Herrero, un industrial lechero gijonés, hombre del Partido Socialista al que se conoce como *el Sarasola asturiano*, se encuentra con que tiene, de repente, 27 emisoras de radio en toda España, adjudicadas a través de familiares y empleados. El banquero Luis González Dalama, cuñado del director general de RTVE, Jordi García Candau, se hace con otro puñado de ellas, algunas inscritas a nombre de un modesto agricultor de Aldehuela de la Bóveda, provincia de Salamanca.

En Almazán (Soria), el pintor y militante socialista, José Ignacio de Blas, consigue otras emisoras a través de la empresa Radiodifusión Soriana.

La lista se hace interminable. En Águilas (Murcia), la Compañía Aguileña de Comunicación, propiedad de José Carrasco, hijo del alcalde socialista de la localidad, recibe otra emisora. Y en Cataluña, la sociedad Megaherzio, controlada por Ángel Carbonero Trías, un hombre del clan del director general de RTVE, Jordi García Candau, obtiene varias licencias para Fuenlabrada, Benidorm y Marbella.

El escándalo acaba en el Parlamento. El 21 de diciembre de 1989 el diputado del Partido Popular por Badajoz, Luis Ramallo, hace dos preguntas en la cámara al ministro de Transportes, Turismo y Comunicaciones, José Barrionuevo, interesándose por los criterios utilizados por el Gobierno para la concesión de las emisoras, acordadas en el Consejo de Ministros del 29 de julio.

Ramallo también quería conocer de qué forma el Ejecutivo había garantizado la pluralidad en un medio de comunicación y con qué criterio se había valorado la solvencia económica de las personas físicas y jurídicas ganadoras del concurso.

El 14 de marzo de 1990, con el escándalo Juan Guerra en

plena ebullición, el subsecretario de Transportes y Comunicaciones, Emilio Pérez Touriño, acude al Congreso de los Diputados para responder de las acusaciones ante la oposición.

—El Gobierno —dice— ha cumplido estrictamente la Ley. Ha actuado con un criterio pluralista.

Pero a Luis Ramallo, a esas alturas, no le convencía una explicación así.

—Evidentemente, aquí hay tomate y el señor subsecretario no va a poder negarlo —replica el diputado.

Ramallo lee una interminable lista de 72 licencias de FM que han ido a parar a manos de militantes o personas próximas al PSOE.

—Todo parece indicar —concluye— que el Gobierno ha tratado de crear una cadena de emisoras socialistas. Que ha habido intervencionismo y que el tráfico de influencias es algo que últimamente crece como la hiedra en torno al poder.

El subsecretario, Pérez Touriño, saca entonces una carta de agradecimiento firmada por el director general de la cadena Rato, el diputado del Partido Popular, Rodrigo Rato, y la lee ante la cámara.

—Mi grupo entiende que si un profesional de esa categoría nos da las gracias por la concesión de las FM, procedentes además los elogios de la oposición, es que hemos actuado de forma correcta —concluyó Pérez Touriño.

Luis Ramallo esperaba una salida de ese tipo y tenía la respuesta ya preparada.

—La Cadena Rato estará satisfecha. Mi grupo, no.

* * *

Los directivos de la Cadena Rato tenían motivos para estar contentos por esas fechas. Desde hacía varios meses, algunos de los miembros de la familia venían manteniendo conversaciones secretas con el secretario general de la ONCE, Miguel Durán, para vender una parte de sus 72 emisoras de FM.

La operación apareció reflejada en un despacho de la agencia EFE, en el servicio del 28 de noviembre de 1989, pero ambas partes, la Organización Nacional de Ciegos Españoles y el director general de la Cadena, desmintieron la información.

No era más que una cortina de humo para tranquilizar a un sector de la familia Rato, propietaria de las emisoras, que se oponía a la venta, y llegar a un pacto lo más pronto posible.

Miguel Durán, el secretario general de la ONCE a quien la Moncloa había excluido del reparto de las concesiones de las FM, mantenía un acuerdo secreto con otro sector del Partido Socialista para crear una cadena de emisoras de radio de corte progresista, que no fuera hostil al proyecto socialista.

A la gestación de este pacto no era ajeno, evidentemente, el secretario general de Comunicaciones del Ministerio de Transportes, Turismo y Comunicaciones, José Luis Martín Palacín, el hombre que había intentado meses antes hacer valer su influencia dentro del partido para que se le concedieran 60 emisoras a Miguel Durán.

A comienzos de 1990, la Organización Nacional de Ciegos Españoles había conseguido poner bajo su control un total de 22 licencias, de las concedidas por el Gobierno el 1 de agosto anterior, con las que había formado la cadena de Radio Amanecer. La operación para poner en marcha la gran cadena a la que aspiraba Miguel Durán culminaba el 2 de abril de ese año, cuando el secretario general de la ONCE y Ramón Rato, el anciano fundador de la cadena que lleva su apellido, firmaban un acuerdo por el que 63 emisoras de este grupo eran vendidas a los ciegos.

El sueño de Martín Palacín y de un grupo de militantes del PSOE de contar con una cadena de emisoras amiga que pudiera ser utilizada como vehículo de propaganda en las próximas elecciones municipales, se convertía, así, en una realidad.

El plan contaba además con una plusvalía añadida. La compra de Radio Rato suponía al mismo tiempo arrebatarle al Partido Popular —algunos de cuyos dirigentes formaban parte del consejo de administración de la cadena— la posibilidad de emplear un arma propagandística en los núcleos rurales, donde la radio sigue siendo el principal medio de información de muchas familias.

La ONCE, propietaria de un importante paquete de acciones de Tele 5 y con significativas participaciones en varios grupos de prensa,[1] pasaba a controlar de esta manera, a través de la sociedad instrumental Unipress, un total de cien emisoras

1. Ver capítulo dedicado a la Organización Nacional de Ciegos Españoles.

con cobertura en todo el territorio nacional y la posibilidad de emitir en cadena.

El secretario general de la ONCE, Miguel Durán, había tenido que pagar un precio muy alto para ello: 400 millones de pesetas por las emisoras de ARI, 4.900 por la Cadena Rato y otros 700 millones por el edificio central de la nueva red de emisoras.

La suma total de 6.000 millones de pesetas es hasta ahora la cifra más elevada que se ha pagado en España por una cadena de radio. Probablemente, una buena auditoría habría revelado que la red de emisoras Rato no valía tanto dinero y un poco de paciencia hubiera convencido al secretario general de la ONCE de ello.

Pero como Miguel Durán no es tonto ni se había dejado engañar hasta ese momento, todo parece indicar que la «Operación Rato» forma parte del «peaje» que la Organización Nacional de Ciegos Españoles está obligada a pagar periódicamente al PSOE para poder seguir llevando a cabo su política de inversiones, sin las molestas interferencias de la ministra de Asuntos Sociales, Matilde Fernández, la persona que puede reducir o elevar a voluntad el volumen de ingresos de la organización benéfica, a través del Consejo del Protectorado de la entidad, que preside.

Una de las primeras decisiones tomadas en esta línea por el secretario general de la ONCE fue la de nombrar director de la Rato al periodista Luis de Benito, hermano de Julio de Benito y hasta entonces persona de confianza del PSOE en Radio Nacional de España.

De Benito, a su vez, trata de llevar a los informativos a Fermín Bocos, un profesional de la información que había abandonado poco antes su cargo como jefe de los servicios informativos de Tele Madrid, el canal autonómico de la capital de España, creado por el presidente de la Comunidad, el socialista Joaquín Leguina.

Bocos, un periodista independiente y progresista, no beligerante con el modelo socialista de concepción de la sociedad, era, evidentemente, la persona idónea para evitar que la futura línea informativa de la Rato, derivara hacia posiciones políticas conservadoras. Pero, al final, la operación no cuajó.

El secretario general de Comunicaciones, José Luis Martín Palacín, y su asesor, Julio de Benito, los dos hombres a los que los «fontaneros» de la Moncloa arrebataron, a comienzos de 1989, la concesión de las licencias de FM, estaban un año después, de enhorabuena.[2]

Al final, aunque no habían podido hacer nada para concederle una emisora a Luis del Olmo en Ponferrada (León), sus planes se habían cumplido casi milimétricamente.

* * *

El director del programa «Protagonistas« de la Cadena COPE, el empresario Eugenio Fontán, Comisiones Obreras y otros muchos profesionales de la comunicación y grupos sociales que habían presentado sus solicitudes ante la mesa de contratación del Ministerio de Transportes y Comunicaciones, para optar a las licencias de FM, ni sentían ni pensaban lo mismo.

Por encima de todo, Luis del Olmo quiere que se haga justicia y en octubre de 1989 su abogado presenta veinte recursos de reposición contra la decisión del Gobierno. Un mes más tarde, da un paso más drástico y plantea un contencioso-administrativo contra el Gobierno ante el Tribunal Supremo.

Paralelamente, Del Olmo invita al ministro José Barrionuevo a su tertulia de la COPE y el titular de Transportes y Comunicaciones, a micrófono cerrado, le confiesa:

—Fue un asunto que no me gustó y preferí no intervenir.

En marzo de 1990, el Supremo admite a trámite el recurso del periodista contra el Gobierno. A continuación, se abre una investigación que revela muchas y más graves irregularidades. El asunto asusta al propio Del Olmo.

—Yo creo que podría hacer caer al Gobierno —le cuenta a un amigo.

Pero los distintos gobiernos socialistas parecen afianzarse cada vez más en la idea de que desde la Prensa se les acusa de prepotencia, arbitrariedad, altanería o nepotismo.

—¿Estará Felipe González ungido de un don especial que

2. La cadena de la ONCE comenzó a emitir bajo el nombre comercial de Onda Cero a finales del mes de noviembre de 1990.

le exime de la responsabilidad política? —llega a preguntarse en alguna ocasión el periodista.

Del Olmo no lo cree. Está convencido de que la verdad, al final, siempre triunfa.

Desde la Moncloa, alguien le ha hecho saber que la razón principal por la que ha sido excluido de la concesión de las emisoras de Frecuencia Modulada es porque a Felipe González y a Alfonso Guerra no les gusta un espacio de su programa.

Se trata de la sección «El estado de la Nación», en el que los humoristas más prestigiosos del país hacen una especie de parodia semanal de la situación política española.

—Es un espacio que no me perdonan —se lamenta Del Olmo.

De todas maneras, el popular periodista radiofónico, si tuviera la oportunidad de retroceder en el tiempo y volver al primer día en que se emitió «El estado de la Nación», no quitaría ni una palabra de ese espacio de humor.

El problema es que los políticos españoles, lo que menos siguen entendiendo es, probablemente, el sentido del humor de la sociedad que les ha tocado dirigir.

—¿Lo recuperarán el día en que el Tribunal Supremo les condene? —se pregunta todavía el radiofonista Del Olmo, quien, a esas alturas, no tiene ya ninguna duda de que el PSOE ha escalado un nuevo peldaño hacia el control de los medios de comunicación en España.

XXIII. ASALTO AL CUARTO PODER

En España Gobierno y empresarios luchan por el dominio de la Prensa, una actividad que hasta ahora permanecía semiolvidada por todos. Para los miembros del partido gobernante, el control de periódicos y revistas es un modo de silenciar las críticas hacia su gestión y perpetuarse en el poder. Para los grandes grupos financieros, la Prensa constituye la palanca perfecta para defenderse de las agresiones de sus enemigos y sacar a relucir los trapos sucios de sus competidores.

El 2 de marzo de 1989 el ministro de Cultura, Jorge Semprún, comparecía ante el Congreso de los Diputados y, sin que nadie le pidiera su opinión, declaraba:

—Yo aconsejo a los españoles viajar más y leer menos los periódicos.

Ese día, el ministro se despachó a gusto. Después de calificar a la Prensa, sin excepciones, de «amarillista, sensacionalista e irresponsable», se permitió esgrimir algunos consejos acerca de cómo debían orientarse los contenidos de los periódicos.

La anécdota era reveladora de un estado de opinión contrario a los medios de comunicación escritos casi generalizado en las filas del Partido Socialista y del Gobierno —ajenos a las críticas—, desde que el PSOE llegó a la Moncloa, a finales de 1982.

Por eso, el 22 de mayo de 1990, fue todo un acontecimiento que seis ministros —un tercio del Gabinete— se dieran cita en la madrileña Plaza de Colón, para asistir al nacimiento de un nuevo periódico.

Esa noche, festividad de los santos Emilio, Timoteo y Rita de Casia, se presentaba en sociedad el rotativo *El Sol*, que hacía el número doce de los diarios editados en la capital de España y que venía a caldear un poco más el ya saturado mercado de la Prensa española.

En contra de lo que era habitual, los titulares de Interior, José Luis Corcuera; Transportes y Comunicaciones, José Barrionuevo; Justicia, Enrique Múgica; Educación, Javier Solana; Relaciones con las Cortes, Virgilio Zapatero, y la Portavoz del Gobierno, Rosa Conde, se olvidaron por unas horas de las agobiantes «cuestiones de Estado», para arropar con su presencia al nuevo rotativo madrileño.

En un lugar destacado de la ceremonia también se dejaron ver la esposa del presidente del Gobierno y diputada por Cádiz, Carmen Romero, y el ex director general de Radiotelevisión Española, José María Calviño Iglesias.

En unos días en los que la mayoría de la Prensa dedicaba páginas enteras al «Caso Juan Guerra», la presencia insólita y masiva de la mujer de Felipe González y de la tercera parte del Gobierno, incluida la de los ministros Barrionuevo y Corcuera —los más vapuleados por los periódicos—, en la presentación de un nuevo diario, representaba algo más que un símbolo.

Dirigido por José Antonio Martínez Soler, un veterano periodista, luchador antifranquista y antiguo director de la revista *Doblón*, jefe de las páginas de economía de *El País* y director fundador del periódico económico *La Gaceta de los Negocios*, *El Sol* era el primer periódico de información general y de tirada nacional que salía a la calle para intentar trasladar a la opinión pública una óptica distinta de la información.

El editor del nuevo rotativo, Germán Sánchez Ruipérez, había hecho fortuna con la confección de libros de texto y desde hacía algún tiempo era conocida su vinculación al Partido Socialista.

En la gestación del diario había intervenido, desde el primer día, el brazo derecho del vicepresidente del Gobierno para los asuntos de comunicación, José María Calviño, y en su *staff* figuraba, en letras destacadas, el nombre de Pedro de Vega García, vocal del PSOE en el Tribunal Central Electoral y persona también afín a Alfonso Guerra.

Germán Sánchez Ruipérez, propietario del 100 por 100 de las acciones del nuevo medio informativo y presidente de la Editorial Anaya, que había facturado en 1989 un total de 35.000 millones de pesetas, era un hombre rico y podía permitirse el lujo de poner en circulación un periódico.

Pero no tuvo que poner un solo duro. La actuación de José María Calviño y de su bufete de abogados de la calle Marqués de Urquijo, 26, habían sido providenciales para que el presidente de Anaya obtuviera algo más de 2.000 millones de pesetas por la venta de sus acciones de Gestevisión Tele 5.

De esta manera, Calviño, un gran jugador de póquer, mataba dos pájaros de un tiro. Conseguía desbloquear la salida del canal privado de televisión, paralizado por los continuos enfrentamientos entre Sánchez Ruipérez y el secretario general de la ONCE, Miguel Durán, y obtenía la financiacion necesaria para el lanzamiento de *El Sol*.

Al presidente de Anaya, las plusvalías obtenidas por la venta del 25 por 100 de sus acciones de Tele 5 le iban a permitir llevar a cabo el sueño de su vida: lanzar un periódico de información general. Una aspiración cuya realización venía acariciando desde 1975, cuando su gran competidor en el mundo editorial —Jesús Polanco— se le adelantó y puso en circulación *El País*, aumentando considerablemente sus ingresos y sobre todo su poder e influencia.

Nacido con todas las bendiciones del Gobierno, la aparición del diario *El Sol* se interpretaba en las redacciones de toda España como el primer asalto serio al Cuarto Poder por parte de un amplio sector del Partido Socialista.

Pero como ocurre en todos los asaltos, el suceso iba a acarrear sus víctimas y apenas dos meses después de que el nuevo rotativo saliera a la calle, su director, José Antonio Martínez Soler, y el consejero Pedro Higueras —dos hombres que habían apostado por la independencia de *El Sol*— abandonaban sus cargos «por discrepancias con la línea editorial».

La salida de Martínez Soler y de Higueras significaba, de hecho, el triunfo de la línea más cercana al PSOE y a las posiciones del vicepresidente del Gobierno, Alfonso Guerra, encabezada en el consejo editorial de la empresa por el catedrático Pedro de Vega García, cuyo nombre empezó a figurar a partir de entonces en la cabecera del periódico como vicepresidente y editor.

La salida de *El Sol,* sin embargo, no era el primer intento que se producía de abordaje a la Prensa desde el poder. En 1984 y 1985, cuando se liquidaron los periódicos de la Cadena del Movimiento, el PSOE trató ya de poner algunos rotativos a su servicio.

* * *

Los veintisiete periódicos de la Cadena del Movimiento, que sirvieron al general Franco como órganos de propaganda y como instrumento para mantenerse en el poder, representaban un anacronismo en una sociedad democrática.

Carentes de contenido tras la muerte del dictador, los periódicos del Movimiento se habían convertido en los últimos años en un instrumento inútil, que sólo servía para perder dinero. Lo mismo que la mayoría de las empresas públicas, habían acumulado un déficit crónico y unas pérdidas que, en 1982, eran de 2.700 millones de pesetas.

Todos los periódicos privados, sin excepción, habían criticado su pervivencia. En una sociedad pluralista, que reconoce el derecho a la libre empresa, los periódicos azules constituían un obstáculo para el desarrollo de esa libertad, al tener los empresarios al Estado como principal competidor.

Resultaba además un agravio comparativo que publicaciones como *El País* o *Diario 16,* que habían luchado desde la independencia económica para traer la democracia al país, subsistieran sin ayudas ni subvenciones oficiales, mientras el Estado se gastaba el dinero en periódicos deficitarios, mal hechos y con muy baja tirada.

Sus trabajadores, sin embargo, no compartían estas tesis y, cuando estuvo próximo el triunfo del Partido Socialista en las urnas, negociaron en secreto con Felipe González, para que los Medios de Comunicación Social del Estado no fueran suprimidos por el nuevo Gobierno.

Pero la ministra de Cultura de UCD, Soledad Becerril, se adelantó, y el 16 de diciembre de 1981 daba un golpe de mano. Llevaba el asunto al Congreso de los Diputados y conseguía que se aprobara un proyecto de ley que suprimía definitivamente la Prensa del Estado.

* * *

Para el Partido Socialista, la medida de Soledad Becerril constituye un duro revés que no esperaba. Así las cosas y sin posibilidad de modificar la Ley, los máximos dirigentes del partido de Pablo Iglesias piensan, en consecuencia, sacar el mayor provecho posible de la liquidación de la vieja Cadena del Movimiento.

A finales de 1982, cuando llegan al poder, los socialistas encargan a Emilio Martín García, un constructor leonés, militante del PSOE y amigo personal del entonces coordinador de las labores de Imagen y Comunicación del partido, Guillermo Galeote, y de Alfonso Guerra, la constitución de una sociedad para quedarse con los periódicos más rentables o que ofrecen menos dificultades económicas para su saneamiento, entre los pertenecientes a la antigua Prensa del Movimiento.

Martín García, un individuo grueso y reservado, al que siempre le había atraído el mundo de la Prensa y la publicidad, había hecho sus cálculos. Pensaba que si alguno de aquellos diarios, como *Sur, Alerta, La Región* o *La Nueva España*, eran rentables bajo la gestión del Estado, bien administrados por una empresa privada, podrían serlo mucho más.

Los periódicos van a salir a subasta de forma casi inmediata y el constructor leonés, desde la óptica socialista, ve claro el negocio. Ésta es una oportunidad histórica para que su partido, con cuatro duros, se haga con una cadena de Prensa con presencia en las veintisiete provincias más importantes del país.

Con esa idea en la cabeza, Emilio Martín se va un día a la sede del PSOE, en la calle Ferraz de Madrid, y habla claramente con Guillermo Galeote.

—Como verás, la oportunidad es única e irrepetible —le dice de entrada.

Martín, un empedernido fumador de pipa, da una larga chupada a la boquilla, exhala una bocanada de humo y añade:

—El partido no puede renunciar a ello. Una gran parte de los periódicos están saneados y pueden ser, incluso, un negocio para el PSOE.

El empresario leonés había estudiado a fondo la amplia documentación elaborada por un *consulting* contratado por el Ministerio de Cultura para evaluar la situación interna y la viabilidad de cada medio antes de sacarlos a subasta, y conocía al pie de la letra todos los detalles.

Galeote examina por encima la documentación. La operación también le parece interesante y atractiva.

—¿Estarías dispuesto a encargarte del tema? —pregunta a Martín.

—Por supuesto. Sólo tenemos que ponernos previamente de acuerdo en un pequeño problema.

—¿Qué problema?

—El de la financiación. Antes de comprometerme formalmente, me gustaría que habláramos de cómo vamos a pagar.

Galeote esboza una ligera sonrisa.

—Por el dinero no te preocupes. Yo me voy a encargar personalmente de ello.

El Partido Socialista Obrero Español había sufrido, poco tiempo antes, una amarga experiencia en el País Vasco, donde había perdido casi 500 millones de pesetas con el periódico *Tribuna Vasca,* dirigido por Eduardo Sotillos, portavoz del Gobierno después y director de Radio Nacional de España. La revista *Actual,* dirigida por los periodistas Ángel Montoto, primero, y Agustín Valladolid, más tarde, hoy pieza clave del equipo del Ministerio del Interior, constituyó también un sonado fracaso.

Pese a todo, los responsables del aparato de Imagen del partido no parecen tener miedo a iniciar una nueva aventura empresarial en el campo de la Prensa.

* * *

El 8 de febrero de 1983 Emilio Martín inscribe en el Registro Mercantil de Madrid la empresa Mundicón y el 14 de marzo del mismo año hace lo mismo con la sociedad Comunicaciones Internacionales, S.A., participada por el propio Emilio Martín, el empresario socialista Enrique Ballester, hombre ligado históricamente a las finanzas paralelas del partido,[1] y el socio de éste, Luis Barredo Riesco.

Emilio Martín y Enrique Ballester habían hablado con el ministro de Cultura, Javier Solana, y con el subsecretario, Mario Trinidad, y entre los cuatro habían planificado el asalto a la antigua Prensa del Estado.

Aparentemente, tienen todas las posibilidades de triunfo en el bolsillo. Pero cuando visitan de nuevo la sede del PSOE en busca del dinero necesario para acudir a las subastas, los avales no están listos. Guillermo Galeote había tenido problemas para convencer a la Ejecutiva Federal del partido.

La batalla, sin embargo, no está perdida aún. Emilio Martín habla con el subsecretario de Cultura, Mario Trinidad, para que se retrasen las subastas y en ese período se dedica a pedir el dinero a los bancos de Bilbao, Vizcaya, Hispano Americano y Exterior.

En el Banco de Vizcaya, Pedro Toledo, amigo personal de Felipe González, está dispuesto a prestar el apoyo que se le pide pero necesita saber previamente si el Partido avala la operación o si se trata de un negocio privado de un grupo de militantes.

Así que Toledo descuelga el teléfono y llama a la Secretaría General de la Presidencia del Gobierno, en la Moncloa, y habla con Julio Feo, la persona que junto a su socio, José Aureliano Recio, ha hecho en anteriores ocasiones de «puente» entre el banquero y Felipe González.

—Julio, quería decirte que ha venido alguien por aquí a pedirnos dinero para comprar unos periódicos —comenta Toledo.

—¿Quién? ¿Algún militante socialista? —pregunta Feo, que no entiende nada.

—Sí, un tal Emilio Martín. Dice que es el hombre del PSOE para los temas de Prensa. Yo creía que esos asuntos los llevaba Guillermo Galeote y he decidido consultarte.

1. Para más detalles, ver capítulos I y II.

El secretario general de la Presidencia empieza a comprender el motivo de la llamada.

—Ya, ya... ¿Y qué problema tienes? —pregunta.

—Hombre, pues me gustaría saber si es alguien de vuestra confianza. En otras palabras, si debo o no dejarle el dinero.

Julio Feo da un salto hasta el despacho del presidente del Gobierno y consulta. Y Felipe González responde que no.

El presidente del Gobierno, publica poco después el diario *El País*, no puede dejar que los bancos condicionen su política económica a cambio de unos cuantos avales, por unos centenares de millones de pesetas, para adquirir un puñado de periódicos, deficitarios en su mayoría.

* * *

Es el segundo revés, en poco tiempo, que sufren las expectativas del partido de crear la cadena de Prensa del PSOE, camuflada bajo la cobertura de una serie de empresas privadas, con apariencia de grupo independiente y pluralista.

Pero el empresario leonés, amigo de Guillermo Galeote, no está dispuesto a arrojar la toalla. Todavía puede conseguir dinero del Banco Exterior de España —presidido por Francisco Fernández Ordoñez— y de las Cajas de Ahorro provinciales, bajo el control de las diputaciones y, por lo tanto, indirectamente, del PSOE.

La operación da sus frutos. A comienzos de 1984, Norinfor, otra de las empresas pantalla de Emilio Martín, adquiere el primer periódico para el PSOE: el diario *Córdoba*, con unas ventas de 8.000 ejemplares y unas pérdidas de 60 millones de pesetas.

Poco más tarde, un segundo diario, el *Jaén*, cae en manos de la sociedad Reymex. Pero a la subasta acuden otros compradores y un representante de la *Actualidad Española*, que puja por la misma cabecera, grita:

—¡Viva el Partido Capitalista Obrero Español!

—¿Por qué partido capitalista? —pregunta alguien en la sala de subastas.

—Porque lo quieren todo. Han subastado la Prensa del Movimiento para quedársela ellos.

En la sala se forma un pequeño revuelo, pero el interpelante tiene razon. Reymex es una empresa vinculada a Mundicón y, por ende, a los intereses del PSOE.

El asalto a la Prensa del Estado no ha hecho más que empezar. José Antonio Fernández de Bobadilla, un empresario cántabro ligado al ministro de Presidencia, Javier Moscoso; Manuel Rotella, del PSOE, y el senador Juan González Bedoya, portavoz del Grupo Socialista en el Parlamento cántabro, adquieren a continuación el diario *Alerta* con dinero del Banco Exterior de España.[2]

Novotécnica y Promociones y Ediciones Culturales, otras dos sociedades con capital socialista, compran *La Voz de Almería* y el diario *Mediterráneo,* de Castellón. Mundicón, la empresa de Emilio Martín, firma poco después un acuerdo con el Arzobispado de Sevilla y con el empresario Alfonso Fierro para repartirse la cabecera de *El Correo de Andalucía.* Las empresas de Martín participan también en la compra de *Diario de Granada,* cerrado en la actualidad, y en proyectos de nueva creación como *El Periódico del Guadalete,* con la ONCE de socio, en Jerez, y en el lanzamiento de *La Noticia,* de Huelva.

En Levante, los altos cargos socialistas Rafael Blasco, consejero de la Presidencia en el Gobierno de Joan Lerma, y su hermano, Francisco Blasco, vicepresidente de la Diputación y presidente de la Caja de Ahorros, llegan a un acuerdo con el empresario catalán Javier Moll, un antiguo directivo del Banco Garriga Nogués, propietario de los periódicos *Diario de Las Palmas* y *La Provincia,* ambos editados en Las Palmas de Gran Canaria, para adquirir los periódicos *Levante,* con cabecera en Valencia, e *Información,* de Alicante.

Un aval de la Caja de Ahorros provincial permite a otros simpatizantes socialistas presentarse a la subasta de *La Nueva España,* de Oviedo, uno de los periódicos que el empresario leonés Emilio Martín considera más rentables.

De esta manera, a finales de 1986, el proyecto que Felipe González acarició cuando sólo era secretario general del PSOE y que él mismo negoció con los directores de los Medios de Co-

2. En mayo de 1990, el diario *El Mundo* publicó dos largos artículos y algunos documentos inéditos que demostraban las vinculaciones del periódico santanderino y el PSOE.

municación Social del Estado, para mantener la Cadena del Movimiento, se convertió en una realidad.

Con muy poco dinero y algunos pactos empresariales, el PSOE obtiene el control de una docena de periódicos en Andalucía, Levante y la cornisa cantábrica.

Pero a la larga es como no tener nada. Muchos de los acuerdos se rompen y una buena parte de los diarios que se mantienen bajo control socialista empiezan a perder lectores e influencia.

Y es que, como dice un viejo aforismo periodístico, cuando el dinero del poder contamina los consejos de administración de los medios informativos, la letra impresa pierde su valor y muere indefectiblemente.

Los refranes, los dichos populares y las sentencias más o menos aceptadas socialmente, sin embargo, no significan nada para el PSOE, un partido empeñado en ejercer un control total y absoluto de la sociedad y en convertir a los profesionales del periodismo en funcionarios al servicio del Gobierno y de la ideología socialista.

* * *

En 1989, el PSOE tiene en su poder el control del Gobierno Central, el Parlamento y la Justicia, a través del Consejo General del Poder Judicial. El partido fundado hace más de 100 años por el impresor Pablo Iglesias, que gobierna en una buena parte de las comunidades autónomas y manda en la mayoría de los Ayuntamientos con más de 20.000 habitantes, tiene perdida, pese a todo, la batalla de la información.

Muchos militantes socialistas e incluso algunos ministros del Gobierno no dan crédito a sus ojos. Día tras día, un periódico —*Diario 16*— informa puntualmente de las presuntas implicaciones de los aparatos de Seguridad del Estado en las actividades del siniestro GAL (Grupos Antiterroristas de Liberación). Otros medios critican los casi 300 millones de pesetas que Miguel Boyer y su nueva compañera, Isabel Preysler, han invertido en la compra de un chalet en Puerta de Hierro, que mandan derribar para construirse una nueva mansión.

En su despacho de la calle General Moscardó de Madrid, donde tiene su sede la empresa Mundicón —la cabecera del grupo de Prensa socialista—, el empresario Emilio Martín reflexiona ante un grupo de simpatizantes del partido.

—Hemos perdido la batalla de la información.

Martín se acaricia su bien cuidada barba y se estira en el mullido pero ajado sofá de su oficina.

—Al partido le ha faltado visión para desarrollar una clara política informativa. Nunca hemos entendido a la Prensa —se lamenta.

En otro despacho, en la sede madrileña del PSOE, Guillermo Galeote, encargado de las relaciones con la Prensa hasta poco antes, vuelve la oración por pasiva.

—No. Es la Prensa la que no nos entiende.

Ante un grupo de periodistas, en marzo de 1990, Galeote, en un momento de sinceridad, agrega:

—Los periodistas nos odian.

Aunque tienen bajo su control Televisión Española, Radio Nacional de España y la Agencia EFE —los tres medios más poderosos del país— y una reciente encuesta acaba de revelar que más del 70 por 100 de la información que se publica en España procede de los canales oficiales y constituye mera propaganda del Gobierno, los altos cargos del PSOE no se sienten satisfechos con la Prensa.

En su fuero interno, a muchos de ellos les gustaría incluso que no existiera la libertad de información o que se impusiera una autorregulación de los medios de comunicación, controlada desde arriba, para no tener que preocuparse.

Los expertos electorales del partido tienen muy presente el ejemplo de sus compañeros del Partido Socialista Francés (PSF). Cuando François Mitterrand llega el 10 de mayo de 1981 al palacio del Elíseo, después de muchos años en la oposición, el PSF logra controlarlo prácticamente todo, salvo la Prensa.

Se produce entonces un fenómeno muy curioso. A medida que su poder es más absoluto, los periódicos se ponen en contra. De criticar la devaluación del franco y la congelación salarial, la Prensa pasa a pedir abiertamente a la opinión pública un cambio de voto.

En las elecciones parciales y municipales que se celebran

a continuación, los responsables del PSF se dan cuenta de que las críticas han calado en la opinión pública. En los comicios de 1986, Mitterrand conserva la Presidencia de la República pero sus ministros pierden el Gobierno de la nación.

En España el fenómeno tiene las mismas características, pero con el agravante de las tertulias radiofónicas, una serie de espacios de moda en todas las cadenas, dedicados a comentar las noticias del día con bastante ironía y, de vez en cuando, con algo de acidez.

Las tertulias, una forma nueva de comunicar, ponen nerviosos a todos los ministros, sin excepción, y al propio presidente, Felipe González.

—A estos tíos, colgarlos es poco —comenta por esas fechas un diputado socialista, refiriéndose a los habituales componentes de algunos programas radiofónicos.

La frase no es más que el fiel reflejo de la tensa situación que los medios de comunicación y el PSOE empiezan a vivir. Ocho años después de llegar a la Moncloa, la Prensa continúa siendo la asignatura pendiente del Gobierno de Felipe González. Los dirigentes del PSOE, que se habían entendido a la perfección con sus enemigos naturales de la Banca, las multinacionales y con los campesinos —un sector tradicionalmente conservador— no comprenden por qué es tan difícil llegar a un acuerdo con los dueños de los periódicos.

Un día, se lo dicen a Felipe González y a Enrique Sarasola en el palacio de la Moncloa.

—Si los empresarios de Prensa no os son leales, siempre habrá otros dispuestos a sucederles.

En l989, Felipe González y el Gobierno no saben cómo controlar la Prensa. Pero en la Moncloa y en la sede del PSOE se intuye una manera de moderar sus críticas y someter a los periodistas al «catecismo» socialista.

El «boom» económico de los años anteriores había traído la prosperidad a la Banca, a la construcción y a muchas industrias. Muchos empresarios habían hecho abundante dinero fácil.

Y qué no es capaz de hacer un empresario agradecido por un buen amigo...

* * *

La alianza entre el poder económico y el poder político para intentar meter en vereda a la Prensa comienza a dar sus frutos poco después y se plasma en forma de foto en la primera página del diario *El País*, el 13 de abril de 1989.

Ese día, el presidente de Prisa, la empresa editora del influyente periódico de la calle Miguel Yuste, Jesús Polanco, firma su alianza con André Rousselet, presidente de Canal Plus Francia y ex jefe de gabinete de François Mitterrand, para preparar el lanzamiento de Canal Plus España.

El periódico *El País* recoge el testimonio gráfico del acto y, una vez más, la vieja sentencia de que una imagen vale más que mil palabras, recobra todo su valor. En la portada de *El País*, están todas las personas que aspiran a jugar un papel importante, sin esconder una cierta ambición de poder, en la actual sociedad española, que gobiernan los socialistas.

Entre los dos accionistas más representativos de Prisa, el presidente Jesús Polanco y el consejero Ramón Mendoza, presidente del Real Madrid, se encuentran los banqueros más cercanos al PSOE, José Ángel Sánchez Asiaín y el hoy fallecido Pedro Toledo.

También están presentes otros banqueros amigos del ministro de Economía y Hacienda, Carlos Solchaga, y habituales de la «Bodeguilla» de Felipe González en la Moncloa como Carlos March, representante de la Banca March, y Jaime Botín, uno de los hijos del presidente del Banco de Santander.

Las primeras fortunas del país han abandonado sus múltiples obligaciones para fotografiarse y aparecer al día siguiente en la portada de *El País*, respaldando así el proyecto televisivo por el que han empeñado su dinero.[3]

Como en los buenos álbumes de fotos de familia, tampoco faltan los Albertos, separados ya de sus mujeres pero con el patrimonio todavía intacto, junto al hombre de confianza de ambos, Romualdo García Ambrosio, para sellar con su presencia la entrada de Construcciones y Contratas en el proyecto televisivo de *El País*.

El BBV, el Grupo March, el Grupo Santander y Construcciones y Contratas no son, sin embargo, las únicas entidades interesadas en tomar posiciones en un grupo empresarial de

3. Ver capítulo XXI.

comunicación como Canal Plus, que además les permite influir indirectamente en medios de comunicación tan importantes como *El País* y la Cadena Ser.

Felipe González, tras ocho años de Gobierno, ha tenido tiempo de tejer a su alrededor toda una red de poder e influencias y otras personas se muestran también dispuestas a hacerlo desinteresadamente.

* * *

A mediados de marzo, el hombre de KIO en España, Javier de la Rosa, adquiere, por poco más de 2.000 millones de pesetas, un paquete del 25 por 100 de las acciones de Tele 5, la cadena de televisión del íntimo amigo de Bettino Craxi, el italiano Silvio Berlusconi, y de Miguel Durán, secretario general de la ONCE.

Con esta operación, cerrada a comienzos de abril de 1990, la crisis abierta en Tele 5 por el enfrentamiento entre los dos grupos que pretendían dirigir el canal de televisión, con Miguel Durán y Silvio Berlusconi de una parte y Germán Sánchez Ruipérez, de la otra, queda resuelta.

Javier de la Rosa, un empresario deseoso de que se le perdonen algunos pecados —veniales o mortales, según se mire— cometidos durante su etapa como banquero, responde así a una propuesta sugerida desde los círculos del vicepresidente del Gobierno, Alfonso Guerra, para convertirse en uno de los hombres clave en el futuro de la comunicación en España.

Propietario de las empresas de publicidad Slogan y Pietro Golden, accionista del periódico económico *La Gaceta de los Negocios*, antiguo dueño de *El Noticiero Universal* de Barcelona y socio de Enrique Sarasola en Cinepaq,[4] el representante de KIO en España está dispuesto a desplegar todas sus armas, tácticas y estratégicas, para apoyar el asalto al Cuarto Poder desde el Partido Socialista.

Poco antes del verano de 1990, los hombres de Alfonso Guerra, pero especialmente el ex director general de RTVE, José

4. Para más detalles, consultar el capítulo VIII.

María Calviño Iglesias, están convencidos de que De la Rosa puede ser un buen caballo de Troya para la toma del Grupo Z, un conglomerado de 19 periódicos y revistas, con *El Periódico de Cataluña* y los semanarios *Interviu* y *Tiempo* como buques insignias.

* * *

El lunes 28 de mayo de 1990, una carta, procedente de Nueva York, llega por fax a la planta siete del número 12 de la calle O'Donnell de Madrid, donde se encuentra el despacho del presidente del Grupo Z, Antonio Asensio.

No es precisamente una carta de amor. Se trata del ultimátum dado por el empresario norteamericano, de origen australiano, Rupert Murdoch, al presidente del Grupo Z, para que venda las acciones que el magnate posee en el grupo y le devuelva su dinero.

Murdoch, propietario de News Corporation, el mayor grupo de Prensa, Radio y Televisión del mundo —con más de cien periódicos en los cinco continentes y canales de televisión convencionales, por cable y vía satélite en varios países—, tiene aparentemente problemas de liquidez y desea «realizar» sus inversiones en España.

La ruptura entre el magnate de la Prensa australiano y el Grupo Z, sin embargo, es también el resultado de las profundas diferencias de criterio que ambos empresarios mantenían desde hacía tiempo. Murdoch había adquirido, a finales de 1989, un paquete del 25 por 100 de las acciones del *holding* de Antonio Asensio, por el que había pagado 6.700 millones de pesetas, pero había supeditado la valoración definitiva de sus acciones a una auditoría posterior.

El estudio de las cuentas, realizado en la primavera de 1990, había llevado al convencimiento a los especialistas de Murdoch de que el Grupo Z estaba sobrevalorado, en vista de lo cual, el empresario de origen australiano pidió un mayor porcentaje de acciones o la ruptura del acuerdo.

Cuando el lunes 28 de mayo de 1990, la oficina de Nueva

York de Rupert Murdoch envía su ultimátum, con un mes de plazo, para que Antonio Asensio busque comprador a sus acciones y elija a su nuevo socio, como paso previo para una venta abierta de los títulos en el mercado, en el palacio de la Moncloa se tiene información puntual sobre la decisión tomada por el propietario de News Corporation.

El Gobierno lleva unos meses molesto con las informaciones que sobre el «Caso Guerra» vienen publicando los semanarios *Tiempo* e *Interviu* y tanto Felipe González como Alfonso Guerra conocen la antigua amistad existente entre el presidente del Grupo Z, Antonio Asensio, y el hombre de KIO (Kuwait Investment Office) en España, Javier de la Rosa.

Todas las piezas encajan como en un complicado puzzle y los «fontaneros» de la Moncloa deciden jugar su partida. A Javier de la Rosa, al que habían vendido el 25 por 100 de las acciones de Tele 5 —la cadena privada de televisión más cercana al Gobierno—, le piden que compre, a cambio, las acciones de Rupert Murdoch en el Grupo Z.

Aparentemente, es, sin duda, el camino más fácil para cercenar la creciente independencia y libertad que venían demostrando, semana tras semana, los periódicos y revistas del grupo. Pero en realidad, no es tan sencillo. Antonio Asensio, que había recibido todo tipo de ofertas por parte de la Administración al quedarse fuera del reparto de las televisiones privadas —desde una cadena de televisión regional hasta incontables ayudas para lanzar un periódico en Andalucía, con una edición en cada provincia— no parece estar por la labor.

—La independencia y libertad —había dicho el presidente del Grupo Z en agosto de 1989, con motivo de la exclusión de Univisión Canal 1— han sido nuestras constantes hasta hoy, y a partir de ahora van a brillar todavía más.

Esta declaración de principios continúa siendo válida en el otoño de 1990 para la casa y en ese momento no existe el más mínimo propósito de cambiarla. Por esas fechas, los hombres de la oficina de Murdoch en Madrid declaraban oficialmente que el magnate australiano había resuelto finalmente no vender su participación en el Grupo Z. De manera que los planes de la Moncloa para colocar un nuevo grupo de Prensa bajo su órbita, fracasan una vez más.

Al Gobierno, sin embargo, no le faltan candidatos, como Germán Sánchez Ruipérez o Silvio Berlusconi, dispuestos a echarle una mano para domesticar a la Prensa. Otra de esas personas es, sin lugar a dudas, el hoy secretario general de la ONCE, Miguel Durán.

Antiguo escritor, corrector y encuadernador de libros de texto en Braille en la imprenta de la Organización Nacional de Ciegos Españoles de Barcelona, Durán no deja de comprar, un mes sí y otro también, alguna participación en un medio informativo,[5] siempre en la línea que interesa en la Moncloa.[6]

A finales de la primavera de 1990, cuando Ediobser, la empresa editora de *El Independiente*, hizo una ampliación de capital de 2.000 millones de pesetas, Durán se embarcó, con gente cercana a Enrique Sarasola y al PSOE, en una operación para comprar acciones, a través de empresas ligadas a la Cadena Rato, y hacerse con el diario.

La maniobra para controlar la publicación —que contaba con el consentimiento de altos dirigentes de Ferraz— fue abortada poco después de sus inicios, cuando sus inspiradores echaron cuentas y advirtieron que no podrían alcanzar la mayoría en el consejo de administración.[7]

Pero el abordaje a las empresas periodísticas no es un fenómeno exclusivamente propiciado desde el Gobierno y el partido que lo sustenta.

Mientras Felipe González y Alfonso Guerra continúan sin tener del todo claro cómo amordazar y maniatar a la Prensa, en 1988 y 1989 algunos grupos económicos se han colocado en la cabecera de pista en la magna competición por el control de la letra impresa, una actividad que hace media docena de años no despertaba entusiasmo ninguno entre los empresarios más poderosos del país.

5. Más información en los capítulos XV, XXI y XXII.

6. El último proyecto del secretario general de la ONCE, Miguel Durán, es lanzar al mercado una revista de información general dedicada fundamentalmente a temas de interés laboral y social.

7. El director de *El Independiente*, Pablo Sebastián, declaró a los autores del libro que no estaba al corriente de esta operación y que las presiones de la Moncloa sobre su periódico eran de tipo publicitario (negarle la publicidad institucional), político y económico (presiones a los bancos para que le nieguen los créditos).

* * *

De estos consorcios, uno —Grupo de Comunicación El Correo— se ha revelado, sorprendentemente, como el más dinámico. Presidido por Santiago de Ybarra y Churruca e integrado por Emilio Ybarra Ybarra, Alejandro Echevarría Busquet, José María Bergoreche Busquet, Fernando Ybarra y López Dóriga y Emilio Ybarra Churruca —las grandes familias del Banco Bilbao-Vizcaya— este *holding* tiene como cabecera más importante el periódico *El Correo Español-El Pueblo Vasco*, el rotativo de mayor tirada del País Vasco, que se publica a través de la sociedad Bilbao Editorial.

Aunque los Ybarra comienzan a mostrar vocación periodística hace más de 30 años, cuando compran la Sociedad Vascongada de Publicaciones, propietaria de *El Diario Vasco*, de San Sebastián, su verdadera irrupción en el mundo editorial, dispuestos a comprarlo todo, es más reciente.

A partir de 1988, adquieren la Editorial Cantabria, que edita *El Diario Montañes*, líder en ventas en la región cántabra. Es el primer paso de una estrategia perfectamente planificada y ejecutada para crear un gran *holding* de Prensa. Tras controlar los periódicos más importantes de la cornisa cantábrica y vasca, el grupo se lanza a la conquista del mercado nacional.

En una primera etapa, Bilbao Editorial entra en contacto con las empresas Punto Editorial, propietaria del diario deportivo *Marca* y Área Editorial, que posee la cabecera del diario económico *Expansión*, y adquiere una participación minoritaria en ambas sociedades, ligadas al Opus Dei.

En manos de las más poderosas familias de Neguri, la cuna de la aristocracia empresarial bilbaína —los Ybarra, los Bergareche y los Echevarría—, Bilbao Editorial contacta, poco después, con la sociedad Edica, perteneciente, tiempo atrás, a los medios de comunicación social de la Iglesia, y adquiere sus principales cabeceras.

La operación se lleva a cabo a través de Comecosa (Corporación de Medios de Comunicación, S.A.), creada al 50 por 100 por Bilbao Editorial y Sociedad Vascongada de Publicaciones.

De esta manera, el consorcio empresarial vasco de la comunicación se convierte en el propietario de periódicos tan representativos en sus respectivas regiones como *El Ideal*, de Granada, *Hoy*, de Badajoz y *La Verdad*, de Murcia.

El acuerdo con Edica incluye la colaboración técnica por parte del grupo empresarial vasco con el diario *Ya*, propiedad de la empresa Capitol, pero no la compra de este rotativo, como se ha publicado erróneamente.

El Grupo de Comunicación El Correo, constituido oficialmente en octubre de 1988, no pierde el tiempo. Su última adquisición es *El Sur*, de Málaga, que absorbe por medio de la sociedad Prensa Malagueña.

El consorcio de Prensa vasco ligado al hoy presidente del Banco Bilbao-Vizcaya, Emilio Ybarra Churruca, se coloca así a la cabeza de la Prensa española, con un volumen de negocio que ronda los 17.000 millones de pesetas, gracias a los 380.000 ejemplares diarios de difusión y a las mil personas que mantiene en plantilla, según un estudio del periodista de *Diario 16*, Antonio Alférez, refrendado por la empresa editorial a los autores del libro.[8]

El grupo empresarial vasco supera, de esta manera, en ventas y en perspectivas de crecimiento al que hasta ahora había sido el primer grupo de Prensa en España, el conglomerado Prisa (Promotora de Informaciones, S.A.), propiedad del empresario madrileño Jesús Polanco Gutiérrez.[9]

Con ello, Emilio Ybarra, presidente del BBV —un banco cercano al Gobierno— y consejero de Bilbao Editorial, ha acabado conquistando una excelente posición y un nuevo récord, frente a su rival, Mario Conde, presidente del Banco Español de Crédito (Banesto), otro de los financieros que recientemente ha mostrado también su debilidad por el mundo de la Prensa.

* * *

El 6 de abril de 1989, Mario Conde llamaba por teléfono al presidente del Grupo 16, Juan Tomás de Salas, para hacerle partícipe de una confidencia.

8. Para una mayor información, ver el conjunto de ensayos «España, 1999. Imágenes del Futuro», coordinado por el periodista Antonio Alférez.

9. Para más detalles, ver capítulo X.

—Juan, me han pedido un crédito de mil millones de pesetas y me dicen que es para comprar acciones en tu grupo.

En la sexta planta del número 41 de la calle Hermanos García Noblejas, de Madrid, el presidente del Grupo 16 recibe la noticia sin sobresaltos. En los días anteriores, ninguna persona había hecho acercamiento alguno a sus empresas y en principio no tiene nada que temer.

Pero por simple curiosidad, pregunta:

—¿Y quién quiere comprar acciones del Grupo 16?

El presidente de Banesto, elocuente en otras ocasiones, no parece dispuesto a dar demasiados datos.

—Ah, se dice el pecado pero no el pecador —replica.

—¡Venga, dime de quién se trata! —insiste el presidente del Grupo 16, por seguirle el juego.

—Sólo puedo anticiparte que es un grupo francés. Ahora mismo tampoco tengo más datos —dice Conde muy serio—, pero si tú no quieres, no concedo el crédito. Para que te lo puedas pensar tranquilamente, incluso te doy de plazo hasta esta tarde a las cinco.

Juan Tomás de Salas no le da más importancia al asunto. Para adquirir acciones del Grupo 16, piensa, es necesario conocer los nombres de los accionistas y ésa es una información interna, que no está al alcance de todo el mundo.

Además, si alguien quiere comprar un paquete de títulos de sus empresas —supone— lo normal es que se presente en la sede del Grupo y dé a conocer sus intenciones.

«No hay nada que temer», se dice a sí mismo Salas.

Es jueves y esa tarde se va pronto del despacho. Como no teme una OPA contra su grupo, ni ha detectado movimientos extraños en los días precedentes, decide no llamar a Mario Conde a la sede central de Banesto.

Un error imperdonable. Tres horas y media después de vencer el plazo, a las ocho y media de la tarde, el abogado Jesús Santaella, como representante legal en España del grupo francés Hersant, adquiere en el hotel Wellington de Madrid —convertido en centro de operaciones— el 9,17 por 100 de las acciones del Grupo 16, al vicepresidente de la sociedad César Pontvianne.

El asalto al grupo empresarial de Salas —editor de una docena de publicaciones, entre ellas *Cambio 16* y *Diario 16*— en realidad se había puesto en marcha el 27 de marzo anterior.

A partir de esa fecha, algunos accionistas, entre los que se cuentan los periodistas Xavier Domingo y Ricardo Utrilla, los abogados Matías Cortés y Jaime García Añoveros y la viuda de Romualdo de Toledo, otro antiguo alto cargo del grupo, venden sus títulos.

Todos ellos se comprometen a mantener un pacto de silencio con el abogado de Hersant en España, Jesús Santaella. Pero el 6 de abril, cuando negocian con César Pontvianne, éste les advierte que, por un deber de cortesía, se lo tiene que contar a su amigo Juan Tomás de Salas. Después de más de quince años en la sociedad, no va a cometer la canallada de marcharse sin avisar al menos.

Al día siguiente, el vicepresidente del Grupo 16 cumple su palabra. Su hijo, Andrés Pontvianne, llama por teléfono a Gregorio Arroyo, asesor jurídico del Grupo 16 y le da la noticia.

—Gregorio, era sólo para decirte que mi padre vendió ayer las acciones de esa casa.

—¿Que habéis vendido...? ¿A quién? —pregunta Arroyo.

—Creo que a Hersant. Pero no somos los primeros y si queréis salvar la empresa debéis daros prisa.

Es el primer dato objetivo de que una OPA está en marcha. En la sede del Grupo 16 se toca zafarrancho de combate. Es necesario saber rápidamente cuál es el alcance de la operación y el propio Juan Tomás de Salas se cuelga al teléfono y comienza a llamar a los distintos accionistas.

Unos se ponen al aparato y otros no. De esta manera, el editor del Grupo 16 empieza a intuir quiénes han vendido y quiénes no se han aliado con sus enemigos todavía.

—Éste nos ha traicionado, este otro no —le comenta Salas a Arroyo mientras repasan el libro de accionistas del *holding*.

A medida que avanza la mañana, al presidente del Grupo 16 no le caben dudas de que una operación hostil contra su empresa se ha puesto en marcha. La situación no es precisamente halagüeña. En aquellos momentos, cualquier persona que tuviera 2.000 millones de pesetas en efectivo y la información necesaria podía adquirir el *holding* en 24 horas.

Es necesario reaccionar inmediatamente para salvar al Grupo. Pero, ¿qué hacer?, ¿por dónde empezar?

Gregorio Arroyo, uno de los más reconocidos especialistas en Derecho relacionado con los medios de comunicación, con 15 años de oficio trabajados en el Grupo 16, sabe que su contrincante, Jesús Santaella, es un tío listo, que probablemente habrá estudiado concienzudamente cada paso.

Como en una partida de ajedrez, es imprescindible prever sus próximos movimientos para adelantarse y derrotarle. Arroyo ve rápidamente la solución.

Tiene que constituir de inmediato una empresa matriz para el Grupo y convencer a los accionistas que aún no han vendido para que sindiquen sus acciones con Juan Tomás de Salas en la nueva sociedad. De esta manera, la operación de Hersant queda paralizada.

La maniobra defensiva no admite dilación. Mientras el editor del Grupo 16 y su asesora, Isabel Azcárate, la ex mujer de Mariano Rubio, llaman, uno a uno, a todos los accionistas para persuadirles, el abogado de la empresa se pone en contacto con el notario Juan Carlos de la Caballería para crear e inscribir rápidamente la sociedad.

Los problemas, sin embargo, no vienen nunca solos. Gregorio Arroyo se da cuenta de ello cuando necesita disponer del nombre de la sociedad. Éste hay que solicitarlo con antelación al Ministerio de Justicia que, previa comprobación de que no existe otra sociedad inscrita con el mismo nombre, lo concede varias semanas después.

Arroyo no puede esperar ni tan siquiera una hora. La solución la encuentra en el mismo despacho del notario. Casualmente tiene autorizado por el Ministerio el nombre Grupo Altaya, S.A. para una sociedad familiar que pretende constituir.

Mientras el notario está ocupado en otros asuntos, el abogado del Grupo 16 mete la mano en un cajón, se hace con la autorización de la sociedad, redacta los estatutos, y prepara todos los trámites para ir ganando tiempo.

Una hora después todo está listo para la firma.

—¿Y a nombre de qué empresa queréis sindicar las acciones? —pregunta el notario De la Caballería.

—A nombre de Grupo Altaya, S.A.

A Juan Carlos de la Caballería se le enciende una luz.

—Aquí debe haber un error. Ese nombre me lo asignó a mí el Ministerio de Justicia hace unas semanas —comenta.

—Es tu sociedad. Te la hemos cogido del cajón de la mesa —le aclara Arroyo— porque si no creamos la empresa ahora mismo y sindicamos las acciones, nos compran el Grupo en veinticuatro horas.

Media hora después, la empresa matriz está constituida y los distintos accionistas aportan sus acciones a ésta. Aunque ninguna de las personas que han decidido apoyarle puede a partir de entonces disponer legalmente de su participación, Juan Tomás de Salas sabe que en esos momentos no controla el 51 por 100 de la sociedad.

La OPA puede triunfar todavía.

Faltan las acciones de César Ramírez, director de la Fábrica Nacional de Moneda. Aquella misma mañana, acude al notario para sindicarlas. Cuando estampa su firma, Gregorio Arroyo, que no se ha desprendido del libro de acciones, respira aliviado.

—Hemos ganado —dice.

Se acaba de conseguir la mayoría. La OPA ya no puede triunfar pero Juan Tomás de Salas prefiere consolidar su posición.

El editor del Grupo 16 se mueve rápidamente. Como no tiene dinero en efectivo, recurre a su amigo Manuel de la Concha, ex síndico de la Bolsa de Madrid y presidente del Banco Ibercorp y le pide ayuda.

Juan Tomás de Salas, acto seguido, habla con Enrique Rodríguez de Quijano, ex gerente de *Cambio 16* y uno de los accionistas fuertes del consorcio, quien, ya jubilado, reside en Nerja (Málaga).

Quijano está dispuesto a venderle su paquete de acciones pero no es tonto y, a cada llamada nueva que recibe, pide más dinero. Salas teme que pueda estar en contacto con la gente de Robert Hersant en España y, para ganar tiempo, le cita en el mismo aeropuerto de Málaga.

Acompañado de su asesor jurídico, que lleva en todo momento el libro de accionistas bajo el brazo, toma un Mystère en Barajas y a las dos de la tarde está en la ciudad andaluza.

En el mismo aeropuerto llevan a cabo la operación, que formalizan poco después en un hotel, con un notario que tienen que localizar sobre la marcha.

—¿Has traído el talón? —pregunta Quijano.

Juan Tomás de Salas lleva no uno sino varios talones con diversas cantidades que le ha prestado su amigo Manuel de la Concha, por si durante el trayecto el ex gerente de *Cambio 16* decide, de nuevo, subirle el precio de las acciones.

—Sí —responde.

—Pues entrégamelo y date con un canto en los dientes. Los

otros me han hecho una contraoferta y, de no haber llegado a tiempo, les hubiera vendido a ellos.

El presidente del Grupo 16 sabe que es una lucha contra el reloj, de intuición y de astucia a la vez. De vuelta a Madrid llama a un empresario catalán y éste le dice que está dispuesto a venderle y que sale en seguida para Madrid.

—No te preocupes si llego un poco tarde —comenta—, pero es que ya que voy a Madrid quiero hacer otra gestión.

Juan Tomás presiente que su interlocutor ha sido contactado también por sus oponentes y que lo que quiere es darse una vuelta por el hotel Wellington antes de decidirse. Para evitarlo, envía su propio coche a buscarle al aeropuerto. Acabada la transación de las acciones, la sospecha se confirma. Su interlocutor coge el teléfono y marca el número del hotel Wellington, desde donde el abogado Jesús Santaella dirige la OPA hostil.

—No me esperen —dice—. Dígale al abogado Santaella que no me espere. Acabo de vender en estos momentos.

En aquel momento, el editor Juan Tomás de Salas controla bastante más del 50 por 100 de las acciones de un grupo de empresas que creó hace casi veinte años y que ha levantado con su esfuerzo personal durante todo ese tiempo, convirtiéndolo en uno de los conglomerados de Prensa más sólidos del país.

Han sido veinticuatro horas angustiosas pero ha valido la pena. Acaban de salvar el patrimonio de la sociedad del tiburoneo de un grupo extranjero, pero casi por los pelos.[10]

De regreso a la sede de *Cambio 16* se enteran de que la noche anterior, a las doce, han estado en Nerja el abogado y el apoderado de la oficina principal de Banesto en Málaga, acompañados de un notario y provistos de una autorización para comprar a cualquier precio.

—Armaron un escándalo de mil diablos —cuenta Quijano—. Como no conocían la casa se perdieron y todos los perros de la zona empezaron a ladrar, despertando a los vecinos.

—¿Y tú qué hiciste? —le pregunta Arroyo.

—Les dije que llamaran al día siguiente. Que de noche no solía hacer negocios.

Frenada la OPA, el presidente del Grupo 16 tiene que empezar una nueva batalla para impedir que las personas que han

10. Juan Tomás de Salas, en los días en que tenía que hacer frente a la OPA hostil contra su grupo, estaba en negociaciones con el consorcio italiano Rusconi, editor de las revistas *Gente*, *Gente y Viaggi* y otras publicaciones, para la venta de un 10 por 100 de sus sociedades al *holding* italiano.

querido desposeerle de su patrimonio, un tesoro en cabeceras de periódicos y páginas de letra impresa, se sienten en el consejo de administración del Grupo 16.

—Ahora tenemos que conseguir —le dice a su asesor jurídico— que quienes han tratado de colarse por la ventana salgan a patadas por la puerta.

Poco después, se encuentra el asidero legal que permita al Grupo no aceptar a Robert Hersant como nuevo socio. Se trata de un decreto Ley, en vigor, que impide la transmisión de acciones de las empresas relacionadas con los sectores estratégicos del país —entre las que se encuentran las radiofónicas— sin autorización expresa del Gobierno.

El texto legal es perfectamente aplicable al Grupo 16, que tiene en servicio una cadena de emisoras de radio. La Dirección General de Transacciones Exteriores también lo entiende así y le da la razón a Salas.

El editor francés Robert Hersant —propietario de *Le Figaro, France Soir* y de otros veinticinco periódicos regionales y del 25 por 100 de Canal 5, en el país vecino— controla, en esos momentos, cerca del 30 por 100 de las acciones de *Cambio 16* y *Diario 16,* acepta las condiciones impuestas por Salas, acaba pactando con el Grupo 16, que sale fortalecido de la pelea, y aporta 2.000 millones de pesetas al *holding.*

Días antes, cuando el Gobierno le da la razón a Juan Tomás de Salas, en la calle García Noblejas de Madrid, la victoria se festeja por todo lo alto.

—Hemos ganado —repite incansablemente el presidente del consorcio a los amigos que le llaman para solidarizarse y felicitarle, en el momento en que se difunde la noticia.

¿Pero, de verdad, había ganado?

Cuando hace balance de la operación, Juan Tomás de Salas se da cuenta de que, en realidad, ha sido una triste y amarga victoria. Un grupo de amigos, de accionistas amigos, le traicionan. Adolfo Suárez, presidente del CDS, al que tenía por un político serio y responsable, había apoyado la operación desde el principio, ayudando y asesorando a Hersant. Por último, el presidente de Banesto —que podía haber sido más explícito con él— fue quien prestó los mil millones de pesetas necesarios para el abordaje.

* * *

Desde que llegó a la presidencia de Banesto, en el otoño de 1987, Mario Conde ha estado permanentemente en el punto de mira del Gobierno.

Joven y emprendedor, con una de las más brillantes carreras empresariales a sus espaldas, en privado no oculta su ambición de dejar de ser un día un simple banquero para lanzarse a la conquista del poder político y llegar hasta el palacio de la Moncloa.

Tanto él como sus asesores saben que para alcanzar el poder es muy importante contar con alguna participación accionarial en los medios periodísticos más influyentes del país.

Por eso, antes de prestar los mil millones de pesetas al grupo francés de Robert Hersant, para que se hiciera con el control del Grupo 16, el presidente de Banesto comienza a invertir algunas sumas de dinero en la Prensa.

No son cantidades importantes pero sí significativas. Mario Conde se fija así en *El Independiente,* un matutino presidido por el socialdemócrata Luis González Seara y dirigido por Pablo Sebastián, un periodista andaluz riguroso, serio e incisivo.

Bajo su dirección, *El Independiente* hace en todo momento gala de su título y sus críticas mordaces, a veces hasta hirientes, sientan como puñales en el palacio de la Moncloa, donde Felipe González y sus acólitos, sacan a relucir una soberbia que les convierte en insensibles hacia toda crítica, sintiéndose cada vez más acosados.

Sin embargo, *El Independiente,* que nace como todos los periódicos en España, sin el más mínimo respaldo económico, encuentra serios problemas de financiación y Mario Conde, a través de sus amigos y de sus empresas interpuestas, acude a las ampliaciones de capital para echarle una mano.

Admirador del modelo de Prensa italiano —donde tres empresarios, el presidente de la Fiat, Giovanni Agnelli, que representa el 9,5 de las exportaciones globales del Estado; su competidor Carlo de Benedetti y el antiguo especulador inmobiliario de Milán, Silvio Berlusconi, monopolizan los consejos de adminitración de periódicos, revistas, Radio y Televisión—, el presidente de Banesto sabe que ese sistema de control de los medios informativos no es trasplantable a España.

Conde es consciente también de que en Italia la Prensa, violando los sagrados principios de la imparcialidad y la veracidad de las informaciones, se dedica a sacar los trapos sucios a sus enemigos, transformándose en una formidable palanca de poder, de tráfico de influencias para los propietarios de sus acciones, al contrario de lo que ocurre con los diarios norteamericanos y británicos, modelos de objetividad informativa.

Bajo esta perspectiva, el presidente de Banesto adquiere a finales de los ochenta un paquete de poco más del 4 por 100 de las acciones del Grupo Z, a través de su aliado, el empresario judío Jacques Hachuel, y está dispuesto a comprar una importante participación en el canal privado propiciado por este grupo, Univisión-Canal 1.

Pero Hachuel, que ha intentado sin éxito en 1987 comprar un paquete de acciones del 20 por 100 en el Grupo 16 y que invirtió varios centenares de millones de pesetas en Canal 10, el proyecto televisivo vía satélite de Alfonso Guerra y José María Calviño, se retira del Grupo Z poco después del verano de 1989, coincidiendo con la salida a la calle del diario *El Mundo.*

El tándem Hachuel-Conde había estudiado previamente las posibilidades de éxito del periódico que iba a poner en circulación el periodista Pedro J. Ramírez. Ambos deciden apostar por el proyecto, aunque el director de *El Mundo* había puesto un tope del 10 por 100 en la venta de acciones, para que ningún grupo social, político o económico pudiera tomar el control del periódico.

A pesar de estas precauciones, Felipe González y sus colaboradores están convencidos, en los primeros meses de 1990, de que Mario Conde está detrás de todas las operaciones de Prensa en las que aparece la más leve crítica a la Moncloa.

En estos círculos se pone como ejemplo un rumor que había llegado al Gobierno en la primavera de 1988, según el cual el presidente de Banesto había concedido un crédito a los accionistas de la revista *Tribuna*, para que pudieran financiar su lanzamiento.

Verdad o mentira, hay que destacar las preferencias de Felipe González por un tipo de empresarios como Emilio Ybarra, presidente del BBV y uno de los hombres vinculado al grupo de Prensa vasco, que ha impuesto a sus publicaciones un modelo de periodismo neutro y complaciente con el Gobierno, frente al interés del presidente de Banesto por controlar la Prensa como catapulta personal.

Con Mario Conde, Miguel Durán, Jacques Hachuel, Emilio Ybarra y Javier de la Rosa, sin embargo, no se termina la lista de quienes, instalados en el poder económico, creen que la Prensa debe anteponer sus deseos personales al interés general de la información.

* * *

A comienzos del verano de 1990, Luis García Cereceda, el empresario de la construcción madrileño, al que la Prensa nacional ha venido relacionando con escándalos de tráfico de influencias y en la financiación a los partidos políticos,[11] hechos que sus amigos niegan tajantemente, se reunía a comer en Madrid con el director de una importante revista.

—Voy a confesarte una cosa —empezó Cereceda—, estoy muy preocupado.

—¿Hombre, cómo, preocupado tú..., con todo el dinero que tienes...? —contestó el periodista, medio en broma, para relajar el ambiente.

—Pues por eso estoy preocupado. Porque la gente cree que tengo mucho dinero —respondió Cereceda, muy serio.

—Pues no te entiendo, chico. ¡Como no te expliques un poco mejor!

Cereceda, un individuo misterioso, delgado y semicalvo, con pelo a lo Woody Allen, del que muy poca gente tiene información, salvo que es multimillonario, que se ha forrado negociando en la etapa del PSOE y que tiene un campo de golf de nueve hoyos para él y para sus amigos en la localidad madrileña de Pozuelo de Alarcón, añadió:

—Sé que la Prensa me tiene ganas. Y he pensado que para defenderme, para que nadie se meta conmigo, tengo que hacer algo.

11. Ver capítulo XIX.

Hizo una pausa, dejó correr un largo silencio, y añadió:

—...He pensado crear una revista. Me gustaría que tú, que eres un periodista respetado e influyente, la dirigieras.

No era éste el único caso en que un periodista recibía una propuesta de este género. A mediados del verano de 1989, cuando estaba preparando el lanzamiento de *El Mundo*, Pedro J. Ramírez vió un día entrar por la puerta de su despacho al financiero del PP, Ángel Sanchís.

—Hombre, Ángel, ¿qué haces tú por aquí?

—Pues venía a hablar contigo. En primer lugar, para felicitarte por el nuevo periódico.

—Pues, muchas gracias.

—También quería hacerte una oferta. ¿Qué te parece si me incorporo al proyecto y compro algún paquete de acciones?

Pedro J. Ramírez se llevó una sorpresa. Él tenía un concepto del periodismo como profesión libre, ajena a cualquier tipo de presión o partidismo, y no aceptaba que personas relacionadas con los partidos políticos pudieran influir en la línea editorial.

—Bueno Ángel —le dijo—, no dejo de agradecer tu ofrecimiento. Pero tú eres una persona muy significada de un determinado partido. Has sido tesorero del PP con Manuel Fraga y no creo que encajes en un periódico que aspira a ser independiente desde la primera a la última línea de sus páginas.

El director de *El Mundo*, un periódico al que el Gobierno lee con lupa todos los días, en busca del más mínimo error para enviar el artículo al Fiscal General del Estado, iba a tener que sufrir una dura crítica por aceptar entre sus accionistas al empresario italiano Giancarlo Parretti, un hombre al que el PSOE ha relacionado con la mafia, pese a sus vínculos con otros partidos socialistas europeos.[12]

Para hacerse perdonar sus faltas, el empresario italiano acababa comprando periódicos en todos los países por los que pasaba. En Italia, en 1986, adquirió el *Diario de Siracusa*, con apoyo del ministro socialista Gianni de Michelis. En Francia, con el concurso de Paul Quiles —otro importante ministro socialista— metió cuatro millones de francos en *Le Matin*.

Tras su llegada a España, en 1987, Parretti adquirió pequeñas participaciones en *El Independiente* y en *El Mundo* —un

12. La historia de Giancarlo Parretti se recoge en el capítulo XXV de este mismo libro.

1,5 por 100 en este último—, tal vez pensando que con eso compraba la conciencia de los periodistas.

No parece, por ahora, que sus millones valgan más que las 75 pesetas que los lectores se gastan a diario para adquirir *El Independiente* o *El Mundo.*

—Si cree que le vamos a parar una noticia, va dado —dice Pedro J. Ramírez, para quien el hecho de que Parretti tenga un mínimo porcentaje en su periódico no tiene ninguna importancia ni va a alterar en lo más mínimo el contenido.

Los intentos de Luis García Cereceda, el *broker* de las finanzas del PP, Ángel Sanchís, Giancarlo Parretti y otros muchos empresarios de controlar a la Prensa no deja de ser, sin embargo, un hecho preocupante.

Si una Prensa independiente es la garantía básica y esencial de una sociedad libre y pluralista, el Asalto al Cuarto Poder representa el primer paso para un control total y absoluto de una comunidad.

El reparto de los canales de televisión privada entre los grupos afines al poder,[13] el control de algunas cadenas de Radio por el PSOE o por empresas cercanas al partido[14] y el asalto a la Prensa por los grupos bancarios y los sectores empresariales —como el grupo KIO o los Albertos— que más se han beneficiado del cambio y quieren devolverle el favor al Gobierno, es algo más que una cuestión para reflexionar.

13. El reparto de los canales de la televisión privada se cuenta por vez primera en España en el capítulo XXI.

14. Ver capítulo XXI.

XXIV. LOS GRANDES NEGOCIOS DE LA BANCA CON EL PSOE

La Banca española recibió al PSOE con recelo. Pero pronto los banqueros se dieron cuenta de que un Gobierno que se decía de izquierdas, estaba dispuesto a sacrificarlo todo para convertirse en la clase dominante del país, y que era el mejor aliado que podían esperar para incrementar sus cuentas de resultados. Ocho años después del inicio del «proyecto socialista», el precio de mercado de la Banca se ha multiplicado por tres, consiguiendo, en 1989, los beneficios más altos de Europa.

El 4 de diciembre de 1982, el primer ministro de Economía, Hacienda y Comercio del Gobierno socialista, Miguel Boyer Salvador, comparece ante las cámaras de Televisión Española para transmitir a la opinión pública su primer mensaje:

—El Gobierno ha decidido devaluar la peseta frente al dólar en un 8 por 100. También ha acordado elevar el coeficiente de caja a los bancos españoles en un punto.

Apenas 24 horas antes, el primer Gabinete socialista elegido democráticamente tras la Guerra Civil, jura sus cargos ante el rey Juan Carlos I, en el palacio de la Zarzuela.

Los ministros ni siquiera han tenido tiempo de incorporarse a sus despachos oficiales cuando Miguel Boyer, un economista y licenciado en Físicas, echa el primer jarro de agua fría sobre los banqueros españoles.

El coeficiente de caja —el volumen de dinero que los bancos deben depositar en el Banco de España para asegurar su liquidez—, situado en un 5,75 por los anteriores gobiernos de UCD, es elevado automáticamente al 6,75.

Para la Banca, que lleva años luchando para que este coeficiente se reduzca a un porcentaje no superior al 4 por 100, la primera medida adoptada por Miguel Boyer supone la inmovilización, en el conjunto de las entidades bancarias, de 100.000 millones de pesetas, de los que en principio no van a obtener ningún tipo de beneficio.

Íntimo amigo de José Ramón Álvarez Rendueles, uno de los últimos gobernadores del Banco de España, compañero de trabajo de Francisco Fernández Ordóñez y de Claudio Boada en el Instituto Nacional de Industria y colaborador de Leopoldo Calvo-Sotelo en Explosivos Río Tinto, Miguel Boyer es considerado como un moderado dentro del PSOE.

En la biografía oficial que circula por los bancos, poco antes de su nombramiento como ministro de Economía, se destaca que abandonó el PSOE en 1977 por no compartir las tesis marxistas del partido y que regresó dos años después, tras el XXVIII Congreso, en el que los socialistas hicieron suyas las tesis socialdemócratas.

Durante la noche del 4 de diciembre, sin embargo, en la mente de muchos banqueros, Boyer sigue siendo un peligroso terrorista económico, infiltrado en el mundo de las finanzas, y esa noche, tras conocerse la noticia de la subida del coeficiente de caja en un punto, un banquero de la «vieja escuela» llama a Pedro Toledo, entonces consejero delegado del Vizcaya, para echárselo en cara.

—¿No decías que Boyer era uno de los nuestros?

—Yo no he dicho eso. He pensado y pienso que es una persona prudente, sensata.

—¡Pues menos mal que es sensato! Porque si no lo llega a ser, a estas horas estaríamos nacionalizados.

Toledo, íntimo amigo de Carlos Solchaga, a quien había contratado tiempo atrás, y del actual consejero del BBV, José Aureliano Recio, a través de quien había conocido a Felipe González, es uno de los pocos banqueros que tiene la confianza del PSOE cuando éste llega al poder.

El otro banquero que cuenta con una confianza parecida entre los socialistas es el presidente del Bilbao, José Ángel Sánchez Asiaín, que había conocido a Felipe González a través de uno de sus colaboradores, el secretario general de Presidencia, Julio Feo.

Aunque el programa del Partido Socialista, en el punto 4.5.1.1, no hace ninguna referencia explícita a la nacionalización de la Banca, muchos banqueros temen que la nueva clase gobernante esconda alguna jugada bajo la manga, que implique algún tipo de nacionalización encubierta o un mayor control de la Banca privada por parte del Ministerio de Economía y Hacienda y del Banco de España.

El 28 de marzo de 1983, cuando la Asociación Española de la Banca Privada (AEB) celebra su reunión anual, han pasado exactamente 114 días desde que Felipe González llega al palacio de la Moncloa.

En el mundo de la Banca han ocurrido muchas cosas, entre ellas la expropiación de los 19 bancos de Rumasa, y los banqueros esperan lo peor. El clásico informe de Rafael Termes, el presidente de la AEB, que habitualmente no pasaba de los 55 folios, alcanza ese año los 72, dedicados en su mayoría a analizar las intenciones del nuevo Gobierno, y en los que Termes valora en términos muy duros la decisión de Boyer de aumentar el coeficiente de caja en un punto.

—La medida —dice— va a suponer unas pérdidas para la Banca que discurrirán en una banda entre los 15 y los 18.000 millones de pesetas.

Después de calificar semejante decisión de sorprendente y onerosa, el presidente de la AEB concluye:

—La pérdida será de un 12 a un 15 por 100 de los beneficios antes de impuestos, estimados en 1982.

Para la Banca española, acostumbrada a hacer su agosto cada año, parece que ha llegado el período de las vacas flacas.

Luis Valls, presidente del Banco Popular Español, anticipándose a los resultados electorales que proporcionan la primera victoria al PSOE, lo escribe meses antes en un ya clásico artículo alegórico titulado «Los banqueros españoles caminan hacia la "reserva"».

—Si nos enfrentamos al Gobierno de Washington —anota Valls en lenguaje figurado—, los blancos acabarán con nosotros.

* * *

Y así parece por muchos motivos. Cuando los socialistas llegan al poder, José María González Cobos, uno de los altos ejecutivos del Fondo de Garantía de Depósitos, piensa que las cosas van a cambiar para los banqueros cuyas entidades entren en crisis.

Hasta entonces, un informe de la AEB presentado en un seminario en la Universidad Menéndez Pelayo de Santander[1] señala que de los 108 bancos privados existentes en 1978 en España, 51 se han declarado en suspensión de pagos o en quiebra o han sido intervenidos preventivamente por el Estado.

La crisis afecta al 47,2 por 100 de las entidades bancarias. De acuerdo con el último informe del Fondo de Garantía de Depósitos, organismo creado para solucionar todos esos problemas, el Banco de España y la Banca privada tienen que invertir 866.837 millones de pesetas para reflotar[2] las entidades en crisis y venderlas. Si se tiene en cuenta el lucro cesante ocasionado por los préstamos a bajo o nulo interés para sanear los bancos con problemas, la cifra supera el billón de pesetas.

Pero los banqueros parecen intocables. Hasta el 4 de diciembre de 1982, fecha en la que Felipe González se instala en el palacio de la Moncloa, ningún director general ni consejero de banco ha sido encarcelado.[3]

José María González Cobos, el alto ejecutivo del Fondo de Garantía de Depósitos —la única persona que ha resultado procesada por defender los intereses del Estado en la resolución de una crisis bancaria—, tiene confianza en el nuevo Gobierno socialista.

Considerado entre sus compañeros como un profesional serio y honesto y uno de los más expertos cirujanos bancarios

1. «Crisis Bancarias y Soluciones Comparadas.» Seminario desarrollado en la Universidad Internacional Menéndez Pelayo. Santander, julio de 1983.

2. Los datos corresponden a la memoria de 1989 del Fondo de Garantía de Depósitos.

3. Diego Prado y Colón de Carvajal, presidente del Banco de Descuento, y Palomeras Vigas, alto ejecutivo del Banco de Navarra, tan sólo llegaron a pisar la cárcel durante unos días.

del país, González Cobos, que ha intervenido como hombre de confianza del Banco de España y del Fondo de Garantía de Depósitos en la resolución de las crisis del Banco de Valladolid y del Banco de Descuento, entre otros, ha leído también el programa socialista.

En relación con las crisis bancarias, el programa preveía que «el Estado haría uso de su opción de compra (de los bancos saneados), cuando la normalización de la entidad se realice con fondos mayoritariamente públicos».

El «catecismo» del partido parecía claro en este sentido, y añadía:

«Se reforzará la acción legal sobre los banqueros con responsabilidades personales en la situación crítica de sus entidades, modificándose el derecho aplicable y mejorando la actuación de la Administración de Justicia en estos casos.»

Leyes más duras y jueces más eficaces, en definitiva.

Parecía que había llegado la hora en que todo el mundo, incluida la clase bancaria, iba a ser igual ante la Ley.

* * *

Tras la espectacular victoria electoral del 28 de febrero de 1982, con el respaldo del 48 por 100 de los votos emitidos, el PSOE es el primer partido español que alcanza la mayoría absoluta en el Congreso de los Diputados.

Legitimado por las urnas para gobernar, Felipe González las tiene todas consigo para actuar con rigor frente a la crisis bancaria, que se ha convertido en una de las principales sangrías de los Presupuestos Generales del Estado.

El 4 de diciembre de 1982, cuando el secretario general del PSOE se instala en la Moncloa, el fiscal general del Estado, siguiendo las instrucciones del Banco de España, ya ha presentado seis querellas criminales contra los directivos de los bancos de Descuento, Navarra, Occidental, Valladolid, Levante y de los Pirineos, en distintos juzgados de Madrid.

Tan sólo unos meses antes, la crisis del Banco de Descuento, presidido por Diego Prado y Colón de Carvajal, uno de los banqueros preferidos del Gobernador del Banco de España, Mariano Rubio, resulta una de las más dolorosas de la transición política española.

Rubio acostumbra entonces a despedir a Diego Prado personalmente en la puerta del ascensor que da a su despacho, pero cuando se detectan las primeras anomalías en el Banco de su amigo, no le tiembla el pulso y autoriza una profunda investigación en el mismo.

Los inspectores del Fondo de Garantía de Depósitos se personan en el Descuento y tras echar un primer vistazo a sus cuentas no están seguros de si aquello es una entidad de crédito o la «Cueva de Alí Babá».

Los sabuesos enviados por el Fondo detectan que los directivos del banco —Diego Prado y Colón de Carvajal, Ángel Peredejordi, Enrique García Ramal, Jorge López Dóriga y Vicente Miguel Lasanta— han creado una empresa, Castellana, 13, para recomprar un paquete de acciones del banco, que José María Ruiz Mateos ha adquirido a espaldas de ellos, como primer paso para hacerse con el control de la entidad.

La recompra de estas acciones se lleva a cabo con dinero del banco y las operaciones no se contabilizan en sus libros.

Los inspectores advierten, a continuación, la existencia de otra sociedad participada por los directivos del Banco de Descuento, a través de la cual adquieren el edificio de la calle Serrano, 11, donde se encuentra la sede central de la entidad. El edificio se lo compran al ciudadano árabe Mohamed Cali, por 300 millones de pesetas y veinticuatro horas después se lo revenden al Descuento por el doble: 600 millones.

En una entidad pequeña como el Banco de Descuento, con 15.000 millones de depósitos, éstas y otras operaciones de parecida índole originan un agujero de 24.000 millones de pesetas en apenas un par de años.

Los directivos de la entidad, que han pedido un crédito a la Caja Rural de Valencia de 3.000 millones de pesetas para sobrevivir, falsifican las firmas y los balances y lo contabilizan por 2.000 millones.

Para llevar a cabo los arqueos de caja en las distintas sucursales, urden otro ingenioso método. Trasladan el dinero en maletas desde Barcelona en un coche, de oficina en oficina, antes de que se presenten los inspectores del Banco de España en cada una de ellas, de manera que el mismo dinero es contabilizado varias veces.

De esta forma, logran engañar a los inspectores del Banco de España que, en una ocasión, les recriminan por disponer de tanto dinero líquido en caja.

—No son ustedes buenos banqueros —les dicen.

—¿Por qué?

—Porque los fondos no se tienen en la caja fuerte. Es mejor llevarlos al Banco de España, comprar Certificados de Caja y obtener alguna remuneración.

Como las inspecciones del Banco de España son frecuentes y las estafas tantas y tan variadas, los hombres de Diego Prado y Colón de Carvajal llegan a elaborar un diario de engaños para no olvidarse de lo que van diciendo a lo largo de cada investigación.

Por último, poco antes de que intervenga el Fondo de Garantía de Depósitos, algunos directivos del Banco de Descuento se llevan el dinero, incluso físicamente, de la caja fuerte. Lo sacan en maletas desde los sótanos de la entidad por el garaje y dejan unos vales escritos a mano en varios trozos de cuartilla.

El 28 de diciembre de 1981, Día de los Inocentes, la Fiscalía General del Estado presenta la primera querella contra Prado y Colón de Carvajal, Peredejordi, López Dóriga, Miguel Lasanta y García Ramal, por estafa.

Horas después, Peredejordi y García Ramal huyen del país, este último después de haber sido trasladado hasta el aeropuerto de Barajas en el coche de un ministro. Todos acaban procesados meses después, aunque, salvo Diego Prado, que estuvo unas horas en prisión, ninguno pisa la cárcel.

* * *

Tampoco Domingo López Alonso ni sus hermanos, Antonio y Fernando, acabaron entre rejas, aunque el 9 de junio de 1983 —en pleno desembarco socialista— el Juzgado de Instrucción n.º 16 les procesó por falsedad y estafa, tras la quiebra del Banco de Valladolid, del que Domingo López Alonso era presidente.

En 1936, López Alonso es un carbonero que se convierte de la noche a la mañana en el propietario de la mina donde trabaja. Posteriormente, y gracias a su amistad con el entonces Presidente dcl Gobierno, Carlos Arias Navarro, compra en Nueva York, en extrañas circunstancias, el Banco Medina y lo transforma en el Banco de Valladolid.

El antiguo minero adapta sus gustos a los propios de un banquero y se compra la finca El Manojar, de 500 hectáreas, en las cercanías de Toledo, la repuebla de truchas y corzos y empieza a organizar cacerías a las que acuden las personalidades más destacadas del régimen, con el general Carlos Iniesta Cano siempre a la cabeza.

El segundo error de Domingo López consiste en utilizar el banco para llevar a cabo negocios personales como los de pesca en Chile y Argentina y los de import-export en Panamá y Texas, y permitir que sus directivos hagan lo mismo.

El 4 de diciembre de 1978, cuando el Fondo de Garantía de Depósitos se hace cargo del Banco de Valladolid, el principal cliente de esta entidad es José Luis Pinto Fontán, un constructor madrileño, propietario de las urbanizaciones Villafontana y Nuevo Hábitat, en Fuenlabrada.

Con sólo 2.320 millones de recursos propios y 21.000 millones de pasivo, la entidad le había prestado dinero y había avalado operaciones con el Banco Hipotecario por un importe de 7.000 millones de pesetas.

El segundo cliente del Valladolid lo constituye el grupo de empresas del propio Domingo López, que debe a la entidad más de 4.000 millones de pesetas.

En enero de 1981, después de incautar el banco y sanearlo, el Fondo de Garantía de Depósitos se lo vende al Barclays Bank. Pero Domingo López, a pesar de haber cedido su paquete de acciones al Estado por 700 millones de pesetas y de haber entregado una buena parte de su patrimonio personal, tiene pendiente aún una deuda de más de 2.000 millones de pesetas con el Fondo.

El fiscal general del Estado presenta querella en los juzgados y el antiguo carbonero se va a vivir provisionalmente al extranjero. En septiembre de 1985, dos años después de haber sido procesado, el Ministerio Público le pide tres años de cárcel, por un delito de estafas, y seis meses y un día, por falsificación de documentos mercantiles.

Pero tanto Domingo López Alonso como sus hermanos, Antonio y Fernando, disfrutan de plena libertad de movimientos para entrar y salir del país.

Informes de la Brigada de Delitos Monetarios indican que el ex presidente del Banco de Valladolid ha sacado divisas de España para rehacer sus negocios en Chile, México y Argentina, a través de las navieras Galgofer y Salmedina.

El fiscal general del Estado, a quien se remiten estos informes, sin embargo, no presenta querella contra él.

* * *

La del Banco de Valladolid fue una de las primeras crisis de una cadena de quiebras bancarias. El 20 de septiembre de 1989 el Juzgado de Primera Instancia número 7 de Barcelona, a petición de la Fiscalía del Estado, declaraba quiebra fraudulenta la suspensión de pagos del Banco de los Pirineos.

Esta decisión judicial, tomada siete años y cinco meses después de que la entidad bancaria se presentara ante el juzgado para declarar la suspensión voluntaria de actividades, permite a los tribunales reabrir el caso y proceder por la vía penal contra el presidente de la entidad, máximo responsable del banco y ex diputado de UCD al Parlamento catalán, Higinio Torras Majem.

Pero en esas fechas, huido a Brasil desde enero de 1982, Torras Majem es un enfermo en fase terminal, que vive postrado en una silla de ruedas, afectado por una parálisis progresiva, en su chalet de Bahía.

El 17 de octubre de 1989, a los 55 años de edad, veintisiete días después de que el tribunal iniciara los trámites legales para procesarle, el presidente del Banco de los Pirineos fallece.

Y una vez más, la acción de la Justicia fracasa en su intento de sentar en el banquillo al presidente de una entidad bancaria, como presunto responsable de haber llevado a la quiebra a su empresa, poniendo en peligro los ahorros de numerosos accionistas modestos.

El Banco de los Pirineos había presentado quiebra voluntaria ante el juzgado de Primera Instancia número 7 de Barcelona el 7 de diciembre de 1981. En la documentación que entrega por entonces a la Justicia, la entidad omite un informe, declarando haber concedido créditos por valor de 5.800 millones de pesetas a empresas vinculadas a los consejeros del banco.

Estos créditos suponen el 54 por 100 de los riesgos totales del Banco y cuadruplican los recursos propios de la entidad. El presidente del Banco de los Pirineos, Higinio Torras, tampoco facilita al juzgado información sobre la existencia de avales por valor de 2.169 millones de pesetas que se han concedido a las mismas empresas.

En los libros del Banco de los Pirineos tampoco se contabilizan otros 1.896 avales destinados a diversas filiales del grupo, ni los pagos de fuertes extratipos realizados, que figuran ocultos en una caja B, lo que obliga al fondo de Garantía de Depósitos a realizar una provisión de fondos de 2.824 millones de pesetas para que los depositantes puedan recuperar su dinero.

La ocultación de estas cifras, que se contradicen con los informes del Banco de España, al hablar este organismo de quiebra fraudulenta desde un primer momento, impulsa al juzgado, tras una primera valoración, a aceptar la suspensión de pagos.

Pero, extrañamente, el sumario se traspapela durante siete años en la Audiencia de Barcelona, mientras Higinio Torras huye de España a Brasil, llevándose consigo a su mujer y a sus siete hijos.

El ex militante de UCD y propietario de la papelera Torras Hostench, empresa que abandona con un agujero de 17.000 millones de pesetas, puede así disfrutar de una relativa tranquilidad en Bahía.

Con el dinero que saca de España, adquiere un bosque de 170.000 hectáreas de pinos para fabricar pasta de celulosa; monta una empresa de import-export, se compra un bonito chalet en la parte más noble de la ciudad y hasta renueva su pasaporte, en 1984, en el consulado español de Salvador, capital del estado brasileño de Bahía, pese a estar en busca y captura por Interpol.

En 1989, cuando alguien rescata el sumario del olvido y se demuestra que la quiebra del Banco de los Pirineos ha sido fraudulenta, el fiscal de Barcelona solicita penas de hasta trece años para Higinio Torras por falsedad y estafa.

Torras no pisa la cárcel, pero pierde el habla a consecuencia de una parálisis y, a partir de ese momento, apenas puede moverse.

* * *

Al Banco de Levante, presidido por José Miguel Garrigues Walker, el hermano menor del clan Garrigues, le alcanza la crisis en octubre de 1982, tras un fracasado intento de venta de la entidad al Banco Zaragozano.

El Banco de España, que conoce perfectamente la situación interna de la entidad, después de tener a sus inspectores trabajando allí durante un año, obliga a la familia Garrigues y a los restantes accionistas mayoritarios a ceder sus acciones, que representan el 60 por 100 del capital, al Fondo de Garantía de Depósitos y a renunciar a la gestión.

La investigación posterior del Fondo demuestra que la entidad bancaria, con casi 68.000 millones de depósitos, pierde en el último ejercicio 4.193 millones de pesetas y que, con tan sólo 4.331 millones en recursos propios, concede 27.000 millones de pesetas en créditos a 85 empresas del grupo, la mayoría de ellas insolventes.

Los inspectores averiguan que, poco antes de la crisis, los administradores de la familia Garrigues venden al Banco de Levante las once empresas del grupo en peor situación financiera, todas en quiebra técnica. Una situación que se produce pese a haber recibido 4.000 millones de pesetas en créditos del mismo banco para su reflotamiento. Al mismo tiempo, liquidan los créditos de otras tantas empresas en buena situación financiera, y los apartan de la órbita de la entidad.

Esta última operación, la más comprometida desde el punto de vista delictivo, es detectada por los inspectores del Fon do de Garantía de Depósitos en febrero de 1983.

Además, durante los años 1978 y 1979, la familia Garrigues, que ostenta entonces el control del Banco de Levante, adquiere, a través de 30 empresas de su propiedad —entre ellas Nueva Holding, Murano, Euroliga, Eurofinsa y Obras Cumbres Andaluzas—, seis millones de acciones de Renta Inmobiliaria, hasta ese momento en poder del Banco de Levante.

Los títulos los compran a un precio situado entre el 50 y el 60 por 100 de su valor nominal, para revendérselos al banco, años más tarde, al 280 por 100 de su valor, es decir, casi cinco veces más caros.

La operación produce unos beneficios de 7.000 millones de pesetas, con parte de los cuales la familia Garrigues cancela diversos créditos que debe al banco. El resto, unos 2.000 millones de pesetas, pasa a engrosar sus arcas personales.

Cuando el Gobernador del Banco de España, Mariano Rubio, tiene todos estos datos sobre su mesa, elabora dos informes, uno fechado el 10 de junio y otro el 13 de julio de 1983, y los pone en conocimiento del fiscal general del Estado.

Hasta 1989, el Fondo de Garantía de Depósitos tendrá que realizar diversas operaciones de saneamiento en la entidad por un importe de 59.716,9 millones de pesetas, según se recoge en la memoria de ese año.

El 4 de junio de 1983 el fiscal general del Estado presenta ante la Audiencia Nacional querella criminal contra el presidente del banco, José Miguel Garrigues Walker, y contra seis consejeros, por estafa y falsificación de documentos mercantiles. Por primera vez en la historia de las crisis bancarias, además, varios accionistas de una de las entidades afectadas interponen, por su parte, otra querella en el Juzgado de Instrucción número 5, de Madrid.

Pero los banqueros en España parecen tener patente de corso. El 31 de octubre de 1984, el Juzgado de Instrucción 4 de la Audiencia Nacional deniega el procesamiento de los antiguos administradores de la sociedad.

El Ministerio Público recurre. El 26 de junio de 1986 la sala de la Audiencia Nacional ratifica la decisión inicial: No hay motivos para el procesamiento y las diligencias deben ser definitivamente archivadas.

Ni los banquillos de los tribunales ni la cárcel parecen estar hechos para los banqueros. José María González Cobos, el alto ejecutivo del Fondo de Garantía de Depósitos que por entonces lleva varios años trabajando por una sociedad más justa, se da cuenta de que su fe en la Justicia empieza a flaquear.

* * *

Como en un principio le ocurre a González Cobos, los fiscales de Barcelona, Carlos Jiménez Villarejo y José María Mena, creían que la Justicia se implantaría en la vida española, tras el ascenso del Partido Socialista al poder, en 1982. Poco después de esa fecha esperanzadora para muchas personas, van a tener ocasión para comprobar hasta qué punto este acontecimiento es sueño o realidad.

A Jiménez Villarejo y a Mena, miembros de la Unión Progresista de Fiscales, les toca en los años 1984, 1985 y 1986 investigar el *affaire* Banca Catalana, después de que el Fondo de Garantía de Depósitos interviniera este *holding* bancario, integrado por seis bancos y tres filiales —Industrial de Cataluña, Industrial del Mediterráneo y Barcelona—, con unos activos cercanos a los 600.000 millones de pesetas.

La intervención de Banca Catalana por el Estado se lleva a cabo el 3 de noviembre de 1982 —cinco días después de que el PSOE alcanzara el poder—, basándose en una inspección que el Banco de España realiza un año antes, en la que se detecta un neto patrimonial negativo de 6.762 millones de pesetas, y después de que una auditoría de Price Waterhouse revelara la existencia de un agujero de 100.000 millones.

La crisis de Banca Catalana representa, de nuevo, el compendio de los problemas que asolan a todos los bancos que acaban en el Fondo de Garantía de Depósitos y que se resumen en una mala gestión, la captación de pasivo a precios altos con fuertes extratipos que se pagan por medio de una caja B;[4] la concesión a los consejeros del banco de créditos blandos, que no se pagan y que luego se pasan a fallidos; los sobresueldos desorbitados a consejeros y directivos, y la creación de autocarteras a través de sociedades interpuestas por algunos consejeros para dominar en el consejo, entre otros.

4. La información procede del Banco de España.

Todas estas circunstancias acaban con algunos bancos. Pero la crisis de Banca Catalana arrastra consigo, además, un componente político. Uno de los implicados en el *affaire* es el actual Presidente de la Generalitat, Jordi Pujol, consejero de la entidad desde 1974 a 1976, una etapa en la que la caja B de Banca Catalana mueve algo más del 10 por 100 de los recursos del banco.

A comienzos de mayo de 1984, el fiscal general del Estado, de acuerdo con un informe del Banco de España, presenta querella contra los responsables de la crisis ante el Tribunal Superior de Justicia de Cataluña y, el 9 de julio de 1984, el juez Ignacio de Lecea es encargado de instruir el sumario.

La investigación sumarial dura dos años y, el 30 de julio de 1986, los fiscales de la Audiencia de Barcelona, José María Mena y Carlos Jiménez Villarejo, presentan un informe de 428 folios pidiendo el procesamiento de Jordi Pujol y de los otros dieciséis consejeros y altos cargos de Banca Catalana.

Como es de esperar, la decisión del Ministerio Público se interpreta en Barcelona como un ataque a Cataluña y a la Generalitat por parte del Gobierno central. Los nacionalistas se sienten ultrajados y ofendidos, se convocan actos de adhesión y el propio Pujol sale a la palestra para defenderse.

—Con calumnias —declara el Presidente— no se construye un país.

Pero la argumentación de los fiscales Mena y Jiménez Villarejo es bastante más sólida de lo que aseguran sus detractores. En su informe revelan que los querellados han creado una trama de 27 sociedades instrumentales, que han ocultado a los órganos de gobierno de Banca Catalana y a la autoridad monetaria, para llevar a cabo operaciones especulativas en beneficio propio.

Señalan que con estas actividades, la entidad financiera ha perdido 14.682 millones de pesetas en pocos años.

Los fiscales imputan también a los consejeros y directivos querellados de Banca Catalana haber concedido créditos ficticios, empleando nombres como el del presidente de la patronal, Carlos Ferrer Salat y el ex alcalde de Barcelona, Enrique Massó, mediante una operación en la que se pierden 5.101 millones de pesetas.

El estudio de la contabilidad de Banca Catalana permite a los fiscales descubrir numerosas manipulaciones, así como la existencia de asientos falsos y duplicados, recibos ficticios y toda suerte de engaños para la retirada de fondos del banco con total impunidad por parte de sus directivos y consejeros.

Pero los datos son aún más comprometedores. Según el mismo informe, el Presidente de la Generalitat, Jordi Pujol y su familia se beneficiaban de fuertes extratipos gracias a los depósitos que tenían en la entidad.

A la empresa Hoe, S.A., sin ninguna solvencia económica, se le había concedido también un crédito de 176 millones de pesetas, sólo para adquirir las acciones que el Presidente de la Generalitat tenía en Banca Catalana. Así, Jordi Pujol pudo recuperar su dinero poco antes de la intervención del Fondo de Garantía de Depósitos en la entidad.

Por si eso fuera poco, el 31 de octubre de 1982, dos días antes de que el Estado intervenga el grupo bancario catalán, Jordi Pujol y Marta Ferrusola, su mujer, cancelan una cuenta de 14,5 millones de pesetas que tenían en el banco a plazo fijo, a pesar de que no podían disponer de este dinero hasta cinco meses más tarde.

El informe de los fiscales explica además cómo Banca Catalana había perdido 5.705 millones de pesetas en la adquisición de acciones de otros bancos y en la compra, por parte de un grupo de consejeros, de 448.365 acciones de Banca Catalana, con dinero de la propia entidad, para dominar los órganos de gobierno del *holding* bancario.

Por otra parte, un total de 61 empresas vinculadas a los querellados habían recibido 12.733 millones de pesetas en créditos sin ningún tipo de avales, y altos cargos, como Jaume Carner, presidente de la entidad, o el alcalde de Barcelona, Enrique Masó, dispusieron de créditos por un importe de 380 y 500 millones de pesetas, respectivamente, que no devolvieron.

Una vez demostrados todos estos extremos, los fiscales Mena y Jiménez Villarejo, este último, máximo responsable, en la actualidad, de la Fiscalía de la Audiencia de Barcelona, acusan a los 17 componentes del consejo de Banca Catalana de tres supuestos delitos de apropiación indebida, falsedad en documentos y maquinación para alterar el precio de las cosas.

Jiménez Villarejo llega incluso a interrogar a Jordi Pujol en su residencia, la «Casa dels Canonges», durante la instrucción del sumario. Pero al llegar las elecciones autonómicas de

1984, en las que Convergència i Unió obtiene una clara mayoría en Cataluña, el escándalo acaba politizándose.

Mientras en el caso del Banco Urquijo, el Gobierno obliga al Banco Hispano Americano —que controla al primero— a hacerse cargo de la entidad en crisis, entre otras razones, para que no caiga en el Fondo de Garantía de Depósitos y pueda acabar en el fiscal general del Estado, que podría procesar a sus consejeros, entre ellos a Leopoldo Calvo-Sotelo, ex Presidente del Gobierno, en el asunto Banca Catalana no se deja de echar leña al fuego.

Hasta Tomás Azorín, gobernador civil de Almería y posterior delegado del Gobierno en Andalucía, lo dice un día sin pelos en la lengua:

—Los socialistas vamos a meter en la cárcel a Jordi Pujol.

Pero en noviembre de 1986, el pleno de la Audiencia de Barcelona exculpa al actual Presidente de la Generalitat de cualquier tipo de responsabilidad en la gestión de Banca Catalana.

Los fiscales Jiménez Villarejo y Mena centran entonces su investigación en los restantes dieciséis consejeros y directivos de la entidad. Pero, el 19 de febrero de 1990, la Sala Segunda de la Audiencia Provincial de Barcelona deniega el procesamiento de todos ellos.

La Fiscalía de la Audiencia de Barcelona recurre la resolución en un amplio informe:

—Hay hechos objetivos no desmentidos —dicen los fiscales— que indican el enriquecimiento de algunos de los querellados.

En el recurso, el Ministerio Público destaca también los créditos concedidos a consejeros de Banca Catalana y no devueltos, y los 12.733 millones de pesetas que la entidad otorgó a sus máximos responsables.

—Estos hechos concretos demuestran que, en contra de la tesis del Tribunal de que no hubo ánimo de lucro, sí existió un enriquecimiento intencionado —recalcan los fiscales.

El 14 de marzo de 1990, la Sección Segunda de la Audiencia Provincial decreta el sobreseimiento definitivo del sumario y ordena el archivo.

—El estudio del sumario —declara el tribunal— no revela que haya habido apropiación indebida, aunque pudiera existir una gestión imprudente e incluso desastrosa.

* * *

Desastrosa o no la gestión de los consejeros de Banca Catalana o del resto de los cincuenta bancos que acaban en el Fondo de Garantía de Depósitos, el Código Penal no parece haber sido hecho para los banqueros.

Las memorias de la Fiscalía General del Estado correspondientes a los años 1982-1990 revelan que en ese tiempo se cometen en España 6.288.000 delitos contra la propiedad (robo, hurto, estafa, cheque en descubierto, etc.). Las personas condenadas por éstos, que pasan algún período de tiempo en la cárcel, superan las cien mil.

En el mismo período de tiempo, con un total de 51 bancos en quiebra o suspensión de pagos, y unos perjuicios económicos causados a la sociedad de 866.837 millones de pesetas, de acuerdo con los datos del Fondo de Garantía de Depósitos, ni un sólo banquero acaba en prisión.

El Gobierno socialista no efectúa en ningún momento, la opción de compra sobre los bancos que necesitan apoyos oficiales para ser salvados, en contra de su programa. Por el contrario, con Miguel Boyer y Carlos Solchaga en la cartera de Economía y Hacienda, la Banca española vive el momento de mayor esplendor y el desarrollo más espectacular de su historia, como reflejan los informes anuales de la Asociación Española de la Banca Privada (AEB).

* * *

Rafael Termes Carrero, presidente de la AEB, se mostraba pesimista sobre los resultados de la Banca en el primer año de gobierno socialista.

En 1983 la Banca española, en su conjunto, ganó 143.000 millones de pesetas. La cifra representaba un 11,6 por 100 más de beneficios que el año anterior.

En la reunión celebrada por los banqueros el 26 de marzo de 1984 para analizar la evolución de la banca durante 1983, Termes asegura que los beneficios de la banca, medidos sobre los activos totales medios, son del 0,87 por 100; es decir, por cada 100 pesetas, el conjunto de la banca española, excluidas las entidades en crisis, obtienen 87 céntimos de beneficio, una cifra por debajo de la del año precedente, durante el cual la banca ganó 0,91 pesetas por cada 100.

—Si no se acepta que esto es un deterioro de la banca para obtener beneficios —dijo el presidente de la AEB—, es que se quiere negar la evidencia.

En 1989, tras dos legislaturas de Gobierno socialista, los banqueros piensan de otra manera. Durante ese año, los beneficios de la banca fueron de 449.562 millones de pesetas, una cifra récord en la historia bancaria española.

Rafael Termes, que tras un largo período al frente de la AEB cedía su puesto al ex ministro de UCD José Luis Leal, se reunió el 28 de febrero de 1990 con los banqueros del país para presentar los últimos resultados alcanzados.

—El beneficio antes de impuestos de los primeros bancos españoles —dijo un Termes exultante— equivale al 1,53 por 100 de los activos totales medios, lo que nos coloca en el primer lugar del escalafón europeo, por delante de Irlanda (1,52) y el Reino Unido (1,50).

* * *

El PSOE, para la banca, es, desde hace años, como el Rey Midas: todo lo que toca lo convierte en oro y, además, lo multiplica. El 28 de octubre de 1982, la fecha mítica del «cambio» socialista, el precio de mercado de los «siete grandes» de la banca española es de 389.213 millones de pesetas, de acuerdo con los datos que arroja el boletín de la bolsa de Madrid.[5]

Cualquier persona o grupo fuerte, como el barón Thyssen

5. La capitalización era la siguiente: Bilbao, 57.402 millones; Central, 70.125; Banesto, 65.712; Hispano Americano, 62.731; Popular Español, 24.189; Santander, 74.030 y Vizcaya, 33.024.

o el fallecido presidente de El Corte Inglés, Ramón Areces, hubieran podido, en aquellos momentos, con el consentimiento del Banco de España, adquirir tranquilamente un banco.

Siete años y dos meses después, el 29 de diciembre de 1989, el precio de mercado de los «seis grandes» —el Bilbao y el Vizcaya están ya fusionados— incluyendo ampliaciones de capital, es de 3 billones ciento dieciséis mil millones de pesetas,[6] una cifra inalcanzable para cualquiera de los actuales imperios financieros que operan en España.

Mientras el índice general de la bolsa de Madrid pasa en ese período de 105 a 297 enteros, es decir, no llega a multiplicar por tres su cotización, el precio de mercado de los bancos en la etapa socialista experimenta un «boom» espectacular. Los «siete grandes» multiplican su cotización por cuatro y en el caso concreto del Popular Español, el banco que preside Luis Valls Taberner, un hombre ligado al Opus Dei, por algo más.

El impresionante crecimiento en Bolsa de la banca española con el PSOE beneficia a varios millones de españoles que colocan sus ahorros en los valores bancarios.[7]

Pero, como siempre, son sólo unos pocos privilegiados los que hacen los grandes negocios.

* * *

Entre los elegidos destacan Emilio Botín padre y sus hijos Emilio y Jaime Botín, presidentes los dos últimos del Banco de Santander y de Bankinter. El clan familiar, directamente o a través de sociedades interpuestas como la Fundación Emilio Botín, controla entre el 5 y el 7 por 100 del capital social de ambos bancos.

Junto con los hermanos José Miguel, Luis Felipe y Juan Pablo Serrano Goyría (propietarios del 2 por 100 del Banco de

6. El valor de Bolsa es en esa fecha el siguiente: BBV, 952.464 millones de pesetas; Central, 481.338; Banesto, 493.610; Hispano Americano, 324.393; Popular Español, 260.283 y Santander, 604.068.

7. En 1989, por ejemplo, los bancos Hispano Americano y Central tenían, respectivamente, 244.103 y 267.345 accionistas. Los datos empleados para la elaboración de este capítulo proceden todos de las estadísticas correspondientes a 1989, por ser los últimos de los que dispone la banca española.

Santander), y Joaquín Foch Rusiñol, presidente de Pinturas Titán, la familia Botín se encuentra entre ese selecto grupo de personas que más provecho sacan de la subida bursátil anterior a la crisis del golfo Pérsico.

El Hispano Americano, considerado el banco de la «beautiful people», ha hecho rico —no multimillonario— a su presidente, Claudio Boada Villalonga. Pero quienes mayores dividendos han obtenido de la Bolsa son el presidente de Ferrovial, Rafael del Pino; Javier Benjumea, presidente de Abengoa y Juan Lladró, hombre fuerte de la empresa valenciana de cerámicas. Entre los tres controlan entre un 5 y un 7 por 100 del capital social de la entidad.

En el Banco Central, el principal paquete de acciones —un total de 11.489.517 títulos— pertenecían a las hermanas Esther y Alicia Koplowitz, que vendieron en el verano de 1990. Pedro Ballvé Lantero, uno de los hombres de confianza de Alfonso Escámez y Javier Gil de Biedma, poseen también importantes paquetes accionariales, aunque no tan significativos.

Los tres hombres fuertes del Banco Popular Español, Luis, Javier y Pedro Valls Taberner, controlan el 4,7 por 100 de las acciones, pero hay otro consejero, Casimiro Molins, que tiene más títulos, el 5,2. Otras personas, Alexander Hoyos, Hans Friedl y Gabriel Gancedo, poseen participaciones por encima del 1 por 100.

El presidente de Banesto, Mario Conde, es propietario de un paquete de 2.096.537 acciones del Banesto, que representa, en 1989, el 2,1 del capital del banco. Su socio, Juan Abelló, era dueño de un porcentaje similar que vendió en el momento en que se retiró de la entidad. Pero ni uno ni otro se han hecho ricos con las acciones de Banesto. Cuando Conde y Abelló adquieren sus participaciones, en octubre de 1987, los títulos del banco habían tocado techo.

Después de Mario Conde, el accionista más destacado de Banesto lo constituye el clan familiar de Pedro Masaveu, propietario, entre otros negocios, de cementeras en el Cantábrico.

En el caso del Banco Bilbao-Vizcaya, los principales paquetes accionariales se encuentran controlados por las familias Delclaux Barrenechea; Ybarra Churruca; Ybarra Zubiría; Lipperheide Wicke, Entrecanales y Alzola y de la Sola, todas ellas vinculadas a los clanes empresariales de Neguri y Bilbao. Los porcentajes, sin embargo, no son especialmente significativos, aunque el «boom» de la Bolsa ha permitido recuperar a muchas de estas familias de la crisis producida por la reconversión industrial.

Tampoco todos los que se han forrado en el mercado bursátil están en los grandes bancos. Personas como Javier de la Rosa, presidente Quail España; Carlos March, propietario de Corporación Financiera Alba y de la Banca March; Alberto Cortina y Alberto Alcocer, a través del Banco Zaragozano; Jaime Soto, todos ellos miembros de la *beautiful people* y hombres fuertes de Ibercorp, como Manuel de la Concha, han acumulado en los últimos años destacados patrimonios con la compraventa de importantes paquetes de títulos bancarios.

En cuestiones de dinero, los socialistas habían aplicado la política liberal del «laissez faire, laissez passer». Su objetivo era otro, dejar que los banqueros ganaran dinero para, poco a poco, ir amoldando una institución que funciona como un oligopolio presidido por siete señores que se reúnen a comer una vez al mes y fija una política unitaria, en una empresa más al servicio del proyecto socialista.

* * *

Consciente del poder que la banca representa en España, Felipe González no pierde el tiempo, y, desde que empieza a darse a conocer como político, trata de ganarse la confianza de sus presidentes. En 1977, poco después de la legalización del PSOE, el secretario general de los socialistas acude por primera vez a un almuerzo del «club de los siete».

En la planta 12 de Banesto, González encandila a los banqueros. Tras la reunión, fieles a una vieja costumbre, los banqueros allí reunidos esperan a que el invitado se vaya para quedarse a tomar el último café y comentar la reunión.

El entonces presidente de Banesto, José María Aguirre Gonzalo, que actúa de anfitrión, acompaña al secretario general al ascensor y luego regresa al salón.

Un coro de voces se alza casi al unísono.

—¿Qué te ha parecido? —le preguntan sus colegas.

—Es el mejor de todos —responde el patriarca de los banqueros casi sin pestañear.

Aguirre Gonzalo no se equivoca. Tras la llegada al poder, y aunque Alfonso Guerra suele asegurar que «los banqueros dicen que están con nosotros pero luego se gastan el dinero en tumbarnos en las elecciones», lo cierto es que no ha existido luna de miel en España comparable a la del PSOE con la banca.

Según el periodista Javier Arce, poco después de instalarse en las instituciones, los socialistas autorizan en la Ley de Presupuestos de 1983 una revalorización gratuita de los activos y eximen a la banca y a otras empresas del pago del Impuesto de Sociedades, que supone un ahorro del 35 por 100 de los beneficios.

Para sufragar el déficit público, Felipe González convierte a la banca privada en la financiera del Estado. Las fuertes emisiones de deuda pública, a altísimos tipos de interés, incluso al 14 por 100, se convierte en un buen negocio para la banca.

Al mismo tiempo, Carlos Solchaga, desde el Ministerio de Industria, pone en marcha la reconversión industrial. El Estado empieza a invertir dinero para sanear los 12 sectores industriales en crisis y la banca, indirectamente, sanea también sus activos al cobrar del Estado muchos créditos y avales que ya se dan por impagados y van a ir al capítulo de fallidos en la cuenta de resultados.

Pero el propósito del Gobierno, al favorecer abiertamente los intereses de la banca, es transformarla. Otro especialista en esta materia, el periodista José Eulogio López, autor del libro *Los Califas del Dinero*, sostiene que durante los primeros años del Gobierno socialista funciona «El Comité Lluch», presidido por el ex ministro de Sanidad, Ernest Lluch, y bajo la supervisión de Miguel Boyer y Luis Ángel Rojo.

Este teórico comité de expertos en asuntos bancarios se reúne en la sede del PSOE en la calle Santa Engracia y, posteriormente, en Ferraz. Tiene como misión elaborar un plan estratégico para «jubilar» a los banqueros más conservadores y sustituirlos por jóvenes progresistas de la *beautiful people*, al estilo de los presidentes del Bilbao, José Ángel Sánchez Asiaín y del Vizcaya, Pedro Toledo.

El comité salva de la quema al patriarca del Santander, Emilio Botín López —pasando por alto que se trata de un persona je fuertemente conservador, que le regala el primer coche blindado a Manuel Fraga— y elabora una lista negra de banqueros, entre los que se encuentran el presidente del Hispano Americano, Alejandro Albert; el del Central, Alfonso Escámez y el del Banco Español de Crédito, José María Aguirre Gonzalo.

Existiera o no el Comité Lluch, lo cierto es que ocho años después de que el PSOE asumió el Gobierno de la nación, cinco de los siete grandes patronos de la banca —Ángel Galíndez, Emilio Botín, José María Aguirre Gonzalo, Alejandro Albert y José Ángel Sánchez Asiaín— se jubilan, quedando sólo dos supervivientes de los años setenta en el club de los siete: Luis Valls Taberner, presidente del Popular Español, y Alfonso Escámez, titular del Central.

* * *

El relevo generacional —casi una revolución en el mundo de la banca— se inicia cuando, tras las vacaciones de 1984, Mariano Rubio, flamante Gobernador del Banco de España, llama a su despacho al presidente del Banco Hispano Americano, Alejandro Albert, le advierte del agujero de 30.000 millones de pesetas que sus inspectores han encontrado en el tercer banco del país y le pone ante la tesitura de arreglarlo o marcharse.

Albert, cansado y afectado por una leucemia, arroja la toalla meses más tarde y Claudio Boada, apoyado desde el Hispano por Javier Benjumea, presidente de Abengoa, y Jaime Soto, y con el beneplácito de tres de sus antiguos subordinados —Mariano Rubio, Miguel Boyer y Carlos Solchaga— decide aceptar el reto de reflotar la entidad.

En el otoño de 1986, Emilio Botín-Sanz de Sautuola y García de los Ríos, santanderino, nieto, hijo y padre de banqueros, tomaba las riendas del Banco de Santander y se instalaba en la leyenda provocando, al mismo tiempo, el odio de sus colegas al negarse a las fusiones bancarias e imponer la primera de las «supercuentas» —cuentas de ahorro altamente remuneradas— en la gran banca española.

El siguiente banco que aborda el cambio generacional es el Banesto. A finales de 1987, tras la retirada de José María Aguirre Gonzalo y la difícil situación interna creada por la crisis del Banco Garriga Nogués y la OPA del Bilbao, Mario Conde llega a la presidencia de la entidad.

Conde es un joven abogado del Estado, aficionado a los toros, al flamenco y a las cacerías. Su presencia al frente de un gran banco no figura entre los planes del Gobierno. El abogado del Estado carece de experiencia en el sector pero con sus dotes de mando y su tenacidad, rechaza la OPA del Bilbao y se hace con el control del Banesto en pocos meses.

El último cambio en la presidencia del mayor banco del país, el BBV, se produce en la primavera de 1990. Poco antes fallece, prematuramente, Pedro Toledo. Su alter ego en la presidencia del Bilbao-Vizcaya, José Ángel Sánchez Asiaín, es incapaz de encontrarle sustituto y acaba dimitiendo.

La crisis interna permite la llegada al BBV, con 26 filiales y 170 empresas participadas, a Emilio Ybarra Churruca, un bilbaíno descendiente del célebre marino que participó en la batalla de Trafalgar contra los ingleses, considerado un hombre cercano a las tesis del ministro de Economía y Hacienda, Carlos Solchaga, y del Partido Socialista.

De esta manera, el PSOE, que controla la mayoría de las cajas de ahorro provinciales, en manos de militantes del partido, tiene instalada al frente de la banca a una nueva generación de personas que no resultan hostiles al proyecto socialista.

Aunque la estrategia falla a lo largo de 1989, cuando el despacho de Enrique Sarasola interviene para colocar a Miguel Boyer al frente del «non nato» Banco Español Central de Crédito —resultado de una supuesta fusión del Banesto y el Central— el Gobierno y el PSOE no pueden quejarse.[8]

Los tentáculos del Partido Socialista en la banca, a través de personas ligadas a la *beautiful people*, como Claudio Boada, presidente del Hispano; Francisco Luzón, presidente del Exterior, o banqueros amigos del poder como Emilio Ybarra, José Ángel Sánchez Asiaín, Luis Valls Taberner, Carlos March y Emilio Botín hijo, están, por fin, profundamente arraigados.

8. Para más detalles, consultar el capítulo XXVI.

* * *

Hay amistades que valen su peso en oro y la de los banqueros con el poder no va a ser una excepción. Aquí se mide en miles de millones de pesetas y eso Felipe González y Carlos Solchaga lo saben muy bien. También lo aprende muy pronto Claudio Boada cuando, en diciembre de 1985, llega al Banco Hispano Americano para reflotarlo.

Considerado, poco antes, el tercer banco del país, el Gobierno había obligado a su anterior presidente a absorber el Urquijo, una entidad en crisis que acabó empeorando la situación interna del primero y originó un agujero conjunto de casi 50.000 millones de pesetas.

Con Boada al frente de la nueva entidad, las cosas cambian radicalmente. Su amigo Miguel Boyer y, después, Carlos Solchaga le conceden todo tipo de ayudas e incluso obligan a la banca privada a financiar con dinero líquido —hecho sin precedentes en la historia de la crisis bancaria— al Urquijo Unión.

El antiguo jefe de Miguel Boyer y Carlos Solchaga recibe también otro tipo de apoyos más difíciles de cuantificar. Como el Urquijo carece de liquidez y los pocos activos que tiene son difícilmente realizables, no tiene más remedio que vender la sede del banco, el edificio de las Siete Chimeneas, situado a espaldas de la Gran Vía de Madrid.

La entidad compradora es un consorcio asegurador suizo-alemán, que pide un extraño arreglo. Boada debe encargarse de que el Estado alquile el inmueble. El Gobierno accede, y de esta peculiar forma saca 8.000 millones de pesetas de liquidez para que el Urquijo Unión empiece a operar.

Con nuevas ayudas de la banca privada, del Hispano y del Fondo de Garantía de Depósitos, Claudio Boada logra reflotar el banco, se lo vende a la Banca March y obtiene unas plusvalías de 35.000 millones de pesetas.

El presidente del Hispano, que había realizado una gestión desastrosa en anteriores destinos como el INI y Altos Hornos de Vizcaya, coloca así la primera nota favorable en su currículum. Además de sanear y vender el Urquijo, en cuatro años, el

Banco Hispano Americano pasa de cotizar a 143 enteros en la bolsa de Madrid a hacerlo a 850. Todo un récord, posible gracias a las ayudas estatales.

Embriagado por el éxito, Boada es el primer banquero español que intenta implantar las supercuentas en España. El asunto molesta a sus compañeros del «club de los siete», a los que el Banco de España había obligado poco antes a poner dinero en metálico para sanear el Hispano y el Urquijo.

—Lo que pretende Boada es inaudito —dice Luis Valls a un grupo de periodistas—. Es como el caso del pobre al que le das veinte duros de limosna para que coma, y va y se compra un puro.

* * *

La venta del Urquijo no es el único gran negocio de la banca española con los socialistas. Como se cuenta en el capítulo «Los poderes del clan Solchaga», la amistad del presidente del Vizcaya, Pedro Toledo, con el ministro de Economía y Hacienda, permite a la entidad vizcaína comprar Banca Catalana y un paquete del 5 por 100 de Repsol sin poner un duro en metálico y obligando a los usuarios de la luz eléctrica a asumir el coste de Lemóniz.[9]

También la Banca March y la Corporación Financiera Alba, presidida por Carlos March, uno de los habituales de la «bodeguilla» de la Moncloa y de las cacerías organizadas por la *beautiful people* en Ciudad Real y Toledo, no puede quejarse.

En el año 1989, sus sociedades obtienen cerca de 33.000 millones en la Bolsa, una institución donde el Grupo March se mueve como pez en el agua con un dominio absoluto del parquet.

Un par de años antes, en octubre de 1987, coincidiendo con el *crack* de la bolsa de Nueva York, el Grupo March había obtenido 4.000 millones de pesetas en una jugosa operación de tiburoneo realizada a costa de Luis Valls y el Banco Popular.

Rompiendo un pacto tácito de respeto mutuo que existía has-

9. Para más detalles, leer el capítulo IX.

ta entonces en el seno de la banca española y con la inestimable ayuda de Claudio Boada, que le vende un paquete importante de acciones de la cartera de Banif, el Grupo March se hace con un 14 por 100 de las acciones de Popularinsa, la sociedad de cartera del Banco Popular.

El Grupo March esconde además un as en la manga. A través de un pacto con el Banco Hispano Americano, puede controlar otro 6 por 100 de los valores de las cinco filiales del Popular, con lo que el paquete puede llegar al 20 por 100 de las sociedades.

El presidente del Popular, Luis Valls, recurre al Banco de España para que se anule la operación, pero Mariano Rubio, que había tratado sin éxito de que esta entidad asumiera un control más directo de sus filiales, apoya al Grupo March y el banquero ligado al Opus Dei acaba desembolsando los 4.000 millones de pesetas para recomprar las acciones de Popularinsa.

El tiburoneo bancario, hasta entonces desconocido en España, acababa de cruzar las fronteras y se instalaba en las sedes centrales de los grandes bancos y en el palacio de la bolsa de Madrid, el templo de las finanzas nacionales.

* * *

No todos los banqueros, sin embargo, tienen los mismos apoyos para hacer sus negocios. Mario Conde, presidente de Banesto, considerado por algunos sectores del PSOE como el candidato natural para ganar a Felipe González en unas elecciones, necesita casi un año de negociaciones con Carlos Solchaga, ministro de Economía y Hacienda para que el Gobierno le autorice a crear una Corporación Industrial.

Conde, que hereda con Banesto un conjunto de empresas con participaciones en el sector de la alimentación (Azucarera), de seguros (La Unión y el Fénix), construcción (Agromán), cementera (Sansón), siderurgia (Acerinox) y energía (Hidrola y Petromed), con tentáculos en otro medio millar de sociedades, se encuentra con dos problemas añadidos.

Por un lado, la necesidad de defender al grupo de empresas, muchas de ellas contabilizadas por debajo de su valor real, de las OPAS hostiles y, por otro, la de tener que sacar de éstas los fondos suficientes para constituir las provisiones necesarias para hacer frente a los morosos y a los fallidos de Banesto.

Cuando llegan al banco, Juan Abelló y Mario Conde, se dan cuenta en seguida de que la solución ideal es la creación de una corporación industrial sólida y, en junio de 1989, inician conversaciones con el Ministerio de Hacienda.

El presidente de Banesto propone entonces a Carlos Solchaga que el Ministerio de Economía y Hacienda acepte unas plusvalías totales de 204.000 millones de pesetas y conceda a la nueva corporación financiera unas exenciones fiscales del 99 por 100, el máximo que permite la Ley.

Un año después, tras varios tiras y aflojas, tras una entrevista personal de Mario Conde con Felipe González para explicarle su proyecto, ni Banesto logra su objetivo global ni el Gobierno cede en todos los puntos.

El 20 de abril de 1990, Mario Conde anuncia públicamente la creación de la primera corporación industrial del país. La Administración reconoce a las empresas participadas por Banesto unas plusvalías de 132.500 millones de pesetas y concede a la entidad unas exenciones fiscales de 19.000 millones.

El joven abogado del Estado consigue, sin embargo, que sus empresas sean «opadas». La revalorización de activos de su grupo industrial le coloca en una situación idónea para hacer ampliaciones de capital en bolsa y sanear su recién nacida corporación industrial, que aspira a continuar a la cabeza de los grupos empresariales del país.

Con ello, hasta Mario Conde, el «banquero maldito» de la Moncloa, el potencial enemigo número uno de Felipe González si algún día decide liderar las huestes de la derecha, consigue hacer negocios millonarios con un Gobierno socialista.[10]

* * *

10. La crisis del Golfo desatada tras la invasión de Kuwait y la caída paralela de las bolsas, ha trastocado los planes de Mario Conde. Su Corporación Industrial ya no es el negocio que se preveía hace varios meses.

De esta manera, ni Luis Valls Taberner, cuando presagiaba «que los blancos acabarán con nosotros si nos enfrentamos al Gobierno de Washington», ni el ejecutivo del Fondo de Garantía de Depósitos, José María González Cobos, que esperaba que el PSOE cambiara la situación y metiera en cintura a los banqueros corruptos, acertaron en sus pronósticos.

En octubre de 1982, poco antes de las elecciones generales que le dieron el poder con una aplastante mayoría de diez millones de votos, Felipe González trataba de ofrecer una explicación sobre el significado del *slogan* electoral socialista ante las cámaras de televisión, a preguntas del entonces director de *Cambio 16*, José Oneto.

—¿Qué es el cambio? —preguntó el periodista.

—El cambio —respondió el futuro presidente— es que España funcione.

El cambio, ocho años después, para un partido que se autoproclama socialista es, por encima de todo, que los bancos funcionen. Lo cual tampoco está nada mal. Sobre todo, para los banqueros y los grandes accionistas de estas entidades.

XXV. LOS AMIGOS EXTRANJEROS DEL PODER

Giancarlo Parretti, Jacques Hachuel, Marc Rich y Carlo de Benedetti, cuatro de los tiburones internacionales más conocidos, han ganado miles de millones de pesetas en España, aprovechando el relanzamiento de la economía en los últimos años y sus conexiones con el poder. Todos se han visto envueltos en oscuras operaciones financieras que han acabado en los tribunales, lo que ha dado lugar a que algunos hayan buscado refugio en este país.

El 14 de febrero de 1989, Tomás Martín Consuegra, comisario jefe de la Brigada de Delitos Monetarios del Banco de España, envió al Juzgado de Instrucción número 3 de la Audiencia Nacional un oficio en el que pedía autorización para intervenir los teléfonos número 4180445, de Barcelona, y 8044933, de Igualada, una localidad cercana a la Ciudad Condal.

La Policía andaba tras la pista de una red de evasores de divisas y tenía controladas a dos personas. Una de ellas era Manuel Cerqueda Donadeu, presidente del Banco Agrícola y Comercial de Andorra. El otro individuo se llamaba Ramón Ubals Estragués, vivía en la localidad de Igualada y a sus 59 años había acumulado un extenso currículum como estafador y contrabandista.

Al día siguiente, 15 de febrero, el juez Rodolfo Soto Vázquez, titular del Juzgado de Instrucción número 3 de la Audiencia Nacional, abría unas diligencias previas y autorizaba el pinchazo de los dos teléfonos.

Las intervenciones telefónicas se prolongaron durante tres meses y las investigaciones se ampliaron a otras veintiuna personas, que resultaron estar implicadas en una red de evasión de divisas. Tres meses después, el 28 de mayo de 1989, el juez decretaba la prisión de Manuel Cerqueda Donadeu y sus hermanos, propietarios del Banco Agrícola y Comercial de Andorra, quienes prefirieron hacer frente a la fianza de veinte millones de pesetas por cabeza fijada por el juez, antes que acabar en la cárcel.

La investigación de la Brigada de Delitos Monetarios había surtido sus efectos. Acababa de desarticular una de las redes más activas de evasión de divisas entre España y Andorra. El 31 de marzo de 1989, el «pinchazo» al teléfono de Ubals Estragués sonó una vez más:

—¿Tienes ya lo del *Gateras*? —preguntó alguien.

—No, hoy no he podido moverme de Igualada.

El comisario Martín Consuegra reconoció en seguida las voces del presidente del Banco Agrícola y Comercial de Andorra, Manuel Cerqueda, y el «correo», Ramón Ubals.

—Pues te esperan esta noche dentro de un coche.

—¿Dónde? —preguntó Ubals.

—En la confluencia de las calles Valencia y Bruch. ¡Y procura no fallar esta vez!

La Policía acababa de ponerse sobre la pista de un evasor de lujo: el oscuro financiero italiano Giancarlo Parretti.

En efecto, al día siguiente, Ubals cobró en una agencia del Banco Exterior de España, en la localidad leridana de la Seo de Urgel diez talones, de cinco millones de pesetas cada uno, que había recibido la noche anterior, y los trasladó a una cuenta del Banco Agrícola y Comercial de Andorra. El 29 de junio de 1989 Giancarlo Parretti —el *Gateras* en el argot de los evasores— era citado a declarar.

Ese día, jueves, el financiero llegó a la una de la tarde al Juzgado de Instrucción número 3 de la Audiencia Nacional. Parretti, 49 años, nacido en Orvietto, se identificó con un pasaporte diplomático liberiano que le acredita como representante de ese país africano ante la ONU, un organismo que nunca ha pisado. Sin embargo, no dio ningún domicilio en Liberia.

Declaró que vivía en la Rue Beethoven, 1, en París, y dejó también el domicilio de sus padres, en la Vía Septiembre, 3, de Roma.

—El dinero era para pagar un piso a la hija de Antonio Cornellá —explicó Parretti.

Antonio Cornellá era el primer vicepresidente de la sociedad Interpart Internacional, hoy denominada Comfinance, el grupo luxemburgués, con participaciones en 300 grandes empresas de ocho países, que preside el empresario italiano.

—Parretti me pidió el dinero y me dijo que era para unos pagos que tenía que hacer en España —declaró ante el juez Bárbara Darder, consejero delegado de Escala, S.A., otra de las empresas de Parretti en nuestro país, en contradicción con lo declarado por su jefe.

Pero ni la excusa del piso ni la «inmunidad» diplomática de este liberiano nacido en Italia y con domicilio en una de las mejores zonas de París, ayudaron a Parretti a evadir la acción de la Justicia. Darder, antigua colaboradora de Miguel Boyer y Francisco Fernández Ordóñez en el Banco Exterior de España, tuvo que depositar cinco millones en el juzgado para librarle de la cárcel.

A continuación, Parretti y su empleada se fueron de vacaciones a la isla Bora-Bora, en la Polinesia francesa, en el Pacífico Sur, para olvidarse del mal trago.

La Brigada de Delitos Monetarios, entretanto, siguió investigando. Averiguó que los cheques procedían de la agencia número 50 del Banco Exterior de España, donde la empresa Escala, S.A. tenía una cuenta corriente. A comienzos de diciembre de 1988, un empresario de Ceuta había depositado en esta cuenta 400 millones de pesetas, pero nadie sabía explicar el origen de este dinero.

Cuando los inspectores visitaron a Bárbara Darder en las oficinas de Escala, en el edificio Hexágono, en la calle de la Princesa de Madrid, la colaboradora de Parretti estaba dispuesta a contarlo todo:

—El dinero procede de la venta de los apartamentos Jardines del Mar, en Marbella, y Meliá, de Alicante —relató.

—Dinero negro, supongo —insinuó un policía.

—Sí, dinero ingresado por caja B —reconoció Bárbara Darder.

Los apartamentos habían sido construidos por las sociedades Abenca y Urbatusa, dos filiales de Meliá Inversiones, S.A., una de las empresas compradas en España por Giancarlo Parretti. Éste los había vendido a una sociedad ceutí por 2.502 millones de pesetas, aunque sólo se escrituraron 2.102 millones.

Los 400 millones cobrados en negro iban a ser sacados de España por el anticuado procedimiento del maletín, cuando la Brigada de Delitos Monetarios detuvo a los «correos» con la primera remesa de 50 millones.

Para el financiero italiano, que presume de contar con la privilegiada amistad de los socialistas españoles, franceses e italianos, y de ser capaz de mover todos los días grandes fortunas en dólares o francos suizos, la apertura de un sumario judicial en Madrid fue, posiblemente, tan sólo una pequeña y amarga anécdota en su vida.[1]

* * *

—Todo hombre de negocios en Italia, que se precie, ha chocado con la Justicia —declaró un día Parretti a la revista *Tiempo.*

El empresario de Orvietto había llegado a España por el aeropuerto del Prat, en Barcelona, en julio de 1986, para comprar su primera empresa. Su habilidad como mago de las finanzas internacionales y su tenebroso currículum aún no habían traspasado las fronteras del país.

Parretti venía acompañado de todo su equipo inversor, del que formaba parte importante su inseparable socio y amigo Florio Fiorini, verdadero cerebro gris de su imperio al frente de Interpart, un *holding* con sede social en el número 22 del Boulevard Royal de Luxemburgo y largos tentáculos en todo el mundo, principalmente en los países en los que se detecta la estela financiera impulsada por la Internacional Socialista, en el área del Mediterráneo.

Los primeros pasos de Parretti en España, igual que el origen de su fortuna, permanecen envueltos en un halo de misterio y oscuridad. Lo primero que hacen los dos socios nada más desembarcar en la piel de toro es constituir la sociedad Inter-

1. A finales de noviembre de 1990, Parretti no fue condenado, en primera instancia, por evasión de capitales.

part Spain, con un capital inicial de tan sólo 150.000 pesetas, tras adquirir la empresa Sapromec a una viuda desaparecida y cambiarle el nombre, junto a todos los miembros del consejo de administración.

Desde ese momento, el financiero italiano —recordando sus tiempos como piloto de la Fórmula 3.000 en el Jarama— se empieza a distinguir por su rapidez de movimientos y la necesidad de causar impresión a las primeras de cambio. A través de Luis Peña, un militar retirado, entra en contacto con Abel Matutes y planea comprar media isla de Formentera para construir un complejo hotelero valorado en 20.000 millones de pesetas.[2]

Su siguiente golpe de efecto se produce el 20 de abril de 1987 y consiste en la compra de parte de la cadena de hoteles Meliá, que se encontraba embargada por Banesto, para lo cual da una señal de 300 millones de pesetas que le proporciona el propio Banesto en forma de anticipo a cuenta.

El plazo para pagar los 7.000 millones de pesetas que pide el banco por su participación en la cadena hotelera es de seis meses. Parretti, como es habitual en sus operaciones, no pone un solo duro, pero cinco meses después vende parte de sus acciones en Meliá a la cadena Sol, de Baleares, por 12.500 millones de pesetas, es decir, casi el doble de lo que debía pagar a Banesto.

Muchos empresarios españoles, al conocer el «traspaso», supieron que se hallaban ante lo que en el argot económico se denomina un verdadero «tiburón financiero», sin escrúpulos a la hora de forrarse los bolsillos.

En menos de seis meses, el empresario italiano había sacado 6.000 millones de pesetas de la nada, quedándose además con parte de lo que había adquirido al grupo Meliá. De esta manera, Parretti hacía realidad el lema con el que suele responder a los periodistas para explicar sus pretendidos éxitos económicos: comprar empresas con deudas sin poner dinero y venderlas por un precio varias veces superior, y en efectivo.

Con parte de los beneficios que obtiene, ficha a sus primeros ejecutivos nacionales importantes. El empresario italiano necesita teñir de honorabilidad todas sus actuaciones e incorpora a sus empresas en España, en calidad de consejero, a Íñigo Cotoner, hijo del marqués de Mondéjar, el jefe de la Casa

2. Para más detalles sobre esta operación, consultar el capítulo XIX.

Real; a Francisco de Borbón y Escasany y a Bárbara Darder, responsable hasta entonces de la División de Merchandbank del Banco Exterior de España y aparentemente conectada a los más altos niveles con el PSOE y la *beautiful people*.

También contrata a otros personajes no tan «significativos» socialmente, pero bastante más eficaces. Es el caso del abogado Carlos Cuenca, un penalista que había intervenido años antes en la defensa del jefe del clan de narcotraficantes de Calí (Colombia), Gilberto Rodríguez Orejuela, y en el proceso de extradición a Estados Unidos de los miembros de la Pizza Conection, Vito y Gaetano Badalamenti. También empieza a trabajar con Parretti el andorrano Antonio Cornellá, vigilado por la Policía española desde años antes en relación con unas supuestas evasiones de divisas que por el momento no han llegado a probarse.

Como además necesita sanear sus empresas en España y «descubrir» las operaciones con las que puede ganar dinero fácilmente, el italiano empieza a buscar buenos ejecutivos. La empresa de «cazatalentos» Ergon Zender le recomienda fichar a Carlos Reboll, un joven y dinámico «salvaempresas», jugador empedernido de *squash*, procedente de Standard Eléctrica y Aviaco, para ponerlo al frente de Viajes Meliá.

Reboll, a quien no agradan los métodos de Parretti, se resiste, hasta que un día le llama él, personalmente, por teléfono.

—Señor Reboll —le dice—, estoy dispuesto a entregarle Viajes Meliá para que haga con ella lo que quiera. Lo único que le pido es que empiece a ganar dinero.

—Pues no sé qué decirle —responde Reboll—. Me gustaría poder estudiar antes las cuentas de la compañía.

—Estúdielas todo lo que quiera —replica el italiano— y cuando tome una decisión, venga a verme a Nueva York. Fiorini y yo le estaremos esperando encantados.

Poco después, Reboll se incorpora a la empresa y Parretti, con un equipo ya formado, se lanza a nuevas aventuras. Primero ofrece comprar el patrimonio del banquero Ignacio Coca a cambio de pagar la deuda que la familia había contraído con el Banesto y que ascendía a 16.000 millones de pesetas. Después negocia con José María Escondrillas su entrada en Explosivos Río Tinto, pero ninguna de estas operaciones ve la luz.

El empresario italiano adquiere, en cambio, dos empresas: Escala, S.A. —la empresa a través de la que comienza a evadir dinero—, y Compañía Mobiliaria, por las que paga 200 millones de pesetas, con respaldo financiero del Banco Exterior de España.

Su gran golpe de fortuna llega sin embargo con la compra de Renta Inmobiliaria, una sociedad procedente de la órbita del quebrado Banco de Levante, al Fondo de Garantía de Depósitos, por un importe de 12.300 millones de pesetas, tras lo cual ficha como hombre fuerte de la compañía a Juan Antonio Robles, uno de los ejecutivos del propio Fondo.

La operación queda inmediatamente envuelta en la polémica. En el Ministerio de Hacienda y en el Fondo de Garantía de Depósitos se empieza a pensar que Parretti se ha servido de cierto tráfico de influencias para llevar a cabo las negociaciones. A partir de entonces, y tras una investigación interna, la UVI bancaria deja de adjudicar sus bienes directamente y se impone el sistema de concurso abierto.

Giancarlo Parretti comienza a ser conocido como un tiburón financiero vinculado a los intereses de los partidos socialistas europeos.

«Parretti: el socialista que lo compra todo», titula un día en portada la revista *Época*.

Su turbio pasado en Italia, Francia y los Países Bajos, de repente, empieza a llenar páginas de periódicos franceses y españoles.

* * *

A sus 59 años y desde la perspectiva que le proporcionan su 1,70 metros de estatura, Giancarlo Parretti podría escribir un libro autobiográfico con todos los ingredientes de una apasionante novela negra.

Nacido cerca de Roma, pasó su juventud y se educó en Sicilia. Despuntó en seguida como camarero, sirviendo en el hotel Fantone Bianche de Siracusa desde los 17 años, antes de recorrer con la bandeja de refrescos las lujosas cubiertas de buques legendarios como el «Queen Elizabeth».

No fue, pese a ello, en el mar, sino en Sicilia, la cuna de la

Mafia, donde Parretti hizo sus primeras amistades, entre las que se encontró la de Graziano Verzotto, secretario provincial de la Democracia Cristiana y presidente del Ente Minerario Siciliano, quien tomó a Parretti como portamaletas.

Verzotto, socio de Frank Coppola y Giussepe de Cristina, célebres mafiosos dedicados a la evasión de divisas, sufrió un día un atentado y tuvo que huir a Beirut. El joven Parretti, su ayuda de cámara en diversos negocios, se vio así agraciado de la noche a la mañana con una herencia de cuatro hoteles.

Propietario de Eldoro, Villa Politi, Parka Hotel y El Pueblo, Parretti encontró en estos locales la piedra filosofal que le llevaría hasta la cima de las finanzas, aunque desde el principio apareció envuelto en sucesivos escándalos y dificultades con los tribunales de Italia primero, y otros países, como España, después.

Por esa época, el financiero italiano presidió el Siracusa Calcio, el club de fútbol de la ciudad, con el que empezó a tener sus primeros problemas con la Justicia, por librar cheques sin fondos, falsificar balances y organizar operaciones fraudulentas, mientras en Beirut, su benefactor, Graziano Verzotto, acusado de desviar 7.000 millones de liras mediante un banco libanés, abandonaba precipitadamente la ciudad para refugiarse en París, donde se encontró de nuevo con Parretti en 1975, cuando el ex camarero inició su colaboración financiera con la JIL (Juventudes Italianas de Ultraderecha).

Son las primeras insinuaciones políticas de Parretti, que pronto simpatizará con los socialistas italianos, al regentar un gran hotel en el barrio romano de Monte Sacro, donde se organizan las reuniones del Partido Socialista Italiano. Para ayudar a la causa, crea una cadena de diarios que cubre desde Venecia, en el Norte de Italia, hasta Ragusa, al Sur de Sicilia, por lo que al poco tiempo, debido a las sucesivas quiebras, acaba en la cárcel.

En marzo de 1990, el empresario es condenado por un tribunal de Nápoles a tres años y diez meses de prisión por un delito de quiebra fraudulenta por su gestión al frente del diario de Nápoles y Caserta, vendido entre 1979 y 1981.

Parretti se va entonces a vivir a París, donde se presenta en sociedad como secretario del Partido Socialista. A las personas que le piden sus señas les da el número 10 de la rue de Solferino, sede del Partido Socialista Francés.

También afirma que él y toda su familia pertenecen al Partido Socialista Italiano. Una investigación del semanario parisino *L'Evenement du Jeudi* demostró, sin embargo, que sólo militó en esta formación política cinco meses, entre enero y mayo de 1983.

En cualquier caso, a partir de entonces aparece relacionado con personalidades políticas del socialismo francés de la talla de Paul Quilés, ex ministro de Defensa y ministro de Postas, o Max Théret, financiero vinculado históricamente al PSF, con quien Parretti se vio envuelto en el escándalo Pechiney,[3] un turbio asunto de tráfico de influencias que salpicó a varios de los amigos del Presidente de la República, François Mitterrand, y en la polémica compra del diario *Le Matin*.

Detenido por cuarta vez en 1986 en el aeropuerto de Fiumicino por mandato de un juez napolitano, en realidad, a Parretti no parecen preocuparle tanto sus problemas con la Justicia como que le relacionen con la Mafia.

—Nadie de mi familia, ni mi bisabuelo, ni mi abuelo, ni mi padre ni yo hemos pertenecido nunca a la Mafia. Si no fuera así, usted no podría publicar esto —dijo a un periodista.

Asociado al financiero Florio Fiorini, conocido por sus implicaciones en los mayores escándalos de la reciente historia de Italia, como el cobro de comisiones del petróleo de Arabia Saudí[4] o en el caso del Banco Ambrosiano, el empresario italiano presume de sus buenas relaciones con el ex Presidente del Gobierno socialista italiano, Bettino Craxi.

Todo parece indicar, en cambio, que es Fiorini, por quien Parretti siente verdadera veneración, quien le introduce en el mundo de los negocios.

En noviembre de 1983, Fiorini compra la sociedad SASEA (Societé Anonime Suisse d'Explotation Agricole), con sede en Ginebra, para gestionar las explotaciones agrícolas del Vaticano.

Un mes más tarde, en diciembre de 1983, el empresario italiano crea Interpart, con 20.000 dólares de capital y sede en Luxemburgo. Dos años después, su empresa amplía capital a 310 millones de francos y empieza a moverse por todo el mundo.

Nadie desde entonces conoce exactamente el origen de este

3. Para más información, consultar el libro *Le piège de Wall Street*. Éditions Albin Michel, 1989. París.

4. Ver capítulo V.

dinero pero algunos informes aseguran que procede de los fondos del Banco Ambrosiano o de la Mafia, aunque nadie hasta ahora ha aportado pruebas.[5]

Propietario de un Rolls-Royce último modelo, «el piu cari d'il mondo», de un jet privado Gull-Stream-4, con fax, télex y ordenador a bordo, que le permiten cruzar el Atlántico en seis horas y trabajar a la vez, el financiero italiano no ha podido impedir que empresarios y autoridades tengan presente su oscuro pasado.

Tampoco los millones que se gasta todos los años en comprar acciones de periódicos le han servido de mucho. En 1988, cuando lleva casi dos años invirtiendo en España y comienza a utilizar los nombres de Alfonso Guerra y Enrique Sarasola para abrirse puertas en algunos centros oficiales, siguiendo la táctica empleada anteriormente en Italia y Francia, el PSOE decide ir a por él.

* * *

A Parretti, sin embargo, esta circunstancia no le pilla desprevenido, después de pasar por un amargo trago en el despacho de Enrique Sánchez Prieto, uno de los abogados del empresario socialista, Enrique Sarasola, al que acudió para hablar de unas inversiones que quería realizar en España.

El financiero italiano no sabía que Sánchez Prieto era uno de los abogados de tan señalado empresario y en un momento de la conversación, dice:

—Como tú sabes, yo soy amigo de muchos empresarios socialistas españoles, y en especial, de Sarasola.

—¿De Sarasola?

—Sí, de Sarasola. ¿Le conoces?

Sánchez Prieto se levanta, abre una puerta que comunica con una salida y agrega:

—No sólo le conozco. Es cliente mío y está aquí al lado.

El financiero italiano, socio de Florio Fiorini y amigo de Bettino Craxi, se queda lívido cuando ve a Sarasola aparecer por la puerta, pero reacciona rápidamente.

5. Ver *El Globo*, enero de 1988.

—Vaya, tú eres Sarasola. Cuánto gusto en conocerte. ¡Me habían hablado tanto de ti que ya te tenía por un amigo!

En la Moncloa tampoco sentaba bien que Parretti fuera por ahí haciendo negocios en nombre de la Internacional Socialista y que se hiciera acompañar de un extraño militar retirado, Luis Peña, y de un andorrano, Antonio Cornellá, vigilado desde hacía tiempo por un supuesto delito de evasión de divisas.

A mediados de 1988, la Policía había recibido además el encargo de vigilar estrechamente al italiano para conocer todos sus movimientos. También el ministro de Hacienda, Carlos Solchaga, y el Gobernador del Banco de España, Mariano Rubio, le tenían ganas.

Así, cuando Parretti visita a Mariano Rubio para adquirir el Banco Industrial del Tajo como vía para introducirse en el sector bancario español, su fama ya es notoria.

—Mi grupo —explica al Gobernador— ha pensado en comprar un pequeño banco en España.

Parretti todavía creía en sus posibilidades, pero Mariano Rubio le responde en aquella ocasión:

—El Gobierno no va a permitir que ningún extranjero pueda tener la mayoría de un banco español.

Es el momento en el que Parretti se da cuenta de que no tiene nada que hacer en España. Su amistad con Bárbara Darder, la antigua asesora de Boyer, y de Íñigo Cotoner, el hijo del, a la sazón, jefe de la Casa Real española, empleados de sus empresas, le habían servido de muy poco.

El 29 de junio de 1989, cuando el juez Rodolfo Soto Vázquez le llama a declarar por evasión de divisas intuye que no es el momento de ampliar sus intereses en España sino de empezar a recoger velas.

En su casa de Los Ángeles, rodeado de pinturas de Picasso, Dalí y Modigliani, el financiero italiano no se lo podía creer.

Había llegado a España con la apertura de sus fronteras económicas, tras llevar a cabo numerosos negocios con los socialistas italianos y franceses, pero no había caído en la cuenta de que su pasado se había convertido ya en un peligro demasiado grande para una tercera aventura con los socialistas españoles.

«¡Pero si Carlo de Benedetti —piensa— tiene más procesos que yo!»[6]

6. Otros detalles sobre sus inversiones en Prensa se recogen en el capítulo XXIII.

* * *

—Carlo de Benedetti —declaró después Parretti al semanario *Tiempo*[7]— se ha negado siempre a que Olivetti cotice en la bolsa de Nueva York para que no le saquen la lista de procesos pendientes que tiene en Italia y que es cuatro veces mayor que la mía.

Parretti no hacía estas manifestaciones por odio o por venganza hacia su compatriota, de quien es muy amigo y con el que ha hecho muchos y muy buenos negocios.

—Sé por propia experiencia —agregó— que lo que los jueces dicen de él no es cierto.

Milanés, considerado el nuevo rey Midas de los negocios en Italia, Carlo de Benedetti, *El Ingeniero* para sus amigos y admiradores, otro de los inversores internacionales con pasado oscuro que acuden a la arena española tras el advenimiento de los socialistas al poder, había puesto el pie por primera vez en España en el mes de abril de 1987.

Hijo de un modesto fabricante de tubos de plástico, De Benedetti acababa de ascender a la cima de las finanzas italianas y muchos periódicos y revistas occidentales comenzaban a asegurar que era el primer «tiburón» financiero italiano, capaz de engullir media docena de empresas en un par de días.

—Tengo que hacer en una generación aquello que los demás han hecho en tres —había declarado.

Odiado en un principio por Bettino Craxi, secretario general del Partido Socialista Italiano, durante el período en que ocupó la Presidencia del Gobierno, y mirado con recelo por los grandes grupos financieros franceses y belgas, De Benedetti llegaba a España para crear su primera empresa, Cofir (Corporación Financiera Reunida), y convertirla rápidamente en el buque insignia de su imperio.

El grupo francés Cerus, controlado por De Benedetti, había comprado anteriormente la empresa Mobiliaria Cros, que ya cotizaba en la bolsa de Barcelona, a través del banco de negocios norteamericano Dillon Read. La idea de *El Ingeniero* era

7. *Tiempo*, del 13 de junio de 1988.

que esta empresa sirviera como base para la creación de Cofir, la sociedad con la que proyectaba extender su imperio económico, iniciado años antes en Italia, a la Península Ibérica.

Con ese propósito, en abril de 1987, Carlo de Benedetti, con 100 millones de dólares en el bolsillo (unos 12.500 millones de pesetas), se entrevista con el ex Gobernador del Banco de España, José Ramón Álvarez Rendueles, que comienza a trabajar para él en calidad de asesor.

El Ingeniero busca unos socios solventes y bien conectados con el Partido Socialista y el Gobierno para compartir sus intereses en España y no repetir los primeros errores que le habían enfrentado anteriormente a los políticos de su país.

Álvarez Rendueles, que había pasado una temporada al frente de diversas sociedades filiales de De Benedetti, como Hispano Olivetti y Pirelli, hasta que alcanzó la presidencia del Banco Zaragozano, propiedad de Alberto Cortina y Alberto Alcocer, los Albertos, le pone en contacto con sus nuevos patronos.

Los Albertos —unos buenos chicos, según Enrique Sarasola— empezaban a despuntar ya como los nuevos mitos de las finanzas españolas, apoyados en las fortunas de sus mujeres, Alicia y Esther Koplowitz, y en el prestigio empresarial de Ramón Areces, el creador de El Corte Inglés, y habían logrado encaramarse a la cúpula del sector de la construcción.

De Benedetti encontró en los dos primos los socios ideales para poner en marcha Cofir. De esta manera, después de reservarse el 40 por 100 del capital de la sociedad, decidió compartir el restante 60 por 100 con ellos, el Banco Bilbao Vizcaya y alguna entidad extranjera como el Dillon Read.

En los calurosos días del verano de 1987, la operación está diseñada. Carlo de Benedetti, los Albertos y el presidente del Vizcaya, Pedro Toledo, llegan a un acuerdo para sanear Mobiliaria Cros, cambiarle el nombre por Cofir y revalorizar sus activos.

Junto a Álvarez Rendueles y De Benedetti, en el consejo de administración de la nueva sociedad se sientan a partir de ese momento Alberto Cortina, Alberto Alcocer, Emilio Ybarra, hoy presidente del BBV tras la muerte inesperada de Pedro Toledo, y Alain Minc, un francés experto en informática, considerado el cerebro en la sombra de De Benedetti.

El Ingeniero italiano, un hombre que años antes se había visto implicado en el escándalo del Banco Ambrosiano, el mayor fraude financiero conocido en Italia, colocaba así su primera piedra en la Península Ibérica.

* * *

—Tú vas a ser mi sucesor —le había dicho años antes Roberto Calvi, el entonces polémico presidente del Banco Ambrosiano que acabó con una soga al cuello, bajo el puente de los Frailes Negros del Támesis londinense.

De Benedetti se había reunido por primera vez con él durante el invierno de 1981 en su villa de Roma para hablar sobre su entrada en el banco más escandaloso de la historia de Italia.

El Ingeniero acababa de salir de la Fiat, donde tan sólo había durado cien días, antes de chocar frontalmente con el emperador de las finanzas italianas, Giovanni Agnelli, y estaba dispuesto a iniciar una nueva aventura.

Calvi había visto muy claro que en poco tiempo podía dar con sus huesos en la cárcel, si no preparaba a tiempo su retirada del mayor banco privado de Italia, amparándose en la reputación de un hombre, Carlo de Benedetti, hasta entonces intachable.

El presidente del Ambrosiano, relacionado con la logia P-2, cuyo jefe, Licio Gelli, llevaba tiempo huido de la Justicia, e impulsor de la expansión fraudulenta del banco, en la que se vieron implicados altos cargos del Partido Socialista Italiano, como el propio Bettino Craxi, y que terminó con la quiebra de la entidad, ofrecía de este modo a De Benedetti la posibilidad de convertirse en uno de los hombres más poderosos de Italia.

Bajo el control del Ambrosiano se encontraban las empresas más codiciadas del país: desde el grupo Rizzoli hasta el influyente diario *Corriere della Sera* o sociedades como la compañía de seguros Toro, el Crédito Varesino y la Banca Cattolica del Véneto.

La posibilidad de dar el gran salto en el mundo de las finanzas se presentaba ante De Benedetti, pero estaba sin blanca. Había logrado varios éxitos que le habían proporcionado prestigio pero no tenía dinero, después de levantar la Olivetti mediante un sorprendente acuerdo con la ATT norteamericana, que colocó a la vieja fábrica de máquinas de escribir entre las primeras del mundo como productora de ordenadores.

Pero De Benedetti tampoco podía despreciar su suerte y tras el revés sufrido en la Fiat y fallar en los sucesivos intentos que había llevado a cabo para encaramarse al selecto círculo de los poderosos en Italia, no podía dejar pasar la oportunidad, por turbia que pudiera presentarse.[8]

Cuando a finales de 1981, *El Ingeniero* vuelve a visitar a Calvi en su residencia de las afueras de Roma, el presidente del Banco Ambrosiano le informa que sólo necesita 50.000 millones de liras para controlar el 2 por 100 de la sociedad. Teniendo bajo su poder ese mínimo porcentaje, le dice, el banco privado más importante de Italia, sería suyo.

De Benedetti consigue los primeros 20.000 millones de liras mediante una cesión de obligaciones de Curtidos Italianos Reunidos pero tiene dificultades para obtener los otros 30.000. Sin embargo, se las ingenia y logra que unas acciones que le había anticipado el Credito Comerciale en concepto de fianza, sean compradas por el Banco Ambrosiano.

De esta manera, De Benedetti compra su participación en el banco con dinero de la propia entidad financiera.

Aunque en Italia, el país de los escándalos, y dada la reputación de *El Ingeniero*, el asunto no pasaba de ser una simple anécdota, marcará decisivamente el futuro del financiero.

Nada más acceder a la vicepresidencia del Ambrosiano, el 18 de noviembre, se vio atacado por el propio Roberto Calvi, que ya no veía con tan buenos ojos su llegada, al reflexionar sobre la condición medio judía de De Benedetti, al frente de una institución a cuyos accionistas casi se les pedía la partida de bautismo para su admisión.

Por ello, el 22 de enero de 1982 dimitía ante los consejeros del banco, a cambio del importe de sus acciones más los intereses. El empresario milanés se quedaba así en la calle pero con 80.000 millones de liras en el bolsillo, al tiempo que se declaraba la quiebra del banco y el caso pasaba a los tribunales italianos.

Su paso por el banco más corrupto de Occidente resultó fu-

8. *Agnelli and the network of italian power*, de Alan Friedman. Harrap Limited (Londres), 1988.

gaz, pero con la desdicha para su futuro de que los sesenta y cinco días que permaneció en él fueron los que antecedieron al cierre definitivo de la entidad, dando lugar a uno de los mayores escándalos financieros de la historia de Italia.[9]

La investigación, llevada a cabo por los jueces Antonio Pizzi y Renato Brichetti, llegó a ocupar más de 2.000 folios tras la instrucción del sumario. Ciento veinte se dedicaron a analizar la actuación de Carlo de Benedetti, por la que el fiscal le acusó formalmente de extorsión.

Finalmente, *El Ingeniero* presionó lo suficiente y no figuró entre los quince procesados que tuvieron que sentarse en el banquillo. Tras la muerte de Roberto Calvi, considerada como suicidio en un principio y confirmada como asesinato después por un juez italiano, la verdad sobre el asunto y las verdaderas implicaciones del *Condottieri* milanés en el *affaire* no llegarán a conocerse nunca.

* * *

De Benedetti supo el 7 de abril de 1989 que no sería procesado por el *crack* del Ambrosiano. En el mismo barco habían viajado antes que él renombrados personajes del Partido Socialista Italiano, el Vaticano y la Mafia, un cóctel demasiado espectacular como para acabar todos, sin distinción, sentados en el banquillo del tribunal penal de Milán. Pero, entretanto, el financiero italiano no había perdido el tiempo.

El socio de los Albertos y de Pedro Toledo, los empresarios y banqueros más cercanos al PSOE en España, había engullido en sólo tres años, desde 1984, un imperio de sesenta y cinco empresas repartidas por toda Europa. Su patrimonio se valoraba, en 1987, en 8,9 billones de liras, una cifra que se queda pequeña poco después con la compra de las sociedades francesas Cerus, mediante la que controla empresas como Yves Saint Laurent (perfumes), el grupo editorial Presses de la Cité,

9. Para ampliar detalles sobre el particular, consultar la biografía de Carlo de Benedetti, *L'Ingegnere*, de Giuseppe Turani. Sperling and Kupfer Editori S.p.A., 1988.

y Valeo, una compañía de accesorios de automóviles en ruina que De Benedetti sanea inmediatamente.

Con la Cerus, crea en 1987 la española Cofir e intenta el asalto, en 1989, a la Société Générale de Belgique, una institución hasta entonces inexpugnable con control sobre un tercio de la economía belga, participaciones en unas 1.200 sociedades y conexiones financieras con empresas de todo el mundo.

Su entrada en las diversas sociedades europeas, por sorpresa y mediante la adquisición de fuertes paquetes de acciones en la Bolsa, están más cerca de los métodos empleados por los atracadores de bancos que de los financieros y generan polémica y grandes alianzas empresariales para contrarrestar sus maniobras.

Pero a mediados de los ochenta, el grupo de asesores de *El Ingeniero* había estudiado el mercado alimentario europeo, controlado por franceses y alemanes, y piensa que él también puede hacer algo para revitalizarlo. Y en medio de sus planes aparece España.

* * *

El desembarco del tiburón italiano en España, en abril de 1988, fue anunciado a bombo y platillo por la oficina de Prensa de *El Ingeniero.* Carlo de Benedetti acababa de comprar el 27 por 100 de la sociedad Pascual Hermanos, el mayor grupo exportador de cítricos y vegetales de España y el tercer grupo privado exportador de productos hortofrutícolas de la Comunidad Económica Europea.

Las empresas del financiero italiano habían iniciado meses antes contactos con la United Brands norteamericana, que comercializa la marca de frutas Chiquita en Canadá, Sudamérica y Estados Unidos.

Con Pascual Hermanos como socio español y United Brands en el mercado norteamericano, Carlo de Benedetti sueña con hacer un gran *holding* de la alimentación europeo-norteamericano, para vender naranjas y limones españoles en Canadá y

Estados Unidos y bananas y mangos antillanos en París, Madrid y Londres.

Pero el gran sueño se viene abajo y el empresario milanés, que tiene por norma obtener una gran rentabilidad en sus negocios desde los primeros seis meses o vender, opta por lo último. La participación en Pascual Hermanos, que le había costado un año antes 3.300 millones de pesetas, se la cede, a comienzos de 1988, por 8.600 millones, a la United Brands, con lo que en tan sólo doce meses gana, en una sola operación, 5.300 millones.

Su política de expansión en España le lleva a montar su oficina en la planta doce del edificio Picasso de Madrid y poner al frente de la misma a Juan Llopart, un catalán de 40 años, formado en la universidad de Filadelfia, el típico empresario con mentalidad de robot que a él le gusta.

Desde esta oficina, con apenas ocho empleados, Llopart se da cuenta de que el objetivo de De Benedetti es seguir en el campo de la alimentación y las bebidas en España y compra el 49 por 100 de Berberana, la segunda bodega de vinos en importancia de La Rioja, sociedad que en el primer año le proporciona un 15 por 100 más de beneficios que cuando se hace cargo de ella, y 3.000 millones de liquidez.

El éxito le impulsa a extender sus inversiones en el mercado del cava y a comprar una nueva bodega de vinos en la ribera del Duero.

Como había hecho anteriormente en Francia, De Benedetti empieza a acumular pequeñas participaciones empresariales con las que trata de controlar los diferentes consejos de administración de las sociedades. Eso es lo que intenta hacer con Sanitas, empresa a través de la cual pretende crear el primer *holding* privado de asistencia sanitaria en España.

Sin previo aviso, los hombres del italiano persuaden a cinco consejeros de Sanitas para que vendan sus acciones, haciéndose con el 40 por 100 de la sociedad. Cuando se detecta la operación y De Benedetti trata de alcanzar un control absoluto de la empresa, mediante una ampliación masiva de capital, se encuentra frente a Marcial Gómez Sequeira, que representa el 51,93 por 100, y que se niega a venderle su participación.

Juan Llopart negocia entonces la venta de las acciones de Gómez Sequeira a Cofir, pero el accionista de Sanitas demuestra que sabe de antemano el tipo de rival que tiene delante y se pone en contacto con Bupa, un grupo británico propietario de hospitales en Gran Bretaña, Hong Kong y Singapur, y le vende sus títulos.

A Carlo de Benedetti, que a través de Cofir quiere controlar directamente el negocio, se le cierran las puertas. Pero inmediatamente vende el paquete de acciones que había adquirido de Sanitas y lejos de perder un céntimo en la transacción, obtiene unos beneficios de 5.400 millones de pesetas, limpios de polvo y paja.

La expansión de Cofir es ya imparable. El grupo compra el 41,7 por 100 de la cadena NH Hoteles, con 48 establecimientos hoteleros de cuatro estrellas abiertos en España; las tiendas de ropa masculina Massimo Duti, la editorial Grijalbo, la Real Compañía Bella de vinos de Oporto y unos solares a Macosa en Barcelona por los que espera obtener 2.000 millones de pesetas de plusvalías.

Posteriormente, De Benedetti se asocia de nuevo a los Albertos y a Bankinter para crear Fondfir, una especie de fondo de empresas para sanearlas, revalorizar sus activos y venderlas en un plazo máximo de seis meses.

Al cabo del tiempo, *El Ingeniero* no puede quejarse de cómo le van las cosas en España. En apenas dos años y tres meses, Cofir pasa de tener unos recursos propios de 500 millones de pesetas a manejar 40.000 millones. Poco antes de la crisis del Golfo, su sociedad tenía un precio de mercado de 60.000 millones de pesetas.

De Benedetti, uno de los empresarios más agresivos del capitalismo occidental, ha logrado así, gracias a la política económica implantada por el PSOE, a la actividad desarrollada por sus amigos los Albertos y los colaboradores habituales de éstos, como el ex presidente de la Junta de Andalucía, Rafael Escuredo,[10] y el Banco Bilbao-Vizcaya, crear las bases de su futuro imperio en España.

Aunque el precio de mercado de Cofir no alcance los 240.000 millones de Cerus, en Francia, ni los 300.000 millones de su corporación italiana, De Benedetti, el «tiburón» italiano, es uno de los financieros, con un pasado accidentado, a tener en cuenta en los próximos años, a pesar de su exquisita apariencia, al estilo de Jacques Hachuel, otro de los más activos inversores de

10. Ver capítulo VI, sobre las relaciones, entre otras, de Escuredo con los Albertos.

los últimos años que, perteneciente al clan israelí, ha echado raíces en España a la sombra del PSOE y de la Moncloa.

* * *

Desde que llegó a Madrid, a comienzos de la década de los ochenta, Jacques Hachuel, un empresario de origen judío, nacido en Larache (Marruecos), propietario de una fortuna de decenas de miles de millones de pesetas, es una persona venerada en los ambientes sociales más refinados de la capital de España.

Considerado por todo el mundo como un buen pianista y un gran admirador de las bellas artes, en sus tres mansiones de Puerta de Hierro, que adquirió para convertirlas en una sola casa, puede admirarse una de las colecciones de arte contemporáneo más importantes de Europa.

Aunque muchas de sus telas las tiene prestadas a los mejores museos de Estados Unidos y de Europa, de las paredes de su casa, protegidas por un férreo sistema de seguridad que ya quisiera para sí el presidente norteamericano George Bush, cuelgan algunas de las más preciadas obras de Paul Klee, Juan Gris y Picasso.

Él mismo duerme bajo un lienzo de El Greco y entre sus amigos se encuentran artistas de la talla de Chillida, Oteiza, Gordillo o Negret.

Auténtico mecenas de las letras y las artes, Jacques Hachuel es miembro del Consejo Rector del Museo Guggenheim, de Viena; académico honorario de la Real Academia de Bellas Artes de San Fernando y el organizador de la primera exposición que se vio en España del pintor neoyorquino Andy Warhol.

Bibliófilo empedernido, su casa de Puerta de Hierro alberga una auténtica colección de incunables y muchas de las obras originales del escritor chileno y Premio Nobel de Literatura, Pablo Neruda, desde que hace cuatro años adquirió la biblioteca que el autor de *Veinte Poemas de Amor* y *Una canción desesperada* tenía en Isla Negra (Chile).

Pero su casa es, además, un auténtico conservatorio de música donde, junto a partituras antiguas y una extensa colección de los mejores pianos y órganos del mundo, ofrece conciertos y recitales privados de virtuosos y grupos de la talla de Ivor Pogorelich o la Pavillion Opera londinense.

Sus selectos invitados alaban sus desvelos como el anfitrión que ha llegado a mandar uno de sus jets particulares a Nueva York para trasladar hasta su casa de Madrid el piano favorito del concertista Nikita Magalov, para que éste les deleitara interpretando sus mejores partituras.

Propietario con sus hijos de la empresa Tesauro, dedicada a promover el cine de calidad entre los jóvenes talentos españoles; patrocinador de exquisitas ediciones musicales y bibliográficas; amante de la pedagogía y de la cultura, Jacques Hachuel es sin duda el último filántropo, el último romántico en un Madrid donde se ha instaurado la ley de la selva y cada día es más difícil ganarse la vida honradamente.

Con todo, Hachuel tiene, además, otras preocupaciones sociales. Creador de la Fundación Sol Hachuel, en honor a su hermana fallecida en 1983, se ocupa a través de esta institución de la rehabilitación de los drogadictos y de la prevención de la delincuencia. La Fundación Sol Hachuel mantiene abiertos diversos centros de ayuda en Salamanca, Valladolid y Burgos y trata de expandirse por todo el país.

Lo que sus nuevos amigos de la aristocracia y la política socialistas ignoran, sin embargo, o prefieren ignorar, es el origen de la fortuna de este diletante recién presentado en sociedad que, para no pagar impuestos, ha mantenido su residencia oficial, aunque no real, fuera del país, mientras se beneficia de los bajos precios y las rápidas plusvalías que genera el mercado español.[11]

* * *

11. Jacques Hachuel, además de no pagar impuestos, apareció relacionado, a finales del mes de octubre de 1990, con una red de empresarios que se dedicaban a evadir el pago del IVA, mediante la presentación de facturas falsas a Hacienda. H Capital, la empresa de Hachuel, dejó de pagar al Gobierno español, de esta forma, una alta suma de dinero, aún por determinar. Más información, en *El Mundo, El Periódico* y *Tiempo,* de la última semana de octubre de 1990.

En el año 1964, dos lanchas rápidas de la CIA, apoyadas por barcos de guerra de la Marina de los Estados Unidos, ametrallaban cerca de la isla de Cuba el carguero español *Sierra Aránzazu*, mataban al capitán y herían a varios de sus tripulantes.

En aquel momento, Jacques Hachuel, sin un duro en el bolsillo, tenía su primer contratiempo internacional.

Delegado entonces de la Compañía Internacional Latinoamericana (Cilasa) en la isla caribeña, era el cargador de la mercancía que transportaba el barco, una partida de machetes para cortar caña de azúcar y candiles de petróleo.

Desde octubre de 1962, a raíz de la crisis de los misiles, los Estados Unidos habían declarado un bloqueo total al régimen de Fidel Castro. Ni un solo barco podía entrar o salir de la isla sin que su potente Marina inspeccionara el cargamento, para hacer cumplir el cerco económico.

Con las lanchas rápidas de la CIA, con base en Miami, acechando, y la Marina de guerra patrullando por los alrededores desde la base de Guantánamo, muy pocas eran las empresas que se atrevían a romper el bloqueo.

Pero Jacques Hachuel, que acababa de escapar un par de años antes de la miseria de Larache, en África, quería hacer fortuna rápidamente y cualquier procedimiento le parecía válido. Con ayuda del Gobierno de Franco, que quería vengarse de los americanos por la guerra de Cuba, el empresario judío comienza a trabajar para la empresa Cilasa desde su delegación en La Habana.

Su objetivo era llevar alimentos, productos de primera necesidad y herramientas a Cuba desde Canadá y España, y obtener a cambio azúcar y tabaco de la isla, con lo que se aseguraba un doble y rentable negocio.

Auxiliado por Juan José Galobart, un hombre hecho a sí mismo en el difícil mundo del comercio exterior, Hachuel había llegado a un acuerdo con la Compañía Marítima del Norte para que sus barcos, a cambio de un flete muy alto, asumieran el riesgo de burlar la vigilancia norteamericana para trasladar las mercancías a la isla antillana.

El sistema había funcionado siempre a la perfección. Los barcos de Marítima del Norte salían de los puertos españoles o canadienses con destino a terceros países, al llegar al mar Caribe simulaban alguna avería o simplemente aguardaban en aguas internacionales a que se hiciera de noche y luego, con las luces apagadas y los motores funcionando a bajo régimen, cruzaban sigilosamente el cerco y llegaban hasta las costas de Cuba.*

Pero los norteamericanos, que conocían las actividades de Hachuel y la Compañía Marítima del Norte, decidieron un día cortar por lo sano y llamaron a Cilasa, la compañía del empresario judío en Madrid, para advertirle.

—¿Oiga? ¿Es Cilasa? —preguntó una voz con acento extranjero.

—Sí —respondió Galobart, según cuenta él mismo.

—Llamo de la Embajada de Estados Unidos. Es sólo para comunicarles que el *Sierra Aránzazu* ha sido atacado en Cuba por los rebeldes de Bahía de los Pinos.

Galobart, preocupado, corrió hacia el madrileño barrio de El Viso y, desde las oficinas allí existentes, enlazó por radio con el *Sierra Aránzazu*, que navegaba en aquellos momentos cerca de Cuba.

—Capitán, ¿ha ocurrido algo? —preguntó.

—No, nada. Aquí todo está muy tranquilo.

—¿Entonces, no han sido ustedes atacados por los rebeldes? —preguntó Galobart, de nuevo, para asegurarse.

—No, el barco no ha sufrido ningún ataque. ¿Es que pasa algo?

—No, nada —le tranquilizó Galobart—. Sigan su rumbo de acuerdo con los planes previstos.

Veinticuatro horas después, el barco era atacado de verdad por las lanchas de la CIA, la Agencia Central de Inteligencia americana y Jacques Hachuel y Juan José Galobart se dieron cuenta entonces de que la llamada del día anterior, que habían tomado por una broma macabra, había sido una clara advertencia de los norteamericanos.

Tras la agresión, sobre la cubierta del barco, quedaba el cuerpo sin vida del capitán y los de algunos marinos heridos.

De este modo, los primeros millones de dólares ganados por el empresario judío marroquí quedaron también manchados por la marca indeleble de la sangre.

* * *

* Fuentes de la Compañía desmienten estos hechos. No así el Gobierno de Estados Unidos.

Su esplendor le llegaría, como a muchos creadores, coincidiendo con la década prodigiosa. Nacido en la villa marroquí de Larache, al sur de Tánger, hace 59 años, cuando el territorio se encontraba todavía bajo protección española, Jacques Hachuel Moreno se inició en el mundo de los negocios a comienzos de los sesenta.

Su padre, Alfonso Hachuel, regentaba varios concesionarios de automóviles Citroën en Tánger, Barcelona y Madrid. Junto a ellos y a la afición de su abuela por la ópera, transcurrió su primera juventud.

Cuenta él mismo que a continuación se trasladó a París para ingresar en la Escuela de Altos Estudios Comerciales y estudiar a la vez Derecho, Política, Ingeniería bancaria y piano. Pero rápidamente regresa a Tánger, para ayudar en el negocio de su padre y trabajar con José Gomendio, un amigo de la familia, propietario de la empresa agrícola Lukus.

Hachuel, sin embargo, quiere independizarse y la oportunidad se le presenta cuando conoce a Jorge Antonio Chividián, un argentino de origen israelí, brazo derecho de las finanzas del general Perón en el exterior y accionista de la firma alemana Mercedes Benz.

Es el año 1963. Los americanos acaban de imponer un férreo bloqueo a Cuba y Hachuel sabe que puede hacerse de oro si logra convertirse en uno de los proveedores de Fidel Castro.

Chividián, que había trabajado con Ernesto «Che» Guevara en la Mercedes de Buenos Aires, le ofrece inmediatamente una carta personal de recomendación. Con la carta en el bolsillo y un billete de ida en barco que paga José Gomendio, se presenta un día en La Habana, visita al comandante Fidel y se convierte en el principal proveedor del régimen cubano.

Pero Hachuel no acude a Cuba, como el buen samaritano, a ayudar a un régimen desvalido frente al poderoso opresor yanqui. Como buen tiburón financiero, se siente atraído por el olor del dinero fácil.

Es el primer paso hacia una carrera millonaria. Aunque su nombre y los de sus socios pasan a engrosar la lista negra de exportadores vetados en los Estados Unidos, mientras dura la aventura cubana, Hachuel vende a Fidel Castro desde autobuses Pegaso hasta piezas para motores.

Como Cilasa es una compañía muy conocida, para operar en el resto del continente, funda con otros socios, en 1967, la empresa Cofei, que junto a Cofinanco —su tercera sociedad— acaba constituyendo, un año después, el *holding* Cofeico.

Tras la muerte del *Che* Guevara en la selva boliviana y la apertura de Cuba a los mercados occidentales, Hachuel abandona la isla y se instala en España. Nombrado director financiero de Cofeico, empieza su despegue económico.

Entre 1967 y 1970, la empresa monta plantas llave en mano de cemento en Zapala (Argentina) y Río de Janeiro (Brasil); fábricas de azúcar en Bella Unión y Paysandú (Uruguay) y en Guabira (Bolivia); astilleros en Sinaloa (México); plantas eléctricas en Potosí (Bolivia); siderúrgicas en el Amazonas; fábrica de textiles en Montevideo (Uruguay) y fábricas de tubos con soldadura helicoidal para el transporte de petróleo en Iskandariyah (Irak).

El empresario israelí vende barcos a Paraguay, Ghana, Uruguay y Yugoslavia. Pero en 1970, todo el imperio que había construido en pocos años junto a sus socios, se desploma estrepitosamente cuando, con 300 millones de dólares vendidos en el exterior, la moneda norteamericana sufre una espectacular caída en su cotización y Cofeico pierde 1.200 millones de pesetas.

Jacques Hachuel, cuyas actividades aparecen siempre envueltas en un halo de misterio, abandona a sus socios, José Gomendio y Juan José Galobart, e inicia una nueva andadura, al lado de otro personaje tan enigmático como él: Marc Rich.

Rich trabajaba para la empresa norteamericana Phillip Brothers, con oficinas en la Torre de Madrid, en el mismo edificio donde tenía sus oficinas Cofeico, y buscaba una persona despierta y con ganas de trabajar que supiera moverse por los mercados internacionales del petróleo para vender y comprar rápidamente.

En enero de 1973, conoce a Jacques Hachuel en una fiesta y le ofrece el puesto con un sueldo de un millón seiscientas mil pesetas mensuales. Hachuel, arruinado, no lo piensa un minuto. Firma el contrato con la empresa norteamericana y apenas un año después multiplica su sueldo por diez.

Poco más tarde, Marc Rich y Jacques Hachuel dejan Phillip Brothers y crean una nueva sociedad, Marc Rich and Co. Trading, con la que tratan de convertirse en los principales *brokers* del petróleo del mundo, llevándose consigo a varios de los principales intermediarios en el mundo de su antigua compañía.

Con muy pocos escrúpulos a la hora de hacer negocios, venden petróleo de Arabia Saudí a Israel —dos países enfrentados— y crudo nigeriano a Sudáfrica, rompiendo el bloqueo de la ONU y facturando más de 100.000 millones en un par de años.

Diez años después de su fundación, una de las compañías de Jacques Hachuel y Marc Rich había multiplicado su capital social casi por mil, de los 2,5 millones de dólares iniciales hasta los 2.000 millones.

Pero en los Estados Unidos, las autoridades empiezan a examinar con lupa las cuentas de Marc Rich and Co. Trading. Hachuel intuye que las cosas, a partir de entonces, no van a ir tan bien con los norteamericanos.

Como buen estratega de los negocios, toma una sabia decisión. Rompe con Marc Rich y se establece definitivamente en España.

Cuando pone los pies en Madrid, lo primero que hace es continuar con el negocio del petróleo y, a través del despacho de abogados de José Mario Armero —que le ha ayudado a negociar el reparto de bienes con Marc Rich— crea, el 19 de octubre de 1983, la compañía Tradoil, S.A.

La llegada al poder del PSOE supone, por aquellas fechas, una apertura hasta entonces insospechada para las diversas fortunas que se mueven desde los diversos paraísos fiscales, como la de Hachuel. Pasados unos meses, el empresario israelí se da cuenta de que España ofrece grandes posibilidades para los negocios y en marzo de 1984 crea, con mil millones de pesetas, la sociedad H Capital, como filial de J Capital, con sede en Suiza y Panamá.

En aquellos momentos, muchos empresarios españoles se preguntaban quién era Jacques Hachuel y de dónde había sacado su fortuna. El financiero había instalado sus oficinas en el número 95 del Paseo de la Castellana, en la planta 15 del edificio Torre Europa y venía dispuesto a no perderse un solo negocio.

Para ello, se rodea de un equipo de expertos, del que forman parte el ex consejero delegado de la BNP en España, Henri Lamarlere (hoy retirado); Ignacio López del Hierro, ex gobernador civil de Sevilla con UCD y ex presidente de Soprea, la sociedad del desarrollo regional de Andalucía, con el PSOE; Beltrán Gutiérrez, de Sodical, la sociedad de desarrollo de Castilla y León, y Luis Lazarraturri, del Bankers Trust.

Su presentación en Madrid corre a cargo de José María Calviño, recién cesado de su cargo como director general de RTVE.

El magnate de Larache, en colaboración con el multimillonario Gerald Ronson —la segunda fortuna de Inglaterra después de la reina—, adquiere la división inmobiliaria de Rumasa, con las Torres de Jerez a la cabeza.

Sus siguientes pasos constituyen la compra de la cadena de grandes almacenes Celso García, que poco después vende al grupo británico Marks and Spencer, y la adquisición de la compañía Red de Publicidad Exterior, que traspasó a la empresa francesa Avenir-Publicité, la primera empresa de publicidad de Europa.

Ambas operaciones le permiten obtener unas importantes plusvalías, entre otras cosas, al no pagar impuestos por sus transacciones, debido a su condición de no residente en España y al dirigir sus negocios desde paraísos fiscales.

Pero Hachuel, al que le sobraba el dinero, quería tener poder e influencia social. A través del ex director general de RTVE, Calviño, y de uno de sus colaboradores en Televisión, Ramón Colom, crea la productora de cine Tesauro[12] y se convierte en uno de los financieros del proyecto de televisión Canal 10. Tras esta fracasada experiencia, y después de intentar sin éxito entrar en el Grupo 16, Hachuel adquiere un paquete de acciones en el Grupo Z y otro en *El Independiente.*

El sector inmobiliario, convertido en una de las principales locomotoras de la economía, permite la creación de grandes fortunas en pocos años. Jacques Hachuel Moreno se da cuenta de ello y a través del despacho del ex ministro de UCD, Alberto Oliart, empieza a invertir en Canarias y Andalucía.

El financiero israelí comienza a comprar pequeñas empresas como Portic,[13] Martolinas y Coviviendas —esta última procedente de la reprivatización de Rumasa— para en enero de 1989 adquirir un porcentaje de Urbis, una de las inmobiliarias más importantes del país, cuyos activos se valoran en más de 100.000 millones de pesetas.

En busca siempre de los amigos más interesantes, Hachuel posee la mayoría del capital en la compañía de aviones priva-

12. La productora Tesauro ha producido, entre otras, las películas *Entre tinieblas* y *¿Qué he hecho yo para merecer esto?*, de Pedro Almodóvar, y *Pasodoble*, de Luis García Sánchez.

13. Esta sociedad es la que da nombre hoy día a su *holding* en España, conocido hasta octubre de 1990 bajo la denominación de H Capital, con cuya matriz se ha fusionado Portic.

dos Alfa Jet, con la que vuelan la mayoría de los ejecutivos del país, y forma parte del club de inversores europeo Euris, donde se encuentran personajes importantes de las finanzas como André Roussellet, íntimo amigo del presidente francés François Mitterrand, o el también judío David Rothschild.

En España, sus pasos avanzan, desde hace tiempo, paralelos a los del presidente de Banesto, Mario Conde, en cuyo banco Hachuel detenta la propiedad del 1,5 por ciento del capital. Desde esta plataforma, los movimientos de los dos socios son variados, haciéndose con la mayoría de las acciones de Carburos Metálicos o conformando la expansión de la inmobiliaria Urbis, convertida en la tercera en importancia de nuestro país tras la absorción de Ceisa y Mas Camarena.[14]

Pero su alianza con Mario Conde va más allá de los propios negocios y muchas personas achacan a Jacques Hachuel haber intervenido en la batalla entre el presidente de Banesto y los Albertos durante el proceso de las fusiones bancarias, apoyándole con métodos mafiosos, incluido el espionaje.

Aunque no hay pruebas de ello, en medios bancarios y financieros madrileños se atribuye a H Seguridad, la empresa de protección de Hachuel en España, en la que han trabajado algunos militares relacionados con el servicio secreto israelí, el Mossad, la filtración de la información que permitió a una agencia de reporteros realizar en Viena un reportaje fotográfico sobre el noviazgo de Alberto Cortina y Marta Chávarri, que dio al traste con la fusión Banesto-Central.[15]

Para un hombre, sin embargo, que se ha jugado la vida, amparado por el *Che* Guevara en Cuba, para ganar sus primeros millones, que ha rehecho su fortuna especulando con el petróleo y rompiendo el embargo a Sudáfrica, que tiene su dinero en paraísos fiscales y vive rodeado de medidas de seguridad por temor a un atentado, ése debe ser apenas un pecado venial.

14. La revista *Cambio 16*, puesta a la venta el 1 de noviembre de 1990, aseguraba que la participación de Hachuel en la inmobiliaria Urbis, con apoyo de Mario Conde y Banesto, era del 22 por 100 del capital. Por su parte, el diario *El Sol*, de 29 de octubre de 1990, cifraba el porcentaje de acciones de Hachuel en Urbis en un 6 por 100 de su capital, a 31 de diciembre de 1989. En esa fecha, el financiero judío había realizado las siguientes inversiones en España: Avenir (publicidad), 570 millones de pesetas; Tesauro (productora de cine), 307 millones; Tortuga Lake, 640 millones; Canal 10 y Ediobser, editora de *El Independiente*, 501 millones; Grupo Zeta, 1.359 millones. La participación en Zeta de Jacques Hachuel ha sido vendida recientemente.

15. Ver *El País*, 13 de mayo de 1990.

* * *

Su antiguo socio, Marc Rich, otro empresario de origen israelí, de 55 años, considerado una de las mayores fortunas del mundo, también pensaba que los motivos por los que le perseguía la justicia norteamericana eran pecatta minuta.

El 14 de abril de 1989, Rich invitaba a tres ministros del Gobierno, los titulares de Interior, José Luis Corcuera; de Justicia, Enrique Múgica y de Trabajo, Manuel Chaves, acompañados de sus respectivas familias, a viajar a Sevilla para disfrutar de la Feria de Abril.[16]

El grupo se alojó en el hotel Colón de la capital andaluza, propiedad del financiero judío, conocido por ser el lugar preferido por los toreros que acuden durante esos días a Sevilla, y se deleitó hasta altas horas de la madrugada escuchando al grupo musical Los del Río y asistió a una tienta en la finca sevillana del rejoneador Ángel Peralta.

Mientras Marc Rich se paseaba tranquilamente por España y se permitía invitar a la Feria de Abril a tres miembros del Gobierno, la Prensa norteamericana le seguía tratando como el delincuente de guante blanco más buscado de los Estados Unidos: Rudolph Giuliani, fiscal del distrito de Manhattan, en Nueva York, pedía 325 años de cárcel para él e intentaba «cazarlo» para ponerlo a la sombra, al tiempo que la oficina de recompensas del Gobierno americano llegaba a ofrecer hasta 500.000 dólares a quien facilitara su captura.

Las autoridades norteamericanas acusaban a Marc Rich y a su socio, Pinkus *Pinky* Green, de 54 años, de haber vulnerado las leyes federales que regulaban el precio del petróleo entre 1980 y 1981 y de evadir desde los Estados Unidos hacia los bancos suizos 172 millones de dólares.

Delgado, de corta estatura, con la cara chupada y la nariz afilada, Marc Rich era un fugitivo de la justicia norteamericana desde 1983, año en que se reunió por primera vez un gran jurado para procesarle y se escapó a su refugio dorado, en el cantón suizo de Zug —famoso por disfrutar del nivel más bajo

16. Revista *Época*, de ese período.

de impuestos de Suiza—, donde tiene su sede la cabecera de su *holding* empresarial.

Pero antes de huir de Estados Unidos, se había buscado un refugio seguro en un tercer país. El 20 de julio de 1982, ayudado por el presidente de la comunidad judía en España, Max Mazin, visitaba el Ministerio de Justicia en Madrid y su titular, el ministro de la UCD, Pío Cabanillas Gallas, le concedía la nacionalidad española.[17]

Poco después, Rich acudía al Registro Civil Unificado de la calle Pradillo de la capital, prestaba juramento a la Constitución y adquiría el derecho a usar pasaporte y documento nacional de identidad españoles.

Protegido más tarde por los sucesivos gobiernos del PSOE, Rich se compra una suntuosa mansión en la ciudad residencial de Puerta de Hierro —a donde comienza a invitar a sus nuevos amigos socialistas— y un chalet de mil millones de pesetas en Marbella, con capacidad para albergar cómodamente a 40 huéspedes, entre los que habitualmente se encuentra el tenor Plácido Domingo.

En este impresionante chalet, con una piscina abierta al Mediterráneo, Rich, cuyas empresas han controlado durante años el mercado mundial de *comodities* (cinc, aluminio, cobre, cebada, trigo, arroz) y han fijado muchas veces sus precios en el mercado de crudos, encontraba su deseado retiro, alejando el peligro de una extradición a los Estados Unidos.

Meses antes, su equipo de abogados, encabezado por Leonard Garment, consejero de Richard Nixon en la Casa Blanca, y Edward Bennet Williams, un superabogado de Washington, había tratado inútilmente de que el Gobierno americano retirara los cargos contra él por evasión de impuestos.

El empresario israelí había dicho a sus abogados que pagaría la multa que fuera pero que no estaba dispuesto a pasar ni un solo día en la cárcel. Martin Auerbach, el ayudante del fiscal encargado del asunto hasta septiembre de 1987, sin embargo, no estaba dispuesto a hacer concesiones.

—Rich —declaró el ayudante del fiscal— puede ser condenado por evadir impuestos. Y el Gobierno americano no puede hacer tratos con fugitivos.

Marc Rich escuchó las explicaciones de sus abogados en su

17. Se ha publicado que la persona que le concedió la nacionalidad fue Fernando Ledesma. Es un dato rigurosamente falso.

chalet de Marbella, mientras apretaba un cigarro puro entre los dientes y lucía un envidiable bronceado. Y prefirió quedarse en España antes que cruzar el Atlántico de nuevo.

Cuando las autoridades norteamericanas, por su parte, comenzaron a tomar represalias con sus empresas, Rich no tuvo más remedio que saldar sus deudas con el fisco americano, lo que no le sirvió para que el fiscal neoyorquino, Rudolph Giuliani, un republicano de aspecto juvenil, aspirante a la Alcaldía de su ciudad, retirase los cargos contra él.

A Marc Rich, sin embargo, esto le importa muy poco. Con su nueva nacionalidad, la amistad de algunos miembros del Gobierno socialista y la inexistencia en España de un tratado de extradición con los Estados Unidos, que contemple los delitos de evasión de impuestos, ha obtenido suficientes garantías de que nunca va a ser enviado a aquel país custodiado por una pareja de fornidos agentes del FBI.

España, su nueva patria, es por ahora su Tierra Prometida, desde la que puede seguir haciendo y proyectando, tranquilamente, sus negocios y codearse con las máximas autoridades de Interior y Justicia, y no precisamente a través de unas rejas.

* * *

El rumbo vital de este avispado intermediario internacional ha seguido, en ocasiones, un camino paralelo al de su amigo Jacques Hachuel. Nacido en Bélgica e hijo de padres judíos, Marc Rich huyó con su familia a los Estados Unidos, vía Marruecos, en 1941, cuando los nazis invadieron su país y se apoderaron de todos sus bienes.

Tenía entonces seis años. Después de asistir a la escuela primaria, empezó a trabajar como cartero en una oficina de Correos. Pero en Norteamérica, el país de las oportunidades, el emigrante belga de origen israelí muy pronto aparece asociado a Pincus Green, un joven nacido en Brooklyn, en la empresa Phillip Brothers, con la que llegan a controlar el mercado de Nueva York.

Marc Rich no se conforma, sin embargo, con ser el dueño del mercado norteamericano. Como buen judío, pretende convertirse en el amo de los mercados internacionales de *comodities*. En 1974, él y cinco de los ejecutivos de la empresa, entre los que se encuentran Jacques Hachuel y *Pinky* Green, dan el golpe y se van de la compañía.

Rich crea Marc Rich and Co. Trading y, a partir de entonces, viaja a Holanda, a Bélgica, a Francia, a Inglaterra y a España para fundar las filiales de su nueva sociedad, la misma que poco después se convertiría en la principal enemiga de Phillip Brothers en los mercados de grano y metales del mundo.

El antiguo cartero se revela muy pronto como un hábil empresario. Como su sueño es llegar a ser el único empresario del mundo que fije los precios del cinc, el aluminio, el cobre, el plomo, la cebada, el trigo y el arroz, un mercado con fuertes ciclos de alzas y bajas, empieza a actuar a contracorriente.

Cuando llegan los malos tiempos, adopta una política agresiva. Sus empresas aumentan la producción y las ventas, aunque desciendan los beneficios e incluso sus sociedades pierdan algo de dinero. El objetivo es muy simple: se trata de desplazar poco a poco a los competidores e irse quedando con los mercados, aprovechando para entrar en ellos cuando nadie se atreve.

Esta estrategia empresarial, sumamente arriesgada, le lleva varias veces a lo largo de su carrera profesional al borde de la ruina y, de nuevo, desde la miseria más absoluta, a disfrutar de las mieles del éxito y la riqueza.

El empresario belga demuestra que sabe lo que hace. En 1985, su empresa de transformación de aluminio, Alcoa, con una planta de producción en Jamaica, controla la tercera parte de las ventas de este metal en el mundo.

Amigo personal de Abdul Ramhin Aki, director del monopolio malayo del estaño, a mediados de los ochenta, trata de monopolizar toda su producción, con ayuda financiera del Banco de Bumiputra, hasta que los Estados Unidos le obligan a vender, al liberar su reserva estratégica.

Propietario de minas de cinc en Perú y Australia, su empresa Marc Rich and Co. Trading ha logrado apresar bajo su bota a países enteros como Bolivia, cuyas ventas de plata en el exterior dependían de sus intereses particulares.

En 1988 se estimaba que sus empresas, con oficinas abiertas en 35 países, movían un volumen de negocios de más de 13.000 millones de dólares, con unos beneficios en torno a los 300 millones de dólares.

La revista norteamericana *Fortune* estimaba, por esas fechas, que su fortuna personal no bajaba de los 750 millones de dólares, a pesar de que Marc Rich —como todos los millonarios— se gastaba todos los años muchos millones de pesetas en caprichos.

Lo mismo le entregaba 45.000 dólares al equipo olímpico de Jamaica, para que pudiera asistir a los Juegos Olímpicos de Los Ángeles en 1984, que contrataba a la mejor cantante británica del momento para que, en la víspera del fin de año de 1987, le deleitaran a él y a su familia, en su mansión de Saint Moritz (Francia), con la melodía *Sweet Pain of Love* (Dulce pena de amor), tarareada una y otra vez.

De carácter tímido, con voz tenue, Marc Rich puede permitirse esos lujos. A comienzos de los ochenta, sus oficinas del Reino Unido mantenían un fructífero contrato de compra de mineral de plomo y cobre de la Unión Soviética, a través de la empresa Razno, supervisada por agentes del KGB.

Años más tarde, sus empresas de París y Estados Unidos, se encargaban de comprar el petróleo a Irán, en pleno embargo norteamericano y de revenderlo en los Estados Unidos, como si se tratara de crudo procedente de Nigeria o Argelia, de la misma manera que entre 1981 y 1986, había vendido el 6 por 100 del crudo que consumía Sudáfrica, a pesar de los embargos a los que está sometido ese país.

Rich, propietario de la mayor empresa individual del mundo en el campo del comercio de crudo, la Marc Rich and Co. Trading empezó muy pronto a ser estudiada con lupa en los Estados Unidos. Los agentes federales detectaron muy pronto que los beneficios obtenidos pasaban por un verdadero laberinto de empresas fantasma, establecidas en las Bahamas, las islas Caimán, Liberia, Panamá, Liechtenstein y otros paraísos fiscales, para evadir impuestos.

El empresario judío empieza a tener problemas con la Justicia, que comienza a tomar represalias contra sus empresas. La última de sus sociedades que ha sufrido los rigores del Gobierno estadounidense es la Richco Grain, a la que el departamento norteamericano de Agricultura suprimió las subvenciones, a iniciativa del congresista republicano Dan Glickman, después de demostrar que la empresa de Marc Rich había recibido casi 100 millones de dólares desde 1985.

—Rich —declaró el congresista— es el mayor evasor de impuestos de la historia y un fugitivo de la Justicia. No se merece que, encima, el Gobierno americano le premie.

El empresario israelí, nacido en Bélgica y formado en Nueva York, llevaba algún tiempo residiendo a caballo entre el cantón suizo de Zug y su mansión de Puerta de Hierro, en Madrid, mientras sus relaciones con la *beautiful people* socialista marchaban como la seda.

* * *

En enero de 1987, Petra Mateos, la fiel colaboradora de Miguel Boyer en el Banco Exterior de España y una de las personas mejor relacionadas con la *beautiful people*, recibía una oferta para viajar al cantón de Zug, en Suiza, y pasar un fin de semana en la mansión de Rich.

—Marc Rich —le dicen— ha leído detenidamente tu currículum y quiere conocerte.

—¿Para qué? —pregunta Petra Mateos.

—Ya lo verás por ti misma.

Trabajadora incansable, nacida en el labriego pueblo de La Solana (Ciudad Real), con deseos de triunfar por méritos propios en el gran mundo del dinero, Petra Mateos no se lo piensa dos veces, toma el primer avión para Ginebra y se planta en el cantón de Zug, donde Marc Rich le ofrece dirigir en España Ron Investment, una de sus empresas.

—Tendrás que trabajar con Max Mazín y Antonio Briones, dos de mis hombres en España —le comenta.

Petra Mateos, que se ha desplazado a Suiza sin el conocimiento de su jefe, Miguel Boyer, se piensa la oferta unos días hasta que, sin saber qué decisión tomar, se lo comenta al ex ministro de Economía y Hacienda.

—No es que te quiera retener en el banco —le contesta Boyer—, pero yo en tu caso no aceptaría. ¡No sabes lo que es trabajar con Max Mazín!

Petra Mateos decidió colaborar con las sociedades del empresario belga. Para entonces, Marc Rich había iniciado en España una buena cantidad de negocios. Además del hotel Colón de Sevilla, el antiguo cartero de Nueva York había adquirido la cadena de hoteles Tryp y el complejo turístico Bellevue, en Mallorca, comprado este último por 10.000 millones de pesetas a Banesto.

En todas estas operaciones aparecía como inversor una de las sociedades de Rich en España: Ron Investment, una empresa creada en 1986, con la que este empresario ha adquirido también el matadero barcelonés de Vic, después de comprar y vender, entre 1987 y 1988, el 1 por 100 del accionariado del Banco Hispano Americano.

A través del Ron Investment, hace un par de años, Rich trató de adquirir a su amigo Alfonso Escámez, el presidente del Banco Central, a quien con frecuencia ha incluido entre sus invitados, las minas de cobre, cinc y plomo que el Central poseía en Aznacollar, aunque Escámez prefirió tratar con la empresa sueca Boliden.

La más activa de sus compañías, en cualquier caso, sigue siendo Marc Rich and Co. Trading España, con la que, fundada hace muchos años, el empresario de origen israelí hace sus negocios en la Península Ibérica y en el Norte de África.

Sólo con esta filial, Rich factura alrededor de 300.000 millones de pesetas todos los años, una cifra envidiable que, en sí misma, le permitiría vivir desahogadamente.

Marc Rich, Jacques Hachuel, Carlo de Benedetti y Giancarlo Parretti, sin embargo, no se conforman con ninguna cifra. Su pasión no es el dinero. Es la aventura de ganarlo. Una aventura que para los amigos del poder está muchas veces más cerca de la Mafia que de las teorías económicas de John Maynard Keynes o Milton Friedman, y cuyos protagonistas han encontrado, a lo largo de los últimos años, el mejor de los escenarios para llevarla a cabo, en España.

XXVI. LA DOBLE FORTUNA DE JAVIER DE LA ROSA

En 1982, su padre tuvo que huir de España por una estafa. Luego, los responsables de Banesto quisieron procesarle por haber originado un agujero de 100.000 millones en el Banco Garriga Nogués. Con el tiempo, Javier de la Rosa, el asesor de las familias reales árabes en España, ha llegado a acumular una de las fortunas más envidiables del país y su poder le ha convertido en un «intocable». Algo posible, entre otras causas oscuras, gracias al boom *especulativo que han conocido las bolsas españolas en los últimos años.*

En 1984, Javier de la Rosa Martí, un licenciado en Derecho y en Ciencias Económicas catalán, de 37 años, tenía un grave problema financiero. Como vicepresidente ejecutivo del Banco Garriga Nogués, del grupo Banesto, había apoyado con créditos de la entidad a una empresa papelera de Lérida, Impacsa (Industrias del Papel y la Celulosa), y no tenía modo de cobrarlos.

La sociedad, propiedad del ex alcalde de Barcelona, José María Porcioles, reconvertida tecnológicamente, arrastraba unas deudas de 8.000 millones de pesetas, pese a contar con una línea de productos muy introducidos en el mercado y proporcionar algunos beneficios.

Preocupado por esta situación y por la incidencia que el asunto pudiera tener en la cuenta de resultados del Garriga Nogués, a De la Rosa se le ocurrió una brillante idea.

«¿Por qué no vender una participación de la compañía a los árabes?», pensó.

El banquero catalán conocía, a través de sus relaciones con miembros de diversas familias reales de Oriente Medio, la existencia de KIO (Kuwait Investment Office), vinculada al emir de Kuwait.

Tenía también una remota idea de los deseos que mostraban los jeques árabes de invertir parte de los petrodólares conseguidos con los pozos de petróleo en la industria ya desarrollada de Estados Unidos, Japón y Europa, como medio de rentabilizar sus beneficios, ante las dificultades de levantar industrias en sus desérticos países, empezando de cero y teniendo que competir con países más desarrollados tecnológica y comercialmente.

«Con probar no se pierde nada», se dijo a sí mismo Javier de la Rosa.

Armado de valor, un buen día, aprovechando un viaje a Londres, el vicepresidente ejecutivo del Banco Garriga Nogués se presenta en St. Vedast House, un edificio de seis plantas situado en el número 150 del Cheapside, frente a la catedral de San Pablo. Es el cuartel general de KIO en Europa.

Allí, en el templo europeo de los petrodólares, Javier de la Rosa se entrevista con Richard Robinson, un ejecutivo medio de KIO, y trata de convencerle de que su grupo adquiera una papelera en Lérida. Pero ni siquiera el británico Robinson —de quien los kuwaitíes afirman en tono de broma que es descendiente del mítico Robinson Crusoe— sabe dónde está esa provincia española.

El representante de KIO, que por ningún lado deja traslucir interés alguno por la compra que ofrece De la Rosa, pide toneladas de información, incluso detalles de matiz que al vicepresidente del Garriga Nogués le parecen ridículos y que los aporta por pura cortesía.

Un par de días después, De la Rosa regresa a España sin saber qué piensan los kuwaitíes y desilusionado por el fracaso de su acercamiento a KIO. Cuando había perdido toda esperanza, un buen día le llaman por teléfono desde Londres y le preguntan si hay alguna dificultad para que los ejecutivos de KIO visiten la factoría de Impacsa.

Javier de la Rosa salta de alegría y a la semana siguiente, al volante de un Jaguar Sovereing, que le ha prestado un amigo para impresionar a los representantes de los árabes, recoge en el aeropuerto del Prat a Bruce Downson, un ejecutivo escocés que lleva algunos años trabajando para KIO, y lo traslada personalmente hasta Lérida.

Dos semanas después, KIO, a través de la compañía holandesa Kokneeuw Onrocrend Goed, adquiría a José María Porcioles sus acciones y aportaba 4.700 millones de pesetas para una ampliación de capital.

Para el grupo árabe, la compra de Impacsa había sido una buena operación. Y para Javier de la Rosa, cuya gestión al frente del Banco Garriga Nogués había empezado a ser duramente cuestionada desde los órganos de gobierno de Banesto, que ostentaba el control de la entidad catalana, un balón de oxígeno que le iba a permitir salvar la cabeza por el momento.

Las relaciones entre el banquero catalán y KIO quedaron, a partir de entonces, en vía muerta durante un tiempo. En 1986, De la Rosa, presionado por los hombres de Banesto, que han detectado un fuerte agujero en el Banco Garriga Nogués, con posibles derivaciones penales, obligan al, hasta ese momento, vicepresidente ejecutivo, a abandonar el cargo.

Javier de la Rosa adquiere entonces un piso en el número 484 de la avenida Diagonal de Barcelona, en un edificio conocido como «la casa de los piratas» e instala allí Quail España, S.A., una empresa de intermediación en el mercado financiero que crea con Narciso de Mir, uno de sus socios y hombres de confianza.

El ex banquero necesita rodear la empresa de clientes solventes y se acuerda de aquel golpe de fortuna que supuso para él la venta de Impacsa a KIO. Después de varios tanteos, es consciente de que los árabes están satisfechos con la operación y prepara un nuevo golpe de audacia.

Javier de la Rosa había reparado desde meses antes en la situación financiera de la papelera Torras Hostench, una sociedad que en 1982 había estado vinculada al Banco de los Pirineos y que suspendió pagos cuando la entidad entró en crisis y su presidente, Higinio Torras, huyó de España.

Gestionada por un nuevo equipo, la papelera se había recuperado y en 1985, con unos beneficios de 4.000 millones de pesetas y un cash-flow de 10.000, parecía un negocio saneado. Sin embargo, esta situación no se reflejaba en Bolsa. Torras cotizaba al 70 por 100 de su valor nominal.

El ex vicepresidente ejecutivo del Garriga Nogués no lo duda y, aprovechándose de la situación de crisis generalizada de la Bolsa, adquiere rápidamente un paquete del 18 por 100 de las acciones de Torras, con un dinero de oscura procedencia, que Javier de la Rosa dice que son créditos personales, pero que otras personas aseguran procede de algunas operaciones realizadas por el empresario catalán durante su etapa al frente del Banco Garriga Nogués, no contabilizadas en el balance de la entidad.

Sea como fuere, en 1986, cuando se acerca de nuevo a KIO, De la Rosa controla ya un buen paquete de acciones de la papelera Torras y está dispuesto a dar el pelotazo de su vida. Sólo necesita que los representantes del emir de Kuwait en Londres compartan sus planteamientos sobre el negocio y se decidan a comprar un paquete de acciones de la papelera y provocar la subida de su cotización en Bolsa.

La apuesta es dura y el riesgo grande. Pero Javier de la Rosa, desde que había hecho el servicio militar como alférez en Berga (Lérida) y, con unas cuantas cajas de champán repartidas entre la oficialidad, había conseguido ser excusado de asistencia para dedicarse al Banco Pastor, donde era adjunto a la dirección general, sólo sabía funcionar de dos maneras: ganándose a cualquier precio a sus adversarios y a base de golpes de audacia.

Javier de la Rosa y su socio Narciso de Mir llaman al cuartel general de Kuwait Investment Office en Londres y conciertan una cita con Fouad Jaled Jaffar, vicepresidente ejecutivo del *holding* y el hombre de las inversiones del grupo árabe para Europa, en un hotel de Ginebra.

El presidente de Quail España lleva en su cartera una oferta para que KIO adquiera un 24,9 por 100 de las acciones de Torras. La operación le sale redonda. Unas semanas más tarde, el escocés Bruce Downson le llama para decirle que el grupo árabe está dispuesto a adquirir el paquete de acciones que le ofrece Quail España al 1.200 por 100, es decir, a unas 12.000 pesetas la acción.

La venta se firma a finales de agosto de 1986 y cuando se

hace pública la información, el 17 de septiembre de ese año, las acciones de Torras comienzan a subir como la espuma. Sólo un año después, la cotización en la bolsa de Madrid está al 3.000 por 100, un porcentaje que se eleva hasta el 6.000 poco antes del «octubre negro» de 1987, fecha en que se produce la caída de Wall Street.

El ex vicepresidente ejecutivo del Banco Garriga Nogués, a quien los directivos de Banesto seguían buscando las cosquillas a medida que salían los trapos sucios de su gestión en la entidad bancaria catalana, había hecho, indudablemente, el mayor negocio de su vida.

Aunque no hay datos fehacientes de los precios a los que adquirió los últimos tramos del paquete de acciones que compró a Torras, los más pesimistas indican que en el verano de 1987, el presidente de Quail España era ya un hombre inmensamente rico.

El paquete del 18 por 100 que controlaba en Torras le convertía en el segundo accionista de la empresa después de KIO. De haber realizado plusvalías, Javier de la Rosa se habría embolsado un mínimo de 25.000 millones de pesetas. Las acciones de la papelera en Bolsa cotizaban entonces al 4.000 por 100 y había verdadero furor comprador en los mercados de valores españoles.

El grupo KIO, muy agresivo en otros mercados europeos, incluido el Reino Unido, donde llegó a comprar el 22,5 por 100 de la British Petroleum, la tercera compañía petrolera del mundo, o el 14 por 100 de Daimler Benz, la poderosa compañía automovilística de la República Federal de Alemania, mantenía muy bajo hasta entonces el perfil de sus inversiones en España.

KIO, que movía en 1987 unos fondos de dos billones de dólares, propietaria de paquetes de acciones en IBM, General Motors, American Express, Dupont de Nemour, en Estados Unidos; Daimler Benz y Hoechst, en Alemania; Saint Martin's Property Group y Hay Group, en Inglaterra; Compañía Financiera de Suez, en Francia; Volkswagen, en Brasil; Overseas Union Bank, en Singapur y Hong Leong Kong, en Hong Kong, había identificado desde años antes, a través de su oficina de Londres, a España como un país con buenos proyectos económicos y había decidido llevarlos a cabo.

Mientras en el Ministerio de Economía y Hacienda se tratan de adivinar, por todos los medios, las verdaderas intenciones de KIO en España, Fouad Jaled Jaffar, el vicepresidente ejecutivo de la empresa kuwaití en Londres, da órdenes concretas a Javier de la Rosa, consagrado ya como el hombre del consorcio árabe en nuestro país, para que de la forma más discreta posible comience a comprar importantes paquetes de acciones para KIO, a través de su sociedad de intermediación, Quail España.

* * *

De la Rosa, experto conocedor de los bajos fondos de las finanzas españolas, tiene su segunda oportunidad a mediados de 1986, cuando un amigo suyo y de Alfonso Escámez le transmite un mensaje de socorro del presidente del Banco Central.

—El Banco Central tiene exceso de autocartera y Mariano Rubio, Gobernador del Banco de España, no deja de perseguir a Escámez para que se deshaga de ella —le dicen a Javier de la Rosa.

—¿Y yo qué puedo hacer? —pregunta.

—Alfonso Escámez quiere vender un paquete de acciones, pero hasta ahora no ha encontrado a una persona de confianza. A él, la gente de KIO, sin embargo, le parece muy seria. Me ha dicho que te lo transmita por si os interesa.

A los pocos días, el presidente de Quail España detecta rápidamente que las acciones del Central están camufladas en la sociedad Española de Inversiones, controlada al 100 por 100 por el Banco. Rápidamente, llama a Alfonso Escámez y llegan a un acuerdo para adquirir parte de las acciones del Banco Central.

KIO y el Central están dispuestos a negociar la venta del excedente de autocartera del banco de Escámez. Pero, una y otra parte, tratan a toda costa de mantener la operación en secreto y pactan que la opción de compra se realice sólo sobre el 4,95 por 100 del capital social del banco.

El porcentaje representa 3,5 millones de acciones, por las que KIO paga 14.000 millones de pesetas. Pero, de esta forma, se evita dar cuenta de la operación a la Securities Exchange

Comission (SEC), el organismo que controla los movimientos que se llevan a cabo en la bolsa de Nueva York, donde el Central cotiza desde hace poco tiempo.[1]

Escámez no quiere tampoco que el gobernador del Banco de España, Mariano Rubio, ni el ministro de Hacienda, Carlos Solchaga, detecten la operación. Por eso, las conversaciones previas entre Alfonso Escámez y su segundo, Epifanio Ridruejo, con Fouad Jaled Jaffar, se celebran, de nuevo, en un discreto hotel de Ginebra, cercano al lugar donde los Albertos solían acudir a solazarse con sus amantes durante los fines de semana.

Al final, Mariano Rubio acaba enterándose de la operación, en contra de las instrucciones del Gobierno de que no se permita la venta de sectores estratégicos del país a grupos extranjeros. El Gobernador del Banco de España se sube por las paredes. Pero Escámez tiene preparada la respuesta adecuada.

—El Central no tiene nada que ver en el asunto. Los árabes se nos han colado —dice.

Entretanto, De la Rosa no para. Cuando en octubre de 1986, se firma la entrada de KIO en el Central, a través de la empresa suiza, GSM Securities Management, el presidente de Quail España tiene ya otra operación en marcha.

Se trata de la compra de un 4,95 por 100 de las acciones del Banco de Vizcaya, operación que Javier de la Rosa realiza a través de la sociedad Beta Capital, una de las empresas de colocación de acciones en Bolsa considerada entre las más dinámicas del país, que acabaría siendo participada por KIO.

El asalto al Vizcaya se diseña igualmente para no tener que dar cuenta a las autoridades que controlan el mercado de valores de Nueva York y se lleva a cabo a mediados de 1987, poco después de que el presidente del Vizcaya, Pedro Toledo, comentando la entrada de KIO en el Central, dijera, muy seguro, en una rueda de Prensa:

—A nosotros no se nos va a colar ningún árabe por la puerta de atrás.

Meses después, en julio de 1987, cuando KIO hace público que controla un 4,5 por 100 del Banco vasco, Toledo iba a arrepentirse de sus palabras. La recompra de las acciones, para no tener que dar cuenta al grupo árabe de sus operaciones, nego-

1. Las normas de la Securities Exchange Comission (SEC) obligan a todas las sociedades que cotizan en Wall Street a inscribir en un registro público los nombres de las empresas que adquieren paquetes de acciones superiores al 5 por 100.

ciada entre Ángel Corcóstegui, director general del Vizcaya y el ex vicepresidente ejecutivo del Banco Garriga Nogués, iba a suponer al grupo kuwaití unos beneficios de algo más de 5.000 millones de pesetas.

Hasta poco antes de esas fechas —primavera de 1987—, las verdaderas intenciones del grupo árabe en España eran un misterio insondable. Ni el ministro de Economía y Hacienda, Carlos Solchaga, ni el Gobernador del Banco de España, Mariano Rubio, habían recibido algo más que buenas palabras del grupo árabe sobre sus intereses en el mercado nacional.

En marzo de 1987, cuando el grupo kuwaití empieza a tener problemas con las autoridades londinenses por la compra del 22,5 por 100 de la British Petroleum Company, KIO cambia de estrategia y diversifica sus inversiones hacia otros países.

España, un terreno todavía virgen para los negocios, con posibilidades de obtener fuertes plusvalías a medida que se incorpore el país a la CEE y se equiparen los precios, entra entonces de lleno en las aspiraciones del grupo árabe.

KIO, que lleva varios años estudiando desde Londres las posibiliades del mercado español, da órdenes a la papelera Torras Hostench de lanzar una ampliación de capital de 1.250.000 acciones, con la que pretende obtener unos 55.022 millones de pesetas de capital.

La operación, considerada por el «Financial Times» como «el mayor "negocio" de captación de capital llevado a cabo en la Bolsa española», pretendía drenar recursos de los pequeños ahorradores españoles para realizar una serie de acciones especulativas a corto plazo.

El primer grupo en beneficiarse con la ampliación es el propio KIO, que incrementa su participación en Torras hasta el 47 por 100 del capital y convierte a la papelera en la cabecera de su *holding* en España.

A partir de entonces, el grupo KIO, a través de Javier de la Rosa, al margen de algunas operaciones como la de Prima Inmobiliaria, encauza sus negocios hacia cuatro sectores distintos: las papeleras, el químico, la alimentación y la Banca.

En el primero de los sectores, el grupo kuwaití está decidido a convertirse en el líder del mercado y, tras la compra de Impacsa y Torras, adquiere el 100 por 100 de Icsa, Pamesa y Carpa y otras participaciones no tan significativas en otras papeleras nacionales.

En el campo de la alimentación, el grupo Torras compra la empresa de azúcares Ebro y entra en negociaciones para adquirir la empresa de aceites Elosúa, que no llega a cristalizar.

En el sector químico, tras varios intentos de adquirir un paquete de acciones de Cepsa, la empresa de refino de crudos del Banco Central, y de un acercamiento a Petronor, sin éxito, el vicepresidente ejecutivo de KIO, Fouad Jaled Jaffar, da un giro de 180 grados a la política de inversiones del grupo y fija su atención en el sector de los fertilizantes.

Por medio de un acuerdo con Emilio Botín, presidente del Banco de Santander, Quail España, la empresa de intermediación de Javier de la Rosa, adquiere, en agosto de 1987, el 9,2 por 100 de Cros, porcentaje que se incrementa rápidamente hasta el 24,9, mediante la compra de pequeños paquetes de acciones y ampliaciones de capital.

KIO, que controlaba ya un importante paquete de Explosivos Río Tinto, inicia entonces el asalto total a esta compañía, donde su presidente, José María Escondrillas, que acababa de sacarla de la crisis y de hacerla rentable, se atrinchera y da la batalla para impedir que una sociedad ligada a proyectos estratégicos de defensa como el misil Aries, caiga en manos extranjeras.

La lucha es dura. El Gobierno, que por primera vez empieza a conocer los verdaderos intereses del grupo kuwaití por introducirse en sectores no estrictamente comerciales de la economía española, reacciona y encarga varios informes sobre KIO y Javier de la Rosa a los servicios secretos.

De esta manera, a mediados de 1987, el Ejecutivo comprueba con alarma cómo KIO y Javier de la Rosa, vicepresidente ejecutivo de Torras, han logrado tejer una poderosa tela de araña en España, controlando casi el 7 por 100 del capital del Central, el 5 por 100 del Vizcaya, el 1 por 100 del Santander, el 15 por 100 de Explosivos Río Tinto y con otras importantes participaciones en diversas empresas.

El Gobierno había tenido con anterioridad informaciones parciales de las actividades de KIO en España. Una de ellas le llegó a través del ministro de Industria, Luis Carlos Croissier, quien asistió un día muy contento al Consejo de Ministros, pensando que ya había arreglado los problemas en el sector de los fertilizantes, uno de los que quedaban por reconvertir.

—¿Y cómo lo has solucionado? —preguntó un ministro.

—Han llegado unos moros y están dispuestos a comprar.

Al ministro de Defensa, Narcís Serra, que había sido advertido por el CESID, el servicio secreto militar español, de los intentos de compra de ERT, una sociedad considerada estratégica por los militares, por el grupo KIO, se le encendió una luz.

—¿Qué moros? —inquirió Serra.

—El grupo KIO. Han venido con Javier de la Rosa.

Al titular de Defensa, que conoce los antecedentes de Javier de la Rosa en el Banco Garriga Nogués y tiene muy presente la historia de su padre en el Consorcio de la Zona Franca de Barcelona, durante la etapa en la que el ministro era alcalde de la ciudad, fue como si le nombraran al diablo.

—Ese tío —dijo— es un h. de p. y un chorizo.

Las inversiones del grupo árabe en España empezaban ya a molestar al Gobierno. Un día, el propio Felipe González, en una reunión en el salón de columnas del palacio de la Moncloa, comenta el asunto con un grupo de empresarios:

—A mí, KIO no me preocuparía si, como el resto de los empresarios, se conformara con llevarse su 4 por 100.

En el Gobierno, que se conoce el pasado de Javier de la Rosa, la desconfianza es enorme. Mariano Rubio y Felipe González envían a sus emisarios, Juan Antonio Ruiz de Alda, número dos del Banco de España, y Julio Feo, secretario general de la Presidencia del Gobierno, a Londres para hablar con Jaled Jaffar y conocer las intenciones de KIO en España. El empresario kuwaití les despidió con una lacónica respuesta:

—Hablen ustedes con el señor De la Rosa.

En el otoño de 1987, el ministro de Hacienda, Carlos Solchaga, está dispuesto a cortar de raíz las inversiones de KIO en los sectores estratégicos del país y da instrucciones al Banco de España para que se vigile la compra de acciones en Banca.

A Javier de la Rosa, las críticas del Gobierno no le preocupan demasiado. El presidente de Quail España y vicepresidente ejecutivo de Torras tenía en esos momentos trabajando bajo sus órdenes a varios destacados militantes del PSOE, que cobraban sueldos millonarios y podían siempre echarle una mano en caso de que las presiones del Gobierno se hicieran inaguantables.

Dos de estas personas eran el ingeniero industrial y amigo de Felipe González, José Bores Sainz y el ex vicepresidente de la Junta de Andalucía, José Miguel Salinas Moya. Desde junio de 1987 hasta junio de 1988, Bores y Salinas cobraron 1.600.000 pesetas mensuales, cada uno, de Torras Hostench, como asesores de KIO en materia agrícola, especialidad en la que ninguno de los dos estaba considerado un experto.

La operación de asesoramiento se hacía por medio de la empresa Fonatrán, propiedad de Antonio Calleja, el destacado militante socialista cordobés,[2] quien pagaba todos los meses a José Miguel Salinas y a José Bores, a través de la empresa de este último, B. L. & R. Consultores, con talones de la sucursal de Orense, 56, del Banco Comercial Español.

Entretanto, el grupo kuwaití sufría su primer revés en España. Los más de 14.000 millones que había invertido en el Banco Central no le daban más que problemas. El presidente de la entidad, Alfonso Escámez, se negaba a permitirles el acceso al consejo de administración del banco y los dividendos obtenidos por las acciones no se correspondían con una inversión tan importante.

Javier de la Rosa se entera entonces de que Mario Conde y su socio, Juan Abelló, que acababan de dar el golpe de sus vidas con la venta de Antibióticos a Montedison, están buscando acciones para tomar una posición fuerte en un banco. Intenta colocarles el paquete del Central pero los dos amigos están obsesionados con Banesto.

Tras varios intentos fallidos en busca de un comprador, el ex vicepresidente ejecutivo del Garriga Nogués acude al despacho de Enrique Sarasola, en la planta 7 del edificio Pirámide de Madrid, donde tiene la sede Ibermer.

De la Rosa se encuentra ya en esos momentos tan cansado que está dispuesto incluso a poner las acciones del Central en manos de los accionistas que quiera el Gobierno, traicionando así a Alfonso Escámez, que había acudido a los financieros árabes, para evitar una operación desde el Estado que le desplazara de la presidencia del Central.

El amigo de Felipe González se convierte entonces en el hombre encargado de persuadir a los Albertos —los constructores Alberto Cortina y Alberto Alcocer, casados con Alicia y Esther Koplowitz, ahijadas del fallecido presidente de El Corte Inglés, Ramón Areces— para emprender una aventura bancaria.

Los Albertos, siguiendo el consejo de Areces, se habían negado hasta entonces a tomar una participación en alguno de

2. Ver capítulo XI.

los siete grandes bancos y estaban satisfechos con el control del Zaragozano, que les permitía inyectar liquidez a sus empresas.

Pero la ambición de poder pudo más que los sabios consejos del patriarca de la familia y de la mano de Enrique Sarasola, en septiembre de 1987, los Albertos se entrevistan en secreto con el Presidente del Gobierno, Felipe González, en el dúplex de Sarasola, en la calle Fuentemilanos de Madrid, para conocer su opinión.

—¿Qué opinión tienes de Javier de la Rosa, Presidente?

—Muy mala. No creo que sea trigo limpio. Tiene varios asuntos oscuros por ahí y al Gobierno no le inspira ninguna confianza.

—Pero no es justo tenerle bajo sospecha permanente. Si ha hecho algo malo, habrá que acusarlo y juzgarlo.

—Es cierto —agrega González—, pero no me gustaría que, dentro de unos años, otro Presidente del Gobierno me pidiera responsabilidades por un asunto relacionado con ese caballero.

—¿Entonces, qué hacemos? —preguntó Cortina.

—En fin, si vais a tener la mayoría en la sociedad, el problema tal vez esté resuelto.

Tras la aprobación de Felipe González, el 23 de noviembre de 1987, Javier de la Rosa y los Albertos firman un acuerdo en Londres para la creación de Cartera Central, una sociedad instrumental con la que tratan de iniciar el abordaje al Banco Central.

Tras una masiva compra de acciones en las bolsas de Nueva York, Londres y Zurich, hasta completar, con las acciones de KIO, un paquete del 12,5 por 100, Alberto Alcocer y Alberto Cortina se reservan en la nueva sociedad el control del 51 por 100 del capital, dejando el resto en manos de Javier de la Rosa y sus socios árabes.

Este acuerdo, impuesto por Enrique Sarasola, ponía en manos de los Albertos el control de todo el paquete accionarial y, cuando se anunció la fusión del Central y el Banesto, hizo concebir a los propietarios de Conycon la esperanza de controlar el futuro Banco Español Central de Crédito,[3] una entidad que, de haberse constituido, hubiera representado el 5,6 por 100 del PIB del país.

A pesar del fracaso de la fusión, el grupo KIO lograba con-

3. Ver capítulo XV.

solidar, a comienzos de 1988, uno de los primeros grupos industriales del país, con unos ingresos de 431.210 millones de pesetas y unas plusvalías generadas en Bolsa de más de 100.000 millones de pesetas, una cifra sólo comparable a los beneficios que obtuvo la gran Banca en 1987.

A Javier de la Rosa, vicepresidente ejecutivo de Torras y uno de los más voraces tiburones de las finanzas españolas, la Banca y el mundo de los negocios español comenzaban ya a perdonarle sus pecados de juventud, que estuvieron a punto de conducirle a la cárcel.

* * *

En el verano de 1981, José María Ruiz Mateos, el todopoderoso presidente de Rumasa, empezó a recibir periódicamente en su despacho de la madrileña plaza de Colón la visita de un personaje singular.

Ruiz Mateos preparaba en secreto el asalto al Banesto desde el buque insignia de su división bancaria, el Banco Atlántico, y el personaje en cuestión, ligado a Pablo Garnica, el hombre fuerte del Español de Crédito, no paraba de apoyarle.

—Ánimo, José María, que ya es nuestro.

Las cotizaciones de las acciones de los bancos en bolsa eran muy bajas y el presidente de Rumasa, en un cálculo tal vez demasiado optimista, pensaba que con poner 10.000 millones de pesetas sobre la mesa podía hacerse con un paquete de acciones lo suficientemente importante como para controlar el entonces primer banco del país por el volumen de depósitos.

—Con ese dinero y, con menos, lo tienes a huevo.

—¿Tú crees?

—Claro. Cómo no lo voy a saber si tengo a Pablo Garnica en mis manos.

El personaje en cuestión, según cuenta Ruiz Mateos, no era otro que Francisco Javier de la Rosa Martí, entonces vicepresidente ejecutivo y consejero delegado del Banco Garriga Nogués, perteneciente al grupo Banesto.

Por esas fechas empezaba a hablarse del enorme agujero

que el Banco Español de Crédito tenía en su grupo bancario catalán y, al animar al presidente de Rumasa a hacerse con el control de Banesto, sólo intentaba salvar su propia cabeza, a la que se le había puesto precio.

Nacido el 29 de septiembre de 1947 en Barcelona, de signo Libra, Javier de la Rosa llegó al mundo como predestinado para los negocios. Educado en el colegio de los jesuitas de Sarriá, se dejaba los codos en los pupitres estudiando, mientras el resto de sus compañeros se dedicaba a salir con sus novias.

Licenciado por la Facultad de Derecho de Barcelona y *máster* por el IESE, a lo máximo que aspiraba, en sus ratos libres, era a ir a misa y, de vez en cuando, al estadio de Sarriá para disfrutar con los partidos del Español.

Pasado el tiempo, sus idas y venidas a la iglesia le proporcionaron la mujer de sus sueños, Mercedes Misol, ligada al Opus, con la que se casa poco después sin dejar de ir nunca a misa.

En 1971, con apenas 24 años, ingresa en el Banco Pastor, donde es nombrado adjunto a la dirección. Pero la entidad bancaria de la Condesa de Fenosa no colma sus aspiraciones y dos años más tarde se marcha al grupo Banesto.

Javier de la Rosa ya ha ganado suficiente dinero como para comprarse un Porsche con el que deja obnubilados a sus compañeros de milicia en el cuartel de Alta Montaña de Berga. Pero sus actividades bancarias y algún enchufe le eximen prácticamente de vestir el caqui.

Mientras los universitarios de su promoción se dejan la piel haciendo instrucción y se pasan las noches en vela haciendo guardias, Javier de la Rosa aparece por el cuartel de vez en cuando, tan sólo de visita, impecablemente vestido con una chaqueta blanca y los zapatos perfectamente lustrosos.

Eso sí, como buen católico, no se olvida de los que teóricamente son sus compañeros y el día de la Virgen de Montserrat, patrona de Cataluña, lo demuestra, haciendo llegar una furgoneta cargada de champán hasta el cuartel de Berga. Era un obsequio del alférez De La Rosa para sus sufridos compañeros de promoción.

Su carrera en el Banco Garriga Nogués, con 32 oficinas abiertas en Cataluña y 2.393 millones de depósitos de clientes, es meteórica. A los 26 años, en enero de 1974, se estrena en su nuevo destino y cinco meses después asciende a director general.

De la Rosa es un chico listo y desde el primer día se da cuenta de lo que quiere el entonces vicepresidente y administrador delegado de Banesto, Pablo Garnica Mansi: mantenerse en el primer puesto del *ranking* bancario por el número de depósitos.

Es la etapa en que todos los bancos del país miden su crecimiento por el volumen de recursos ajenos captados y sus ejecutivos se lanzan de manera desaforada a buscar clientes aunque haya que pagarles unos tipos extra exorbitantes.

Javier de la Rosa lo hace de maravilla. Incrementa los 2.393 millones de depósitos que tenía el banco en 1974 hasta los 79.401 millones que consigue diez años después y los 105.000 millones que alcanza a finales de 1985.

Pablo Garnica Mansi le adora. Para él es, sin duda, el más brillante de los ejecutivos de la casa. Cuando los jóvenes cachorros de la entidad, Jacobo Argüelles y su propio hijo, Pablo Garnica, ligados a las familias tradicionales de Banesto, hacen la más ligera crítica a su gestión, les taladra con la mirada y les corta en seco.

—Es pura envidia —llega a decir en una ocasión.

Como en el mejor cine de Hollywood, De la Rosa es ya un personaje para muchos intocable e inalcanzable que ha nacido para la gloria. Aunque en esa época, un inoportuno *affaire* en el Consorcio de la Zona Franca de Barcelona, en el que su padre era el máximo responsable, amarga un poco las mieles de su triunfo.

* * *

Hasta entonces todo habían sido rumores y habladurías malintencionadas, pero en abril de 1979, cuando llega al Ayuntamiento de Barcelona, la nueva corporación municipal presidida por el actual ministro de Defensa, Narcís Serra, se descubre el pastel.

Éste no era otro que la gestión del Consorcio de la Zona Franca de Barcelona, una entidad pública que recibía fondos del Ayuntamiento de la Ciudad Condal y del Estado para construir un gran centro integrado de transportes y almacenamientos, una estación terminal de mercancías transportadas en régimen Tir y un polígono industrial.

Estos centros iban a constituir en el futuro el núcleo principal de la Ciudad del Transporte de Barcelona, a realizar en la comarca del Vallés. El secretario general de la entidad, responsable de este ambicioso proyecto, el Consorcio de la Zona Franca de Barcelona, era Antonio de la Rosa Vázquez, padre de Javier de la Rosa.

Entre 1976 y 1978, Antonio de la Rosa, que tenía la misión de analizar la procedencia de las inversiones que se debían realizar, y José Luis Bruna de Quixano, delegado especial del Estado en el Consorcio, organizaron una monumental estafa al Ayuntamiento de Barcelona y al propio Estado.

En apenas veinticuatro meses, inscribieron en el Registro de la Propiedad, a nombre del Consorcio de la Zona Franca, un total de 119 fincas, adquiridas en Granollers, Montmeló y Parets del Vallés. Eran los terrenos que en teoría se iban a utilizar como terminales de transportes por carretera.[4]

De estas fincas, 72 no existían. Eran compras ficticias con las que Antonio de la Rosa había estafado al Estado y al Ayuntamiento de Barcelona 1.250 millones de pesetas, que se trasvasaron a la sociedad Financiera de Negocios, S.A. (Finesa), mediante 102 talones bancarios al portador.[5]

Desde esta empresa, 1.200 millones se transfirieron a las cuentas corrientes del padre de Javier de la Rosa y 52 millones, el 5 por 100 del total de lo defraudado, aproximadamente, a las de Luis Bruna de Quixano.

Cuando el PSOE llegó al Ayuntamiento de Barcelona y empezó a investigar las finanzas del Consorcio de la Zona Franca, los administradores fingieron de nuevo la venta de algunas propiedades para intentar reponer parte del dinero. Al no conseguirlo, Antonio de la Rosa huyó de España hacia Bruselas, donde fue visto en la Embajada de España vendiendo su lujoso yate a un magnate árabe del mundo del petróleo.

Poco antes de que tuviera que escapar del país, su hijo Ja-

4. *El País*, 17 de febrero de 1983.
5. Para más información, consultar el sumario 9/80 del Juzgado de Instrucción número 4 de Barcelona, folios números OL/81665059 y siguientes.

vier de la Rosa, había movido cielo y tierra para no tener que pasar una vergüenza semejante. En primer lugar, había tratado de presionar al alcalde de la ciudad, Narcís Serra, para que se echara tierra sobre el asunto. Pero Serra, indignado por la magnitud de la estafa, le echó del despacho.

—No pienso mover un dedo por un chorizo —dijo el hoy ministro de Defensa.

De la Rosa no se dio por vencido y acudió entonces a la Moncloa, donde logró una entrevista con Aurelio Delgado, secretario personal del Presidente del Gobierno entonces, Adolfo Suárez.

Lito Delgado, al que conocía de *El Noticiero Universal*, periódico ligado a la UCD y financiado por el Banco Garriga Nogués, le puso en contacto con el ministro Rafael Arias Salgado y con el vicepresidente económico del Gobierno, Fernando Abril.

Cuando el escándalo saltó a los tribunales y fue motivo de comentarios entre los miembros de la «jet-set» barcelonesa, Javier de la Rosa intentó que se evitara a su padre la vergüenza de tener que sentarse en el banquillo y acabar en la cárcel, a cambio del rembolso de los 1.250 millones de pesetas al Estado.

Pero ni Aurelio Delgado ni los ministros del Gobierno de UCD contactados pudieron hacer nada en un asunto que ya era del dominio público y que dependía sólo del poder judicial.

Así que a Antonio de la Rosa no le quedó otra solución que escapar del país. A partir de entonces, varias personas dicen haberle visto en Niza y Basilea, siempre alojado en lujosos hoteles y rodeado de mujeres. Su cuartel general se encuentra, sin embargo, entre Brasil y Uruguay, donde, con dinero enviado desde España por el ex vicepresidente ejecutivo del Banco Garriga Nogués, ha fundado un banquito.

El hoy presidente de Quail España se ha preocupado también de que la Policía española no dictara nunca una orden de busca y captura internacional contra su padre ni de que el Gobierno solicitara su extradición a Uruguay o Brasil, países en los que se sabe tiene fijada su residencia.

De esta manera, cuando el 18 de mayo de 1983 se celebró en la sección primera de la Audiencia Provincial de Barcelona el juicio por la estafa al Consorcio de la Zona Franca de la Ciudad Condal, había una silla vacía en la sala: la de Antonio de la Rosa.

La vista oral permitió conocer más detalles del *affaire*. Se supo que Antonio de la Rosa, en los años en que era secretario general del Consorcio de la Zona Franca, vivía a todo tren. Un informe de la Policía destacaba que se había comprado varios yates en los que él y sus amigos celebraban frecuentes orgías con prostitutas ligadas a la «jet-set».[6]

A éstas nunca les pagaba en metálico por si se ofendían pero les regalaba coches caros. En dos años, había adquirido un total de 42 lujosos automóviles pagados al contado. El vendedor de coches Fernando Serena tenía en este hombre al mejor de sus clientes ya que en veinticuatro meses facturó a Antonio de la Rosa la nada despreciable cantidad de 113 millones de pesetas.

Evidentemente, el padre de Javier de la Rosa era un auténtico «bon-vivant» y su hijo, presidente de Quail España, lo lleva clavado en el alma, hasta el punto de que cada vez que habla con un periodista pone como condición que no se le mencione ese tema.

En 1990, once años después de que su padre tuviera que escapar como un vulgar chorizo de su chalet de Barcelona, todavía tiene a varios policías que cada semana revisan el ordenador Berta de la Dirección de la Seguridad del Estado, por si a algún juez o policía novato se le ocurre reactivar la orden de busca y captura internacional.

La saga de la familia, sin embargo, pudo haber tenido otro final triste, el del propio Javier de la Rosa, *J. R.*, cuya actuación al frente del Banco Garriga Nogués fue uno de los mayores desastres de la Banca española, comparable incluso al de Banca Catalana.

* * *

Francisco Javier de la Rosa Martí dimitió de sus cargos como vicepresidente ejecutivo y consejero delegado del Banco Garriga Nogués el 9 de julio de 1985.

Por esas fechas, todo el mundo sabía que aquella entidad bancaria estaba en quiebra técnica y que acabaría cerrando.

6. Agencia EFE, 18 y 19 de mayo de 1983.

Probablemente, de haberse conocido públicamente los hechos, el ex vicepresidente ejecutivo del banco no hubiera podido realizar la fulgurante carrera empresarial que luego experimentó junto al grupo inversor árabe KIO.

Pero los miembros del consejo de administración de Banesto, que meses después se reúnen para cerrar las cuentas del Garriga Nogués del año 1985, aunque tienen una idea bastante aproximada del agujero detectado en la filial catalana del Banco Español de Crédito, prefieren echar tierra sobre el asunto y no destapar el escándalo.

Los consejeros reprueban la gestión de Javier de la Rosa al frente de la entidad pero, para lavarse las manos frente a futuras responsabilidades criminales, anotan su decisión de no aprobar la gestión de De la Rosa en el libro de actas de la entidad.

Las alarmantes cifras de la quiebra, sin embargo, no acaban nunca por verse en un tribunal ordinario, como habría ocurrido en un país serio.

De esta manera, mientras el ex vicepresidente ejecutivo del Garriga Nogués empieza a mover los miles de millones de petrodólares de los árabes en España, los trapos sucios de la filial catalana de Banesto permanecen ocultos en el trastero hasta febrero de 1988.

Ese año, Banesto estrena a Mario Conde como nuevo presidente, un joven emprendedor y dinámico llegado del mundo de la empresa privada que no quiere tener fantasmas ocultos en el armario y ordena inmediatamente una investigación a fondo del agujero del Garriga Nogués.

El asunto se le encarga a José Luis Forminaya, un alto ejecutivo traído del Banco Madrid, que se pasa varios meses desempolvando viejos archivos, leyendo balances, auditorías e informes y repasando la contabilidad general del banco y de sus empresas participadas.

Al final, Forminaya llega a una conclusión alarmante. El agujero del Banco Garriga Nogués es de 98.500 millones de pesetas, dieciséis veces mayor que el capital del banco, cifrado, en esa época, en 6.000 millones.

José Luis Forminaya elabora también una lista inacabable con las irregularidades que habían dado origen a la crisis:

«Nombramientos de altos cargos como asesores, contratación de intermediarios a comisión, captación de fondos a precios exorbitantes, créditos sin avales que no se pagan y enorme concentración de riesgos en cuatro grupos de empresas, manipulaciones contables y ausencia total de inspección por parte de Banesto sobre las 31 sucursales de su filial.»

La investigación de Banesto descubre que Javier de la Rosa había prestado más de 770 millones de pesetas al grupo Harry Walker, propiedad de su amigo José María Figueras, presidente de la Cámara de Comercio e Industria de Cataluña.

Como las empresas de Harry Walker van mal, el vicepresidente ejecutivo del Banco Garriga Nogués les concede nuevos créditos para evitar que vayan a la quiebra. Incluso, cuando ya no pueden ni siquiera pagar los intereses, el banco les facilita los créditos necesarios para que puedan abonarlos.

Otro agujero significativo del Garriga Nogués fue el originado por el grupo Urbas e Ibusa, vinculado a Eduardo Bueno, militante de Alianza Popular y candidato por este partido a la Generalitat de Cataluña en las elecciones de 1984.

Javier de la Rosa, que comparte el dinamismo de las empresas, empieza a prestarles dinero. Pero Urbas e Ibusa se convierten en un saco sin fondo que en 1984 mantienen deudas con el banco por valor de 19.500 millones de pesetas.

Un año después, cuando Javier de la Rosa ha dejado ya la entidad para dedicarse a Quail España, el Garriga Nogués cancela los créditos a las empresas de Eduardo Bueno, a cambio de algunos activos de difícil venta, en cuya realización Banesto pierde mucho dinero.

José María Sáenz de Vicuña, consejero y director general de Banesto, en un informe confidencial, reconoce que se vieron presionados para actuar de esta manera. «Los dirigentes de Ibusa nos amenazaron —dice— con dar a la luz pública todos los manejos llevados a cabo en beneficio del Banco Garriga Nogués si no les ayudábamos a evitar la suspensión de pagos».

Sin embargo, el mayor agujero, cifrado en un informe interno del banco en 53.000 millones de pesetas, lo constituía la costosísima operación de lanzamiento de Tierras de Almería, un megalómano proyecto agrícola que trataba de convertir las desérticas y tórridas tierras almerienses en la mayor explotación agraria bajo plástico de Europa. Fue el mayor fracaso de Javier de la Rosa, quien, en esa etapa, perdió casi 10.000 millones de pesetas por año, 28 millones de pesetas por día, mientras la propiedad se vendía ficticiamente varias veces a príncipes y jeques árabes, que encuentran sus petrodólares en suelo almeriense.

* * *

La operación se inicia a finales de 1979 y, de nuevo, tiene como protagonista al líder catalán de Alianza Popular, Eduardo Bueno. Su empresa, Ibusa, poseía en la zona de El Ejido, el pueblo natal de Manolo Escobar, en Almería, una enorme finca de secano de varios centenares de hectáreas.

Eduardo Bueno, que conoce Israel y ha visto crecer los pepinos y los tomates en el desierto, piensa que se puede hacer algo igual en Almería. Implantando en la provincia las modernas técnicas de cultivo bajo plástico que él conoce, puede hacer el negocio de su vida.

En esa época, muchos emigrantes almerienses comienzan a regresar de Alemania y el líder aliancista piensa poner en explotación la finca, vendiendo a aquéllos parcelas de una hectárea, una cantidad de tierra suficiente con la que podrían vivir holgadamente a partir de entonces.

Con este propósito, Bueno inscribe Tierras de Almería y monta un grupo integrado por la comercializadora Transalmería y la empresa de servicios Ingeniería y Servicios Agrícolas. Al poco tiempo, sin embargo, observa que el negocio no funciona y decide vender la sociedad al Banco Garriga Nogués.

Con la ayuda del financiero André David Grebler, un judío de ascendencia marroquí, que vive en el *penthouse* del edificio de la calle Tuset de Barcelona, donde también tiene su casa Javier de la Rosa, Eduardo Bueno logra persuadir al vicepresidente ejecutivo del Garriga Nogués para que compre.

La transacción se realiza poco antes de 1980. Tierras de Almería vende a la filial de Banesto 2.200 hectáreas de terreno por 4.140 millones de pesetas, a 1.800.000 pesetas la hectárea, cuando en esa época la hectárea de terreno está a menos de la mitad de ese precio. Para Eduardo Bueno, el negocio es redondo porque, además, días antes de firmar la operación ha adquirido las fincas de los alrededores para vendérselas al banco.

Una vez controlada la propiedad, Javier de la Rosa crea la sociedad Quash que, en adelante, se encargará de la puesta en explotación y venta de las parcelas agrícolas, presentando la comarca como la California de Europa que va a inundar los mercados de la Comunidad Económica Europea de productos extratempranos.

Y a punto de conseguirlo estuvo. Pocos años después, la sociedad daba empleo a 3.500 obreros y producía anualmente 45.000 toneladas de hortalizas extratempranas y 200 millones de unidades de flores. Las marcas Presty y Donasol, a través de las cuales comercializaba Quash sus productos en los mercados europeos, empezaron a fijar los precios en Rotterdam y Londres.

Pero la sociedad, con una facturación anual de 3.500 millones de pesetas y unos beneficios de 700, no puede hacer frente a los cuantiosos gastos financieros ni continuar con el plan de explotación de nuevas tierras, imprescindibles para asegurar una buena rentabilidad.[7]

Javier de la Rosa busca entonces apoyos políticos y el 1 de agosto de 1982 nombra director general de Tierras de Almería a José María Pérez de Acha, un hombre de UCD ligado al aparato de finanzas del partido, y encarga algunos dictámenes al despacho del ex ministro José Luis Leal, a quien paga una minuta de un millón por su trabajo.

En 1982, el último Gobierno de UCD aprueba un expediente del Gran Área de Expansión Industrial, favorable a la concesión de una subvención de 3.000 millones de pesetas para Tierras de Almería.

De la Rosa ve el cielo abierto. Por fin va a poder saldar algunos de los créditos que había concedido. Pero la llegada al poder de los socialistas complica las cosas. Tierras de Almería es ya un escándalo y el vicepresidente del Gobierno, Alfonso Guerra, deja la concesión de la subvención sobre la mesa del Consejo de Ministros, y advierte:

—De este tema, que no se pague ni un duro sin mi aprobación.

Paralelamente, Quash, que había previsto poner en riego por lo menos 1.200 hectáreas en la zona de El Ejido, empieza a te-

7. Ver *Tiempo*, del 28 de julio de 1986.

ner problemas con el Gobernador Civil de Almería, Tomás Azorín.

Hasta el Gobierno Civil han llegado informes alarmantes que hablan de la salinización de los pozos de la comarca si no se pone freno inmediato a la extracción de agua. Azorín obra en consecuencia. Paraliza los permisos para la construcción de nuevos invernaderos y clausura varios pozos.

Es lo que le faltaba a Javier de la Rosa, quien pone entonces en práctica uno de sus métodos infalibles: comprar las voluntades de algunos socialistas almerienses.

El 11 de mayo de 1984, tras un viaje de Alfonso Guerra a Almería, sale a subasta *La Voz de Almería*, uno de los antiguos periódicos de la Cadena del Movimiento. Los socialistas, encabezados por el senador y secretario general del PSOE en la provincia, José Batlles Paniagua, quieren comprarlo pero carecen de los 60 millones necesarios para acudir a la subasta.

El vicepresidente del Banco Garriga Nogués se entera y ordena a Antonio Ubach y Ricardo García Clemente, dos hombres de su confianza en Quash-Tierras de Almería, que aporten el dinero. El senador socialista José Batlles recibe ante notario un cheque al portador de la sucursal de El Ejido del Banco Garriga Nogués por un importe de 60 millones de pesetas.[8] El diario *La Crónica*, que descubre el *affaire*, obtiene poco después otro talón para pagar el primer plazo de su rotativa.

La sociedad Quash-Tierras de Almería es como tener un enorme agujero en el bolsillo. Javier de la Rosa cae entonces en la cuenta de que el maná y la Tierra Prometida, de la que le había hablado su amigo judío Grebler, no existen. Y, como en los cuentos de hadas, se lanza a la búsqueda de un príncipe azul que, como a Cenicienta, le saque de la miseria y de la quiebra.

Su vecino, el empresario André David Grebler, heredero de una fortuna que el Chasse Manhattan Bank evaluaba en 1984 en más de 50.000 millones de pesetas, se compromete a comprar la sociedad a través del Amro Bank de Holanda. Pero cuando los papeles están a punto de firmarse, Grebler se echa atrás. El financiero judío, que tenía a su vez vendida Quash-Tierras

8. El cheque fue expedido «al portador» el 17 de mayo de 1984 por la sucursal 2.027 del Banco Garriga Nogués. *La Crónica de Almería* publicó el *affaire* y el senador Batlles Paniagua presentó querella. Finalmente, el autor de la información fue absuelto al aportar las pruebas requeridas por el juez.

de Almería a un grupo extranjero, no logra consolidar la operación.

Javier de la Rosa, para salvar la situación, acude al bufete de Juan Antonio García Díez y Carlos Bustelo, ex ministros de UCD, para que negocien con el Gobierno la obtención de una prórroga de seis meses que le permita encontrar un nuevo comprador.

García Díez y Bustelo lo hacen encantados. Pero le pasan unos honorarios bastante sabrosos: varias decenas de millones de pesetas, que los ex ministros invierten en letras del Tesoro, a través del antiguo Banco de Descuento.

Javier de la Rosa tenía presente que desde el 17 de noviembre de 1981, fecha en la que se procedió a la segunda ampliación de capital hasta situarlo en 1.700 millones de pesetas, una sociedad holandesa, Driehoek Investments, era la propietaria del 50 por 100 de Quash-Tierras de Almería.

La misteriosa sociedad, que llegó a tener invertidos en el proyecto hasta 7.500 millones de pesetas, era propiedad de su alteza real el príncipe Nawaf Ben Abdelaziz al Saud, de Arabia Saudí, según certifica en un documento el director general de Tierras de Almería, Pérez de Acha.

Así que, tras el fracaso de la venta que intentó a través del Amro Bank, Javier de la Rosa se acuerda del príncipe Ben Abdelaziz. En el verano de 1984 reserva una planta entera del hotel Los Monteros de Marbella, le invita a pasar unas vacaciones en España, le enseña las instalaciones de Tierras de Almería y le convence para que compre.

Nawaf Ben Abdelaziz, que había hecho un depósito de 15 millones de dólares en el Garriga Nogués, invertidos al 12 por 100, acepta pero incluye en el contrato de compra una serie de cláusulas de retrocesión del pacto para el caso de que no se obtenga una serie de rendimientos que el vicepresidente del Garriga Nogués le garantiza. En ese supuesto, el banco le asegura, además, un beneficio a la sociedad Driehoek Investments de Ben Abdelaziz.

En 1985, el príncipe devuelve la propiedad y reclama, además, el depósito de los 15 millones de dólares para llevarlos a otro banco. La filial de Banesto no tiene recursos para devolvérselo pero avala un préstamo de seis millones de dólares del Chasse Manhattan de Mónaco. Banesto, como entidad responsable de la gestión del Banco Garriga Nogués, acaba devolviendo al príncipe saudí casi 20 millones de dólares en metálico, además de otros seis millones para cancelar las deudas con el Chasse Manhattan.

Poco después, aparecía un tercer comprador. En esta ocasión fue el grupo formado por las sociedades Urania Business, de André David Grebler, y Al Baraka, del jeque de Arabia Saudí, Salem Kamel.

Ambas empresas adquieren Tierras de Almería a través de Panamá y Holanda por unos 506 millones de florines (unos 25.000 millones de pesetas).

Pero Grebler y el jeque Kamel consiguen deshacer la operación mediante una carta de recompra que Javier de la Rosa les firma el 20 de julio de 1985, once días después de dimitir de todos sus cargos en el banco, hecho insólito en el mundo de las finanzas españolas y que pudo haberle supuesto al ex vicepresidente ejecutivo del Garriga Nogués, probablemente, la cárcel.

A raíz de las dos últimas operaciones, en Banesto cunde la sospecha de que se habían realizado ventas ficticias organizadas por el propio De la Rosa, con ayuda de sus amigos Grebler y Kemal, para engañar a la dirección de Banesto y ganar tiempo en busca de un comprador real, que no llegó nunca.[9]

Sea como fuere, el agujero de 53.000 millones de pesetas que Quash-Tierras de Almería produce en el banco es lo suficientemente importante como para que en febrero de 1988, cuando Mario Conde llega a la presidencia de Banesto, encargue a dos abogados, Rafael Pérez Escolar y José María Stampa Braun, dos informes jurídicos que dieron como resultado la existencia de indicios de responsabilidades penales y civiles de Javier de la Rosa en la crisis del Banco Garriga Nogués.

¿Por qué el nuevo presidente de Banesto tampoco acudió a los tribunales? Mario Conde no ha querido explicarlo nunca. Pero tal vez el pacto de fusión Banesto-Central que se fraguaba por esa época y el hecho de que De la Rosa controlara un paquete de entre 6 y 8 millones de acciones de Banesto, a través de los fondos de pensiones extranjeros invertidos en España por Quail, pueden estar en el transfondo del asunto.

En 1988, De la Rosa, vicepresidente de Torras Hostench, la punta de lanza de KIO en España, podía comprar en cualquier

9. Consultar la serie que bajo el título de «El escándalo Garriga Nogués» publicó el semanario *El Globo* en sus números del 27 de junio y 4 y 11 de julio de 1988.

momento un paquete de acciones superior al que Mario Conde y Juan Abelló tenían en el Banesto.

El temor a sentarse en un banquillo, la misma idea que años antes había forzado a su padre a huir de España, estaba conjurado. Javier de la Rosa podía, por fin, dormir tranquilo.

* * *

Hoy, tras superar la prueba de fuego que supuso su paso por el Garriga Nogués, pocos negocios quedan en el país que se resistan al poder y al dinero del empresario catalán.

A la sombra de KIO, su influencia ha subido como la espuma, pero lo que de verdad ha hecho de De la Rosa un financiero temible ha sido el imperio que ha logrado levantar a partir de la sociedad de inversiones Quail, que le ha permitido acumular un patrimonio personal, según fuentes de amplia solvencia, que supera los 45.000 millones de pesetas.

Con Quail, una sociedad que funciona tan sólo con De la Rosa, su socio Narciso de Mir, su secretario Arturo Piñana, dos ayudantes, tres secretarias y dos chóferes, el empresario catalán ha venido canalizando inversiones hacia España, en los últimos años, por valor de unos 300.000 millones de pesetas.

La mitad de este dinero, unos 150.000 millones de pesetas, correspondían, antes del conflicto de Irak, al fondo de inversiones de KIO (Kuwait Investment Office), actividad por la que De la Rosa ha cobrado sus más sustanciosas comisiones —entre 3.500 y 4.000 millones de pesetas anuales— desde que en 1987 los árabes del Golfo empezaron a fijarse en España.

Con un despacho de aire neoclásico abierto en la Avenida Diagonal de Barcelona y otro en la calle Serrano de Madrid, cerca del Hotel Villamagna —donde Javier de la Rosa tiene una suite permanentemente asignada— el ex hombre fuerte del Banco Garriga Nogués mueve a través de Quail España los fondos de pensiones de algunos colectivos de jubilados europeos.

Sin embargo, la principal actividad y la menos conocida de Quail ha consistido en comprar participaciones de empresas cuyas cotizaciones se encontraban a la baja, para sanearlas y venderlas, obteniendo una importante plusvalía.

Adquirida en 1986 a la sociedad holandesa Quail Invest N.V., con fondos de procedencia no muy clara —en algunos medios se asegura que la compra se hizo con dinero del Garriga Nogués sacado a Andorra años antes, aunque no hay pruebas de ello—, Quail España ha sido una de las empresas con un mayor crecimiento económico en los últimos años.

Además de cobrar comisiones por su trabajo de *broker* en el mercado de valores español, la sociedad administra el patrimonio de Javier de la Rosa en España, que incluye entre un 15 y un 18 por ciento de la papelera Torras Hostench, valorado en 30.000 millones de pesetas, meses antes de la crisis del golfo Pérsico, en el verano de 1990.

La sociedad posee también el 5,5 por 100 de Prima Inmobiliaria,[10] propietaria de numerosos solares y parcelas en todo el país, cuyo valor en el mercado puede estimarse entre 1.500 y 2.000 millones de pesetas, y participa en una serie de empresas filiales, a través de las cuales el avispado empresario catalán ha montado un imperio de muchos miles de millones de pesetas.

Constituida como cabecera de un consorcio financiero y empresarial, Quail España controla el 51 por 100 de la sociedad Advice y el 100 por 100 de la compañía instrumental Diagonal Invest. La primera se dedica a la gestión de grandes patrimonios individuales y tiene un volumen de negocios confesado de 4.000 millones de pesetas. Diagonal Invest, a su vez, maneja inversiones por un monto estimado de entre 2.500 y 3.000 millones de pesetas.

Tras la aventura kuwaití, la única sociedad cuyo accionariado Quail comparte con KIO es Mira. Utilizada para operar en ampliaciones y emisiones de deuda, De la Rosa mantiene en Mira una participación del 50 por 100, igual a la de sus socios árabes, pese a permanecer inactiva con 500 millones de pesetas en caja.

También ha realizado inversiones fuera de España, como el 30 por 100 que posee de la compañía portuguesa Cerámica de Sousela, en cuya participación se ha gastado 300 millones de pesetas, además de la compra de algún hotel en Andorra. Pero los tiempos han cambiado. Javier de la Rosa, que hizo su for-

10. Ver capítulo VI.

tuna especulando abiertamente en Bolsa con el respaldo del dinero de KIO, se ha dado cuenta de que la coyuntura económica es otra y busca ahora consolidar su patrimonio con inversiones más sólidas y a más largo plazo.[11]

Para ello, nada mejor que rodearse de socios solventes que le den un aire de respetabilidad al negocio. Considerado como una de las personas mejor informadas del país, con las cualidades de un hábil encantador de serpientes, el ex presidente ejecutivo del Banco Garriga Nogués ha buscado alianzas con el amigo de Felipe González, Enrique Sarasola, y con Manuel Prado y Colón de Carvajal, a quien se atribuye una cierta amistad con el Rey.

De esta manera, haciendo valer su supuesta influencia en los principales círculos del poder en Madrid, a comienzos del verano de 1990, Javier de la Rosa iniciaba el abordaje de la empresa siderúrgica vasca Jose María Aristrain, S.A., del sector de los aceros.[12]

La operación, llevada a cabo con Trébol Internacional, la empresa de Manuel Prado y Colón de Carvajal, estaba planificada para controlar el 90 por 100 de la compañía en pocos meses, pero diversas circunstancias de orden personal, acabaron complicando y retrasando el negocio.

Sin embargo, no era éste el único proyecto que el empresario catalán tenía en cartera con Prado y Colón de Carvajal, persona vinculada no sólo al Rey de España sino a la Familia Real saudí. Propietario del parque de atracciones barcelonés de Montjuich, a través de la empresa Tibidabo, de la que posee el 51 por 100 de las acciones (unos 4.000 millones de pesetas), Javier de la Rosa aspiraba desde hacía tiempo a ampliar el negocio a Madrid.

El presidente de Trébol Internacional, Manuel Prado, llevaba varios años acariciando la misma idea. Como hombre en España de Cyd Bass, el propietario del 25 por 100 de las acciones de Disneylandia y Disneyworld en Estados Unidos, el amigo del rey Juan Carlos aspiraba a construir un parque de estas características en Getafe, al Sur de Madrid.[13]

Ambos empresarios coincidieron en el proyecto y, en lugar de pelearse para ver quién se quedaba con el concurso, deci-

11. Ver *Actualidad Económica*, del 3 de junio de 1989.
12. Ver capítulos VIII y IX.
13. Ver capítulo IV.

dieron aliarse con la empresaria socialista Aida Álvarez, encargada de buscar los permisos, y unir después sus esfuerzos también en Jerez, donde KIO, Javier de la Rosa y Trébol Internacional proyectan construir una de las principales urbanizaciones turísticas de la zona.

La alianza con Enrique Sarasola vino también a través de Tibidabo, una empresa dependiente de Quail España, que se ha introducido en negocios tan dispares como las contratas de basuras, la promoción de la industria del ocio, la publicidad y la información audiovisual y escrita.

A comienzos de 1988, mientras Javier Godó, editor de *La Vanguardia*; Jesús Polanco, propietario de *El País*, y Antonio Asensio, presidente del Grupo Z, acudían a la ventanilla del Ministerio de Transportes y Comunicaciones a pedir un canal de televisión privada, el amigo de Felipe González tuvo una gran idea, que no dudaría en llevar a cabo junto a De la Rosa.

—Déjalos que se peleen entre ellos por uno de los canales —dijo Sarasola a su socio Álvaro Álvarez Alonso—. Lo importante no va a ser, a partir de ahora, tener una antena y unos estudios para emitir.

—¿Y qué va a ser lo importante? —le preguntó Álvarez Alonso.

—Controlar la materia prima: los partidos de fútbol y las películas.

Con esa idea, el 19 de mayo de 1988 Sarasola inscribía en el Registro Mercantil de Madrid la sociedad Cinepaq, dedicada a la compra, venta y distribución de películas de cine.

Javier de la Rosa, que vio rápidamente el negocio, adquirió, a través de Tibidabo, una participación del 25 por 100 de la sociedad, con la que consolidaba sus posiciones en el mundo de la información, donde controla importantes paquetes de acciones en *La Gaceta de los Negocios*, Tele 5 y en las empresas de publicidad Pietro Golden y Slogan.[14]

De este modo, De la Rosa apuesta por la Prensa como uno de los valores en alza en la España democrática. Este empresario, al que se le atribuyen numerosas presiones en determinados grupos periodísticos para evitar que su gestión al frente del Banco Garriga Nogués llene las páginas de los periódicos, ha visto, sin duda, un próspero negocio en la industria de

14. Ver capítulo XXI.

la comunicación, cuyas plusvalías en el futuro pueden llegar a ser espectaculares.

Aunque él —a la vista de cómo ha actuado en los negocios y lo poco que ha sido posible escribir sobre sus asuntos en los medios de comunicación— no crea demasiado en el espíritu de la letra impresa.

* * *

Más confianza le ofrecen, sin duda, las empresas de detectives privados y los informes confidenciales pagados a precios de oro, que le han permitido conocer los últimos recovecos del mundo financiero, localizar paquetes de acciones de empresas españolas poco revalorizadas en el mundo entero y montar todo un imperio económico partiendo de la nada.

Fuentes bancarias y financieras estiman la fortuna personal de Javier de la Rosa en una cifra que podría oscilar entre los 40.000 y los 50.000 millones de pesetas, aunque, dado el volumen de negocios llevados a cabo por Quail España, incluso podrían hacerse estimaciones superiores.

Pero su patrimonio personal, aun siendo uno de los más importantes del país, no es suficiente todavía para pagar los 98.500 millones de pesetas que los accionistas del Banesto, muchos de ellos modestos ahorradores, perdieron en la crisis del Banco Garriga Nogués mientras duró su gestión.

Por eso, cuando se habla de Javier de la Rosa Martí, hay que hacer referencia a su doble fortuna personal: la monetaria, que le permite tener un potente Porsche deportivo para desfogarse, un helicóptero, un avión particular y una suite en el Villamagna de Madrid. Y la otra: la que le salvó de sentarse en el banquillo cuando en 1986 el consejo de administración de Banesto prefirió olvidar, tras no aprobar su gestión al frente del Banco Garriga Nogués.

ÍNDICE ONOMÁSTICO

A

B

C

E

F

G

H

I

J

K

L

LL

M

N

O

P

Q

R

S

T

U

V

W

Y

Z